普通高等教育"十一五"国家级规划教材

Management

管理学

（第3版）

主　编：聂正安
副主编：郭巧云
张　弘

中南大学出版社

第三版前言

2007 年 3 月 25 日，是欧洲一体化进程启动 50 周年纪念日，它给管理学提供了一个讨论问题的机会。

经过 50 年的风雨坎坷，今天拥有 27 个国家的欧盟，无论是政治上还是经济上，都已成为地区一体化的组织典范。它简直是人类历史上的一个组织奇迹。欧盟在经济领域已有 85% 以上的事务实行主权共享，在“政治联盟”上也日益显示出其强大的共同行动能力。在欧盟，国家越来越成为一个“中间组织”，而不是一个最高组织。国家的组织性质正在逐步改变，这似乎昭示着“世界大同”的可能——至少是若干国家组成一个具有较强国家职能的“共同体”的可能。

管理学会发问，欧盟这样的超越国家边界的大组织是靠什么来维系的，它会给一般意义上的组织管理提供怎样的启示。

从组织结构意义上看，迄今为止的欧洲一体化，既保留了国家边界又跨越了国家边界，这里包含了人种边界和意识形态边界。成员国均放弃了一定的经济主权和符号特征，但保留着一个国家最重要的政治和文化核心价值。因此，德国总理默克尔在欧洲一体化 50 周年纪念仪式上说，欧盟最重要的特点就是“宽容”，对不同文化的宽容，对不同政治理念的宽容。事实上，欧盟组织结构的最高价值，就在于它所蕴含的多元和宽容的管理理念，也即它背后宝贵的人文主义精神。

难以理解的是，在我国大学管理学课堂上，上述回答可能很难进入传统管理学的分析逻辑。习惯上，管理学在我国被普遍视作“工具科学”、“技术科学”，而很少在事实上成为人文科学。偏重“技术”的管理学教科书讨论欧盟的组织机理，会理所当然地去全力挖掘其“技术”成分，如货币统一、自由贸易体系等，而不会特别在意其人文精神。

写这篇前言，动笔之前就打算写少些，写短些，原因是第一版和第二版的前言提出了不少设想，而这些设想又未能很好地付诸实施，如果这一版的前言又出新论，岂不更是空谈？不再空谈，但有些未能实现的重要取向“重谈”一次似乎并非多余。例如，第二版前言中提到要扩充管理学教材的人文精神背景，强化管理学教材的人文教育功能，这样的“革命”在第二版显然尚未成功，在第三版无疑是仍需努力。前面用那么些文字谈欧盟管理理念，就是这样的用意。

教材如人，也如企业，它有个成长周期。这本《管理学》的第一版问世于 2003 年秋天，它在 2004 年获“全国优秀畅销书”奖；第二版在 2006 年春天出版，随后以它为基础，申报了“十一五”国家级规划教材，2006 年 8 月获准立项。因此，现在这个第三版是按照国家级规划教材的要求来做的。这一版在核心的设计思想上不打算提出新的说法，主要是坚持前两版已经作出的有关安排，重点是加强这本《管理学》的人文色彩，让它具有一种鲜明的人文情怀。在细节上，主要是花力气更新背景材料，在每一章增设“案例分析”这一板块，也与这一目的有关；修订细节当然还包括引入一些新的理论成果。

在“创新”面前，“持守”很可能被视为老旧，但是，持守如果是针对一种深思熟虑而又需长期劳作方可变为现实的构想，它就是务实和成熟。这本《管理学》，“进化”到目前这个阶段，坚持并更加充分地实践前几年逐步积累的写作思想，可能有利于它较好地走过当前的这段成长期。

聂正安
2007 年仲夏

第二版前言

关注和推进管理学的不断发展，并将这种“发展”及时地引入管理学教科书，对一些人而言可能永远是一件兴奋不已的事。我们就是在这种兴奋中对两年前出版的这本《管理学》进行了几处自认重要的修订。

一、“市场定位”的调整

教材的“市场”就是其使用者，专业类教材编写者事先都会有一个考虑，教材写出来后给什么层次、什么专业的学生使用。按理说，教材所应对的应该是一个明确的“细分市场”——某一层次、某类专业，因为这样的教材具有“专用性”，能够较好地满足使用者的个性化需求。但是，长时期来，国内大多数经济和管理类教材似乎都倾向于满足一个含混的“整体市场”，许多教材的内容构成都在传达这样一个信息，它似乎可作为研究生、本科生、专科生等各个层次，专业与非专业各类学生的“通用教材”。这里的原因可能既与编写者加大市场覆盖、提高教材销量的动机有关，也与编写者缺乏市场定位意识的“糊涂”有关。我们这本《管理学》的第一版也存在市场定位的模糊。此次修订，我们尝试着走近一个特定的细分市场，即希望把这本《管理学》写成一本以本科层次的工商管理专业学生为第一消费者的教材。当然，这样的市场定位并不是要拒绝其他消费者，他们自然有“选择使用”的可能。与这一市场定位的调整相适应，这一版一方面删去了第一版中过于“高深”和过于浅显的一些内容，另一方面又增加了一些能够直接照应工商管理专业核心课程体系要求的成分。实际上，这样的教材已经承担了一定的专业建设责任。

二、基本功能的添加

管理学教材作为一个知识平台，它不仅应该具有深厚的人文精神根基，它也应担负重大的人文精神传播责任。但是，与其他许多人文社科类大学教材比较，局限于知识性和工具性，是各种管理学教材的共有特征。在这种局限下，管理学教材几乎很少顾及“人文教育”的功能取向，从而表现出明显的功能不全。在观察了当前的管理学教学实践之后，人们对此会有更加清晰的认识：现有管理学教材的人文精神贫乏，与大学生日益增长的“精神成人”需求之间，已出现越来越大的反差，受教育者渴望从《管理学》中得到相应的人文教育，而《管理学》则对此一派漠然。怎样合理地协调这样的矛盾？在本教材这一版的调整中，我们试图添加一定的人文教育功能，具体地，就是力图跳出单纯的“效率”、“效益”分析框架，将更多的人类普遍的价值观念带入其中，引导大学生在学习“知识”和掌握“工具”的同时，还能进入更加深远广袤的精神领地，养成一定的人文意识和人文情怀。为了达成这一目标，我们在有关章节增添了一些文化、历史、哲学等方面的材料，我们希望这种安排能够使《管理学》形成适度的人文精神背景。

三、主体内容的扩充

传统上的大学教材都是为教师教学而定内容，进了教材的就要“教”，不要“教”的则大体上都不进教材。我们刚开始写《管理学》的时候就努力突破这样的传统，我们认为，大学教材，尤其是像管理学这类自学空间很大的教材，总体的内容可适当多于“教”的要求，要辟出一块自学园地，让学生去独立耕耘。采用这种二元结构，管理学教材的内容也会更加充实和丰满。这本《管理学》的第一版虽然贯彻了上述思考，但仍然有较大差距，这一版则打算将这种差距缩小一些，具体做法是，进一步扩大主体内容中的非教学部分，使学生的自学内容不再主要局限于教材的辅助内容中，而可伸展到教材的主体部分。

四、体例安排的改变

修订版在原有体例中增设了“开篇实例”与“相关链接”两个板块，前者每章一个，后者每节一个；前者是“实例”，后者可以是实例也可以是经典理论、著名实验等等；前者是对一章内容的引导和铺垫，后者是对一节内容的深化与扩展。这两个板块的设立包含了两个目的：其一是为了支持这个修订版的前面三项目标，用这两个板块所表现的内容促进市场定位的调整，实现基本功能的添加，保证主体内容的扩充。其二是增强这一版教材的可读性。一般情况下人文社科类教材可能是学生最不愿意读的“书”，绝大多数教材为了完成其特殊使命而写得过于抽象和理性，完全忽视了学生阅读过程中的感性需求，学生自然敬而远之。“开篇实例”与“相关链接”的安排，兼顾了具体与一般、感性与理性、实践与理论等各组关系中的双方，这样的《管理学》教科书可能有助于缓解学生的厌读心理。

显而易见，上述四项修订任务中的每一项都是有挑战性的，我们还只是一个开头，我们要不断地梳理，长期地积累，把这本《管理学》的修订作为一个持续的过程。

聂正安

2006 年春于长沙

第一版前言

近十多年来，我先后组织编写过几本管理学教科书，但有些问题一直让人犯难，一直未能理出一个自己满意的头绪。今年早春，受中南大学出版社之约，又要主编一本管理学教科书，我想，为什么不利用这次机会，好好地将有关困惑作一番清理呢？下面的文字，就是此次“清理”的结果，这些想法也就顺理成章地变成了本书的设计思想。

一、中国的管理学教科书：“办加工厂”的尴尬

中国管理学教科书建设的历史很短。新中国成立之前，这方面大体上是个空白；新中国成立之后，头十来年几乎是照搬当时的“苏联模式”，来不及编写自己的教材；到十年“文革”的时候，又不用讲管理学。只有改革开放以后，管理学的教学才真正受到重视，中国人编写管理学教科书才从此正式开始。

过去的20多年里，中国的管理学教科书建设大体可分为三个阶段。

第一阶段，20世纪80年代前期。当时，我们对西方管理理论的了解十分有限，而且由于此前长期受“苏联模式”的影响，因此，这一阶段编写的管理学教材带有很重的苏联教科书色彩。

第二阶段，20世纪80年代后期到90年代初期。此时，随着改革开放的逐步推进，西方管理思想被大量介绍到中国并进入我们的管理学教科书。但是，这时候人们对西方管理思想的评价是十分谨慎的，从马克思主义关于管理二重性的观点出发，一些权威人士提出了管理学教科书建设“以我为主”、“自成一家”的原则，并被普遍认同。按照这样的原则，编写管理学教科书从具体操作上看就类似于“办加工厂”，即仅仅把西方管理理论当作部分原材料，让其接受“中国管理学”的加工，变成一种“中国制造”。在这种指导思想下，当时管理学教材编写者的努力主要表现为四：其一，设计一个不同于西方管理学教材的构架；其二，设法将西方管理理论塞入这个“中国式”构架；其三，编几个中国式的名词术语，找几个中国的实例，去印证和附会西方管理理论；其四，辛辛苦苦发表一些个人高见，以显示是“著”而非“编”。十分清楚，这种“加工”程序所形成的产品，一是基本上没有“自主知识产权”，充其量不过是一种“贴牌”产品；二是“自产”部分缺乏使用价值。这样如何能够做到“以我为主”和“自成一家”呢？

第三阶段，20世纪90年代中期至今。“办加工厂”却生产不出属于自己的产品，上述中国管理学教科书建设的尴尬使人们开始寻求另外的选择：堂而皇之地向“国际惯例”靠拢。其结果是形成了中国管理学教材的第三代产品。这一批教材的显著特点有二：其一，教材的外部框架与西方正统管理学教材基本相似，即大体都是以管理职能为主线展开对管理问题的讨论。其二，教材的理论体系和具体内容也基本上是“拿来主义”，虽然容纳了少许“中国特色”的内容，但这些内容都只是“背景”层面的东西，并非用来实现“以我为主”的要求。总之，在这些教材中，管理的“社会属性”（个性）几乎被完全淡化，而只剩下了管理的“自然属性”（共性）。客观地看，这种处理使教材的科学意义和使用价值都有了很大的提高，它反映了管理学

教材建设的一种更为严谨、更为负责的态度。

二、出一本“有用的”管理学教科书：只“开博览会”，不“办加工厂”

写管理学教材，“办加工厂”的设计思想为什么遭遇尴尬？为什么近十多年会出现前面谈到的普遍采用“国际惯例”的转折？原因可能主要有两个：第一，管理学作为一种人类的共有文化，要追求其“社会属性”，要体现“国情”特色是很不容易的。第二，虽然中国的几千年文明史并不缺乏管理思想，但中国对于发端于西方的作为一门完整学科的管理学的系统研究，严格说来只是近20多年的事，在如此短暂的时间内达到“自成一家”的境界谈何容易。那么，中国人在这种情形下写管理学教材就应该有另外的指导思想，这种指导思想可称之为“开博览会”——吸收各国“产品”精华，以“参观者”乐于浏览和欣赏的形式陈列出来。具体规则有：首先，不是“自产自销”，不强调“自我生产”，编写者的任务主要是发现和调集别人管理学研究中的精品；其次，精品的调集不能僵化地要求“国产”为主，如不能要求美国造的只能是多少，中国产的必须是多少，要贯彻“英雄不问出身”的信条。

在基本原则上，“开博览会”包含着三层重要的考虑：第一层，对西方“产品”，要采用一个择优程序。西方产品，不一定都是优质品，事实上，西方管理理论也有不少“平庸之作”，“博览会”要拒绝平庸。第二层，减少西方“产品”的原样展出。读西方管理学著作，许多人都有不得要领的苦恼，因此，“开博览会”要对西方管理理论作适当的处理，要用中国人习惯的认知逻辑，以中国人易于理解的语式来表述。这一点取决于编写者的修养，弄不好，再优秀的洋货也不会受到中国人的青睐。第三层，要努力推出优质的中国产品。我们必须承认，悠久的中华文化蕴含着许多宝贵的管理思想，一个有水平的“博览会”，是不能没有中国“产品”的。

三、管理学“博览会”：从特色中提升档次

编写一本有一定分量的管理学教科书，“开博览会”并不比“办加工厂”轻松，“博览会”要有特色，要通过突出特色来提高档次。我们在编写这本《管理学》的时候，特别强调了对如下四个特色的追求。

1. 要引入经济学来拓展管理学的理论背景

传统上，经济学以企业与市场为基点研究全社会资源的配置，管理学则以组织与行政为基点研究企业内部资源的配置，人们看到的是与管理学毫无关系的经济学书籍和与经济学毫无关系的管理学书籍。管理学与经济学存在的这种壁垒在很大程度限制了管理学家的研究视野。实际上，经济学的许多成果是可以而且应该为管理学研究所采用的。例如，当今经济学中颇具魅力的“现代企业理论”，它通过产权制度、公司治理等问题来研究企业内部的运行机制，从而加深了人们对现代企业的认识。此类理论成果就完全可以成为管理学组织理论的一部分。在管理学中，组织理论主要研究组织结构及保证组织结构运行所需的制度和方法的设计，从泰罗开始直至今天，这种延续了上百年的组织理论研究框架从不涉及组织内部的“经济关系”——由产权、股权等要素构成的组织联系，远离“经济因素”研究组织结构，这类缺陷为什么不能通过引入经济学来予以弥补呢？管理学是一门十分年轻的学科，它还无法像经济学那样博大精深，这一点是许多对管理学有一定了解的人都能感觉到的。怎样发展管理学理论呢？在诸多途径中，引入经济学的相关理论是最为必要和科学的，这两个学科有许多共

同的研究对象。

2. 要反映管理学的深邃与智慧

长期以来，国内管理学教材都停留在一种“通俗易懂“的档次，一是因为引用西方管理学理论时，尽可能避难就易，只用浅显易懂的部分；二是所谓的自我“著作”部分也大多是人人明白的“群众语言”，没有一点“专业壁垒”。这类教材给人们这样一种印象，即管理学没有多少学问，一眼就可以看透。在使用过程中，这类教材当然也难以给学生多少启迪和智慧。事实上，管理学本身并非如此，我们有责任还它一个本来面目，要把它的深邃与智慧展示出来，重点包括两方面的安排：第一，要突出管理的哲学价值。管理过程充满着哲学道理，决策中的“概率思考”，领导中的“权变观念”，控制中的“反馈原理”，管理学研究的许多此类问题都是哲学问题。从哲学角度论管理，道理就复杂了，深奥了，就会有“看不懂”的东西。第二，要强化管理的“科学”内涵。管理学的管理科学学派认为，管理是制定和运用数学模型与程序的系统，管理要摒弃单纯凭经验、凭直觉作出判断的传统。管理科学学派的贡献大大加强了管理的科学性，同时也使管理学增加了一些非专业人士“看不懂”的内容。过去，中国人由于知识结构和思维习惯的原因，写管理学教材时不愿意接触这个部分，这不仅造成了管理学的残缺，也一定程度地减少了管理学的“学问”。在21世纪的今天，这种状况应当改观。

3. 要体现管理学的与时俱进

20世纪的最后十多年，人类社会的变化是极其巨大的。随着人类的思维方式和工作方式的不断改变，传统的管理思想与管理方式也受到严峻的挑战。例如，在信息技术的作用下，企业的活动将越来越不受时间和空间的局限，与其说企业是一个存在于某一地理位置，由人、厂房、设备、资金构成的实体，不如说它是一个由各种要素和机能组成的系统。企业作为一个系统，它通过现代信息网，能够比较容易地使自己系统中的某些要素与其他企业系统中的某些要素组合起来，构成新的机能，形成新的生产力。这种变化显然将改变传统意义上的企业概念。还例如，由于经济全球化的影响，管理也面临着许多新课题。尽管有人认为全球化可以追溯到1492年哥伦布发现新大陆的时候，但是真正意义上的全球化只是20世纪90年代的事。从1989年开始，东欧和前苏联都纷纷放弃传统的社会主义经济体制，包括中国在内的许多发展中国家也逐步由计划经济向市场经济过渡，市场经济原则在全球范围得到普遍认同，世界90%以上的人口都生活在市场经济体制之下。这一历史性的世界巨变，宣告了“两个平行市场”时代的结束，实现了世界市场的大体统一。由于“统一”条件下世界市场同质性的提高，资本开始在全球范围内寻找最高利润点，经济全球化便应运而生。不言而喻，在这种新的历史条件下，管理会遇到许多新的困难，会承担许多新的任务。对我国企业而言，尤其是这样。而这一切，都会向管理学提出新的要求：紧跟时代，与时俱进。

4. 要力求管理学的中西合璧

虽然我们认为中国第三代管理学教材向“国际惯例”靠拢是一种比较明智的选择，但是也必须看到这种选择同时还隐含着一种无奈，那就是它无法解决“办加工厂”时管理学教材中西结合失败的问题。如前所述，在“办加工厂”的指导原则下，第二代管理学教材力争实现“以我为主”的中西结合，但是未能如愿以偿。而第三代管理学教材不仅完全放弃了“以我为主”，而且基本上不大在意中西结合。那么，“开博览会”的思想路线将如何处理这个问题呢？我们的立场非常明确，那就是要力求中西合璧。这个立场包含两个层次的基本要求：第一，不搞全盘西化。中国人写管理学教科书，主要是给中国人看的，一定要结合中国的经济社会背景，这一点就像美国人写管理学主要是从美国实际出发一样不容置疑。第二，实现中西管理理论的协调与融合。这就不是简单的中西结合，而是中西合璧，要做到这一点自然有难度。从操作上讲，中西合璧不外乎两种安排：其一，打造一个中国的理论体系，在这个体系中适当包容部分西方管理理论；其二，沿用一个大体西式的理论框架，在这个框架中装填大量的中国式管理思想。前者早已尝试而未能成功，后者也并非未曾试过，但试过之后也是喜少忧多。毕竟，中西文化的距离，中西社会的差异，都是中西合璧的重大障碍。我们这本教材是如何跨越这个障碍的呢？读者在后面将会看到，当然我们做得并不漂亮，我们还在探索。

怎样写中国的管理学教科书，上述想法原本是为了回答我本人以往的疑惑，但完全有可能又会给人们带来新的困惑。有些问题，我不一定真正理清了头绪，而且，即使有些方面我已提出了一些看似有理的见解，但操作起来未必就能得心应手，譬如说，就在我们这本《管理学》中，我的主张也有未能实现的。我们自始至终都是把本书的编写视为一个学习机会，对我们而言，所有管理理论的关注者皆可为师。

聂正安

2003 年秋天于长沙

目　录

第一篇　管理学综述

第三篇 组 织

第四篇　指　挥

第五篇　控　制

第一篇　管理学综述

第一章　管理概述

学习目标

学完本章之后，你应该能够：

- 了解管理包括一些什么工作
- 把握管理者的角色种类及管理道德
- 解释作为管理活动载体的组织
- 讲述管理的外部环境

开篇实例

海尔的成就与海尔的管理

《财富》联合全球管理咨询公司 Hay 集团，在 2006 年 11 月 16 日推出了“最受赞赏的中国公司”排行榜，包括联想、宝钢、蒙牛、国美、北京同仁堂、招商银行、中国移动、北京燕京等在内的 25 家中国本土企业榜上有名。其中，海尔位居此次排行榜之首。从 1997 年开始，《财富》杂志每年都与 Hay 集团合作研究和发布“全球最受赞赏的公司”排行榜，这一榜单已经成为全球公认的评估公司声誉的最有价值的工具之一。进入名单的公司所获得的股东回报，一直远远高于标准普尔 500 公司在同期的相应指标。然而，在这份为全球商界所追捧的企业声誉排行榜上，却从未出现过来自中国大陆的企业，虽然此前已经有 19 家中国公司进入了《财富》“世界 500 强”的榜单。

这次海尔获此殊荣，完全可以说是众望所归，今日之海尔，已完全成为中国人心中的一份骄傲。无数人景仰海尔，不仅是因为它的巨大成就，更是因为它的卓越管理。22 年前，海尔还是一家有人在车间大小便的管理混乱面临倒闭的企业，时至今日，海尔已成为盛产管理之道的世界级品牌。从前十多年对“OEC 管理法”的探索，到随后对“市场链机制”的推行，再到最近对“人单合一信息化日清”的实践，海尔的管理模式不断演变，表现出越来越强的生命力，海尔可称之为一本内涵丰富的管理学教科书。

资料来源：海尔被《财富》推为最受赞赏公司之一. 北京晚报，2006 - 11 - 17.

管理学是一门系统研究组织内管理活动的基本规律和一般方法的科学。按照这一说法，海尔的管理之道就属于管理学，因为它反映了管理活动的某种客观规律，提供了管理活动的某种科学方法。事实上，管理学是一门非常生活化和极富应用性的科学，每个人都可以十分容易地根据自己在组织内生活的经验，去感悟和总结管理的学问，管理学就在每一个人的身边。

本书就是要研究无数的像海尔管理法一样的管理学道理。本章作为全书的第一章，其任务是对管理的一些基本问题予以说明，为后续内容的展开提供一个铺垫。这一章主要说明四个问题：第一，管理做些什么——管理作为一种行为主要表现为哪些职能；第二，谁做管理——管理者有哪些类型；第三，管理以什么为载体——依托于什么开展管理；第四，管理要顾及哪些外部条件——如何把握管理的外部环境。

第一节　管理的一般解释

一、管理的产生

管理是人类不同于动物的一种活动形式。

人类学指出，从生理上看，人天生是软弱的，自然没有赋予人在各种不利的自然条件下生存的肉体本能，人的各种器官没有为了适应特定的生活条件而被特定化，如人的牙齿既非食草动物的牙齿，亦非食肉动物的牙齿。一般动物在其总的构造上，比人更多地被特定化了，动物的器官适合于特殊的生活条件。因而，人在天性上是未完成的、不完善的和未确定的。自然只完成了人的一半，另一半留给人自己去完成。而正是人自身“完成另一半”的努力，造成了人无限的开放性和适应性这种人不同于动物并且优越于动物的特征。人的“开放性”、“适应性”是怎样具体表现的呢？社会人类学认为，人并非独立自足，人在本质上是一个社会存在物。处在群体之外的人不是人，他或者是动物，或者是神，人只有在人群中才成为人。文化人类学则进一步指出，与动物不同，人是文化的创造者，同时也为文化所创造。许多动物也生活在群体中，但是对人类来说，群居生活有另外一种更深刻的作用。一个离开其物种的其他成员长大的动物，例如与人一块长大的动物，它仍然会像“正常”动物一样，它的行为是自己产生出来的。但是，人只有在担负着传统的、他自己同类的群体中成长，才能完全成为一个人，他的文化方面只有以这种方式才能发展起来。因此，为了获得文化这种人的决定性因素，人必须群居。

作为一种“有文化的”和群居的社会存在物，人总是生活于一定的组织之中。古人类学家的研究表明。第一个真正的人——直立人，是大约50万年前出现的。此时的直立人已能制造工具和武器，能使用火，有说话的能力，他们最基本的需求是经济上的，他们必须获得吃、穿、住及其他生活方面的物品。同时，他们还具有社会的需求——与他人联合的需求，家庭成为他们相互联合的最基本的单位；此外，他们也发现，如能在采集食物、防御侵害的活动中建立起超越“小家庭”的团体或部落，就可以更好地实现自己的利益目标。

随着人类的逐步进化，人类相互联合也越来越成为一种自觉的选择。在这个进程中，一种“一般的”组织随之形成。这种组织具有一些必需的要素。第一，全体成员有一个共同的目标，这个目标可能是狩猎、播种，也可能是打劫别的部落。第二，组织成员必须关心和服从组织目标；相应地，组织也必须一定程度地满足其成员个人的有关需要。第三，组织成员拥有劳动或战斗的工具。第四，组织成员的活动需要作出统一安排，以保证众人行动的协调一致。第五，有一个或若干个人承担协调工作，“协调者”负责解决意见分歧、决定组织目标、指派成员工作，等等。这里就产生了管理——一种人类后来各个发展阶段上的“一般的”管理。

二、管理的界定

在所有类型的组织——盈利性组织和非盈利性组织中，管理都可界定为：通过对组织资源的计划、组织、指挥和控制，有效地实现组织目标的过程。也可以说，管理主要表现为四项基本职能：

计划——计划是管理者谋划组织未来行动目标以及提出实现目标途径的过程。操作上包括三个步骤：①决定组织将要追求的目标；②决定为了实现这一目标需要采取的战略；③决定如何配置组织的资源来实现组织目标。计划职能的核心是决策。

组织——组织就是通过任务结构和权力关系的设计来协调组织成员的努力。包括把为达到组织目标所必需的各种业务活动进行组合分类；把监督每一类业务活动所必需的职权授予相关人员；规定组织活动中个人之间、部门之间的协作关系；通过人力配备使组织进入运行状态。

指挥——指挥就是对下属的行为予以指导，它是一项专门涉及人际关系方面的管理工作。指挥的主要任务是进行良好的沟通，对组织成员给予恰当的激励，借助科学的领导方式实施有效领导。

控制——控制是指管理者为了保证实际工作与计划的要求相一致，按照既定的标准，对组织的各项工作进行检查、监督和调节的管理活动。组织目标的实现，首先表现为怎样利用计划来对组织行为进行指导，但是，一个组织不能实现或不能完全实现其计划的可能性总是存在的，为了消除这种可能性或使之降到最低限度，组织对计划的执行过程进行有效控制就成为一项十分重要的管理活动。

上述管理职能在实践中并不存在一种严格的排序。从逻辑顺序来看，虽然一般是先有计划，继而组织，然后指挥，最后控制，但是管理实践中也不一定非按这种次序不可。这些管理职能往往可能并列发生或相互换位（见图1－1）。

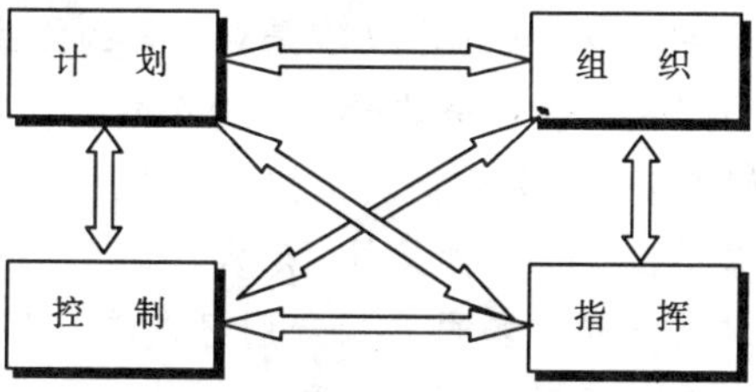

图1－1　管理职能的相互关系

对管理的解释还会涉及如下四个重要概念：

资源——诸如人、机器、原材料、信息、技术、资本等组织构成要素。资源是管理的前提条件。

目标——是一个组织力图取得的一种未来的结果。目标是管理的价值体现。

效率——衡量一定目标下的资源被利用情况和产出能力的尺度。当管理者使资源投入或生产一定数量的产品和服务所需要的时间最少时，管理就是最有效率的。效率是管理的灵魂所在。

效益——指组织目标的适宜程度及实现程度。当一个适宜的组织目标被实现时，就可以说管理是有效益的。效率和效益的关系往往表现为两种情形：高效率可能带来高效益；但有效率也可能无效益，例如那种一味追求投入少而不管事情能否做好的管理就是如此。效益是管理的生命源泉。

从上述内容中，可以对管理的内涵作进一步的归纳。第一，管理活动具有很强的目的性。管理就是为了实现一定的组织目标，一切管理活动都是围绕组织目标来展开的，也就是说，管理排斥一切与组织目标无关的组织投入。第二，管理必须拥有一定的组织资源。组织资源既是组织构成的要素，又是管理活动的基础，从操作上讲，管理就是使用资源，没有相应的资源，管理就无从谈起。第三，管理是通过计划、组织、指挥、控制等活动来进行的。这些活动缺一不可，它们一方面使管理工作有别于一般作业，另一方面又使管理工作成为一个有机整体。第四，管理活动是在组织这个载体上展开的。管理离不开一定的组织，一切管理都是在组织中进行的。换言之，不存在组织之外的管理。

相关链接

管理：既定资源下的效益放大

在组织管理中，资源短缺是普遍存在的难题。因此，如何在既定资源下使效益最大化，是众多管理高手的共同追求。下面的故事发生在微软中国公司有一年的中秋节。

中秋节在中国是一个重要的节日，大多数中国公司都会在这个节日来临时给员工买月饼，而这时候它们又往往会面临一种两难：年年发月饼，员工会认为没创意；不发月饼，员工会抱怨公司不近人情。那么公司到底该不该发月饼？肯定该发，问题是公司要考虑究竟要怎么来发月饼。当时微软做了一个安排，让员工提供两个地址——他希望月饼能够送到的地址，然后公司帮他们将月饼送往目的地。同时，公司会在月饼中附上一张小卡片，卡片上有两段文字。第一段文字表达感恩之情；第二段文字是对公司的描述："我们的公司是世界上最优秀的公司，我们所在的分公司又是微软全球最好的分公司，世界上最优秀的员工汇集于我们公司，我们十分自豪，我们希望，作为我们员工的家人或朋友的你也感到自豪！"

这一做法效果极好。许多员工提供诸如父母、恋人、老师、同窗、朋友的地址。一些父母收到卡片后，非常自豪，将其裱装起来给自己的亲朋好友看，还给他们的孩子打电话，让他们珍惜在微软的机会。这就是善于运用资源的效果。

资料来源：唐骏．在中国做管理．21世纪经济报道，2005-06-02.

三、管理的普遍性

从广义角度上看，管理存在于人类每一个活动领域和每一个发展阶段。

首先，管理无处不在。较早的时候，人们倾向于讨论“管理”与“行政”两个词之间的区别。“行政”常常被认为指向政府或其他非盈利组织，而“管理”则被认为只是与工商企业相关。但是，事实上这两个词很难区分开来，例如，有的教会组织也设有董事会，军队里也有专门的计划管理人员。因此，“管理”实际上存在于各种组织之中，甚至可以讲，人人都从事着管理活动——对自身的管理，对政治、经济、文化的管理，以及对作为一个整体的社会的管理。但是，管理学研究“管理”的时候，一般都是以工商管理为中心，德鲁克对此给予了解释。原因之一是历史因素。工商企业是最早出现的现代机构，从铁路和“多功能银行”在19世纪晚期作为大型企业出现时，工商企业就毫无疑问地成为一种新的机构，它不同于政府机构、大学、医院和军队等旧机构。原因之二，直到现在，只有经济领域才在资源分配和决策成就方面具有一套测量指标。原因之三，工商管理是20世纪成功的典范，它所提供的商品和服务，是1900年那一代人难以想象的。

其次，管理无时不有。管理思想史研究表明，管理活动自古以来就存在。雷恩把管理的演进分为四个阶段：一是早期管理时期，包括工业革命及人类早期文明时期（如中国的孙子、孔子时代）；二是科学管理阶段，时间从19世纪后半叶到20世纪20年代；三是社会人时代，这个阶段大约包括20世纪20年代到50年代的30多年；四是现代阶段，即近50年左右。虽然雷恩关于管理史的研究主要是从美国背景出发，但是他的基本倾向大体是能够成立的，那就是管理贯穿于人类发展的各个时期，尤其是近100年来，“管理的研究在智力和实践上都已成为最有价值的活动”。

四、管理的差异性

无论是在实践上还是在理论上，都可能存在许多不同类别的“管理”，差异性是管理科学化的特征之一。而管理的差异性从根本上讲是由文化的差异性决定的。雷恩说，“管理人员是在特定的文化价值准则和体制内管理组织和作出决定的”，不同的文化土壤必然产生不同的管理。

有人认为，以基督教文化圈为发生地的美国管理学大体上是“利润追求学”，而在中国文化背景下，完全以经济利益为纽带，以契约为行为准则的“企业”似乎并不存在。因此，中国人不问文化环境差别学习“美国管理学”，可能会找不到用武之地。复旦大学苏东水从20世纪70年代中期开始研究“中国式管理”，2005年出版了《东方管理学》，该书将东方管理学的精髓概括为“以人为本，以德为先，人为为人”。颜世富系统概括了东西方管理文化差异109种，表1－1所列为其中部分。这些差异，有的无优劣之分，有的则优劣明显，但不管怎样，它们在各自的文化背景下，都是一种“合理存在”。

表1－1　东西方管理文化差异

序号	东方管理文化	西方管理文化
1	思维注重综合	思维注重分析
2	喜欢归纳法	喜欢演绎法
3	重经验	重事实
4	静观自身	调察外物

续表

序号	东方管理文化	西方管理文化
5	内向实践	外向实践
6	非理性	理性
7	直觉顿悟	逻辑分析
8	继承	创业
9	集体主义	个人主义
10	依赖外在	独立行事
11	委天数	恃人力
12	集体负责	个人负责
13	爱报喜	爱报忧
14	知足常乐	永不满足
15	个性约束	个性解放
16	艺术的	科学的
17	专制传统	民主作风
18	等级观念	平等意识
19	忍让	竞争
20	道德自律	法律约束
21	人际关系长久	人际关系短暂
22	重管理神秘性	重管理透明度
23	重人文化的宗教	重神化的宗教
24	模糊混沌	精确具体

相关链接

德鲁克：管理学大师中的大师

彼得·德鲁克(1909—2005)是近60余年来对管理学研究作出了巨大贡献的美国学者之一，他是一位将管理作为“实践”加以解释和传播的宗师。1954年他出版了《管理的实践》一书，该书提出的许多重要概念，后来又进一步发展成为德鲁克其他著作的主题，他后续的著作包括《成果管理》(1964)，《管理：任务、责任、实践》(1973)，《动荡时代的管理》(1980)等等。在管理学领域，德鲁克共著书39部，在《哈佛商业评论》发表文章30余篇。他的著作和文章被视为“管理必读”。

关于管理的含义，德鲁克认为，“管理就是界定企业的使命，并激励和组织人力资源来实现这个使命”。“界定使命是企业家的任务，而激励和组织人力资源则是领导力的范畴，两者的结合就是管理”。德鲁克明确提出，管理有三大任务：完成组织特定的目的和使命；使工作富有成效，员工具有成就感；同时，管理还必须处理对社会的影响、承担社会责任。德鲁克精辟地阐述了管理的本质：“管理是一种实践，其本质不在于知，而在于行；其验证不在于逻辑，而在于成果；其唯一权威就是成就。”

2002 年 6 月德鲁克被授予“总统自由勋章”。这是美国公民所能获得的最高荣誉。布什总统对德鲁克的评价是：“彼得·德鲁克是世界管理理论的开拓者。”2005 年 11 月美国《商业周刊》的封面故事是：“彼得·德鲁克：发明管理的人，为什么彼得·德鲁克的思想仍然重要?”

资料来源：那国毅. 管理学：德鲁克留给人类的伟大遗产. 中企联合网，2005 - 11 - 28.

第二节　管理者

一、管理者类型

（一）个体管理者与团体管理者

在大多数情况下，管理者都是以个体身份出现的。一位国家总统，一位大学校长，一位公司经理，他们都是人们最常见的个体管理者。

但是，管理者也可以是由一群人组成的团体，这个团体有负责不同事务的若干个体管理者，他们共同组成一个管理者集体。“自我管理团队”是团体管理者的一种特殊类型，在“自我管理团队”中由组织派出的管理者当教练或顾问，他们仅仅提供建议而不发号施令，该团队中的成员自己负责自身活动并监控自己提供的产品或服务的质量。也就是说，在该团队中，全体成员既是管理者，又是被管理者。

（二）不同层次的管理者

高层管理者——他们需要对整个组织负责，他们一般拥有董事长、总裁、首席执行官、副总裁之类的头衔。高层管理者负责确定组织目标，制定实现既定目标的战略。他们要面向未来考虑问题，他们对于组织的成效负有最终责任。

中层管理者——他们位于组织的中间层次，部门主管、分部经理、实验室主任等等，都是中层管理者，在他们之下，一般还有 2 ~3 层管理人员。他们负责承上启下，将高层管理者制定的战略分解为可操作的具体任务并组织一线部门予以实施。在过去 20 多年里，中层管理者的地位出现了一种颇富戏剧性的波动。20 世纪 80 ~90 年代期间，基于信息革命的背景，传统金字塔形的组织趋于扁平化，许多组织都试图通过减少中层管理人员实现组织的高效率。但是在 20 世纪的最后几年，公司对中层管理者（如项目经理）的需求又急剧增加，当然，此时中层管理者已经不再负责管理信息沿着组织层级自上而下流动，而主要负责管理横向网络。

一线管理者——他们是直接负责产品与服务的管理人员，他们的主要任务是提高生产效率，提供技术援助，监督下属对规划和程序的实施情况等等。一线管理者关注的事务大多是较短时间内可以完成的，他们的任务主要是促成日常目标的实现。

（三）不同职能部门的管理者

管理者的类型还可以从组织横向上的职能差异来划分。组织中的广告、销售、财务、人力资源等职能部门的管理者所从事的工作，都是为直线部门服务的。这些人常常被称为财务部经理、人力资源部经理等等。

二、管理者的具体角色

20 世纪 60 年代末，亨利·明茨伯格对 5 位总经理的工作进行了一项仔细的研究，他的结论对一些传统看法提出了质疑。传统上，人们总是认为管理者是深思熟虑的思考者，在作出决策之前，他们都会细致而系统地处理信息。而明茨伯格在观察中发现，经理们大都陷入繁杂的、多变的、无一定模式的短期事务之中，他们几乎没有时间停下来思考问题，有半数的管理工作所花时间少于 9 分钟。在此研究结论的基础上，明茨伯格提出了他的管理者角色理论。他提出了 10 种具体的管理者角色，并将其分为人际关系角色、信息角色和决策角色三大类型（见表 1－2）。

表 1－2　明茨伯格的管理者角色理论

角色	描述	特征活动
人际关系方面		
1. 挂名首脑	象征性的首脑，必须履行许多法律性的或社会性的例行义务	迎接来访者，签署法律文件
2. 领导者	负责激励和动员下属，负责人员配备、培训和交往	实际上从事所有的有下级参与的活动
3. 联络者	维护自行发展起来的外部接触和联系网络，向人们提供恩惠和信息	发感谢信，从事外部委员会工作，从事其他有外部人员参加的活功
信息传递方面		
4. 监听者	寻求和获取各种特定的信息（其中许多是即时的），以便透彻地了解组织与环境；作为组织内部和外部信息的神经中枢	阅读期刊和报告，保持私人接触
5. 传播者	将从外部人员和下级那里获得的信息传递给组织的其他成员——有些是关于事实的信息，有些是解释和综合组织的有影响的人物的各种价值观点	举行信息交流会，用打电话的方式传达信息
6. 发言人	向外界发布有关组织的计划、政策、行动、结果等信息；作为组织所在产业方面的专家	举行董事会议，向媒体发布信息
决策制定方面		
7. 企业家	寻求组织和环境中的机会，制定“改进方案”以发起变革，监督某些方案的策划	制定战略，检查会议决议执行情况，开发新项目
8. 故障排除者	当组织面临重大的、意外的动乱时，负责采取补救行动	制定战略，检查陷入混乱和危机的时期
9. 资源分配者	负责分配组织的各种资源——事实上是批准所有重要的组织决策	调度，询问，授权，从事涉及预算的各种活动和安排下级的工作
10. 谈判者	在主要的谈判中作为组织的代表	参与工会进行合同谈判

三、管理道德

许多道德困境来自于不同利益主体之间的矛盾，如个人与组织、组织与整个社会的矛盾。管理者经常遇到这些矛盾。大量事实表明，管理者常常陷入一种道德困境：为了实现公司的目标，他们往往不得不放弃个人道德标准，而最终结果又可能是，个人、公司和社会都因此而遭受损失。怎样才能避免这种结局呢？管理者遵循一定的管理道德就是最好的方法。

（一）管理道德观

与管理者相关的道德观主要有4种。

功利主义道德观——这种观念强调，管理决策的结果应当是使绝大多数人受益，与此相联系，少数人的权利可以被忽略，功利主义道德就是企业管理制度制定的理论依据，如禁止工人上班时吸烟喝酒，因为这类行为影响了全局性的工作秩序。

个人主义道德观——按照这种观念，个体具有长期利益最大化的行为是道德行为，任何外部的限制个人利益追求的安排都要予以严格制约。这种道德观对管理决策的意义也是双重的。一方面，如果所有个体都能自我发展，则整体的组织乃至社会都会从中受益；另一方面，当个体追求与整体目标出现矛盾时，一味强调前者，则可能伤及后者。

权利道德观——这是与尊重和保护个人基本权利相关的观点，其主张是管理不能剥夺被管理者的基本权利。这些权利包括：意愿自由权、个人隐私权、言论自由权、安全生活权等等。

公正道德观——它要求管理者公正地制定决策。在实践中，管理者有3种选择。第一，“广泛公正”，即对待不同的人不应带有任何偏见，使人人保持相同的待遇。第二，“程序公正”，即强调“执法”的公正性，要求制度是连续的，制度的执行过程是公正的。第三，“补偿公正”，即如果由于集体原因而伤害了个人，那么个人应当获得补偿。

相关链接

邱兴华杀人案审理中的管理道德

毫无疑问，邱兴华特大杀人案是2006年度中国最受关注的事件，这不仅是因为邱兴华杀害无辜达11人之多，以及他最终被处以死刑，更是由于一审之后，有人提出要为他作精神病鉴定而引发了许多关于中国司法道德的重要思考。

在一审中，法庭对邱兴华作出了死刑判决，当时，人们无不为司法机关的“从重从快”而欢呼，一个“杀人恶魔”终于遭到报应，法律正义终于得以彰显。岂料看门道的内行竟从媒体展示的邱兴华“变态心理”中看出了破绽：邱兴华有精神病嫌疑，而法律规定精神病人患病时作案是无罪的！于是，一批精神病专家、律师、媒体都发出吁请，要对这个“十恶不赦”的凶手给予精神病鉴定。这种吁请虽然遭到包括司法部门在内的许多人的反对，但是也使不少人从猎奇心理转向对程序正义、司法公正的探寻。头脑清醒的人意识到，主张给邱兴华做鉴定的人，并非决意要为他开脱，也非仅为他一人的生死挂怀。他们所重视的是哪怕“最坏”的人，其权利也必须得到最严格的司法保护；他们呼吁的是国家法制的完善，惠及的将是千千万万中国人的人权。不给邱兴华做鉴定，犯罪嫌疑人的人权就无从保障，法的另一种正义——保护犯罪嫌疑人的正义就无从实现。在争论中，一些人十分乐观地指出，邱兴华案很可能成为一种社会机遇。类似的机遇是美国青年辛克利枪击里根总统案，辛克利因被鉴定为精神病而免罪。从某种程度上讲，邱兴华也许就是“中国的辛克利”。借助邱兴华案，“程序正义”、“无罪推定”的现代人权观念可以在全社会得到一次深度检视；同时人们也会发现自身在法制方面的许多盲点，包括“以血还血”的同态复仇观念，对精神病人“法律特殊待遇”的一无所知，等等。

然而，邱兴华最终未能得到精神病鉴定，法官快速结案的冲动，不当的“错案追究制”的掣肘，所谓“民意”、“民愤”的压力，都可能是将邱兴华作为“正常”罪犯送上死亡之路的原因。邱兴华案所折射出的中国司法道德，无疑会给人们留下许多深深的思考。

资料来源：郭光东. 吁请最高法院高度关注邱兴华鉴定问题. 南方周末，2006－12－14.

（二）管理道德实践中的企业社会责任

1. 面向利益相关者的社会责任

社会责任的一般解释是：企业如何作为才能既有利于自身，同时又造福于社会，它涉及怎样实践管理道德的问题。社会责任概念的指出，与“利益相关者”的客观存在密切相关。所谓利益相关者，是指在企业的内部和外部，与企业利益有关的任何个人和组织。投资者、员工、顾客和供应商是企业最重要的利益相关者，如果没有他们，企业就不会存在；此外，政府和社区也在利益相关者的行列。认识到利益相关者这种客观存在，就必须承认两个道理：第一，企业的盈利来自全体利益相关者的共同贡献；第二，企业也应该为所有利益相关者承担相应的责任。

具体地说，社会责任可以用三个同圆心的责任圈来加以说明：

内圈——作出经济贡献的基本责任，如产品改良、利润增加、收入提高等。

中圈——关注有明显社会价值的事务，如保护环境、关心员工职业安全、重视顾客诉求等。

外圈——参与社会性工作，如资助慈善事业。

2. 面对社会责任的行为反应

尽管公众普遍存在对企业承担社会责任的预期，而且企业履行一定的社会责任也有利于改善自身形象并最终促进经济绩效的提高，但是面对社会责任，仍然会有不同类型的行为反应。

妨碍型——这种行为类型的管理者不愿承担任何社会责任，同时竭力掩盖企业有违社会责任要求的行为，包括为外部人员对其行为的调查协调障碍。

防卫型——这类管理者会尽量遵守法律要求，以免遭到社会指责，但他们也设法回避法律规定之外的其他社会责任。他们的目标非常明确：不求好口碑，但也不能落个坏形象。

适应型——作这种选择的管理者能按照社会公众的法律和道德准则行事，尽管往往是迫于外界压力。一旦其行为有违社会期望而导致非议，他们通常能够及时调整。有时，他们甚至会聘请企业道德顾问，以帮助规范自己的行为。

主动型——采取这类行动的管理者能够积极主动地面对社会责任。他们会认真研究全体利益相关者的各种需求，采用各种方式照顾各方利益。他们的行为不是被迫的，是自愿的；他们不会有“牺牲”的懊恼，相反，却能从中享受到“成就”的喜悦。

（三）企业社会责任的两个重要话题

从操作层面上看，世界范围内企业社会责任的讨论会涉及两个重要话题，一个是对员工的人文关怀，另一个是绿色管理。前者是个老话题，后者近几年来才受到重视。最近两年，中国政府力主“以人为本、全面协调可持续发展”的“科学发展观”，这种导向与企业社会责任的普遍内涵是一致的。

1. 企业的人文关怀

19 世纪前期，在工业革命的推动下，英国逐渐由一个农业国向工业国转变。迅速兴起的工厂制度很快导致了英国早期工厂管理中的“农民工问题”。当时，劳动力主要是不熟练的农民，他们从小作坊和农庄进入工厂，识字不多，又缺乏技能训练。而对这些“农民工”的管理，当时的工厂还来不及建立专业的管理队伍，对工人的简单粗暴和权利侵害十分普遍。在这种管理下，工人工资极低，劳动时间长，劳动强度大，工作和生活环境恶劣，健康受到损害，尊严遭到侵犯，而企业主则因此获得不断增长的财富。早期工厂管理的这种状况，受到当时许多人的严厉批判，1845 年恩格斯在《英国工人阶级状况》一书中，将其称之为“血汗工厂”，后来马克思在《资本论》中也有类似的概括。

在中国，虽然 1949 年就开始进行大规模的工业建设，但是真正意义上的工业化变迁应该是产生在 20 世纪 80 年代以来亿万农民进城务工的 20 多年中。中国的工业化比英国晚了一百多年，但是，历史出现了惊人的相似，中国在工业化进程中同样出现了“血汗工厂”。2005 年以来公布的各种调查材料和研究报告给人强烈的震撼：中国 20 多年来企业的农民工管理，具有典型的血汗工厂特征。这是企业社会责任受到全球广泛推崇的背景下出现的一个反例，尽管其中包含了许多可以理解的因素。

在中国，“血汗工厂”降临在农民工头上，既有国家体制的原因，也有企业自身的原因，这个问题的解决很棘手，国家已经开始在政策层面上干预这个问题。2006 年 3 月，《国务院关于解决农民工问题的若干意见》的发布，应当被视为限制中国血汗工厂的强烈的政策信号。这个《意见》历数了企业农民工管理的种种不足，并对企业在克服这些不足中的责任作了一系列的说明。而地方政府在更早的时候就有相关行动。广东省劳动和社会保障厅在 2005 年 9 月对省内 20 家血汗工厂进行了公开谴责，并决定自当年 10 月 1 日起实行血汗工厂公开制度。各级政府对血汗工厂的这种态度，是中国改革开放 20 多年来从未有过的，它与早些年对血汗工厂的迁就或放纵形成了强烈对照。在这样的政策背景下，对包括跨越血汗工厂在内的中国企业人文关怀整体水平的提升，应持乐观态度。

2. 企业的绿色管理

所谓“绿色管理”，就是把环境保护的思想观念融于企业经营管理的各个环节。20 世纪 70 年代，发达国家饱受环境污染之苦，“绿色意识”日渐强烈。1992 年可持续发展理论的问世，更是直接催生了绿色管理思想。在操作上，绿色管理主要做三件事：第一，实行清洁生产。包括清洁的生产过程和清洁的产品两层含义。前者要求生产过程中对环境无污染或少污染，后者要求产品在使用和最终报废过程中不对环境造成损害。第二，开展绿色营销。它要求企业在市场调研、产品设计、产品定位、产品促销等整个营销过程中，都以维护生态平衡、有利环境保护为宗旨。第三，获得绿色认证。绿色认证的依据是 ISO14000 标准，该标准作为全球通用的环境管理体系，为企业实行绿色管理提供了系统的模式。

早期的环境管理立足于外部控制，如庇古税案等。绿色管理则强调由外部控制向内部控制的转变，如ISO14000认证就是一种很典型的自我约束。在绿色观念引导下，企业将变过去对环境保护的消极回避为积极行动。环保不再被认为是企业多余的负担，而会被视作推动企业节能降耗、拓展市场、实现可观利润的重要投资。

中国作为一个发展中大国，当今的环境保护压力很大。中国政府发布的《中国绿色国民经济核算研究报告2004》表明，2004年中国环境污染造成的经济损失为5118亿元，占GDP的3.05%，这显然是一种巨大的代价。作为对策，2006年开始，国家环保总局为加强企业的环境监管，进行了企业环境行为评价试点，这意味着中国对企业环境绩效的评价已开始与国际标准接轨。在这样的背景下，企业绿色管理的社会责任含义将会更加突出。

相关链接

SA8000标准

20世纪90年代初，美国服装制造商Levi－Strauss在没有人性的工作条件下滥用年轻女工的情况被曝光后，引起了极大的社会反响。在社会公众的压力下，该公司为了挽救其社会形象，出台了全球第一份企业社会责任守则，随后美国的一些大型跨国公司如耐克、沃尔玛等等也纷纷仿效，美国及欧洲一些国家还先后出现了一些"企业社会责任"的多边组织。这场声势浩大的企业社会责任运动的成果之一是制定了"SA8000标准"（Social Accountability 8000，中译名为"社会责任标准"）。提出该标准的目的，是为了借助一个类似于IS9000标准的国际认证体系，解决各大企业的"验厂"问题。

总部设在美国的经济优先权委员会于2001年12月12日发表了SA8000标准第一个修订版。该标准共有三个部分54项条款，由9个要素组成，每个要素又包含若干子要素，由此构成社会责任管理体系。这9个要素包括：童工；强迫劳动；健康与安全；结社自由及集体谈判权力；歧视；惩戒性措施；工作时间；工资报酬；管理体系。截止2004年8月，全世界共有40个国家和地区的387家组织获得了SA8000标准认证证书。中国的获证企业，主要分布在东南沿海贸易较发达的省份，其中广东最多，有31家，占我国获证企业总数的59.6%。

SA8000标准的制定和实施至少表达了两个信息：第一，当经济全球化趋势越来越明显时，消费者对企业的要求已不仅仅是产品的物美价廉，还要看企业履行社会责任的状况。第二，SA8000标准带有明显的国际劳工组织"国际劳工标准"的痕迹，劳工权利已受到高度重视。

资料来源：周国银，张少标. SA8000标准：2001社会责任国际标准实施指南. 海天出版社，2004.

四、管理者的激励与约束

德鲁克将管理职能归并为三项：管理企业、管理管理者以及管理员工和工作。他对管理者的管理非常重视，他认为管理者是企业最稀有、最昂贵、最脆弱的基本资源；他提出：企业人事组织的讨论起点不能是普通的雇员和他们的工作，无论他们的数量多大，该起点必须是对管理者的管理。然而，迄今为止的管理学研究似乎并没有对德鲁克的主张给予应有的重视，管理学大体都是从管理者的视角来研究管理问题的，一个十分重要的问题被抛在一边：

管理者自身是否也存在接受管理的必要呢？

接受德鲁克的观点对管理学的发展十分有益，而且管理学还有必要引入现代企业理论来丰富德鲁克的观点。经济学中的现代企业理论指出，在一些企业中，由于企业的所有者不直接从事经营，而是把资产交给经营者去管理，因而在所有者与经营者之间产生了“委托－代理”关系。怎样保证不是“老板”的经营者既努力工作又不至于“胡来”呢？这里就提出了对管理者的激励与约束问题。

（一）管理者的激励

1. 管理者的经济利益激励

管理者的经济利益主要来自岗位工资、年终奖、期权、职务消费和福利补贴。在这五个方面的利益中，很重要的一条就是期权。管理者期权的激励作用直接表现为他们虽然不是出资人，但凭借自己的“人力资本”，拥有了企业的产权，拥有了“剩余索取权”。这就打破了过去一个经济学和法学的原理——谁出资谁拥有产权。

2. 管理者的权力与地位激励

近些年来，管理者的权力已经大大增强，地位明显提高，一个显著的例证是产生了CEO，即首席执行官。CEO不是总经理，也不是总裁，但其实际权力非常大，除了拥有总经理的全部权力外，还有董事长的百分之四五十的权力。因此，在CEO产生后，董事会成为小董事会，董事会不再对重大经营活动决策，经营活动已交由CEO独立操作。当然，以上变化也引起了一些人的担忧和非议，但是不管怎样，这种变化反映了一种重要取向，即通过强化管理者的权力与地位——强化管理者的“企业控制权”，来增强对管理者的激励。

（二）管理者的约束

对管理主体实施管理，约束是激励的对称性安排。就像一辆汽车，除了要有发动机，还要有刹车，前者是激励，后者是约束，两者缺一不可。

1. 内部约束

企业内部对管理者的约束主要有四个方面：①公司的章程约束，公司的章程是企业的宪法，管理者是首先受到约束的对象；②合同约束，管理者接受企业的聘用，其责任和义务都要通过合同形式予以详细规定，这些规定具有法律意义，必须严格遵守；③偏好约束，即针对管理者的偏好来设计约束办法，如果一个人非常重视支配他人的权力的大小，而不是以金钱报酬为首要，那就用是否授权来约束他；④机构约束，要把管理者个人和企业之间的矛盾转化为人与机构之间的矛盾，如果把这种矛盾变为个人与个人之间的矛盾，约束起来就会混杂着个人好恶，最终导致不正常的约束。

2. 外部约束

外部约束就是社会约束，主要包括：①法律约束，例如，职业经理人法要求职业经理人不得泄露企业的商业秘密，不得利用本企业的技术专利谋利以及损害企业的其他利益，这类法律规定对管理者行为就是一种很强的约束；②道德约束，这里包含一般道德和职业道德两方面的约束，前者是指作为普通人应该受到的道德约束，后者是指作为管理这种职业角色应该受到的道德约束；③市场约束，就是经理人的流动要通过人力资本市场，而要进入人力资本市场是有条件的，人力资本市场上经理人的整个档案记录都很齐全，流动规则也很明确，一是入市有标准，二是违规要出局。

第三节 作为管理载体的组织

组织是人们在共同劳动中形成的协作性团体，管理总是存在于一定的组织之中，组织是一切管理活动的载体。组织大体可以分为三类：①政治组织，如政党、国家、政府、军队等等；②文化组织，如学校、教会、乐队等等；③经济组织，如合作社、行业协会、企业等等。从哲学的角度看，管理学所研究的各类组织都具有一般性和特殊性，因此，要通过一本“一般管理学”教科书来分析所有组织的各类问题是困难的。就像人们看到的那样，许多管理学教科书都只好作出求大同存小异的选择，这个“求大同”就是主要以企业这种组织为研究对象，目的是“以点带面”，由此及彼。从逻辑上讲，这不是一个非常严谨的安排，但在操作上似乎又无其他更好的解决办法。书本后面关于组织的所有讨论，实际上也主要是从企业这一“特殊”组织出发的。

一、作业关系视角的组织

将一定的投入转化为一定的产出，这种作业过程必须借助一个组织的若干子系统，也就是说，作业关系会引出一种组织结构。从作业关系角度看，一个组织应该由哪些部分构成，在关于这个问题的各种讨论中，卡斯特与罗森茨韦克提出的组织系统模型体现了更强的科学性（见图1－2）。这个模式引导人们从两个方面认识组织的构成。

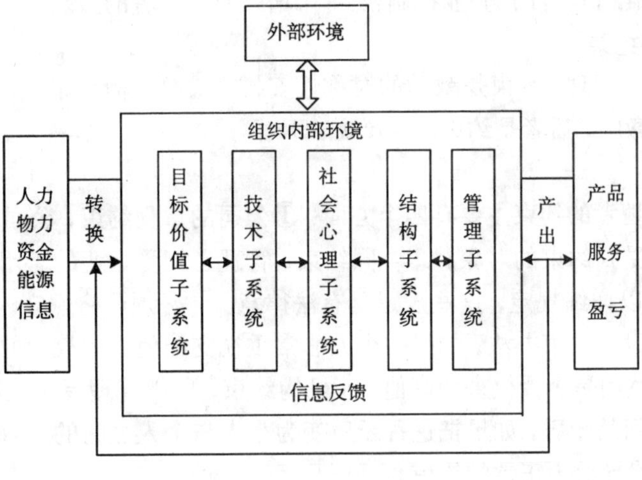

图1－2 组织系统模型

第一，组织是一个由相互联系的多个子系统所组成的人造系统，组织内部存在着5个子系统：①目标和价值子系统。组织有自己的目标体系和价值观念，但是组织的价值观念有许多是从外界的社会文化环境中获得的。作为社会分系统的组织必须达到某些由社会大系统所决定的目标，组织要为社会履行一定的职责。②技术子系统。它是指完成工作任务所需的知识，包括在将投入转换为产出时所运用的各种技术，它取决于组织任务的要求，如工厂与医院的技术要求会有所不同。③社会心理子系统。它由相互作用的个人和群体所组成，它包括个人行为与动机、个人地位与作用、群体成员之间的相互影响等等。它最终表现为一种“组织气氛”，并影响组织成员的工作效率。④结构子系统。它具体表现为正式的组织结构图、职位说明、工作规则、工作程序等，其作用主要是为技术子系统和社会心理子系统提供固定的联系。⑤管理子系统。它负责制定目标、拟订战略计划、设计组织结构、建立控制程序，并使组织与其外部环境发生联系。

第二，组织是一个开放的社会技术系统，它处于与其环境的持续的相互作用之中，因此外部环境是与组织相关的重要因素。图1－2清楚表明了组织与其外部环境的关系：企业从外部接受人力、物力、资金、信息等投入，继而将这些投入转换成产品、服务等，并送回到环境中去，然后根据外部环境提出的要求进行调整，重新投入转换系统，开始下一轮新的循环。

相关链接

沃尔玛这个“组织”

认识一个“实际的”组织，有效办法之一是观察它的层次结构。让我们用这种办法来走进沃尔玛。

沃尔玛创办之初，只有商店经理和山姆·沃尔顿；后来，沃尔顿雇用了几个主管，协助他管理商店。但是，20世纪90年代，组织规模不断扩大，组织层次也随之增加。到2002年，公司已有大约4000家商店。4000名商店经理向350名地区经理负责，每个地区经理负责管理6～8家商店，并向35名区域副总裁负责。区域副总裁向6名部门主管负责，这些主管则向总裁负责。公司有50名资深副总裁，向20名执行副总裁负责，这些执行副总裁与6名部门主管一样，最终向总裁负责。

商店经理知道他们需要什么必须找地区经理，他们每个星期与地区经理至少见面一次。地区经理遇到自己无法解决的问题，会找区域副总裁，后者每周有三天在辖区内视察业务。比较而言，区域副总裁最不好当。他们通常每个星期一从本顿维尔镇的总部分别搭乘20架飞机，前往美国各地巡视，星期四则返回总部参加周末检讨会议。虽然当今手机、高速计算机和视频会议已非常便利，但沃尔玛仍然坚持区域副总裁必须每个星期到总部“面对面”地沟通。

沃尔玛规模庞大，不能不把权力下放给区域副总裁和地区经理。区域副总裁星期一到达辖区后，都会立即与地区经理联络，共同逐一检查每一家商店的运营状况，商定有哪些问题必须解决。区域副总裁经常率先发现问题，例如某个面包部门缺货，某个商店后面货车太多造成交通堵塞。

资料来源：罗伯特·斯莱特. 沃尔玛王朝. 中信出版社，2004：115－116.

二、治理结构视角的组织

（一）从公司治理结构入手分析企业组织

与管理学不同，经济学对企业组织的分析是从公司治理结构入手的。公司治理要解决的是由于所有权和控制权相分离而产生的代理问题，具体来说，就是要处理公司股东与公司高层管理者之间的关系问题，其目的就是要确保公司资本供给者一定的投资回报。钱颖一对公司治理结构的含义作了比较具体的概括。他说，公司治理结构是一套制度安排，用以支配若干在企业中有重大利害关系的团体——投资者（股东和贷款人）、经理人、职工之间的关系，并从这种联盟中实现经济利益。公司治理结构包括：①如何配置和行使控制权；②如何监督和评价董事会、经理人和职工；③如何设计和实施激励机制。

从产权关系和法律形态来考察，企业组织形态经历了独资企业——合伙企业——公司企业这样一个演变过程，这三种不同的组织形态中，"治理"的区别是很大的，也可以说，"治理"只有到了公司企业阶段，才成为一个复杂的组织问题。早期的独资企业（也称单一业主企业），剩余索取权由经营者个人或家庭所掌握，可以说无所谓"治理"。合伙企业是由两个或两个以上的投资者共同出资兴办的，这种企业一般通过合同来规定投资者的收益分配方式和亏损责任。在合伙企业中，剩余索取权与控制权也是合一的，但这时的"一"是指一个集体，而非个人，因而存在共有产权问题，当这一集体的规模增大时，代理问题、"搭便车"问题就日渐突出了。现代的公司源自17世纪，指的是拥有一个企业的合法的契约性的机构，它的资本来自投资者，由董事们和职员代表投资者的利益进行经营，所有权与控制权处于分离状态。从组织构成的意义上讲，现代公司中的公司治理结构由内部治理和外部治理两部分组成（见图1-3）。内部治理是公司治理的核心，其作用主要是通过董事会、监事会和股东对经营者的管理来实现的。外部治理包括一般股东与潜在股东、经理市场、产品市场等，它是内部治理的补充，其作用在于使经营者受到外界评价后实行自我调控。

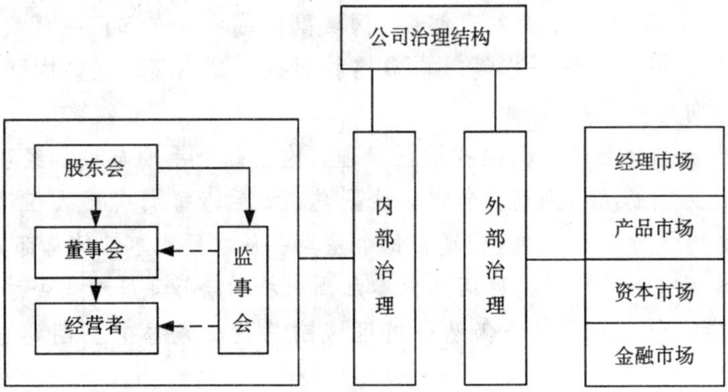

图1-3 公司治理结构

（二）公司的"内组织"——内部治理机制

内部治理机制常被称之为公司法人治理结构，它是由股东会、董事会、经营者和监事会组成的一种"内部"权力制衡机制。其中股东会选举董事组成董事会，并将自己的资产交由董事会托管；董事会是公司的最高决策机构，董事会聘用高层经理；由高层经理人员组成的执行机构负责公司日常的经营管理；由股东大会选举的监事组成的监事会负责对董事会和高层经理实施监督。

股东会——股东会又称股东代表大会，是公司最高权力机关。其主要权力包括：听取股东大会召集人报告；查核公司财务状况；就公司重大事务如任免董事、修改公司章程等作出决议。

董事会——董事会作为股东大会选出的公司领导机构，代表股东对公司实施管理，其主要权力有：制定公司经营目标和战略对策；任免公司高层经理并决定他们的报酬与奖惩；协调公司与股东之间的关系。

经营者——高层经营者由总经理、副总经理组成，他们是公司的雇员，受聘于公司董事会。其主要职责是：执行董事会决议；主持公司日常业务；任免职员并报董事会批准；提出公司年度报告。需要指出的是，由于现代经营环境的日趋复杂多变，客观上使经理人员需要更大的权限，因此现在公司的经理人员已拥有比过去大得多的权力，如公司的重大经营决策权实际上已经转移到他们手中。

监事会——监事会是监督检查公司的财务状况和公司业务执行情况的常设机构。其权力主要有：业务检查监督权，监事可以随时核查公司财务及业务情况；召集股东大会权，一名监事认为有必要，即可召开股东大会；公司代表权，公司与董事之间有交涉或发生诉讼时，监事代表公司。

（三）公司的“外组织”——外部治理机制

公司的外部治理是指出资人（股东和债权人）通过市场机制对经营者进行控制，具体表现为4个“市场”。

经理市场——从理论上讲，如果经理市场是完全竞争的，那么有能力和尽职的经理与没有能力和不尽职的经理就会被区分开来，前者会被提升并获得较多报酬，后者只能得到较低职位和较低工资，甚至可能被逐出市场。此外，在有效的经理市场上，董事会能够很容易找到新的经理来替代不称职者，即使现实中的经理市场并非完全竞争，这种来自经理市场的压力也会在一定程度上使在职经理尽职尽责。但是，由于不完全竞争的经理市场中的合适人选是有限的，因此与完全竞争的情况相比，经理市场的约束功能也是有限的。不仅如此，只要不完全竞争的经理市场不能反映经理真实的经营业绩，或不能对这种业绩作出准确反映（给予报酬），那么经理的积极性就可能大打折扣，甚至可能作出以权谋私的选择。

产品市场——在充分发育的市场经济条件下，存在着一个开放的、没有进入退出壁垒和地区分割的竞争的产品市场。在这个市场上，不同的产品和要素在由各自的稀缺程度决定的市场价格指导下，会在不同的企业和产业之间自由流动，在不同的企业之间、行业之间、产业之间甚至整个社会范围内就会形成一个平均的成就水平和利润水平。这样，各企业的利润水平就会成为一个能反映企业经营状况的充分的信息指标，而企业的经营状况在竞争的市场条件下，又是由经理层的能力、责任心和经营行为决定的，出资者只要把单个企业的赢利水平与这个行业的平均利润水平相比较，就可以对经理层作出相应的判断。

资本市场——资本市场约束的实质是对公司控制权的争夺，它的主要形式是接管。接管虽然不是一种经营性的约束方式，但它却是一种威慑力极大的约束，人们往往把接管视为遏止经理损害股东利益行为的“杀手锏”：在现代股份公司中，尽管每一位投资者所占股份比例很小，不足以单独构成对经理的有效约束，但是，高度流动的股票市场可以迅速地将分散的股份集中起来，这就使得接管公司成为可能。当然，有效的资本市场的形成有赖于完善的信息披露制度、严格的会计和审计制度等。因此，完善的资本市场不仅仅是一个有形的市场，而且还要有一系列配套的制度性规则。

金融市场——金融市场对公司治理的意义在于它为债权人有效地参与公司治理提供了一

个场所和渠道，这就是融资结构的治理，它是由公司的负债选择所提供的。如果一个公司选择了负债，由于经理至少不得不偿还债务，那么就受到了效率的限制。债权人在企业正常经营的状态下拥有现金所有权，当企业经营管理不善时，债权人对企业的资产就拥有所有权。从这个角度说，企业的所有权只是一种状态依存所有权，也正是所有权的这一依存性才使得出资者能够有参与治理的动机和能力。必须指出的是，为使债务成为约束的有效资源，必须有一个合适的破产程序来支持，即在违约拖欠时必须有一个合适的惩罚机制。如果破产程序对管理层来说是软的，就会破坏债务作为公司外部治理机制的约束作用。

第四节　管理的外部环境

一、外部环境因素的分类

广义地说，管理的外部环境包括组织外部的所有因素。但是此处加以分析的只是外部环境中组织较为敏感或组织为了生存必须做出反应的那些因素。这样，管理外部环境就是指存在于组织边界之外，并可能对组织产生一定影响的那些因素。管理环境包括一般环境和任务环境两个方面(见图1－4)。

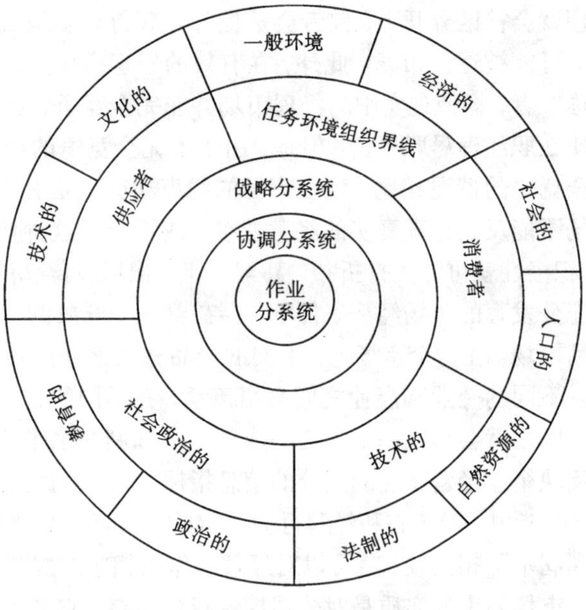

图1－4　组织外部环境构成

(一)一般环境

一般环境是指那些可能对企业的日常经营没有直接影响但存在间接影响的外部因素，它们主要有：

文化因素：包括历史背景、意识形态、价值观和社会准则；对权威关系、领导方式、人与人之间的关系、科学和技术的看法。

技术因素：科学与技术的发展水平，包括物质基础（工厂、设备与设施）及技术知识基础；科学技术界能够发展并应用新知识的程度。

教育因素：居民的普遍文化水平；教育制度的完善程度与专业化的程度；受过高等专业培训及专门训练的人所占的比例。

政治因素：社会的一般政治气氛；政权集中的程度；政治组织的性质（分权的程度、职能的多样性等）；政党制度。

法制因素：对宪法的重视程度；法律的性质；关于组织的组成、税收及控制的特殊法律。

自然资源因素：自然资源的性质、数量和可用性，包括气候与其他条件。

人口因素：可向社会提供的人力资源的数量、分布、年龄与性别。

社会因素：阶级结构及其变动性；社会作用的明晰度；社会制度的发展。

经济因素：基本经济结构，包括经济组织的类型——私有与公有的对比；经济计划的集中与分散；银行体制；财政政策；对物质资源投资的水平及消费特征。

（二）任务环境

任务环境与企业之间存在着较强的相互作用关系，它直接影响企业实现其目标的程度。这类因素主要有：

消费者方面：产品或劳务的销售者、产品或劳务的实际使用者。

供应者方面：新材料的供应者、设备的供应者、产品部件的供应者、劳动力的供应者。

竞争者方面：在供应者方面的竞争对手、在消费者方面的竞争对手。

社会政治方面：政治对行业的限制性控制，社会上对本行业及其特殊产品的政治态度等。

技术方面：适应本行业或有关行业在生产产品或劳务方面的新的技术要求；在行业中采用新的先进技术以改进或研制新的产品。

二、当今管理的外部环境特征

经济全球化在十多年前还只是人类的一种展望，而今天已成为现实。“全球化”条件下，管理的外部环境凸显出许多不同于过去的特征，当今的企业，认识和理解这些特征意义不同寻常。

1. 经济体制市场化

尽管有人认为全球化可以追溯到1492年哥伦布发现新大陆的时候，但真正意义上的全球化只是20世纪90年代的事。从1989年开始，东欧和前苏联都纷纷放弃传统的社会主义经济体制，包括中国在内的许多发展中国家也逐步由计划经济向市场经济过渡，市场经济原则在全球范围内得到普遍认同，世界90%以上的人口都生活在市场经济体制下。这一历史性的世界巨变，宣告了“两个平行市场”时代的结束，实现了世界市场的大体统一。由于“统一”条件下世界市场同质性的提高，资本开始在全球范围内寻找最高利润点，经济的全球化便应运而生。由此可见，是市场化为全球化开具了“体制通行证”。

相对于计划经济，市场经济的重要特点是分散的决策过程，即每一个人都可以充分利用他所观察到的信息，这种信息主要是指经济活动中那种分散在大众中的、非专业的、非常本地化的知识，哈耶克称之为“本地信息”。而人们之所以愿意捕捉信息、利用信息，是因为他们可以从中得到回报，这就是市场经济背后的激励。在西方人心目中，全球化的灵魂就是市场化。西方有一本关于全球化的书提出："在一个全球化的经济中……存在私有化的迫切需要；……存在市场自由化的迫切需要；……存在对于产业部门与市场放松经济管制的迫切需要"。显而易见，西方立场上的全球化有着很重的"生产关系全球化"色彩，西方国家希望世界各国基本制度能够统一在市场化这面旗帜下。中国投身全球化大潮，虽然不能完全接受上述西方立场，但是从整体取向看，市场化无论如何都是我们应有的选择，排斥市场化，不仅有悖于我国20多年改革的道路，也会使我们的企业在最重要的观念上与世界格格不入。

2. 技术基础信息化

如果说市场化是全球化的"体制"基础，那么信息化就是市场化的"技术"基础。信息化是信息资源、信息技术及其产业在国民经济和社会中的作用不断加强的过程，迄今为止，它"外在"的表现是给人类社会制造了一个"网络环境"。上个世纪最后10年，是信息化迅速推进的时期，据测算，到2000年底，互联网可连接100多万各类网络、1亿台主机和5亿左右的用户。互联网正在变成一个开发和使用信息资源的覆盖全球的网络。由于网络的开放互联性质，时间的连续性加强，使通讯实现了信息全球化；网络也使空间距离缩短，使得人类活动越来越不受国界的限制。网络环境所具有的这种时间和空间的无限扩充性和多样性，增进了世界经济的一体化。可以说，正是由于信息化提供的"技术"支撑，全球化才得以实现。

信息化条件下，人们看到越来越多的组织正在成为"电子企业"，这种企业通过互联网与它的关键利益相关者进行联结，以便更加快捷和低成本地实现其目标。电子商务就是一种典型的业务方式，该方式通过互联网完成商品的采购和销售，既不见"人"，也不见"货"，这是过去无法想象的交易方式。

当发达国家的企业置身于全球化环境时，它们对信息技术的开发研究和广泛应用的高度重视，就成了理所当然的事。美国企业的情况更典型一些。上个世纪最后10年里，美国私人企业每年在信息技术开发和研制上的投资都在1 000亿美元以上，1998年，信息设备投资占美国企业资本支出的比例已达到58%，成为美国企业最大宗的资本支出。相比之下，我国企业的信息化观念就显得比较淡薄，对信息技术的研发和应用投入十分不足。如已采用"企业资源规划(ERP)"的企业比例不高；制造企业已采用"制造资源计划(MRP)"和"计算机集成制造系统(CIMS)"的比例更低；仍然没有直接利用互联网的企业还有一定数量。这种落后状态如果继续维持下去，我们的企业就不可能提高国际竞争力，就可能被全球化所淘汰。

3. 知识资源主体化

在上个世纪的很长一个时期内，地球上最富有的人一直是拥有石油的人——从美国的洛克菲勒到亚洲的苏丹王布鲁勒。但在人类即将走向新世纪的时候，人们发现以比尔·盖茨为代表的脑力劳动者成了世界上最富有的人。于是经济学家告诉大家，人类进入了一个新经济时代——知识经济时代。在漫长的工业经济时代，机器、劳动力、原材料等是企业生产的核心要素，而到了知识经济时代，知识将取代劳动力和物质资源，成为企业产品价值的主体，成为企业创造物质财富的主要资源，企业经营也将随之迈向以追求知识价值为目标的智力经营时代。

知识经济与全球化之间是什么关系呢？知识经济起源于20世纪中叶开始的信息技术革命，它是建立在知识和信息的生产、分配及使用之上的经济。从这个角度上看，知识经济与全球化都是信息化推动下的产物，二者具有相互促进、相互包含的关系。事实上，全球化本身就富有知识经济的鲜明特征。因此，当我们思考全球化背景下企业管理问题的时候，重视知识资源就是顺理成章的事了。

强化知识资源观念，就是要实行一种新型的企业管理——知识管理，这是一种高度重视知识资源开发与利用的管理。由于知识可分为显性知识和隐性知识，因此知识管理也包括两个类别：(1)显性知识管理。显性知识是指以专利、科学发明和特殊技术等形式存在的知识，其管理技术与方法有多种。例如，将这类知识存放在有关数据库中，利用计算机网络进行查阅、使用，甚至可以通过全球计算机网络实现全球知识共享。(2)隐性知识管理。隐性知识是存储在人们头脑中的经验、诀窍、灵感等因素的综合体，它难以清楚地被他人观察和掌握，而又对员工的创新行为具有重要影响。因此，在知识管理中，隐性知识管理既是难点，又是重点。

4. 信用经济普遍化

守信，是一切经济行为的基本准则。没有信用，就没有秩序；没有信用，就没有交换、没有市场。可以说，市场经济就是信用经济。在经济全球化环境中，随着交往范围的扩大，交换关系会变得更加复杂，因而信用经济观念会比过去更加重要。

我国信用体系发育程度较低，很不适应全球化的要求。分析表明，在发达市场经济中，企业间的逾期应收账款发生额约占贸易总额的0.25%～0.5%，在我国这一比例高达5%以上。欧美国家中，企业间信用支付方式已占80%以上，纯粹的现金交易方式日趋减少；但是我国企业因为“安全”原因，则越来越排斥信用结算方式，现金交易甚至以货易货之类的原始交易方式被普遍采用。我们的企业不讲信用，不仅在国内相互“斗法”，而且还在国外惹祸。信用不足，已对我国企业以整体品牌进入世界经济圈构成明显障碍。有人问，外国人和我们做生意，为什么总是喜欢通过香港这个“中介”？原因就是我们的信誉变数较大，而香港的信誉比较可靠。他们宁愿少赚一些，把和大陆交往可能遇到的风险留给熟悉内地情况的香港人“摆平”。这不仅意味着我们的外贸利益有相当一部分被分割了，而且还意味着我们并没有直接“与世界握手”。

5. 公司运作透明化

研究WTO的时候，透明度这个概念会不断地出现在我们眼前。WTO的目标是建立一个完整的、具有活力的和持久的多边贸易体制，而透明度是实现这一目标的重要保证。实际上，几乎所有的WTO法律文件都规定和贯彻了政府透明度的原则，这个原则不仅要求政府公开有关贸易方面的法律制度和尽量公布与贸易有关的政府信息，而且还规定，要定期审查成员国的贸易政策和实践，评价被审查国家政府透明度的发展状况。从这个角度上看，中国加入WTO以后，国家与政府的秘密必然大为减少，出现在世人面前的将是一个“透明的”中国。

国家走向世界要透明，企业也是如此。在全球化条件下，公司透明度至少具有三方面的重要作用：第一，通过公司信息公开，可以拉近与投资者的距离，从而塑造一个透明和诚实的公司形象，给投资者一个良好的心理预期。第二，公司面对的是包括投资者、供应商、顾客、政府等在内的全体利益相关者，他们都拥有相对于公司的知情权，公司的信息发布，是对所有利益相关者的尊重。第三，“全球公司”的监督是全球化的，其难度要远远超过“国内公司”监督。增强这类公司的透明度，有利于减少有效监督的困难。

在走向全球市场的进程中，我国企业面临着较大的增加透明度的压力。首先，我们的企业管理从根本上讲是缺乏“民主”传统的，计划经济就是集权经济，越是集权，暗箱操作越严重。在这种传统下，讲透明度，往往要被当成对领导权威的挑战，这里存在着很大的观念冲突。其次，要透明，公开出去的东西不能太差，不然老是自我“曝光”，会自毁形象。然而，我们企业的管理，不规范的东西多，“家丑”难以外扬。再次，国际上的对手强者多的是，中国企业一“透明”，与人家一比较，隐蔽的劣势成为公开的短处，恐怕难有立足之地。

6. 管理制度人性化

哲学界注意到，全球化时代是一个“技术和经济语言”越来越强势的时代，它无时无刻不向人类发出物质力量、强权可以解决一切的错误暗示，结果导致人类一天天地远离人文精神。1999年联合国开发计划署起草的长达260页的《人文发展报告》也认为，有必要改写全球化的规则，使它们为人而不是为利润服务。报告指出，市场竞争可能是效率的最大保证，但不一定是平等的最大保证；不受约束的市场经济会使穷人更穷，富人更富。

在企业微观环境中，受全球化强势的“技术和经济语言”的影响，管理有可能变成一架纯粹的“效率机器”而无视任何人文关怀，这种“新管理”可能把企业员工推入一种无助与痛苦的深渊，从而一天天地验证着“只有人可以消灭人自身”的哲学论断。十分清楚，这种结局是谁都不愿意看到的。

由吕克·博尔坦斯基和夏娃·夏佩罗编著的《新资本主义精神》一书的问世，被许多人视为世纪之交一件有重要意义的事。该书的贡献也许是多方面的，但是该书对当今时代企业管理中要采用“新资本主义精神”的主张，无疑是最富于智慧的，最适合全球化时代管理需要的。在“新资本主义精神”中，感召力、想象力、系统的天赋、直觉、灵活性成为新领导者的理想特点。就像比尔·盖尔那样，穿戴普通，拒绝用官僚权威人士的正式服饰来包装自己。这种新领导者的道德模式，充满了人文关怀：它的理想形象是一种游牧式的“网络延伸者”，这种延伸轻巧易变，包容了差异和矛盾心理，使人们的愿望现实化，不拘礼仪而且友善，与财产没有固定关系——因为租用和并非绝对的所有权代表着未来。

相关链接

“走出去”的软实力危机

上汽在韩国双龙工厂遇到了“玉碎罢工”，并不奇怪。韩国工人的“夏斗”闻名全球，整个韩国产业界都非常头痛。上汽在收购双龙前已有预料，在整个罢工过程中的应对措施还算得当——一家中国企业，在国内从来没有处理罢工的经验，能在国外做到这个程度，已经非常不容易了。

让我们不安的，是在罢工事件中韩国产业界乃至韩国社会体现出的对中国企业的不信任感：“中国企业是来偷我们技术的”，“我们还可以把公司卖给中国企业吗?”韩国人与中国人一向友好，两国经济依存度很高，两国企业界在中国本土的合作也比较顺畅，为什么中国企业到韩国投资，会遇到这样的信任危机？如果“走出去”走到韩国这样，那走向欧美国家的企业，已经存在或潜在的信任危机是不是更严重？

这其中肯定有“中国威胁论”的潜移默化的影响。翻开西方主流媒体，关于中国企业在国外的报道，负面居多。你如果销售产品，早期是说劣质(侵害消费者)，后来又说倾销(侵害同行企业及工人)；你不卖产品去买原材料，又说你在全球范围争夺能源原材料，抬高了价格，扰乱了市场；你如果去投资买企业，总是推测这背后中国政府的影子，可能威胁到他们的国家安全。在技术上，你正面去买，他们担心“技术流失”，你自主创新又怀疑你是模仿剽窃。

你雇佣当地工人，媒体就报道年轻中国管理者粗暴不懂劳工权利，如果你解雇当地工人，更是不可思议的“野蛮行为”。你到欧美，他们居高临下地指责你，好像你弄乱了他们的屋子；你去亚非拉，又好像你闯入了他们的后院。——不管中国企业做什么，反正西方舆论都有一套成型的解读范式，总能找出消极和负面的因素。

认识到这一点，中国企业和社会更应该认真思考“走出去”的文化问题。

一个后发展国家企业群的兴起，不单是对全球商业格局的改变，也必然会给全球商业带来新的血液、新的文化。在中国企业走向全球的历史时刻，我们将带给全球商业什么样的文化呢？先要看看中国企业近30年来在本土社会上形成了什么样的商业价值观和商业模式，看看其中哪些适合“走出去”，哪些不适合。这个梳理过程，是自我认知的过程，也是自我否定、自我提升的过程。“己所不欲，勿施于人”，那些不适合继续存在于要求和谐的本土社会的，可能也是不适合“走出去”的。在本土社会都难以受尊重，怎么能够做“受当地人民尊重的企业”？

但是，更大的难题是留给整个中国社会的：企业“走出去”，急需“走出去”的文化来支持。好莱坞和《财富》杂志把美式商业文明推向全球，巴黎－米兰时尚及足球文化造就了魅力无穷的欧洲消费品牌，“韩流”赋予韩国电子企业巨大的亲和力，中国社会能够给企业界注入什么样的“软实力”？

资料来源：牛文文. “走出去”的软实力危机. 中国企业家，2006(21).

本章概念

管理　资源　效率　效益　计划　组织　指挥　控制
功利主义道德观　个人主义道德观　权力道德观　公正道德观
绿色管理　公司治理结构　公司内部治理　公司外部治理　社会责任
信息化　知识经济

问题思考

1. 怎样完整地理解管理这一概念的内涵？
2. 实践中的管理者具体表现为怎样的角色？
3. 管理道德反映了管理者处理不同利益主体之间矛盾的行为准则，管理者应该确立怎样的管理道德？
4. 按照卡斯特与罗森茨韦克的“组织系统模型”，组织构成要素有哪些？
5. “组织是一个开放的社会技术系统”，按照这一观点，怎样理解组织与环境的关系？
6. 简述公司法人治理结构与公司治理结构的区别。
7. “经理市场”作为公司外部治理机制的一部分，是怎样形成对经营者的控制的？
8. 管理者应如何对待社会责任？
9. 信息化是怎样影响企业管理的？
10. 怎样认识管理制度人性化的全球趋势？

☞ 案例分析

海尔是平的

海尔的一切实践都呈现出前瞻性和变革性。

从1990年代初开始实施的日事日毕、日清日高OEC管理法，到1998年开始实施的长达8年的流程再造，从2005年底开始实施的“人单合一”战略到今天更加明确的“人单合一信息化日清”——所有这些探索都毫不掩饰地体现着海尔的法则：变者生存；所有这些富有前瞻视野的超前理念，都表达着海尔不变的信念：打造一个与市场共舞的平面化的海尔。

在信息化时代，世界正变得越来越扁平。这是托马斯·弗里德曼在其《世界是平的》一书中，为我们描绘出的时代背景——信息化和全球化。

海尔“人单合一信息化日清”的提出，正是源于这样的背景。在这一背景下，海尔要进行一场基于信息化基础上的“平面化运动”——将一个平面化的企业内部机制与平面化的全球市场有机联结起来——而且必须加速实现。以此为前提，海尔在致力追求一种跟上或超越市场变化的速度竞争力。2005年12月25日，海尔在正式宣布启动全球化品牌战略的同时，将2006年的发展主题确定为“人单合一、速决速胜”。

对此，张瑞敏有一个狮子和羚羊的比喻：“世界是平的，围墙没有了，所有的狮子都可以吃所有的羚羊。海尔要发展不应再像羚羊一样拼命奔跑求生存，而是不断地变化，把自己变成狮子。”

而只有一个平面化的海尔，对市场有敏锐感知力和反应力的海尔，在无穷尽的市场变化中左右逢源的海尔，才能具备狮子一样的体魄、狮子一样的速度，才能速决速胜。张瑞敏这样向记者描绘他对平面化企业的认识：世界是平面的，而如果你自己不能变平，那你就是一堵墙——阻碍了自己的墙。

“人单合一信息化日清”就是推倒这面“墙”的唯一路径选择。

如果说，“人单合一”要确立海尔发展的一种崭新机制，那么“信息化日清”就是对这一机制实现的手段保证。张瑞敏这样对记者介绍：所谓“单”就是有竞争力的市场目标，每个人都和自己的市场目标联系在一起，都要创造自己的市场。所谓信息化日清就是通过信息化手段，对每个员工、每个经营体每天的工作有一个日清，对市场变化、经营状况、个人业绩等进行即时反馈，以最快的速度掌握市场脉搏。海尔要通过“信息化日清”，清到“终端”即每一个直面市场的人，“清”出每一个经营流程和市场终端的薄弱环节，“清”出所有问题的原因，“清”出解决问题的方法，“清”出经营人的正确的价值导向，最终“清”出一个扁平化的、透明的海尔价值链，“清”出每一个人的主动性和市场竞争力。

在长达8年的市场链流程再造之后，海尔“人单合一信息化日清”的提出，是对整个企业组织结构的又一次颠覆性变革。这种变革源于海尔对“经营好市场首先要经营好人”的独特理解——要想企业贴近市场，每一个员工首先必须贴近市场，企业要完成既定的目标，每一个员工必须首先完成自己的目标——而且是有竞争力的目标；这种变革同时也出于海尔对信息化时代的独特理解——信息化的市场变化是如此之快，而过去层级式的组织结构层层形成信息阻隔，只有实现一线到底的信息传递机制，才能达到信息化时代的两个目标，就是速度和准确度的合一——比竞争对手更快、与市场节拍更贴近、市场目标更准确、正确做事的能力更强。

让“员工做大”，这是海尔“人单合一”机制的最关键价值取向，而让“顾客做大”，则是海尔“人单合一”机制的最终价值取向。

对今天的海尔员工来说，他们要面临的可能是有史以来最激动人心的变革，他们要参与一场“全员升级行动”——成为自主经营的“老板”。从一个被动的按照指令完成任务的“打工者”，到按照市场规则，通过自主经营，实现最大自我价值和最大企业价值的“经营者”，这是一种多大的转变呢？

然而，“身份”的“转变”本身并不是目的，海尔实施的全员升级行动，其目的就是让每个人都“动”起来，从而让整个企业都动起来。

张瑞敏的解释再清楚不过：“企业之间的竞争力，说到底还是人才的竞争。海尔就是要通过人单合一的模式，让每个人都成为自主创新的SBU(战略事业单位)、自主创新的小老板，让每个人都产生最大价值。”

让员工当老板，员工与企业的关系，则必须是一种自主经营的核算关系。海尔用三句话归纳了这种关系——“留足企业利润、挣够市场费用、盈亏都归自己”——海尔要在市场的法则下，用自主经营的机制核算到每一个SBU经营体。而这其中，“留足利润”才能体现企业的竞争力，“挣够市场费用”才能谈得上市场经营，而“盈亏都归自己”则是一种全新的市场激励。

海尔“人单合一信息化日清”的本质，就是通过转变过去职能式的管理，帮助员工从打工者变成经营者。海尔并不是把单纯将员工“抛入”市场的海洋，而是以一个能帮助员工“赢”的资源机制，让每一个人都能取得成功。

“产品代表经营者”的出现，正是这样一个在能够“赢”的资源机制上实现目标的自主经营者。

“产品代表身处市场的关键终端”，张瑞敏这样介绍产品代表的重要性，“他们最能感受到市场的变化，他们能够提出满足市场的订单。由此，所有的人和资源都应该是满足他，他应该成为一个撬动市场的支点，而所有资源则是‘撬动’的杠杆。”

在这里，产品代表作为一个老板，他组成一个产品代表经营体，在这个经营体中，从研发、到物流、到人力、到财务……所有他需要的资源，都应该成为他的市场资源，都不应该因为部门之间的不同而受到资源的约束——这是海尔要实现的全员自主经营体的本质。

在人单合一的机制下，未来的海尔将是一个由许多无边界团队组成的全球经营群体。

作为平面化海尔的最直接体现，这种“无边界项目团队”，同样也是海尔员工自主经营体系的延伸，是一个能够整合内部所有可用资源以实现经营目标的“企业经营体”。

在这里，项目就是有竞争力的市场目标，而团队则是为实现这一目标而设立的组织。

海尔的设想是：在确立有竞争力的项目基础上，以项目为核心，成立一个个项目团队，并最大限度地调动所需资源，最终完成市场目标。

这是一种自上而下的全员创新动员行动。对承担着具体项目的海尔副总裁、本部长们(S级SBU)来说，挑战首先面对着他们。只有他们首先找到自己的市场与用户，“让员工做大”才有目标，员工自主经营的机制才能建立。其次，S级SUB之间首先打破职能组织组成团队，为员工提供资源建立平台，员工才能形成自己的创业平台，在这一前提下，管理者不再是“发号施令”，不再固守“唯我独尊”的职能管理观念，而是要为员工提供资源与服务，为项目团队提供资源和服务。在这里，S级SBU就是一个资源提供者。

张瑞敏曾说：“我佩服GE的韦尔奇，他既能把企业做大，同时又能把企业做小。在全球企业中，只有他做到了。”海尔“人单合一信息化日清”的真谛，也许就是张瑞敏“把企业做小”的追求。

资料来源：新浪网，2006－12－20.

问题分析：

1. 在“人单合一信息化日清“管理模式中，计划、组织、指挥、控制四大管理职能是如何具体表现的？

2. “产品代表经营者”与一般管理者比较有何不同？

3. 从海尔“人单合一信息化日清”管理模式来看，张瑞敏所说的“把企业做小”是什么含义？

4. 海尔“人单合一信息化日清”管理模式的提出与信息化、全球化的时代背景之间有什么关系？

参考文献

[1] M·兰德曼. 哲学人类学[M]. 贵阳：贵州人民出版社，1988：210、195、248.
[2] 弗里蒙特·E·卡斯特，詹姆斯·E·罗森茨韦克. 组织与管理[M]. 北京：中国社会科学出版社，1985：9－10.
[3] 彼得·德鲁克. 管理——使命、责任、实务(使命篇)[M]. 北京：机械工业出版社，2006：9－10.
[4] 丹尼尔·A·雷恩. 管理思想的演变[M]. 北京：中国社会科学出版社，1997：568、4.
[5] 戴远. 东方人和西方人在管理学方面的分歧[J]. 中外企业文化，2000(10).
[6] 苏东水. 东方管理学[M]. 上海：复旦大学出版社，2005.
[7] 颜世富. 东方管理学[M]. 北京：中国国际广播出版社，2000：9－12.
[8] Henry Mintzberg, The Nature of Managerial work. New York: Harper &Row, 1973, 92－93; Henry Mintzbery, Managerial Work: Analysis from Observation. Management Science 18(1971), B97－B110.
[9] 理查德·L·达夫特. 管理学[M]. 北京：机械工业出版社，2003：133、146.
[10] 弗里蒙特·E·卡斯特，詹姆斯·E·罗森茨韦克. 组织与管理[M]. 北京：中国社会科学出版社，1985：132、159.
[11] 彼得·德鲁克. 管理的实践[M]. 北京：机械工业出版社，2006：12、84－85.
[12] 钱颖一. 现代经济学与中国经济改革[M]. 北京：中国人民大学出版社，2003：109.
[13] 里斯本小组. 竞争的极限——经济全球化与人类未来[M]. 北京：中央编译出版社，2000：60.
[14] 黄仁伟，吴雪明. 试析信息技术对美国“新经济结构”的影响[J]. 世界经济研究，1999(6)：25.

第二章　西方管理思想的历史演进

☞ 学习目标

学完本章之后，应该能够：

- 理解科学管理的实质
- 明了古典组织理论与科学管理理论的区别
- 了解梅奥人际关系研究的主要结论
- 认识管理理论“丛林式”发展阶段的基本流派
- 把握近 20 多年来管理学的发展动向

☞ 开篇实例

亨利·福特首创移动式汽车生产线

1906 年，福特决定生产较便宜、利润较低的新车型，以突破汽车高价位对市场开拓的妨碍。他宣称：“我要为大众生产汽车。”为了降低生产成本，福特在 1910 年开始了持续 17 年之久的工厂自动化实验，他的格言是：“任何事情都可以做得更好。”

福特率领一群效率专家，检讨装配线上的每一个环节，试验各种方法，以求提高生产力，而他最重要的突破就是创设了移动式装配线。汽车生产过程非常复杂，其中最重要的是时间控制，任何一个步骤出问题，都会影响后面的作业。第一条移动式装配线是用来组装飞轮式磁发电机，测试的结果比老方法快 6 分 50 秒。当其他装配线也全面更换为移动式时，一辆 T 型车的装配时间由 12 小时 30 分缩短为 5 小时 50 分。1914 年 1 月，福特开发出“链条带动永不停歇”的输送带，在工作站之间运送半成品，工人都在原地不动。3 个月之后，公司又设立与人同高的生产线，所有零件、输送带等都在人腰部的高度，工人可以重复装配工作，连脚也不必动。

1914 年，福特公司 1.3 万名工人，生产了 260 720 万辆汽车，而其他同业的 66 350 名工人，则只生产了 286 770 万辆。有人批评装配线的分工方式将工人变成不用大脑的机器，厂方以操纵生产线的速度来奴役工人。福特则极富智慧地说：“我听到时下一般人讲，我们把工作变得毫无技术可言，其实不然。福特公司在设计、管理、工具制造等方面引进更好的技术，使得没有技术的工作也能分享这些技术的成果。”

资料来源：孙剑峰，张伟. 评述全球 500 强. 中国对外翻译出版公司，1999：206－207.

亨利·福特开创了一个新时代，每个人都可以拥有汽车的新时代，他独特的为大众服务的经营理念和汽车生产线，一方面给自己带来了丰厚的利润，另一方面也改变了美国人的消费观念，从此，美国成为汽车的王国。福特的成果显然也属于管理思想方面的贡献，他的思想与无数像他一样关注管理效率的智者所作的探索，构成了源远流长的西方管理思想的长河。

本章拟从管理史的角度给出一个西方管理思想演进的大致轮廓，为全书后面各章关于西方管理思想的讨论提供了一个背景。这个轮廓将表现西方管理思想演变的四个阶段：第一阶段，19 世纪末到 20 世纪 20 年代的古典管理理论时代；第二阶段，20 世纪 20 年代到 20 世纪 50 年代初的以人际关系研究为重点的时代；第三阶段，20 世纪 50 年代以后管理理论“丛林式”发展的时代；第四阶段，最近 20 多年来西方管理思想发展的动向。

第一节　古典管理理论

管理的实践同人类历史一样悠久，但是管理学著作的历史却只有两百年左右，而其中最重要的一些著作都是近一个世纪才问世的，严格地说，人类的系统管理思想的形成，开始于 19 世纪末泰罗的“科学管理”，虽然在此之前就产生了许多早期的管理思想。因此，古典管理理论中的“古典”二字并不包含古时的意思，现代管理学所说的古典管理理论是指那些最早给管理学作出定义，并通过将管理实践作为一门学科来进行研究而形成的理论体系，古典管理理论的观点，主要反映在 20 世纪 20 年代以前的管理学文献中，主要包括“科学管理理论”和“古典组织理论”两大部分。

一、科学管理理论

19 世纪 50 年代和 60 年代，欧美资产阶级民族民主运动气势磅礴，促进了资本主义经济的迅速发展。在美国，工业企业的资金积累大幅度增加，但是，组织和利用这些资金的落后方式却成为妨碍生产率提高的主要障碍，当时，没有制订标准化的生产方法和程序，也没有强调工作的协调化和一体化，因此劳动生产率很低，劳动力浪费十分严重，而当时由于新的市场不断开发，劳动力又显得很短缺。在这样的背景下，一些人开始探索如何发挥劳动力的潜力，如何更加有效地使用劳力。“科学管理”就是在这种背景下产生的。

(一)泰罗首创的“科学管理”

科学管理的创始人是美国人费雷德里克·温斯洛·泰罗(1856—1915)，他被称为“科学管理之父”。

泰罗关于“科学管理”的研究工作是从他在米德维尔钢铁厂当工长时开始的。当时，他注意到工人中“磨洋工”的现象以及多劳不能多得之类的不合理管理制度，他决心改变现状。1880 年，他在车间开始了时间研究、金属切削研究等；1899 年他又在伯利恒钢铁厂进行了搬运生铁、铲铁等试验。在长期的研究中，泰罗先后撰写了《计件工资制》《工厂管理》《科学管理原理》等论著。

什么是“科学管理”？泰罗说：“科学管理不过是一种节约劳动力的手段而已。也就是说，科学管理只是能使工人取得比现在高得多的效率的一种适当的、正确的手段而已。这种手段并不会大量增加比工人现在更重的负担。”具体地，泰罗的科学管理可分为作业管理和组织管理两个方面。

1. 作业管理

第一，制定科学的作业方法。①进行时间研究和动作研究，即对工人作出的每一个动作和每一道工序的时间，用马表进行测定，并分析研究，除去动作中多余的和不合理的部分，从而确定标准的作业方法。②实行作业工具和作业环境的标准化。例如，经过铲铁试验，确定每铲铁的重量为21磅时效果最好，据此按照各种物料的不同比重，设计大小不等的都能铲21磅物料的各式标准铁铲。③按照标准的作业方法和合理的组织安排，确定工人一天必须完成的标准工作量。

第二，科学挑选与合理培训工人。泰罗认为，人具有不同的才能，一个人对完成某项工作可能是最好的人选，但对于另一项工作则可能不合适。管理者的责任就在于为每项工作找到最合适的人选，并对他们加以训练，以改变以往由工人自行选择工作、凭经验作业的做法。

第三，实行刺激性的差别计件工资制度。以标准工作量为比照，对完成和超额完成工作量定额的工人，分别以较高的单价计件支付工资，这实际上是对高效率劳动付给“大笔奖金”；对没有完成工作量定额的工人，则以较低单价计件支付工资，甚至使他们得不到基本的日工资。

2. 组织管理

第一，把计划职能与执行职能分开，变经验工作法为科学工作法。所谓经验工作法就是工人用什么方法操作，使用什么工具等，都由他们按照自己的经验和习惯来决定。泰罗认为这样不行，他说：“在大多数情况下，需要有一部分人先做计划，另一部分人去完成。”他主张把计划职能从工人身上分离出来，由专门的部门去做，工人只负责执行作业计划。

第二，实行职能工长制。在传统的组织机构中，一个工长要圆满地履行他的职责，必须具备9种素质：①智能；②教养；③专门的或技术性的知识，敏捷而有力量；④才能；⑤精力；⑥坚韧刚毅；⑦正直；⑧判断力或常识；⑨健康。泰罗认为，一般人很难完全具备这些素质，而只能具备少数几种。因此，为了使工长的素质与其职责相匹配，就必须将管理工作予以细分，使所有的工长只承担一种管理职能。泰罗培训了8个职能工长，以代替原来的一个工长，这8人4个在计划部门，4个在车间。他们每人只负责一方面的工作，在自己职能范围内都可以向工人发布指示。这样每个工人必须接受若干上级的领导。由于这种“多头领导制”在实践中容易引起混乱，因此并未得到推广。但是泰罗的这一思想为以后职能部门的建立和管理的专业化提供了参考。

第三，实行例外原则。泰罗考虑到，较大规模的企业不能仅仅依据职能原则来组织和管理，而必须应用例外原则，即高级管理人员为了减轻处理繁琐事务的负担，把处理一般日常事务的权力授予下级管理人员，而自己只保留对例外事项（即重要事项）的决策权和监督权，如基本政策的制定和重要人事的任免等。泰罗提出的这一原则，成为现代企业管理中分权制度的先声。

（二）泰罗的合作者与追随者对科学管理的贡献

作为一种比较系统的管理思想，科学管理理论不只是属于泰罗而是凝聚了泰罗许多的合作者和追随者的研究成果。

1. 甘特

1887年至1902年间，甘特曾在米德维尔和伯利恒钢铁厂充当泰罗的密切合作者。人们谈论他对科学管理的贡献时，都会想起他设计的“甘特图表”。这种图表在x轴上标出计划的工作任务及其完成情况，在y轴上标出所费时间，这种生产进度表至今仍被使用。

任务——奖金制度是甘特的另一项设计，按照这种制度，一个工人在完成工作任务之后，除了日工资外还可得到奖金。如果一个工人未能完成任务，也可获得其日工资，只是没有奖金，但是并不受罚。甘特的这一主张与泰罗的差别计件工资制有着显然的区别，在实践中取得了很大的成功。

甘特是金钱非唯一因素论的创始人之一，他认为工作保证也是一种刺激。他大力宣扬关于企业责任的观点，强调企业追求的目标应当是为人们服务，而非盈利生财。

2. 吉尔布雷思

在动作研究和劳动简化方面，吉尔布雷思取得了重大进展，他曾经当过垒砖的徒工，对于劳动基本动作的次序和方向的分析，使他将垒外墙砖的动作从18个减少到4个半。在研究过程中，吉尔布雷思还发明了一些工具，如计秒器。他用一个照相机在计秒器转针移动的背景下拍摄劳动的过程，从而分析了劳动动作中的若干分动作。

3. 埃默森

1910年，埃默森在洲际商务委员会为反对美国东北部铁路公司提高货运费作证时，声称只要采用科学管理，铁路系统每天可节约一百万美元。他的话对科学管理的价值无疑是一种有力的宣传。1912年，他发表了《十二项效率原则》，其主张完全贯穿了科学管理的基本精神。

（三）科学管理的客观检验

泰罗及其合作者、追随者是对管理思想进行规范化研究的先驱，在他们之前，没有任何人把管理实践发展为像“科学管理”一样系统的专门理论。事实上，“科学管理”在美国曾受到许多公司的重视，并广泛传播到其他工业发达国家。

但是，“科学管理”在当时并没有引起一场泰罗所期待的“心理革命”，甚至还遭到了失败。从社会因素方面看，其主要原因是：工会领袖们把科学管理视为一种对劳工的威胁。他们认为如果将工作的计划与执行两种职能分开，劳动者的权力就会受到削弱；而且，工作的专业化也加大了一个工人被另一个工人所代替的可能。另外，实行完全按照完成标准劳动量确定“公公正正的工资”的报酬制度，同工会的通过集体协议确定工资的原则是相抵触的。1909年，美国政府在水城军工厂实行“科学管理”，导致了由工会发起的罢工，罢工得到了美国劳工联合会的支持。

“科学管理”的遭遇，还有其自身的原因。首先，泰罗认为人基本上是受经济利益所推动的“经济人”，他的所有主张几乎都是以这个假设为前提的。其次，泰罗仅仅重视个人而完全忽视集体，他未曾注意到集体成员之间相互作用对劳动效率的积极影响，他反对工人的集体行为，认为当工人结帮成伙时，工作效率就会下降，只有工人个别化，才能实现高效率。

“科学管理”在理论上存在着缺陷，在实践中受到了冷遇，但是，人们在对它进行历史的检验的时候，仍然会感受到它不同寻常的价值，就像列宁所说的那样，泰罗制一方面是资产阶级剥削最巧妙最残酷的手段，另一方面也是一系列最丰富的科学成就。

相关链接

泰罗论科学管理的实质

科学管理不是一种计算成本的新制度，不是一种支付工人工资的新办法，不是一种计件工作制，不是一种奖金制度，不是一种付酬制度，也不是一种支配工人的计划；科学管理不是拿着秒表观察一个人的工作并记下他的情况；它不是工时研究，不是动作研究或对工人动作的分析；科学管理不是印制一大批表格并将表格发给一些人，而且说，“这就是你们的制度，照着办吧”；不是职能工长制。一般人在听到“科学管理”这个词时就会想到一种或几种上面所谈到的方法，但是科学管理不是其中任何一种方法。我主张采用这些方法，但是我所强调的是，不管是所有这些方法还是这些方法中的一部分，都不是科学管理，它们只是科学管理有益的辅助手段。

科学管理在发展上包含着要求在任何一个具体构成或企业中工作的工人进行一场全面心理革命——要求他们在对待工作、同伴和雇主的义务上进行一种全面的心理革命。此外，科学管理也要求管理部门的人——工长、监工、企业所有者、董事会，同样要进行一种全面的心理革命。双方心理上发生的这场伟大的革命就是双方把注意力从被视为最重要的分配剩余的问题上转移开来，而共同把注意力转向增加剩余上。他们会看到，当他们双方不再相互敌视，而是肩并肩地向同一方向迈进时，通过他们的共同努力所创造的剩余将多得令人目瞪口呆。他们双方都会认识到，当他们以友好合作来代替对抗和斗争时，工人工资和雇主利润就有大大增加的余地。

资料来源：丹尼尔·A·雷恩. 管理思想的演变. 中国社会科学出版社，1997：169 – 170.

二、古典组织理论

全部的“科学管理”思想的侧重点仅仅在于以科学的方法分析工作过程以及对劳动行为进行督促，它所涉及的范围相对整个管理的范畴来说还是比较狭窄的。从这个角度上看，古典组织理论正好使管理学的研究领域得到了扩展，因为它将视角转向整个组织内部的协调这个更为复杂也更为抽象的领域。这类理论提出和探索了两个方面的问题，一是组织结构设计、建立和维持的基本原则是什么？二是组织管理的基本职能是什么？下面阐明的是古典组织理论中两位重要代表人物的观点。

(一)法约尔的行政管理理论

亨利·法约尔(1841—1925)出生于法国，他一生中长期从事企业管理工作，晚年担任大学管理学教授。他的理论不仅适应于工商企业，而且对政府、教会、军队等都具有指导意义。

法约尔提出了 14 项管理原则：①劳动分工。劳动专业化是各种组织正常发展的必由之路。②权力与责任。行使权力，就要承担责任，而且二者之间应当相称。③纪律。没有纪律，任何企业都不能兴旺发达。④统一指挥。一个雇员只应接受一个上级的指挥。⑤统一指导。目的相同的一组活动只能有一位负责人、一个计划。⑥个别利益服从整体利益。个人或小集团利益置于组织整体利益之上的现象应当克服。⑦人员报酬必须公平合理。⑧集中。集中的程度应视管理人员的性格、下级的可靠性和组织情况而定。⑨等级链。从上至下进行联系的各个权力层次的结合称为“等级链”，它使统一指挥成为可能。⑩秩序。人与物各得其所。⑪公平。亲切、友好和公正。⑫人员稳定。要鼓励管理人员长期为组织服务。⑬主动性。给人以发挥主动性的机会是一种强大的推动力。⑭集体精神。职工的融洽是企业的巨大力量。

法约尔还提出了五种管理职能：①计划。指管理人员为制定组织行动方针而进行的全部活动。②组织。指确定工作任务和权力结构。③指挥。即对下属行动给予指导。④协调。调和组织各部门以及全体职工的行动。⑤控制。对计划执行情况加以检查，发现和纠正错误。

（二）韦伯的理想官僚组织观点

马克斯·韦伯（1864—1920）是现代社会学的奠基人之一，同时又是一个对经济、社会和行政管理思想有过重大贡献的杰出人物。他提出的一系列与组织管理有关的重要思想，已被当代管理学奉为经典，并由此获得“组织理论之父”的尊称。按照韦伯的观点，“任何统治都企图唤起并维持对它的‘合法性’的信仰”，而这种“合法性”是建立在三种统治类型之上的：合法型统治、传统型统治、魅力型统治。韦伯认为，在上述三种统治类型中，唯有合法型统治是“最合理”的，这种统治类型造就的是一种“理想的官僚组织”。

1. 合法型统治

韦伯指出，合法型统治有若干特征：①通过协议或强加的任何法律法规都应当以理性为取向，并制订成章程，同时统治者有权要求团体成员尊重它。②团体的成员服从统治者，并非服从统治者个人，而是服从那些非个人的制度。他进一步说，合法型统治是非人格化的：没有憎恨和激情，也没有“爱”和“狂热”，而只是处于一般的义务概念的压力下；不因人而异，形式上对人人都一样。③实行职务等级原则，即每一个下级机构都处于上级机构的监督和控制之下，但下级机构有权向上级机构投诉或提出异议。④采用专业培训制度。在正常情况下，只有接受了专业培训并且成绩合格者，才有资格参加一个团体的行政管理班子，才允许被任命为“官员”。⑤管理当局的成员，必须同生产物资或管理物资的所有权完全分开，这些物资是由别人以实物或金钱的形式提供给他们使用的，并非他们自己所有。此外，组织占有的财产与官员的个人财产也要完全分开，相应地，官员行使职务的场所也要与其住所完全分开。⑥任职人员不得将职权占为已有；职权的占有，不是为官员达到个人目的而提供方便的，而是为了服务于“纯粹的”职务上的事务。⑦建立行政管理档案制度。任何决定和规则都要以书面形式加以规定和记载，包括初步讨论的建议和最后的决定。书面文件与官员结合在一起，就产生了办公机关，就形成了组织的行动核心。

关于合法型统治的具体运作，韦伯认为，它是那种借助官僚集权的行政管理班子而进行的统治。“官僚”一词在这里并不具有文牍主义、低效率等含义，按照韦伯的设计，官僚集权组织就是要通过“公职”或职位而不是通过个人或“世袭”来进行管理。韦伯坚信，“纯粹”的官僚集权组织是对人进行绝对必要的控制的最合理手段，在精确性、稳定性、严格的纪律性和可靠性等方面，它比其他任何形式都要优越；它使得组织的负责人以及同组织有关的人能够对其结果作出十分准确的估计。归根结底，这种组织能够获得最大限度的效率。

2. 传统型统治

关于传统型统治的特点，韦伯的分析是简练而深刻的，他概括说，如果一种统治的合法性是建立在遗传下来的（“历来就存在的”）制度和统治权力的神圣性基础之上的，这种统治就是传统型的。在这种统治下，对统治者的服从是由于传统赋予了他们固有的尊严；统治者不是“上司”，而是众人的主子，行政管理班子成员首先不是“官员”，而是他个人的“仆从”；下属服从的不是章程，而是统治者个人；而统治者个人又具有随心所欲、武断、专横的权力。

传统型统治的行政管理班子的产生也很有特点，韦伯将其分为两类。第一类：世袭的招募，即通过恭顺的纽带，招募与统治者有“传统关系”的人，如氏族成员、从属于家庭的家臣、受庇护的隶属子民等。第二类：非世袭的招募，对象包括基于个人依赖关系的“宠信者”、与统治者有合法关系的同盟者等等。韦伯注意到，让统治者氏族的成员占据最重要的职位，并实行任用“宠信者”的任人唯亲原则，是传统型统治最大的管理特色。

韦伯联系到合法型统治下的诸多情形，认为传统型统治中的行政管理班子缺乏一些重要的效率促进因素：①缺乏按照章程确立的、固定的权限，统治者可以随意下达“任务”，更改关于权限的安排。②缺乏固定的、合理的等级制度，统治者不管在哪里出现，所有的人都要为他让路——这充分体现了“统治者在场时，一切司法权都暂停生效”的传统的德意志法律原则。③缺乏按章程要求的官员晋升制度，官员的招募只是统治者恭顺需要的满足手段，官员的升迁也只能依赖统治者的恩惠。④缺乏专业培训，家臣和宠信者似乎无需基本的专业资格。

3. 魅力型统治

作为著名的社会学家和哲学家，韦伯的思想处处都闪烁着智慧的光芒，他对魅力型统治的阐述，同样是耐人寻味的。他认为，魅力应该叫做一个人的被视为非凡的品质。比如说，预言家、智者、狩猎的首领、战争英雄，这些人都被看做天分过人，具有超自然的、超人的、他人无法企及的素质，甚至是受神灵差遣的，他们因此被视为“领袖”。

韦伯把魅力型统治的团体称为“感情共同体”，在这类组织中，行政管理班子基本上无“章程”可言。①成员并非“官员”，至少不是在专业上训练有素的官员，他们既不是按等级观点，也不是按对家庭或个人依附的观点选择的，而是按对统治者魅力的适应性选择的：与“预言家”相适应的是“信徒”，与“好战王侯”相适应的是“扈从”，与“领袖”相适应的是“亲信”。②既没有任命或罢免，也不存在资历和升迁，而是仅仅在被召唤者的魅力资格基础上，依照领袖的直觉加以召唤。③不存在“等级制度”，如果行政管理班子的魅力不能胜任某项任务，就要仰仗领袖的干预。④没有固定的“机构”，而是仅仅从魅力上讲，在统治者委托下以及在自己魅力的范围内，有受指派的“从命者”。⑤没有规章，没有抽象的法律原则，没有以传统的先例为取向的司法判决，而是在形式上根据具体案例，现时地创造法律；一切魅力型统治者，都会自行创立和宣告新的章法。

在进一步的研究中，韦伯看到了魅力型统治与合法型统治及传统型统治的尖锐对立：合法型统治尊重理性分析和规则约束，而魅力型统治则排斥理性和规则，推崇神谕、灵感和个人意志；传统型统治注重先例的约束，并且在这一点上同样是以规则为取向的，而魅力型统治通常是抛弃历史，一切行为都是革命性的，

第二节　以人际关系研究为重点的管理理论

20世纪30年代到50年代初期，管理思想的发展变为两个分支，一支是人际关系运动，另一支是关于组织的结构和设计的研究。但是，在此期间，人际关系运动一直处于主导和核心地位，绝大部分研究成果都集中在这个方面，事实上，这一时期是继古典管理理论之后的

典型的“人际关系学说阶段”。

古典管理理论大体上是以“事”为中心展开研究的，它忽视人的因素，把人视为“活的机器”。而人际关系学说则十分重视人的行为对于实现组织目标的作用，它将工人工作周围的社会环境视为影响工作效率的主要因素，它特别重视工作组合所形成的社会心理因素对个人工作积极性的影响。人际关系学说的形成，凝聚了许多人的智慧。

一、霍桑实验

霍桑实验从1924年持续到1932年，实验全部在美国西方电气公司的霍桑工厂进行。美国哈佛大学工业研究副教授乔治·埃尔顿·梅奥(1880—1949)是这项实验的核心人物。

(一)霍桑实验的4个阶段

照明度实验(1924年11月至1927年4月)——这项实验的目的是研究照明度的变化与工人生产效率之间的关系。结果表明，照明度对生产没有影响。

试验室实验(1927—1932)——6名自愿参加试验的女工从原来的劳动集体中分离出来，组成一个继电器装配小组，她们被安排在一个事先布置好的房间接受试验。试验表明了一种迹象：小组产量增加的原因可能是管理人员监督技巧的改进以及随之而来的人际关系的改善和团体士气的提高。

访谈研究(1928—1931)——这项研究的任务是证明这样一个命题：有效的监督是一种坦率的、让人感到关怀的、愿意倾听意见的监督。这项研究最后完成了对两万多名工人的访谈。最后结论是：要对监工进行训练，使之能够倾听和理解工人的“诉苦”，而不要在与工人接触时进行任何道德说教。

观察研究(1931—1932)——这是一项继电器绕线机组观察室试验，其目的是为了观察社会因素对工人行为的影响。14名男工组成的试验小组被隔离在一间观察室里，从事一种包含着三个相互联系的工序的“绕线”作业。他们实行集体刺激工资制，以小组总生产量为前提计算个人报酬。试验很快表明，小组里存在着一种比管理人员规定的产量标准要低一些的、为小组人员共同遵守的“非正式”产量标准。由此研究者认为，工人的行为在很大程度上是受同伴之间的关系所制约的。工人需要物质的满足，但更重要的还有社会方面(人际关系)的需求。正因为这样，管理者只有认真处理正式组织所要求的“效率逻辑”和非正式组织所要求的“感情逻辑”之间的冲突，才能维持组织内部的平衡。

(二)霍桑实验的理论总结

以霍桑实验为基础，梅奥及其合作者撰写了多部专著，提出了若干理论。

第一，工人是“社会人”。传统管理观念把人看做是仅仅追求经济利益的“经济人”，或是对工作条件的变化能够作出直接反应的机器的模型。人际关系学说认为，组织中的人不是孤立存在的，而是属于某一集体并受其影响的；人所追求的不单纯是金钱收入，还有显示自己社会重要性的社会承认，来自被接收为一个团体的成员的安全感等。梅奥说：“人是独特的社会动物，只有把自己完全投入到集体之中才能实现彻底的自由。”

第二，工人的士气是决定生产效率的关键。科学管理理论认为，生产效率与作业方法、工作条件之间存在着必然的因果关系，只要正确地确定工作任务，采用恰当的刺激制度，适当改善工作条件，就可以提高生产效率。人际关系学说认为，霍桑实验否定了科学管理理论的上述命题，并且证明了另外一种新的因果关系的存在：工人士气(工作态度)直接影响着生产效率的变化，所谓士气，是指工作积极性、主动性和协作精神等结合而成的人的精神状态，它是一种工人的共同态度。人际关系学说进一步解释说，士气的高低取决于安全感、归属感等社会需求的满足程度，满足程度越高，士气也越高。

第三，企业中存在着“非正式组织”。非正式组织是相对正式组织而言的。正式组织是为了有效地达到组织目标，根据组织结构原则所形成的连接组织内各成员的组织关系，正式组织对个人具有强制约束力。人际关系学说注意到，工人通过正式组织进行劳动，在劳动过程中，必然产生一种超越于组织之外的个人感情，并形成一种非组织的行为准则，受这种准则制约的一群人所构成的联系，就是“非正式组织”，它对工人的行为具有不可忽视的导向力，它是影响生产效率的重要因素之一。

第四，新型领导方式应当以社会和人际技能为基础。为了充分挖掘工人的潜力，领导者必须要努力协调组织内的人际关系，维护组织的团结与完整。但传统型的领导者无法做到这一点，因为他们重视的主要是符合效率逻辑的技能而缺乏符合感情逻辑的能力，也就是说他们保证人们之间进行合作的“社会能力”还比较欠缺。因此，应当对他们进行人际关系技能的训练，以培养他们新型的领导方式。培训内容包括如何理解逻辑的和非逻辑的行为、怎样通过倾听和沟通来理解工人的感情、怎样在正式组织的效率需要和非正式组织的社会需要之间保持平衡等。

相关链接

具有神奇色彩的“访谈研究”

在霍桑实验中，“访谈研究”产生了十分重要的成果。为理解工人的情况，梅奥认为应该采用一种交谈式的或非指导性的方式来与工人交流。在最初访谈中，观察人员注意到，女工“怕有权的人”，但是，只要试验人员较为关心其需要，她们的羞怯和惧怕就会消失，而更自由地与公司职员和观察人员交谈。在进一步的试验中，访谈被改变为事先不规定内容的方式，工人可以任意发表意见。访谈者的任务就是让人讲话，而每次访谈的平均时间从原计划的30分钟延长到一个小时至一个半小时。在做了这样的改变后，工人在随后的访谈中表示，工作条件已有所改进(事实上并无变化)，工作报酬也有了改善(其实工资标准仍然一样)。由此看来，是一个“出出气”的机会，使工人感到她们的处境改善了。

访谈中工人的“诉苦”被搜集研究后发现，这些诉苦同所讲到的事实一般没有什么关系。例如，一个工人诉说他工作环境中的噪音、温度和烟尘，而进一步的考察表明，他真正关心的是这样一个事实：他的兄弟不久前死于肺炎而他担心自己的健康也受到损害。因而从实质上来说，诉苦不是处理某个事件的具体诉求，而是一种探讨个人或社会情况的需要。根据这样的发现，监工开始接受新的训练，他们被要求成为“访谈者”，多听少说，善解人意。这种新型的监工重视人的因素，掌握了处理社会和个人情况的技巧，这种关注人际关系的领导方式对士气提高和产量增长产生了明显的作用。

资料来源：丹尼尔·A·雷恩. 管理思想演变. 中国社会科学出版社，1997：314－317.

二、巴纳德的社会系统学说

切斯特·欧文·巴纳德(1886—1961)是一位未在学术界担任过任何职务的组织社会学家，他是通过自学成为专家的。巴纳德以构成社会基本单位的正式组织作为研究对象，他从系统观念出发，把组织看成一种"开式"系统，认为组织和组织中的所有人员都是寻求取得平衡的系统，它们调整内部的和外部的各种力量以维持一种动态的平衡。

(一)正式组织的要素

巴纳德把组织定义为"两个或两个以上的人有意识协调的活动或效力的系统"。他认为这个系统包含三个基本要素：协作意愿、共同目标、信息交流。

1. 协作意愿

个人的协作意愿可具体理解为：自我克制、交出个人行为的控制权、个人行为的非个人化。个人必须愿意为一个系统的目标作出贡献，同时也相应地从组织方面得到对于这种贡献的报酬，在这里，前者是个人为组织作出的"牺牲"，后者是组织给个人提供的"诱因"。具体地，"牺牲"指的是个人为组织提供的所有服务、时间等；"诱因"包括物质的(金钱等)、社会的(权力、关系等)。因此，对组织成员而言，协作的意愿就是对个人由于协作而得到的"诱因"与因为协作所作出的"牺牲"进行比较后得出的净效果。诱因的净效果越大，个人的协作意愿也越大；当诱因的净效果趋于零甚至为负数时，个人就可能退出所在的组织。这就是说，只有组织向其成员提供的"诱因"大于或等于成员的"牺牲"时，组织才能得以维持。

2. 共同目标

组织的共同目标是协作意愿产生的必要前提，一切协作意愿都是接受共同目标的结果。组织成员具有组织人格和个人人格的双重人格。前一种人格是指个人为了实现组织的共同目标而行动的一面；后一种人格则是指个人为了实现个人目标而行动的一面。组织的共同目标是外在的、非个人的、客观的，而个人目标是内在的、个人化的、主观的，个人之所以对组织的共同目标作出贡献，并不是因为两者完全一致，而是因为组织成员觉得组织目标的实现有助于个人目标的实现，因此，经理人员的重要任务之一就是要克服组织目标与个人目标的背离。此外，共同目标成为协作意愿产生的前提还取决于一个重要基础，即必须使组织成员相信共同目标是组织的坚定目标。因此经理人员还必须向组织成员灌输共同目标的确存在并要坚决实现的信念。

3. 信息交流

组织的共同目标和成员的协作意愿，这二者之间只有通过信息交流才能形成一定的联系，事实上，组织的一切活动都是借助于信息交流来进行的。对这一点，巴纳德给予了高度重视并提出了信息交流的若干原则：①信息交流渠道要为组织成员明确了解，包括使信息交流的渠道惯例化、固定化。②每一个成员要有一个信息交流的正式渠道，即他必须向某个上级报告情况并接受其指令。③信息交流的路线要尽可能的直接和缩短，要防止信息传递的层次过多、速度过慢。④运用完整的信息交流路线，如果在信息传递中跳过某些必要的组织层次，就可能产生互相冲突的信息传递。⑤信息交流必须是有权威的，从事信息交流的人必须是公认的实际上占据着有关的"权力位置"的人。

(二)经理人员的职能

与正式组织要素的分析相联系，巴纳德认为经理人员的作用就是在一个信息联系系统中作为相互沟通的中心，并对组织成员的协作活动加以协调，以实现共同的目标。他提出了经理人员的三项具体职能。

1. 健全和维持一个信息交流的系统

这项职能包含两方面的内容。其一，设计信息交流系统的线路图。这个线路图涉及组织中的许多因素，如劳动分工和专业化要求各项工作的地点、时间、顺序、工艺，以及个人之间的协调。此外，这个线路图还要兼顾非正式信息交流，因为整个的信息交流过程往往要以个人之间的相互信任为基础。其二，找到担任经理人员的合适人选。经理人员最重要的品质是善于领会组织的整体性和复杂化，使组织中的各个部分协调地工作。由于具有这种品质的人员比较稀有，因而一般都倾向于把经理人员的数量维持在最低限度，而聘用大量的专业参谋人员。

2. 获得必要的成员个人的贡献

这项工作主要是招募和选择那些能最好地作出贡献并能协调地在一起工作的人员。它还包括其他一些重要操作：士气的维持；诱因方案的维持；"威慑方案"的维持，如监督、控制、教育、训练等。

3. 制定目标

巴纳德把这项职能扩大到决策和授权。授权既包括对追求的目标的说明，又包括对实现这些目标的手段的安排，它使组织成员知道怎样为组织作出贡献。决策有两个方面：一是"战略因素"的分析，这些因素是组织目标实现的条件；二是对这些因素相互关系的认识，这是对整个组织及与之有关的全部环境的领悟，是内部平衡及对外部条件适应的全部综合——这是经理人员职能的顶点。

三、勒温的团体动力学

库尔特·勒温（1890—1947）是一位德裔美国心理学家。他在1938年提出，人的行为是他的个性与他所理解的环境的函数，即行为等于f(个性×环境)。他在1944年用"团体动力学"的术语来概括人与人相互接触、相互影响所形成的团体行为。他的理论成为管理思想史的一个重要里程碑。

团体动力学理论中的团体是指非正式组织。勒温认为，团体是处于均衡状态的各种力组成的一种"力场"，这些力涉及团体在其中活动的环境，还涉及团体成员的个性、感情及相互之间的看法。这些力不仅影响团体结构，也修正团体中个人的行为。团体行为就是各种相互影响的力的一种错综复杂的结合。

勒温研究了许多影响团体的"力"，最基本的有5种：

(1)团体的目标。在正式组织的目标以外，团体还有自己的非正式组织目标，过分追求正式组织的目标，可能有损于团体的内聚力和效率。为了"保护"团体的目标，工作中适当的休息和交谈是必要的；此外，还要觉察并处理人与人之间已有的和潜在的冲突，主要是让团体成员把感情上的压力释放出来。

(2)团体的结构。团体有一个非正式的、较难辨认的"组织结构"，这个结构由正式成员与非正式成员、领导者和孤立者所组成。正式成员接受并遵循团体的绝大多数规范。非正式成员只接受团体规范的某些部分而拒绝接受另外的部分，他们可能因此而受到挖苦和排斥。领导者承担的职责包括：缓解团体内部的紧张气氛，向正式组织提出团体的要求等；孤立者通常向往别的团体,"身在曹营心在汉"。

(3)团体的领导方式。勒温在试验中发现,团体的领导方式有三种:第一种是专制的领导方式,领导者一人决策,其他人服从。团体中的成员喜欢争吵和攻击,领导不在时,团体的活动趋于停顿。第二种是民主的领导方式,领导注重吸收团体成员的看法,并鼓励众人参与决策。在这样的团体中,成员之间很友好,领导者与成员之间的关系较为和谐。第三种是自由放任的领导,领导者大体上不进行控制。在这种领导方式下,相当多的时间浪费在团体成员之间无原则的争论上,团体效率不高。

(4)团体的参与者。如果团体成员的权力和地位比较平等,则参与的人数会显著增加。例如,民主式领导方式更能增加团体的参与者,这种领导方式能带来一种建设性的参与:提供情报、阐明观点、鼓励、调解,以及给每个人提供讲话的机会。另外,团体中也存在不合需要的参与者,包括积压事务者、为小事争吵者、骑墙派、高谈阔论者、唯唯诺诺者、阴郁的人、爱戏弄别人的人等。

(5)团体的规模。非正式组织主要是借助人与人之间的密切联系而存在的,因此,为了便于交往,一般而言,团体的规模小一些好。但是,不同情况下,团体规模"小"到什么程度是有不同要求的。当一个团体的主要任务是作出高质量的复杂的决策时,恰当的规模是7~12人,且有一个正式的领导者;当一个团体的主要任务是解决矛盾和冲突,取得协议时,最好由3~5人组成,不要正式的领导者;当一个团体既要作出高质量的决议,又要取得协议时,5~7人为好。

第三节　管理理论的"丛林式"发展

第二次世界大战以后,对管理学研究有兴趣的人越来越多,心理学家、社会学家、人类学家、经济学家、哲学家、数学家等,都从各自不同的背景出发,用不同的方法展开对管理问题的探索,由此带来了管理理论的空前繁荣,具体表现在多种学派共存。哈罗德·孔茨把这种现象形象地描述为管理理论的"丛林"。为了清理这片丛林,孔茨于1961年撰文梳理出6个学派,到1980年,他又认为管理理论已发展到11个学派。在此,我们择要简介8个学派。

一、管理过程学派

管理过程学派又叫做管理职能学派,管理"过程",即管理人员在执行其职务时应该做些什么。这一学派的基本研究分为两步:首先,把管理人员的职能加以分类,明确管理人员的基本任务。其次,分别展开具体研究,内容包括每项职能的目的、结构、技术、实施障碍及其排除等。管理过程学派起源于法约尔,但它的发展凝聚了许多人的贡献。

威廉·H·纽曼于1950年出版了《经营管理的原则》一书,他提出的管理过程同法约尔的十分相似,但他也有自己的独特主张。例如,他认为一个公司的基本目标将确定它在其产业中的位置,继而确定这个公司作为一个工商业"公民"的社会哲学,并用以建立公司的一般管理哲学。彼得·德鲁克是另一位为管理过程学派的发展作出了重要贡献的学者。他认为,管理人员在每一项决策中都必须把经济成果置于首位,管理只有通过它提供的经济成果才能证明其存在的价值。他注意到,管理虽然存在着一些非经济的效果,如增进社区福利,但这些只是经济成果的副产品。德鲁克在论述"对管理人员进行管理"时,还提出了"目标管理"的概念。哈罗德·孔茨和西里尔·奥唐奈两人的研究成果在管理过程学派中也非常引人注目，他们把管理定义为“通过其他人来做好工作的职能”，他们发展了法约尔关于管理的普遍性的概念。

二、行为科学学派

“行为科学”这一名称出现于20世纪40年代末。1949年，一批哲学家、社会学家、心理学家、生物学家和精神病学家在美国芝加哥大学举行了一次跨学科会议，讨论了用现存的知识来发展关于行为的一般理论的可能性，并提出了“行为科学”的名称。此后，行为科学的研究开始受到广泛重视，在20世纪50年代到60年代，行为科学得到了迅速的发展。

行为科学的具体含义是什么呢？1980年出版的英文版《国际管理词典》称：“行为科学主要是有关对工作环境中个人和群体的行为进行分析和解释的心理学和社会学学说……它强调的是试图创造出一种最优工作环境，以便每一个人既能为实现公司目标，又能为实现个人目标而有效地作出贡献。”行为科学理论包含了个体行为理论、群体行为理论、领导行为理论和组织行为理论四个部分。

关心组织中的人的观点在历史上可追溯到文艺复兴时代的“人道主义”，这种理论主张推翻教会统治，打破僵化的社会结构，重新把人作为一种研究对象。在现代，则是人际关系学说把人的研究提升到一个重要位置，而行为科学理论则更多地汇聚了关于人的研究的当代成果。事实上，在迄今为止的全部管理思想中，行为科学是最为生动活泼、最被广泛运用的部分。

三、决策理论学派

赫伯特·西蒙和詹姆士·马奇是决策理论学派的主要代表人物。他们认为，组织就是作为决策者的个人所组成的系统，决策贯穿于管理的全过程，管理就是决策。

西蒙和马奇在他们合写的《组织》一书中，把管理理论分为三类。第一类，“机械人”模式。这种模式把组织成员看做是进行一定作业的生产工具——机械，认为组织成员只能被动地接受命令，在解决问题时并不发挥什么作用。古典管理理论就是此种模式。第二类，“动机人”模式。这类理论强调，人是为了满足个人的需求而劳动的，组织成员的工作动机是劳动生产率最重要的决定因素。行为科学理论属于此类。第三类，“决策人”模式。这种模式认为，组织成员都是为实现一定目的而合理地选择手段的决策者。这是西蒙和马奇他们自己的理论类型。

决策理论学派研究的领域包括决策的过程、决策的准则、决策的技术、决策和组织机构、决策者的品质等，其研究成果已成为现代管理学重要的组成部分。

四、系统管理学派

这个学派盛行于20世纪60年代前后，其特点是将一般系统理论用于企业管理研究，1963年，理查德·约翰逊、弗里蒙特·卡斯特、詹姆士·罗森茨韦克三人合著的《系统理论和管理》一书出版，该书成为系统管理学派的代表作。

与一般管理逻辑相比较，系统管理具有四个特点。第一，以目标为中心，始终强调系统的客观效果。第二，以整个系统为出发点，决策时强调全系统的最优化而不是强调子系统的最优化。第三，以责任为中心，每个管理人员都被分配一定的任务，能衡量其投入和产出。第四，以人为中心，每个成员都有挑战性的工作，并根据其成绩付给报酬。

在具体操作上，系统管理分为四个阶段。首先，作出系统的决策，解决“干什么”的问题。其次，进行系统的设计，即把系统中的各组成部分安排成一定的结构形式。再次，系统的运行和控制，即通过必要的资源投入使系统按一定的方式形成相应的产出，并力争使产出达到预先规定的标准。最后，检查和评价系统运行的结果——系统的效果和效率。如果一个系统达到了目标，它就是有效果的，而效率则是指投入和产出状况。一个系统可能有效果而缺乏效率，也可能正好相反。系统的最优化就是要在效果与效率二者之间找到一个平衡点。

五、社会-技术系统学派

人际关系学说着重从社会联系来研究组织，把技术系统放在一边，认为组织就是一个“社会系统”。社会-技术系统学派认为，组织既是一个社会系统，又是一个技术系统，两者密切相关，只有同时满足两个系统的需要，才能形成最好的组织。

社会-技术系统学派主要研究技术因素对个体行为、集体行为和组织行为的影响，工业工程、人-机工程等领域是其研究的重点，其理论颇具操作意义。例如，按照该学派提出的理论，在设计生产自动化设备时，机器以及各种机器之间的相互联系都要考虑到工效学的要求，使人省力省时，同时又能获得愉快的心情。根据这样的思路，传统的装配线就要由作业小组来控制，作业小组可以在完成规定任务的前提下，自由安排自己的工作进度和休息时间，而不用担心“传送带”的统一要求。

六、经验主义学派

这一学派以企业管理经验为主要研究对象，以向企业经理提供成功经验和科学方法为目标。学派中不仅有管理学家、经济学家等理论界的学者，还有公司的董事长、总经理及管理咨询人员。经验主义学派认为，古典管理理论和人际关系学说都不能完全适应企业的实际需要，管理学应该主要研究大企业的管理经验，并把这些经验传授给从事具体管理工作的人。

经验主义学派一般都主张用比较方法来研究管理的个性，而不赞成从一般原则出发。该学派代表人物之一欧内斯特·戴尔，在他《伟大的组织者》一书中断然否认存在着任何有关组织和管理的“普遍原则”。他这本书主要研究了美国杜邦、通用汽车等公司的“伟大的组织者”的管理经验，戴尔认为，迄今为止，还没有人掌握企业管理上的“通用准则”，至多只存在各种不同组织的“基本类似点”。在戴尔看来，管理知识的真正源泉是大公司那些“伟大的组织者”的经验——他们的非凡个性和杰出才能。

七、权变理论学派

权变理论学派形成于20世纪70年代，其特点是强调在企业管理中要根据企业所处的内外环境随机应变，没有什么一成不变的、普遍适用的、“最好的”管理理论和方法。该学派与经验主义学派既有密切联系，又有不同之处。一方面，两者都注重管理环境的个别性，都不承认“通用”管理原则的存在；另一方面，经验主义学派看重的是具体问题的具体解决办法，而权变理论学派则主要是通过大量实例的研究和概括，把各种情况归纳为几个基本类型，并相应地给出管理模型。

权变理论的逻辑可用一种典型数学语言来表述：在管理因变数同环境自变数之间存在着一种函数关系，但不一定是因果关系。这就是说，作为因变数的管理思想、管理方法和管理技术随环境自变数的变化而变化，这种函数关系可以解释为"如果……就要……"的关系，"如果"发生或存在某种环境，"就要"采用某种管理对策。例如，在经济萧条时期，企业在供过于求的市场中经营，就要采用集权的组织结构；反之，在经济繁荣条件下，选择分权式组织结构才是正确的。

八、管理科学学派

管理科学学派又叫做管理中的数量学派，还可看做是运筹学的同义语。其渊源虽然可以追溯到20世纪初或更早，但作为一个正式的管理学学派出现，是在第二次世界大战以后。

管理科学学派认为，管理就是制定和运用数学模型与程序的系统，就是用数学符号和公式来表示计划、组织、控制等合乎逻辑的程序，求出最优答案，从而达到组织的目标。"管理科学"实际上是泰罗"科学管理"的继续与发展，它们的目的都是要摒弃凭经验、凭直觉、凭主观判断来进行管理的做法，而采用科学的方法，探求最有效的工作方式或最优途径。管理科学的主要特征是：第一，将科学方法运用于管理；第二，采用系统观点；第三，使用电子计算技术。

相关链接

蓝血十杰的遗产

古老的西班牙人认为贵族身上流淌着蓝色的血液，后来西方人用"蓝血"泛指那些高贵、智慧的精英才俊。"蓝血十杰"是一些美国人对查尔斯·桑顿、罗伯特·麦克纳玛拉等十位管理奇人的统称。这十人皆出身名校哈佛，是天才中的天才。他们是二战期间美国空军的后勤英雄，卓有成效地将数字化管理模式用于战争，不仅为美国节约了上十亿美元的军费，而且大大提高了美国空军的效率。战后他们被福特汽车全数聘用。当时，福特公司虽然庞大无比，但诸侯林立、财务混乱、人浮于事。十杰依靠在战时空军"统计管制处"使用过的那套数量分析方法，为福特公司建立了最完善的财务制度和分析方法，大大改善了公司管理，从而拯救了福特公司。

十杰把福特公司和美国所有的工业拉进了现代世界。可是这样做并非绝无负面影响。他们的观点创造了一种崇拜管理和数学、本质傲慢而自大的教派。十杰对自己的能力充满信心，但这种信心不是来自真正的市场知识，而是来自使他们和其他专业经理人近乎神明的实证资料体系。这种体系教导经理人只信任数字，不相信人。结果十杰留给我们为了提升效率而牺牲敏感回应的制度；战后整整一代理性人变成数字的奴隶，学到从每一个零件和每一件产品里压榨出成本来。同时建立起规模庞大的白领幕僚，把权威和决策集中到中央；为了降低成本和获取控制的效益，我们牺牲了所有产品品质和顾客满意的观念，我们也忘记了个人的主动精神。

资料来源：约翰·伯恩. 蓝血十杰. 海南出版社，1997，序言：2-3.

第四节 20世纪后期的管理思潮

像任何其他科学一样，管理学总是处在一个不断变化、不断进步的过程中。本节将对20世纪80年代以来西方管理思想的主要动向略加描述。具体地，将把20世纪后20年分为两个十年，对每一时段的情况予以分别说明。显然，每一时期的管理理论都反映了当时管理环境的特点和管理实践的需要。

一、20世纪80年代的非理性主义管理倾向

（一）理性主义管理与非理性主义管理

理性主义与非理性主义原是哲学范畴的两个相互对应的概念，分别反映了对人的行为机制的不同解释。理性主义管理与非理性主义管理两种倾向则是这两个哲学概念的衍生物。

1. 理性主义管理

本章前面三节谈到了西方管理思想在20世纪前70多年的演变过程，应该引起注意的是，20世纪初泰罗提出划时代意义的科学管理理论后，从法约尔、韦伯等人的古典组织理论到战后的管理科学、系统管理等学派的观点，占据着管理思想主导地位的始终是一种理性主义管理主张。按照这种主张，人被认为是追求利益最大化的“经济人”，人的行为是依照逻辑法则和经验知识，为实现自身最大利益而进行思考和行动的结果，因此，人是可以通过制度和利益机制加以诱导和控制的。在管理手段和方法上，理性主义管理强调“数字化管理”，重视决策方案的数量模型和逻辑程序，推崇通过生产技术、管理机构和管理流程的公式化来实现效率目标。客观地说，这种管理倾向在一定程度上是有其科学意义的，它也曾对管理实践产生了积极的指导作用。

2. 非理性主义管理

进入20世纪80年代后，传统的理性主义管理思想遇到了严峻的挑战，一种反其道而行之的非理性主义管理倾向掀起了一场极富冲击力的“管理学革命”。这场革命直接起源于日美管理的比较研究。20世纪80年代初，通过对日本经济迅速崛起、美国经济发展迟缓原因的种种分析，一些美国管理学家深感必须向长期统治美国企业界的理性主义管理思想开刀。持非理性管理观点的人指出，人是按愿望、激情和意志行动的，理性不过是意志实现目标的工具，因此，管理过程不仅是决策制定过程，还包含有创新和执行过程，而这两个过程更是充满了“越轨”行为和带有很强的无法测度的个人感情色彩，很难靠严密的组织计划和机械的数字化控制方法加以掌握。他们强调，企业要充分运用企业的宗旨、信誉、价值准则、行为规范等“软”性管理因素，要通过培育企业文化来提高企业员工的凝聚力，这样才能获得良好的管理绩效。

西方企业尤其是美国企业，在接受泰罗科学管理思想以后的70多年里，长期专注于理性管理，导致人们逐渐感到这种管理主张似乎已经走得太远，其过于规范、过于条顿、缺乏人情的一面已经渐渐成为一种对管理效率的束缚。因此，非理性管理思想的提出，使美国企业界大有发现“新大陆”的振奋。就像人们看到的那样，以人本主义为基础的人性管理或文化管理理论在整个20世纪80年代都是美国管理的主题曲。

（二）非理性主义管理倾向的主要成果

20 世纪 80 年代，美国出版了四本颇有影响的管理学著作，后来被称之为鼓吹非理性主义管理的“四重奏”，非理性主义管理倾向的主要成果大体都集中在这几本书中。

1.《日本的管理艺术》

1981 年 2 月，由斯坦福大学教授帕斯卡尔和哈佛大学教授阿索斯合著的《日本的管理艺术》一书出版。作者通过对最富代表性与可比性的日本松下电器公司和美国电话电报公司的比较研究，指出了美国企业与日本企业管理的相似与差异。关于“相似”，他们认为两类企业都存在 7 种管理要素，由于每一种要素的英文单词都以“S”为首，因而他们称之为“7S”：①最高目标——组织灌输给其成员的价值观；②技巧——成员或公司的独特能力；③作风——管理人员达成目标所采用的方法，包括组织传统；④人员——公司的人员构成；⑤制度——规定的报告和例行的程序；⑥结构——组织层级与职权划分；⑦策略——完成预定任务的计划与措施。关于“差异”，帕斯卡尔和阿索斯将上述“7S”分为“软 S”和“硬 S”两类（前一类属于非理性要素，后一类为理性要素），“最高目标”、人员”、“技巧”、“作风”是软 S，其余为硬 S。他们指出，美国企业过分重视硬 S，并对软 S 认识不足，而日本企业则比美国企业更重视软 S。

2.《Z 理论》

《Z 理论》一书由日裔美国学者威廉·大内撰写，出版于 1981 年 4 月。该书通过对美国和日本的管理方式的比较分析，提出了 A、J、Z 三种不同的组织型态。A 型组织代表美国管理模式，其特征有短期雇佣、迅速的考核与提拔、专业化的事业历程、明确的控制方法、个人负责、与员工的部分关系等等。J 型组织代表日本管理模式，其特征是终身雇佣、缓慢的考核与提拔、非专业化的事业历程、含蓄的控制方法、集体决策、集体负责与对员工的整体关系等等。Z 型组织则是威廉·大内所设计的、兼有 A、J 两种组织型态之长的“理想组织”，其特征是长期雇佣、集中决策、个人负责制、缓慢提升、控制机制较为含蓄和不正规、中等专业化程度的职业发展、对员工的全面关怀包括对其家庭的关怀。威廉·大内的 Z 型组织构想显然给美国“理性的”A 型组织引入了较多的“非理性”成分。

3.《公司文化》

1982 年 7 月，美国知名管理学学者 E·戴尔和 A·肯尼迪合著的《公司文化》一书出版。该书通篇强调的是，成功企业的背后都有一套强有力的公司文化，即公司文化是企业成功的关键因素。该书的文化管理主张，与《日本的管理艺术》和《Z 理论》的倾向形成了强烈的呼应，为非理性管理思想的实践开辟了一个重要的操作领域（有关公司文化的内容，本书第九章将作详细讨论）。

4.《成功之路》

该书由 H·沃特曼和 J·彼得斯合著，于 1982 年 10 月出版。两位作者都在麦肯锡咨询公司任职多年，对美国企业管理实践的经验与教训知之甚详，他们的这部著作获得了非理性管理思潮纲领性文献的显赫地位。该书提出：“一般都认为，管理这一行为的特点，就是头脑冷静，讲求理性。国际电话电报公司的哈罗德·杰宁在寻求不可摇撼的事实的时候，我们就看到这种理性主义在冒头了。它在越南曾经盛极一时，在那里，成功的程度是按尸体的数目来衡量的。理性主义方面的奇才，该推福特汽车公司的那帮年轻能干的经理了，而罗伯特·麦克纳玛拉则是此中大亨。管理学院都被那种注重数量分析的和理性主义的管理方法统治着。

这种方法教育我们，训练有素的专业经理们足以应付一切。对所有的决策，都要找到客观的、以分析为基础的理由作依据。这样拘泥于理性，恰足以构成危险的错误，它已经把我们远远地引入了歧途。”该书在总结美国43家成功企业经验的基础上，提出了一系列非理性主义管理的理论主张和操作办法，受到美国理论界和企业界的普遍赞誉。

相关链接

非理性的人

心理学家在他们称之为“控制的幻觉”这一领域中，对人们要求自决的需要进行了研究。结果表明，人们只要感到他们自己能够控制自己的命运，哪怕只能稍加控制，他们在完成任务方面就会勇往直前和比较尽责。有一项心理学实验为此提供了佐证。实验是让几位成年的测试对象去解几道复杂的难题和做一些清样校对的事情，可是他们周围都不时出现一些使人分心的噪音。有人在讲西班牙语，有人在讲亚美尼亚语，油印机、打字机都在发出声响，还有大街上传来的嘈杂声。测试对象被分成两组，其中一组每个人都配备了一个可以切断噪音的按钮，另一组则没有。结果前者所解的难题是后者的5倍，校对中所出的差错也大大少于后者。实验者解释说，令人好奇的是，拥有切断噪音按钮的测试对象，没有一人动用过它。导致成绩差异的原因，仅仅在于这一组的人知道自己对噪音能够加以控制而已。

优秀的公司都是遵循这种不够“理性的”理论行事的。有一家百人左右规模的销售分理处的经理，有天晚上租用了新泽西州的米多兰体育场举行活动。下班以后，他手下的推销员一个个从运动员入场通道跑进体育场，谁从入口出现，电子计分板就向全场亮出他的名字。公司总部的高级经理们，其他部门的员工们，以及入场员工的亲戚朋友，全都在喝彩助威，场上欢声雷动。这家销售分理处属于国际商用机器公司，这种做法既满足了个人想要融入某一伟大群体的需要，又显示了对个人希望突出自我这种心理的关切。如果说出色的公司有什么显著特点的话，那就在于它具有善于处理这类矛盾情况的能力。我们那些坚守着理性主义立场的朋友告诉我们的那些断不可为的事，在出色的公司里层出不穷。

资料来源：托马斯·J·彼得斯，小罗伯特·H·沃特曼. 成功之路. 中国对外翻译出版公司，1985：10－11.

二、20世纪90年代管理学研究的主要动向

（一）企业重建主张

1．“企业重建”的含义

自从19世纪工业革命以来，西方企业一直都把英国经济学家亚当·斯密的劳动分工理论作为组织结构设计的核心原理，并形成了具有绝对统治地位的传统企业组织形式。但是，20世纪70年代以来，西方企业的外部环境发生了一系列急剧的变化，这些变化使传统的企业组织形式受到了严峻的挑战。1990年，被称为新一代管理大师的美国哈默博士在《哈佛商业评论》发表文章，率先提出了“企业重建”的新概念。1993年，他又与另一位咨询专家钱贝合著了《企业重建》一书。

什么是企业重建？哈默认为企业重建就是为了在成本、品质、服务及速度等方面的绩效取得大幅度改进，对企业所从事的最关键与最基本的管理工作及作业程序进行再设计和重建。传统上，企业管理是严格按照职能分工进行的，企业分设生产、供应、销售等不同的部门，每一个部门只负责其职能范围内的工作。这种组织结构导致了任何一项任务都被诸多的职能部门分解得支离破碎，不仅造成了部门之间的衔接协调上的困难，还会形成许多重复劳动，其最终结果是大大延长了任务完成的周期和影响了任务完成的质量。实行企业重建，从根本上讲就是把过去建立在职能分工基础上的运作体系转变为以作业流程为基础的组织形式。例如，企业在接到某份订单后，就把为完成这项任务所需的各种职能部门的人员组织成一个"项目小组"，这个小组负责从设计到销售的整个作业流程。借助这种"小组"的组织形式，与完成这项任务有关的各类管理工作被全部集中起来，避免了传统组织形式下在不同职能部门之间传递所造成的大量等待时间的浪费与衔接的误差。

2. "企业重建"原则

①工作设计整体化。每一位员工都执行或负责某一流程的所有步骤，而不是像过去那样只负责单一步骤或任务。②流程管理自主化。以往一项简单的任务也要横跨若干部门才能完成，弊端甚多，实行企业重建，就应该把流程的管理交给使用者。③信息处理基层化。传统组织形式中信息的处理是集中式，基层工作人员创造或经手信息，但并不负责处理或传播信息，其结果是导致信息传递时间的延长和组织反应速度的减慢。企业重建之后，基层工作人员也要处理信息，借助电脑终端，各种初始信息可以直接快速而真实地传递出去，无需全部通过集中处理后再加以传播。④部门活动平行化。各部门的活动不是按顺序运作，而是"互不干扰"地平行运转。⑤注意力分布外向化。处于传统型组织中的每一个部门的注意力几乎全部集中在与上下左右其他部门的衔接上，而忽略了外部用户的需要，这是造成传统型组织反应迟钝的一个重要原因。企业重建要求扩大与供应商和顾客的接触，使每一个部门都按照顾客的需求来安排自己的工作。

（二）学习型组织理论

20世纪90年代初，彼得·圣吉的《第五项修炼：学习型组织的艺术与实践》一书出版之后，学习型组织的概念开始受到广泛的重视。虽然迄今为止人们对于什么是学习型组织还未形成共识，但是这种组织的基本特征还是可以进行一些描述的，一般说来，学习型组织中所有的员工都致力于在不断的学习中识别和解决问题，并促使组织持续地进行试验和变革，从而使组织的学习能力和成长能力不断提高，与以提高效率为目标的传统组织相比较，学习型组织的灵魂是寻找问题和解决问题——从这个意义上说，学习型组织只是关于组织发展的一种态度或哲学理念。

学习型组织需要五项修炼。

第一项修炼：自我超越——在传统组织中，一个人的工作激情是不断衰减的。到了30多岁，只有少数人能够平步青云，而大多数人都逐渐失去对事业的兴奋感和使命感，他们大部分的心思都在工作之外。这显然是个人与组织共同的悲哀。学习型组织要改变这种悲哀，办法是让组织成员实现自我超越，即让组织成员以厘清他们真心向往的事情为起点，为实现自己的最高愿望而生活。这样的人对生命的态度就是如同艺术家对艺术作品一样，全心投入，不断超越，终生"学习"。

第二项修炼：改善心智模式——心智模式是根深蒂固于心中，影响人们如何了解世界，以及如何采取行为的一系列假设、印象或成见。在一些组织中，往往有许多好的构想不能付诸实施，或者一项新政策实施后尽管效果不错，但仍是无法全面推广。研究发现，这不是因为管理者决心太小或毅力不足，主要是心智模式的原因，是因为这些“新东西”与人们已有的对事物的看法和自身行为习惯相抵触。因此，心智模式不改善，组织不可能接纳新事物，不可能获得新发展。

第三项修炼：建立共同远景——这项修炼与组织文化建设有关。共同远景最简单的含义是“我们想要创造什么”，它是人们心中一股无法抗拒的感召力，它形成众人一体的感觉，使各种组织活动构成整体。共同远景会唤起人们的希望和理想，它令人欢欣鼓舞，它使组织摆脱平庸和充满激情。

第四项修炼：团体学习——团体学习是发展团体成员整体搭配与实现共同目标的能力的过程。团体的智慧高于个人智慧，在团体学习中，个人成长的速度比非团体学习更快。另外，在某些层次上，个人学习与组织学习是无关的，即使个人始终都在学习，也并不意味着组织也在学习。但是如果是团体学习，众人形成的共识就可化为共同的行动。团体学习的修炼必须精于使用“深度汇谈”，这种汇谈旨在通过群体成员的自由交流，以发现比个人更加深刻的见解。深度汇谈的核心是暂停个人的主观判断，彼此用心聆听。

第五项修炼：系统思考——专注在个别事件上，似乎是人类进化过程中所养成的一种习惯，今天当人们处理问题时，大多都是从事物的片段和枝节出发，很难做到“胸怀全局”，而系统思考将引导人们形成一种新的能力，它使人由关注片段到重视整体，由对现状被动反应转为创造未来，由迷失在复杂的细节中到掌握动态的均衡搭配。总之，系统思考能够帮助我们准确把握“系统结构”中的各种变数及其相互关系，而不至于顾此失彼。

（三）新管理主义思潮

1. 复兴泰罗思想的新管理主义

20 世纪 90 年代初期，管理学出现了一股追求科学主义理想的思潮，力图对人本主义范式和后现代管理学的“非理性”倾向进行消解，管理学界一般将此称为新管理主义。克里斯多夫·波利特在《管理主义和公共服务：盎格鲁和美国的经验》一书中解释说，新管理主义主要由古典泰罗主义原则构成，它强调运用商业管理的理论、方法、技术及模式追求更有效率的管理。新管理主义的特点是强调经济、效率和效益，即所谓“三 E”目标。

在新管理主义者的眼里，泰罗的智慧以及人本主义者对他思想的强烈反对，反映了现代生活的一个巨大悖论：我们每天都在享受被泰罗奉为神明的工作效率所带来的物质利益，正是高效率、高工资、高福利使当代人成为泰罗所希望塑造的“快乐的工人”。然而，我们又痛恨、抵制效率崇拜者给所有劳动者系上的心理锁链。新管理主义者试图化解这一悖论，他们指出，如果说科学管理方法一定会导致工作“非人性化”，这种论断是缺乏说服力的，因为管理制度中对人性的理解和劳动生产率的提高并非完全无关。组织的效率和赢利行为，是受包括人性论在内的多种因素影响的结果。

2. 新管理主义与“非理性”倾向的融合

纵观自泰罗科学管理原理问世以来管理思想的演变轨迹，可以清楚地看到近一百年来的管理学就是在理性管理与非理性管理两个向度上摇摆不定向前发展的。20 世纪 80 年代一边倒的“非理性主义管理”只是若干次“矫枉过正”中的一轮。而新管理主义则试图克服类似的偏颇，力求融合“非理性”观念的合理成分。例如在方法论范式上，新管理主义者也利用非理性论者方法论范式，对泰罗主义的传统方法论范式进行了修正，运用了社会构建论的某些观念和分析方法来诠释组织理论领域的一些传统问题，取得了一些重要成果。新管理主义的这种开放姿态和包容精神，也许是管理学走向更高科学境界的标志，因为管理学在任何时候都要同时面对科学性与人性这一对矛盾，壁垒分明的"分离的管理学"不应该是一种合理状态。

本章概念

科学管理　管理例外原则　理想官僚组织　传统型组织　社会人
非正式组织　协作意愿　团体动力学　管理过程学派　行为科学
社会-技术系统学派　权变理论学派　管理科学学派　理性主义管理
非理性主义管理　7S管理要素　Z型组织　企业重建　学习型组织
新管理主义

问题思考

1. 试述科学管理的伦理学意义。
2. 科学管理为什么在实践中没有引发一场"思想革命"？
3. 按照韦伯的观点，统治的"合法性"是怎样形成的？
4. 韦伯关于"魅力型组织"的分析十分深刻，试谈谈个人对"魅力型统治"的理解。
5. "社会人"是人际关系学说的一个重要概念，试谈谈个人对这一概念的理解。
6. 巴纳德提出了"诱因"与"牺牲"二者关系的观点，试对巴纳德观点作出评价。
7. 怎样理解团体动力学的逻辑。
8. 非理性主义管理倾向产生的合理性。
9. 新管理主义对管理学的贡献。
10. 综合地看，西方管理思想演变的历史反映了人类在管理学研究领域的不断进步。试对这种进步作出归纳。

☞ 案例分析

爱立信的百年活力

一个企业的活力，最终需要体现为创新。而实现创新，要靠员工的激情。那么如何才能充分激发出员工旺盛的激情呢？——这对于一家新创公司或许不难，但对于一家有历史、有规模因而也太过"规矩"的跨国公司而言，就绝不是仅仅依靠员工心目中的自豪感就能实现的了。

全球电信业的"百年豪门"爱立信所给出的答案是：一种融洽、生机勃勃的组织文化氛围。

拥抱“主人翁精神”

在爱立信，建立良好的“劳资关系”被视为公司文化的奠基石。

人力资源总监张远志，这个在爱立信文化中浸泡了8年的“爱立信人”说，爱立信文化作为企业可持续发展的“内驱动力”营造的就是企业的生存活力。它的基石是深厚的劳资关系，其中最重要的是培养员工对公司的“认同感”和“主人翁精神”。

而后者，显然是公司对员工的“认同”。只有员工与公司“双向认同”的劳资关系，才可能真正产生相互信任、融洽、正向激励的工作氛围，真正激发出员工的工作激情。

可具体的“员工认同感”和“主人翁精神”到底指什么？

张远志的回答出乎意料地传统：“营造一种家庭的感觉。”

一个家庭，主要靠血缘亲情来维系，但是现代企业制度里几乎不可能有这种关系，因此爱立信十分看重公司与员工的“心里契约”。这根纽带的一端，是使员工认为我为公司努力付出本身是自己的本分，这是基本点。另一端，则是了解“员工到底需要什么”——当今多数中国企业还“顾不上”的一个奢侈话题。但只有这种“心理契约”牵起两端的沟通和对需求的实现才能得到员工对公司发自内心的认同和“主人翁精神”。

相信每个人都渴望成功

很不“规范”的是，爱立信与所有员工签订的合同居然一直都是“无固定期限合同”，为的是使员工具有工作安全感，明白公司对每个人都是负责任的。同时爱立信认为：要真正维系企业与员工关系的“心理契约”，核心是必须通过各种方式和渠道去了解和满足每个员工的自我发展期望。

张远志解释：“员工之所以愿意为企业发展全力奉献，是因为他们相信公司能实现他们的期望与梦想!”爱立信的“卓越运营”规范中就明确提出：“相信员工的力量，因为每个人都渴望成功。”这成为爱立信对员工承诺的出发点——关注人的全面需要，尤其是“个人实现的成就感”。

提升员工的“被雇用能力”

要让员工具有“主人翁”意识，他最需要的是“成就感”和“被认同感”。

为此，爱立信一直恪守一句很有特色的话：提高员工的“被雇用能力(Employability)”!

爱立信百年经验证明：要保持员工工作的最佳境界，就要让员工感觉到自己特别有市场竞争力。员工有了很强的“被雇用能力”，才是他真正实现成功的可靠保障。

爱立信依此建立起了“以人为中心”的日常管理模式：

适配：使员工的人力资源与职位匹配。这个“适配度”就是员工感觉到了自己的价值所在，以积极的心态投入工作。

事业：值得一提的是，爱立信高级管理人员和技术人员的本地化，已经打破传统外企里常见的“玻璃”天花板，既看得见，也够得着，而非一定要用瑞典人或欧美人。

内生：“管理梯队计划”和“技术专家人才计划”是覆盖整个爱立信的晋升机制。爱立信很少采用“空降兵”的做法来任命管理人员和高级技术专家。

能力：爱立信的“能力管理体系”从政策，到模型、流程及实施，都有精确的定义和规范，针对每一个工作岗位都有详细的能力需求描述，通过管理流程对界定的“能力差”提出解决方案并予以执行。

目标：公司目标层层分解，个人目标紧密联系部门及公司目标，在每年年初设定下来，一年内密切进行跟踪管理，年底给员工以反馈。其间，员工会明白自己对公司的贡献是什么，形成归属感。

自主：爱立信给予员工在工作中作决策的空间，并通过岗位描述予以规范，借充分授权激励员工的责任感。

网络：爱立信提倡有着近似背景、相同兴趣的员工组成内部网络，网络可以跨越部门及至国界。这种网络关系维系了员工间的情感，同时这种情感也会落到网络的平台上——公司。

崇尚沟通的力量

爱立信发现，员工在心态最稳定、最平和的时候，他的创造力、思维能力才能达到最优，潜力才能最好地发挥出来。懒散、没有责任心、不合规章，根本谈不上创造力。但施加强大的压力、末位淘汰、把员工视为工具，也不能持续员工的激情和活力。

如何平衡员工的稳定心态和工作热情？爱立信崇尚沟通的力量！认为这是随时消除劳资摩擦最有效的方式。而沟通的传递媒介就是员工的直接经理和部门经理们。因此爱立信任何一项政策出台，都要确保管理人员对其有正确的认识，进而能完整地传递到员工。同时，爱立信建立了一套成熟的沟通体系：

个人绩效管理：同时也是经理与员工的沟通工具。每年以员工的个人绩效目标设定为起点，经理必须很好地了解员工的需求、想法和建议。这种交流将持续整年。爱立信鼓励员工与自己的经理坦诚、平等地对话。

对话：爱立信每年委托第三方在全公司范围内进行“对话”式员工满意度调查。调查围绕着管理与领导、创新、目标执行、个人发展、沟通、激励机制、薪酬福利、授权、工作压力等方方面面来设定问题，由员工匿名回答，然后第三方将答案分类总结，发送给各层经理。经理根据调查结果制定薄弱项的改进方案，并将调查结果和改进方案与员工分享。

网上意见箱：爱立信在内部网首页的显著位置设定意见箱。员工可以匿名发送邮件对公司任何方面提出问题、建议或投诉，并可点名由哪一位高级管理人员予以回答。公司向员工承诺有问必答，并公布于网上。

员工沟通部：定期发行内部刊物《沟通》，为员工提供可以留存的文字共享平台；在电子邮箱“We Share”（我们分享）中随时随地发布公司内部消息；“总裁十分钟”是每月发布的网络节目，由总裁亲自回答员工关心的问题。

“企业的灵魂是工人”

我们不禁要问：爱立信的“人本”思想，其根基何在？追溯爱立信“双向认同”的文化轨迹，公司秉承的是上百年前企业创始人的理念。

美国人贝尔发明电话后仅隔一年，即1876年，瑞典人拉斯·马格纳斯·爱立信便在斯德哥尔摩成立了欧洲第一家电话公司。他的伟大之处就在于不仅抓住了“电话”这种个人沟通工具的无限商机，还敏锐地找到了这个行业最深刻的社会价值，提出“电话为人人”的企业基本理念。爱立信公司后来的评价是：“这是爱立信先生‘人本主义精神’的凝练和升华，这意味着他的视野由企业进一步扩展到了合作者、消费者以及每一个人。他相信，沟通是人类的基本需求及至权力。”

这位创始人当时就提出“企业的灵魂是工厂、工厂的灵魂是工人”。1891年就由他个人提议，公司为雇员提供免费医疗。而工人们也对他敬重、热爱、努力把工作做得最好以取悦于他，使企业里形成了一种家庭中互相信赖的合作关系。今天爱立信公司追忆：“在那样的资本原始积累时期，爱立信已经开始关注企业文化视野中的‘人’，他没有将人仅仅视为赚取利润的劳动力，而是认为人应该有感情、有思想、有个人价值的追求。”

公司早期的“人本主义萌芽”与“顶尖级质量观”相结合，打通了这家企业可贵的“文化血脉”。至今爱立信仍然坚信这是本公司引领行业百年的活力之源。

资料来源：王缨，爱立信的百年活力. 中外管理，2006(6).

问题分析：

1. 从整体的西方管理思想框架看，爱立信的管理反映了怎样的理论倾向？

2. “提升员工的被雇用能力”，从泰罗制到现代管理，都很重视这一点，但实践中企业并不是做得很好，爱立信的做法怎样，试予评价。

3. 都知道“沟通”很重要，但管理者在行动上又似乎普遍地倾向于“压缩”沟通上的投入，其中的原因是什么，爱立信的沟通体系怎样？

4. 爱立信管理与“美国管理”是否完全相同？

参考文献

[1] 丹尼尔·A·雷恩. 管理思想的演变[M]. 北京：中国社会科学出版社，1997.
[2] 马克斯·韦伯. 经济与社会[M]. 北京：商务印书馆，1997：239－274.
[3] 帕斯卡尔，阿索斯. 日本的管理艺术[M]. 北京：中国对外翻译出版社公司，1984.
[4] 威廉·大内. Z理论[M]. 北京：中国社会科学出版社，1984：48、60、66、71.
[5] E·戴尔，A·肯尼迪. 公司文化[M]. 北京：中国对外翻译出版公司，1984：2－6.
[6] 小罗伯特·H·沃特曼，托马斯·J·彼得斯. 成功之路[M]. 北京：中国对外翻译出版公司，1985：47.
[7] 彼得·圣吉. 第5项修炼——学习型组织的艺术与实务[M]. 上海：上海三联书店，1994.
[8] 罗珉. 新现代泰罗主义述评[J]. 外国经济与管理，2005(4).

第三章 中国管理思想精髓

学习目标

学完本章后，你应该能够：

- 了解中国古代各学派管理思想的要点
- 理解儒家、道家和法家的管理思想对中国管理思想发展的影响
- 了解儒商管理思想的特点
- 讲述中国现代企业管理思想的发展状况
- 把握中国管理思想的文化内涵

开篇实例

武侯祠对联与杜拉克思想
——从“审势攻心”到“建设性矛盾”

武侯祠对联与杜拉克思想，两者绝对是风马牛不相及的事。但我头一天游武侯祠，次日应邀为四川大学工商管理学院的CEO们演讲“杜拉克管理思想”，豁然发现这两者居然是相通的，其中大有文章可作。这次隆冬入蜀，让我对诸葛亮与杜拉克之间产生了一些联想和感悟。

艺术大师徐悲鸿曾题写对联：“两表酬三顾，一对足千秋。”使我想到领导者与被领导者的职能与使命之别。领导者的智慧和能力，应该集中表现在识别与恭请人才上，这就是“三顾”；被领导者的智慧和能力，应该集中表现在思想和提建议上，即影响领导，这可谓《隆中对》的“一对”。区区十个字深刻揭示了领导与被领导之间的异质。

真正受到人们广泛关注的对联，是光绪年间盐茶史赵藩题写的名联：“能攻心则反侧自消，从古知兵非好战；不审势即宽严皆误，后来治蜀要深思。”此联揭示了领导者应有的追求与工作方法，令人大彻大悟。据四川朋友介绍，我党“三代领导人”都在对联前驻足凝思，玩味良久。不只是国家领导人，任何一位想做点大事的有心之人，也无一例外地拿这幅对联说事育人。毛主席两次向四川领导人介绍此联，可见其重。改革思想前辈任仲夷深情地回忆起1980年1月初，他从辽宁调任广东第一书记时，胡耀邦同志特意亲笔书赠此联。任老也抄录此联给当今山西省长于幼军，希望他“悉心领会，好自为之”。至今，于省长把此联作为自己为“官”做人的不逾之道。

赵藩的对联之所以受到人们如此重视，是因为它强调通过“攻心”，即了解、沟通，做好思想工作，在解决矛盾与利益的平衡点上下功夫，以求彼此的和谐与合作，而不是非此即彼

的极端思维方式，一味追求你死我活的斗争，最后“两败俱伤”。此联也被公认是儒学与兵法统一的典范，即“从古知兵非好战”，提倡和谐至上。“现代管理之父”杜拉克的管理思想与此联思想也是“归一”的。

杜拉克在上世纪初管理学家芙丽特文集《管理学的先知》一书的序言中，深入讨论了如何看待“人们之间的矛盾与冲突”这个管理学的重大命题。杜拉克非常赞同芙丽特把矛盾、冲突看成是“富有建设性和创造性解决问题的手段”，“人与人是建立在相互尊重、相互理解基础上的组织关系，才是正确而有效管理的根本所在”。“什么才是我们应具有的人性?”绝不是你死我活的斗争与消灭，“有效的管理方法只能是融合统一”，“今日世界需要的是合作精神”。

杜拉克看到尘封已久的芙丽特的著作时惊呼她才是“管理学天空中最耀眼的明星”。但在那个好斗好战的时代，芙丽特的“建设性矛盾”理论没能引起时人的关注。杜拉克认为，只能通过矛盾冲突去“理解对方”，“决不要在冲突时争论谁对谁错，甚至不要问什么是对，什么是错，要认定双方都是对的，都有可能给出正确答案。解决矛盾冲突的方法，只能是通过理解清除对立，不应有一方的胜利者，只有双方利益的平衡与统一”。杜拉克甚至说：“你死我活的斗争简直就是对战友的出卖。”杜拉克强调：只有致力和谐社会，才会实现有效管理。

成都之行，令我高兴的是能与管理同行又是天大的老校友欢聚畅谈，真乃人生一大快事！在此我要特别感谢四川省原副省长邹广严院长及管理学院领导同志给我这次学习机会。

资料来源：杨沛霆．武侯祠对联与杜拉克思想．中外管理，2007(1)．

杨沛霆先生联想和感悟武侯祠对联与杜拉克管理思想的“归一”，绝非偶然的巧合。实际上，中华民族延绵数千年的文明历史，所积淀的思想和文化，至少在人文管理方面，比西方是有过之而无不及。本章分四节介绍中国管理思想的主要内容。第一节介绍中国古代管理思想；第二节介绍中国近代民族资本主义企业的管理思想；第三节介绍新中国的企业管理思想；第四节介绍中国管理思想的文化内核。

第一节　中国古代管理思想

一、中国古代管理思想的产生与发展

（一）生存条件对中国古代管理思想的产生与发展的影响

中华大地，江河纵横交错，气候温暖湿润，土地广袤富饶，长江、黄河、淮河等充足的灌溉水源，辽阔疆域上肥沃的江河冲积平原，非常有利于人们的农耕生产。“日出而作，日落而息”，乐天知命，安分守己，“鸡犬之声相闻，老死不相往来”，构成中国古代先民封闭的自给自足的生活图画。崇尚和谐、安稳、平和、缓慢的生存模式，喜好中庸之道，提倡“温良恭俭让”的谦谦君子风度，讲究人格的道德修养和自我完善，易融入群体而盲目从众的心理特点，无不与自给自足的种植型农业生产活动相联系。

中国古代小农经济的长期影响，具体到管理思想方面，也就形成了小富即满、小成即安的小农意识。固守封闭、不思进取、甘于守成、乏于开拓，易于满足，是中国古代小农经济思想的鲜明写照。

（二）宗法制度对中国古代管理思想产生与发展的影响

中国古代长期存在着以血缘关系为纽带的宗法制度，强大的宗族凝聚力和“家长制”的集权专制，将全体社会成员以共同的风俗习惯、心理状态、行为规范牢牢地联系在一起，导致了中国管理思想上重“人治”轻“法制”、重裙带关系轻法律约束的传统。

由于宗法制度的影响，整个社会就如同一张巨大的关系网，每一个社会成员都是其中的某一环节，谁也挣不开、逃不了。这使中国古代的管理思想既带有鲜明的专制性、等级性，同时又具有牢不可破的血缘亲情和心理上的融合凝聚能力。

（三）儒家和道家文化对中国古代管理思想的影响

儒家和道家是最具中国文化特色的传统文化，对中国古代管理思想的影响也最深远、最持久、最具有决定意义。儒家和道家作为两种具有不同价值观念、不同思维方式、不同心理模式的思想体系，在整个中华民族精神和民族文化的融合演进中，互相作用、互相影响、互相吸收，共同构成了中国传统文化的主流，同时也衍生出两种不同的管理思想。

儒家主张“积极入世”的人生态度。在人生追求上，提倡“天行健，君子以自强不息”的奋斗精神。在“认知”和“个人修为”上，主张“格物、致知和正心、诚意”。在个人和家国的协调发展上，强调个人奋斗和家国利益的趋同一致，追求的终极结果是实现“修身、齐家、治国、平天下”的和谐统一，崇尚内圣外王和天下大同思想。

和儒家相比，道家更倾向于清心寡欲和宁静自守的管理作风，采取“清静无为”的管理思想。道家主张凡事与世无争，顺其自然，一切都超然世外、甘于寂寞退隐，在“无为”中追求“无不为”。

受儒家和道家影响，中国古代的管理思想中既有“穷则独善其身，达则兼济天下”、“先天下之忧而忧，后天下之乐而乐”的积极入世追求，也有辄遇困难挫折就退隐山林、避乱于世外桃源的消极遁世思想。长期的儒道交融互促，使中国人无论得意或失意，都能容易地找到思想和心理平衡的支点。这给古人提供了很大的通达权变的空间，也使得中国人无论何种生存状态都生活得适意。

二、中国古代管理思想的发展阶段

中国古代管理思想的形成与发展，大体可分为大体五个阶段，分别是夏、商、周上古三代中国古代管理思想的萌芽阶段，春秋战国时期中国古代管理思想的启蒙阶段，汉朝至唐朝中国古代管理思想的制度化定型阶段，宋元两代中国古代管理思想的停滞不前阶段和明清时期中国古代管理思想的衰落阶段。

（一）中国古代管理思想的萌芽

根据《尚书》《史记》等文献记载，“三皇五帝”时代的社会管理，主要存在于三方面，一是对内安民，二是对外用兵，三是对待自然环境的挑战，所谓“修德振兵，治五气，艺五种，抚万民，度四方”（《史记·五帝本纪》）；夏商两代“国之大事，惟祀与戎”；周王朝则以“宗庙社稷”为国家统治的中心内容。尽管管理内容和管理体制各不相同，但在管理思想方面，夏、商、周上古三代与“三皇五帝”一脉相承。“三皇五帝”基于自然的“天命”，形成了宗法管理思想和德治、刑威、尊贤、尚能、护民、养民、安民、惠民等萌芽状态的管理意识和原则。夏、商两代王朝基于人格化的意志“天命”，形成了天命论与宗教及宗法相结合的管理思想。周王朝则基于人格化的道德“天命”，把宗教、道德、政治紧密结合在一起，建立了以“宗庙社稷”为中心的宗法礼教管理思想。总的来看，上古三代在国家和社会管理方面，已产生了一些基本的管理观念和管理思想，如德治、刑威、尊贤、尚能、护民、养民、安民、惠民等思想，这些萌芽状态的管理思想对中国古代管理思想的发展无疑具有重要意义。

（二）中国古代管理思想的启蒙

公元前770年，西周灭亡，周平王被迫东迁依附于诸侯，从此周王室日益衰落，不再是强有力的王国统治者。一些强大的诸侯国或明或暗地兼夺“公室”，并假借“尊王攘夷”统治若干中小诸侯国，形成所谓霸政。与此同时，某些诸侯国开始出现卿大夫及卿大夫的家臣把持政权的局面，“公室将卑”，氏族贵族走向没落。规定尊卑的“礼”制渐渐被新型的“刑”制代替，历史进入所谓“礼崩乐坏”的春秋争霸时期，霸政及其管理思想因而产生。春秋后期，私肥于公成为普遍的社会现实，氏族奴隶主贵族的权威进一步削弱，争霸战争让位于以富兼人、以强兼弱的兼并战争，中国历史进入战国时期，传统的礼制被彻底破坏，新的民主制度开始产生，“士”被分化出来，礼贤下士蔚然成风，儒墨道法、兵农名杂、纵横阴阳等各种学术思想“百家争鸣”，成为中国思想文化最为鼎盛的发展时期之一。诸子百家基于不同的学术思想阐述各自的治国、治家、修身、养性等管理思想和管理主张，构成中国古代管理思想启蒙阶段百花齐放的壮观景象。

（三）中国古代管理思想的制度化和定型

秦国在法家“以法为教，以吏为师，以君为本”的管理思想指导下建立统一的封建王朝，法家的管理思想开始闪耀光芒。汉朝承袭秦王朝的国家管理体制，把儒学改造为正宗神学，将政治、法律、道德、宗教等紧密结合在一起，形成系统的“内法外儒”管理思想。经过两晋南北朝尤其是唐王朝的不断发展和完善，“内法外儒”的管理思想趋于制度化和定型化，中国古代的管理思想也建立了自己的一套体系和模式。

（四）中国古代管理思想的停滞不前

经过唐末五代十国的割据动乱，公元960年中国历史上又出现了一个统一的宋王朝。宋王朝统治者为了防止农民起义和统治阶级内部的分裂割据，加强了封建专制主义的中央集权制，政权、财权、军权等全归中央掌握，皇权极大膨胀。北宋社会矛盾尖锐，阶级矛盾和民族矛盾以及统治阶级内部矛盾彼此交织。从思想方面来看，在宋元两代王朝的400年间，尽管出现了王安石的“新学”与道、儒、佛三教合流的“道学”争斗；程颢、程颐、朱熹的“理学”与陆九渊的“心学”争锋。但从管理思想来看，无论“新学”“道学”，还是“理学”“心学”，都没有超越“内法外儒”的基本范式，中国古代管理思想在此期间基本上停滞不前。

（五）中国古代管理思想的衰落

明王朝建立以后，“理学”与“心学”的斗争尽管缓和了许多，但在明清之际，一种“经世致用”、“富国、强国”的科学启蒙思想和实学思潮开始产生。这种新的启蒙思想和实学思潮是反道学和反封建的，对当时及以后中国的管理思想和管理实践有着重要影响。明清两代500多年中，在实学思潮和科学启蒙思想的冲击下，中国传统的管理思想开始走向衰落。

三、中国古代管理思想的主要派别

（一）无为而治学派——道家的管理思想

无为而治学派（道家）的代表人物是春秋时期的老子（李耳）和庄子（庄周）。道家是以老子的“道”的学说为中心的学派，用“道”来说明宇宙万物的本质、构成和变化，主张“道法自然”、天道无为、万物自然化生，因此认为“人性自然”。

在国家和社会管理方面，道家主张虔敬清静无为、无为而治、顺天则、任自然、居静行简、省欲节用、绝圣弃智、绝仁弃义。

1. 自然无为的治国之道

道家认为，“道”是世界万物的本源，“道”的根本特征是“自然无为”。“自然”是天地的运行状态，指毫无勉强、不受外在制约的自由自在的必然状态，即“自己如此”的状态。“无为”是指行为主体的状态，指不强作妄为、不贪求私欲、顺其自然的状态。老子认为“人法地，地法天，天法道，道法自然”，所以“治国之道”也应该“道法自然”，即“自然无为，返璞归真，顺其自然，处其自然”。

2. 无为而治

无为而治学派主张清净无为和无权威的管理，采取无智、无知、无识、无欲、无为的管理形式最终达到无不为的管理效果，所谓“道常无为而无不为”(《道德经》第一章)和“为无为，而无不治”(《道德经》第三章)。所以道家主张的“自然无为”，并不是无所作为，而是不妄为、不乱为，是一种顺应客观规律、尊重自然规律、符合“人法地，地法天，天法道，道法自然”的态度和行为方式。道家认为“行无为之道”，万物就会按其本性自然生长、自由发展，人也会实现自己的一切愿望。所以老子说：“道常无为而无不为，侯王若能守之，万物将白化。”总之，顺应大道，顺民性，不怀私欲，不用私智，不固执，不干预，不强制，不妄为，任其性命之情，才能顺百姓安居，天下大治。

道家“无为而治”的具体做法：一是坚守大道，不怀私欲；二是顺应民性，不加干预。这就要求统治者要“常无心，以百姓心为心”“处无为之事，行不言之教”。

道家“无为而治”的管理思想，意味着对现实社会的小幅度和低强度管理，意味着管理目标的消极性设置，同时还意味着管理行为的逆反效应意识和逆反发生倾向(后来有人称之为黄老之术，也有人称之为阴谋诡计或权变)。

3. 小国寡民

道家探讨治国之道、治国之术，目的是追求其社会管理的理想境界，所谓“圣治”、“至治”、“至德之世”，老子称之为“小国寡民”。

“至德之世”或“小国寡民”的社会特点是：

(1)自然。道家认为，“圣治”、“至治”、“至德之世”的社会特征，是“自然无为，返璞归真，顺其自然，处其自然”。

(2)素朴。民性素朴，无知无欲，无私无为，人们完全依据常性本能生活。

(3)平等。在自然面前，人人平等。自然之世、自然之民没有贵贱、贤不肖、智愚、上下、尊卑之分，人际关系和谐融洽。

(4)自由。至德之世，人人自由。这种自由既是不受社会规范的约束的外在自由，又是不受自己内心私欲和追求左右的内在自由，是一种“日出而作，日入而息，遥之于天地之间而心意自得”的真正自由。

(5)安宁。人们相安无事，基本生活需求能够得到满足，正如老子说的“甘其食，美其服，安其居，乐其俗”。人们之所以能觉得甘、美、安、乐，是由于人们恬淡知足，没有奢望，所以这种安宁，实际上是一种心理上的安宁，是人与自然的关系和谐、不相为害的安宁。

(二)仁政德治学派——儒家的管理思想

仁政德治学派(儒家)的典型代表人物是孔子(孔丘)、孟子(孟轲)和荀子(荀况)。仁政德治学派(儒家)的管理思想十分丰富，影响中国社会几千年，波及许多亚洲国家，至今仍有重要影响。儒家管理思想是以血缘宗法关系为基础，道德伦理为本位，把整个管理和治国思想、方略都伦理化了，具有理想化的色彩。儒家管理思想忽视法律、制度、体制等的“政道”作用，主要着眼于“治道”的探讨。儒家以“人性本善”为基础，提出“仁政、德治、礼制”等管理思想，确立“修己安人”和“礼运大同”的基本管理目标。

1. 施仁政

孔子提出的“仁”，是“仁者，爱人”，“民之仁也，甚于水火”。孟子依此提出“仁政”，即“不忍人之心，是为仁心；不忍人之政，是为仁政”。孟子认为“有不忍人之心，行不忍人之政，治天下可运于掌上”，所以孟子指出：“仁者无敌”，“天子不仁，不保四海；诸侯不仁，不保社稷；郡大夫不仁，不保宗庙。”

2. 行德治

儒家主张施仁政，其中的重要内容，是反对苛政与任意刑杀，认为“苛政猛于虎”。儒家认为，政、刑只能起镇压作用，使人不敢犯罪；德、礼则可以笼络人心，使人知耻归心。所以孔子云：“道之以政，齐之以刑，民免而无耻。道之以德，齐之以礼，有耻且格。”儒家因此倡导用道德感化的方式来统治人民，主张德治，所谓“为政以德”“道之以德，齐之以礼”“使民也义”和孟子的“以德服人者，中心悦而诚服也”。

3. 定礼制

儒家认为：“人无礼则不生，事无礼则不成，国无礼则不宁。”“礼”在最初是指祭祀的器物和仪式，到周代则把礼从仪式中区别开来，发展成“君君、臣臣、父父、子子”的奴隶主贵族等级制度和以奴隶主贵族的血缘关系为纽带的宗法制度。儒家推行仁政德治，所借助的就是这种作为当时社会制度规范的“礼”。

“礼”和“礼制”在儒家的仁政德治中具有重要意义。

(1)“礼”是治国之本。儒家认为：“礼者君之大柄也。”“礼，经国家、定社稷、序人民、利后嗣者也。”

(2)“礼”是道德化的制度。“礼”包括“君仁、臣忠、父慈、子孝、夫义、妻顺、兄爱、弟悌”等诸方面的道德内容。

(3)“礼”的本质是“和”。儒家认为：“礼之用，和为贵。”和的基本意义，是“和谐、有序、互相扶持”的有效管理秩序。

4. 修己安人与“礼运大同”

“修己”与“安人”，是儒家管理思想的重要内容。《礼记·大学》提出了一个从“修己”到“安人”的基本范式，即“三纲八目”。

三纲是：“大学之道，在明明德，在亲民，在止于至善。”

八目是：“古之欲明明德于天下者，先治其国，欲治其国者，先齐其家，欲齐其家者，先修其身，欲修其身者，先正其心，欲正其心者，先诚其意，欲诚其意者，先致其知，致知存格物。”

儒家认为，从“修己”到“安人”，不但是是一种自我管理与社会管理相结合的管理行为，而且是管理者孜孜以求达到的目标和理想——“礼运大同”。所谓“大道之行也，天下为公。

选贤与能，讲信修睦，故人不独亲其亲，不独子其子，使老有所终，壮有所用，幼有所长，鳏寡孤独废疾者皆有所养。男有分，女有归。货，恶其弃于地也，不必藏于己；力，恶其不出于身也，不必为己。是故，谋闭而不兴，盗窃乱贼而不作，故外户而不闭，是谓大同”(《礼记·礼运》)。

(1)“天下为公”，这是大同社会的根本制度。

(2)“财产公有”，这是大同社会的经济制度。

(3)“各尽其力”，这是大同社会的劳动制度。

(4)“男分女归”，这是大同社会的分工制度。

(5)“选贤与能”，这是大同社会的管理制度。

(6)“讲信修睦”，这是大同社会的人际关系。

(7)“皆有所养”，这是大同社会的福利制度。

(8)“不必为己”，这是大同社会的价值观念。

(9)“安定和平”，这是大同社会的生存环境。

(三)兼爱利人学派——墨家的管理思想

兼爱利人学派(墨家)的代表人物是墨子(墨翟)，曾经作为“显学”由墨家子弟在实践中奉行，是当时对立于仁政德治学派(儒家)的一种学说思想。墨子死后逐渐势微，兼爱利人学派(墨家)最终成为“绝学”，但墨家的思想深深融入了中国文化的长河。

兼爱利人学派(墨家)崇尚开明的精英治理，对于贤人和能人的价值有极深刻的认识，认为“尚贤使能”是施政治理的根本所在。因此兼爱利人学派(墨家)重视修身，注重德行，强调“为人、利他、利国”，体现其柔性化的社会管理思想和人本管理思想。

兼爱利人学派(墨家)管理思想的核心内容，是“兼相爱，交相利”。兼爱利人学派(墨家)的其他管理主张，如“节用，非攻，非乐”等，都围绕“兼相爱，交相利”这一核心展开。

1. 兼爱、非攻

墨家的“兼爱”意思是“相互关爱”和“爱天下人”，它是对照儒家的差序格局而言的。墨家主张同等地爱天下人，而不是像儒家的那样分出亲疏远近。墨家“非攻”指反对战争，认为战争造成天下人的灾难，“爱天下人”当然就应该反对战争。

2. 尚贤、尚同

(1)“尚贤”。“尚贤”是墨子管理思想的重要组成部分，也是墨子人才管理思想的核心。墨家认为，用人应该“尚贤”，“选贤任能”，才能治理得当。而“尚贤”应该“高予之爵，重予之禄，任之以事，断予之令”，否则“爵不高则民不敬，禄不厚则民不信，政令不断则民不畏”。为此，墨子提出了“贤人”的标准，“尚贤”和“举贤”的基本原则。

“贤人”的三条标准：①道德品行的标准，叫“厚乎德行”；②交际能力的标准，叫“辩乎言谈”；③知识标准，叫“博乎道术”。

“尚贤”的四条原则：①“富之”，即让贤人在经济上有好处；②“贵之”，即要给贤人以相应的地位和权益；③“敬之”，即要使人们尊敬贤人；④“誉之”，即要制造舆论，要给贤人以荣誉。

“举贤”的三条基本原则：①“举义不避贫贱”；②“举义不避亲疏”；③“举义不避远近”。

(2)“尚同”。墨家的“尚同”即“上同”，意思是“上之所是必皆是之，所非必皆非之”，也就是下级要绝对服从上级，凡遇到“善”与“不善”的，下级都要“告其上”，上级的是与非，下级都要绝对服从。墨家认为，“尚同”是为政之本。

3. 节用、节葬、非乐

墨家认为平时生活应该节俭，祭祀葬礼也应该节俭，不提倡享乐。

4. 非命、天志、明鬼

墨家认为人事并非命中注定，但认为有天的意志存在。

(四)法制刑治学派——法家的管理思想

战国时期法制刑治学派(法家)分为三派，以商鞅为代表的重法派，以申不害为代表的重术派，以慎到为代表的重势派。早期法家流传材料较少，韩非是战国后期法家三派的综合者，著有《韩非子》。法制刑治学派(法家)继承、发扬和改造了道家的管理思想和管理谋略，主张将法、术、势融为一体，以法教民，以势牧民，以术察奸监管臣下。从某种意义上来说，法家在管理谋略方面是先秦诸学派的集大成者，他们把管理谋略发展到了登峰造极的地步。

作为新生地主阶级的代言人，法制刑治学派(法家)冲破当时以血缘关系为基础的利益一元化的情感管理体制，试图用法律制度和法制手段建立和维护新的多元化的管理体制，在“人性好利”的人性观基础上，提出以法制刑治为主要内容的管理思想体系。

1. 推崇君权专制

法家推崇君权专制，提出“神圣者王，仁智者君，武勇者长，此天之道、人之情也”(《管子》)，竭力维护最高统治者的权威，试图以专制君权为支撑，推行他们的管理理念和制度，目的是为推行其法制刑治的管理思想寻求实施主体和保障条件。

2. 倡导法制权威

在推崇君权专制的基础上，法家力主法制与权威。商鞅认为：“不别亲疏，不殊贵贱，一断于法。”法家的法制思想主要包括以下内容：

(1)权势是“胜众”之资。要推行法制，统治者首先要确立自己的权势。法家权势思想的核心内容，是势位、威严、力量，其中“势”是前提，“威”是条件，“力”是手段。权势是君主的地位保障，是君主保持威严的基础，是统治力量的源泉。君主能制臣用民，最根本的在于“主威之重，主势之隆也”，“有威足以服人”(《韩非子》)，丧权失威将“落架的凤凰不如鸡”，失去权势，就如虎失去爪牙，无力控制百兽。所以韩非说：“势者，胜众之资也。”

(2)法律制度是治世之宝。法家主张“以法为本，以法为教，以吏为师”，实行“壹教”、“壹刑”、“壹赏”，认为治理国家必需“以法治国”、“循法而治”、“唯法为治”，坚决反对“释法任智”、“舍法上贤”、“去法务德”。

3. 重刑薄赏

法家主张的法制，要求“以刑推法，以刑护法”，同时也提出要“辅之以赏”，所以韩非说：“刑赏，君之大柄也”。

(1)用严刑重罚治民。韩非认为：“夫严刑者，民之可畏也；重罚者，民之所恶也。故圣人陈其所畏以禁其邪，设其所恶以防其奸。是以国安而暴乱不起。吾是以明仁义爱惠之不足用，而严刑重罚之可以治国也。”

(2)赏罚结合。法家认为赏罚结合，才能令行禁止，正如管子说的“刑罚不足以畏其志，杀戮不足以服其心”。所以韩非说：“赏厚而信，刑重而必。”

(3)赏罚得当。赏罚必须依据“公义”，依据事实，做到赏罚得当。

（五）综合学派——管子的管理思想

管子即管仲，名夷吾，是春秋时期著名的卿大夫，辅佐齐桓公成为春秋时期“九合诸侯”、“一匡天下”的第一位真正的霸主。后人辑录或依托管仲的名义作《管子》，是世界上著述时间较早，内容非常丰富，熔各家管理思想于一炉的古代国家管理学巨著，是一部以国家宏观管理为主要特色的管理理论著作。管子管理思想的主要内容如下：

1. “天地为心”的心术论

管子的心术论认为，天地无私无欲，天道产生权，权产生法，地德产生义，义产生礼。所以人君应该以天地为楷模，“上察于天，下察于地”，“以天地为心，以法治国，以德治人”，形成治国之心，即治国的主导思想。

管子“以天地为心”的管理主张，衍生出“宽猛相济”、“刚柔并举”等管理原则。

2. “自利”的人性观

在人性论上，管子的主张是人性“自利”，认为“自利”是人所共有的情结。“民，利之则来，害之则去。民之从利也，如水走下，于四方无择也”。但管子并未走向极端，而是认为“自利”与“利人”不仅可以调和，甚至“自利”本身就是一种内在的善。管子认为，有“自利”之德，又有“利人”之德，事君才不至于有二心。

3. “民富”与“国富”同一的管理目标

管子强调国富，国家要兴盛，就需要国富，国富兵强，诸侯就服从他的政令。但管子丝毫不否定民富的重要性。管子认为，“民富”（即藏富于民）本质上与“国富”是同一的，正是因为有了民富，国富才有可能，所以民富是国富必要的条件。更何况“民富”国家的税收也多，老百姓也会安乡重家，安乡重家必尊上畏刑，尊上畏刑也就易于治理。反之，民贫则会离乡轻家，离乡轻家就敢于犯上、敢于违法，也就增加了治理的难度。“是以善为国者，必先富民，然后治之”（《管子·治国》）。

4. “以人为本”的管理理念

管仲与齐桓公的对话说：“君若将欲霸王举大事乎？则必从其本事矣。”“齐国百姓，公之本也。”《管子》认为，务本之道在于经营民心，争取百姓。达人民之所愿，予百姓之所需。尽量做到“民恶忧劳，我佚乐之；民恶贫贱，我富贵之；民恶危坠，我存安之；民恶灭绝，我生育之”。即“从其四欲”、“去民四恶”。要求齐桓公“以人为本”，竭诚听取民众的意见。

5. “与时变”的创新精神

管子非常强调管理者的创新精神，“不慕古、不留今，与时变，与俗化”是对其创新思想的高度概括。“不慕古”反对的是因循守旧、抱残守缺；“不留今”是提示人们不要受现实所惑，陶醉于今日的成就中。“与时变”倡导的是因时而变，顺应潮流。“与俗化”即随着习俗一起发展。所谓“俗”，是指民间自然形成的事物，而非因循守旧制度之规定，是一种创新的制度。

6. “诚信得利”的激励思想

管仲极力主张推行让诚信之人获得利益的政策和营造诚信致富环境，认为“天下宾服，有海内，以富诚信仁义之士，故民高辞让，无为奇怪者”。管子把诚信之德与物质利益挂起钩来，认为诚信之人必得利益，只有让诚信之人富足，人们才会去履行诚信之德。

7. “德能兼备”的人才标准

管子认为，国君要举拔有德者给予爵位，举拔有才者就任为官，所谓“选贤任能”。管子提出选贤的标准是德才兼备、德能并举，“德”与“能”不可偏废。把德行置于功劳之上，不因年龄而埋没人才。管子否定“选贤”的资历主义做法，认为选贤应做到“不以年伤”，即选用人才不应受年龄的限制。

对官员考核，管子强调三方面内容：①德望与其地位是否相称；②功绩与其俸禄是否相称；③能力与其官职是否相称。

相关链接

英雄的道德底线

春秋魏国大将乐羊统兵攻打中山国，凑巧他的儿子当时正逗留在中山国，也不知是在做买卖还是在留学，中山国当局毫不客气，抓住乐羊的儿子放到锅里就给煮了，然后舀来一桶汤送给乐羊。乐羊接过汤脸不变色心不跳，端坐在军账中一口接一口喝着汤，喝完了一碗，抹抹嘴，责令众军攻城。中山国的城郭很快攻破，乐羊喝汤的事也很快传到魏国，魏文侯大为感动：乐将军这是为谁啊，还不是为了寡人，为了魏国！这种情形下，许多人尽管没有啜泣零涕，但至少在口头上都附和魏文侯唏嘘涟涟。然而，却偏偏有个不识趣的人站出来说了句风凉话：“其子之肉尚食之，其谁不食！”说这句话的人名叫睹师赞，名字很古怪，在春秋史上根本不算个人物，然而他却应该名垂青史。因为在当时，只有他说了句人话。让我们感性地想象一下人类的祖先，那时候人类之所以直立行走，或许主要是为了腾出两条前肢来与别人打架，但我们的祖先如果只会打架，可能至少在五千万年之前，人类就可能只剩下最后两个人，那最后剩下的两个人也一定会在搏斗中死去。人类之所以能繁衍至今，必然是因为至少有那么几个可称得上伟大的人类先祖，他们在用双手搏斗的时候，偶然冒出了在当时多少有点奇怪的念头：我是人，我不是狼，不是老虎或老鹰。乐羊如果当时在看到自己儿子的肉汤时，如果他痛苦得哭死过去，那么他是个人。做人的坏处是人存在着固有的人性的弱点，人不得不坚守着防卫自己的软弱底线。乐羊以为他自己必须坚强，必须比他的敌人更野蛮更残忍，所以他喝了自己儿子的肉汤，所以他不再是父亲，不再是人。乐羊差点儿成了“英雄”，幸好被睹师赞说破了问题的实质：一个心中没有基本界限的人，一个放弃人之为人的基本立场的人，还有什么事他不敢为，还有什么坏事他不敢干？

资料来源：李敬泽. 何事不可为. 南方周末，2005－04－21.

第二节　中国近代民族资本主义企业管理

一、“中学为体，西学为用”的管理思想与“洋务运动”

中英鸦片战争以后，林则徐和魏源提出“师夷长技以制夷”，太平天国洪仁玕主张效仿自由资本主义的管理制度，开创了中国近代管理思想“采西学”的先河。“洋务运动”和在当时条件下艰难产生的中国民族资本主义企业的经营管理者，则努力地将“中学”与“西学”融合起来运用于管理实践。

（一）“中学为体，西学为用”的管理思想

“中学为体，西学为用”，是洋务思想和洋务运动的基本观点，其渊源是冯桂芬的“采西学”。冯桂芬(1809—1874，江苏吴县人)是中国近代历史上第一个提出“采西学”的人，也是洋务谋士的重要代表人物之一。冯桂芬“采西学”的基本原则，是“以中国伦常名教为本原，辅以诸国富强之术”，基本主张是“始则师而法之，继则比而齐之，终则驾而上之”。从源流上来看，冯桂芬“采西学”思想可以认为是魏源“师夷制夷”思想的发展。但“师夷制夷”只着重于器物和技术方面，“采西学”则强调“法”和“理”的学习和运用。

在“采西学”思想的影响下，由曾国藩与李鸿章专折会奏，清王朝在1872年至1875年间选派了上百名“颖悟儿童”(12～20岁学子)陆续赴美留学，开启“西学”人才培养新风气。这些留学的“颖悟儿童”后来有许多人都成了“洋务运动”的重要谋士和实践者。

历史地看，无论“洋务运动”的代表人物如曾国藩、左宗棠、李鸿章和张之洞等人，还是洋务谋士如郭嵩涛(1818—1891，湖南湘阴人)、王韬(1828—1897，江苏苏州人)、马建忠(1845—1900，江苏镇江人)等，他们的思想主张与冯桂芬“以中国伦常名教为原本，辅以诸国富强之术”并无本质区别。后来，沈毓桂把他们这种思想主张概括为“中学为体，西学为用”。

“洋务运动”由于关注“坚船利炮”，对工商实业实行官商勾结的治理机制，所以总体来看，“洋务运动”及其“洋行”、“买办企业”、“官商合办企业”或“官督商办企业”等，在“中体西用”思想限制下，除“生产管理”仿照西方资本主义企业有一定章法之外，其他方面的经营管理都较为混乱，效果很让人失望。

（二）洋务企业的经营管理特点

最早的洋务企业是曾国藩的“安庆军械所”(1861年)、李鸿章的“上海制炮局”(1862年)和左宗棠的“福利船政局”(1864年)。曾国藩在林则徐和魏源“师夷长技”的基础上提出“师夷智”，特别强调“制器之器”(即工作母机)的重要性。李鸿章也认识到“制器之器”的意义，认为“中国欲自强，则莫如学习外国利器，欲学习外国利器，则莫如觅制器之器，师其法而不必尽用其人。欲觅制器之器与制器之人，则或专设一科取士。”不过总的来讲，他们的见解都没有超出林则徐和魏源“师夷长技”的范畴。

曾国藩、李鸿章、左宗棠等洋务大员创办洋务企业，完全以军需器械为中心，致力于快速“求强”而无视巨大的资源耗费，因而很快陷入了没有配套设施和相关资源予以保证的困境。随后的洋务实践者开始把兴办洋务企业由“求强”转为“求富”，于是产生了官督商办企业、官商合办企业。官督商办企业中较为著名的有买办唐延枢和徐润、吴炽昌创办的“轮船招商局”和“开平煤矿”。洋务后期张之洞设湖北铁政局(1890年)，创办汉阳铁厂和湖北枪炮厂等官督商办型洋务企业，在企业管理方面则成为近代工业史上管理失败的反面案例。无论官督商办还是官商合办，在管理上都遵循李鸿章的指示：“由官总其大纲，察其利病而听该商董事自主条议，悦服众商。……商本盈亏，全归商认，与官无涉。”企业管理毫无成效，管理的混乱局面并未得到改变。

洋务企业虽然在背景、基础、发展等方面各不相同，但在经营管理方面都具有一些共同特点：

(1)“置办制器之器”，引进国外先进技术。

(2)选用有经验有才干的人才负总责，下设财务、物料收发、生产监督等部门，各部门均设有专人负责。

(3)实行财务预算制度。

(4)聘用洋人匠师，鼓励华人工匠学习技术。

(5)产品以仿制为主，事先都作可行性论证。

(6)制定各种规章制度。

二、中国近代经济管理思想的“变法”与“维新”

“洋务运动”及其“中体西用”管理思想，在实践中几乎以失败告终。19 世纪末 20 世纪初，以康有为、谭嗣同、严复和梁启超等为代表的维新人士，提倡向西方寻求真理和变法革新，以张謇和周学熙为代表的民族资本企业有了一定发展。维新人士和民族资本企业家的管理思想及实践，对中国近代经济管理思想的发展，有一定影响。

(一)谭嗣同《仁学》中的管理思想

《仁学》是谭嗣同(1865—1898，湖南浏阳人)批判封建专制和礼教，提倡变法革新的著作。谭嗣同在《仁学》中提出经济管理的基本主张是：

(1)认为“崇奢”是财富流通和增长的重要促进力量：“故和天下者尚俭，其财偏以壅，壅故乱；公天下者尚奢，其财均以流，流故平。”(谭嗣同《仁学》)

(2)相信科技的巨大力量。重视机器生产，最早宣扬“图”、“表”(相当于现代的数理统计)对管理工作有重要作用：“非开矿无以裕商源，非制器无以饬军政，而开矿、制器等事，随与数学相资，故兴算一节，非但当世之远模，抑亦湘省之亟务。”(谭嗣同《仁学》)

(3)认识到劳动生产率的重要意义：“故夫货财之生，生于时也。时糜货财歉，时啬货财丰”(谭嗣同《仁学》)。提出依靠机器提高劳动生产率：“时积而成扬，物积而值必落，于是变去旧法，别创新物，以新而救积。”(谭嗣同《仁学》)

(4)主张自由贸易：“故通商者，相仁之道也，两利之道也。……能仁人，斯财均，而已亦不困矣。”(谭嗣同《仁学》)

(5)主张建立制度和规则以提高管理的有效性。

(二)康有为《大同书》的经济管理主张

《大同书》是康有为(1858—1927，广东南海人)集“孔子之太平，佛之莲花世界，列子之瞻瓶山，欧文之乌托邦”的社会构想。在《大同书》中，康有为提出的经济管理主张是：

(1)实行财产公有。认为“今欲致大同，必去人之私产而后可，凡农工商之业，必归之公。”(康有为《大同书》)

(2)提出由政府统筹运作商业。提出“商部核对全地人口之数，贫富之差，岁月用品几何，即令所宜之地农场、工厂如额为之，乃分配于天下。”(康有为《大同书》)

(3)倡导建设福利社会。

(4)主张以物资和精神鼓励催人奋发，促进社会进步。

(5)选用德才兼备的人员担任管理者。

(三)严复的经济管理观点

严复(1853—1921，福建侯官人)是中国“五四”以前向西方寻求真理的重要代表人物之一，他翻译了十几种西方资产阶级社会科学名著，对近代中国社会思潮的影响至为深远。1897 年，严复翻译赫胥黎《天演论》“物竞天择，适者生存”的理论，在中国近代知识界引起极大震动，“中国民气为之一变”。严复的经济管理观点，概括起来有以下几点：

（1）驳斥“西学中源”观点，抨击“中学为体，西学为用”思想，提出“事理”（即资本主义经济学）是关乎国计民生的重大学问：“今之谋国者，过在不知事理，不在不知洋务时务也。”（《严复集》）

（2）主张自由经济，反对贸易保护主义：“强物情，就已意，执不平以为平，则大乱之道也。”（《严复集》）

（3）倡导机器生产，认为商品价值是由供求关系决定的：“盖物无定值，而纯视供求二者相济之间。供少求多，难得则贵，供多求少，易有则贱。方其难得，不必功力多；方其易有，不必功力少也。”（《严复集》）

（4）用资本过剩解释利润率：“过庶者（劳动力过剩）母财（资本）不足以养工，而庸率（工资率）日减；过富者（资本过剩）业场（市场）不足以周财，而赢率（利润率）日微。庸率日减，则小民凋敝，户口萧条；赢率日微，则中产耗亏，闾阎悉叹。”（《严复集》）

（5）提出利必须是“长久真实之利”，义必须是“有利之义”，只有“义利合”，才能“民乐从善，而治化之进不远”。再如，把《孟子》所说的“劳心者治人，劳力者治于人”，理解为管理与被管理的劳动分工关系：“人群分工之事，莫先于治人与治于人者。”（《严复集》）

（四）梁启超的经济管理思想

梁启超（1873—1929，广东新会人）早在1897年就提出“以工立国”口号：“机器固为富国第一义。”并且认识到知识（即科技）在生产中的重要作用：“巧者有余，拙者不足。”经济管理方面，梁启超强调：

（1）研究“转动之法”（即生产之法）和“销售之法”等。

（2）推崇托拉斯和股份制等经济组织形式。

（3）重视财务管理，认为“预算编制为理财第一要义”。

（4）重视财政与金融管理，认为中国救亡图强之第一义，莫先于整顿货币流通金融。

（五）张謇和周学熙的企业管理思想

张謇（1853—1926，江苏南通人），光绪时状元，辛亥革命后历任实业部长、农林工商部总长和水利局总裁等职，一生共创办33个企业和16个垦牧、盐垦公司，并发展为中国近代最早的民族资本企业集团。“实业”概念是张謇首创：“实业者……农工商之名”。张謇提倡“实业救国”，认为实业与教育是“富强之本”，“有实业而无教育，则业不昌……不广实业，则学又不昌……实业为教育之母。”（章开沅：《开拓者的足迹——张謇传稿》，中华书局1986年版）

张謇集官商于一身，是民国初年最早接触泰罗“科学管理”的实业家，在长期的企业管理实践中，他总结了一套较有价值的管理经验：

（1）“善教得民心”（《孟子·尽心上》），讲究尽交易之本能，获公开之赢利，必诚必信，不诈不虞。

（2）实行集团化统一管理和经理制：“总管理处变更综揽出入为总稽核，分厂对外各自负责，经济各自筹划。”

（3）实行有计划的生产管理，主张职工培训，要求强化必要的纪律约束：“稽查进退，考核功过，等差赏罚。”

（4）实行成本核算制和对成本进行数量分析等成本管理，改进设备和生产技术，提高效率。

（5）提出“入乃不竭，出乃不噎”和“利在速售”等供销管理原则。

(6)实行岗位责任制下的人事管理。

周学熙(1866—1947)，安徽至德人，幼学举业，出身世家，是中国近代北方实业的开创者之一，兼有士大夫与资本家双重身份，扮演“企业绅士”角色，特别重视企业文化建设与人才培养。周学熙的经营口号是：“宏扬旧有道德，树立国粹精神。”

企业管理方面，周学熙的实业集团继承和发展了官督商办企业的合理内核，形成中国近代工业“官扶商营”的独特发展模式。对企业经营管理，周学熙十分重视企业规模：“以雄厚资本，而办伟大事业，所谓实业经营之机关也”。对企业利润，周学熙采取多积累少分配政策，自设金融机构(银行与信托公司)加强各企业联合，将资金在所属企业间相互挹注，其实业集团具有较典型的康采恩色彩。

三、“科学管理”的启蒙与实践

(一)泰罗“科学管理”的传入

最早把泰罗《科学管理原理》翻译为中文的，是穆湘玥(1876—1943，字藕初，上海浦东人)。穆湘玥当时(1914年)译著的书名是《学理的管理法》(1916年由中华书局出版，张謇作序)。对泰罗的《科学管理原理》，当年攻读经济管理专业的留美学生大多学习过，其中最为突出的是杨铨(1893—1933)，他于1915年11月在《科学》杂志上发表论文《人事之效率》，是中国学者最早公开发表的科学管理论文。在该论文中，杨铨提出与中国传统观念接轨的效率概念：“其定义为功与事之比，盖含有算学之意味焉”。并认为，人类社会进步“皆此效率思想驱之使然”。1916年杨铨毕业后专攻管理学，1917年12月又在《科学》发表论文《效率之分类》，明确界定狭义效率是“功与事之比”，广义效率是“一成绩与一标准比耳”。值得一提的是，1917年9月7日，杨铨在罗得岛布朗大学举行的中国科学社“第二次常年会”上，作了《科学的管理法在中国之应用》的学术报告，该报告在1918年11月《科学》杂志上发表，被列为该期“要目”的第一篇。回国后，杨铨积极投身于“科学管理”的著述和宣传，是“科学管理”在中国的最早宣传者和著述者。

自泰罗《科学管理原理》引入中国之后，“管理学”开始在中国广泛传播和发展。至民国初年，在清朝末年建立的“经济学”教育和“商学”教育基础上，又增加了“管理学”教育。

(二)民族资本企业的管理革新

中国近代第一家有据可查的民族资本企业，是创办于1858年的上海甘章船厂。到1920年，全国已有近代企业1759家，其中相当一部分是民族资本企业。民族资本企业能突破种种艰难而生存发展，主要归功于一些优秀民族企业家独到的管理思想和锐意改革的管理方式。

(1)采用工程师制进行生产管理。其中的典型代表是穆藕初对厚生纱厂进行的改革，启用有新知识的管理人员分管科室工作，聘用工程技术人员指导生产，采用公开招工制代替过去的工头引荐制。穆藕初总结其企业管理经验为：纪律化、专门化、标准化、简单化和艺术化。工程师制使中国近代生产管理朝着科学化管理迈进。

(2)人事管理革新。“天时不如地利，地利不如人和”，这是中国重要的传统管理思想，民族实业家也当然把择人用看做是企业经营管理的首要问题。永安公司的郭原(1879—1966，字凤辉，广东香山人)认为，一旦人才缺乏，“虽资本雄厚，其业务亦终必失败”，并总结出两条基本的人事管理原则：第一，应用职员，以人格为标准，不可有丝毫私心；第二，用人之道，各当其材，取长弃短，不求备焉。穆藕初总结出的选用人才三原则是：第一，选用会自己找事做的人；第二，选用能胜任其职务的人；第三，选择敢于当机立断、能排疑解难的人。

(3)重视科研和产品质量，着意品牌和营销方式标新立异，关注技术和经营创新。荣宗敬兄弟俩总结其企业管理经验是：“机器新、管理好、成本低”和“创办要快、设备要新、开工要足、规模要大”。

在当时“科学管理”的实践中，民族企业家聂云台(1880—1953，名其杰，湖南衡阳人，曾国藩外孙)也是较为出色的一个。1908 年，聂云台收购华新纺织新局，改名恒丰纺织新局，他的企业管理思想要点是：第一，反对官办，主张私营。第二，认为功效，即出好货，成本低，售价高，是企业管理的目标。第三，实施企业内部管理改革和设备更新。第四，在选用企业管理人才时，既确立专业技术标准，也注重品德素质考察。

四、中国“儒商”与“科学管理”

(一)“儒商”培育的“企业精神”

中国近代民族企业家因其深厚的中国传统文化底蕴，在融会“科学管理”若干思想和方法时，特别注重在人的感情和心理方面下功夫，极力倡导、培养和形成有中国“儒商”特色的“企业精神”，以期产生强大的凝聚力和驱动力。从某种意义上说，这与后来国际管理学界创立和彰扬的“企业文化”理论不谋而合。在建立“企业精神”或“企业文化”方面，最早也最有代表性的民族资本企业，是卢作孚的民生公司和宋棐卿的东亚公司。

1. 民生公司

民生公司是卢作孚(1893－1952，四川合川人)1926 年 6 月在重庆创办的“民生实业股份有限公司”的简称。公司成立初，卢作孚大胆改革当时在轮船公司盛行的“三包制”——包驾驶、包轮机、包客运的管理体制，实行“四统制”——公司统一掌管船上业务、统一考核任用船员、统一核发燃料消耗、轮船由船长统一指挥。

公司对外树立“一切为了顾客”的服务理念，对内实行完善的福利制度，民生“股份公司”也因而成为被称道的“朋友公司”。在此基础上，民生公司确立“服务社会，便利人群，开发产业，富强国家”这一企业宗旨，提出“个人为产业服务，事业为社会服务”，“个人的工作超报酬，事业的任务超经济”等行动纲领。与此同时，民生公司特别注意企业形象建设，要求员工统一着装，统一就餐，热情、周到、高效为顾客服务，管理层以身作则、廉洁奉公等。在卢作孚和民生公司全体员工的努力下，“民生精神”终于形成并发挥作用。

抗战时期，民生公司更把“民生精神”更体现在运送军队、抢运物资、疏散人口等爱国抗战的实际行动中。据统计，仅 1938 年，由民生公司运送的开赴抗战前线的川军有 30 余万人，弹药 4600 吨，到 1945 年，运送抗战军队的人数累计达 270 余万人，武器、弹药 30 余万吨。民生公司抗战期间牺牲了上百名员工，被日军炸毁的船只有十几艘。

“民生精神”不但为民生公司生存和发展提供了强大动力，也使民生公司成为具有深远影响的民族企业。

2. 东亚公司

东亚公司是宋棐卿(1898—1956，山东益都人)等人 1932 年在天津创办的“东亚毛呢纺织股份有限公司”的简称。在“科学管理”的推动下，宋棐卿不仅为东亚公司制定了先进的生产管理制度、完善的经营管理制度和严格的劳动人事制度，而且培育了“爱国、爱厂、团结一致”的“东亚精神”。以“东亚精神”为核心，宋棐卿极力贯彻“东亚铭”，内容涵盖做事、为人、人格、尽责、功绩、过失、"耶稣圣训"等各方面，并授意何清儒博士编写的《东亚精神训练讲义》，用以培训企业员工。为了宣传"东亚精神"，公司出版《东亚声》半月刊，组织"东亚职工青年会"、学术研究会、国术社、球队、话剧团、歌咏团、国剧社、军乐团、国乐社、钓鱼会等业余社团。

"东亚精神"在当时很让人刮目相看，至今仍有许多借鉴意义。

（二）中国"科学管理"的探索

1. 张培刚"发展经济学"

张培刚1941年入哈佛大学研究生院攻读工商管理及农业经济，1945年写成博士论文《农业与工业化》，获1946年度哈佛大学"最佳论文奖"和"威尔士奖学金"。张培刚的博士论文《农业与工业化》1949年作为"哈佛经济丛书"由哈佛出版社印行，被国际学术界誉为"发展经济学的开山之作"。

在《农业与工业化》中，张培刚全面论述了农业与工业的相互依存关系及其结构调整和变动问题，并专门探讨了中国的工业化问题，这实际上为中国宏观经济管理的科学化提供了理论基础。

除张培刚之外，对中国宏观经济管理进行探讨的学者，在当时还有谷春帆（1900—1979，江苏吴县人，1944年出版论著《中国工业化计划论》）、吴景超（1901—1968，安徽歙县人，1943年出版论著《中国经济建设之路》）、刘大钧（1891—1962，江苏丹徒人，1944年出版论著《工业化与中国工业建设》）。他们的研究成果为后来中国宏观经济管理走向科学化，提供了许多有益的启示。

2. 杨汝梅《无形资产论》

《无形资产论》是杨汝梅（1899—1985，河北磁县人）1921年毕业于美国密歇根大学的博士论文的中译本（商务印书馆1936年出版），被当时国内外学术界赞称为"立论精审，无与伦比，是一本理论高深的论著"。杨汝梅也因此成为中国会计界最早列入世界名人录的著名学者。

《无形资产论》的突出特点是科学方法和科学分析，它在管理学上的意义与在经济学上的意义一样，都达到了当时科学分析的世界水平。

3. 费孝通《人性与机器》

《人性与机器》是费孝通（1910—，江苏吴江人，留英博士）1946年3月撰写的一篇论文。该论文批评"现代工业为了生产过程中活动的配合牺牲了参加这活动中每个人生活的配合"。明确表示："人不能是一个经济动物，更不是一个抽象的经济人。人和人的联系也不能专门是利害的结合、活动的配合。"这是我国最早批评"经济人"假设的言论。

费孝通凭其社会人类学功底，结合梅奥的"人际关系学说"，在考察中国当时（1940—1944）若干社会实践情况之后，提出了"在现代工业中恢复人和机器以及在利用机器时人和人的正确关系"的"人性"管理思想。

相关链接

邹韬奋的《事业管理与职业修养》

邹韬奋（1895—1944，江西余江人）1933年任生活书店总经理和《生活》周刊主编。在邹韬奋的苦心经营之下，生活书店成为中国20世纪30年代最为红火的文化事业单位之一。

1940年，邹韬奋把“从全体同仁所惨淡经营艰苦培植起来的生活书店，积十五年经验，在事业管理和职业修养”等方面的心得，整理成一部体现生活书店经营管理特色的著作《事业管理与职业修养》。邹韬奋“生活书店”的经营管理理念虽然有着浓重的经验和直觉色彩，却涵盖了人力资源、财务、质量、营销诸方面的经营管理内容，在实践中也很有成效，这在当时特殊的历史条件下，实属难能可贵。

邹韬奋在《事业管理与职业修养》中较为详细地论述了“生活书店”在民主制度、人力资源管理、营销管理和团队学习四方面的经营管理问题。

1．民主制度

邹韬奋在“生活书店”极力推行“集体领导，个人负责”。邹韬奋认为，生活书店是“先进合作者组织形式”，因为“我们全社资产已归全体同事所公有……以社员共同投资，经营出版事业，促进文化为宗旨，除用在服务社会事业上的费用外，所得盈利归于全体”。所以“全体同事都是管理者，同时全体同事都是被管理者”。生活书店设有理事会、人事委员会、监察委员会、自治会等管理机构，各管理机构负责人都由民主选举产生。

2．人力资源管理

邹韬奋主张“人才主义”、选用“有创造力的人才”和“为公择人”，重视培养“中坚干部”。

3．营销

邹韬奋的主张是“把读者的事看成是自己的事，与读者的悲欢离合、酸甜苦辣打成一片”。要求全体同仁“发展服务精神”，“诚恳、热情、周到、敏捷、有礼貌”地“替人做事，努力把事做好”，“要替书店创造无数的好朋友，不要替书店创造无数的冤家”。在抗战时期，邹韬奋还把生活书店的营销定位为“配合抗战建国伟大时代的需要，把我们的服务范围扩大到整个民族的各阶层。只有汉奸卖国贼不在我们的服务范围之内，使我们对于中华民族的文化有伟大而广泛的贡献。”

4．团队学习

邹韬奋认为“学习是进步的源泉，学习可以增加工作效率”，必须通过学习来实现“乐观主义效率”。并且认识到了包括普通员工在内的团队学习的重要性。

资料来源：许康、劳汉生．中国管理科学化的历程．湖南科学技术出版社，2001．

第三节　新中国的企业管理思想

一、中国社会主义企业管理思想的形成

（一）定量管理思想和民本理念

早在20世纪20年代，毛泽东（1893—1976，湖南湘潭人）就强调管理者要“胸中有数”，“对情况和问题一定要注意到它们的数量方面，要有基本的数量分析。任何质量都表现为一定的数量，没有数量就没有质量”。这里说的数量，是“基本的统计、主要的百分比”和“决定事物质量的数量界限”。1927年3月，毛泽东公开发表《中国佃农生活举例》，是中国共产党定量分析和“胸中有数”的最早论著。后来，毛泽东结合不同时期和不同地区的“基本的统计、主要的百分比”，制订出土地改革的基本政策：“总的打击面，一般不能超过户数的8%，人口的10%”。新中国成立以后，毛泽东倡导的“胸中有数”和“调查研究”管理思想，在社会主义

建设中得到了更为充分的发展。

“民本”理念原本是中国传统管理思想的重要组成部分，毛泽东结合马克思主义理论，把传统“民本”理念升华，创造了群众路线、全心全意为人民服务、干部“是人民的勤务员”等具有经典意义的“民本”思想，成为中国共产党“民本”理念的核心内容。作为中国共产党第一代领导人的核心，毛泽东不仅极力倡导新时代的“民本”理念，而且努力于“民本”思想的实践。

在毛泽东“胸中有数”和“民本”管理思想指导下，刘少奇1934年发表《论国家工厂的管理》，提出“把办工厂当作一门学问，用严肃的制度对待它……各工厂必须制订完备的工厂规则，提高劳动纪律，在厂规内必须明白规定管理员、工头、领班及每个劳动者的责任……应该把组织提高工人的劳动热忱作为最主要的任务”。在解放区，中国共产党创办的企业于1934年形成厂长、党支部书记、工会委员长的“三人团”管理模式，1943年形成厂长一元化管理下的“厂务会议”管理模式，1948年形成由厂长、副厂长、总工程师、有关生产负责人、相当数量的职工代表等组成“工厂管理委员会”管理模式。解放区这些管理模式为新中国社会主义企业管理积累了许多宝贵经验。

（二）“有计划，按比例”的管理思想

为了恢复和发展国民经济，尤其为了适应“一五”重点项目建设的需要，20世纪50年代初，新中国在引进和推广前苏联企业管理方法基础上，通过改革企业领导制度，加强计划管理，推行职工代表大会制，开展劳动竞赛和组织生产协作等，结合社会主义改造和企业改组，积极探索和构建适合中国国情的企业管理模式。

随着新中国大规模社会主义改造进入高潮，按前苏联企业管理模式管理企业已显得越来越不适应。1956年4月25日，在总结集体经验的基础上，毛泽东在中共中央政治局扩大会议上作了《论十大关系》的著名报告，提出“把国内外一切积极因素调动起来，把我国建设成一个强大的社会主义国家”这一基本方针，指出要把马克思主义的普遍原理同中国实际相结合，形成以计划管理为基础的“有计划，按比例”的管理模式和管理思想。

在毛泽东“有计划，按比例”计划管理思想指导下，陈云提出计划管理的综合平衡方法，薄一波提出“用于积累的比重不低于20%或略高，国家预算收入比重不低于30%或略高，国家预算支出中用于基本建设支出的比重不低于40%或略高”的“二、三、四”理论。1957年9月10日，中共中央八届三中全会（扩大）通过一系列关于经济管理体制改革的决议，标志着有中国特色的计划经济管理思想已初步形成。

著名经济学家孙冶方当时（1956年）认为，社会主义经济管理的计划必须以价值规律为基础，并率先提出：“千规律、万规律，价值规律是第一条。”随后，中央农村工作部部长邓子恢总结出农业生产“包工、包产、包财务，超产提成奖励，减产扣分”这一适合国情的“三包一奖”管理制度。周恩来指出人力资源管理方面“必须依靠知识分子的积极劳动”。陈云认为“人才是国宝……是实现国家工业化不可缺少的力量”。毛泽东也明确提出又红又专的人才标准，指出在一切因素中，“最重要的因素是人，而不是物”。

（三）“鞍钢宪法”和“工业学大庆”

“鞍钢宪法”、“两参一改三结合”、“工业学大庆”、“铁人精神”是20世纪中期形成的具有特色的人本主义企业管理经验。

1.“鞍钢宪法”

“鞍钢宪法”是1960年3月中共中央批示鞍山市委《关于工业战线上的技术革新和技术

革命运动开展情况的报告》开展技术革命、大搞群众运动、实行“两参一改三结合”、坚持政治挂帅、实行党委领导下的厂长负责制等社会主义企业管理原则。这是独具中国特色的企业管理模式雏形，其中“两参一改三结合”，是西方工业国家至今仍在追求的管理境界。

2. “两参一改三结合”

“两参一改三结合”，是指干部参加劳动、工人参加管理，改革不合理的规章制度，技术人员、工人、干部“三结合”。它是中国共产党的群众路线在企业管理问题上的创造性发展，体现了中国共产党的优良传统同现代化大生产相结合的要求，是带有普遍意义的企业管理经验，对促进企业管理水平的提高起到了极为重大的作用。

3. “工业学大庆”

“工业学大庆”，是指在工业生产和管理中推广以科学管理制度为核心的“大庆经验”。大庆经验的主要内容是：(1)建立生产指挥系统和科研系统，形成一支坚强的干部和职工队伍。(2)建立以岗位责任制为中心的各项管理制度。(3)开展社会主义劳动竞赛和评比活动。

4. “铁人精神”

同大庆经验相联系的，是大庆工人王进喜的“铁人精神”：①重视调查研究，依靠群众。②建立责任制，为质量负责。③顾全大局，发扬无私协作的风格。④提倡艰苦奋斗，勤俭办企业。⑤克己奉公，关心他人比关心自己还重。⑥不计名利，只讲奉献，不图索取。⑦带领群众集思广益，讲究科学管理。

（四）合理化建议和技术革新活动

合理化建议活动始于1947年辽宁省旅大（即大连）地区，两年后遍及东北，1950年初在全国范围大规模推广。合理化建议活动是指发动群众开动脑筋，积极提出使生产管理和产品质量更合理化的各种建议活动，它的主要特色是建立生产管理和质量管理小组制，充分发挥工人的聪明才智，分析、研究和解决生产过程中的质量问题。随着活动不断深入开展，合理化建议开始转向技术革新活动，发动群众有计划地改造旧设备，提高机械化、自动化水平。随后在著名劳动模范张明山发明反围盘和王崇伦发明万能工具胎的影响下，以技术革新、提高产品质量、加快新产品试制、提高生产技术水平和经济效益等为主要内容的劳动竞赛在全国迅速展开，共同构成轰轰烈烈的技术革新运动。到20世纪60年代，在“两参一改三结合”的推动下，技术革新活动在实践中取得了非常显著的成效。

中国20世纪50～60年代的合理化建议活动和技术革新活动对企业管理的影响是深远的。日本质量管理权威石川馨认为，日本及世界各国的QC小组（质量管理小组），其基本精神和基本形式，都是从中国20世纪50年代“合理化建议和技术革新活动”中学来的。1984年，联合国计划开发署质量管理顾问西拉博士在北京“中日质量管理及世界质量管理小组研讨会”上曾深有感触地说：“我从事质量管理多年，一直认为质量管理小组的发源地是日本。这次通过参加质量管理小组成果发布会，以及和代表座谈后，我才认识到，早在20世纪50年代，以干部、技术人员和工人组成的‘三结合’小组，就首先在中国出现了。”这表明，中国20世纪50年代的“合理化建议和技术革新活动”，是全世界最早的QC小组活动。

二、新中国管理科学的创新发展

新中国成立后，在中国共产党号召下，一大批侨居海外的科学家和留学生先后回到祖国怀抱，把西方正在轰轰烈烈发展的管理科学，如运筹学、经济数学等，也同时带到国内，并运用于中国经济建设实践。

（一）技术经济学与数量经济学

20世纪50年代，钱学森和许国志等专家就着手把运筹学引入中国，华罗庚倡导管理科学数量化。1958年由华罗庚倡议成立了中国运筹学研究会。线性规划“图上作业法”的几何解法，就是华罗庚和他的学生越民义、万哲先、王元、吴方、朱永津等在1958年创造的，被国外文献称为“中国邮递员问题模型”、“麦场合理安排问题模型”。1957年，我国制成第一台“八一”型通用电子管计算机，又称103机，性能与当时世界最快的英国计算机不相上下。华罗庚利用计算机模拟（1958年），在数论和多重各分近似计算方面取得了具有广泛应用价值的重要成果。华罗庚还深入研究了与投入产出法相关的非负元素矩阵理论（1958年），越民义则在理论研究中提出了排认论的两条定理（1959年）。吴文俊在《科学记录》发表的论文《关于博弈论基本定理的一个法记》（1959年），是我国第一篇关于对策论的文章。

我国数量经济学最早的专门研究论文，是1961年8月1日乌家培在《人民日报》发表的《谈谈经济数学方法》，随后乌家培与张守一合作在《经济研究》（1962年第8期）发表论文《关于部门间产品生产和分配平衡表》。20世纪70年代，华罗庚在无约束优化方面给出了分数法和黄金分割法（0.618法），越民义等在非线性规则方面取得重大成果，动态规划（吴沧浦）、马尔科夫过程（秦元勋等）、可靠性理论、图论和组合优化投入产出法、库存法、概率论和数量统计等方面，也都取得了丰硕的理论成果。值得指出的是，华罗庚等20世纪70年代推广的“双法”，即优选法和统筹法，不但是中国历史上规模空前的一次管理科学化运动，而且是中国管理学发展的一个重要里程碑。对数量经济学的研究和应用，中国在许多方面一直都处于世界领先水平。

技术经济学是我国首先提出和建立（1962年）的一门源于管理实践的科学，其主要研究内容包括：技术经济比较原理，技术方案的经济衡量标准，技术方案的各种技术经济指标和技术经济计算方法。经过多年发展，我国技术经济学已成为一门被世界广泛关注的独立学科，孙冶方、薛暮桥、于光远、徐寿波等专家学者，为技术经济学的建立和发展作出了重大贡献。

（二）系统工程理论与组织管理

我国对系统工程的研究起点高，理论成果丰富，推广应用深入广泛，有自己的特色。对中国系统工程理论与组织管理作出重要贡献的是钱学森、许国志、王寿云等著名专家学者。早在20世纪50年代中期，钱学森就提出航天系统工程的组织管理方法。1978年春钱学森在北京、成都、昆明、长沙等地演讲“组织管理的技术——系统工程”，1978年9月27日在《文汇报》公开发表《组织管理的技术——系统工程》论文，引起国内外管理科学研究人员的广泛关注。钱学森等在《组织管理的技术——系统工程》中提出并区分了“物理”与“事理”两个概念，认为一般意义上的工程技术，其理论基础是数学、物理、化学、天文学、地学和生物学这些基础科学，基础科学研究的是物质运动的“物理”问题，研究“事理”的科学则是运筹学，运筹学是管理意义下的工程技术（各门系统工程）的基础。“物理”与“事理”两个概念较好地解决了长期困扰国际学术界对运筹学与系统工程关系问题的探讨。《组织管理的技术——系统工程》为中国管理科学发展确立了基本思路，是中国管理科学走向全面创新的里程碑，也是中国学者对世界管理科学发展的一大突出贡献。

在《组织管理的技术——系统工程》基础上，钱学森又提出定量处理复杂行为系统的“半经验半理论处理复杂对阵问题的方法论”。这一方法论的基本思想是“提出经验性假设(猜想或判断)，是建立复杂行为系统数学模型的出发点……从建模一开始就老老实实承认理论的不足，而求助于经验判断，让定性的方法与定量的方法结合起来，最后定量”。1989年，钱学森总结“半经验半理论处理复杂对阵问题的方法论”，提出从定性到定量的综合集成法：“首先是将科学理论、经验知识和专家判断力相结合，形成经验性假设(判断或猜想)，再运用现代计算机技术，建立起包括大量参数的模型，接着经计算机仿真和计算，得出定量结果，再由专家进行分析、综合和判断，通过人机交互，反复对比，逐次逼近，最后形成结论。”综合集成法将专家群体(与所研究问题有关的专家)、统计数据和信息资料、计算机三者有机结合起来，构成一个高度智能化的人机交互系统，它具有综合集成各种知识，从感性上升到理性，实现从定性到定量的综合集成功能，是钱学森研究开放的复杂系统的突出成果。

(三)企业质量管理的创新与发展

中国科学化的质量管理开始于20世纪50年代，到20世纪70年代，刘源张提出“工序控制+均衡生产+文明生产=TQC”(Total Quality Control，全面质量管理)这一概念，随后提出4M1E(人Man、材料Material、机器Machine、方法Methods、环境Environment”)在质量管理中的意义，中国企业的质量管理开始进入全面质量管理阶段。20世纪80年代初，系统方法应用于质量控制，中国全面质量管理开始变得非常引人注目。1981—1985年，刘源张在4M1E的基础上提出“目标管理+保证体系+小组活动=TQC”，强调质量管理的全员参加和全过程管理。1986—1990年，刘源张又提出“效益经营+资源节约+智力开发=TQC”，同时把系统工程方法引入质量管理，总结出我国全面质量管理的“刘氏三原则”：领会领导意图；掌握群众情绪；利用科学技术。在这方面，“长征三号”运载火箭的全面质量管理就很有特色并且非常成功。后来著名的“质量万里行”活动、“百城万店无假货”活动、“3·15维权”活动等，都是我国企业界努力解决质量问题的重要活动。1987年ISO9000族标准即《质量管理和质量保证》产生后，我国企业质量管理朝着与国际接轨的方向迈进。

(四)灰色系统理论

灰色系统理论属我国独创，创始人是我国华中科技大学的邓聚龙教授。1979年，邓聚龙在中国军事系统工程学术会议上演示了“参数不完全大系统的放小信息镇定”，用时间数据序列建立这些“灰色系统”的动态模型。1981年邓聚龙在上海召开的中美控制系统学术会议上宣读论文《含未知参数系统的控制问题》，首次使用了“灰色系统”(Grey System)。《自动化学报》1982年1月刊载了邓聚龙的论文《参数不完全系统的权小信息镇定》，同年3月，国际杂志《系统与控制通信》(System & Control)刊载邓聚龙的论文《灰色系统的控制问题》(Control Proposes of Grey System)，标志灰色系统理论正式诞生。1982年《华中工学院学报》第3期发表邓聚龙《灰色控制系统》，是第一篇灰色系统理论的中文论文。迄今，国内外学术界和时间界都在深入广泛地研究和应用灰色系统理论，成功地解决了生产、生活、经济和科学研究中的大量实际问题。但在灰色系统理论研究和应用方面，我国一直居于世界领先水平。

在灰色系统理论的带动下，如今在世界各地相继产生了“灰色水文学”、“灰色地质学”、“灰色控制理论”、“灰色混沌理论”、“区域经济灰色系统分析”等众多分支学科。目前虽然还没有“灰色管理学”，但关于“灰色系统预测”、“灰色系统决策”的理论和应用已不断涌现。随着灰色系统理论的发展和完善，相信“灰色管理学”或灰色理论在管理中的运用，必然更加深入广泛。

三、逐步建立社会主义市场经济体制阶段的企业管理

20世纪80年代，中国企业广泛推行过全面质量管理和18种现代化管理手段等管理变革。但中国改革开放20多年来，中国企业的变革主要是围绕管理体制与经营机制转换而展开的，企业管理变革或现代化创新，则是随着社会主义市场经济体制建设的不断推进才日益受到重视的。

（一）企业管理体制改革与管理模式创新

1. 中国企业管理体制的演进

改革开放以来，中国企业管理体制的改革是逐渐演进的，20世纪90年代以前，企业管理体制改革主要集中在"放权让利"和承包经营责任制上，20世纪90年代以后开始实行政企分开和建立现代企业制度，随后是"抓大放小"和进行产权改革，最终形成了企业产权结构的多元化和产权组织的多样化，企业成为具有独立行为能力的市场主体，企业管理基本上摆脱了对政府行政管理的依赖，市场机制和有关立法构成了新型企业管理体制的基础。在这种新的企业管理体制下，企业内部的管理核心是公司治理结构，企业有关计划、组织、指挥、协调、控制等职能管理，都围绕公司治理结构开展，管理观念、管理模式等也随之发生了根本性变化。

2. 中国企业管理模式的创新

（1）重组企业机构，调整组织框架。

（2）突出财务管理，注重效益核算。

（3）重视战略管理，加强经营管理。

（4）倡导企业文化，塑造企业形象。

（5）加强基础工作，严格管理措施。

（6）开展资本运营，充分利用资本市场。

（7）重视创新和品牌管理，关注核心竞争力。

（8）建立供应链协作，构建战略联盟。

（9）注重社会责任，实现和谐发展。

（10）实施科学发展观，保证可持续发展。

（二）中国企业管理思想的转变

1. 以人的管理为中心的思想

今年来，中国企业管理已经从传统的"以管财物为中心"，转向了"以人的管理为中心"。用人机制已实现市场化，人员考核、报酬、升迁等正在朝科学化前进。企业管理围绕"调动工人积极性"展开，以人为本、以人为中心的管理思想已经根植于企业管理中。企业重视人的核心作用，注重人力资源，开发综合智力，提高职工在各方面的能力和综合素质。人本管理正在被确立为中国企业管理的核心。

2. 以过程管理为基础的思想

20世纪90年代以后，中国企业管理开始运用现代管理思维的时效观念和动态观念，将时间和空间相结合，强调管理过程和过程管理，长期以来"以目标责任为基础"的管理，已经被"以过程为基础"的管理取代。

3. 市场导向思想

20 世纪 90 年代以前，中国企业管理基本上是围绕“以产定销”来开展的，企业不是按用户的要求去开发产品和开展业务，不是社会要什么就生产什么，而是生产什么就向社会推销什么。市场经济体制终结了这种“以产定销”的企业管理思想，既重视市场、技术和经济因素，又考虑社会环境因素的“以市场为导向”的企业管理思想已经得到企业管理的普遍认识。

与市场导向紧密联系的，是竞争观念和效益观念。随着知识经济时代的到来，企业面对的已不仅仅是现有的市场份额，更重要的是未来的市场和挑战，顾客导向的观念也开始受到重视。

4. 科学决策思想

市场竞争以及企业的生存和发展压力，使企业管理转向追求“科学决策”，包括决策目标的设置、决策程序、决策手段、决策方法及决策技术的科学化。在管理制度上，许多企业已建立科学民主的决策体系，面向市场，要集思广益、多思善思，强化决策管理，提高管理质量。

5. 民主与法制思想

“家长制”、“长官意志”在中国企业管理的实践领域尽管还较为普遍，但“民主管理”、“法制管理”、“制度管理”等思想意识已经深入人心，一系列科学管理的规章制度和民主管理制度正在健全，科学、民主的管理体制、方法手段正在逐步完善。

6. 绩效管理思想

传统的“绩效考核”正在被“绩效管理”替代。绩效考核是通过对员工工作结果的评估来确定奖惩，其过程缺乏控制，没有绩效改善的组织手段作为保证，推行绩效考核时会遇到员工的反对等。绩效管理的显著特点，是把绩效管理与公司战略联系起来，变静态考核为动态管理。“绩效管理”对企业提出了更高的要求。

绩效管理的目的是帮助员工个人、部门及企业提高绩效，它基于管理者与员工之间的真诚合作，是为了更及时有效地解决问题，而不是为了批评和指责员工。绩效管理虽关注并解决绩效低下问题，要旨却在成功与进步。

7. 战略管理思想

战略管理对企业可持续发展具有决定意义。中国企业战略管理的重视有了很大的进步，战略管理的内容也在向多个方面扩展，战略管理已成为中国企业管理的第一要务。

相关链接

任正非：神秘的战略思想家

2005 年 4 月 11 日，任正非出现在美国《时代》周刊“年度全球 100 名最有影响的人物”榜单中，是中国内地唯一入选的企业家。《时代》周刊这样评价说：任正非显示出惊人的企业家才能，他 1987 年创办的华为科技有限公司，目前正走向像思科和爱立信一样的全球化大公司。

2000 年，华为以 29 亿元的利润位居全国电子百强首位，当时国内通信业的增长速度也保持在 20% 以上。正当华为人为此欢欣鼓舞、踌躇满志的时候，任正非在 2001 年春天不合时宜地抛出了《华为的冬天》，预言“IT 业的冬天必将到来”。他发动全公司广泛展开对危机的大讨论，甚至说："十年来我天天思考的都是失败，对成功视而不见，也没有什么荣誉感、自豪感，而是危机感。"这篇文章后来成为最著名、最有影响力的任氏著作，国内许多企业家都把它当作危机经营的范文。

华为在过去的18年里每年的研发费用维持在七八十亿元，大约有超过两万五千名员工在从事研发工作。投入资金之巨，人力之多，都属中国公司之最。尽管如此，华为并没有一项原创性的产品发明。一直以来，华为是通过购买和支付专利许可费的方式，从跨国公司那里获得核心技术。可以说，华为在技术上一直采用的是"拿来主义"的方针，这保证了它以最快的手段得到最新的技术，并在此基础上根据客户的现实需求，进行功能特性的改进和集成能力的提升。这是在任正非"一切以市场需求为导向"的大方向指引下的必然。

在海外市场上的成功扩张，是华为国际化最直接的成功表象。这些战绩，让国人惊呼中国企业也能够在高科技行业中，实现以往只会在低端制造业出现的巨大成功。因此，很多人把目光聚焦在华为做海外销售的方式上，比如：国际展览造势，从上到下建立普遍客户关系，不拼技术拼服务，追随外交路线做营销，甚至是任正非所提倡的无坚不摧的"土狼精神"等等。在销售扩张的背后，华为的国际化被任正非视为一个全面的系统工程，是包括了技术研发、文化建设、资本运作和管理体系在内的整体国际化。所有这些相互作用，融会贯通才形成了华为的国际核心竞争力。

资料来源：管理学家，2006-10-11.

第四节　中国管理思想的文化内核

中国传统管理思想学派众多，典籍汗牛充栋，但从根本上看，其出发点和落脚点都是为了提出一套治国安邦的万全之策。正如司马炎在《论六家之要指》中所说："天下一致而百虑，同归而殊途。夫阴阳、儒、墨、名、法、道德，此务力治者也。"因此，中国传统文化也可说是一种"管理型"文化。由于特定的地理、历史和社会条件的决定，虽然诸子百家的管理思想各自不同，但自汉王朝"废黜百家，独尊儒术"开始，历经千年至唐王朝，一种以儒家学说为主干、儒道交融、吸收各家之长的管理思想和管理模式趋于稳定，构成中国管理思想体系的主体。从文化角度来看，中国管理思想体系的基本要点，是管理思想的人本观、协和观和经权观。

一、中国管理思想的人本观

中国传统管理思想的核心是人本观，即把人作为管理活动的出发点和归宿，强调以人为核心的各种关系，倡导个人在家庭邻里、社会、国家乃至自然等各种关系中承担责任。中国传统管理思想的人本观具体表现为管理的"重人"、"以民为本"、"以德服人"和"正人先正己"等管理思想意识。

（一）"重人"

"重人"，是中国传统管理的基本思想之一。自古至今，中国思想家都把人置于中心位置加以认识。"惟人为万物之灵"（《尚书·泰誓》），"民惟邦本"（《尚书·五子之歌》），"人者，天地之心"（《礼记·礼运》），"道大，天大，地大，人亦大。域中有四大，而人居其一"（《道德经》），"诸侯之三宝：土地，人民，政事……民为贵，社稷次之，君为轻"（《孟子·尽心下》），

“间于天地之间，莫贵于人”(《孙子兵法》)……要夺取天下，治好国家，办成事业，人是第一位的，故我国历来讲究得人之道，用人之道。重人伦，重人心向背，重人才归离，是中国管理“重人”思想的主要方面。

1．重人伦

在特有的自然和经济条件制约下，中国古代社会不但把以血缘关系为基础的人伦观念扩展到国家和社会，而且将这种人伦关系渗透到国家和社会生活的方方面面，人伦道德也因此成为普遍的社会道德，即“父子有亲，君臣有义，夫妇有别，长幼有序，朋友有信”(《孟子·滕文公·上》)。这种人伦道德表现在现实管理的实践活动中，就是人们特别重视“人情”，往往为了“人情”在“原则”上进行回旋，并且最终倾向于选择顺乎“人情”的管理决策。

2．重人心向背

得民心是治国之本。正如《管子》提出的，务本之道在于经营民心，争取百姓，达人民之所愿，予百姓之所需，尽量做到“……君若将欲霸王举大事乎？则必从其本事矣……夫霸王之所始也，以人为本，本治则国固，本乱则国危……齐国百姓，公之本也……民恶忧劳，我佚乐之；民恶贫贱，我富贵之；民恶危坠，我存安之；民恶灭绝，我生育之”(《管子·五辅、枢言篇》)。

对民心的重要性，孟子曾说过“桀纣之失天下也，其失民也，失其心也。得天下有道，得其民，斯得天下矣。得其民有道，得其心，斯得民矣”(《孟子·离娄上》)。反之，“暴其民，甚则身弑国亡，不甚则身危国削”(《孟子·离娄上》)。进而指出：“民为贵，社稷次之，君为轻。是故得乎丘民而为天下”(《孟子·尽心下》)。所以“治国安家，得人也；亡国破家，失人也”(《六韬·文韬·文师篇》)，“主之本在于宗庙，宗庙之本在于民”(《吕氏春秋·务本》)，“民者，君之本也”(《春秋·谷梁专》)，“民可近不可下，民惟邦本，本固邦宁”(《尚书·五子之歌》)。

所以《管子》说：“政之所兴，在顺民心；政之所废，在逆民心”，国家心须“令顺民心”，“从民所欲，去民所恶”，乃为“政之宝”(《管子·牧民》)。西汉贾谊也提出：“闻之于政也，民无不为本也。国以为本，君以为本，吏以为本”，“国家的安危存亡兴坏，定之于民；君之威侮、昏明，强弱，系之于民；吏之贵贱，贤不肖，能不能，辨之于民；战争的胜败，亦以能否得民之力以为准”(《新书·大政上》)。

为了得民心，孟子认为“得其心有道，所欲与之聚之，所恶勿施，尔也”(《孟子·离娄上》)。所以要得民心，必须先为民谋利，“凡治国之道，必先富民”(《管子·治国》)，所以必须“保民，养民，教民”。所谓“保民”，就是要保护民众，“保民而王，莫之能御也”(《孟子·梁惠王上》)。“养民”就是“制民之产”，保护农工商，薄其赋敛，轻其刑罚，救济穷人，让老百姓丰衣足食，然后引导他们走上善良的道路。“教民”就是“教以人伦”，教育百姓，使他们“明人伦”，懂得人际关系的行为准则，“善政不如善教之得民也”(《孟子·尽心上》)。

3．重人才归离

得人才是“重人”的重要组成部分。我国素有“求贤若渴”一说，表示对人才的重视。能否得贤能之助，关系到国家的兴衰和事业的成败。“得贤人，国无不安广……失贤人，国无不危”(《吕氏春秋·求人》)。诸葛亮总结汉的历史经验说：“亲贤臣，远小人，此先汉之所以兴隆也；亲小人，远贤臣，此后汉之所以倾颓也”(《前出师表》)。《晏子春秋》则把对人才“贤而不知”、“知而不用”、“用而不任”视为国家的“三不祥”，其害无穷。

要得人才，必须先得民心，众心所归，方能群才荟萃，故《管子》把从事变革事业，注重经济建设，为人民办实事，视为聚拢优秀人才的先决条件，叫做“德以合人”，“人以德使”（《管子·五辅、枢言篇》）。

4. 尚贤使能

中国古代的人才管理特别重视德能兼备标准。远古时代的禅让制度，就是在考察德行修养的基础上实行的推举贤能的管理制度。管子认为，国家选贤任能，要举拔有德者给予爵位，举拔有才者就任为官。把德行置于功劳之上，主张国家用人要德才兼备，德能并举，“德”与“能”不可偏废。

中国古代的选贤强调“不以年伤”，即选用人才不应受年龄的限制，从而否定了资历主义。管子强调考核官员的内容主要有三：一是德望与其地位是否相称；二是功绩与其俸禄是否相称；三是能力与其官职是否相称。

（二）以民为本

中国管理的民本思想源远流长，“以民为本”在中国管理思想中，始终占据主导地位。历代中国的思想家和政治家，普遍提倡“爱人贵民”，认为对人的生命关怀，是社会管理以及自我管理的重心。

从“民为立国之本”出发，管仲提出“本理国固”的思想，认为“治国就是治人”，要求竭诚听取民众的意见，把人作为管理的重心。孟子则提出“天时不如地利，地利不如人和”（《孟子·公孙丑下》）。荀子指出“百姓之力，待之而后功。百姓之群，待之而后和。百姓之财，待之而后聚。百姓之执，待之而后安”（《荀子·富国》）。孙子提出“故进不求名，退不避罪，唯民是保，而利合于主，国之宝也”（《孙子兵法》），即既要保民，又要利主，把对民众负责与对君主负责统一起来，在中国传统的民本思想中是很有见地的。

中国“以民为本”的管理思想，不仅体现在对民力的利用上，还体现在“唯民是保”的人文关怀上，“保民而王，莫之能御也”（《孟子·梁惠王上》）。对“唯民是保”的人文关怀，儒家提倡“行仁德之政”，“因民之所利而利之”（《论语·尧曰》），“修文德以来之”（《论语·季氏》），使“天下之民归心”，“近者悦，远者来”（《论语·尧曰》），实现“天下大悦而将归己”（《孟子·离娄上》）。

（三）“以德服人”

“以德服人”，不仅容易得民心，还可以取得迅速持久的控制效果，对此孟子有非常深刻的阐述：“以力服人，非心服也，力不赡也。以德服人者，心悦而诚服也”（《孟子·公孙丑上》）。为了使政治措施能够迅速推行，为了使广大民众迅速归顺，使之“心悦诚服”，管理者就必须以身作则，“以德服人”。

“以德服人”要求“克明俊德”（《尚书·尧典》），即发扬光大高尚的道德，使天下民心为善。所以“以德服人”不但强调道德价值观的精神指导作用，要求管理者通过自身的模范行为，而且要求把一定的价值观念灌输到组织成员的头脑中去，使之化为人们发自内心的自觉行为。这种“克明俊德”的思想，也是中国管理思想中“以德服人”德的重要组成部分。

基于“以德服人”的“克明俊德”，孔子提出“道之以政，齐之以刑，民免而无耻；道之以德，齐之以礼，有耻且格”（《论语·为政》），提倡施行以“礼”作为基本手段的道德教化，认为礼在国家管理活动中的作用，就相当于权衡之于轻重，绳墨之于曲直，规矩之于方圆；有了礼的规范，人们就不会胡作非为。“礼”的本质是一套道德修养标准，是治民的标志和治国的依据，“礼者，人之所履也”，“礼者，政之挽也”(《荀子·大略》)。所以孔子要求人们“非礼勿视，非礼勿听，非礼勿言，非礼勿动”(《论语·颜渊》)，以期实现“克明俊德”，使民众“有耻且格”。荀子主张以“隆礼至法”来达到“克明俊德”，指出“隆礼至法，则国有常”(《荀子·君道》)，要求“礼治”和“法治”双管齐下。

“齐之以礼”与“以德服人”，本质上是内在一致的，其中“以德服人”是根本，“齐之以礼”不过是“以德服人”的外化。

(四)“正人先正己”

中国管理崇尚“以德服人”，推崇“道德教化”，认为管理在本质上，是一个“修己安人”的过程，只有以“修己”作为起点，从立身正己做起，管理才能最终达到“安人”的目标，即所谓“正人先正己”。

“正人先正己”的管理思想，历代先贤都有论述。孟子说：“君仁莫不仁，君义莫不义，君正莫不正。一正君而国定矣。吾未闻枉己而正人者也。”(《孟子·离娄上》)“知所以修身，则知所以治人，知所以治人，则知所以治天下国家矣。”(《礼记·中庸》)明高攀龙说：“理财足以聚人，律己足以服人，责宽足以得人，身先足以率人。”

“正人先正己”的思想包括三项内容：

(1)治国之道，在于由“正己”而“正人”，所谓“政者，正也”。季康子问政于孔子，孔子对曰：“政者，正也。子帅以正，孰敢不正。”(《论语·颜渊》)鲁哀公问“为政”，孔子对曰：“政者，正也。君为政，则百姓从政关。君之所为，百姓之所从也。君所不为，百姓何从?”(《大戴礼记·哀公问于孔子》)

(2)“正己”是“正人”的基础和前提。孔子说：“其身正，不令而行。其身不正，虽令不从。苟正其身矣，于从政乎何有？不能正其身，如正人何?”(《论语·子路》)

(3)率先垂范，身教重于言教。子路问政于孔子，孔子对曰：“先劳之。”(《论语·子路》)孔子认为：“欲政之道行也者，莫若以身先之也。”(《论语·颜渊》)

二、中国管理思想的协和观

中国管理思想的灵魂是协和观。它以追求管理系统的协调、和谐、稳定为目标，在生产管理上实现“天人合一”；在社会管理上实现“天下一家”；在人事管理上实现“知行合一”和“情理合一”。

中国管理思想的协和观不仅表现为一种科学的理性操作，更是一种人们所创造的理想境界。管理的最高境界是“无为而治”，一个组织中的成员都能自发地按照规范和要求办事，自觉地发挥自己的力量，维护组织的宗旨和荣誉，这就是孔子所说的“从心”，孟子所说的“天时不如地利，地利不如人和。”

(一)尊道合德

中国文化中有三种最基本的“道”，分别是“天道”、“地道”、“人道”。“立天之道，曰阴与阳；立地之道，曰刚与柔；立人之道，曰仁与义”(《易传·说卦》)。“道”是一种客观存在，人类不能控制和改变“道”。“天不变其常，地不易其则，春秋冬夏，不更其节”(《管子·形势》)。“万物之于人也，无私近也，无私远也”，“顺乎”必“助之”而“有其功”，“违之”必“怀其凶”，“虽成必败”，“不可复振也”(《管子·形势》)，“不通于轨数而欲为国，不可”(《管子·山国轨》)。但人类可以认识“道”，并能够通过“合之以德”的行为实现人的生命价值。所以孟子说:“尽其心者,知其性也。知其性,则知天矣。存其心,养其性,所以事天也。”(《孟子·尽心上》)“求则得之,舍则失之”(《孟子·告子上》)。中国文化对“道”的这种理解,是中国管理思想“尊道合德”的认识论基础。

《尚书·洪范》总结的“顺五行”管理观点,儒家“天道为本,人德合之”的“唯人则天”管理思想,道家“人法地,地法天,天法道,道法自然”的管理主张,都是中国管理思想“尊道合德”的具体反映。

(二)以和为贵

“和”在中国管理思想中,是“尊道合德”思想在管理实践中的体现。“和者也,天下之达道也”(《礼记·中庸》)。汉代董仲舒:“夫德莫大于和,而道莫大于中。”儒家贤哲认为“礼之用,和为贵”(《论语·学而》),和气生财,和能兴邦,所以“和”是中国管理思想的重要内容。但在中国管理思想中,“人和”是“和”的最主要的内容,即调整人际关系,讲团结,上下和,左右和。孟子说:“天时不如地利,地利不如人和。”(《孟子·公孙丑下》)荀子说:“下不失地利,中得人和,而百事不废。”(《荀子·王霸》)

“以和为贵”的管理思想,也要求管理主体做到“修齐治平”相统一,严于律己,公正无私,达到“内圣外王”;同时也要求管理客体与大自然相适应,与社会相协调,实现“天地合德”、“保合大和”,使管理的主体与客体、群体与个体、自然与社会、“天理”(社会性)与“人欲”(自然性)等,在管理的不同阶段和层次上相互交融和合。

(三)中庸之道

“中庸之道”源于《易经》的“中道”思想,是儒家最为推崇的管理思想,对中国管理思想的影响也至为深远。对“中庸之道”,孔子解释为“叩其两端执其中”和“过犹不及”;程熙解释为“不偏之谓中,不易之谓庸。中者,天下之正道;庸者,天下之定理”(《遗书·卷七》)。朱熹在《中庸章句》的开篇将中庸注之为“中者,不偏不倚,无过与不及之名。庸,平常也”,并引用尧授舜的“允执厥中”和舜授禹的“人心惟危,道心惟微,惟精唯一,允执厥中”十六字心传,对中庸的含意进行深刻阐述,教育和引导人们在处理和解决问题的时候不要走极端,要避免过与不及的出现,应从两端入手,抓住问题的“终始本末、上下精细、无所不尽”,再“量度以取中,然后用之”。

“中庸之道”的要点在于“时中”和“执中以致和”,因此要求管理者中正平和,克己(恕)尽己(忠),宽猛相济,刑德并用,主张调和与折衷,反对过度偏激,既坚持正义又通权达变,追求一定范围内的整体和谐。

(四)“无为而治”

《老子》一书中把国家管理状况分为三个等级:最好的是“不知有之”——老百姓不知道统治者的存在;其次是“亲而举之”——老百姓感觉到统治者和自己很亲近,常加以赞美;再次是“畏而辱之”——统治者以凶残的手段威迫百姓,随意地欺侮他们。这三个等级是不同管理方式所形成的结果。“不知有之”是道家推崇的“道法自然”而达到“无不为”的“无为而治”。

儒家管理思想的“无为而治”是通过“为政以德”、“任官得人”、“行其无事”而达到的。孔子说:“为政以德,譬如北辰居其所而众星共之。”(《论语·为政》)管理者如果讲求道德,以之作为自己的治国方针,就可以取得“无为而治”的效果,这就像北极星一样,处在其位置上,众星都环绕着它,这是“为政以德”所达到的“无为而治。”“任官得人”,就是最高领导者应集众人之长，用人得当，信任下属，放权抓大事，赵岐《孟子注》：“言任官得其人，故无为而治”。“行其所无事”的领导方式，即管理者对于下属的管理要留有余地，顺其自然，“惠而不费”，“为而不为”，即“不管之管”的领导方式，也同样可以达到“无为而治”。

三、中国管理思想的经权观

中国管理思想的经权观，其主要的理论依据是《易》的三义：变易、不易和易简。“变易”指的是万物和人世的不断变化，是“权”；“不易”是各种规律和原则的确定性，即变中的不变，是“经”；“易简”说的是对规律本质简明的把握和领悟。《易》的三义应用到管理实践中，形成了中国管理思想的经权观，即以“不易”的“经”作为行动的准则，以变易的“权”来达成最优的决策，以最简要明确的原则让群众易知易行。

中国管理思想的经权观，既要求“执经达权”，即根据普遍的管理原则和事物运动的客观规律来选择和确定合适的管理策略和方法，最后达到管理目标，又要求“通权达变”，即根据不断变化的情势而随时调整自己的管理方式，如宋代陈淳所说，“经穷则须用权以通之”（《北溪字义·经权》），所谓“穷则变，变则通，通则久”。“执经达权”和“通权达变”，是中国管理思想的经权观的两大基本内容。在管理实践中，无论“执经达权”还是“通权达变”，都必须坚持“经权合一”。

“执经达权”和“通权达变”的管理原则，是“适其时，取其中，得其宜，合其道”。

（1）“适其时”，是指管理者要适应实际的时势，而采取不同的管理方法。

（2）“取其中”，即“中庸”原则，就是“叩其两端”、“无过无不及”。孔子说“中庸之为德也”（《论语·雍也》），认为“取其中”是管理的最高原则。

（3）“得其宜”，即恰当、合理，恰当合理就是“义”。“义者，宜也”（《中庸》）。儒家认为，无论是“执经”还是“达权”，都不可无“义”。

（4）“合其道”，就是要求无论“反经”或“变权”，都要合理合道，即人们的所作所为要合乎一定的道理，管理要合理。

相关链接

“内道外儒”的“和”文化

“和”是中华文化中独特的、延续不断的重要哲学概念、文化理念、政治理论和社会理想。“和”是中国文化和哲学的核心，追求天人之和、人际之和、身心之和，是中华民族的根本理想。“和为贵”是中华文明的基本信条，“持中致和”是中华文化的主流传统。

中华民族“持中致和”的文化渊源，可追溯到中国有文字记载之前龙马背负《河图》和神龟背负《洛书》的神话传说。伏羲受《河图》而作八卦，大禹受《洛书》而创立包含“五行”思想的“洪范九畴”，表述万事万物在运动中互相依存、互相制约、相克相生、矛盾统一、和谐发展。《尚书·大禹谟》提出“人心惟危，道心惟微，惟精唯一，允执厥中”的“致和”之路。“八卦”及“洪范九畴”的辩证思维和整体系统观，在西周被简约概括为“和”。大禹谟的“十六字心经”，则概括为“执两用中”。将“和”与“执两用中”结合起来，就形成了“持中致和”的文化思想，“和”文化的基本内核就此被确立下来。

对“持中致和”的文化思想，《周易》是用易卦模式来描述、理解和运用的，即由阴阳两端的符号化开始，用中间状态的结构图式及其哲理，组合构建出“太极、两仪、四象、八卦”，所谓“执两用中”。当“八卦成列，象在其中”时，也就“持中致和”了。

易卦的这种模式或结构图式，其深奥复杂是显而易见的，普通人很难理解和使用。孔子认为“易则易行，易行则有功”，所以修正《周易》的易卦模式，提出用较容易理解和运用的“执其两端，用其中于民”(《中庸章句》)的“中庸之道”，来描述、理解和运用“执两用中”，以期达成“持中致和”。

孔子修正的“执两用中”，是由圣人代替了民众来“执两用中”的。孔子认为圣人“执两”为的是制定出以仁义为核心的“礼制”，而“礼乎礼，夫礼所以治中也”(《礼记·仲尼燕居》)，所以孔子更把“用中”简化为要求人们“无过无不及，不偏不倚，不改不易”地谨守“礼制”。孔子对西周“执两用中”思想的这种简单化改造，对普通民众的“持中致和”，是有一定积极意义的，但同时也造成必须依靠“圣人”及其制定的“礼制”才能“持中致和”的致命缺陷。孔子五十学《易》，想要寻求弥补，终于未能完成心愿，以至于到了末世的儒家手里，尤其在理学家那里，“执其两端，用其中于民”被诠释成遵守教条死理。中华文化“持中致和”的活的灵魂，已消失得荡然无存。

对“持中致和”，老子认为其根本在于遵循规律，在于无为而无不为。对借助于礼、义、仁等方法实现“持中致和”，老子很不以为然，认为这是舍本逐末，必将带来无穷的祸害。所以老子说：“上德不德，是以有德。下德不失德，是以无德。上德无为而无不为。上仁为之而无以为。上义为之而有以为。上礼为之而莫之应，则攘臂而扔之。故失道而后德。失德而后仁，失仁而后义，失义而后礼。夫礼者，忠信之薄也，而乱之首也。前识者，道之华也，而愚之首也。是以大丈夫处其厚不居其薄，处其实不居其华。故去彼取此。”两汉“废黜百家，独尊儒术”所导致的社会治理危机，以及末世儒学的艰难处境，不但验证了老子的预言，而且使“内道外儒”成为魏晋之后的文化风尚。《魏书·逸士传》云：“得道于圣人，则黄、老是也；治世之圣人，则周、孔是也。”正因为“内道外儒”的文化基因，才使中华民族的“和”文化传承了两千多年仍具有强大的生命活力。

资料来源：古籍.《尚书》、《周易》、《礼记》、《中庸》.

本章概念

无为而治　小国寡民　仁政　德治　“礼运大同”　“兼爱”　尚贤　尚同　“与时变”　“与俗化”　“采西学”　“两参一改三结合”　业务流程重组　企业资源计划　“以民为本”　“和”　“中庸之道”　“执经达权”　“通权达变”

问题思考

1. 简述中国古代道家的管理思想要点。
2. 简述中国古代儒家的管理思想要点及其理论体系。
3. 简述中国古代墨家的管理思想要点。

4. 简述中国古代法家的管理思想要点。
5. 简述中国古代管子的管理思想要点。
6. 简述中国近代民族企业管理的发展状况与基本特点。
7. “两参一改三结合”对促进中国企业管理发展有何重要意义。
8. “改革开放”对中国企业管理思想有什么影响?
9. 中国管理思想的文化内涵包括哪些基本内容?
10. 如何促进中国传统管理思想的现代化?

☞ 案例分析

替宋江拿个主意

宋江活捉高俅又把他放了，这事让人憋气。高俅那厮，不但是梁山好汉的“私敌”，也是国家人民的“公敌”。不少人，是恨不能食其肉剥其皮的，只可惜抓他不到。现在活捉了，正可以“大快人心”一把，怎么又放了呢？不要说林冲几个，便是我等，也想不通。

决定要放的是宋江。想当时宋江一定很为难。他夹在山寨与朝廷之间，左也不是，右也不是；手里捏着高俅这个活宝贝，杀也不是，放也不是。所以，宋江虽然大获全胜，心情却很沉重，忧心忡忡，一脸的难色。

因此，我很想替宋江拿个主意。

办法也无非三条：杀，放，不杀也不放。

杀了高俅，自然大快人心。林冲(还有杨志、鲁智深)不用说，武松、李逵、刘唐以及三阮，也一定拍手称快、喝彩叫好。投反对票的，除高俅自己，不会有人。但站在宋江的立场上，为他所谓“招安大事”计，却是不杀为好。宋江是铁了心要投降的。为了投降，他只想把事情闹大(闹大了才能引起注意，也才好和朝廷讲价)，不想和朝廷闹翻(闹翻可就没戏了)。所以，他可以大败官兵，也可以杀个把芝麻小官，甚至不大不小的官，比如曾是蔡京门人的华州太守贺某等等，却杀不得高俅。高俅不比别人。他不但是当朝太尉，而且是天子宠臣。杀了高俅，就等于是和朝廷翻脸，和皇上翻脸。这个脸，宋江翻不起。

于是宋江便把高俅放了。依宋江的一厢情愿，原本是指望高俅能在皇上面前为他说项的。宋江深知，他能不能投降，关键不在自己，而在朝廷，更在皇上。然而，作为先前的“猥琐小吏”，此刻的“犯上草寇”，他根本就没有资格和那“至尊天子”说上话。他的种种想法、愿望、要求，包括投降的乞求，都不可能直截了当地“上达天听”，而只能通过高俅之流来“中转”。这就是宋江决计要放高俅回去的根本原因。可惜，高俅是个小人。根本不讲诚信，还使了不少坏，害得宋江“竹篮打水一场空”。

其实，宋江应该知道高俅是什么货色，也应该知道高俅那厮根本就靠不住。因此他的做法，应该是把高俅当作可居的奇货和讲价的筹码扣在梁山，不杀也不放。也不光是留做人质，而是要他不断地写信给皇上，催皇上快快派人来招安。如果不写呢？对不起，那宋某就只好请林冲兄弟来和太尉大人说话了，就像当初对宿太尉所说的那样：“只怕弟兄们惊了太尉。”对宿太尉那样的“清官”尚且可以连哄带骗，高俅这混蛋为什么就吓他不得？

甚至在我看来，宋江还可以动点“真格的”，比如让林冲隔三岔五来臭骂一通，或者狠揍一顿(只是不可往死里打)。这既可以让林冲出出气，也能逼高俅就范。那皇帝老儿原本对高俅就言听计从，又担心高俅小命难保，自然会乖乖地下诏招安，还得客客气气的恭请宋大人下山。如果三番五次都弄不来一纸诏书，则证明该“奇货”已毫无利用价值，那就交给林冲发落好了。送给林冲的这份人情，比招待高俅的几顿酒肉值钱得多。

那么，倘若那厮果真弄来了招安诏书，又怎么办呢？也不妨碍林冲报仇雪恨。因为这时高俅已毫无用处，留下来只能是一个祸害。他会到皇帝那里搬弄是非不说，宋高两人同朝为官，低头不见抬头见的，有这么一段“过节”，岂非说有多尴尬！再说了，这种祸国殃民的东西，留他作甚？因此不妨过河拆桥，卸磨杀驴，在招安天使将到未到之际，结果了他。朝廷来人问起时，宋江可以双肩一耸两手一摊，对不起得很，天使晚来一步，高大人一片孝心匆匆忙忙见老祖宗去了。至于死因嘛，尽管随便编：失足落水啦，忽染暴疾啦，有的是说法。宋江身边有个诡计多端的吴用，何愁做不了这点手脚？又有个“神医”安道全，自然不难出具全套“医生说明”。反正这时生米早已煮成熟饭，朝廷也无可奈何，总不能因此而收回成命吧？自古道，君无戏言，何况那“君”又是昏君，好糊弄得很。此计的关键是掌握好时间，必须是招安天使“将到未到”之际，早了晚了都不合适。

这无疑是最好的一个办法：既不耽误招安(没准还能加快)，又不妨碍报仇(顶多拖上几天)；既不悖于“忠”(替皇上除了奸臣)，又不碍于“义”(让弟兄出了恶气)。忠义双全，一举两得，妙极了，简直OK，顶呱呱！

可惜，这个办法也是不灵的。

不灵的原因，是宋江做不来。也不是做不来，而是不能做。如果梁山寨主是高俅，用不着咱们出这馊主意，他早就这么干了。然而宋江不行。因为高俅是小人，宋江是君子。小人可以无恶不作，君子却须正大光明，这样的诡计，如何使得？宋江倘若果真做出这种两面三刀的勾当，他在弟兄们面前，将是一种什么样的形象？使不得，万万使不得。

然而反过来一想，似乎又不对。想当初，宋江为了赚秦明上山，拉卢俊义下水，什么狠毒之计没用过？卢俊义差一点掉了脑袋，秦明则被整得家破人亡，还连累了不少无辜平民，正所谓“只为一人归水浒，致令百姓受兵戈”，宋江却并无愧疚，众人也说他是“义气深重”。这可真是咄咄怪事！莫非对自己弟兄(还有无辜百姓)就可以“使坏”，对高俅那样的混蛋反倒应该“行善”？

资料来源：易中天品读中国书系. 上海文艺出版社，2006：401－411.

问题分析：

1. 宋江放了高俅，对梁山好汉这个团队，他想表达怎样的管理理念。

2. 对高俅“不杀也不放”这样的“主意”宋江会采纳吗？说明具体理由。

3. 宋江对自己兄弟和无辜百姓的“使坏”，与他对高俅这类“狗官”的“行善”，是否可以作为中国管理思想“经权观”的一个实证？怎样理解“经权”管理思想才是正确的？

参考文献

[1] 赵靖. 中国经济思想通史(第1、2、3卷). 北京：北京大学出版社，1996.

[2] 侯外庐. 中国思想史纲. 上海：上海书店出版社，2004.
[3] 叶世昌. 中国古代管理思想. 上海：复旦大学出版社，1990.
[4] 胡寄窗. 中国近代经济思想史大纲. 北京：中国社会科学出版社，1984.
[5] 许康，劳汉生. 中国管理科学化的历程. 长沙：湖南科学技术出版社，2001.
[6] 欧阳卫民. 儒家文化与中国经济. 成都：西南财经大学出版社，1995.
[7] 曾世强. 管理大道. 北京：北京大学出版社，2004.
[8] 苏东水. 中国管理通鉴. 杭州：浙江人民出版社，1996.
[9] 中国企业管理百科全书编辑委员会. 中国企业管理百科全书. 北京：企业管理出版社，1984.
[10] 袁宝华. 50 年来我国社会主义经济建设中几个问题的回顾. 中国当代史研究，1999(5－6)：19－25.
[11] 冯友兰. 中国哲学史新编[M]. 北京：人民出版社，1982.
[12] 沈善洪，王凤贤. 中国伦理学说史[M]. 杭州：浙江人民出版社，1985.
[13] 陈定闳，中国社会思想史[M]. 北京：北京大学出版社，1990.
[14] 黎红雷. 儒家管理哲学[M]. 广州：广东高等教育出版社，1993.
[15] 何继善，陈晓红. 管理科学：历史沿革、现状与发展趋势[M]. 长沙：湖南人民出版社，2004.

第二篇　计划

第四章　目标设立与战略安排

学习目标

学完本章之后，你应该能够：

- 理解目标的作用
- 描述目标结构和目标设立的要求
- 说明目标与战略的关系
- 解释战略与战略管理
- 描述战略的层次及其相互关系
- 解释各种战略类型
- 运用目标、战略的基本理论分析实际问题

开篇实例

耐克公司的秘密

耐克公司是在1964年由美国俄勒冈区大学的长跑运动员费尔·那特和他的教练比尔·波曼合伙创立的。他们自己办公司，起因是苦于买不到高质量的运动鞋，于是组建了“蓝带体育用品公司”，每人投资300美元，委托日本的一家鞋厂按波曼的图样生产了300双球鞋。球鞋以希腊传说中长跑报捷的胜利之神“耐克”为名，商标图案是花35美元请一个学生设计的。最初的球鞋卖不掉，只好储存在费尔父亲家里，每逢比赛，他们便拿到田径赛场去推销。

功夫不负有心人。1972年，奥运会田径赛在美国俄勒冈举行，费尔和波曼说服了部分马拉松运动员穿着耐克运动鞋参加比赛。结果有4名进入了预赛前7名。费尔和波曼借此机会大做广告，从此，耐克鞋声名鹊起。到1994年，耐克公司的销售额已经达到38亿美元，产品销往81个国家。

但是耐克公司本身并不制造耐克鞋。从耐克公司的最初发迹到以后的成长发展，靠的都不是球鞋行业的制造环节。事实上，耐克公司属下只有一家规模很小的制鞋厂，97%以上的

耐克鞋的生产都采取了在第三世界国家合同承包，加工返销的形式进行，然后由耐克公司收购，并由耐克公司独家在发达国家销售。

耐克公司赖以成长壮大的秘密在于对产品设计和广告营销环节的控制。原因主要是高档运动鞋行业的战略环节是产品设计和营销控制，而制造环节相对简单，而且价值较低。耐克鞋在市场上主要靠其“最佳设计”和高档品牌为号召，以巨款聘请著名体育明星，在美国电视节目收视率最高的黄金时间做广告，成功地塑造和保持了耐克鞋的高档名牌形象，使耐克鞋的售价长期保持在每双100美元的高价位。

资料来源：企业研究. 1997(9).

组织的创立与延续是为了实现一定的目标。目标的实现依赖于战略的选择。耐克公司的成功就在于智慧地选择了实现目标的战略。目标是组织奋力争取所要达到的预期成果。目标为所有的管理决策和行动指明了方向，并且作为标准用来衡量实际工作的绩效。组织的目标愈明确，它在组织中的作用就愈大。目标设立是计划的基础，计划始于目标设立。组织在确定了目标之后，就要选择实现组织目标的战略。战略是实现组织目标的整体谋划，包括实现组织目标的一系列决策和行动。战略选择是否合适，直接影响着组织能否实现既定目标。本章主要介绍组织目标的设立和管理者为了达到其目标所做的战略安排。

第一节 目标结构与目标表述

一、目标的价值

有效的并被组织成员接受的目标具有多种价值：

(1)指明行动方向。目标是管理工作的最终追求，为组织描述了未来的发展方向。合适的目标能够诱发人的动机，规定行为的方向。目标被制定和被接受后，组织的各单位、各成员就可以清楚地知道：组织的前进方向和组织的要求是什么，进而明确要做出何种努力和贡献。他们把注意力放在具体的任务上，就可望取得成果，创造出最佳成绩。没有明确的目标，组织就会缺乏“方向感”，管理就会一片混乱。个体和群体就无法有效地、高效率地工作，最终将一事无成。

(2)激励个人。在心理学上，目标通常被称为“诱因”，即能够满足人的需要的外在物。由诱因诱发动机，再由动机到达成目标的过程称为激励过程。目标作为诱因对人们的积极性起着强烈的激励作用。缺乏清晰的目标会削弱员工的动力和责任感。

从组织成员个人的角度看，目标的激励作用具体表现在三个方面：①个人只有明确了目标才能调动起潜在能力，创造出最佳业绩；②个人只有在达到了目标后，才会产生成就感或满意感；③当组织目标能够与组织成员的个人目标取得最大程度的和谐一致时，能极大地激发组织成员的工作热情和创造力。

(3)促进组织协同。目标为具有不同价值观和看法的管理者制定协调一致的决策提供了基础，可减少在目标实施过程中的潜在冲突，从而获得协调一致的行动。例如，一家设备提供商根据协议必须在2007年9月5日交货。那么，采购部门就可根据需要购买急需的零件，生产部门可以据此安排加工和组装计划，人事部门就可以部署一些加班工作，而安装部门则可安排运输和在客户工厂安装机器的人员。如果没有2007年9月5日交货具体目标，那么，这几个部门就很难对工作有清楚的认识，计划和行动就不可能协调一致、配合紧密。

(4)提供控制标准。目标不仅可界定组织期望的结果，同时，也可用作控制的标准。有了具体明确的目标，控制工作就有了基础，一方面可以用来衡量实际成效，指导纠正工作中的偏差；另一方面可用来评价组织、部门、个人的绩效，为对员工实施奖惩提供依据。

二、目标结构

一个组织有多种类型的目标，每种目标又有不同的作用。因此，组织目标实际上是一个目标体系，各目标之间存在一定的结构关系。

(一)目标的内容结构

从组织目标的内容来考察，组织目标可分为组织的总目标和经营目标。组织的总目标通常称为使命。使命描述组织的愿景、价值观、信念以及存在的原因，也称官方目标。它是对组织力图实现的结果和业务范围的正式说明，通常会写入组织的政策手册或年度报告中。其功能是向各利益相关者，如员工、顾客、供应商、股东等，传达组织总的目的和追求，人们可借此了解组织的价值和目标。一个精心制定的使命是随后的目标和计划制定的基础，没有明确的使命，管理者就有可能随意地制订目标和计划，组织就难以实现预定的目标。

经营目标是指通过实际经营活动所要实现的结果和说明组织实际上要做些什么。经营目标通常描述的是短期的具体可衡量的结果，一般属于组织必须首先完成的任务，每个主要任务的具体目标为组织部门中的日常决策和活动指明了方向。

组织的经营目标主要包括：

(1)业绩水平。营利性组织的盈利能力反应其全面业绩，通常用净收入、每股收益或投资回报来表示，其他的指标还有增长率、产出量等。非营利性组织虽没有盈利性目标，但有在规定预算开支约束下提供服务的具体目标，增长率和产出量也可以用来衡量非营利性组织全面业绩。

(2)资源。资源目标是指从外部环境中取得所需要的物资和财务资源。

(3)市场。市场目标是指市场份额或者市场地位。

(4)雇员发展。雇员发展是指雇员的培训、升迁、安全及成长等。

(5)创新。创新目标是指组织为了适应外部环境不确定性变化而在内部采取的灵活性、准备性的行动目标。创新目标通常以某些特定的服务、新产品和生产过程来定义。

(6)生产率。生产率目标是指有效地提高原材料的利用效率，最大限度地提高产品的数量和质量，通常用资源的投入量所要达到的期望产出量来描述，如单位产量的成本、每个雇员的产出数量等。

(二)目标的层次结构

目标是分层次的，从宽泛的目标到具体的个人目标之间构成一个等级结构(如图4-1所示)。

目标层次的顶端是组织的使命。使命描述组织的远景、价值观、信念，是对组织力图实现的结果和业务范围的正式说明，通常会写入组织的政策手册或年度报告中。其功能是向各利益相关者，如员工、顾客、供应商、股东等，传达组织总的目的和追求，人们可借此了解组织的价值和目标。一个精心制定的使命是随后的目标和计划制定的基础，没有明确的使命，

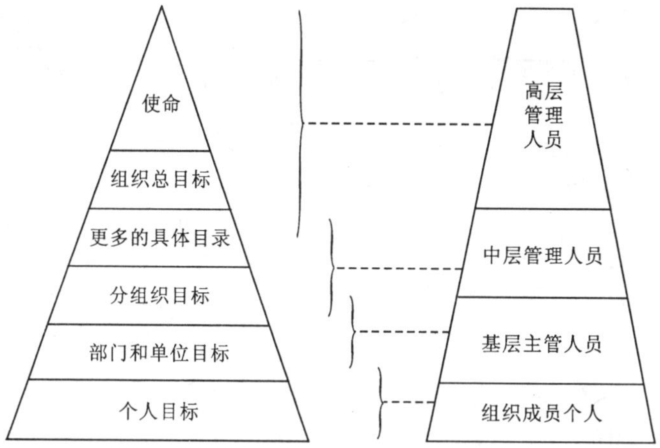

图 4-1　组织目标的层次结构

管理者就有可能随意地制订目标和计划，组织就难以实现预定的目标。

组织的使命总要被转化为组织的总目标和战略，说明组织具体的任务、结果和将采取的行动。目标层次的下一个层次是更为具体的目标，一般是针对组织的关键成果领域提出的。通常描述的是短期的具体可衡量的结果，如反映获利性的投资回报率目标，反映生产率的生产量目标，反映市场地位的市场占有率目标等。

上述各层次的目标是组织整体目标，在此基础上还要进一步分解和落实，形成部门的目标、小组目标和个人目标。

（三）目标的网络结构

一个组织的目标通常是通过各种活动的相互联系、相互促进来实现的，所以目标和具体的计划通常构成一个网络结构，即目标与目标之间左右关联、上下贯通、彼此呼应、相互协调，融汇成一个整体，形成互相支援的目标矩阵，如图 4-2 所示。如果目标彼此独立，不相互支持，那么人们常常寻找只适合于本部门的途径。尽管这样的途径、目标对本部门是完全适合的，但有可能损害公司的整体利益。

目标的网络结构特征提醒管理人员，在制订目标和计划时，必须统筹规划，使组织的各个组成部分及各项工作之间相互吻合，不仅要使各种计划得到执行，而且要有确定的完成时间的顺序。如果目标不相互支持和连锁，一旦这些目标相互冲突，就会造成内耗，损害组织的整体利益，结果将是灾难性的。

（四）目标的时间结构

组织目标从时间上可分为长期目标和短期目标。一个富有成效的目标体系，必须把长期目标和短期目标结合在一起，形成目标的时间结构。一般来说，长期目标是时间为 5 年以上的目标，短期目标是指时间在一年以内的目标。两者的区分是相对而言的，组织可根据需要确定长期目标和短期目标。

短期目标与长期目标之间存在着内在传递与分解的关系，即短期目标将长期目标的信息传递到主要职能部门，并将长期目标按各职能部门职责分解为具体的年度的短期目标，甚至年度的短期目标还需要被进一步分解成更为具体的每个月的目标。所以，确定短期目标的过程实质上是确定长期目标实现的先后次序的过程。

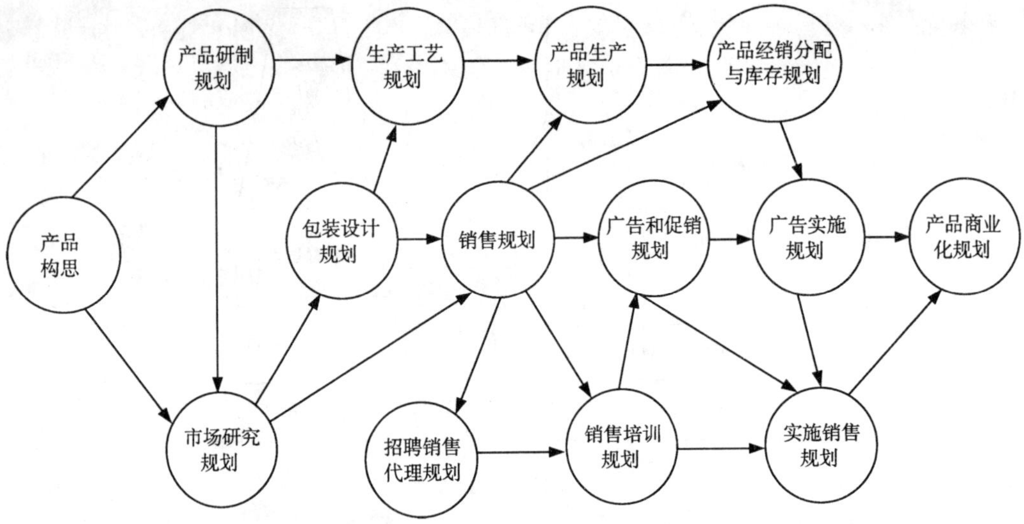

图4-2 发展新产品目标结构

两者之间内在的逻辑关系也可理解为：一方面短期目标是长期目标的基础，长期目标的实现依赖短期目标的完成，否则，长期目标的实现就是一句空话；另一方面，短期目标的制定要以长期目标为依据，应有助于长期目标的实现。

了解目标的时间结构，有助于管理者协调长期目标与短期目标、短期利益与长期利益的关系。

（五）目标的多样性

任何组织的目标都具有多样性。如工商企业除了追求利润外，还追求市场地位、生产率、雇员发展、社会责任等目标。没有一种单一的衡量尺度能够有效地评价一个组织是否成功地履行了它的使命。过分强调某一个目标如利润目标，会忽视其他目标，而这些目标对实现长期利润目标实际上是不可少的。强调目标的多样性，并不否定组织目标有主次之分，如果在众多的目标中没有一个得到足够重视，那么计划工作将是无效的。同时，过多的目标会分散管理人员的精力，甚至可能因过分关注次要目标而不利于主要目标的实现。因此，目标的数目要控制在一定范围内。关键是要在多种目标之间取得平衡，如组织目标与社会责任目标之间的平衡，组织目标与个人目标之间的平衡。

三、目标的表述

目标设定后，要采用书面形式予以准确表达，以便于理解和传播。为此，要掌握以下要领：

1. 主题明确

目标应该有一个明确、特定的主题，不应该是模糊不清的。如“本企业未来五年的战略目标是成为本行业的领导者”，这种表述就不清楚，因为究竟是市场领先者，还是技术领先者，还是两者兼而有之，不明确。比较恰当的表述是：“企业未来五年的战略目标是成为本行业技术方面的领先者。”

2. 以最终结果表述

目标是组织追求的最终成果，活动是完成目标的手段。如通过加强对生产工人的培训可以提高劳动生产率，但是培训本身并非目的，真正的目标仍然是提高劳动生产率。因此，目标应该强调结果，而不应该强调活动。如“2001 年追加 12% 的研发费用投入”，这一目标所涉及的是活动而不是结果：增加研发费用投入的本身不是目的，其目的可能在于通过此项活动加大企业的新产品开发力度，提升老产品功能或改进现有产品品质等。所以对这类目标，关键是要弄清楚活动的最终目的是什么，在可能的情况下，直接对该活动的预期目标提出要求。

3. 注意时序连贯性

从管理上说，一项没截止期限的任务是一项永远不会完成的任务。因此，在表述目标时，要规定目标完成的期限。不管是短期目标，还是长期目标，相关的时间跨度要明确包含在目标表述中。组织中目标的时限可以用日、周、月、年来表述。

不仅如此，还要根据任务和目标间的内在逻辑关系，确定它们的先后次序，以保持时序上的连贯性，使有关成员能够据此清楚地了解自己的工作目标在组织整体中的地位和作用，并为此作出努力。

4. 根据目标的性质采取不同的表述方式

在组织的目标体系中，有些目标是定量目标，如销售额、生产量、利润等；有些目标是定性目标，如使命、战略目标等。一般来说，组织高层的目标以定性目标为主，而中层（尤其是基层）的目标大多是定量目标。因此，一个完整的目标体系，既有定量目标，也有定性目标。

虽然我们强调目标尽量量化，但对定性目标如果过分强调量化，不仅是无益的，还可能是有害的，其结果可能使管理工作误入歧途，这方面典型的例子就是中学以升学率作为主要目标。有时，提出一个定性目标可能比规定一个定量目标更可以使主管人员处于有利、主动的地位。而且从考核的角度来看，大多数定性目标也是可以考核的，只不过是不可能和定量目标一样考核得那么准确，一般情况下，是用“多好”的标准来衡量的。

因此，要根据目标的性质，采取不同的表达方式。对定量目标要用量化指标表达，以增强其可测性。对定性目标则不能简单量化，以防止可能产生的伪指标使考核偏离真正的考核目标要求。

相关链接

明确的目标才会导致高效率的行动

曾经有人做过一个实验：组织三个人，让他们分别向二十公里外的一个村庄步行。

第一组的人对村庄的名称和路途的长短一无所知，只被告知跟导游走。刚走到四、五公里就有人叫苦，走了一半时有人几乎愤怒了，他们抱怨为什么要走那么远，何时才能走到。又走了几公里，离终点只剩三、四公里时，甚至有人坐在路边不愿走了。坚持走到终点的只有一半人左右。

第二组的人知道村庄的名字和路程，但路边没有里程碑，他们只能凭经验估计行程时间和距离。走到了一半的时候，大多数人就想知道他们已经走了多远了，比较有经验的人说：“大概走了一半的路程。”于是大家又簇拥着向前走，当走到全程的四分之三时，大家情绪低落，觉得疲惫不堪，而路程似乎还很长，当有人说：“快到了！”大家又振作起来加快了步伐。

第三组的人不仅知道村庄的名字、路程，而且公路上每一公里就有一块里程碑，人们边走边看里程碑，每缩短一公里大家便有一小阵的快乐。行程中他们用歌声和笑声来消除疲劳，情绪一直很高涨，所以很快就到达了目的地。

这个实验说明，只是指明前进的方向并不会导致高效率的行动，只有目标明确具体，组织成员的行动热情才会得到维持和加强。

资料来源：王一新. 读故事，学管理. 海潮出版社，2005：58.

第二节　目标设立

一、有效目标的特征

能有效发挥价值的目标，一般应具有五个方面的特征。

1. 明确具体

良好的组织目标应该是明确、具体而不是含糊、空洞的。这实际上就是强调要根据目标的层次结构和时间结构要求，从空间上将组织目标分解为各部门和个人的目标，从时间上分为各阶段的目标，只有这样，组织成员才会有方向感和责任感，组织才能对各种活动的成果、时间和成效等参数实施有效的控制，组织目标的实现才有坚实的基础。如果制定笼统、含糊的目标，只会使组织成员感到迷惑，使管理控制失去依据，管理就将毫无成效。

明确具体的目标应符合以下要求：①责任主体明确。组织的每一层次的每一项目都必须同具体的部门或个人的责任挂钩，不能出现无责任主体的现象。②目标标准明确。即所期望达到的数量或质量要界定清楚，目标要转化成具体可衡量的指标。如有可能，目标表述应尽量量化，使之具有可考核性，为衡量绩效提供尺度。③实现目标的时限明确。规定具体完成目标的时间，良好的目标不管是短期的、长期的，相关的时间跨度都明确包含在目标之中。时间跨度较长的目标，可以设定实现部分目标的具体日期，比如，战略销售目标可以建立在3年的时间跨度上，第一年目标销售额为1亿元，第二年为1.29亿元，第三年为1.6亿元。④保证措施明确。设立目标是为了实现目标，因此，设立目标时，应明确与之配套的保证措施。并使之与目标本身融为一体。

2. 可以接受

组织目标只有被组织成员接受，才会有利于目标的执行。否则，组织成员就会消极应付甚至会拒绝执行。因此，有效的目标应具有可接受性。

可接受的目标必定是符合组织成员期望的，为此要求：①目标本身有意义，组织成员愿意接受；②目标水平要合理，组织成员通过一定努力可以实现；③目标确立是和执行人员充分沟通的结果；④实现目标有足够的资源和职权；⑤实现组织目标可达成个人目标，即满足个人需要。

3. 具有挑战性

挑战性的目标能够激发管理人员寻找提高组织绩效的可能方法，开发人的潜能，给人以成就感，而且能提高员工的工作能力和组织自身的各种素质，增强组织的竞争力和应变能力。因此，优秀的组织一般都志存高远，其目标往往是雄心勃勃的。美国通用电器公司管理层认为，给组织提出挑战，推动组织达到“不可能”的目标，可以提高公司所作努力的质量。为此，该公司倡导一种“我能做”的精神，从而建立自信。由于不同的个人或群体对目标的挑战性可能有着不同的认识，在实践中，企业要针对不同的群体情况提出不同的目标，以达到更好的激励效应。

当然，强调目标具有挑战性，并不是说目标定得越高越好。如果目标不切实际，或不可能实现，就可能使组织成员消极应付甚至放弃努力。因此，好的目标应该是既具挑战性，又具可行性的。

4. 抓住关键成果领域

组织使命从整体上描述了组织存在的理由与发展前景，而组织目标则是具体指明在实现使命过程中所需追求的最终结果。因此，组织目标的确定需要根据组织使命的要求，抓住关键成果区域。关键成果区域是指那些对组织使命、计划贡献最大的区域，它们对组织的成功具有重要性。如果事无巨细，面面俱到，就可能分散管理者的注意和组织的资源，使计划变得毫无意义，甚至违背组织使命。违背组织使命的目标不仅是无效的，而且会损害组织自身的利益。

5. 与奖励挂钩

建立在目标实现基础上的奖励，赋予了目标的意义和重要性，有利于激励员工去实现目标。因此，好的目标应该让组织成员容易看到完成组织目标与个人需要之间的联系，同时及时兑现奖励承诺，否则目标的激励作用就会被削弱。有时目标不能实现通常是由于存在员工无法控制的因素，比如，行业不景气、市场需求不旺等，导致员工无法实现既定目标。在这种情况下，如果员工在困难的条件下实现了部分目标，奖励也是合乎情理的。

二、目标设立过程

在第一节中，我们了解到目标设立的一些基本要求，同时也了解到组织目标设立的基本过程，即在明确组织宗旨和使命的基础上，制定组织的总目标，然后将总目标分解为各部门、各管理者和员工的目标。这里我们将讨论在这个转化过程中的具体形式。

不同类型与规模的组织以及不同层次的管理人员，在组织目标设立过程中会采用不同的形式。根据不同层次的管理人员介入组织目标设立工作的程度，可分为三种目标设立的形式。

1. 自上而下的过程

这是一种传统的设定目标的方法，其基本过程是组织的高层管理者设定组织的总目标，然后分解成子目标落实到组织的各个层次，直至每个成员。在这个过程中，下级的目标是由上级规定的。

这一方式的优点是，组织高层管理人员能够把握组织方向，并能对下属各部门的各项行动实施有效的控制。但这种方法要求组织的高层管理人员设立目标时必须能纵观组织的全貌，设立的目标非常完善、合理，并且要求对下属各部门提供详尽的指导，显然一般情况下很难做到。同时这种方法束缚了各部门的手脚，难以发挥中下层管理人员的积极性和创造性。

2. 自下而上的过程

这是一个先民主后集中的过程。在设立目标时，组织高层管理人员对下属部门不做具体硬性的规定，而是要求各部门积极提交自己的目标。组织高层管理人员在各部门提交的目标的基础上，加以协调平衡，对各部门的目标进行必要的修改后加以确认。

这种方法的优点是，能充分发挥各部门和各级管理人员的积极性和创造性，集思广益，而且由于设立的目标有着广泛的群众基础，在目标的实施过程中也容易得到贯彻和落实。

但按这种方法设立各部门的目标较难协调，影响了组织目标的系统性和协调性。

3. 由上而下，上下结合的过程

自德鲁克提出目标管理以后，目标管理已成了组织在设立目标时普遍采用的方法。所谓目标管理(MBO)，是让组织的主管人员和员工亲自参与目标的制定，在工作中实行自我控制，并努力完成工作目标的一种管理方法。

目标管理强调目标设立采用参与的方式，上级和下级共同参与目标的选择和对如何实现目标达成一致。因此，目标管理中的目标转化过程既是“自上而下”的，又是“自下而上”的。它吸取了上述两种方式的优点，又避免了两者的不足，使设立的目标更具有可操作性，因而受到普遍重视。

三、组织目标与个人目标的协调

组织是为了完成个人行动所不能达到的目的而建立的，而组织各参与者均有其个人需要，这些个人化的需要就成了参与者的个人目标。

一方面，组织目标是其成员共同利益的体现，在个人和组织之间常常有一种很强的联系，个人常常将各种组织价值观和目标内在化并加以接受，两者之间存在一种心理上的契约，它消除了组织目标与个人动机之间的冲突，可以帮助组织成员完成各自的目标。当组织成员看到组织对好的工作表现有奖赏的诱因时，他们就会更有效地工作。做出出色成绩的人，也会获得更大的实现感和满足感。这是组织目标与个人目标取得和谐一致的基础。

另一方面，个人为组织目标作出贡献的意愿的强度和时间分布却是变动的，因为它受到个人所感受到的满意程度的影响。美国管理学家切斯特·I·巴纳德认为，如果组织成员个人目标得不到满足，他们就会停止贡献力量或退出组织。

组织目标与个人目标之间既可能和谐一致，又可能存在冲突。没有最低限度的和谐一致，组织就不会存在，但完全一致又不可能，而且冲突确实存在。问题的关键是如何使组织目标与个人目标之间取得最大限度的和谐一致。

首先应认识到，在组织内，设法使参与者个人得到满足感，这不仅仅是获得组织效能的手段，而且其本身就是目的。其次，要寻求将组织目标与个人目标进行有效结合的方法。人们用了很多方法试图把个人或群体的目标与组织目标结合起来，其中最全面的办法是“目标管理”(MBO)。这一事实强调的思想是，管理者不应当把目标制定看做一个分离的、孤立的过程，应该在计划与控制系统的条件下、在激励—绩效—满意的结合中以及在组织的总体氛围中来进行思考。

相关链接

目标管理

目标管理是美国著名管理学家德鲁克的首创，1954 年，他在《管理实践》一书中，首先提出“目标管理与自我控制”的主张，随后在《管理——任务、责任、实践》一书中对此作了进一步阐述。德鲁克认为，并不是有了工作才有目标，而是相反，有了目标才能确定每个人的工作。所以“企业的使命和任务，必须转化为目标”，如果一个领域没有目标，这个领域的工作必然被忽视。因此管理者应该通过目标对下级进行管理，当组织高层管理者确定了组织目标后，必须对其进行有效分解，转变成各部门以及各个人的分目标，管理者根据分目标的完成情况对下级进行考核、评价和奖惩。德鲁克认为，如果一个领域没有特定的目标，这个领域必然会被忽视。如果没有方向一致的分目标指导每个人的工作，则企业的规模越大，人员越多，专业分工越细，发生冲突和浪费的可能性就越大。企业每个管理人员和工人的分目标就是企业总目标对他的要求，同时也是员工对企业总目标的贡献。只有完成每一个目标，企业总目标才有完成的希望，而分目标又是各级领导人员对下属人员进行考核的主要依据。德鲁克还认为，目标管理的最大优点在于它能使人们用自我控制的管理来代替受他人支配的管理，激发人们发挥最大的能力把事情做好。

目标管理是以相信人的积极性和能力为基础的，企业各级领导者对下属人员的领导，不是简单地依靠行政命令强迫他们去干，而是运用激励理论，引导职工自己制定工作目标，自主进行自我控制，自觉采取措施完成目标，自动进行自我评价。目标管理通过诱导启发职工自觉地去干，其最大特征是通过激发员工的生产潜能，提高员工的效率来促进企业总体目标的实现。

目标管理的过程一般可分为目标设立、目标分解、实施控制、目标评定与考核四个阶段。

它与传统管理方法相比有许多优点，概括起来主要有几个方面：(1)权力责任明确。(2)强调职工参与。(3)注重结果。

目标管理提出以后，便在美国迅速流传。在第二次世界大战后各国经济由恢复转向迅速发展的时期，企业急需采用新的方法调动员工积极性以提高竞争能力，目标管理的出现可谓应运而生，于是被广泛应用，并很快为日本、西欧和其他国家的企业所仿效，在世界范围内大行其道。

但由于目标管理对管理者的要求相对较高，且在目标的设定中总是存在这样、那样的问题，使得目标管理在付诸实施的过程中，往往流于形式，在实践过程中有很大的局限性。

资料来源：管理学理论研究网，2004－04－24.

第三节　战略概述

一、战略的含义

战略是实现组织目标的整体谋划，包括实现组织目标的一系列决策和行动。战略是现状与目标之间的桥梁，并为组织从现状走向目标提供可行的操作建议。战略选择是否合适，直接影响着组织能否实现既定目标。

战略要回答的基本问题可以概括为三个：①组织的业务是什么？回答这一问题，需要说明组织目前在做什么事情，从而引发对于现状的思考。对目前状况的清楚认识是组织制定战略的出发点。一个不清楚自己当前处于什么地位以及正在做什么的组织，是很难确定其要往哪里去的。企业遭受挫折的最主要的原因就是人们很少充分地思考企业的任务是什么。②组织的业务应该是什么？回答这一问题，需要说明企业未来要做什么事，从而引发对于目标的思考。对未来目标的清楚认识，是组织制定战略的指南针。一个不清楚自己未来应处于什么地位以及该做什么的组织，是很难确定其前进的路线及具体日程的。③为什么？回答这一问题，需要说明组织对于当前业务与目标业务描述的依据是什么，从而引发对于组织存在理由的思考。对于组织存在理由的清楚认识，是组织制订战略的聚集点。一个没有真正弄清楚自身存在理由的组织，是很难长期生存和发展的。回答这三个基本问题，就是要从根本上阐明组织的现状、未来的目标与存在的意义。

二、战略层次

在一个组织中，战略可以分为三个层次(图4－3)。

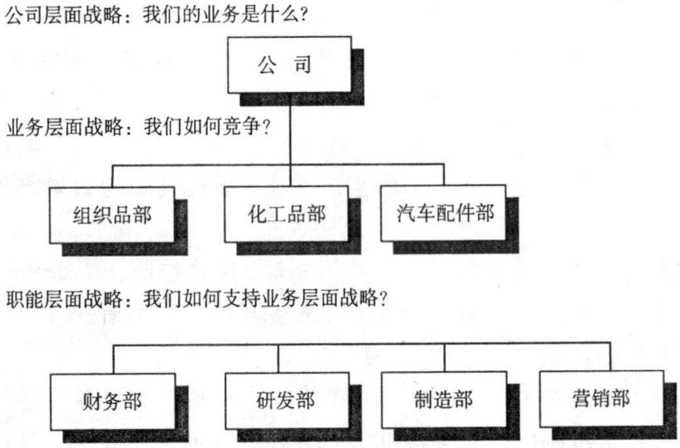

图4－3 战略层次

(1)公司战略。公司层战略主要决定企业应该选择哪类经营业务，以及怎样发展这些业务，实际上是解决企业如何成长或发展的问题，同时也包括在不利环境下的收缩和巩固问题。公司层战略是企业整体发展的战略纲领，是企业最高管理层指导和控制企业一切活动的指南。因此，制定公司层战略是企业高层管理者的首要职责。其任务是以提高企业整体绩效为目标，根据企业内部资源的可能性，权衡各项业务活动对企业发展的需要，按照轻重缓急合理地配置资源。

(2)业务层战略。业务层战略是在公司战略指导下，经营管理某一特定的战略经营单位的战略计划，是公司层战略之下的子战略。它的战略重点是改进一个战略经营单位在它所从事的行业中，或某一特定的细分市场中所提供的产品和服务的竞争地位。主要涉及如何在所选定的行业或领域内与对手展开有效竞争的问题。因此，也叫“一般竞争战略”。

(3)职能层战略。职能层战略是为了实施和支持公司层战略和业务层战略而在组织特定的职能管理领域制定的战略。它是由一系列详细的方案和计划构成的，其重点是提高组织资源的利用效率，使组织资源的利用效率最大化，保证组织战略目标的实现。

公司层战略、业务层战略和职能层战略一起构成了企业战略体系，任何一个战略层次的失误都会导致企业战略无法达到预期目的。

三、战略管理过程

战略管理是指为实现组织目标，使组织和其环境之间高度协调，而制定和实施战略的过程中所采取的一系列决策和行动的总和。

战略管理是一个过程，具体由以下决策和行动构成（图4－4）：

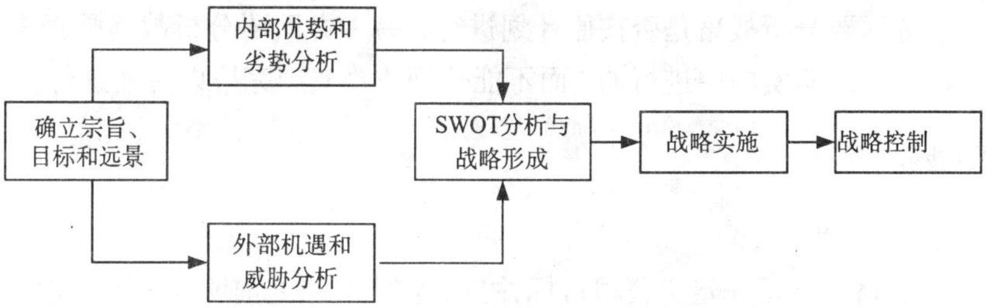

图4－4　战略管理过程

（1）确定组织的宗旨、远景和战略目标。宗旨（mission）是组织基本的目的和价值取向，也是组织的经营范围。它是组织存在的原因，通常是为客户服务的文字说明，为管理者提供决策依据。宗旨的范围取决于组织的经营范围。远景（vision）是组织的最终目标，用来描述组织的长期方向和战略意图。战略目标是宗旨与远景的延伸和具体化，相对而言比较具体。确定组织的宗旨、远景和战略目标是战略管理的第一步。

（2）外部机遇和威胁的分析。成功的战略管理是以全面准确的环境评价为基础的。环境分析的意图是了解环境变化给组织带来的有利和不利的影响，从而抓住机遇，规避风险，以求得组织与环境的和谐。环境分析涉及众多因素，有宏观的、中观的、微观的，一般从行业分析入手，然后分析组织利益相关者的情况，利益相关者（stakeholders）是那些对组织的宗旨、远景和目标施加影响并受其影响的个人或团体，包括购买者、供应商、竞争者、政府、股东、金融机构、媒体等。环境分析主要是要弄清楚这些利益相关者对组织施加的影响及影响的途径等，并在此基础上，对未来的趋势作出预测，以便采取相应的对策，趋利避害。

（3）内部优势和劣势的分析。进行外部机遇和威胁分析的同时，还要对内部的优势和劣势进行评价。内部分析有助于战略决策者对组织的资源情况和能力情况的全面了解，从而找出自己的优势和劣势，扬长避短，使自己处于有利的竞争地位。内部分析的过程也是寻找竞争优势的过程。竞争优势是优于竞争者的方面，可能是资源，也可能是能力。如资源是有价值的、稀缺的、不可模仿的和有组织的，可视为组织的核心能力。核心能力（core competencies）可能是独一无二的知识和技能，典型的核心能力是指一整套技术和经验，而不是实物和财务。

（4）战略形成。在对外部环境和内部资源进行分析之后，战略决策者便获得了形成战略的有关信息。管理者可通过SWOT分析，对组织的优势（strengths）、劣势（weaknesses）、机遇（opportunities）和威胁（threats）进行归纳和分析，在此基础上就可形成各种战略组合。

（5）战略实施。在组织形成了战略之后，战略管理过程并没有结束，必须将战略思想转化为战略行动。实际做一件事情总是比决定做这件事情要困难得多，成功的战略制定并不能保证成功的战略实施。不同的组织在战略制定的思想和方法上并不存在太大的差别，然而战略实施在不同组织间却有相当大的不同。战略实施需要采取的行动往往涉及每个层次、每个部门、每项活动、每个人。对于战略实施来说，最重要的管理工作包括制定年度目标、制定政策、配置资源、调整现行组织结构、重组流程、培育新的组织文化、改变领导方式等。

(6)战略控制。战略管理过程的最后一个步骤是战略控制。战略控制是指监督战略实施进程，及时纠正偏差，确保战略有效实施，使战略实施结果基本符合预期的必要手段。有效的战略控制，一方面要分析战略是否按原计划进行，另一方面要分析战略是否取得了预期的效果。这一切都是在战略实施中进行的，而不能等到战略实施完毕以后才进行。

四、公司战略理论

(一)常规性公司战略理论

常规性公司战略是指预先定义公司目标并且在实施战略之前明确主要要素的战略。

常规性公司战略理论主要有四个方面的观点：

1. 基于竞争的战略理论

这种理论认为，从长远的眼光来看，盈利是公司最重要的目标，公司战略的内容就是提出如何实现这个目标，而利润是通过市场竞争获得的，公司战略的目标是比竞争对手获得更多的持续竞争优势。

2. 基于资源的战略理论

这种理论把组织所拥有的关键资源当做公司战略成功的基础。竞争优势来源于组织掌握的资源，并且认为只有公司特有资源才能产生持续竞争优势。为此需要识别公司的核心能力。最近的一项重要理论的发展就是把组织的知识看做关键资源，一些战略家甚至认为这些知识是产生持续竞争优势的唯一源泉。

3. 基于博弈论的战略理论

该理论用博弈论来研究环境中的资源，认为筛选和抉择备选方案的常规性模型过于简单，该模型还应该包括与其他组织谈判、预期竞争性反应以及寻求最优解决方案。这种方法可以使市场上的所有竞争者都获胜。

4. 社会文化战略理论

该理论认为，社会文化环境相当重要，而且影响着组织的使命和目标，因此会影响到组织的决策以及战略制定。在某些文化中，利润作为主要目标可能是不合适的。

(二)突发性公司战略理论

突发性公司战略是指最终目标不明确而且其要素是在战略发展过程中逐渐丰富和发展起来的一种战略。

突发性公司战略理论主要有四种观点：

1. 基于生存的战略理论

持这种观点的理论家认为，战略主要是由其在复杂的市场上的地位决定的，为此需要仔细研究组织的环境。

2. 基于不确定性的战略理论

基于不确定性的战略理论利用数学概率论来说明公司战略发展是一个复杂的、不稳定的以及常常剧烈波动的过程。这使得提前做出的任何有益的预测都不可行。如果预测是不可行的，那么为公司战略确定清晰的目标是毫无意义的。战略应当是逐渐形成的，并且会随外界环境的波动而发生变化。

3. 基于人力资源的战略理论

这种战略理论强调战略发展中人的因素以及激励、组织政策和文化，还有个人欲望，尤其注重引进新战略时可能出现的困难以及员工所面对的变革和不确定性。

4. 基于创新和知识的战略理论

在20世纪90年代，战略理论开始强调基于创新和知识的战略流程。该理论强调革命性新战略思维在超越竞争对手上的重要性。互联网所带来的知识变革在战略流程中扮演着重要角色。

相关链接

SWOT 分析法

战略应最大限度地利用环境机会和内部优势，使企业的劣势和威胁降到最低限度。SWOT 分析法就是系统地确认企业面临的优势和劣势、机会和威胁，并据此提出企业战略的一种有效方法。

SWOT 分析法的基本步骤如下：

1. 企业外部环境分析：列出环境中的机会与威胁；

2. 企业内部能力分析：列出目前企业的优势和劣势；

3. 绘制 SWOT 矩阵：这是一个以环境中的机会和威胁为一方，企业内部的优势和劣势为一方的二维矩阵。

4. 进行组合分析：对于每一种环境与能力的组合，企业可能采取的策略组合是：①SO 组合——利用企业内部优势去抓住外部机会；②WO 组合——利用外部机会改进内部劣势；③ST 组合——利用企业的优势去避免或减轻外部威胁打击；④ WT 组合——直接克服内部劣势和避免外部威胁。

SWOT 分析法不仅可以用于企业战略制定，也可以用于非赢利性组织和个人的对策制定。

资料来源：刘莉. 战略管理启示录. 海天出版社，2000：101－105.

第四节　不同层面的战略选择

一、公司层战略

（一）公司层战略类型

1. 稳定型战略

稳定型战略是在战略规划期内使企业的资源分配和经营状况基本保持在目前状态和水平上的战略。选择稳定型战略，坚持前期战略对产品和市场领域的选择，以前期战略所达到的目标作为本期希望达到的目标企业，意味着目前所遵循的经营方向及其正在从事经营的产品和面向的市场领域，企业在其经营领域内所达到的产销规模和市场地位都大致不变，或以较小的幅度增长或减少。

实行稳定型战略的前提条件是，企业过去的战略是成功的，对于那些曾经成功地在一个处于上升趋势的行业和一个在不大变化的环境中从事经营的企业来说会非常有效。其主要优点有：①企业经营风险相对较小；②能避免因改变战略而改变资源的困难；③能避免因发展过快而导致资源的浪费；④能给企业一个较好的修整期来积累能量，以便为今后的发展做好准备。但要注意避免因“稳定”而可能引起的风险意识减弱，对风险的敏感性、适应性降低等带来的风险。

稳定型战略有三种类型：

(1)无变化战略。采用这种战略的企业除了每年按通货膨胀率调整其目标外，其他都暂时保持不变。这种战略一般出于以下考虑：一是先前的战略并不存在重大经营问题或隐患；二是企业过去的经营相当成功，并且企业内外环境没有发生重大的变化。

(2)暂停战略。即在一段时期内降低企业的目标和发展速度。在一段较长时间的快速发展后，企业有可能会遇到一些问题使得效率下降，这时就可采用暂停战略。

(3)谨慎实施战略。如果企业外部环境中的某一重要因素难以预测或变化趋势不明显，企业的某一战略决策就要有意识地降低实施进度，步步为营，这就是所谓的谨慎实施战略。

2. 增长型战略

增长型战略是一种使企业在现有的战略基础水平上向更高一级目标发展的战略。它以发展作为自己的核心导向，引导企业不断开发新产品，开拓新市场，采用新的生产方式和管理方式，以扩大企业的产销规模，提高竞争地位，增强企业的竞争实力。

增长型战略是一种最流行、使用最多的战略。事实上有大量的公司通过实施增长型战略获得了成功。其主要优点有：①企业可以通过发展扩大自身的价值，如市场份额和绝对财富的增加；②能通过不断变革创造更高的生产经营效率与效益；③在激烈竞争的环境下，能保持企业的竞争力，实现特定的竞争优势。但要避免盲目扩张和为发展而发展的倾向。

增长型战略有许多种不同类型：

(1)密集性增长。密集性增长战略是指企业在原有生产范围内，充分利用在产品和市场方面的潜力求得成长的战略。这种增长战略以快于以往的增长速度增加一个企业目前的产品或服务的销售额、利润和市场份额，它比较适合于那些对企业的产品或服务的需求正在增长的场合。

选择密集性增长战略，一旦企业的产品或服务的市场萎缩，企业就会遇到困难。因此，一般情况下企业不会仅限于使用这种增长战略。

密集性增长主要有以下三种形式：①市场渗透。指企业生产的现有产品在现有市场上进一步渗透，扩大销量。是一种稳扎稳打、步步为营的战略。比如，通过增设销售网点等，尽量使老顾客增加购买数量；通过提供质量好、价格便宜的产品以及周到的服务等夺走竞争对手的顾客；设法使从未用过本企业产品的顾客购买本企业的现有产品等。②市场开发。指用现有产品去开发新市场，以扩大现有产品的销售量。包括将老产品推广到新的地理区域；产品开发新的用途；进入新的细分市场等。③产品开发。即向现有市场提供新产品或改进的产品增加企业在现有市场的销售量。这就要求增加产品的规格、式样，使产品具有新的功能和用途等，以满足目标顾客不断变化的要求。显然，产品开发和市场开发往往是同步或相继进行的，二者有非常紧密的关系。一方面，进入新的细分市场要求开发出现有产品的替代品或使产品具有新的功能和特性；另一方面，产品的更新和再设计也需要新的细分市场的支持。

(2)一体化增长。一体化增长战略，研究企业如何确定其经营范围，主要解决与企业目前活动有关的竞争性活动和上下游生产活动的问题。

一体化增长有以下三种典型形式：①后向一体化。指沿着与企业当前业务输入端有关的活动向上延伸。例如，原材料、能源、设备等都是制造企业的重要输入因素。如果一家啤酒公司以前是从玻璃厂购买啤酒瓶，现在自己建厂生产啤酒瓶，那么这家啤酒公司选择了后向一体化战略。②前向一体化。是沿着与企业当前业务的输出端有关的活动向下延伸。如运输、销售、维修和售后服务等，都是输出端的活动。如可口可乐公司通过收购本国及外国的分装商，加强对分装商的控制，并提高这些分装商的生产和销售效率，就是实施了前向一体化战略，前向一体化和后向一体化统称为纵向一体化，即企业沿着产业链的上下游整合业务。与纵向一体化战略相反的是分解化战略，如打破一体化，通过外购获取原材料、零配件等。③横向一体化。即企业通过收购、兼并竞争商的同类企业，或者在国内外与其他同类企业合资生产经营获得竞争企业所有权或加强对其控制；竞争商之间的合并、收购提高子规模经济和资产的流动，在诸多产业中已成为最受重视的战略。

(3)多元化战略。多元化战略也叫多角化经营战略，是一种向新业务或新产业进行扩张，生产新的产品或提供新的服务的战略，目的是使企业的人力、物力、财力等资源得到充分利用。

多元化战略分为两种基本类型：①相关多元化。它是以市场或技术为共同主线和核心的多元化。有三种形式：第一种形式是多种产品或服务都以相同市场为统一的核心，如一家公司生产电视机、电冰箱、洗衣机等产品，但都统一于“家电”这个市场；第二种形式是各种产品或服务都以相同技术为统一核心，如玻璃厂生产照相机镜头、玻璃器皿、眼镜等，其技术基本相同；第三种形式是各种产品服务以相同的市场、技术为统一核心，如收录机、电视机等都以电子技术为基础且统一于家电市场。相关多元化往往能产生协同效应，即如果企业各部门或各业务共享技能或资源，那么开展与之相关的多元化经营就能够为公司的产品或服务增加价值，就会在成本、市场能力、技术、管理方面获得额外优势。例如，一个多元化经营的企业的两个或更多的部门能够利用共同的生产设施、分销渠道、广告等，相对来说，各个部门就能够以较少的投入获得同样的收益。这时，协同效应就产生了。②非相关多元化。指各种产品或服务没有任何共同主线和统一核心的多元化。当企业进入或收购与其当前业务或产业不相关的新产业时，它实施的就是非相关多元化战略。如美国杜邦化学公司除经营化学产品外还经营摄影器材、印刷设备、生物医学产品。这些产品既不统一于同一市场，在技术上也无关联性。现在很多企业正在放弃非相关多元化经营战略，主要原因是过度多元化经营容易使管理者丧失对核心业务的控制，很多多元化努力的结果不仅没有创造价值，反而降低了企业价值。

3. 紧缩型战略

紧缩型战略是指企业从目前的战略经营领域收缩或撤离，且偏离战略起点较大的一种战略。与稳定战略和增长战略相比，紧缩战略是一种消极的发展战略。实行紧缩战略，意味着企业要放弃某些市场和产品线，严格控制资源的投入，尽量削减各项费用开支，这个过程往往伴随着大量员工的裁减及一些大额资产的暂停购买。一般地，企业实行紧缩战略具有短期性、过渡性，是一种以退为进的战略态势，其目的是为今后的发展积蓄力量。

采取紧缩型战略的企业可能出自不同的动机。一种情况是为了适应外界环境。在经济衰退、产业进入衰退期、对企业产品或服务的需求减小等情况下，企业可采用紧缩型战略。第二种情况是企业内部出现重大问题，如产品滞销、财务状况恶化、投资明显无法收回等，只有采用紧缩战略才能最大限度地减小损失，保存企业实力。第三种情况是企业为了谋求更好的发展机会，使有限的资源得到更有效的使用。

根据紧缩的方式和程度不同，紧缩型战略可分为三种类型：

(1)抽资转向战略。是指企业在现有的经营领域不能维持原有的市场规模，或发现新的更好的发展机遇，而对现有业务领域进行压缩投资、控制成本的战略方案。

通常，抽资转向型战略的具体方式有：①调整组织结构。包括改变企业的关键领导人，在组织内重新分配责任和权利，等等。②降低成本和投资。包括压缩日常开支，实行严格的预算管理，减少一些长期投资项目等。③减少资产。包括出售与企业基本生产活动关系不大的土地、建筑物和设备，关闭一些工厂或生产线，出售一些盈利产品，以获得急需的资金等。④加速收回企业资产。如加速应收款的回收，降低企业的存货量，尽量出售库存产成品等。

(2)放弃战略。是指将企业的一个或几个主要部门转让、出卖或者停止经营。这些部门可以是一个经营单位、一条产品线或者一个事业部。在采取抽资转向战略无效时，企业可以尝试放弃战略。

在放弃战略的实施过程中，通常会遇到以下一些阻力：①结构上或经济上的阻力。如一些专用性的固定资产很难出售。②公司战略上的阻力。如果准备放弃的业务与企业的其他业务有较强的联系，则该项业务的放弃会使其他有关业务受到影响。③管理上的阻力。企业内部人员，特别是管理人员对放弃战略往往持反对意见。

(3)清算战略。是指卖掉资产或停止整个企业的运行，即终止一个企业的存在。显然，清算战略对任何企业来说都不是最有吸引力的战略，通常只有当所有其他战略都失败时才启用它。但在确定毫无希望的情形下，尽早地制定清算战略，企业可以有计划地逐步降低企业股票的市场价值，尽可能多地收回企业资产，从而减少全体股东的损失。因此，在特定情况下，清算战略也是一种明智的选择。

4. 全球战略

除了上述稳定战略、成长战略和紧缩战略外，一些企业可能还会选择一项关注全球业务的独立的总战略，以协调全球范围内的业务。

在国际市场上，企业常常面临着全球一体化战略和因地制宜战略的两难境地，对此有三种战略可供选择：

(1)全球化战略。即企业在不同的国家采用相同的商业运作模式。采用全球战略对企业来说，意味着其产品设计和广告战略在全球范围是一致的。其基本假设是：对大多数消费品和工业品而言，存在一个无差异的全球统一市场。

(2)多国经营战略。即对不同国家采取不同的竞争手法，以适应每个国家的特定需求。选择多国经营战略的企业，其在每个国家的营销、产品设计、广告策略等各不相同。此战略的依据是市场细分理论。

(3)跨国经营战略。这是试图把全球化战略和多国经营战略两者的优势结合起来的战略。目的是在提高全球运作效率的同时，因地制宜满足当地的需求。

5. 组合战略

组合战略是指同时实行两种或多种前述的战略。一般来说，大多数有一定规模的企业都要采用组合型战略。因为较大型的企业一般都拥有较多的战略业务单位，这些业务单位往往分布在不同的行业，它们所面临的外部环境，所需的资源条件不完全相同。如果对所有的战略业务单位都采用统一的战略，会导致由于战略与具体战略业务单位的情况不匹配而使企业总体效益受到损害，为此，需要对各战略业务单位进行具体分析和评价，选择合适的战略，如对某一种业务可能实行增长战略，而对另一种业务可能实行紧缩战略，在这种情况下，公司的战略是组合型或混合型的。

实行组合战略，必须对企业现有的各种业务进行分析和评价，在此基础上，确定哪些业务应当发展，哪些应当维持，哪些应当减少，哪些应当淘汰，使各业务单位的战略有一个合理的组合。对此，西方学者提出了一些对企业战略业务单位加以分类和评价的方法，其中最著名的方法之一是波士顿(BCG)矩阵。

波士顿矩阵是由美国波士顿咨询集团(Boston Consulting Group)于20世纪70年代初开发的，因此也叫波士顿咨询集团法。该矩阵是按每种产品的销售增长率(企业前后两年销售总量之比)和相对市场份额(本企业产品市场份额与该产品主要竞争对手的市场份额之比)，将企业的业务分为四种类型，根据它们在矩阵中的位置而采取相应的策略，如图4－5所示。

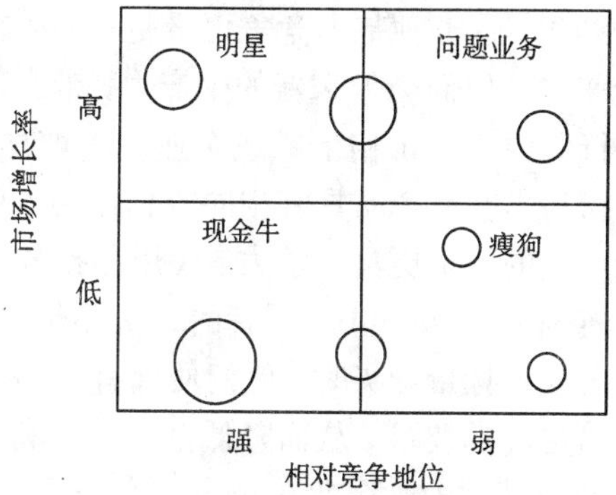

图4－5 波士顿矩阵

采用该矩阵分析业务组合时，首先要计算出企业每个业务单位的相对市场份额和销售增长率，然后将业务单位定位在矩阵图中的相应位置，并且以大小不等的圆圈表示出每个业务单位当年的市场销售量，以便对各业务单位当年获利情况进行对比。矩阵图中相对市场份额和销售量增长率的高低标准应根据不同行业的特点和历史经验加以确定。以销售量增长10%作为分界线，大于10%的为高增长率，小于10%的为低增长率。同样，也可以以相对市场份额的1.0(即本企业产品的市场份额与主要竞争对手的市场份额相等)作为相对市场份额高低的分界线。

波士顿矩阵由四个象限组成，战略业务单位因而可以划分为不同类型：

(1)问题类。代表有较高市场增长率、较低相对市场占有率的经营单位或业务。大多数经营单位最初都处于这一象限。这一类经营单位需要较多的资源投入，以追赶市场领先者和适应迅速增长的市场需要，但它们又都前程未卜。企业必须考虑是继续增加投入还是维持现状，或是放弃。

(2)明星类。处于这一象限的业务市场增长率和市场占有率都很高，需要大量投入资源，以保证跟上市场的扩大，并击败竞争者，因此短期内未必给企业带来可观的效益。但是，它们是企业未来的财源，应当多投资。

(3)金牛类。处于这一象限的业务市场份额高，而销售增长率低。由于市场增长率降低，不再需要大量资源投入，又由于相对市场占有率较高，因此这类经营单位可以产生较高的收益，给企业带来大量的现金收入，支援问题类、明星类及瘦狗类单位。

(4)瘦狗类。属于市场增长率和相对市场占有率都较低的经营单位。这类业务既无市场潜力可挖，又缺少竞争力，可能是衰退期业务，或因有其他问题难以进入成长期，应采取收缩或淘汰策略。

战略业务单位分类以后，企业要评价其业务组合是否恰当。企业既要看到现状，又要分析前景，将目前的矩阵与未来的矩阵进行比较，考虑主要的战略行动，并根据资源有效配置的原则，决定各单位将来应该扮演的角色，从整体角度规划投入的适当比例和数量。

二、业务层战略

(一)五种竞争力与三种竞争战略

美国战略管理学家迈克尔·E·波特(Michael E. Porter)认为：业务层战略是公司所处环境下的五种竞争力量作用的结果。这五种基本竞争力量是：①潜在的加入者。指潜在的或新加入的竞争者。对一个行业来说，他们会带来新的生产力，带来新的物质资源，从而对已有的市场格局带来影响，造成行业内产品价格下跌或企业成本增加，使行业的赢利能力降低。②代用品的威胁。代用品是指与本企业产品具有相同或相似功能的产品。在质量相等的情况下，代用品的价格比被替代产品的价格更具竞争力。代用品投放市场后，会使企业原有产品的价格处于较低水平，降低企业的收益。③购买者的讨价还价能力。即购买者的谈判优势。当购买者分布集中、规模较大或大批量购买时，他们便拥有相当大的议价优势，就会在产品价格、质量、服务等方面提出更高的要求，从而降低企业的盈利能力。④供应者的讨价还价能力。当供应商拥有较强的议价能力时，企业在与供应商进行谈判时，便会处于不利地位。⑤现有竞争者之间的抗衡。是指行业内各企业之间的竞争关系与竞争程度。常见的抗衡手段主要有价格战、广告战、开发引进新产品、增加服务等。这五种基本竞争力量的状况及其综合程度，决定着行业的竞争强度，决定着行业中获利的最终潜力。

为了建立与五种竞争力量抗衡的有利战略地位，并超过其竞争者，有三种战略可供选择：①低成本战略。也叫成本领先战略。指通过集中企业所有部门的努力，使成本低于竞争对手的成本，从而获得竞争优势的战略。这一战略要求企业寻找降低生产成本的方法，开发出能够以更低成本生产的产品，找出能够降低成本吸引消费者的方法。一般地说，如果行业内的产品基本上是标准化的产品，如果绝大多数购买者对产品的要求相同，购买者对价格的差异十分敏锐时，低成本战略能够确保企业获得显著的竞争优势。②差异化战略。指企业通过集中所有部门的努力，使所提供的产品具有与众不同的特色，从而形成竞争优势的战略。与竞争对手的区别可以是产品设计、产品质量、技术特性、产品品牌、产品形象、售后服务等方面。通常而言，差异化的成本是昂贵的，例如要增加对产品设计、研发等方面的投入。但成功地实施差异化战略可以对其产品收取溢价——一个比竞争对手产品高许多的价格，能够补偿企业因此而带来的成本上升。可口可乐和百事可乐是差异化战略的典型代表。两家公司都为其在产品建立差异化、形成独特形象方面投入了大量资金，收到了良好的效果。③集中战略。指企业围绕某个特定的目标市场开展经营活动，构建竞争优势的战略。差异化战略和低成本战略，都是旨在服务于绝大部分市场，而集中战略旨在服务于少数细分市场，以期在较窄的市场范围内，取得成本方面或差异化方面的竞争优势。

集中战略有两种具体形式：成本集中战略和差异化集中战略。成本集中战略指企业在选定目标市场中寻求低成本优势。差异化集中战略指企业在选定的目标市场中寻求独特的差异化优势。

（二）合作战略

合作战略是指企业与其他企业联合，共同推动创新、开拓市场、追求共同目标。

企业与相关利益者之间不只是存在竞争关系，还存在合作关系，相互之间均存在竞争与合作的可能。合作主要表现在对资源及市场增量的开拓上，例如，其中任意两家联合，就会提升相对于其他企业的竞争力量，从而可以获得更大的资源与市场优势。竞争主要表现在对于资源与市场存量的分割上，例如，各方从共同的投资者那里争夺资金，争取共同的顾客更多地购买自己的产品或服务。在今天，企业往往会同时运用竞争与合作战略。在国际竞争、技术革新和新规则的持续挑战面前，很少有公司仅采用其中一种方式就能得以生存。在新的环境下，企业只有把竞争与合作这两种战略结合起来，才能形成持久全面的竞争优势。

组织建立合作关系的方式很多，如建立优先供应商制、战略业务伙伴、合资企业或兼并、接管等。

三、职能层战略

职能层战略是为了实施和支持公司层战略和业务层战略而在企业特定的职能管理领域制定的战略。其重点是提高企业资源的利用效率，使企业资源的利用效率最大化，保证企业战略目标的实现。

公司层战略、业务层战略和职能层战略一起构成了企业战略体系，任何一个战略层次的失误都会导致企业战略无法达到预期目的。与公司层战略和业务层战略相比较，企业职能层战略更为详细、具体和有可操作性。它是由一系列详细的方案和计划构成的，涉及企业经营管理的所有领域，包括财务、生产、销售、研究与开发、采购、储运、人事等各部门。一般可分为营销战略、人才战略、财务战略、研究与研发战略、生产战略等。

为了增加价值或降低增加价值的成本，所有的职能部门都应注意以下四个目标：①高效率。效率是衡量投入产出的一个尺度，一定产出的投入越少，效率就越高，效率高则产出的成本就低。②高质量。供应高质量的产品能够为企业的产品建立一个良好的品牌声誉，良好的品牌声誉又能够使企业对其产品收取溢价。③创新。所有新的组织运营方式或不同于以往的产品及服务都是创新的成果。创新能够使产品种类得到增加，生产过程得到改进，管理系统得到升级，组织结构得到优化，企业战略得到提升。成功的创新能使企业获得某种其竞争对手没有的特色或优势。④高顾客响应度。注重顾客响应的企业试图极力满足消费者的需求，给予他们所需要的东西。能够比竞争对手更好地为消费者提供服务的企业就能因其产品而向消费者收取溢价。

相关链接

隐形冠军的成功经验

“隐形冠军”是德国管理大师赫儿曼·西蒙历时十余年，对德国500余家中小企业进行分析研究后提出的概念。他认为："隐形冠军"与那些跨国公司同样优秀，而且这样的公司几乎遍布全球的每一个角落。

隐形冠军的成功意味着中小企业成长战略的全新选择。它们成功的经验是：①燃烧的雄心。隐形冠军公司一般都有非常明确的目标，如："我们要在这个领域成为全世界最优秀的一员，不仅要占据最高的市场份额，而且要在技术和服务方面是最出色的。"②专注到偏执。他们追求"成为小市场的主宰者，在小市场做出大成绩，而不是在大市场做'凤尾'。"很多雄心勃勃的企业家一旦稍微做大就想多元化，但是他们绝不！③自己攥紧客户。他们把自己的产品和专有技术方面独到的造诣与全球化的营销结合在一起，他们通过自己的子公司来服务全球的目标市场，不把客户关系交给第三方。④贴近卓越客户。隐形冠军公司都非常贴近它的最重要客户。⑤"非技术"创新。产品创新不是隐形冠军公司唯一的创新点，另外一个很重要的因素是流程的创新，实际上是服务的创新。⑥毗邻最强者。隐形冠军公司经常与竞争对手在同一个地区甚至同一个城市当中，同城的竞争实际上是世界级的竞争，最强的对手都在一起。⑦"事必躬亲"。隐形冠军们认为：卓越的品质，要求他们在产品加工制造方面有特殊的造诣、特殊的深度。所以，他们自己做所有能够做的事情。

资料来源：隐形冠军. 中小企业的另一种选择. 中外管理，2004(8).

本章概念

目标　使命　目标的层次结构　波士顿矩阵　目标的内容结构
密集性增长　目标的时间结构　多元化战略　目标管理　前向一体化
公司层战略　后向一体化　业务层战略　横向一体化　职能层战略
总成本领先　稳定战略　差异化战略　发展战略　集中战略
常规性公司战略　突发性公司战略

问题思考

1. 许多人拒绝制定长期目标，因为他们认为不可能知道将会发生什么事情。你认为这是明智之举吗？

2. 工商企业是以赢利为目的的组织，因此其目标只有一个，此说法正确吗？为什么？

3. 组织使命从总体上描述了组织存在的理由与发展前景，而目标则具体指明组织所追求的最终结果。请描述在一个组织里，组织使命是如何转化成具体目标的。

4. 如何协调组织目标与个人目标？

5. 目标可起到激励个人的作用。是不是所有的目标都能有这个作用呢？如果不是，那你认为什么样的目标才会有？

6. "本企业的战略目标是实现利润最大幅度增长"。你认为这个企业如此阐述其战略目标合适吗？应如何改进？

7. 平常所说的"产、供、销"一条龙指的是哪种战略？选择这种战略的理由是什么？

8. 有人认为："多元化是陷阱，而不是馅饼。"你同意吗？为什么？

9. 低成本战略就是价格战吗？两种战略的区别何在？

10. 差异化战略强调“与众不同”，你认为企业可以在哪些方面体现“与众不同”？

11. 有些企业将大量资金毫无针对性地投入电视广告、形象策划等上面，希望能借此在竞争于取胜。你认为这些企业能长久成功吗？为什么？

12. 常规性公司战略理论和突发性公司战略理论的主要观点有哪些？

☞ 案例分析

深圳华为：赢在战略

与其说华为是一点一滴慢慢积累起来的，不如说它更像突然爆发的一场革命，突然升空的一枚火箭。华为的成功，不是渐进的自然竞争的结果，而是通过革命性的战略竞争，在竞争中激起巨变的结果。

战略竞争的赢家

华为技术有限公司的成功，首先是找到了一个快速增长的大市场：通信产业。中国通信业每年数千亿元的固定资产投入市场，必然造就大的企业。虽然国内企业面对的是实力雄厚的跨国公司，但它们不可能通吃市场，国家在政策上也一直向本土企业大大倾斜。华为老总任正非感慨地说过：“华为一诞生就在自家门口碰上了国际竞争，竞争对手是拥有数百亿美元资产的世界著名公司。要是没有国家的政策保护，华为是很容易被摧毁的。”

不过，外因再好，还是要通过内因来起作用。一个注册资金2400元的民间企业，能够发展成为今天的华为，内因必然起着决定性的作用。与其说华为是一点一滴慢慢积累起来的，不如说它更像突然爆发的一场革命，突然升空的一枚火箭。华为的成功，不是渐进的自然竞争的结果，而是通过革命性的战略竞争，在竞争中激起巨变的结果。自然竞争是一种自发的、保守型的、渐变的成长方式，是风险很低的、积累型的适应过程，往往需要几代人的时间才能取得重大的成就。而战略竞争可以压缩时间，是以一举定乾坤的方式，把智慧、想象力和积累的资源结合起来，精心协调的行动。无论战略成功还是战略失败，后果都是决定性的。

华为，是中国通信制造业在战略竞争中的大赢家。华为的胜利，是系统的、整体性的胜利。

我们可以从华为的聚焦法则作一管窥。

聚焦法则（压强法则）

太阳的能量比一束激光不知大多少倍，却不能穿透一张纸，而激光却可以穿透一块钢板，这就是聚焦的作用。华为《基本法》第23条指出：我们坚持“压强原则”，在成功的关键因素和选定的战略生长点上，以超过主要竞争对手的强度配置资源，要么不做，要做，就极大地集中人力、物力和财力，实现重点突破。创业之初，面对强大的竞争对手，华为知道自己实力不足，于是不进行全方位的追赶，而是紧紧围绕核心网络技术的进步，投注全部力量，敢于将鸡蛋放在一个篮子里，始终不为其他机会所诱惑。任正非说：“我们把代理销售取得的点滴利润几乎全部集中到研究小型交换机上，利用压强原理形成局部突破，逐渐取得技术的领先和利润空间的扩大，技术的领先带来了机会和利润，我们再将积累的利润投入到交换机的升级换代产品的研究开发中，如此周而复始，不断地改进和创新。尽管今天华为的实力大大地增强了，但仍然坚持压强原理，只在自己最擅长的领域做到业界最佳。”

把产品开发的聚焦法则，延伸到整个公司的经营战略层面，这就是华为目前“调整业务体系，剥离非核心业务，建立核心竞争能力”的竞争战略。一方面，华为转让和剥离所有与核心业务、主流设备不相干的产品线，动员员工内部创业，从食堂、物业、包装、加工、工程安装、机柜组装……已经创立200多个公司，将行政服务体系完全社会化，华为下属的以生产电源为主的安圣电气也改造转让，“成熟一块剥离一块。”这样，华为就能把精力、资源从非核心的业务抽出，“好钢用在刀刃上”。另一方面，在自己的核心领域，华为也不断把拳头攥紧，从技术、市场、服务等入手，使华为在网络通信领域的竞争力日益显现。

从聚焦法则到竞争战略，华为始终不二的指导思想是：有所为有所不为，只做自己最擅长的事，只进入最高附加值的领域。

资料来源：秦朔. 大变局：中国民间企业的崛起与变革. 广东旅游出版社，2002.

问题分析：

1. 为什么说华为是中国通讯制造业在战略竞争中的大赢家？
2. 华为在创业之初，“将鸡蛋放在一个篮子里”的战略意义何在？
3. 华为坚持只做自己最擅长的事，指的是哪种发展战略？
4. 华为的成功给我们的启示是什么？

参考文献

[1] 理查德·L·达夫特. 组织理论与设计精要[M]. 北京：机械工业出版社，2003：20.
[2] 芮明杰. 管理学：现代的观点[M]. 上海：上海人民出版社，2005：92.
[3] 约瑟夫M.普蒂等. 管理学精要：亚洲篇[M]. 北京：机械工业出版社，2002：112.
[4] 理查德·L·达夫特. 管理学[M]. 北京：机械工业出版社，2003：205-206、244.
[5] 弗雷蒙特·E.卡斯特等. 组织与管理[M]. 北京：中国社会科学出版社，2000：230、231、234.
[6] 项保华. 战略管理：艺术与实务[M]. 北京：华夏出版社[M]，2001：12.
[7] Peter Drucker, Management: Tasks, responsibilities, and Practices. New York: Harper&Row, 1974. 61
[8] 托马斯. 贝特曼等. 管理学：构建竞争优势[M]. 北京：北京大学出版社，2004：92-100.
[9] 弗雷德·R·戴维. 战略管理[M]. 北京：经济科学出版社，1999：243.
[10] Nonaka, I(1991) 'The knoeledge-creating company', Harvand Business Review, Nov-Dec.
[11] 理查德·林奇. 公司战略[M]. 北京：经济管理出版社，2005：42-63.
[12] 理查德·L·达夫特. 管理学[M]. 北京：机械工业出版社，2003：244.
[13] 加雷斯·琼斯等. 当代管理学[M]. 北京：人民邮电出版社，2003：163-164.

第五章 决策

学习目标

学完本章之后，你应该能够：

- 熟悉决策的程序
- 了解几种主要的决策思维方式
- 掌握常用的决策方法
- 认识决策风格的一般类型及其对决策的影响
- 理解改善决策过程的几种主要措施

开篇实例

联想发展战略的抉择

2004年12月8日，联想宣布收购IBM全球PC业务，国内许多人着实为联想骄傲了一阵子。其实，这场交易对联想来说具有多种含义。就IBM方面，终于卸掉了一个重担，可说是松了一口气；对于联想则是接过了一副重担，联想能否实现计算机产业中十分少见的成功收购，前途还很难预料。从战略上说，联想的做法一般只能扩大价值链低端业务，很难走向高端。这次IBM不出售较高端的服务器业务，出售PC业务是为了专注于高端的业务，这体现了它的战略。联想现在的核心业务是PC业务，经过20年左右的发展，PC的核心技术已集中于芯片和软件，PC业务已逐渐从高技术、高利润走向低技术、低利润。这时可能有两个走向：一是转向高技术、高利润方向，二是继续扩大规模方向。目前，IBM是前一种选择，联想则是后一种安排。对于大规模、低利润的行业来说，它显而易见的风险是难以抗拒的变化。

联想已走过20年的历程，它的前10年究竟是如何发展的？1998年3月，一家杂志发表了柳传志"贸工技、三级跳"的文章，联想在人们印象中似乎是靠"卖彩电、卖旱冰鞋"，做"贸工技"起家的。这里显然有误。至今中关村有名气的高技术企业，无一不是"技工贸"的产物。联想是以联想式汉卡起家的，四通是以中文打字机起家的，方正是以中文排版系统起家的，用友是以财务软件起家的。当年中关村确实也有许多以"贸"为主的公司，但至今它们已荡然无存了。

联想的前10年，自主创新能力是它的核心竞争力。1994年联想在香港上市后，由于在上市的"国退民进"问题上产生了所谓的"柳(传志)倪(光南)之争"，联想的技术路线发生改变。1995年联想撤销了总工程师的岗位，作为新增长点的程控交换机、ASI芯片等项目纷纷中止，大批技术骨干离开联想，从此联想从"技工贸"逐步转向"贸工技"。此后10年，规模和品牌是联想的核心竞争力，它的发展主要靠这个，尽管2001年杨元庆成为联想CEO以后提出了“技术的联想”的口号，但长达7年的“贸工技”有其巨大的惯性。此次联想收购IBM低端的PC业务与这种惯性具有逻辑上的一致性。

资料来源：倪光南.国家与企业都要树立自主研发的决心.经济管理文摘，2005(5)：21.

联想收购IBM的PC业务是福是祸，联想过去20年的成长是得益于“技工贸”还是取决于“贸工技”，尽管要回答这类问题十分困难，但是有一点是非常清楚的，联想发展进程中许多重大战略的抉择，都是值得管理学决策理论认真研究的精彩个案。

在管理的计划职能中，目标设立与战略选择是基础，决策是核心。决策是任何行为发生前不可缺少的一个步骤，小至个人、家庭，大到组织、国家，都要不间断地进行各种决策。行动的成功与否，直接取决于决策的正确与否。本章主要探讨关于决策的5个方面的问题：一是决策的类型和程序；二是决策的思维方式；三是决策技术及其相应方法；四是决策风格；五是决策的改善。

第一节　决策的类型和程序

一、决策的含义

决策就是人们为了达到一定的目标，在掌握必要的信息和有关情况并进行全面分析的基础上，用科学的方法拟定和评估相关行动方案，最终选定合理方案的过程。

决策由五个基本要素构成：

(1)决策者。决策的本质是人们将要预见客观行动的主观能力(即人们对客观世界的认识能力和对未来实践的驾驭能力)，因而决策者就是决策系统主观能力的体现者，这种主观能力的体现者有时以个人的形式出现，有时以团体的形式出现。

(2)决策对象。凡是人的行动能够施加影响的系统，都可成为决策的对象，大而言之如自然、社会和精神领域，小而言之如组织内部的人、财、物等方面，显然，决策对象是一个可调控的、具有明显边界的系统。

(3)信息。信息是决策的依据，作为决策基本要素的信息可分为内信息和外信息。内信息决定了系统的功能，即决策系统运动、变化、发展的根据。外信息则是决策运动、变化、发展的条件。没有信息，决策者就要与决策对象分离，决策系统就会瓦解，决策就只能是决策者的主观臆断。

(4)决策理论与决策方法。信息的准确可靠是有效决策的前提条件，但是，如何从正确的前提得出正确的决策结论呢？这就需要运用科学的决策理论与方法对前提条件进行科学的分析、综合、推理，而后得到正确的判断(即决策)。

(5)决策结果。决策结果一般有两种表现形式：一种是存在于人体内的主观精神能力——人的意志。这种意志支配着人的未来实践活动。另一种是决策作为一种判断，它不仅存在于人的头脑中，而且还要用语言、文字、图表、计算机软件等来表示。

二、决策的类型

决策可以从几个主要角度进行分类。

1. 按照决策的重要程度，可分为战略决策和战术决策

战略决策是有关组织全局利益和长远利益的决策。这类决策对组织的生存与发展将产生决定性影响，并作用于一个较长的时期。企业产品立项、技术革新、巨额投资等等，都是战略决策的内容。战术决策是有关实现战略目标的方式、途径、措施等的决策，它比战略性决策更为具体，其作用范围比较小，影响的时间也要短一些。企业原材料采购数量的确定、产品库存量的控制等，都是战术决策的对象。

2. 按照决策的重复程度，可分为程序化决策和非程序化决策

西蒙把组织的全部事务分为两类：①例行问题，即那些重复出现的、日常的管理问题。处理例行问题，无需每次都作决策。只要建立某些制度、规则或政策，按照例行程序处理即可。管理者遇到的许多的问题都是例行问题，如产品质量、设备故障、现金短缺等。②例外问题，即那些偶然发生的、很少重复出现的问题。这类问题不能用对待例行问题的办法来处理，如新产品的开发、组织结构变革、重要的人事任免等问题的处理。

对例行问题和例外问题的决策，无论从决策的性质看还是从决策的方法看，都是两种不同类型的决策。例行问题的决策属于程序化决策，它一般有先例可循，有现存的政策和规则可依；例外问题的决策属于非程序化决策，它往往缺乏信息资料，无先例可循，无固定模式，需要开拓与创新。

3. 按照决策条件的确定性，可分为确定型决策、风险型决策和非确定型决策

(1)确定型决策。首先，它是指在可供选择的方案中只有一种自然状态的决策，也就是说，决策的条件是确定的，可供选择的方案之间的优劣比较和预期结果是明确的，决策选优是显而易见的。确定型决策表面上似乎比较简单，往往是由于抽象掉许多具体条件的结果。由于决策的客观条件是很复杂的，条件考虑得越充分，决策就越符合实际，条件被抽象得越多，决策就越有可能脱离实际，造成失误。其次，确定型决策中各方案之间优劣比较明显，往往表现为一种静态的状况，即此时此刻是如此，因而决策时要把握时机，不能拖延。再次，有些确定型决策所面临的可选方案数量相当大，要获得每一个方案的确切结果，有相当的难度。

(2)风险型决策。即决策事件未来的各种自然状态的出现概率是可以测出的，在这种情况下所做的决策具有一定的风险性。风险型决策有五个主要特点：①存在着决策者希望达到的一个明确的目标；②存在着决策者可以选择的两个以上的行动方案；③存在着不以决策者主观意志为转移的两种以上的客观状态；④不同的行动方案在不同自然状态下的损失或利益可以计算出来；⑤未来将出现哪种自然状态，决策者不能肯定，但可大致估计出其出现概率。

(3)非确定型决策。即决策事件未来各种自然状态完全是随机的，选中方案的执行结果是无法预知的。非确定型决策的作出主要依靠决策者的经验和判断能力。

4. 按照决策主体所处的管理层次，可分为高层决策、中层决策和基层决策

高层决策是指组织的高层领导者所作的决策，这类决策事关全局、事关长远。中层决策是由组织的中层管理者所作的决策，其影响范围大多只涉及一个部门。基层决策是指组织的基层管理者所作的决策，这类决策主要解决局部的日常工作中的问题。一般说来，越接近高层的决策，就越具有战略性、非程序性和非确定性，而越接近基层的决策，就越具有战术性、程序性和确定性。

三、决策的程序

完整的决策过程包含着四个程序。

1. 搜集信息

信息是决策的基本依据，信息是否准确、充足和及时，会直接影响决策的质量。信息的搜集，要围绕既定的决策目标进行；同时，组织要借助一定的信息管理系统，对已搜集的信息加以有效的处理、传递和使用，以便为决策方案的拟订提供可靠的依据。

2. 拟定备选方案

在占有一定信息的基础上，决策的第二项工作就是拟定备选方案。这一程序的关键就是要拟出两个以上的方案供对比选择。有比较才能有鉴别，如果只有一个方案，就无法对比，就难辨优劣。为了便于比较，在拟定备选方案时，还要注意不同方案之间必须具有排他性，即采用了其中一种方案，就不能同时采用其他方案，如果各方案相互包含就会导致取向的趋同而难以比较。

每一个用于决策的备选方案在主体内容之外还必须包含如下内容：①潜在问题，如未来可能发生哪些情况影响决策的实施，发生问题的可能原因是什么；②应变措施，即在妨碍决策实施的情况出现时应采取的对应办法；③“报警”方法，即在决策实施遇到困难时，借助什么办法自动报告“警情”，为“警情”的排除提供预报。

3. 评价备选方案

为了防止和避免决策失误，必须对备选方案加以全面评价。

(1)评价内容。备选方案的评价应当是全方位的：①决策目标是否合理；②决策所依据的价值准则是否正确；③决策方案在技术上是否可行；④制订决策方案所采用的理论和方法是否科学。

(2)评价方法。评价备选方案的常用方法有：①经验判断法。即评价人根据个人的经验来评价备选方案的优劣。这种方法评价人的知识、能力乃至性格等时常发挥着重要作用。②数学分析法。即通过对各方案的计算，以量化数据为依据来评价备选方案。③实验法。这种方法一般用于一些重大问题的决策方案的评价，当某一决策方案事关重大而经验判断法和数学分析法都不可能作出可靠评价时，可将方案先在局部范围予以短期试行，以期通过实践加以检验。

4. 抉择“令人满意”的方案

评价备选方案的目的是优中选优，而决策者的动机当然是要选择一种“最优化”的方案。但是，根据西蒙的观点，要实现决策的“最优化”必须同时满足三个条件：①决策者对可供选择的方案及其未来的后果“无所不知”；②决策者要有无限的估算能力；③决策者的脑中对各种可能的后果有一个“完全而一贯的优先顺序”。但由于决策者受认识能力、时间、经费、信息等方面的限制，要完全具备上述条件是不可能的。因此，西蒙认为，人们不可能作出“完全合理”的和“最优化”的决策；而只能寻求一种“令人满意”的决策。西蒙给决策者提出两个建议：第一，用“令人满意的”准则代替“最优化”准则；第二，不考虑一切可能和复杂情况，只考虑与问题有关的特定情况。

相关链接

民营企业为什么不聘用职业经理人

民营企业家与职业经理人原本天生是一对绝配：一个有资本缺管理，一个有武艺没舞台，多好的“一帮一，一对红”，资本、人力一相逢，便胜却人间无数。而现实管理中，职业经理人的供需曲线不是擦肩而过，就是短暂的粘连后就各奔东西。缔造“小霸王”奇迹的段永平，后来亲手创建了步步高，险些让霸王别了“机”。用一年时间就将高路华推到国内彩电市场第6位宝座的陆强华，也另立门户创办了上海人众电器集团公司。虽然这些职业经理们在很多时候是不得已而为之，但民企老板为职业经理人做了嫁衣的并不鲜闻。更有甚者，如果碰到个德行有问题的职业经理人，民企老板基本上叫做自掘坟墓。

“我不会让一个身强力壮的大个子来替我扛贵重的东西，万一他跑了，我怎么追得上呢？我宁可用认识的那些跑不快的邻居”。一位民企老板这样解释他为什么不肯聘用那些有管理才能的职业经理人。这里实际上至少隐含着两个决策难题：一是现阶段职业经理人信用往往难以让人放心；二是政策法规尚不能有效约束职业经理人的失信。在这种条件下，多数民营企业延续着子承父业的陈规就是一个“令人满意”的决策方案。经过20多年的改革开放，第一批创业者都逐渐进入谢幕的年龄，从家族内部选择“二代少帅”尽管不符合许多企业制度专家的理论，但民营企业的谢幕者无一不是理直气壮，在无法通过职业化管理获得“最优”的情况下，他们收获了家族制度管理的“次优”。

资料来源：民企老板的接班难题. 经济日报，2005-02-02.

第二节　决策的思维方式

采用何种思维方式，将直接影响到决策的有效性和科学性。科学的决策思维方式有很多，本节集中介绍三种。

一、概率思考

1. 概率论思想的科学价值

在17世纪，牛顿和他的运动定律主宰着全部科学研究，以致不少人将自然科学的定律绝对地看成是能够做出决定性的、因果关系预言的定律。但是到了19世纪，概率统计的科学理论开始被许多人所接受，正如布朗威斯克所指出的那样，这个进步需要在科学思想上来一次革命。事实上，从19世纪到20世纪，自然科学的许多重大发展都是建立在概率统计论基础上的。

由决定论向概率论的转变最终引出了海森堡“测不准关系式”，这个关系式说明了准确性是有限的。例如，在对亚原子进行物理测量时，不管仪器有多精密，对其位置和动量的测量总存在着不确定性，用“测不准关系式”能很好地解释这一现象。自然科学的其他研究，同样也只有用概率论才能正常进行解释。

在社会科学研究中，概率论思想也显示了鲜明的科学性。纽约大学经济学教授B·雷蒙斯说:“几乎所有的科学原理在最近几年内都已由理论的决定论形式转向随机理论形式……经济学就是一门随机科学。”麻省理工学院经济学教授C·休雷认为,这是“牛顿经济学的结束”。

2. 概率思考的特征

运用概率论进行思考决策,要求决策者对他们的预测和判断方法进行一 次改革,他们必须抛弃完全因果关系的世界观,根据这个世界观,只有在收集到完全的信息时才能做出准确的、决定性的预见。而概率思考是完全与此不同的,概率思考强调未来的不确定性。用概率思考的思维方式进行决策,不仅要学会在“不确定”情况下进行决策,更重要的是决策本身要适应事物的“不确定性”本质。

概率思考的前提,是思考者在头脑中应该有概率的观念,即要懂得用概率表达事件的可能性。例如,在不确定条件下进行风险决策时,就必须要有概率观念。风险决策有两种,一种是重复性风险决策,它的状态概率所指的基本上是重复出现的频率,它是可以用历史统计资料加以测定的,人们一般都能理解并接受它;另一种是不重复的风险决策,它既然不存在重复的问题,因而它也不存在出现频率这种意义上的概率,它的概率仅仅是对事件出现的信心的主观测度。有些人可以借助概率原理,把这个对信心的主观测度想象成是0到1(或从0%到100%)的数量化主观概率值。你问他:“这种新产品会不会受到消费者的喜欢?”他可能回答:“消费者喜欢这种新产品的概率为70%。”这种能够使用或习惯于使用数量化的主观概率值来表达事件可能性的人,即属于具有概率思维的人。但是,有些人没有这种思维习惯,他们对上述事件可能性的回答就不是从0到1的连续值中的某值,而只有几个极端值,或是“很可能”,或是“不可能”,至多还有一个“可能性中等”(可能与不可能差不多)。这些人即属于非概率思维的人。在这里,有必要说明的是:第一,把人划分为概率思维的人和非概率思维的人是相对的,即人们只有概率思维习惯和能力上的某些差异,并不是说有些人绝对地不作概率思维;第二,上述划分的依据仅仅是人们在头脑中有没有数量化主观概率的概念,并不是真正能否作概率蕴涵这样的统计推理,也就是说,即使属于概率思维的人也不一定都会作严密规范的概率统计推理。但是,有一点却是可以肯定的,按照规范性决策论来看,具有概率思维的人其决策的科学性和有效性会更高一些。

3. 概率思考与个性差异、文化差异的关系

人们的概率思维能力和习惯主要受个性差异和文化差异的影响。①概率思维与个性差异。1972年,厄特尔从出版物的用语中来观察不同人格特征的人对于随机性事件的表达方法,从而了解他们对概率的思维特征。他发现,带有教条主义倾向的作者,多习惯于使用“总是”、“完全”、“必须”、“从不”等要么完全肯定要么完全否定的极端性的口吻,而那些非教条主义者则更多地采用“通常”、“一般地”、“可能”等不那么极端的说法。②概率思维与文化差异。菲力普斯与赖特从1977年就开始研究概率思维的文化差异,他们曾对英国、香港与印度尼西亚的管理者专门做过问卷调查,他们调查了55名具有管理学位的英国公务员、31名香港中层管理者和39名在雅加达工作的经营者,其结果表明,英国管理者的概率思维特征要明显强于香港和印度尼西亚的管理者。西方人更习惯于概率思维而东方人更倾向于确定性思维即非概率思维,这种认识已为许多人所认同。但是,造成这种差别的原因是什么,则有各种不同的分析。一种分析是,西方科学比较发达,随机性科学发展较早,在科学文化较为普及的条件下,概率思维自然成为人们的思维习惯。另一种分析是,东西方在人生哲学上有差异。如东方人倾向于用宿命论的观点看待外在世界,认为世界有一种非人为所能驾驭的力量

在起决定性作用，这种世界观当然很少能包容不确定性。相反，西方文化似乎更强调征服自然的精神力量的支配作用，强调对科学理性的服从，因而西方人比较多地使用概率思维方式。这些分析虽然不能说绝对正确，但也并非全无道理。

相关链接

"摸着石头过河"——邓小平的概率论思想

在改革开放中，要坚持解放思想，实事求是，大胆地闯，大胆地试，走出一条新路，干出一番事业。这是邓小平的一个基本思想，"摸着石头过河"就是这个基本思想的形象概括。"摸着石头过河"，无非是要强调两点。一是不能因为不知河水深浅，存在过河风险，就不打算过河；相反，要坚持过河，要勇敢地"闯"。二是不要贸然过河，要谨慎小心，要细心地"试"。这两点都充分反映了邓小平的概率论思想。

办经济特区是"摸着石头过河"思想的一项重要实践。1979年4月5日，在中央工作会议上，广东省负责人就如何发挥广东优势，吸引爱国华侨、港澳同胞和外商来大陆投资办企业问题，向中央汇报了在邻近港澳和沿海地区划出一些地方，设置类似海外的出口加工区的设想。邓小平听完汇报后，郑重地说："还是办特区好，过去陕甘宁就是特区。中央没有钱，你们自己去搞，杀出一条血路来。"深圳是特区中的排头兵，发展很快，但也随之招来党内外一些人对它的"制度性质"的指责，一些人甚至痛心地说："辛辛苦苦几十年，一夜回到解放前。"而邓小平对深圳的实践给予了旗帜鲜明的支持。1981年，国民经济处于调整期，邓小平在这一年的中央工作会议期间，语重心长地告诫广东省负责人，"经济特区要坚持原定方针，步子可以放慢些"。1982年初，深圳蛇口工业区准备聘请外籍人士当企业经理，遭到一些人的责难。邓小平得知情况后，立即指示：可以聘任外国人当经理，这不是卖国。1984年1月，邓小平亲自前往深圳视察，并予题词："深圳的发展和经验证明，我们建立经济特区的政策是正确的。"此后，循着邓小平关于办经济特区的一系列决策，中国的经济特区建设开始了更大范围的"闯"和"试"，并极大地推动了我国经济社会的发展，取得了举世赞誉的成就。

资料来源：向洪. 邓小平治国谋略. 四川人民出版社，1996：147－149.

二、解析思考

当人们遇到难以决策的问题时，怎样才能找到正确的思路并抓住问题的实质进行正确的决策呢？解析思考的思维方法可为人们提供有效的帮助。这一思维方法包含五个要点。

1．思考

很多人常常将他们决策时间的大部分用于搜集和处理信息——与人谈论有关问题、阅读有关材料、制定复杂的模型和理论，以及进行煞费苦心的计算。尽管这些活动是有用的，但是，如果人们用更多的时间进行认真思考，努力找出面临问题的症结所在，就可能做出更为明智的决定。在大多数情况下应该明白，至少要花一半时间用于思考。

许多有经验的决策专家都提出过同样的忠告："模型要简单，思考要综合。"有些分析，特别是定量分析，其困难在于分析的问题很复杂，以至于对它们的关系都搞不清楚。不少分析人员把大量时间用于制定精细的模型，进行冗长的计算，这是无益的。经验丰富的分析人员把不作恰当的思考就进行复杂的计算说成是“无知的蛮干”。这种“蛮干”往往只会得出错误的答案。在分析决策问题时，应该根据面临的实际困难不断思考，以便明了所作的分析是否恰当。

在进行思考时，常常需要有使用简单数据的能力，将几个数字加在一起，并理解它们的含义。对大多数决策问题进行解析思考时，都要求有能力处理简单的数字，即懂得数学的基本语言。

2. 分解

决策中的分析问题就是分解问题。把一个问题分成若干组成部分，这是解决难题的钥匙。将问题分解后，对每个部分进行单独处理，再将这些结果组合起来，就可以做出决策。这类分解过程就像做多位数乘法所采用的方法一样。很少有人能“整体”地心算出 8234×7642 的结果是多少，但我们可以把它写在纸上，分解成 2×4，2×3，2×2，…，7×8 一系列的单位数乘法，然后将这些结果按照所在的位数加起来得出总的结果。难以理解的是，在进行决策时，很多人不愿意对其所决策的问题进行自觉的、系统的分析，一些人相信自己的大脑能以某种不可思议的方式，在任何时候做出一贯的、明智的选择。事实却是不可能的，认知心理学得出的结论正好相反：人脑在记忆和处理信息方面都有很大的局限性。美国卡内基梅隆大学A·斯冒恩教授在对人的认识能力的研究中，得出了“有限推理力原理”。这个原理认为，“现实世界中很多问题需要依靠客观推理，或者靠客观推理的合理的近似来解决，这些问题往往相当复杂以至单靠人脑无法阐明和解决”。决策时，人脑的这种局限性常常会导致偏差、前后矛盾和曲解，如果借助于“分解”的办法，则可能化整为零，化难为易。

3. 简化

决策所面临的一些难题往往非常复杂，以至不可能进行完全的分解，但是，可以按照如下步骤进行分析：①列出所有可能的决策方案；②找出每个方案的可能结果；③预测每个结果可能发生的概率；④列出每个结果可能导致的后果，并评价决策者对每个后果的偏好度；⑤计算每个方案的偏好度，从而得出一组最理想的结果。

就像A·斯冒恩在“有限推理力原理”中所阐明的那样，因受时间、信息和人的智力的限制，凭人脑难以保证绝对理想的推理。任何决策问题都必须在有限的时间内加以解决，因而不可能将与之有关的所有因素都考虑到。所以解决任何决策问题都必须靠简化。具体地，就是要找出真正重要的因素，略去无关紧要的因素。人们往往不能适应简化的思维逻辑，总是力图在有限的时间内考虑尽可能多的因素。然而，即使考虑上百个与决策有关的因素，决策的做出还是只能依据少数几个因素，因此对问题的简化是必须的。

4. 判断

判断就是对决策问题的各个不确定因素作出具体的说明，在做出决策时，判断得越具体越有利于决策。在决策时，不应当否认主观判断的重要性，相反，要十分强调它，没有一系列明确的主观判断，就不可能做出任何决策。

5. 再思考

由于时间、信息和认识能力限制了分析的范围和细节，因而可以说任何决策分析都是不完全的，最终是由主观判断决定的。正是由于这个原因，每做出一步决策分析时，都需要再次思考一下在这步分析中用到的判断值和在简化时被略去的因素，如果对决策还有疑惑，就应对它再思考，作出第二步、第三步甚至更多的分析。当然，这并不是说要无止境地对一个决策进行再思考。一般说来，应该考虑到这样的程度：即从再思考得到的收益与进行再思考所花的代价相当。只要用于进一步分析预期的费用小于该分析预期得到的收益，就有理由“再思考”。

三、目标－手段分析

西蒙通过对人在决策中的思维过程的研究，提出了“目标－手段分析”的决策思维方式。这种方式的基本逻辑是，首先为要实现的总目标找到一些手段和措施，然后把这些手段和措施又看成是新的、次一级的目标，再为完成这些次一级的目标，找出更详尽具体的手段和措施来，如此逐步找下去，直到有了最终的解决办法为止。

其实，目标－手段分析的思维方式并无玄妙之处，人们可能经常用它来做出决策。例如，假若我们在森林里露营，需要一张桌子（这就是决策的目标），但森林中只有树木，而没有现成的桌子，这时候，我们会立即明白树木同桌子之间的差异：桌子的桌面是一块较小的、可以移动的平面木板，树木却是较大的、与地面相连的圆柱形木头。为了消除这些差异，我们会使用一些工具和程序，如用斧头把树砍倒，锯成合适的尺寸并拼成一整块将其刨光，再装上桌子的脚，就得到了一张桌子。在上述过程中，问题的解决开始于确定目标（需要一张桌子），接着是明了眼前情况（有树木）与将来目标（要桌子）之间的差距，然后是根据记忆或通过寻找，弄来某种工具（斧头、锯子等）消除这种差别（砍树、锯木板等）。这就是通过“目标－手段分析”的思维方法所进行的一个典型的决策过程，其原理可用于任何复杂问题的决策。

但是，目标－手段分析这一决策思维方式在具体使用过程中，要谨慎从事才行，否则，可能导致不正确的结论。对此，西蒙在《管理行为》一书中从三个方面作了比较详尽的阐述：

第一，选择具体行动方案所希望实现的目标，常常被错误地、片面地表达了，这是由于没有考虑还能通过选择其他方案而实现我们所选择的目标。西蒙举例说，当我们为了在一条河上架设桥梁而选择了悬臂式设计方案时，光知道该方案适应于在那条河上架设，这还是不够充分的、明智的选择，还取决于考虑悬臂式设计是否能比吊桥、高架桥或其他方案更有效、更经济。理性的决策，应以有限手段获取最大价值。

第二，在实际场合下，要将手段和目标完全分开往往是做不到的。因为替代手段在评价上通常并不是中性的。正是由于这一困难，在“手段是否适合目的”的问题上，产生了如此之多徒劳无益的争吵。西蒙以美国“禁酒修正案”决策过程中的情况为例，论述了该修正案所采用的措施包含着如此之多的价值问题——个人自由、恰当的治安措施等，致使该提案立即被禁酒的“最终”目标重要性的争吵所淹没。因此，如果仅仅把禁酒令说成是实现禁酒这一满意目标的手段，那是荒谬的。达到这一特定目的的特殊手段，其许多后果并非最初设想目标时所料及的后果。因此，在评价手段的可取性时，我们就不得不适当考虑这些始料未及的后果的重要性。

第三，目标－手段分析决策思维方法的采用，有一种使用时间因素在决策过程中的作用模糊不清的倾向。如果我们的目的是要实现某种条件或状态，那么，由于一个时点上只能有一个状态实现，而一段时间里可实现许多状态，因此，抉择不仅受到特定目的的影响，而且也受到时间因素的影响。

关于不同地点或时期可能实现哪些后果的预期，也影响抉择。在这方面，抉择提出了两个问题：①如果想在某一指定时间实现一个特定目标，必须放弃那个时间哪些可供选择的目标？②如果想在某一指定时间实现一个特定目标，这一任务对希望在其他时间实现的目标，会产生什么限制？

西蒙指出，目标－手段思维方式使用过程中的上述不足，并不意味着这一方式不能使用；这无非是说，使用者应当通过更周全的考虑，尽可能使这个方式的使用科学一些、有效一些。

第三节 决策技术及其相应方法

决策技术一般分为两大类，即决策的“软技术”和决策的“硬技术”。具体的决策方法则都可分别归属于这两类决策技术。

一、决策的“软技术”及其相应方法

决策的“软技术”是指依靠决策者的知识、经验、智慧，运用社会学、心理学等方面的理论，作出判断与决策的技术。它较多地运用于综合抽象程度较高的高层次的战略问题的决策。它所包括的主要方法有如下五种。

1. 头脑风暴法

“头脑风暴”一词原本是用来形容精神病人胡思乱想、胡言乱语的情形，当作为一种决策方法提出的时候，其含义则是指在决策的会议上，人们可以无拘无束、自由奔放地思考问题，无所顾忌地畅所欲言。这一方法是由美国创造工程学家奥斯本于1939年首先提出的。

在具体操作上，头脑风暴法是通过一种小型会议的形式进行的。在会议上，与会者围绕决策问题互相启发，让创造性设想产生连锁反应，从而引发更多的创造设想的灵感火花。这种会议有其特殊的原则：①在会议上严格禁止评头品足，不许批评或指责别人的设想，以免阻碍创造性设想的产生。②参与会议的人不分尊卑高下，随意自由想象，想法越奇特越新鲜越好。③对所有与会者提出的所有设想均进行记录，但在会上不作判断性结论。④可以利用别人的想法来激发自己的灵感，或者综合几个人的想法形成新的思想。⑤不准私下交谈，每个人的意见必须让全体与会者知道。只能各自发表自己的意见，不能代替别人的设想。⑥每一次讨论的题目不能太小、太窄或带有过多的限制条件，但在讨论时必须注意针对性和方向性，以免无的放矢。

相关链接

“工作外露”：通用电气决策中的头脑风暴法

1988年下半年，杰克·韦尔奇开始在通用电气实施“工作外露”计划。所谓“工作外露”，就是让员工参与公司问题的讨论，把工作中有待解决的问题公开暴露出来，并找到解决问题的办法。韦尔奇认为，不能让公司的领导组织这样的讨论，因为他们认识员工，如果他们在场，员工就难以敞开心扉畅所欲言。韦尔奇想出一个办法，就是从外部聘请一些受过训练的专业人员来提供帮助。这些人多数是大学教授，员工们与他们交谈感到安全。一个典型的“工

作外露”会议要持续两到三天。会议开始时经理要到场讲话，他可能提出一个重要议题或安排一下总的会议日程，然后就离开会场。在领导不在场的情况下，外部专业人员引导员工展开讨论。员工们要把自己的问题列成清单，与大家一起分析，并准备在会议最后阶段经理回到会场时向他反映。“工作外露”会议要求经理们对每一项意见都要当场作出决定，他们至少要对75%的问题给予是或不是的明确回答。如果有的问题不能当场回答，应约定另外的时间答复。

随着“工作外露”计划的不断实行，员工们开始忘记了自己的本来角色，他们开始到处开口讲话。到1992年年终的时候，已经有大约200 000名员工参加过“工作外露”会议。这一计划的意义从一位员工的评论中可以得到部分说明。他说：“25年来，公司为我的双手支付工资，而实际上，公司本来还拥有我的大脑，而且不用支付任何工钱”。韦尔奇则从他的角度对这一计划的意义进行了另外一种总结，他说，“工作外露”再次证实了我们很久以来的一个认识：距离工作最近的人最了解工作。GE发生的每一件好事，不管是计划、还是政策，追根溯源，几乎都与某些团队或个人的倡议有关，而“工作外露”提供许多这样的倡议。

资料来源：杰克·韦尔奇，约翰·拜恩. 杰克·韦尔奇自传. 中信出版社，2001：170－171.

2. 统摄法

统摄法是利用非推理因素，通过召开一种特别会议来激发群体创造力的方法，是由麻省理工学院的戈顿所创造，并经普休斯加以发展的一种智囊决策方法。这一方法是以心理学中的所谓“垃圾箱理论”为基础的，该理沦认为，人脑从客观世界中反映出的知识有两种存在状态：一种是有规则排列的，一旦需要从头脑中寻找这些信息，就可按照系统排列的顺序去查找，这便是合乎逻辑的推理过程；另一类知识由于是偶然反映到人的大脑中去的，无法按一般规律加以系统整理，只能杂乱地堆放在大脑的某一处，像个垃圾箱。想要从垃圾箱中找东西，自然无规律可循，只能靠乱翻，亦即靠心理活动中的非推理因素获得。但这种靠非推理因素统摄起来的知识，往往是带有独特创造性的新奇产品。

统摄法的实行程序包括：①给定并详细介绍问题，使与会者对问题本身及与问题相关的信息资料做到心中有数。②问题的重新表述。这一步的目的和做法是“变陌生为熟悉”，即把问题分解，以便深入了解问题的实质。③分析与排列。即对所有小问题加以分析和比较，然后加以排列，以确定哪些问题属于创新的关键。④远离问题。“变熟悉为陌生”。即运用类比的方法到陌生领域尽量搜寻似乎与问题无关，但实际与问题类似的要素。常用的类比法有直接类比、象征类比、自身类比、幻想类比等等。戈顿强调，统摄法的目的是为了避免习惯因素的干扰，要有所创新，因而所类比的对象就应“足够陌生”，即越远离问题越好。⑤强行组合。即把陌生领域中受到启发、类比的结果与原问题强行组合起来，以形成一种创造性的方案。

3. 方案前提分析法

这个决策方法的出发点是，每个方案都有几个前提假设为依据，方案正确与否关键在于前提假设能否成立。这个方法不是直接讨论方案本身，而是去分析方案的前提假设。如果前提假设是成立的，那么说明这个方案所选择的目标和途径是站得住脚的。这样做，可以克服决策中的一些不足，如有的方案拟定人总希望在讨论中通过其方案，而参与讨论者为了避免得罪人，也不敢向方案本身提出反对意见。但方案前提分析法因为在讨论中不是直接针对方案本身，而是间接地议论方案的前提，就有可能便于各种反面意见的提出，收到集思广益的效果。

4. 特性列举法

这是一种通过对事物提出“缺点”、“希望”或“要求”等“特性”并针对这些特性去设计行为方案的决策方法。它包括缺点列举法和希望列举法。

缺点列举法是先把备选方案的所有缺点一一列举出来，然后再针对缺点提出改善的方案。缺点列举法的方法论原则在于任何事物都是不完美的，总是存在不足，列举缺点，就有了改进的方向。事物的缺点往往十分引人注目，人们喜欢也容易谈论缺点，因此缺点列举法能使人们迅速找到问题的症结所在，启发人们寻找完善决策方案的思路。但是这方法局限于寻找事物已经存在的缺点，因而可以说是一个“后发制人”的方法；而且，缺点列举法的目的在于消除和克服缺点，而在现实条件中，由于受各种主观和客观条件的限制，并非所有被列举出来的缺点都可以克服。由此看来，缺点列举法的局限性也是很明显的。

希望列举法可以说能够一定程度地弥补缺点列举法的不足。希望列举法的操作与缺点列举法相同，不过它是先围绕决策的目标列举出希望点来，然后再研究可行性，这就比缺点列举法更具积极性和主动性。

5. 鱼缸观鱼法

在基本操作上，鱼缸观鱼决策方法表现为：决策者围坐成一个圆圈。在圆圈中放一把单人椅子，只有坐到椅子上的人才有发言权，因而参与决策的其他成员注意力都集中到了坐在圆圈中的人身上。发言者在不遭到反对的情况下讲他的观点和问题的解决办法。这种方法杜绝了交叉讲话和无关的讨论。在具体实行中，鱼缸观鱼法有三种做法：

第一种做法是，请一个在所讨论的问题方面有专长的人坐在“鱼缸”中发言，其他人员可以提问，但不准交头接耳，一旦发言人的观点为大家所理解后，他就离开。继而再换一个人，做法照旧。被请到“鱼缸”中的专家数目不限，也不限制人们用前一个发言人提供的资料去询问后面的发言人。经过专家们充分表达各自的意见，某一方案的“比较优势”会明显地表现出来，而决策参与者在此基础上则易于达成共识。从理论上说，产生这种结果是因为每一个人都是在相同资料背景下进行判断的。

第二种做法是，一组决策者集中在一起，只包括专家，不要助手；一个领导者在当中的椅子上，向大家讲解规则和问题，甚至可以提出一个解决方案，然后回到其他人中间；此后专家开始到“鱼缸”中去发言。从第二个人开始，每个人都可以提出一个新方案，以修正前面的方案，也可以赞同前面的方案。人们轮流到圆圈中去讲话，直到无人走进圆圈为止。有时候，上述过程的进行可能会由于两个成员想直接交谈而受到阻挠(尽管成员之间的“私下”交流是不符合规则的)。如果发言人因为他的观点没有被众人所接受而不愿离开发言席，情况就会变得更糟(这时其他人会建议他“让位”)。结束全部发言的前提条件是，有人进入“鱼缸”，提出采纳前面发言者的意见。接下来是大多数人举手表决赞成结束会议。虽然看起来使大多数人都同意结束会议似乎不很困难，其实不是这样，因为那些倾向于别的方案的人，还有那些仍未做出决定或希望对所有问题进行深入讨论的人都会要求延续会议。

第三种做法是，使决策过程中的讨论能加以管理。会议决策往往是不讲效率的，主要是因为听取每种观点的陈述需要花费很多时间，而实际上这些数目众多的观点之间只存在微小差别。为此，这种做法要求，参与决策、献计献策的人可以多一些，但是在会议上陈述观点的人数要严格限定在5~6人。其操作方法是，不同方案的各“派别”指定一个人为代表组成“鱼缸”，并进行发言，其他人员则为各自的代表准备资料，提供思路。因为这些人和他们的代表离得很近，有问题可以随时通过其代表反映出来，因而他们实际上也参与了决策。

二、决策的“硬技术”及其相应方法

（一）决策“硬技术”的特征

决策的“硬技术”是指利用数学模型和电子计算机等现代化管理手段，进行定量分析，作出科学决策的技术，采用数学方法是这类决策技术的主要特征。从一般意义上讲，数学方法既是科学研究中进行科学抽象的思维方法，又是一切科学进行定量描述的工具。数学方法一旦和各学科的具体方法相结合，将会更好地揭示各门学科所研究对象的本质和运动变化规律。

决策中运用数学方法，就是要对管理决策活动中相关事物运用数学方法进行科学抽象，形成管理决策的数学模型，然后通过求解找出数学解（即决策中的“方案”），再对数学解做出符合决策实际的解释，并经过实践加以验证。数学方法在管理实践中尤其是在决策中具有重大价值，一个管理者如果缺乏数量概念，他的决策会变得很模糊和随意。

把一个实际的管理决策问题提炼为数学问题，是进行量化分析的关键和前提。例如，某企业生产甲、乙两种产品，均有市场销路，但生产资源受到限制（有关资料如表5-1所示）。厂长应该如何安排生产方案，才能使企业获得最大利润？

表5-1

	甲产品	乙产品	资源供应总量
单位产品所创利润（元）	60	30	
单位产品材料耗量（公斤）	2	4	320
单位产品劳动工时（小时）	3	1	180
单位产品外协件（个）	2	0	100

上述管理决策问题如何提炼为管理决策的数学问题（即如何建立上述问题的定量化决策模型）？决策者可以做这样的思考：如何在资源总量受限条件下，形成一种决策方案，使两种产品的数量安排尽可能用完资源总量，同时获利最大。现在，决策者可以这样建立决策模型：

设，甲产品生产X_1件；

乙产品生产X_2件；

Z为利润值。

于是，上述管理决策问题可用数学语言表述如下：

$$Z_{\max}=60X_1+30X_2$$
$$2X_1+4X_2\leqslant 320$$
$$3X_1+1X_2\leqslant 180$$
$$2X_1+0X_2\leqslant 100$$
$$X_1,X_2\geqslant 0$$

上述管理决策的数学模型的解是：$X_1=40$；$X_2=60$；$Z=4\ 200$元（即：甲产品生产40件，

乙产品生产60件，企业可获最大利润4 200元)。

(二)决策“硬技术”的方法

1. 线性规划

线性规划是运筹学的一个分支，最早起源于英国。在第二次世界大战最为紧张的阶段，为了抵御纳粹德国的猛烈进攻，英军指挥部委托6位科学家研究如何动用其有限的军用物资来获得最大战果，从而形成了最早的线性规划问题。后来，线性规划的方法被广泛运用于企业的决策之中。

线性规划就是在线性约束条件下求线性目标函数最优的问题。在线性规划问题中，首先必须具备一个可以用变量的一次函数式来表示的目标函数，然后具体地列出问题的约束条件或约束方程式，这些约束方程式都只能是线性方程。在具体的决策问题中，“目标函数”是用一次函数形式表达的决策者的目的(如产量、利润、成本等)，“约束条件”是对目标或变量加以限制的各种因素(如资金、技术、时间等)。

线性规划抽象成数学模型，是在下列条件下的求极值问题：

目标函数 $OPT_Z = \sum_{j=1}^{n} c_j x_j$

约束条件 $\begin{cases} \sum_{j=1}^{n} a_{ij} x_j = b_i (i=1, 2, 3, \cdots, m) \\ x_j \geqslant 0 (j=1, 2, \cdots, n) \end{cases}$

在上式中：

OPT 表示最优；

c_j，a_{ij}，b_i都是已知量，称为参数；

x_j是需要求解的未知变量。

2. 动态规划

动态规划是解决多阶段决策过程最优化问题的一种决策方法。所谓多阶段决策过程，是指生产、科研或管理中的这样一类过程：由于它的特殊性，可以将过程按时间或空间分成若干相互联系而又相互区别的阶段，在每一个这样的阶段都需要作出一定的决策，并且一个阶段的决策确定以后，常常影响下一个阶段的决策，从而影响整个过程的活动路线。当每一个阶段的决策确定后，就完全确定了一个过程的活动路线。每一个阶段已确定的决策，就构成了一个决策序列，可称其为一个策略。由于每一个阶段都有若干个决策可以选取，因而就有许多策略可供我们选择。用动态规划来解决多阶段的决策过程问题，就是要在容许我们选择的那些可行的策略中，选取一个最优化策略。

动态规划方法的创始人之一，美国数学家波尔曼说：“一个过程的最优化策略有如此性质，即无论其过去的状态和决策如何，对以前的决策所形成的状态作为初始状态的过程而言，其后的诸决策必须构成最优策略。”由这个“最优化原则”可知，利用动态规划求解一个多阶段决策问题时，每一阶段的求解过程中不仅考虑了本阶段的效益，而且还考虑到了以前所做决策带来的利益，这样的考虑方法保证了动态规划的总体化思想。

3. 对策论

运用数学理论来研究矛盾的双方或每方在对抗性局势中如何采取策略，以取得最好对策的方法称为对策论或博弈论。了解对策论至少要把握三个方面的内容。

(1)评价准则和合理行为。对策是一种决策，因而对策各方的决策者都需要一个评价所采取的行动准则，这个评价准则被称为“合理行为”，其具体含义是，对策中的任何一方，只是考虑自己的损益，并按一定的规则采取必要的行动，目的是获得最大效益。显然，“合理行为”必须满足两个条件：一个是行为的目的在于最大的获利或最小的损失；另一个是行为必须遵守竞赛规则。

(2)对策现象的三要素。①局中人。在一局对策中，参加对策的任何一方都称为局中人，局中人有权制订对付对手的行动方案，与对策的结果休戚相关。②策略。某个局中人的一个可行的自始至终通盘筹划的行动方案，称为该局中人的一个策略。③一局对策的结局。对策的结局就是一局对策结束时的得失。从数学角度看，一局对策结束时，每个局中人的得失是全体局中人所取定的一组策略的函数，通常称为“支付函数”(或赢得函数)。

(3)对策的分类。①按局中的人数分类有两人对策和多人对策。②按局中人可采用策略集合情况分类，当每个局中人的策略总数都是有限个时，称为有限对策；当至少有一个局中人的策略总数为无限个时，称为无限对策。③按局中人的支付总和分类，支付总和为常数的称为常和对策，在常和对策中支付总和常数为零，则称零和对策，支付总和不为常数者，称为非常和对策。

4. 排队分析

排对等候是人们经常遇到的情况，飞机误点，商店收款台前排队交款，损坏了仪器设备等待修理等等，这些情况每天都会大量出现。有时，用于生产某种商品或提供某种服务的资源未能到位，出现这样的资源等待，会致使业务延误，并导致公司成本的提高。实际上，当排队情况出现时，有关决策者都会面临这样的选择：是甘心承受等待的损失呢还是增加商品或服务的资源以减少等待的时间？排队论为这类问题的解决提出了相应的对策方法，排队论的目的是从大量的排队现象中寻找出统计规律，以便设计一个新的服务系统或控制一个现有的服务系统，使之达到最优设计或营运。

实际的排队系统虽然各有不同，但抽出其共同点则可描述为：为了获得服务而到达的顾客，若不能立即获得服务，而又不愿离去时，则加入排队的队伍，直到获得服务后才离开系统。

一般排队系统都有三个基本组成部分：

(1)输入过程。顾客到达服务系统的情况是各不相同的。例如顾客的来源是有限的还是无限的？顾客是成批地来还是单个地来？顾客相继到达的时间是确定的还是随机的？顾客的到达是互相独立的还是互相依存的，等等。输入过程不同，排队的数学处理情况也不同。

(2)排队规则。根据是否排队与等待，分为三种情况：①损失制。顾客到达时，若不能立即获得服务，顾客不愿意等待而立即离去，永不再来。②等待制。顾客到达时，若所有的服务设备都被占用，则该顾客参加排队，等待服务。③混合制。损失制与等待制的综合。

(3)服务机构。从机构形式和工作情况来看有以下几种：①服务机构可以不设服务员(自动服务)，或设一个与多个服务员。②存在多个服务台时，这些服务台可以是并列的，串列的，或并列串列混合的。③服务方式可以对单个顾客进行服务，也可以对成批顾客服务。④服务时间也可以分为确定型和随机型。

排队问题主要由下列三个因素确定：顾客相继到达间隔时间的分布、服务时间的分布和服务台个数。根据上述三个因素的不同，则可确定相应的排队模型。

第四节　决策风格

一、决策风格与决策效果

决策风格是指决策者比较稳定的那些决策态度、习惯、方式、方法等等的综合反映。决策风格对决策效果具有重大的影响，其主要表现是：

（1）不同决策风格的人对决策制定的方式与步骤有不同的偏好。深思熟虑或喜欢逻辑分析的决策者，往往热衷于搜集大量的信息，对决策所面临的问题作出明确的表述，在此基础上再作严密的推理分析。因而他们对问题考虑得比较细密周详。如若时间充裕，他们决策的有效性可能比较高。但是，倘若时间紧迫，他们的效率可能较低，他们就会贻误决策时机。此外，他们也很容易为细节问题所牵制，缺少大视野、大思路。与此不同的是，那些思维敏捷、眼光远大的决策者，他们能够总揽全局，抓住关键环节，果断决策，其决策效率就比较高。但是他们也会疏于细节，因此而导致某些决策的疏漏。

（2）不同决策风格的人对行动的迫切性有不同的反应。一部分决策者宁可花许多时间从容不迫地去制定决策，他们认为只要决策做得好，执行起来就会有好的成效，这些人不急于实际行动。但是另有一些决策者则崇尚“先干起来再说”的信条，认为只有行动才会出效果，他们不能忍受那种漫长的讨论和研究过程。显然，上述两类决策风格对决策效果的影响都是很突出的。

（3）不同决策风格的人对待风险的态度与处理办法互有差异。重视理性分析的决策者总是采取回避风险的态度，他们以稳妥为重；相反，急于行动的决策者则敢于冒险，对新的机会也特别敏感。对待风险的不同态度，也就形成了不同的处理风险的办法。美国俄亥俄州立大学管理学教授纳特的一项研究表明，与注意回避风险的态度相一致的风险处理办法一般是，委托一个专门的委员会去识别风险并寻找规避风险的办法；而与敢于冒险的态度相吻合的风险处理办法一般是，虽然也使用风险处理的咨询班子，但这并不能代替责任经理的判断。

以上分析表明，决策风格与决策效果之间有着重要的因果联系。因此，作为一个管理者，明了自己的决策风格，了解组织内其他决策者的决策风格，都会有利于增强科学决策的自觉性和主动性。

二、决策风格的形成

决策风格是如何形成的，对这一问题的分析大体可归纳为三类理论：

（1）个性决策论。这类理论的主张是，决策风格取决于决策者的个性（包括气质、性格等心理特征）。例如，气质有胆汁质、多血质、黏液质、抑郁质等类型的区别，性格有外向型、内向型的不同。这些心理特征反映在决策行为上就有果断型、顽强型、多虑型、温和型等不同风格。

（2）情势决定论。持这类主张的学者认为，决策任务与决策环境适合于不同决策风格的人，反过来说，只有适宜于特定决策岗位的、具有相应决策风格的人才能在该岗位上生存下去。

(3)相互作用决定论。坚持这一理论倾向的人认为，决策风格既受个性影响，又受决策任务与环境的影响，因此，在研究决策风格的形成原因时，需要同时考虑上述两类因素的相互作用。图5-1是这种理论的最流行的表述形式之一，这个决策风格矩阵，是由决策者的个性(长于思考或乐于行动)和决策的任务与环境(任务与技术导向，或人员与社会导向)两个方面相互作用而形成的。

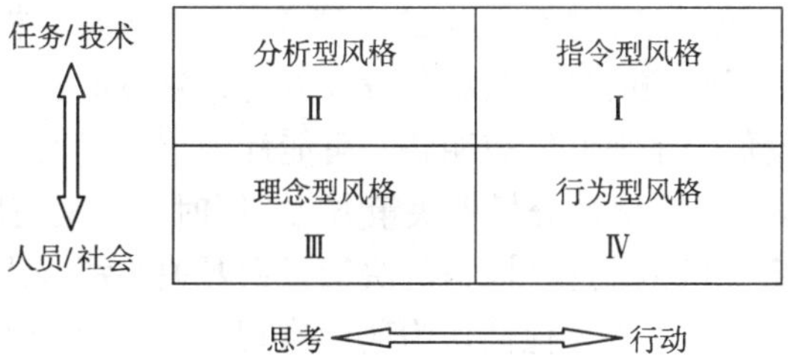

图5-1　决策风格矩阵

三、决策风格的一般类型

纳特在决策风格研究方面的成果是令人瞩目的。他首先把决策全过程分为选择方案和执行决策两个阶段，然后分别从这两个阶段对决策风格进行具体的分类。在本教材中，决策的含义只是特指“选择方案”的过程，因此我们只介绍纳特关于决策风格分类的部分内容。

按照纳特的观点，决策者作出选择的依据是信息，而信息是要经过收集与加工处理两个过程的，而这两个过程又成了纳特归纳决策风格的两个角度。

在信息收集过程中，决策者有检测型(S型)与洞察型(N型)两种不同的风格。S型风格者按一定的编码办法收集信息，以便找出与有关标准的差异，他关心的是细节。但N型风格者所关心的是抓住决策背景的全貌，把握全局，力图发现事物的类型而不是分散的细节。S型和N型两种收集信息的风格，都各有其长短。S型虽然能获得较为细密的信息，但可能忽略事物的整体逻辑，即所谓的只见树木，不见森林。N型尽管可以洞察事物的概貌，但也可能不够深入，容易粗枝大叶地看问题。

在信息的加工处理过程中，决策者有思考型(T型)与感知型(F型)两种风格。T型风格者倾向于运用逻辑推理进行思考，相信理性分析而不愿意去作人性方面的考虑，认为作出的决策应是非道义性的和非情感化的。而F型风格者则使决策情感化和人格化，将有关人际环境都作为决策的参考背景；他们乐于采用探试法、直观思维、创造思维等等；他们认为在处理信息的过程中，洞察力和创造力比分析能力重要。T型和F型两种加工处理信息的风格都不能说完美无缺。T型风格者所作的决策往往是经得起推敲的，因为其分析过程中所采用的前提假设是经过检验的，其推理过程是外显而可检视的。但是，许多高层管理中的战略决策的低结构特性，往往使得无法仅靠逻辑分析来进行决策；而且，由于经不起时间耗费和难于达到全面性要求，这种按部就班的过细的逻辑分析往往难以实施。F型风格者所制定的决策往往可接受性较大，有时还有创新；但由于这类决策过分地情感化和人格化，有时会有所偏颇。

纳特在进行了上述决策者在信息收集和信息加工处理两个过程中所表现出来的四种不同风格的分类后，又对它们进行组合，并归纳出四种典型的决策风格。

(1)ST 型——条理型风格。这种风格的决策者强调依靠可靠的资料进行严格的逻辑分析，注重支配决策过程的规则，喜欢使用分析性决策工具(如数学模型和统计技术)，侧重于靠公理逻辑或统计显著性来证明某个行动方案的必要性。他们认为，如果决策者被定性分析信息或情感考虑所左右，就无法得到决策的理论依据而变得感情用事。

(2)NF 型——思索型风格。这种风格的决策者有喜欢逻辑分析的偏好，但特别注意对逻辑前提的检验，而且重视问题的来龙去脉与发展变化，关心重要随机因素的影响，强调分析的全面性，他们重点收集的是那些能表明将来可能性的重要事实，以及数据与假设之间的联结。他们主要采用决策树、敏感性分析等决策方法，同时也常常使用直觉。

(3)SF 型——判定型风格。这种风格的决策者主要关心那些影响选样的人际关系，而且多用事实与细节来描述这些关系。他们认为所谓有现实性或可行性的东西就是重要人物(如企业的经理)同意实行的东西。他们虽然也收集定量方面的信息，但其加工信息的办法是从信息的内涵上去寻找一致性。他们喜欢群体决策办法，他们只是把定量分析方法作为一种决策的辅助工具。

(4)NF 型——逐步协调型风格。这种风格的决策者进行决策的依据是他们的偏好和无法用语言表达的预感或启示，而这一切又根植于他们过去的长期经验。他们很少应用分析性工具，因为他们认为这类工具无法应付那些极端重要的决策中所包含的高度复杂性——政治方面和道义方面的复杂性。他们赞同萧伯纳的观点："世界所有的经济学家，一个接一个都不会找到结论的。"他们认为，价值标准是大多数决策的关键，而且，对决策有影响的那些权力持有者的个性、观点与愿望，都是必须予以考虑的，协调主要权力持有者间的价值观与信念是选择行为的前提。为了作出决策，他们力图在互相冲突的各种要求中实现平衡，因而政治磋商、讨价还价、谈判、相互调整等是他们常用的手段。他们主张少用群体决策法，认为群体决策产生的往往是"共同认可的无知"。

相关链接

周恩来的"逐步协调型"决策风格

周恩来担任中华人民共和国总理达 26 年之久，他擅长在互相冲突的各种要求中实现平衡，他将政治磋商、讨价还价、求同存异等手段运用到极致。他的决策风格非常接近于"逐步协调型"。

黄河三门峡工程 1957 年开工后，可能出现的泥沙淤集问题不断引起上游地区的疑虑，几种意见争论激烈。一种是认为淤集是必然的，兴修三门峡水库风险很大；另一种认为不仅要修，而且水库大坝还应再高一些；还有一种意见是把全部泥沙都放下去，只拦洪，不发电，不灌溉。1958 年 4 月，周恩来亲自主持三门峡工程现场会议。他首先肯定了不同意见展开争论的必要，而且说争论还可以继续下去。但是，作为一位深谙中国当时"大跃进"国情的总理，周恩来在争论中努力调和，利用自己手中的决策权限，尽量为三门峡工程的沸腾情绪"降温"，开始理性地对上游利益给予考虑，明言"不能损害西安"。最后，他将原规划的蓄水水位海拔360米，改为大坝按360米设计，按350米施工。1960年9月，三门峡大坝建成蓄水，泥沙淤集比预计的要严重得多，围绕三门峡工程的治黄论战更加激烈。1964年12月，周恩来又一次主持专门会议商讨对策。他说："治理黄河规划和三门峡枢纽工程，做得是全对还是不全对，是对的多还是对的少，这个问题有争论，还得经过一段时间的试验、观察才能看得清楚，不宜过早下结论。"这次会议决定对三门峡工程实行改建，在大坝左岸增建两条泄洪排沙隧道，改建四根原来用于发电的引水钢管，以促库内泥沙泄出。1968年，在周恩来的主持下，工程再次改建，将当年黄万里教授主张保留却在施工中被堵死的8个大坝导流底孔打开。正是这两次改建，使三门峡水利工程避免了以一个彻底的水害工程而被废弃的结局。

资料来源：曹应旺.周恩来的智慧，中共中央党校出版社，1994：121－122.

第五节　决策的改善

改善决策过程，不仅是必要的，也是可能的。在本节中，将讨论几种主要的改善决策的措施。

一、明了决策的前提

西蒙认为，决策是根据行为前提或决定前提引伸出来的结论。显然，决策者是否有一个明确的决策前提或是否明了其决策应当依托的前提，这是一个关系到决策方向的根本问题。

按照西蒙的看法，决策的前提可分为事实前提和价值前提。

(1)事实前提是对能够观察的环境及环境的作用方式的说明。这种说明是真实的还是错误的，可以通过经验或者观察实验进行验证。事实前提包括哪些内容呢？西蒙认为，进行决策时需要考虑的事实前提涉及的范围很广。但他指出，只是随着组织活动范围的扩大和组织活动采用技术的复杂化，管理决策所需要的事实前提才会涉及各个领域。西蒙认为在事实前提中包括两个方面：①有助于处理各种情况的熟练技术和知识；②有关在特定的场合应用熟练技术的情况。熟练技术和知识是通过教育训练得到的；情报是通过组织结构即信息系统提供的。

(2)关于价值前提，西蒙说："笼统地讲，价值因素和事实因素的区别相当于目的和手段的区分。"行动的目的是什么问题是价值前提问题，而为了实现目的采取什么行动最恰当的问题是事实前提问题。作为公司的宗旨和经营方针，如"为社会服务"、"以尊重人为理念"、"一切为了质量"等都具有价值判断的内容，都具有价值前提的性质。具体地说，组织决策中的价值前提包含什么样的内容呢？西蒙认为有这样几点：①组织目的。组织要实现什么样的根本目的，这是决策最基本的价值前提。②效率标准。管理是通过管理组织有效地利用一定资源的问题，对于一切管理决策来说，效率标准都具有价值准则的意义。③公正标准。当组织控制个人活动时，公正标准就是管理决策的价值前提。④个人价值。个人的目的、欲望和动机在这里称为个人价值，组织决策要谋求个人价值和组织价值的平衡。

相关链接

“破窗效应”：警察局长决策的效率标准

在降低犯罪率和改善治安状况的努力中，警察部门每一项决策的质量都与决策所因循的效率标准（决策的价值前提之一）密切相关，如果决策者能够寻找到一种科学的效率标准，则有可能作出非常英明的决策。

美国心理学家詹巴斗曾进行过一项有趣的试验：把两辆一模一样的汽车分别停放在两个不同的街区。其中一辆完好无损，停放在帕罗阿尔托的中产阶级街区；而另一辆，摘掉车牌、打开顶棚，停放在相对杂乱的布朗克斯街区。结果是，前一辆一星期后还完好无损，后一辆不到一天就被偷走了。后来，詹巴斗把那辆完好的汽车敲碎一块玻璃，这辆车仅仅几小时后就不见了。

以这项试验为基础，美国政治学家威尔逊和犯罪学家凯林提出了一个“破窗理论”。他们认为，如果有人打坏了一栋建筑上的一块玻璃，又没有及时修复，别人就可能受到某种暗示性的纵容，去打碎更多的玻璃。久而久之，这些窗户就会给人造成一种无序的感觉，在这种麻木不仁的氛围中，犯罪就会滋生和蔓延。

纽约市在20世纪80年代，无处不抢，无日不杀。纽约的地铁到处涂满了污言秽语，车厢里凌乱不堪。纽约市交通警察局局长布拉顿认定，地铁里弥漫着的这种无序是抢劫犯罪率不断上升的一个重要原因。因为那些偶然性的犯罪，包括一些躁动的青少年，已经把地铁完全看成是可以为所欲为、无法无天的场所了。布拉顿以“破窗理论”为师，号召所有警察认真推进有关“生活质量”的法律。在具体操作上，虽然面临地铁站重大刑事案件不断增加的严峻局势，他却全力打击逃票行为。难以置信的是，旨在恢复秩序的抓逃票行动开始后，地铁站的犯罪率竟然很快下降，治安逐步好转。1994年1月，布拉顿被任命为纽约市警察局长，他开始把补“破窗”行动推广到纽约市的每一个角落。后来，纽约成为全美大都会中治安最好的城市之一。

资料来源：破窗效应：小破坏带来大灾难. 青年文摘，2005（2）：41.

二、加强防范分析

在进行决策时，追求令人满意的目标不仅指决策对目标的实际方面，还包括决策实行后负作用的防止和控制方面。从这个意义上说，高质量的决策就要注重防范分析。

防范分析一般采用两种方法：一种是分析并防止决策实行的负作用的发生；另一种是提出负作用发生后的对应措施。具体步骤包括：①估计决策执行后会出现哪些负作用或不良后果。要用系统的观点对各种问题进行系统的分析和估计，尤其要注意分析那些潜在的和间接的不良后果，要考虑到，有些不良后果往往不是决策执行的直接后果，而是后果的后果，即第二级、甚至第三级的后果。②对每一项可能发生的问题的危险性进行估计。这种估计包括两方面：一个是该问题如果发生，其危害程度如何；另一个是该问题发生的可能性有多大。③分析每个问题的可能原因。要按出现概率的大小对可能原因进行排队，重点抓住出现概率较大的那些原因。④制定相应的应急措施。防范分析的目的是防患于未然，只有制定好一定的补救措施，才能保证决策执行万无一失。

三、采用智能化决策

现代条件下决策的对象所涉及的相互作用的变量很多，真正的、本质的原因可能隐藏得很深，或者要在很久以后才能显现出来，因而仅仅依靠传统的直观因果关系来决策已很难收到预期成效。为了改善决策效果，目前一些西方国家更多的是采用一种决策模拟的方法，它可将决策的结果事先预测和显示，具有较强的仿真功能。这种决策模拟在操作上就是通过新技术的采用使决策智能化。

智能化决策包括三个系统：①电子数据处理系统。最初是使用计算机的大容量记忆和资料转换功能来取代大量的人工资料处理工作，它的处理对象是数据，用于确定型事务中的资料记录、文件起草、存贮、检索和转换。②管理信息系统。它把生产和流通过程中的数据收集组织和控制起来，针对特定的管理部门，提供有关的规划和控制信息。③决策支持系统。它几乎是人机合一的系统，它着眼于决策，可分为三个部分。第一部分是资料库；第二部分是信息处理和模式处理，根据目标和环境，运用对象模型寻求多种方案，并对方案作出分析；第三部分以对话为特征，是人机系统，把结构化的因素渗入决策者的经验、感情和价值权衡，这就把问题归结为管理者在人机界面中的心理、生理与设备环境的关系，解决动作与时间的关系，动作与人体的关系，动作与使用人的心理效应的关系等等。

四、利用群体决策的优势

“三个臭皮匠顶一个诸葛亮”，这里说的是群体决策比个人决策更有优势。因此，为了提高决策的科学性，应当更多地实行群体决策。

群体决策的优势是与个人决策相比较而言的。①群体决策的精确性高于个人决策。群体决策之所以具有这个优势是因为群体成员间的相互提示和启发促进了信息交流，提供了许多选择方案，同时，成员间还能彼此检查对方意见所存在的不足；而个人决策由于是单独进行的，不能交流信息，也无法检查自己意见的正确与否，所以难免失误。②群体决策的创造性在一定条件下高于个人决策。社会心理学家泰罗和伯利在一项实验中发现，群体决策在创造性方面不如个人决策，但是也有人对他们的实验结果提出了异议，认为个人决策的创造性未必强于群体决策，因为泰罗的实验小组是临时组成的，成员间相处的时间很短，可能还不熟悉，不能相互配合和协调工作。社会心理学家科恩指出，当被试人员经过特殊选择，能够和谐一致配合，会具有比个人更高的创造性。③群体对逻辑性问题的决策也可能优于个人决策。有一些研究指明，用逻辑方法解决问题，并且只有一种答案时，群体决策水平低于个人决策水平，原因是前者存在着成员间的社会干扰，妨碍了集中精力进行逻辑推理。但是，必须看到，在解决复杂的逻辑问题时应是分工合作好。每个成员独自完成自己负担的那部分任务，然后和同事一起交换意见，彼此检查错误，如果这样做，群体决策就会优于个人决策。因为复杂的问题需要多种知识和技能，群体决策有利于个人的优势互补。

五、克服群体决策中的小集团意识

通过群体决策有利于改善决策的效果，但是必须认识到，群体决策也有不足的一面，小集团意识就是其中之一。

所谓小集团意识是指群体表面一致的压力和群体成员追求一致的期望阻碍了人们智慧的发挥和对现实的思考，不能对问题和解决问题的办法做出符合实际的评价和分析，从而做出错误的决策。群体决策中的小集团意识的主要表现是：①无懈可击的错觉。盲目的安全感使决策者很容易忽略一些看来似小但极有可能导致失败的事情。②对怀疑多数人共同意见的人施加压力。③认为弃权就是赞成，造成一致通过的错觉。④当遇到外界的不同观点、劝告和阻力时，群体成员会成为自我观点的卫士。⑤把警告合理化，即如果当一些表明群体决定是错误的警告出现时，群体成员会将其淡化，以得到自我安慰。

小集团意识控制下的群体决策往往有着明显的缺陷：对备选方案不作全面调查；不能察觉带有偏见的选择具有危险；贫乏的信息收集；不能对备选方案进行再评价；不能制订防范计划。概括地说，小集团意识下的群体决策必定是失败的。

为了充分发挥群体决策的优势，必须克服小集团意识的干扰，为此可采取的措施有：①领导人不要在群体讨论之前表明个人的偏好，否则会阻碍有价值的不同意见的表达。②指派若干个人专门扮演反对派，专门挑毛病。③不要匆忙决定，有意给大家深思熟虑的“第二次机会”。④保证反对意见的“匿名性”，安排群体成员在会后单独陈述不同意见。⑤加强与外界的联系，更多地吸收外部信息，以避免小集团意识所造成的“坐井观天”。

六、借助智囊团的作用

人类在管理活动中利用智囊人物帮助科学决策古已有之。在我国古代，周武王伐纣，以谋略家姜尚为军师，最终平定天下；战国时期，群雄并立，齐桓公以智者管仲为相国，成为第一个霸主。但到了现代，决策者在决策过程中所需要的就不仅仅是单个智囊了，往往需要由众多“谋士”组成的智囊团。现代智囊团又叫“思想库”，它是一种独立的专业化的组织外参谋机构，它产生于二次世界大战以后。现代智囊团的出现，主要是由于社会化大生产管理的复杂性所造成的。现代管理决策，目标多样，结构复杂，因素众多，关系之复杂，变化之迅速，都是传统型决策无法比拟的。在这种条件下，要做出科学决策，单独靠决策者和组织内部的其他力量是难以做到的，因而必须借助组织外部专门的参谋性组织。

从组织形式上看，智囊团主要有以下几种：①政策研究机构，它主要从事国家政策研究，为各类组织的决策提供政策依据。在我国，这类机构直接附属于中央和省、部、委，直接执行着“生产”政策的职能。②社会咨询服务公司。这类机构专门为社会提供技术经济、经营管理等方面的信息、方案。③工程总体设计机构。这是战术性决策的参谋机构，它通常从技术角度对战略决策的有效性加以论证，并为既定的战略决策拟定具体的操作方案。④项目型的临时性智囊机构。这是由委托人出面组织的一种临时性专家集团。为了就某项决策进行论证，委托人可以根据需要从有关方面聘请一些专家组成一个临时性智囊团，任务完成后即予解散。

现代科学决策对智囊团的依赖已越来越强，当代领导者必须善于借用“外脑”，而不能一味地在自己的组织圈子内挖空心思找“点子”。怎样有效地借助智囊团的作用呢？第一，必须充分尊重智囊的独立性。决策是一门科学，而科学是不能有半点虚假的。领导者应当让专家根据客观事实得出自己的科学结论，切忌先拿出一个主观的结论，然后，要求专家们去寻找“证据”或引用“科学道理”来加以佐证。把智囊团混同于一般的秘书班子，是一些领导者最容易患的毛病。秘书在绝大多数情况下必须服从上司，不能随意“独立”，而智囊团则必须有独立工作的条件，并形成有别于决策的独立的见解。第二，必须正确处置“谋”与“断”的关系。“谋事”在智囊团，“断事”在领导者，领导者在任何时候都应在决策中处主导地位。领导者过分依赖专家，唯专家之意见是从是对智囊团的误用。因此，领导者必须辩证地发挥智囊团的作用，让智囊团帮助自己决策，而不是代替自己决策。

本章概念

决策　程序化决策　非程序化决策　风险型决策　非确定型决策　概率思考　目标—手段分析　头脑风暴法　统摄法　方案前提分析法　特征列举法　鱼缸观鱼法　对策论　决策风格　条理型决策风格　思索型决策风格　判定型决策风格　逐步协调型决策风格　决策的价值前提　小集团意识

问题思考

1. 为什么说决策是一种最基本的、最主要的管理活动？
2. 什么是程序化决策，什么是非程序化决策，一个企业除了这两种决策外，是否还有其他类型的决策？
3. 试比较风险型决策与非确定型决策的异同。
4. 决策应该分为哪几个程序，其基本内容是什么？
5. 什么是“令人满意的”决策？
6. 群体决策与个人决策各有哪些优缺点？
7. 你认为决策制定过程中哪一步最为重要？为什么？
8. 不同的决策风格对决策效果有何影响？
9. 决策时为什么要进行概率思考？
10. 智囊在决策中有何作用？如何发挥智囊的作用？

案例分析

卖掉统一

总部位于北京大兴的统一石化公司创建于1993年，发展到2006年，这家民营企业的年销售额已超过20亿元，成为全球第16大润滑油公司。然而，在2006年9月22日这一天，统一把自己75%的股权交到了壳牌中国有限公司手中。

早在2004年，统一就明显地感受到发展的压力。在国内市场格局中，中国的基础油都掌握在中石油、中石化、中海油手中，统一得不到足够的基础油；在全球市场平台上，能源紧缺使得独立润滑油公司（没有炼油厂）纷纷被收购，统一变成了美国Sun之外的全球最后一个没有炼油厂的大的润滑公司。面临如此严峻的市场，统一决定“卖”自己。

2004年，统一成立以来业绩最好的一年，他们开始委托中介寻找能够合作的对象。最初的打算是与有上游资源的企业合资，自己控股，但是很快，统一认识到，自己控股是不可能的。所有跟他们谈的公司都要求控股，他们放弃了这个打算。

有迹象表明统一跟中石油、中石化接触过。但是国内的润滑油品牌定位都跟他们差不多，如果合并，两个品牌肯定要消灭一个。对于统一，品牌保留是不可商量的。再有就是渠道，统一在中国有2000多家直供总经销商，90000多家零售商，800多个换油中心，有合作意向的公司大都垂涎于此。统一的原则是渠道不容染指。

“怎么能说我们买了你大部分股权，给了你基础油，你的渠道却不卖我的产品？“面对收购方的不满，统一感到要在尽可能短的时间内找到买家，信心不足。

2005年，壳牌的一位负责全球并购的专家在中国的一个论坛上发表演讲。走下论坛之前，他还没有想到自己此行将又一次改变中国乃至世界润滑油市场的格局。这个英国人看着后来自称是中介的中国人走向自己：“壳牌是否对统一润滑油感兴趣?”“你怎么能证明跟统一公司有关系?”

英国人从中介手中接过了统一总经理李嘉的名片。“李是个非常有名的人”，英国人说，“我们一个星期之内会再次见面。”

英国人如期坐在了李嘉面前。谈话出奇地顺利，统一公司在品牌和渠道上的立场得到了对方的认可。最初，壳牌希望能够全资收购统一。得知不可能后，壳牌没有坚持。

2006年5月下旬，调查全部结束，壳牌开始跟统一坐下来讨价还价。“整个谈判过程壳牌很强势，毕竟是那么大的公司”。李嘉说。双方对公司的估值有分歧，导致谈判一度中断。这期间统一与另一买家接触，但感觉不好。当壳牌与统一再次坐下来时，之前相差几千万元的价格问题得到了解决。这才有了最后在协议上的签字。

壳牌为什么愿意“买”统一？统一的品牌不变，销售渠道不与壳牌共享，壳牌得到的只是统一每年四分之三的利润吗？不仅仅如此。壳牌润滑油本来在中国有很大的投资建厂的计划，因为它在中国的产能不足，订单严重超出其生产能力，导致部分市场丧失。而统一的产能富余一半(为增长所做的准备)，这为壳牌解了燃眉之急。从2006年10月份开始，统一将为壳牌润滑油代工，收取加工费。

收购统一，使壳牌成为中国润滑油市场排名第一的国际能源公司。李嘉说，此前为了达到这一目标，排名第二的壳牌计划用10年时间超越埃克森美孚。这次并购无疑会给中石油、中石化带来巨大压力，而首先感到空气变得稀薄的将是中国数千家不知名的润滑油生产商。

为什么壳牌愿意让自己停留在其他买家看重的统一的销售渠道之外？李嘉说，壳牌润滑油侧重的是汽车用油，统一的强项则在摩托车和工程机械用油，双方的销售渠道本来就不太一样；统一与壳牌的推广销售方式区别极大，如果让统一的经销商销售壳牌，精力分散，结果可能两个都做不好。

“我们双方达成了共识，”李嘉说，“统一是中国消费者非常喜欢的品牌，为什么要让它逐渐消亡呢?”

对于被收购的统一，其收获同样具有重大的战略意义。有了足够支持增长的基础油，统一将迅速恢复它习惯的速度，而且，壳牌还将“基本免费”为其提供技术，并鼓励它进入它一直为之努力的中高端市场。“在我的概念里，这不是收购，是强强联合。”李嘉非常坚持这个说法。

资料来源：刘建强. 卖掉统一. 中国企业家，2006(20).

问题分析：

1. 在这个案例中，统一的“最优化”方案是什么，统一最终选择了何种方案？

2. 依据“解析思考”中的“简化”原理，该案例中影响统一决策的“少数几个因素”是哪些，最核心的因素又是什么？

3. 该案例中，统一的决策风格主要方面属于哪种类型？

4. 在外资对中国企业非全资收购的诸多个案中，许多中国企业在合资后都陷入“人为刀俎，我为鱼肉”的困境，在本案例中，统一的决策能够规避这种风险吗？

参考文献

[1] 哈罗德·孔茨，海因茨·韦里克. 管理学(第十版)[M]. 北京：经济科学出版社，1998：135、136.
[2] 赫伯特·西蒙. 管理行为——管理组织决策过程的研究[M]. 北京：北京经济学院出版社，1991：78－82、62－65、44－46.
[3] 孙耀君. 西方管理思想史[M]. 太原：山西人民出版社，1987：516.
[4] 钱仲威. 管理决策[M]. 重庆：重庆大学出版社，2002：161－162.

第六章 计划制订

学习目标

学完本章之后，你应该能够：

- 定义计划
- 说明计划的作用
- 描述计划的主要类型
- 解释计划制定的基本要求
- 了解计划制订的主要方法

开篇实例

只放一只羊：世界零售业航母“阿尔迪”的制胜策略

世界零售业航母——“阿尔迪”，目前身价已达到400亿欧元，成为世界上最大的批发商。每年购买的单件商品的总价值超过3000万欧元，名噪一时的沃尔玛只及它的二十分之一。阿尔迪从一个三流小店发展成为世界上最成功的零售商，并以其同行无可比拟的业绩，成为业界的奇迹。探究其成功的原因很大程度上得益于其以“简单”为核心的商品管理策略。

在德国，走进阿尔迪商店，你会发现，这里的商品不多，甚至连货架也很少，许多东西就是那样简单地堆在地上。去过一两次，你一进店门就知道你要的东西该到哪里去找。走遍德国都差不多。阿尔迪的经验还可以用另一句话来解释：把不需要的东西都删除掉。商品的选择就是这样。阿尔迪的商品种类在同类的店里是最少的，在阿尔迪南部集团的店里，局限于600种商品，北部集团的店里局限于750种。阿尔迪的商品选择有两条标准：一是销售量。某种商品走得不好，就会从货单里撤掉。只有销售量超过一定标准的商品才能在那里站住脚。二是质量。别看阿尔迪的商品便宜，那些商品背后藏着的经常是名牌，只不过不用名牌的牌子而已。如果德国质检机构WARENTEST的评分不在“满意”以上，有关商品就进不了或者将被立即清除出阿尔迪。

显然，后来居上的阿尔迪以其巨大的成功屏蔽了对手沃尔玛昔日的辉煌。沃尔玛的成功以专业性强，精密细致著称于世。而阿尔迪恰恰相反，其成功的秘诀只有两个字——简单。最简单也就意味着最难模仿。当世界被一些人弄得越来越复杂的时候，“简单”恰恰成了阿尔迪用来战胜“复杂”的法宝。

阿尔迪的管理，形象地说就是管理者在制定计划方案时应该考虑：如果你的能力和经验只能放一只羊，你就不必去放一群羊。这既是组织管理活动依据也是确保组织竞争优势的关键。

资料来源：查一路. 只放一只羊. 杂文报，2006－11－07.

正如阿尔迪管理者所做的那样，管理者制定科学的计划方案并付诸实施，是组织在日益激烈的竞争环境中得以生存的重要因素。这就需要我们重点回答如下问题：计划的作用何在？如果你想制定出有效的计划方案，应该选择那些计划方法？为了改善计划制订的质量，组织中的计划制订者应该怎样做？我们将在本章讨论这些问题。

第一节　计划概述

一、计划的涵义

计划，从广义来理解，就是对未来所要从事的事业的谋划、规划或打算。这是一种静态的理解。若从动态的角度来理解，则计划可以理解为：准备在未来从事某项工作，预先确定行动的时间、方法、步骤、手段等的过程。从企业角度看，这一过程包括：确定总任务，鉴定生产主要成果的领域，并规定具体目标以及制定为达到目标所需的政策、策略、规则、程序和预算。它常常以叙述的方式出现，简明地列出目标（或指标）和达到目标的手段（见表6－1）。有时它用预算、图表或网络的方式来表达单位计划的财务内容。

总之，计划是对未来的预测和安排，是为了完成某项工作而预先确定的行动方案，是需要、欲望、动机等心理因素与行动之间的过渡阶段，是“实践理性”。它把现实的心理因素与预期要实现的行动联结起来，是通向未来的桥梁。小至个人，大至国家都有自己的动机、目的，都试图通过行动使目的得以实现，因而都需要通过制订计划，实施计划来达到各自的目的。

表6－1　××自行车公司计划纲要

公司的宗旨：

“成为全国低成本高产量的自行车制造者”

↓

“战略计划”概要

下一个5年，公司要成为全国的低成本高产量的自行车制造者。做法是：集中资源，在各个经营领域中提高效率，同时建立新的零售网去销售低成本的自行车。

↓

要达到的目的

生产部门	推销部门	人事部门
必须降低每辆自行车的生产成本，每辆降低12元；提高生产能力，每年生产10000辆	最少要有500个新零售商销售低成本的自行车；有针对性地开展广告宣传活动。	削减成本10%

↓

要采取的战术

生产部门	推销部门	人事部门
买8台新的生产自行车车架的机器，安装2条新的自行车装配线；设立新的电子计算机控制存货系统。	减少各地现行的销售力量，集中销售人员于企业内部，用他们争取到××的以及另外3个大型的出售成本较低自行车的零售店。	降低成本，主要减少5个内部联系人员，进一步利用外面的经纪人来搞好广告宣传和补充办事人员。

二、计划需要回答的问题

计划就是根据实际情况，通过科学地预测，权衡客观的需要和主观的可能，为组织中其他各项管理工作确立目标，以及实现目标的途径。它是使组织中各种管理活动有条不紊进行的保证。

通俗地说，计划必须回答如下六个方面的问题，即做什么(what to do it)？何时做(why to do it)？何地做(where to do it)？谁去做(who to do it)？怎么做(How to do it)？简称为“5W1H”。

其具体含义如下：

“做什么”是指计划要明确其具体任务和要求，明确每一个时期的中心任务和工作重点。例如，企业生产计划的任务主要是确定生产哪些产品，生产多少，合理安排产品投入和产出的数量与进度，在保证按期、按质、按量完成订货合同的前提下，使得生产能力得到尽可能充分的利用。

“为什么做”是指计划要明确组织的宗旨、目标和战略，并论证其可行性。这是影响组织成员主动性和创造性的重要问题。因为“要我做”和“我要做”的结果是大不一样的。实践证明，组织成员对组织的宗旨、目标和战略了解得越清楚，认识得越深刻，就越有助于他们在工作中发挥主动性和创造性，越有利于提高工作效率。

“何时做”是指计划必须回答计划方案中各项工作的开始和完成的进度，以便进行有效的控制和对能力及资源进行平衡。

“何地做”是指计划必须规定各项计划的实施地点和场所，了解计划实施的环境和限制条件，以便合理安排计划实施的空间布局和组织。

“谁去做”是指计划应明确规定由哪个主管部门负责。例如，开发一种新产品，要经过产品设计、样机试制、小批试制和正式投产几个阶段。在计划中要明确规定每个阶段由哪个部门负主要责任，哪些部门协助，各阶段交接时，由哪些部门和哪些人员参加鉴定和审核等。

“怎么做”是指计划必须回答如何实施计划方案，制定实现计划的措施，以及相应的政策和规则，对组织资源进行合理配置，以保证组织目标的实现。

实际上，一个完整的计划还应包括计划实施部门应该把工作“做成什么样”，“达到什么标准”。即制定控制指标和考核指标等等。

三、计划的作用

哈罗德·孔茨说：“计划是从我们现在所处的位置达到将来预期的目标之间架起来的一

座桥梁。它把我们所处的这岸，和我们要去的对岸连接起来，以克服这一天堑。有了这座桥，本来不会发生的事，现在就可能发生了。虽然，我们很少能够预知确实的未来，虽然那些超出我们控制的因素可能干扰制定最佳的计划，但是，除非我们搞计划，否则就凭自然了。”这段话高度概括了计划在管理中的重要作用。具体说来，计划的作用表现在如下三个方面：

1. 计划能为组织活动提供方向和目的

计划首先要确定整个企业的目标，然后确定每个下属工作单位的目标，以及确定长期的和短期的目标。在此基础上，计划还为目标规定预期结果，并且说明要去做哪些工作才能保证目标的实现，这样就为组织中各级主管人员的工作指明了方向和目的，有利于企业通过精心分工和协作来安排经营活动，可以把组织中全体职员的行动统一到实现组织总目标上来。

2. 计划有助于企业发现机会，减少风险

彼得·德鲁克曾指出，计划当然不能完全消除长期决策中的风险，但无论如何，计划能帮助鉴定潜在的机会与威胁，并且至少能减少风险。多数组织是在变化的环境中进行经营的。它们必须准备接受变化，把变化作为动态的世界中经营的不可避免的结果。而在这种不断变化的环境中，组织要获得持续的成功，就必须通过计划职能，寻找尽可能最好的行动方案，以便抓住机会，减少风险。

相关链接

审时度势的计划：李嘉诚房地产投资成功的法宝

从管理学意义来看，计划的主要作用之一是指导组织未来行动的方向和目标。这就要求计划的制定和实施既要具有及时性，又要具有准确性。如果组织不能及时地制定和落实计划，未来就会变成过去，计划变成了事后的报表，也就失去了指导意义。同样，如果组织不能通过及时准确地搜集、整理信息并依此制订出科学合理的行动计划来把握机遇，减少风险，组织就不可能获得持续的成功。一般地，成功的企业家都有一套审时度势，善于发现并把握机遇的本领，这种本领保证了他们的事业持续成功。

香港长江实业集团主席李嘉诚，曾被誉为“亚洲地区第一大富翁”。1958 年，李嘉诚开始投资地产市场。他独到的眼光和精明的开发策略使“长江”很快成为香港的一大地产发展和投资实业公司。当“长江实业”于 1972 年上市时，其股票被超额认购 65 倍。到 70 年代末期，他在同辈大亨中已脱颖而出。分析李嘉诚房地产投资成功的过程，我们不难发现，审时度势的计划成为他规避风险，把握机遇并最终成功的法宝。

20 世纪 50 年代后期，香港经济复苏，各国投资者开始涌入香港，使香港各行业迅速兴旺起来。原来经营塑料花的李嘉诚看到这当中潜伏着一个机遇，那就是房地产。他依据经济复苏过程中各行业兴旺的趋势判断，这必然会导致房地产业兴旺起来。于是经过细致深入地收集信息和调查分析，决心抓住这一机遇，及时做出了经营房地产的计划。果然，没几年时光，李嘉诚就成了亿万富翁。同样，在 20 世纪 80 年代中期，中英联合声明刚公布之时，香港人心慌慌，房地产猛跌，不少人移居国外。李嘉诚却乘机购入大批房产。待香港人心稳定，对前途看好，纷纷回港，地价猛涨时又大赚一笔。

资料来源：朱秀婷. 商战：您将获胜. 地震出版社，1993：84.

3. 计划能为管理控制工作提供标准

一个有用的、科学的计划能详细说明将要完成什么任务。如公司的五年计划明确规定：在五年内利润要增长一倍。这个目标于是就成为一个标准来衡量和控制总经理的工作执行情况。计划和控制是密不可分的，它们是管理的一对孪生子。没有计划的行动是盲目的行动，不可能进行控制。哈罗德·孔茨曾说：计划是主管人员设计控制工作的准绳。如果没有任何计划而去进行控制，是毫无意义的。控制的实质就是根据计划纠正行动的偏差，从而保证行动方向的正确性。可见，计划为控制提供了标准，为检查和考核工作提供了尺度。

四、计划的内容

从管理的实践过程来看，一项计划常常需要包含所有将来行动的方针，这就使得计划多种多样。但有些管理人员很容易忽略这一点，这就使得前述东方电力公司总经理玛格丽特·奎因所遇到的情况很容易在组织中出现，以致难以制订有效的计划。在这里，我们依据计划的不同表述形式，将计划分为宗旨、使命、目标、战略、政策、程序、规则、规划和预算。

1. 宗旨

宗旨是指组织的最基本的目标或组织存在的基本理由。换句话说，宗旨即表明组织是干什么的，应该干什么。一个组织的宗旨无非有两类：要么是寻求贡献于组织以外的自然、社会；要么是寻求贡献于组织内部的成员的生存和发展。这两类宗旨是彼此相连，相辅相成的。

使命是指组织为了实现其宗旨而选定的手段。一个组织在确立了其宗旨后，为了实现它，就必须选择一个服务领域或一项事业作为手段。不同的组织可以有相同的宗旨，却通过不同的使命来实现。例如一家旅行社和一家化工厂，同样为了创造利润，一个选择了提供旅游服务，一个却选择了提供化工产品；一所学校和一家医院，同样服务于社会，前者的使命是教书育人，后者的使命是救死扶伤。值得强调的是，使命只是组织实现宗旨的手段，而不是组织存在的理由。组织为了实现自己的宗旨，可以选择这种事业，也可以选择那种事业。

2. 目标

目标是组织未来想要达到的目的。如果说组织的使命说明了组织要从事的事业，那么组织的目标就是具体地说明组织从事这项事业的预期结果。它包括了组织在一定时期内的目标以及组织各个部门的具体目标两个方面的内容。它具体规定了组织及其各个部门的经营管理活动在一定时期内要达到的成果。例如一家工商企业，在一定时期的目标通常表现为两个方面：即企业对社会做出贡献的目标和自身价值实现的目标。在通常情况看，人们可以把组织目标进一步细化，从而得出多方面的目标，形成一个互相联系的目标体系。美国学者对80家美国最大的公司的一次研究结果表明，每家公司设立的目标数量从1个到18个不等，平均是5~6个。

3. 战略

战略是组织为实现其长远目标而选择的发展方向、行动方针以及各类资源分配方案的总纲。是指导组织全局和长远发展的方针，它并不具体说明如何实现目标，其重点是要指明方向、重点和资源分配的优先次序。“战略”一词源自于军事用语，原意是指为实现战争目标对战术的运用，具有对抗的含义。将其引用到管理学中来，仍然含有对抗的含义。因此，组织的战略总是针对竞争对手的优势和劣势，以及其正在和可能采取的行动为保证自身取得优势地位获得竞争胜利而制定的。可以这样说，组织战略就是以最有效的方式，提高自身相对于其竞争对手的实力。

4. 政策

政策是指组织在决策或处理各种具体问题时用来指导和沟通思想与行动的明文规定。它一般表现为计划中的文字说明，即对未来行动规范所作的文字说明。政策是以为实现组织目标服务为宗旨的，它使决策及行动处于有助于目标实现的理想范围之内。其本质是一种思维与行为的指导方针，其作用的方式是进行指导或制约限制。它可以把下级组织所要拟定的决策和目标限制在一定的范围之内，以保证各子系统的目标与总目标一致，从而使管理人员有可能在控制全局的同时，把职权委托给下级。比如，某一管理者可以通过制定政策来指导下级的计划工作，而不必告诉下级如何制定计划。下级可以根据政策的限定来制定计划，而不必事事请示上级。

但有时，政策又是通过主管人员的行为来“暗示”的，即不成文的政策。值得注意的是，这些没有成文的政策，往往比那些虽已明文规定，但主管人员不身体力行的政策起着更大的作用。

5. 程序

程序也是一种计划，它既定了某些经常发生的问题的解决方法。确切地说，程序不是指导如何考虑问题，而是指导如何去做。它详细地说明必须完成的某种活动的准确方式，其实质是对所要进行的行动规定时间顺序。在日常的管理活动中，办事总是要有程序的。在管理中建立了明确的办事程序，按符合客观规律的顺序行事就可以保证按正确的方式方法完成工作任务，并且可以减少下级向上级的请示，增强下级独立完成任务的能力，提高工作效率，保证正常的工作秩序。在不注意制定程序的组织中，管理必然是混乱的，低效率的。

构成程序的基本要素包括四个方面：行为主体，即行为者；客体，即被处理或作用的对象；行为方式，即办事的手段、方式、方法；时间顺序，即活动进行的先后程序及时限。这第四个要素是核心要素。有效的管理应按照这四个要素，根据目标的要求和工作的性质与特点制定明确的办事程序。在一个管理有序的组织中，各种例行的工作制定明确的程序，而且越到基层，程序也就规定得越细，数量也就越多。这是由于越到基层，例行的工作越多，决策的成分少，而执行的成分多。只有通过数量较多、规定较细的程序，才能保证职工按照科学的方法高效率完成工作任务。因此，在一家典型的公司里，我们可能找到几本手册，一本叫“公司办事细则”，列出全公司所需的程序；一本叫做“分公司标准办事细则”，列出分公司所需的程序以及几套部门的分支机构的科室或单位的专门程序。

只有借助科学的程序，才能保证不同部门之间的协调与合作，进而顺利实现工作。

6. 规则

规则是根据具体情况对采取或禁止某个特殊的或特定的行动所作的规定。它的本质就在于它反映了采取还是不采取某种行动的管理决策。它没有酌情处理的余地。规则通常是最简单形式的计划。

人们经常容易把规则和程序混淆。规则不像程序，因为规则是指导行动，而不说明时间顺序。如“禁止吸烟”就是一个规则，显然其本身没有时间顺序问题。但有时规则可以成为程序中的一个组成环节。实际上，可以把程序看做是一系列的规则。如在制定销售管理程序中，把必须在当天下班前将销售款送交银行(即不得将其留在办公室过夜)这一规则包括在内。程序和规则二者是既有联系又有区别的。

与此同时，人们还容易将规则和政策混淆。就其本质而言，规则是强调按既定方式有效地完成工作任务，旨在抑制执行人员的主观因素，强调照章办事，促进标准化和结构化。这一点同前面谈到的政策有着明显的区别。政策的目的是指导在决策过程中如何去考虑问题，并留有自由处理的余地。虽然规则也起指导作用，但它们在应用中不准有自由处理权，所以规则和程序只有在我们不希望组织中的人们运用自由处理权的情况下才被采用。

7. 预算

预算，是用数字表示预期结果的一种报告书，是一种数字化的计划。它是对保证目标实现的资源分配与部署作精确的、定量化的反映。是按财务项目——比如收入和费用以及资本预算，或者按非财务项目——比如直接工时、材料、实物销售量和生产量等来表明预期的效果。预算通过计划数字划为财务报表，并把这些计划分解成许多部分使之与组织结构、预算小组和有关的计划相一致，这样既可把职权授予出去，又不至于失去控制。换句话说，把各种计划分解成一定的数字会促使形成一种条理，它可使主管人员清楚地看到，哪些资本将由谁来使用，他们自己的计划将涉及哪些部门、多少费用、多少收入，以实物表现的投入量和产出量是多少等。一个好的预算，有可能把各方面的主管策略都反映出来。有精确、可靠的预算，才能保证有效的实现目标；没有预算的计划，是一种无法控制的盲目计划。如企业争取发展高技术战略，它就必须详细地编制有关集中使用人、财、物力的预算，以便从资源上保证这项策略的实施。

因为预算也是控制的手段，所以对预算的讨论主要放在关于控制的章节中进行。但必须指出，预算是计划的重要内容，制订预算必须反映计划的要求，否则，不能用来作为控制的切实标准。

此外，我们还可以选择如下不同的分类标准将各行各业各不相同的计划分成不同的类型。如依据计划的影响面的不同，组织的计划可分为战略计划和战术计划；依据计划时间跨度的大小，我们可以将计划分为长期计划、中期计划和短期计划；依据计划的组织层次不同，可以将计划分成高层管理计划、中层管理计划和基层管理计划；依据组织的不同职能可以将计划分为生产计划、营销计划、人力资源计划、财务计划等。

五、计划制订的程序

计划制订一般遵循如下程序（如图 6－1）：

1. 机会分析

机会分析是在制订实际计划方案之前进行的，是对将来可能出现的机会的估计与评价。严格地说这不算计划制定过程的一个组成部分。但是留意外界环境中和组织内的机会是计划制定的真正起点。管理者应当根据组织所处的市场环境与地位、顾客的需求等因素进行准确的优劣势分析，实事求是地弄清楚自身面临的不确定性因素及可能把握的机会。做到知己知彼，心中有数，在估量机会的基础上，确定组织在一定时期内的可行性目标，成功地将组织所面临的问题转化为机会，这是科学有效地制订计划的前提条件。例如，一家公司的经营业绩滑坡，该公司对此进行分析，发现主要原因是公司的主要产品在市场上已供大于求，市场竞争者过多，消费者的需求已发生明显变化；而该公司规模不大，具有“船小好掉头”的优势。此时，该公司的机会就是通过追踪顾客需求，发展新产品，而不是在原有产业内苦苦挣扎。

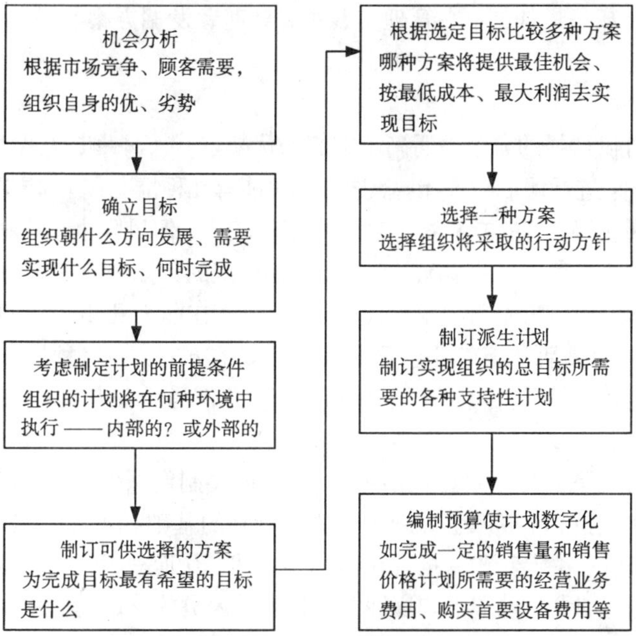

图6－1　计划制订的程序

2. 确立目标

管理者在估量机会之后，制订重大计划的第二个步骤就是确定整个组织的目标，也就是确定计划预期的结果，然后确定每个下属工作单位的目标，以及长期的和短期的目标。目标规定组织活动的预期结果，并且说明要去做哪些工作，工作的重点在哪里，以及通过策略、政策、程序和预算等规划这个网络所要完成的任务。

在制订重大计划时，企业的总目标指明主要计划的方向，而这些主要计划又反映企业目标的方式，规定各个主要部门的目标；主要部门的目标，又依次控制下属各部门的目标，如此依次类推。显然，如果下级部门的管理人员了解企业的全面目标及其派生目标，那么较小部门的目标将会制定得更好一些。管理人员也应当有机会为自己部门目标的制订和企业目标的制订提出意见。

3. 拟定计划的前提条件

拟定计划的前提条件，就是研究、分析和确定计划工作的环境，或者说是预测执行计划时的环境。比如，对一个工商企业来说，拟定计划的前提条件包括研究和分析企业将有什么样的市场？销售量有多大？什么价格？将有哪些技术开发？成本多少？什么样的工资率？政治和社会环境如何？将如何筹集资金扩大业务？长期趋势将怎样？等等。由于计划的未来情况比较复杂，要想对每个细节都作出预测是不可能的。因此，在拟定计划的前提条件时，应选择那些对计划来说具有关键性的、有战略意义的、对执行计划最有影响的因素进行研究与预测。

4. 制定可供选择的方案

一个计划常常会有几个可供选择的方案。而选择方案不是找可供选择的方案，而是减少可供选择方案的数量，以便对最有希望的方案进行分析。计划制订者应当重视寻求和检查可供选择的行动方案，特别是那些不是马上看得清的行动方案。常常可能的情况是一个最不引人注目的方案，效果却是最佳的。在管理实践中，管理者发掘方案与正确选择方案具有同等的重要性。

5. 评价与选择方案

在找出了各种可供选择的方案并明确了它们的优缺点后，下一步就是根据前提和目标，权衡它们的轻重，对方案进行评估与选择。备选方案可能有几种情况：有的方案最有利可图，但需要投入的资金多且回收慢；有的方案看起来可能获利较少，但风险也小；还有的方案对长远规划有益等等。在若干种方案并存的情况下，就要根据组织的目标来选择一个最合适的方案。

选择方案是决策的关键。作出正确的选择需要建立在前面几步工作的基础上。应当指出的是，为了保持计划的灵活性，有时会发现两个可取的方案。在这种情况下，必须确定出首先采用哪个方案，将另一个方案也进行细化和完善，并作为后备方案。

6. 制定派生计划

派生计划是总计划下的分计划。作出决策之后，就要制定派生计划。因为几乎所有的总计划都要靠派生计划来扶持，完成派生计划是实施总计划的基础。例如，一家航空公司为在激烈的市场竞争中赢得优势，决定新购一批客机以增加航班，从而获得经营的规模优势。这一基本计划需要制定很多派生计划来支持，如雇佣和培训各类人员的计划，采购和配置零部件的计划，建立维修设施的计划，制定飞行的时刻表计划，以及广告、筹资和办理保险的计划。

7. 编制预算

计划制订的最后一步就是把计划转变为预算，使计划数字化。预算是汇总组织各种计划的一种手段，将各类计划数字化后汇总，方能分配好组织的资源。预算用数字表述计划，并把这些数字化的计划分解成与组织的职能业务相一致的各个部分。这样预算就与计划相联系，预算将资源使用权授予组织的各部门，但又对资源使用状况进行控制。预算就是将计划压缩成一些数字以实现管理的条理化，它使管理人员清楚地看到哪些资源将由谁来使用，将在哪些地方使用，并由此涉及哪些费用计划、收入计划或实物计划以及投入量和产出量计划。管理人员只有明确了这些，才能更加自如地授权以便在限度内实施计划。

第二节　计划制订的方法

一、综合平衡法

综合平衡是编制计划的基本方法。综合平衡法是指在编制计划过程中，从系统观点出发，全面分析各方面因素，统筹安排诸要素，使其比例适当、协调运行的一种统筹技术。其中系统管理是实现综合平衡的基础和核心。

相关链接

阿波罗登月计划：系统管理的典范

阿波罗计划又称阿波罗工程，是美国从1961—1972年从事的一系列载人登月飞行任务。在20世纪60年代的10年中主要致力于完成载人登月和安全返回的目标。在达成了这个目标后，阿姆斯特朗成为人类历史上第一个踏上月球地面的人。为了进一步执行在月球的科学探测，阿波罗计划一直延续到20世纪70年代早期。这个计划动员了42万人、2万家公司、120所大学，耗资300亿美元，并于1969年7月成功地实现了计划——人类首次登上月球并安全返回。阿波罗登月计划的成功，很大程度上取决于它所采用的先进管理方法——系统管理方法。

20世纪60年代初，美国航天总署领导下的一批优秀科学家提出了阿波罗计划的三种方案："直接登月计划"、"地球轨道会合计划"、"月球轨道会合计划"。他们从技术性能、实现的难易程度、费用和进度等方面对三种方案进行评审，确定采用第三种方案。在确定方案的基础上，科学家们建立了阿波罗系统工程的三维结构：逻辑维（解决问题的逻辑过程）、时间维（工作阶段）和知识维（所属专业学科知识）。从纵向看，阿波罗计划制定了登上月球的具体步骤：采用图示协调技术（GERT）对工作进度进行协调平衡；发射"游骑兵"、"测量员"、"月球轨道飞航员"三种遥控飞船和两个由人驾驶飞行器的木星计划及双子星计划，进行信息收集、绘制地图、选择降月地点等准备工作。从横向看，阿波罗计划采用"工作细分结构"，把整个计划分为自上而下六个层次，用成本相关法确定各个工作阶段的费用，用方针展开法确定登月飞船各个部分、各个零件的技术和质量要求。

如果阿波罗计划不采用这些先进方法使各项计划达到高度协调，这样一个庞大工程的成功是难以想象的。同样，一个组织的协调运行常常需要统筹安排组织发展所需各种要素；需要实现生产、经营、财务、人力资源等各种专项计划的平衡，否则组织的成功也是难以想象的。

资料来源：韩岫岚. 管理学. 中共中央党校出版社，1998：354.

综合平衡的目的是要使需要与可能之间、生产和经济效益之间、眼前利益和长远利益之间、企业利益和国家利益之间实现基本平衡，使各项指标之间在数量、时间、速度等方面取得合理的比例关系，使企业的各项资源都得到充分的利用。

就企业的生产经营计划编制而言，主要应做好如下三方面的平衡：

（一）销产供平衡

（1）生产与需求平衡。平衡的原则是"以销定产"。一般的做法是：首先根据经营目标和利润计划的要求按订货合同和预测的需求量先编制产品销售计划；接着依据产品销售量和产品库存编制产品生产计划；最后再根据生产计划与生产能力等的平衡情况调整销售计划和销售收入。

（2）生产与物资平衡。平衡的原则是"以产定供"。这实际上是企业的物资需要量与已有资源的平衡。

（3）生产与技术准备平衡。主要检查新产品试制和改进后的老产品重新上场的生产技术准备工作是否已经进行，以保证产品生产和试制的衔接。

（二）生产能力的平衡

（1）生产任务与劳动力的平衡。按工种、分车间、分季进行，使各车间全年分季的生产任务与其所需工种人数平衡。

（2）生产任务与设备能力的平衡。一般只分车间对关键设备进行平衡。

（3）生产任务与生产面积的平衡。

（三）资金平衡

主要是供产销活动与流动资金的平衡。

经过以上综合平衡，理顺了关系，安排好了比例，就可以将计划以书面形式编制完成。表6－2是一个企业的年度生产经营计划示例。

表6－2　企业年度经营计划表

序号	指标名称	单位	上年实际	本年计划	本年为上年的%
1	主要产品产量 ××× ×××	 台 台			
2	新产品试制 ××× ×××	 台 台			
3	质量 升级产品 成品初检合格率 机械加工责任废品率 铸件废品率	 等级 % % %			
4	物资节约 原煤 电力 黑色金属 有色金属	吨 吨 吨 吨 公斤			
5	全员劳动生产率 职工平均人数	元/人 人			
6	可比产品成本降低率	%			
7	利润总额 纳税 分配利润 销售收入	万元 万元 万元 万元			
8	定额流动资金周转期 成品流动资金占有额 合同完成率 其中：××产品 ××产品	天 万元 % % %			

续表

序号	指标名称	单位	上年实际	本年计划	本年为上年的%
	附加指标				
	1. 工业总产值	万元			
	2. 设备大修理	台			
	3. 设备完好率	%			
	4. 职工福利基金支出	元			
9	其中×××	元			
	×××	元			
	5. 职工资金支出	元			
	全年每人平均资金	元			
	其中:××奖	元			
	××奖	元			

二、滚动计划法

(一)滚动计划法

滚动计划法(简称 RP),是近年来我国企业学习国外现代管理方法的一种。运用滚动计划法来编制企业的长期计划和短期计划,能使企业适应市场变化的需要,同时也能保持企业生产的稳定性和均衡性,是企业进行全面计划管理、编制计划的一种科学的方法。

滚动计划是指制订计划时,需将计划顺序向前推进一段时间,连续滚动编制,而不是等全部计划执行完毕再重新制订一个时期的计划。不断地对计划进行调整、修改和补充,并将计划期向前顺延一个滚动期,使组织始终有一个近细远粗,长短计划紧密衔接、主观符合客观实际的计划作指导的计划编制方法。以五年计划为例,其具体形式如图 6-2 所示。

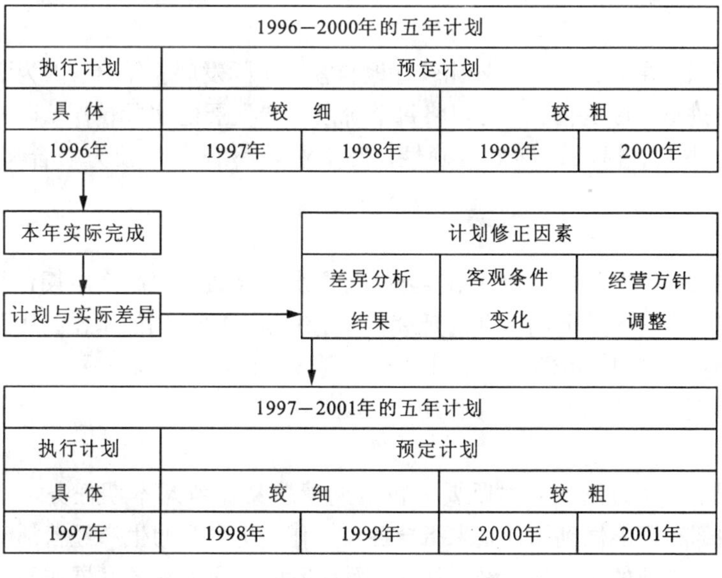

图 6-2

编制滚动计划一般可分为四个步骤：

第一步，提出计划目标。比如编制企业生产经营滚动计划时，首先应根据国家的要求、市场需求、销售合同和社会上保障企业生产的各种条件，以及企业本身的生产能力、技术条件、资金状况、经济效益等有关资料，由综合计划部门提出建议数，然后发交有关经营归口单位，进行试算平衡。

第二步，专业试算平衡。根据全厂的经营目标，各有关专业科室，结合本部门的工作，对实施计划的可能性进行试算平衡，各部门经过试算平衡后，要找出与经营目标的偏差及其产生的原因，并准备提出解决和处理偏差的意见和措施。

第三步，部门之间协调衔接。试算平衡后由厂部召开有关部门参加的专业部门协调衔接会议，进行综合平衡，修正偏差，以达到统一认识、统一目标、统一行动。

第四步，确定实施方案。经过协调之后，再由综合计划部门作最后的审核平衡。主要是全面审查各专业计划满足国家要求的程度，满足市场需求和企业利益的程度；审查各有关指标之间的制约关系及其计算基础和计算方法的一致性；审查计划的措施和落实程度以及计划的先进性和可靠性等。最后由厂长批准并签发正式实施计划，供全厂贯彻执行。

（二）滚动计划法的特点

滚动计划法与传统的计划编制方法相比，有以下不同的特点：

1. 灵活性

滚动计划方法具有较强的灵活性和适应性，能帮助企业较快地对市场作出反映，从而提高企业的应变能力和竞争能力。在商品经济的条件下，市场变化对企业生产经营影响很大，为适应这一情况，企业的各种计划就应具有较大的灵活性，及时根据市场情况，调整修正计划。这是滚动计划的优点。

2. 预见性

滚动计划可以连续地预测出下期计划情况及存在问题，走一步，看两步，不平衡的可以及时调整，使企业能及早采取措施，发展有利因素，克服不利因素，便于计划的贯彻执行。

3. 准确性

滚动计划可以使主观设想的计划比较好地与客观实际发展相结合。因为滚动计划要求随着情况的变化而进行不断的修正，可以将每个阶段生产发展的实际情况，以及各方面的条件变化考虑到计划中去，提高计划的准确性，使企业始终有一个较为切合实际的长期计划指导。

4. 连续性

滚动计划方法，是在分析上期计划实际执行情况的基础上，制定本期计划的，而且分阶段进行修订。因此，它既是上期计划的延续，又是编制下期计划的基础，从而使前期计划和后期计划密切衔接，同时，也便于长期计划与年度计划，年度计划与季、月度计划紧密衔接，充分发挥长期计划对短期计划的指导作用。

5. 均衡性

滚动计划方法，在编制计划时既要分析上期情况又要考虑本期任务，还要预测下期情况，对于企业内部有可能做到用计划来指导各项工作，使企业的生产经营活动能有秩序地进行，不但可以完成当前的生产技术经济任务，而且还可以为未来的发展作好生产技术经济等各方面的准备，还可以把企业的产、供、销对于人、财、物等方面的需要与可能紧密地结合起来，从而做到均衡生产，避免大起大落、前松后紧等现象；从而使企业有可能取得更好的经济效益。

三、计划—规划—预算方法

这是60年代中期，美国国防部在编制国防部预算时创造的一种方法。传统的预算是分部门编制的。编制过程中，首先由下级部门提交下年度的预算报告，然后由上级预算部门根据资源的数量经过平衡后批准下达。下级部门在编制预算时，大多是在上年支出的基础上增列一笔数额，而上级部门在平衡预算时，通常采取不分青红皂白一律“砍一刀”的作法。这种传统的预算方法的缺点是预算既脱离组织的目标，又不反映计划实施的实际情况，因为计划是按项目实施的，而不是按职能部门实施的。因而，这种传统的预算方法难以做到按组织目标合理地分配资源。

计划—规划—预算方法完全是从目标出发编制预算的。计划开始时，首先由最高主管部门提出组织的总目标和战略，并确定实现目标的项目。例如美国国防部根据国家的战略目标，确定武器系统的研制项目；其次分别按每一个项目在实施时所需要的资源数量进行预算和规划，并排出项目的优先次序；然后，在编制预算时，是从目标出发按优先次序和项目的实际需要分配资源，当资源有限时，应保证排在前面的项目的需要；最后，根据各部门在实施项目中的职责和承担的工作量将预算落实到部门。据报道，这种计划方法在美国国防部及美国联邦政府和一些州政府的部门中推行，取得了较显著的效果。

四、盈亏平衡分析法

盈亏平衡分析又称量本利分析，即成本 - 产量（销量）- 利润分析。是建立在成本和收入之间关系的基础上，从确定和分析盈亏平衡点（保本点）入手，确定保住总成本产销量的一种利润计划方法。它根据与决策方案相关的产品销售量、成本、利润三者的关系来分析方案对企业盈亏的影响程度，以决定方案的取舍。

盈亏平衡点的表达形式有多种。它可以用实物产量、单位产品售价、单位产品可变成本以及年固定成本总量表示，也可以用生产能力利用率（盈亏平衡点率）等相对量表示。其中产量与生产能力利用率，是进行项目不确定性分析中应用较广的。根据生产成本、销售收入与产量（销售量）之间是否呈线性关系，盈亏平衡分析可分为：线性盈亏平衡分析和非线性盈亏平衡分析。

1. 线性盈亏平衡分析

通常，企业的生产成本可以分为固定成本（C_f）与变动成本（C_v）两部分。固定成本指在一定的生产规模限度内不随产量的变动而变动的费用，变动成本指随产品产量的变动而变动的费用。变动成本总额中的大部分变动成本与产品产量成正比例关系。也有一部分变动成本与产品产量不成正比例关系，如与生产批量有关的某些消耗性材料费用、工夹模具费及运输费等，这部分变动成本随产量变动的规律一般是呈阶梯形曲线，通常称这部分变动成本为半变动成本。由于半变动成本通常在总成本中所占比例很小，在经济分析中一般可以近似地认为它也随产量成正比例变动。总成本是固定成本与变动成本之和，它与产品产量的关系也可以近似地认为是线性关系，即：

$$C = C_f + C_v Q$$

式中 C——总生产成本。

C_f——固定成本；

C_v——单位产品变动成本

在同一坐标图上表示出来，可以构成线性量－本－利分析图(图6－3)。

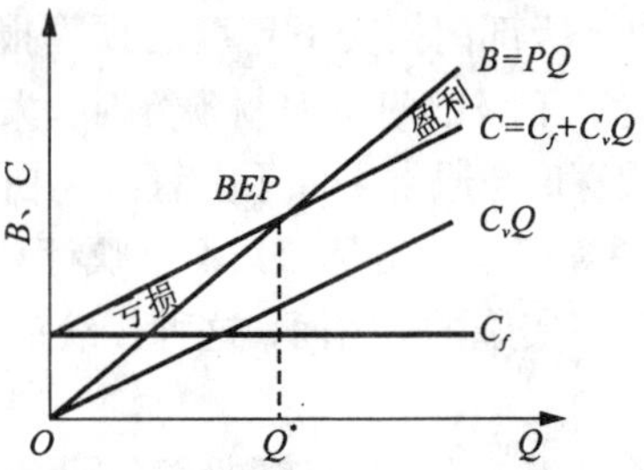

图6－3

图6－3中纵坐标表示销售收入与产品成本，横坐标表示产品产量。销售收入线B与总成本线C的交点称盈亏平衡点(Break even Point，简称BEP)，也就是项目盈利与亏损的临界点；在BEP的左边，总成本大于销售收入，项目亏损；在BEP的右边，销售收入大于总成本，项目盈利，在BEP点上，项目不亏不盈。在销售收入及总成本都与产量呈线性关系的情况下，可以很方便地用解析方法求出以产品产量、生产能力利用率、产品销售价格、单位产品变动成本等表示的盈亏平衡点。在盈亏平衡点，销售收入 B 等于总成本 C，设对应于盈亏平衡点的产量为 Q^*，则有：

$$PQ^* = C_f + C_v Q^*$$

盈亏平衡产量：
$$Q^* = \frac{C_f}{P - C_v}$$

2. 非线性盈亏平衡分析

在生产实践中，由于产量扩大到一定水平，原材料、动力供应价格会引起上涨等原因造成项目生产成本并非与产量呈线性关系，也由于市场容量的制约，当产量增长后，产品售价也会引起下降，价格与产量呈某种函数关系，因此，销售收入与产量就呈非线性关系(见图6－4)。

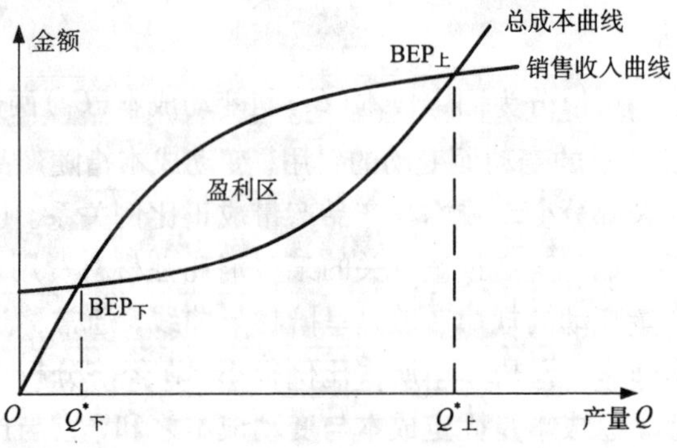

图6－4

五、网络计划法

当计划中的项目个数很多，需要协调成百上千个活动，而且活动之间存在着紧密的时间序列关系时，网络计划法就成了一种十分有效的计划方法。

通常，网络计划法利用网络图来表示一个系统或某项工程的计划及各个过程或工序的顺序关系，通过计算找出关键线路，然后进行优化和调整，从而达到工期最短且经济效益最好的目的。

(一)网络图的构成要素

要完成一项计划需要进行许多工作。我们把所有工作按照先后顺序和相互关系用一定的符号绘制而成的图形就叫做网络图，它是计划的图解模型。网络图是由工作、事项和路线三部分构成的，如图6－5所示。

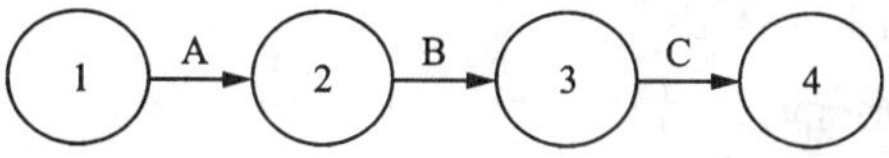

图6－5

1. 工作

工作又称活动，常常是指一项作业或一道工序。它通常需要消耗一定的时间和资源。在图中一般用一条箭线"→"表示，箭杆上方标明工作的名称，而下方则标明该项活动所需的时间。箭尾表示该项工作的开始，箭头表示该项活动的结束。在不设时间坐标的网络图中，箭线的长短与工作所需作业时间的多少有关。如没有时间坐标，则箭线必须按比例绘制。

2. 事项

事项亦称结点、网点、时点。它是指一项工作的开始或结束的一瞬间，它既不消耗资源也不占用时间，一般用"O"表示。它标志着前面(1个或若干个)工作的结束和允许后面(1个或若干个)工作的开始(例如砌墙完成了，可以开始吊装楼板了)。在网络图中有始点事项、中间事项和终点事项之分。如图6－5所示：事项②既表示A项工作的结束，又表示B项工作的开始。对中间事项②来说，A为其紧前工序，B为其紧后工序。

3. 路线

在网络图中，路线是指从始点事项开始，顺着箭线方向连续不断地到达终点事项为止的一条通道，其中作业时间最长的那条路线称为关键路线，一般用粗实线或双箭线表示，如图6－6中通过事项①、③、④、⑥的路线即为关键路线。有时，在一个网络图中也可能出现几条关键路线，即这几条路线作业时间相等。

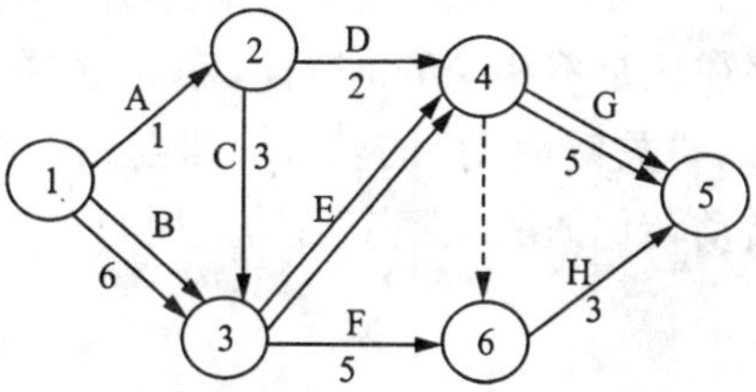

图6－6　网络图

关键路线并不是一成不变的。在一定条件下，关键路线和非关键路线可以互相转化。例如，为采取一定的技术组织措施，缩短了关键路线上工作的持续时间，就有可能使关键路线发生转移，即原来的关键路线变成非关键路线，而原来的非关键路线却变成关键路线。

位于非关键路线上的工作，都有若干机动时间（富裕时间、时间储备）称为时差。它意味着工作完成日期（时点）容许有适当浮动范围，而不影响计划（工程）完成的日期（时点）。

绘制网络图一般应遵循以下规则：①有向性，各项活动顺序排列，从左到右，不能反向；②无回路，箭线不能从一个事项出发，又回到原来的事项上；③箭线首尾都必须有结点，不允许从一条箭线中间引出另一条箭线；④两点一线，即两个结点之间只允许画一条箭线，若出现几项活动平行或交叉作业时，需引进虚箭线"…→"来表示；⑤事项编号，从小到大，从左到右，不能重复；⑥源汇合一，即每个网络图中只能有一个始点事项和一个终点事项。

（二）网络分析的基本步骤

网络分析一般应遵循如下步骤：

1. 确定达到目标所需进行的工作（活动）

主要应做好两项工作：第一，把整体活动分解成若干项目，并列出项目清单。分解时应当注意每个项目要有一个清晰的界定，分割要相对完整，以免相互混淆；同时，分解也不宜过细，以免过于繁杂。第二，把各个项目按照其逻辑关系组合起来，构成一个网络图，如图 6-6 所示。

2. 计算完成各项工作（活动）所需的时间

确定和估计各项工作（活动）所需的时间是网络计划技术的一项重要内容。其估算方法分两种情况：其一是在存在工时定额，劳动定额的情况下，按定额来统计。其二是在无定额可查的情况下，通常采用三点时间估计法，即：

$$\infty = \frac{a+4m+b}{b}$$

式中 a 为乐观时间，即可能需要的最短时间；

b 为悲观时间，即可能需要的最长时间；

m 为现实时间，即最有可能的实际时间。

3. 找出其关键路线

关键路线即完成该项工作（活动）所需时间最长的路线。如图 6-6 中以双箭线表示的①-③-④-⑥。找出关键路线的目的是明确项目活动的重点，便于优化对项目活动的资源分配，最有效地保证项目的完成进度。

4. 通过综合考虑时间与费用的关系实现网络优化

网络计划分析必须把时间与费用结合起来进行考虑，才能取得优化的效果。具体应明确两点：第一，缩短单位时间所需的费用（即费用率），该费用率是追加费用与压缩时间之比。在实践中，每项活动的费用率往往是不相同的。这样，就应选择"费用率"较低的"关键活动"来作为优化网络的重点。第二，"关键活动"的转移。即当原来的"关键活动"时间压缩过多时，就可能使原来的非关键活动转化为决定整个活动过程的"关键活动"。

六、预算

预算是对一定时期内资金来源和资金使用的计划，是用货币量来表示的数字化的计划，是计划的数量表现。预算的编制既是作为计划过程的一部分开始的，而预算本身又是计划过程的终点，是一种转化为控制标准的计划。就其性质来说，预算可认为是一种以货币为单位，用财务方面的术语来表示的计划。但预算在某些方面又和其他计划不同：①编制预算的目的是为组织的业务活动的控制提供一种标准和手段；②预算是一种综合性极强的控制手段，组织及其所属的每个单位都可以编制各自的预算，而每个单位内的几种职能又可以编制单独的预算；③预算是以货币为单位，用财务方面的术语来表现的，因而可以使组织的业务活动的各个部分具有一定的可比性和一致性。

（一）预算的种类

对于不同的组织而言，其预算会各不相同，即使是同一个组织内部的不同部门，也会有各种各样的预算。但归纳起来，一般有以下六种基本的预算形式：

1. 收支预算

收支预算是指组织在预算期内以货币单位表示的收入和经营费用支出的计划预算，也称营业预算。收入来源一般包括商品销售收入、资产出售等，因此收入预算的主要内容是销售预算，所以收入预算又常常被称为销售预算；费用支出有原材料费、管理费等，所以支出预算一般包括（以生产企业为例）：①直接材料预算，即根据实现销售收入所需的产品种类和数量，详细分析为了生产这些产品，企业组织必须利用的原材料的数量。②直接人工预算，即预计企业组织为了生产一定数量的产品，需要哪些种类的工人，每种类型的工人在什么时候需要多少数量，以及利用这些人员劳动的直接成本是多少。③附加费用预算，如企业中包括行政管理、营销宣传、人员推销、销售服务、设备维修、固定资产折旧、资金筹措以及税金等。

2. 实物量预算

实物量预算是指以实物量预算来作为货币量收支预算的补充和印证。由于以货币量表示的收支预算会受商品价格波动的影响，因而常常会造成收支预算与实物量投入产出计划间的不一致，所以许多预算用实物单位来表示，比用货币单位表示更好。普遍运用实物单位的预算有：直接工时数、台时数、原材料数量、面积、体积、重量和生产量等，另外，用人工小时或人工日来换算所需的劳动力也极为普遍。

3. 投资预算

投资预算是指组织为更新或扩大生产能力，投资于厂房、机器、设备等其他有关设施，增加固定资产的各项支出的预算。此外，组织的人事发展、新市场的开发、研究和发展规划，以及例行广告等活动，由于其数额较大，回收时间长，因此需要慎重考虑，列出专项预算。这项预算应和组织的长远规划一并考虑。

4. 现金预算

现金预算，就是要估算计划期可能提供的现金和所需要的现金，以便求得平衡。它是以收入和支出预算中的基本数据为基础编制的，由于通过销售而流入企业的现金，很难与需要偿付费用的支出金额相一致，因而就必须有管理现金的具体预算。

5. 负债预算

负债经营是组织保持财务收支平衡的重要措施，包括向银行贷款、社会集资、发行股票等。负债预算要考虑一定时期的资产、债务和资本账户的状况，预计筹资方式、途径和数量以及还款时间、方式和能力，防止“资不抵债”是负债预算的重要任务。负债预算通过各部门和各项目的分预算汇总在一起，表明如果企业的各种业务活动达到预先规定的标准，在财务期末企业资产与负债会呈现何种状况。另外，通过将本期预算与上期实际发生的资产负债情况进行对比，还可发现企业的财务状况可能会发生哪些不利变化，从而指导事前控制。

6. 预算汇总

预算汇总是一种对预算期的最后一天（通常是会计年度的结尾时）的财务状况的预测。它作为资产与负债之间关系的对照说明，不需编制任何附加的预算，而是所有上述预算的汇总，不过其主要内容已由资产负债预算作了表达，因而一般可用资产负债预算来直接代替。总预算中包括了资产负债预算中所说明的财产、债务和其他资产，还应说明总预算收入、拨款和支出，并要包含对可能出现的情况的分析和预算编制的其他说明。

（二）编制预算的程序

预算编制的程序一般包括以下六个步骤。

第一步：组织下属各职能部门制定本部门的预算方案，呈交给归口负责人审批。

第二步：各归口负责人对所属部门的预算草案进行综合平衡，并制定本系统的总预算草案。

第三步：各系统将其预算草案呈交预算委员会（一般由高层领导和有关专家组成）。

第四步：预算委员会审查各系统预算草案，并进行综合平衡。

第五步：预算委员会与最高决策人磋商，拟定出整个组织的预算方案。

第六步：预算委员会将整个组织的预算方案提交总经理或董事会审批。审批后再逐级返回下去。下属各部门得到的是经过平衡、有所变动的最终部门预算。

预算批准后，在执行预算的过程中，必须经常检查和分析执行情况，必要时可修改预算，使之能适应组织发展的需要。

（三）预算的编制方式

编制预算的方式很多，从具体操作角度上看，一般有三种基本方式。

1. 弹性预算

弹性预算又叫可变预算或移动预算，它是一种具有伸缩性的预算，是相对固定预算而言的。所谓固定预算又称静态预算，它是根据未来固定不变的业务水平，不考虑预算期内生产经营活动可能发生的变动而编制的一种预算。前述的“预算的种类”中的各种预算，都属于固定预算。用固定预算来考核非营利组织和业务水平较为稳定的组织或部门是比较适合的，但用其来衡量业务水平经常变动的企业的经营成果就不太适用了。所谓弹性预算，即根据计划期间业务量可能发生变动，编制出能适应多种业务量（一般是每间隔5%或10%）的费用预算，以便分别反映在该业务量的情况下所应开支的费用水平。由于这种预算可随业务量的变化而作机动调整，具有弹性，故称为弹性预算，其用途也大都限于费用的预算，一般常用来编制成本预算。在编制成本预算时，关键在于把全部成本划分为变动成本和固定成本两部分。其中，变动成本总额将随业务量的变动而成正比例变动，而单位变动成本则是固定不变的；固定成本总额一般在一定范围内无论业务量怎么变动都将保持相对稳定，而单位固定产品则随着业务量的增加而降低，反之则增加。

2. 滚动预算

滚动预算的主要特点是预算期是连续不断的，如总保持12个月，每过一个月，就根据新的情况调整和修订后几个月的预算，并在原预算期末随即增补一个月的预算，逐期往后滚动。因此在任何时期都可使预算保持12个月的时间跨度，所以也称连续预算或永续预算。滚动预算的编制，要求在一年中，头几个月的预算要详细完整，后几个月则可略粗一些。随着时间的推移，原来较粗的预算逐渐由粗变细，之后又随之补充新的较粗的预算，如此循环往复，不断滚动。

3. 零基预算

零基预算全称叫"以零为基数的编制计划和预算"的方法。美国得克萨斯仪器公司的彼得·A·菲尔(Peter A Pyhrr)率先于1970年提出了"零基预算法"(Zero－Base Budgeting，缩写为ZBB)的概念。美国的政府部门，特别是乔治亚州政府最早采用ZBB，并取得了成效。美国前任总统卡特曾对这种方法大加赞赏，并指示1979年联邦政府要全面实行零基预算，也颇见成效。零基预算随之被美国和西方工业发达的国家所采用，并被公认为一种最新的有效的预算控制方法。

零基预算法与传统的增量或减量预算法截然不同。零基预算的基本原理是：对任何一个项目费用的开支，都不是从原有的基数出发，即根本不考虑各项目基期的费用开支情况，而是一切都以零为基底，从根本上分析和研究每项预算有否支出的必要和预算支出的规模。

零基预算的具体步骤是：(1)组织内部各有关部门，根据计划期内战略目标的具体任务，对每项业务均要说明其性质、目的，以零为基础，详细提出各项业务存在的必要性和所需的开支；(2)由组织内部的高层领导对各部门提出的预算方案进行"成本－效益分析"，比较各部门的预算方案，区别各预算项目的轻重缓急，按所需经费的多少分等、排序；(3)按上述的顺序，结合可动用的资金来源分配资金，落实预算。

第三节　计划制订质量的改善

制订计划是一项科学性很强的工作。要想制订一个切实可行的、有效的计划，就必须高度注意计划制订质量的改善。

一、抓住"限定因素"

所谓限定因素是指对组织目标的实现起主要限制作用的因素。一般来讲，在其他因素不变的情况下，仅仅改变这些限定因素就可以影响组织目标的实现程度。管理者在制订计划时，越是能够抓住限定因素，就越能够有针对性地、有效地拟定各种计划方案。这种"抓住限定因素"的要求，类似于毛泽东的学会"弹钢琴"，即抓住主要矛盾的思想。显然，管理者在制订计划时，必须全力找出影响计划目标实现的主要限定因素或战略因素，以便采取有针对性的行动措施。

相关链接

不肯放手的孩子？

计划是预先确定的行动方案。管理者在制订计划时应全力找出影响计划目标实现的主要"限定因素"，以便采取行之有效的行动措施。但是，现实中常常可能出现情况紧急，令人难以准确把握"限定因素"而导致选择错误行动方案的情况。

一个早上，妈妈正在厨房清洗早餐的碗碟。她四岁的小孩子自得其乐地在沙发上玩耍。

不久之后，妈妈听到孩子的啼哭声。究竟发生什么事呢？妈妈还没有将手抹干，就冲出客厅看看孩子究竟是怎么回事？原来，孩子仍坐在沙发上。但是，他的手却插进了放在茶几上的花樽里。花樽是上窄下阔的一款，所以，他的手伸了进去，却抽不出来。母亲用了不同的办法，想把卡着了的手拿出来，但都不得要领。妈妈开始焦急，她稍为用力一点，小孩子就痛得叫苦连天。在无计可施的情况下，妈妈想了一个下策，就是把花樽打碎。可是她稍有犹豫，因为这个花樽是一件价值连城的古董。不过，此时她认为这是唯一能够使儿子的手拔出的办法。她只好忍痛将花樽打破了。虽然损失不菲，但儿子平平安安，妈妈也就不太计较了。但是当她检查儿子有没有损伤时却发现是因为儿子紧抓着一个硬币而令手卡在花樽内。小孩子的手伸不出来，其实，不是因为花樽口太窄，而是因为他不肯放手那枚硬币。

在这个故事里妈妈因为保护孩子心切而忽略了分析卡住孩子手的真正"限定因素"，以致在选择解决问题的方案时发生失误而造成不必要的损失。

资料来源：刘历历. 不肯放手的孩子. 读者文摘，2002(11).

二、遵循"许诺原理"

许诺原理是指在制定计划时要根据完成一定的计划目标和计划任务所需耗费的时间来确定合理的计划期限。任何一项计划都是对完成各项工作所做出的许诺，许诺越大，实现许诺的时间就越长，实现许诺的可能性就越小。由于计划制订和它所依据的预测工作常常要支付成本，如果从效益的角度分析，就必须考虑合理的计划期限，以降低风险。遵循许诺原理，可以使人们通过考虑"实现决策中所许诺的任务必须花费的时间"来确定合理的计划期限。一般地，计划期限的长短取决于实现决策中所许诺的任务必需的时间。例如，由于原材料的大幅度涨价，影响了某企业的年度生产经营计划的利润目标的实现，该企业为了保证利润目标的实现，需要补充制定一个增加销售收入的计划。这个计划的期限如何确定呢？如果遵循许诺原理，则该计划的期限主要取决于从增加订货到最后实现销售收入的最短周期。

事实上，对于大多数企业来说，计划期限往往是对计划的最严厉的要求。必须注意，每项计划的许诺不能太多，因为许诺越多，计划期限越长。如果主管人员实现计划中的许诺所需的时间长度比他可能正确预见的未来期限还要长，同时又不能获得足够的资源使计划具有足够的灵活性，那么就应当果断地减少许诺，或是将他所许诺的期限缩短。

三、重视协调性

要使组织的计划真正能够对组织的生产经营活动起到指导作用，就需要管理者在计划制订过程中高度重视计划的协调性。这是因为：一方面，组织的活动涉及人员、物资、资金、信息、技术、质量等各个方面，这不仅与组织内部的各个要素有关，而且与组织外的各种条件——国家经济体制、财政制度、金融制度、国家发展计划、科技文化发展水平、社会风俗习惯、传统、市场供求情况等，都有密切的关系。这样，组织的计划既必须注意其内部各要素、各部门之间的相互协调，又必须注意组织与外部环境条件之间的充分协调，才能使组织的计划真正发挥指导作用。另一方面，由于组织各项计划的基础是决策，而决策通常只确定组织各项经营活动的总方向，对各项经营活动的数量和进度没有什么明确的规定，即使有这种数量和进度的规定也是粗线条的。当组织的各个职能部门在制定各自的计划时，由于各个职能部门都有自己特定的目标（来自组织决策）、特定的工作条件（组织内部的条件和外部的条件），以及与各职能部门的特定目标和特定工作条件相联系的特定的利益，就更容易形成各项计划之间的冲突，这种冲突的存在，也要求制订计划时重视协调性。否则，会严重影响组织各项活动的展开。可见，协调计划是计划管理的必需环节，是组织计划得以贯彻实施的保证。组织计划协调工作搞得不好，可能造成组织内部各部门之间的摩擦，使组织各部门离心离德，成为一盘散沙；可能会形成彼此推卸责任的拉锯战，从而贻误了经营活动的有利时机，给整个企业的经营效果带来不可估量的损失。

四、加强灵活性

计划是预先确定的行动方案，实行中情况发生变化是常见的事情，即使最权威的预测，也可能出现错误，因而理想的计划是具有弹性的。管理者在制定计划时应加强计划的灵活性，这包含两方面的要求：

首先，制订计划时要留有余地。在计划制订过程中，对各项要求和指标一要积极，二要可靠。所谓“积极”，就是凡经过努力可以办到的事，要尽量安排，努力争取办到。所谓“可靠”，就是计划必须落到实处，确定计划的要求或指标，必须要以资源条件作保证，不能留有缺口，这也就是我们常说的，“把尽力而为和量力而行结合起来”，使计划既具有先进性，又具有科学性。同时，计划还要留有一定的余地，也就是计划中的要求或指标不能定得过高，要给执行者留有超额完成计划的可能，这样做能够激发执行者的热情和积极性，有利于更好地实现所确定的目标和计划方案。如果要求或指标都定得过高，到头来完不成，就会对执行者的积极性有所挫伤。计划要留有余地的另一层意思是资源（如资金、原材料等）的安排和使用上，要留有一定的后备力量。资源分配不能“吃光分净”，在今后管理过程中，难免出现预计不到的情况，如市场的变化、自然灾害等。只有留有一定的余地，才能应付这些不测事件，掌握实现计划的主动权。

其次，加强计划的灵活性，还要求计划富于较大的弹性，应随着变化了的情况而不断修订。在制订计划时，要使其具有较大的弹性，除了前面提到的计划指标的制订要留有若干可变动的余地外，还要求计划中应包括几套替换方案，以及对某些可能出现的紧急情况的处理方案。例如，美国的米德公司有三套（A、B、C）短期计划。A 计划是“激进的”，B 计划是“基本的”，C 计划是“保守的”。美国的塞罗克公司以往只有一套长远发展计划，现在该公司制订了五套这样的计划，以便在未来的环境中采取相应的计划方案。由于计划往往面对未来十分复杂的情况，所以，在执行过程中有时需要进行修正或调整。尤其对中、长期计划，更要时常检查和修订。比如，美国、日本和西欧的一些企业对中、长期计划每季度或半年就修订一次，有的企业甚至每个月都要检查一次，像美国亚利桑那州电力公司就是这样，它们公司建立了为期两年的预算制度，其中的细节每个月都要检查一次。现在许多国家和企业都喜欢采用“滚动式五年计划”的方式，也就是每年都要根据变化了的情况，对原定五年计划中今后五年的计划进行修订，加上四年后的一年，制定出今后五年的新计划。这种计划方式更能增加国家或企业等的应变能力，从而也能增强计划本身的灵活性。

五、消除“计划隔阂”

“计划隔阂”是一种存在于组织内部各单位和个人之间的有关期望、前提、目标和基本观念的分歧。在组织内，计划是直线管理者的主要职能之一。但是随着调查、分析和评价的需要日益增加，计划已经变成一种专门的活动，由专门的计划参谋机构来进行。如果计划专家强调一般化的方法或技术，就有可能认识不到组织的特殊性的(甚至可能是独特的)情况。管理者应直接参与，以便保证他们把关于环境和组织在环境中的特殊位置的前提包括在计划之中。事实上，计划专家会认为他的任务是编制计划，而不是协助经营管理部门的计划活动。他们会依照自己的判断，自己的想法和前提，制定目标、编制计划。与此同时，经营管理者又会根据自己所设想的情况来制定他们自己的计划前提。除非计划专家与各经营管理人员之间有相当多的对话和相互了解，否则，可能产生一种引起组织职能失调的计划隔阂。由于没有任何两个组织或两个管理者能够用完全同样的方法来处理计划过程，由于因素被重视的程度不一致，对环境条件的看法不同。其结果的重要性在主要管理者头脑中的反映也就各不相同，从他们的观点来看，计划需要强调情况分析，这时，计划专家的活动就必须依照经营管理部门所分析的情况来进行。尽可能地消除可能产生的计划隔阂。当然，消除计划隔阂的办法还可以高明的方法和精密的信息投入使组织中管理者对组织及其在环境中的作用的看法发生改变，同时使计划专家提出有洞察力的问题，推动相互之间的适应与协调一致。

必须指出，在具有许多部门层次，不同分目标，以及对合理性的组织与人为限制的大规模组织中，要完全消除计划隔阂是不大可能的。要做到这一点，就要具有完整的知识、绝对的预见性、完善的沟通和整个组织的完全一致。这样的设想是高不可攀的。但是，如果计划专家的工作被认为是管理者计划职能的延伸，则隔阂可能缩小到最低限度。

六、填补“计划空隙”

“计划空隙”是指在组织内部，由于缺乏充分的信息沟通而造成的某些管理层次对组织为总目标、计划的前提、策略和主要政策以及对必然会影响下级计划工作各个方面的上级计划不了解。在一个组织里，最高主管部门的管理者知道组织的目标、策略和政策，车间的工人也知道他们当天要完成的工作任务是什么，而在最高层和基层之间存在一个空隙，处于这个空隙之中的一些管理者则不懂得他们那个部门的目标和政策怎样跟企业的总体目标和政策结成一体，从而出现了所谓的“计划空隙”。在各级管理者中，有人经常在计划工作方面遭到失败，其原因往往不是因为他们不会或不愿计划，而是由于这种“计划空隙”所致。

每个人只有在得到与他所负责的计划工作有关方面的全部信息时，才能把计划工作做好，可见，消除“计划空隙”关键在于加强信息沟通。为此，必须注意如下几点：

首先，计划信息应当尽可能具体和详尽。这意味着一切与计划工作有关的主管人员最好能及时地获得目标、策略、前提、政策、别人的计划(不管是上级的还是同事的)以及明显影响计划工作的其他信息。如果执行计划的人能全面了解分派给自己的任务和计划，其中包括他们的目标、完成目标的一般方法和具体方法，以及期望别人完成的任务，那么他就会把工作做得很好。然而，要得到这些信息又受着时间、吸收知识的能力、保密的要求或其他因素等有关方面条件的限制。尽管如此，最高主管部门也必须尽可能地将信息提供给各级主管人员以搞好计划工作，从而有利于组织的总目标和计划的实现。

其次，上级主管人员必须向下级阐明并解释计划。有时下级不认真执行甚至背离既定的管理政策或规划去行事，这是由于他们对组织的政策与规划缺乏了解、下级执行人员对上级主管人员在某项政策或方案上的误解，可以通过给他们提供足够的信息来消除。

最后，应当尽可能地给下级参与计划的机会。如果能让各级主管人员有机会参与和他们职权范围有关的计划工作，那么就能使各级主管人员充分了解计划，有效地填补可能出现的“计划空隙”，从而保证计划的实施与管理效率的提高。下级参与计划的方法是多种多样的。一般有：①让计划工作人员和主要的下级主管人员一起制订计划，并鼓励他们与其下属人员讨论计划。②建立计划工作委员会。在各级组织机构中适当地建立委员会可以起到传递计划信息、提建议和鼓励参与活动等作用，从而改善信息沟通。③“基层”预算法。这种方法就是由最小的组织单位来准备他们的预算并上报，而不由上层或部门一级来准备经营和投资费用的预算。④成立管理俱乐部。这是一个从最高层次管理者到基层管理者都参加的组织。这个组织在一年内召开若干次会议，会议由公司最高主管部门的经理来召集，并在会上把他们的打算和想法坦率地报告给俱乐部成员，并解答问题。这样，就可以使上下级管理者之间达到充分的沟通。

本章概念

计划　宗旨　使命　目标　战略　政策　程序　规则　规划
预算　许诺原理　计划隔阂　计划空隙　综合平衡法　滚动计划法
关键路线　盈亏平衡分析法　事项　网络计划法　计划评审法

问题思考

1. 一般地，组织中的任何管理活动都需要按计划执行，否则就是盲目的行动，组织目标也就难以实现。联系实际谈谈计划的重要作用。

2. 随着组织中调查、分析和评价的需要日益增加，计划已经变成一种专门的活动，由专门的计划参谋机构来进行。如果计划专家强调一般化的方法或技术，就有可能认识不到组织的特殊性的（甚至可能是独特的）情况。计划专家会认为他的任务是编制计划，而不是协助经营管理部门的计划活动。他们会依照自己的判断、想法和前提，制定目标、编制计划。与此同时，经营管理者又会根据自己所设想的情况来制定他们自己的计划前提。除非计划专家与各经营管理人员之间有相当多的对话和相互了解，否则，可能产生一种能引起组织职能失调的计划隔阂。联系实际说明如何使计划隔阂得以消除？

3. 计划常常需要通过一定的形式来表述，按照这一标志来划分计划，可以将计划分成哪几种形式？他们之间的关系怎样？

4. 政策和策略是计划的两种常见形式，请问如何区分政策和策略？

5. 计划作为管理的一项职能，主要负责对企业的经营管理活动进行筹划和安排，请举例说明它跟其他管理职能之间的关系。

6. 要使组织的计划真正起到对生产经营活动的指导作用，就需要管理者在计划制定过程中高度重视计划的协调性，请联系实际谈谈管理者如何才能实现计划方案的协调性？

7. 组织中常常可能出现由于缺乏充分的信息沟通而造成某些管理层对组织的总目标、计划的前提、策略和主要政策不了解，员工对自己的工作要求不了解的现象，我们称之为“计划空隙”。请问怎样才能消除计划空隙？

8. 综合平衡法是制订计划的基本方法，其思路是在编制计划的过程中，从系统观点出发，全面分析各方面的因素，统筹安排诸要素，使其比例适当、协调运行。请说明就企业的生产经营计划而言，主要应做好哪些方面的平衡。

9. 滚动计划法是近年来我国企业学习国外现代管理方法的一种，请说明它有哪些特点？

10. 网络计划法是一种在需要协调成百上千个活动，而且活动之间存在着紧密的时间序列关系时的十分有效的计划方法。请解释其基本原理。

☞ 案例分析

摩托罗拉铱星计划的破灭

铱星计划是一个让许多摩托罗拉人兴奋不已的想法。它来自于摩托罗拉的工程师巴里·伯蒂格的妻子在加勒比海度假时的抱怨，说她无法用手机联系到她的客户。回到家以后，巴里和摩托罗拉在亚利桑那州工作的卫星通信小组的另外两名工程师想到了一种铱星解决方案——由66颗近地卫星组成的星群，让用户从世界上任何地方都可以打电话。自从20世纪60年代投入使用以来，通信卫星大都是在22 000英里高度的轨道上运行的地球同步卫星。依靠这一高度的卫星意味着电话机要大，还伴有1/4秒的声音滞后。例如，美国通信卫星公司的Planet 1电话机重4.5磅，和电脑差不多大。铱星的创意就在于使用一批近地卫星（大约400至500英里高度），近地卫星因离地球更近，电话机的体型可大大缩小，声音的滞后也会近乎觉察不到。

这一计划尽管遭到伯蒂格顶头上司的否决，却得到了摩托罗拉总裁罗伯特·高尔文的青睐并给予了支持。对于罗伯特以及他的儿子克里斯·高尔文（后来成为他的继任人）来说，铱星计划是摩托罗拉技术高超的显示，具有巨大潜力，令人振奋，决不可放弃。而对于摩托罗拉的工程师们来说，建立铱星群的挑战是一次经典的“技术拉锯战”——50多亿美元的代价终于让他们在1998年将铱星首次投入使用。

这一项目是在1991年正式启动的。当时，摩托罗拉投资4亿美元建立了铱星公司。这是一个单独的公司，摩托罗拉拥有25%的股份和董事会上28席中的6席。另外，摩托罗拉还作出了7.5亿美元的贷款承诺，并予铱星要求再增加3.5亿的期权。就铱星来说，它最终与摩托罗拉签定了66亿美元的合约，其中34亿用于卫星的开发，29亿用于维持公司正常运行。铱星则要为摩托罗拉建立卫星通信系统提供技术。在铱星即将发射其首批卫星之时，爱德华·斯坦阿诺加入了董事会并担任首席执行官。在加入铱星以前，斯坦阿诺已为摩托罗拉工作了23年，其精明与刻薄广为人知。对他来说，舍摩托罗拉而选择铱星意味着放弃与前者每年130万美元的合约，而选择每年50万底薪外加5年期7.5万股铱星的股份。一旦铱星赚钱的话，斯坦阿诺就会财源广进。

1998年11月1日，在进行了耗资1.8亿美元的广告宣传之后铱星公司展开了它的通信卫星电话服务。开幕式上，副总统阿尔·戈尔用铱星打了第一通电话。电话机的价格是每部3 000美元，每分钟话费3~8美元。

然而，手机的发展大大削减了市场对铱星服务的需求。铱星电话相对于手机来说是太大了也太贵了。尽管他们致力于在手机服务无法到达的领域内谋求发展，把它的市场目标锁定在经常会去到手机服务无法到达的偏远地区的跨国商务人士身上。但到1999年4月，公司还只有1万个用户。面对着微乎其微的收入和每月四千万美元的贷款利息，公司陷入了巨大的压力之中。4月里，就在公司宣布其季度财务报告的前两天，首席执行官斯坦阿诺辞职，宣称他与董事会在战略问题上发生了分歧。公司内部一位资深人员约翰·理查德森迅速接替斯坦阿诺成为临时首席执行官，但毁灭的阴影却已经笼罩了上来。1999年6月，铱星解雇了15%的员工，甚至包括几位参与了公司营销战略规划的经理。8月，它的用户只上升到2万个，离贷款合同要求的5.2万个相去甚远。1999年8月13日，星期五，在拖欠了15亿美元贷款的两天之后，铱星提出了破产保护的申请。

对于铱星公司是否从一开始就注定要失败，至今还有不少争论。虽然许多内部人士在它破产之后仍对这一创新深信不疑，局外人却要谨慎得多，他们把铱星称作"摩托罗拉的美妙幻想"。就如同坠入情网时一样，任何人提出有关钱的问题都不是真正的信徒——这是塔利班分子的逻辑。铱星的主要问题之一就是手机的普及之快超过了他们的预想。最后，手机已经无处不在。按照铱星复杂的科技，从构想到推广的时间是11年。在这期间，手机已经覆盖了几乎整个欧洲，甚至还进入了发展中国家如中国和巴西。简言之，铱星的市场目标只是一小部分人——商务旅行者，可他们的要求却日益被服务优越得多的手机所满足。铱星的技术限制和它的设计扼杀了它的前途。由于铱星的技术是基于看得见的天线和轨道上的卫星，因此用户在车里、室内和市区的许多地方都无法使用电话。甚至在野外的用户还得把电话对准卫星方向来获取信号。正如一位高级商业顾问所说："你无法想象一个出差到曼谷的首席执行官走出大楼，走到街角，然后掏出一部3 000美元的电话来打。"就连摩托罗拉的前首席执行官乔治·费希尔在一次采访中也承认："无法做到小型，无法在室内使用绝非是我们的最初构想，无论是什么原因，它都大大损害了这一项目。"

此外，一些技术上的缺陷也无法弥补。铱星能够传输的数据量有限，而这对于商业人士来说恰恰越来越重要。更令人头痛的是，在偏远地区必须找到一些特殊的太阳能设备才能给电池充电。这些限制让铱星在它锁定的长期出行的商业人士的市场上销售得十分艰难。

铱星电话的外形设计也不利于它的推广。1997年11月，铱星的营销传播总监约翰·温多尔夫这样描绘他们的电话："它可真大，大得吓人！以这样的产品加入竞争，我们一定会输。"然而直到一年以后，铱星推出的几乎还是当初的产品。这种手机虽然比美国卫星通信公司的Planet 1要小，但还是有砖头那么大。最终，它成了这个企业许多无法解决的问题中的一个。

资料来源：http://www.renya.cn，2006－06－12.

问题分析：

1. 描述铱星计划制定与实施过程。
2. 铱星计划的失败说明了什么？
3. 从铱星计划的失败案例中我们得到了哪些启发？
4. 如何改善计划制订质量？

参考文献

[1] 哈罗德·孔茨/海因茨·韦里克. 管理学. 北京：经济科学出版社，1998(74).

[2] 斯蒂芬·P·罗宾斯. 管理学. 北京：中国人民大学出版社，1997：98－99.
[3] 陈幼其. 现代企业战略管理. 上海：华东师范大学出版社，1997年：18－19.
[4] 芮明杰. 管理学. 上海：上海人民出版社，2005：296－297.
[5] 拓马斯·贝特曼，斯考特·斯奈尔. 管理学. 北京：北京大学出版社，2004：89－91.
[6] 唐·黑尔里格尔，苏珊·E·杰克逊，小约翰·W·斯洛克姆. 管理学. 北京：中信出版社，2005：223.
[7][8] 张念慈，单锦元. 现代企业管理理论与方法. 北京：电子工业出版社，1993：503.

第三篇　组织

第七章　组织设计

学习目标

学完本章之后，你应该能够：

- 掌握组织设计的内容
- 了解组织设计的权变观点
- 从哲学与文化层面认识"信息革命"对传统组织设计思想的冲击
- 理解事业部制组织结构的特点
- 结合某一个案，解释网络制组织结构的特征

开篇实例

宝钢组织模式的演变

自1978年建厂到2003年，宝钢的组织模式经历了两个历史阶段。1998年之前的20年，宝钢采用的是高度集中的组织模式，战略、研发、销售、采购、财务、生产、设备、能源等全部集中于总部管理，具体表现为集中一贯的组织模式。这种集权色彩很重的组织模式为宝钢的早期发展提供了有力的组织保障。1998年，宝钢与上海冶金控股（集团）公司和上海梅山（集团）公司联合之后，由于子公司涉足行业较多，被联合的老企业富余人员过多，资产质量较差，因而难以取得预期的规模效益。在这种条件下，宝钢采取了总部仅为战略设计者的组织模式，集团公司不再直接从事具体的生产经营活动，而只负责对子公司的经营方向、经营目标进行指导，协调子公司的发展战略，同时对核心业务范围的企业予以拆分、归并，对没有发展前景的产业实行退出。这种分权化的战略控制型组织模式非常适应宝钢当时的实际，使宝钢顺利完成了"老企业扭亏解困，原宝钢巩固提高"的任务。但是，随着宝钢的不断发展，这种组织模式开始表现出明显的局限性。第一，基于国家要求和历史使命，宝钢必须实现做大做强钢铁企业的发展目标，而集团公司仅仅扮演战略设计者的角色是难以有效组织资源来实现这个目标的。第二，宝钢承担着国有资产保值增值的重大责任，如果集团公司不能

深度介入资源的优化配置，不能对经营活动实行有效监督，而仅以股东身份实行协调，将很难履行实际职责。

宝钢决策层经过审慎思考，于2003年6月正式提出了“一业特强、适度相关多元化，跻身世界500强”的战略目标，同时明确提出了使宝钢成为“一体化的市场竞争主体”的组织模式的设计。按照这个设计，宝钢在钢铁主业的管理上，要统一制订战略规划，统一制订技术创新和产品开发规划，统一安排重大技术改造项目，统一协调子公司大宗原料燃料采购、产品互供和市场销售。这个“新的”组织模式在很大程度上是对宝钢最初20年组织模式的回归，它将唤起人们对钢铁企业集权化组织模式合理性的重新认识。

资料来源：郭建光．宝钢一体化变革探源．企业管理，2005(3)：76－79.

宝钢是一个大型企业集团，但是其组织模式的安排与单体企业组织设计一样，也是旨在建立一个任务和权力结构。宝钢从头20年高度集权的“集中一贯制”到1998年以后高度分权的“战略控制型”，2003年以来，又致力于建立一种集权色彩很重的“一体化”模式，都是为了追求一个合适的组织结构。此外，宝钢的组织模式演变也清楚地表明，组织结构设计对企业战略的实施和企业整体的发展具有重大影响。

组织设计位于组织职能之首，它是整个组织职能的基础。本章对组织设计的研究，主要涉及三方面的问题：一是组织设计的内容；二是组织设计理论的发展；三是组织结构的基本形式。相对于管理其他内容而言，组织设计这个问题比较抽象，本章将在有限篇幅中尽可能将其表述得具体些。

第一节　组织设计的内容

协作是提高工作效率的一个重要途径，而协作要得到高于个人单独行动时的工作效率，则必须使参与协作的人都知道自己在相互协作中的作用，知道彼此之间的联系。管理者要设计和保持这种职能系统，就必须执行一种被称之为“组织设计”的职能。在这里，组织设计就是通过任务结构和权力关系的设计来协调组织成员的努力，包括：把为达到组织目标必需的各种业务活动进行组合分类；把监督每一类业务活动所必需的职权授予相关人员；规定组织活动中个人之间、部门之间的协作关系。很显然，“组织”的含义在这里有一个严格的范畴——它是一种建立任务和权力结构(形成组织结构)的活动。

一、职能设计

(一)职能设计的作用

职能设计是以职能分析工作为核心，研究和确定企业的职能结构，为组织各层次、部门、职务和岗位的分工协作提供客观依据的工作。在这个概念中，职能是指企业管理的具体业务活动，而职能结构则是指企业管理的各种职能之间的有机联系。职能设计的作用主要表现为：

(1)职能设计能明确为实现企业任务和目标所必备的各项职能，使企业战略任务转化为具体的管理业务，从而为企业战略与组织结构之间建立起一种联系。这一点，可以具体解释为：企业战略作为一种纲领性的总体目标，它的实现必须依赖于一个目标分解和为每一个子目标赋予具体职能的过程。一旦做到了这一点，企业就会明白应该建立何种组织结构去执行各种职能。

(2)职能设计为组织结构设计提供依据。企业要设置哪些部门，取决于职能需要，企业在正常运作中必须开展各种业务活动，正是这些业务活动才要求设置相应部门。因此，只有在进行了科学的职能设计之后，才能进行有效的组织结构设计。

(二)职能设计的目标

职能设计要达到四个目标：

(1)列出职能清单。具体地，就是先将企业中的全部作业归并为由若干不同的管理岗位承担的工作项目，再将若干工作项目归并为若干职能。凡是实现企业战略所必需的职能，都要列出。同时，职能的分列应注重逻辑上的严谨，不能交错重复。

(2)明确各种职能之间的关系。联系紧密的职能应置于同一个管理子系统内，分散则不宜于协调；相互制约的职能不能由同一个部门承担，否则不利于监督控制。

(3)分清主要职能与辅助职能。按职能在实现企业战略目标过程中的重要性，有主要职能与辅助职能之分。主要职能的工作对组织的生存至关重要，承担主要职能的部门是关键部门，应将其置于组织结构的中心地位。如果颠倒了主要职能与辅助职能的位置，则会导致组织结构设置的不合理。

(4)落实各种职能的职责。尽管在开列职能清单的过程中对各种职能的具体职责会有一个大致的考虑，但是，作为规范的职能设计，还必须进一步对不同职能应负的职责作出详细规定，进行全面落实，以便指导组织结构设计中的其他操作(如部门设计、职权设计等)。

(三)职能设计的主要操作

第一，职能分析。即根据特定的企业环境，全面分析企业的整个管理系统的全部职能。职能分析取得的成果同职能设计的四个目标应是一致的。

第二，职能整理。这是职能调整过程中的一项操作，它是在调查了解企业职能分工现状的基础上，发现问题，提出调整方案的一项工作。这项工作一般涉及三个方面的要求：①增减某些职能。在企业现有职能不健全的情况下，有些职能要增设，有些职能则要除去。②充实某些职能。有些职能虽然早已存在于企业职能体系之中，但还比较薄弱，不能满足总体企业战略的要求，应充实其内容。③调整某些职能。这种情况涉及对主要职能和辅助职能地位的变更，这一要求是由企业战略的变化所决定的。

第三，职能分解。即把每一项职能细分为可以操作的具体管理业务。只有通过职能分解，才能把全部的职能转化为员工的行动方向，才能为企业的人员配置提供依据。

(四)职能设计中的职能分类

(1)按管理层次分，可分为高层、中层和基层职能。高层职能关系到企业全局；中层职能兼有执行上级指令和指导下级工作两个方面；基层职能主要涉及作业层。

(2)按专业性质分，可分为生产管理、技术管理、供销管理、劳动人事管理、财务管理等，每一类还可进一步细分，如技术管理可分为设备管理、工具管理、工艺管理等。

(3)按业务工作特点分，可分为专业性、综合性和服务性职能。专业职能担负企业生产经营某一方面的管理业务，如供应、设备、动力、安全等。综合职能则贯穿于企业生产经营活动全过程，涉及多方面，如计划、劳资、财务等职能。服务性职能是指医疗卫生、宿舍膳食等方面的管理职能。

(4)按制定和贯彻落实企业经营决策的不同作用分，可分为决策性、执行性和监督保证性职能。决策性职能是制定经营决策与经营计划的职能，执行性职能是落实计划的职能，监督保证性职能是指人事、资金、后勤等作用于决策及决策执行过程的职能。

(5)按照对生产活动有无直接指挥关系分，可分为直线职能和参谋职能。直线职能承担着直接组织指挥日常生产活动的职责，从企业上层到基层，形成垂直的、逐级指挥的直线系统。参谋职能承担着专业管理工作、协助领导指导和监督下级工作的职责，但无权直接下达命令。

二、部门设计

对企业内各种职能加以分类后所组成的专业化的单位称之为部门。部门设计任务有两项：一是确定企业应该设置哪些部门；二是规定这些部门之间的相互关系，使之形成一个有机整体。

(一)部门的划分

(1)按职能划分。这种划分具有专业化和把同类活动集中于一个部门的优点。这是使用最为普遍的一种部门划分形式。按照这种形式，企业可分为销售、工程、生产、财务等部门，见图7-1。

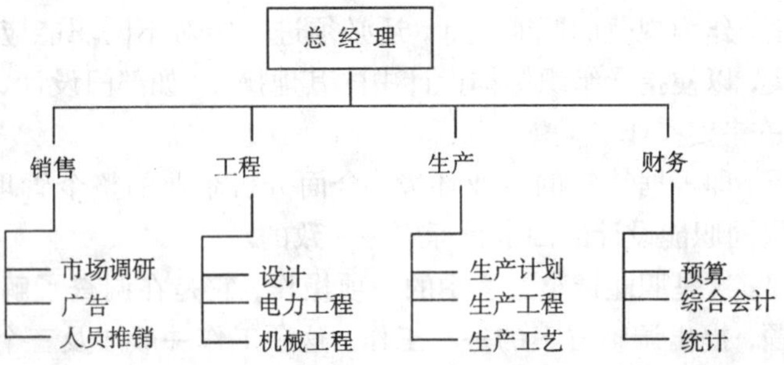

图7-1 按职能划分部门

(2)按产品划分。它是把生产一种产品或产品系列的所有必需的活动组织在一起，从而形成相应的部门。这种划分有助于利用从事生产某一具体产品或某一产品系列的那些人的技术专长，见图7-2。

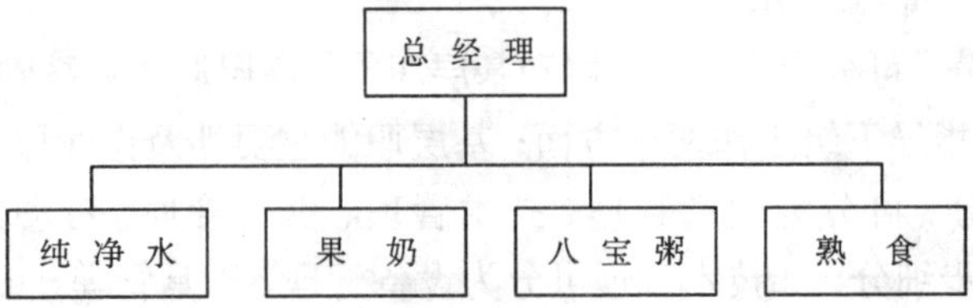

图7-2 按产品划分部门

(3)按地域划分。即把某一地区内本企业的全部活动集中起来并组成一个部门。这是联营商店在建立区域性营业处时常常采用的形式。一般说来，按地域划分部门要辅之以分权式结构，“将在外，君命有所不受”，企业总部事实上也不可能管得过多过细，见图7－3所示。

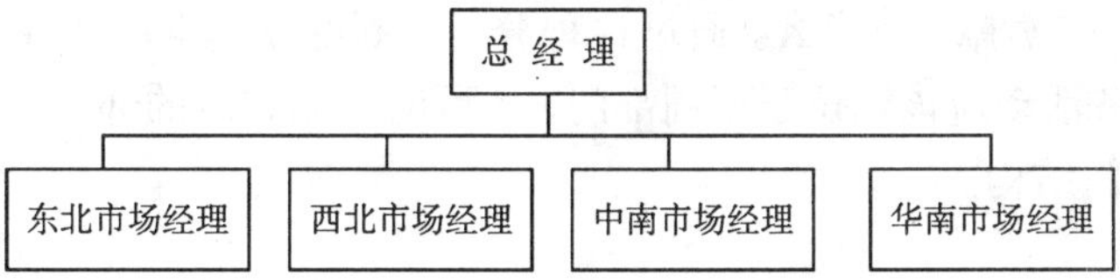

图7－3　按地域划分部门

(4)按服务对象划分。顾客对商品和服务有着各种不同的要求，按服务对象划分部门，有利于在满足不同顾客需要的同时找到自己的活动空间，见图7－4所示。

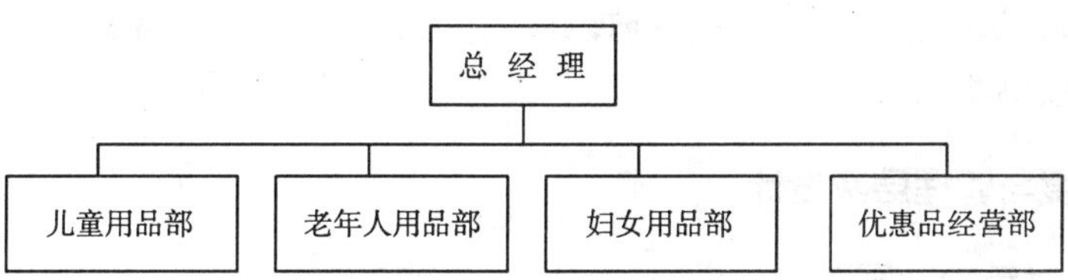

图7－4　按服务对象划分部门

在规模较大的企业中，仅仅采用某一种部门化形式是不可能的。一方面，企业的不同层次可能采用不同的部门化形式。例如，在企业的第一层可能按产品部门化，而在次一层则可能按职能部门化。另一方面，即使在企业的同一层次，也可能实行“混合”部门化。例如，一家制造公司，按产品划分了不同分厂之后，还可能按地域划分其全部产品的销售分公司。

(二)部门结构的确立

确立合理的部门结构，应采用一些必要的“分析”方法。

1. 贡献分析法

这是一种按照各种业务活动对实现企业目标的不同贡献，将其分别归并到相应部门并最终确立部门结构的方法。根据德鲁克的观点，企业的所有业务活动，大体可以分为四类：①成果性业务。它既包括直接对企业产生成果的业务，如生产制造、产品销售，也包括间接对企业产生成果的业务，如财务核算。②支援性业务。是指自身虽然对企业并不产生成果，但其“产出”经过其他有关部门接受和使用后，就可以转化为成果的业务，如教育培训、辅助生产等。③例外性业务。这主要指企业高层领导的工作，这类工作与日常管理业务相比，具有一定的“例外性”——非常规的、非程序化的。④服务性业务。它是提供生活便利，起后勤保障作用的业务，如医疗、幼托、环卫等。

贡献分析有利于正确地确立各项业务活动在组织中的地位，从而促进部门的合理设置。贡献分析应当注意：①同类贡献的业务，应集中在一个部门统一管理；相反，非同类贡献的业务，则应置于不同部门，以保证部门关系的协调。②贡献不同的业务活动在组织中的地位不同，排列要分先后，分主次，不可颠倒位置。

2. *关系分析法*

它是通过分析各类业务活动相互关系来连接部门的方法。关系分析应当明确两方面的问题：①某一业务应该与哪些业务在一起——它与它们是一致的或相似的。②该业务对其他业务的“要求”是什么，“贡献”是什么。通过这种分析，就可以确定哪些业务活动应该连接在同一部门，哪些业务活动应该定位于不同部门，还可明确划定后的部门相互之间应当如何衔接——应有何种部门结构。

3. *矛盾分析法*

这一方法的使用包含两个方面。其一，部门结构的设计要注重分工基础上的协作，但并不是绝对排斥部门之间的摩擦和竞争，因为，适当的内部矛盾可以带来一定的压力，有利于激发各部门的进取意识。按照这一认识，对于贡献相同的业务活动，有时可分别划归不同部门。例如，把新产品开发部门由一个分解为两个或多个，就可能造成你追我赶、新产品层出不穷的积极局面。其二，当部门之间的矛盾呈消极性、破坏性状态时，显然不能任其发展，否则会导致企业内部的剧烈冲突。一般的处理办法是，把这些部门合并起来，从而使竞争得以抑制，使矛盾得以协调。

三、管理幅度与管理层次设计

（一）管理幅度与管理层次的关系

管理幅度是指一位主管人员所能直接有效管辖的下级人数，它是部门设置中必须考虑的部门的规模问题。管理幅度的大小，实际上意味着一位主管人员直接控制和协调的业务活动量的多少。管理层次是从企业最高一级管理组织到最低一级管理组织的各个组织等级，它是描述组织纵向结构特征的一个概念。管理层次实质上是组织内部纵向分工的表现形式，各个层次分别担负不同的管理职能。

管理幅度对管理层次的多少具有直接影响，并最终影响到组织结构的形式。管理幅度与管理层次成反比关系，即管理幅度加大，则管理层次就相应减少，管理幅度缩小，则管理层次就相应增多。例如，一个36人的企业中，如果经理的管理幅度为36人，则该企业的员工均可直接由经理管理，无须设置中间管理层次；如果经理的管理幅度只有6人，则该企业就要分为6个部门，并相应产生6个部门负责人，通过部门负责人来管理员工。在这种情况下，随着经理管理幅度的缩小，企业的管理层次就相应增加了。由于管理幅度大小的影响，组织结构常常会出现两种形式，即“高耸型”结构和“扁平型”结构。前者管理幅度小，管理层次多；后者正好相反。

研究表明，在有的企业中（如百货商场），采用较大管理幅度的呈扁平型组织结构的效果较好。因为在这种情形下管理人员只能让下属履行大量的职责，即迫使下属自我管理，从而提高了下属士气。但是，另外的研究证明，有的情况（如作业组）用较小管理幅度造成高耸型组织结构后，员工的成绩会更好些。原因是在高耸型组织中，比较容易建立起一套有条不紊的决策程序，管理指令更为明确，组织成员的行动也更容易协调。

（二）管理幅度的设计

当古利克与厄威克在20世纪30年代最先提出管理幅度原则时，他们的指导思想是十分明确的：①主管人员应该知道自己的管理幅度是有限的；②管理幅度存在一个固定的具体人数，应该努力寻找这一普遍适用的有效幅度，用于组织设计之中。

格丘纳斯提出过一种关于管理幅度的很有影响的观点，他指出，在向经理汇报的人数以数学级数增加时，管理者和下属间的潜在的相互影响的数量就以几何级数增加。他解释说，管理人员可以直接和每个下属联系(直接单独联系)，或与每个可能组成的下属人员的小组联系(直接小组联系)，而且下属之间还可能相互联系(交叉)。格丘纳斯发明了一项公式，可用来计算有任何数目的下属所得出的可能存在的关系：

$$C = N[\frac{2^n}{2} + N - 1]$$

在这个公式中，C 为可能存在的联系的总数，N 为直接向一位管理者汇报的下属数。

其他许多关于管理幅度的主张都不乏其参考价值。英国人汉密尔顿认为，理想的管理幅度应该是3～6人。美国管理学家戴维斯把管理幅度分为两类，即行政管理幅度和业务管理幅度。前者是组织的中、上层管理，其幅度以3～9人为宜；后者是指组织的基层管理，其幅度可多达30人。

事实上，管理幅度受下列许多具体因素影响：①管理者自身素质。管理者的各种素质最集中地表现为能力。管理者能力较强，管理幅度可较大，反之则应缩小管理幅度。②下属素质。下属经验较多、能力较强、训练良好，管理幅度可以大一些，反之则须减小管理幅度。③工作性质。工作内容复杂多变，相似性低，其管理幅度就不可能太大；而简单的、大量重复的工作则可有较大的管理幅度。④职能机构的效率。机构健全、效率较高的情况下，管理幅度可大些。⑤信息沟通的难易程度。信息沟通比较容易，内部交流比较方便，管理幅度大些无妨。⑥企业规模。企业规模较大的情况下，管理幅度应大一些，否则会导致管理层次过多。

(三)管理层次的设计

管理幅度对管理层次有一定影响，但管理层次的设计绝非只以管理幅度为唯一参照。在具体操作上，管理层次大多是依据下列三个方面来确定的：

(1)依据企业的纵向职能分工，确定基本的管理层次。这类设计一般把企业的管理层次分为上层、中层和基层三个层次。美国斯隆管理学院提出的一种叫做“安东尼结构”的说法，是这类设计的比较合理的表述之一(见表7－1所示)。但是，每一个企业实际管理层次的确定，还必须顾及其规模大小。说三个层次，是就一般情形而言；在规模较大的企业中(如跨国公司)，管理层次可能多达20多个。

表7－1　经营管理层次划分

	战略规划	战术计划	运行管理
层次 项目	上层	中层	基层
主要关心问题	是否上马，何时上马	怎样上马	怎样干好
时间幅度	3～5年	半年～2年	周或月
视野	宽广	中等	狭窄
信息来源	外部为主，内部为辅	内部为主，外部为辅	内部
信息特征	高度综合	中等汇总	详尽
不肯定的冒险程度	高	中	低

(2)依据提高组织效率的要求，确定具体的管理层次。高效率的组织主要表现为：下属有明确而充分的职权，能够参与决策，了解集体的目标；能够向下属提供安全与地位，使每个人都有发展机会；下属能够依靠集体的团结与协作，有效地完成工作。那么，管理层次是怎样具体影响组织效率的呢？这里涉及两种不同情况，其一，管理层次较多时，领导岗位随之增多，人员的晋升机会较多，从而形成一定的激励效果；另外，由于部门规模比较小(增加层次的结果)，成员沟通方便，易于达成共识。但是，管理层次较多也会影响组织效率。层次越多，投入管理工作的人员也越多，协调成本会大量增加；管理层次较多时，会使上下的意见沟通受阻；多层次的严密管理，还会影响下级人员的主动性和创造性。其二，管理层次较少时，信息流通快，管理费用低，而且由于管理幅度较大，被管理者有较大的自主权。但是，较少的管理层次往往会导致管理严密性的降低和部门规模过大带来的无序状态。因此，一个企业究竟以多少个管理层次为宜，必须服从于组织效率的要求，进行符合实际的选择。

(3)依据组织不同部门的特点，实行管理层次的差异化设计。在一个企业内，管理层次不可能也不应该在所有部门都整齐划一，在不同部门，应根据实际需要体现差异。例如，在技术开发部门，管理层次过多会妨碍技术人员创造性的发挥；而在生产部门，控制的必要性会大大增加，因而往往需要适当增加管理层次。

相关链接

帕金森定律

帕金森定律解释了一个非常重要的现象：为什么大多数组织中都存在着不顾效率的、多余的管理层次。帕金森揭示了组织臃肿、人浮于事的两个“规律性”原因。

第一，下属人员乘法律。假定有一位管理者A认为自己已经超负荷工作了——不管是真是假，一般有三种可能的解决办法：一是辞职；二是要求与管理者B共同完成这项工作；三是要求增加两名助手——姑且称他们为C和D。管理者A恐怕非常倾向于第三种选择。因为第一种选择意味着需要重新找工作或失去工作；第二种选择则为自己增加了一个竞争对手，会影响自己的晋升机会。因此，A情愿要C和D作为助手，使自己成为C和D的唯一主宰。这里有一点极为重要，即C和D是不可分割的。如果只配备C，C就会与A平分工作，这样与A的地位就几乎平等，而这恰恰是A不愿意与B合作的原因。由此看来，下级或助手必须是两个或更多。不难想象，当有一天C感到工作太重时(终究会有这一天)，他肯定也会向他的上司A要求增派两名助手，而D也绝对不会不知道这样做。当C、D分别有了助手E、F和G、H之后，管理者A的晋升几乎是可以肯定的了。

第二，工作乘法律。现在，7个人做着以前A 1人所做的事，会不会太闲呢？不会，相反可能都会很忙，原因是出现了管理者“相互创造工作”的情况。一份公文很可能要在每个人手上转一圈。E接到公文后认为是F的管辖范围。F附上意见后将其转给C，C对公文作了大幅度改动后去征求D的意见，而D最后让G对此事作全权处理。但G这时恰好度假，便委托H处理。H摘下公文的主要内容后，请D签字认可，然后退给C。C根据摘要精神修正了自己的意见，然后将新公文送交A，等待批复。A此时又在干什么呢。他已获悉自己将接替上司的位置，现在要考虑让谁来主管自己这个部门更为合适。是C还是D？他还得考虑G的休假请求，但根据 H 最近的健康状况，他可能更需要休假。另外，还得考虑 F 的加班工资和 E 申请调往其他部门的报告。总之，7 个人都在为别人忙碌，同时也在让别人为自己忙碌，没有闲着，每人都在尽全力工作，其中甚至有人可能常常忙到深夜才离开办公室。

资料来源：郭小马译. 世界管理经典著作精选. 企业管理，1993(3)：55－56.

四、职权设计

(一)职权设计的任务

职权是企业各个部门、各种职务在职责范围内决定和影响其他个人或集体行为的支配力，职权设计就是正确处理企业内纵向与横向两个向度上的职权关系，将不同类型的职权合理分配到各个层次和部门，建立起高度协调的职权结构。职权设计有两项主要任务：

(1)职权的纵向结构设计。企业的不同管理层次担负着不同的职能，不同管理层次在履行各自职能时所必需的职权就会相应形成纵向结构。职权的纵向结构一般由高层的经营决策权、中层的专业管理权和基层的作业管理权三个部分组成。

(2)职权的横向结构设计。职权的横向结构是指同一管理层次各个部门的职权配置所形成的相互关系。它与职能结构和部门结构相适应，包括相互联系的三个方面内容：一是按照专业分工，各部门所享有的相应职权；二是按各项工作中同级部门之间的协作关系，各自享有的相应职权，如决定权、建议权、协商权等；三是按照有关部门之间的横向制约关系所确定的监督权。

(二)职权设计的基本原则

(1)保证统一指挥。职权的纵向结构设计是为了在组织内部建立一种职责和权力都有等级差别的“指挥链”，而这个“指挥链”的有效运作则有赖于统一指挥的实现，即下级只能执行一个上级的命令，并只能和这个上级进行联系。理由是：如果一个下级要同时从两个或两个以上的上级那里接受命令，常常会感到无所适从，会陷入一种混乱和冲突的困境，因为多个上级的指令，很可能是相互矛盾的。另外，职权设计中统一指挥原则的实行还有一个如何正确处理直线指挥和参谋人员的关系的问题。按照古典管理学派的观点，直线指挥是来自“指挥链”上的管理活动，而参谋人员则是对直线指挥起咨询和建议作用的。但是，随着组织管理工作逐步的专业化和复杂化，参谋人员的作用已变得越来越重要。由于参谋人员作用的扩大，清楚地划分直线指挥和参谋人员的界限已很困难。那种认为参谋人员仅仅只能起顾问作用的观点不再那么符合实际了。参谋专家由于具有某一专业领域内的知识和技能，常常被看做是组织内职权和影响的源泉，职能权力往往直接存在于参谋人员身上。由此可见，在当代条件下统一指挥原则在职权设计中的运用会变得比较复杂。

(2)实行权责一致，职权设计要避免两种情况的出现：一是有责无权或责大权小，这种情况将导致责任的无法履行；二是有权无责或权大责小，这种情况则会造成资源的浪费。职权的配置必须以职能划分为前提，职能不明，则授权无据。

(3)职权要有明确的规定。企业的职权关系十分复杂，有些职权界限不易分清，如果不对职权做出十分明确的规定，则很可能引起职权关系的模糊和混乱。因此要做到：①全面而具体地规定职权。要把各部门及主管人员的每一项业务活动的职权，都统统加以规定，不能遗漏，而且，规定必须尽量具体，切忌抽象的、概括性的表述。②用科学准确的用语规定职权。为了避免理解上的分歧，对职权的规定，应措词科学、表达准确，而不应采用导致错误理解的表述。③以书面形式规定职权。口头形式的准确程度、规范程度较低，书面形式避免了这种不足，而且便于检查核对。

（三）职权设计的工具

（1）组织结构图。它是用以表示企业组织的机构设置和职权关系的一种图形，它也往往是一定的组织结构模式的直接表达。垂直图是一种使用较多的范式，它从上到下排列企业的组织机构和管理层次，直观清晰，便于理解。

（2）职权系统表。该表主要用于说明企业决策权以及与决策事项有关的参谋机构的职权配置，是反映企业职权纵向结构的一种图表。这种表采用二维结构形式。横向按管理层次的顺序列出拥有决策权的机构和主管人，纵向按管理职能系统列出各种需要决策的问题。因此，这个表能显示出不同层次主管人员在各种决策问题中的不同职权。

（3）职务说明书。它用来对企业中各种职务的职责与权限，以及任职者的资格条件做出系统而具体的说明，对职权设计而言，通过制定职务说明书，可将每一个管理职务履行其职责所必须享有的各种职权——明确列出。职务说明书包括两部分内容。一是职务规范，用以系统表达对某一职务的各种规定；二是人员规范，用来全面说明任职者应具备的资格条件。

（4）职务权限表。它用以表示企业不同层次管理部门和主管人员在各项管理业务中所享有的不同类型的职权。同前述职权系统表相比，该表主要反映企业职权的横向结构。它能把同一管理业务中各部门所拥有的决定权、建议权、协助权等加以清楚地表示，有利于部门职权的分立与衔接的设计。此表也采用二维结构，横向按管理层次列出有直接协作关系的各个部门及主管人员，纵向按管理职能逐项列出具体管理业务。

五、横向联系设计

部门、管理层次和职权的设计，是为了把企业整体的经营管理活动分解成若干组成部分，实现专业化分工；横向联系设计则是为了解决企业管理专业化分工与协作之间的矛盾，达到在分工基础上加强协作，提高企业管理整体功能的目的。横向联系设计包括的基本内容主要是横向协调方式的设计。

横向协调可按三种基本方式加以设计。

（1）非结构性方式。这种方式不改变原有组织结构，只是改变和完善组织运行规则与形式。①制定管理工作规范。它适用于经常重复出现的管理工作，特别是生产作业管理。它对于建立正常的生产秩序和工作秩序，对于各部门统一标准，协调行为，具有较好的作用。②建立例会制度。例会特别适用于解决那些虽然重复发生，但需要根据情况变化随机处置的管理问题。例会作为一种工作标准，其种类、内容、时间、地点、参加人员和要求都应标准化。③由主要部门组织会审。即以一个部门为主，对其职责范围的工作提出设想，然后邀请有关部门审查。这种方式有利于改善横向沟通，有利于主管部门得到相关部门的配合。④跨部门直接协商。有些事务不经部门的上级出面便可通过相关部门直接协商解决，这类事务无需借助纵向职权结构的力量，协调起来比较省时省力。⑤联合办公和现场调度。有些工作涉及多个部门，难度大，时间紧，由相关部门联合办公、现场调度，是比较有效的处理方式。

（2）结构性方式。即调整甚至变更原有组织结构以达到横向协调的目的。①设置联络员。在一个部门中安排一名联络员，与相关部门保持日常联系，协调各种矛盾。②建立任务小组或委员会。当某项工作涉及多个部门，而且这些部门都能行使职权直接影响该项工作时，建立任务小组或委员会是一种有效的协调办法。这种协调机构由相关部门的代表组成，他们经过协商，做出对各方均有约束力的决定，然后分头执行。任务小组或委员会可以是临时性的，也可以是永久性的。③设立专职协调部门。专职协调部门与联络员不同，后者处于被协调部门之中，要接受协调对象的领导；专职协调部门则处于被协调部门之外，独立地行使职能，其权威性更大。

(3)人际关系方式。与结构性和非结构性方式不同，横向协调中的人际关系方式不牵涉到组织中责权关系的调整，其实际操作就是改善人际关系，如在相关部门中组建联谊组织，开展横向联谊活动，以增进友谊，加强合作。

六、管理规范设计

(一)管理规范的主要内容

管理规范，是企业管理中各种管理条例、章程、制度、标准、办法等的总称，它是用文字形式规定的管理活动的内容、程序和方法，是管理人员的行为规范和准则。它包含如下主要内容：

(1)管理制度。这类管理规范主要规定各个管理层次、管理部门、管理岗位以及各项专业管理业务的职能范围、应负责任、拥有的职权，以及管理业务的工作程序和工作方法。①基本管理制度。它是指企业中带有根本性、全局性的管理制度，如民主管理制度、经济责任制度。②专业管理制度。它是对各项专业管理工作的范围、内容、程序、方法等所做的规定。③部门和岗位责任制度。它是具体规定企业内部各个部门、各类人员的工作范围、应负责任及相应权力的制度。

(2)企业标准。它是对企业生产经营活动应达到的技术、经济、管理水平所做的规定。具体分为：①生产技术标准，即对企业产品或工程施工在质量、技术、规模等方面所做的规定。②生产技术规程，即按照生产技术过程客观规律的要求，对产品设计、生产操作、设备使用与维修、安全技术、质量检验等所做的规定，是有关程序和方法方面的标准。③定额标准，即企业在一定生产技术组织条件下，对人、财、物、时间的占用和消耗应当遵循的标准。④管理标准，它是为了更好地行使计划、组织、控制等管理职能，对各项管理工作所做的各种详细规定。

(二)管理业务标准化

管理业务标准化，是把企业中重复出现的、常规性的管理业务的工作程序和工作方法，制定为标准固定下来，以作为管理行为的准则。

管理业务标准通常采用管理业务流程图的形式表达，流程图所包含的内容有：①程序。即一项业务工作从开始发生到最后结束的固定顺序，以及各项程序的工作内容。②部门或岗位。即在业务程序中按分工协作的要求，明确由哪些部门或岗位来从事这些业务工作，以及它们之间的联系。③信息。即采用何种信息载体(图纸、计划文件等)，何种信息传递线路。④文字说明，即对流程图的解释性文字。

(三)管理工作标准化

管理业务标准化后，还应当进一步对每一道工作程序和每一项工作内容提出工作质量要求，这种要求即为管理工作标准。建立管理工作标准应该特别注意以下几点：

(1)管理工作标准的内容，不仅要包括管理人员本身的基本工作职责，而且还要包括同其他部门的协作关系。这就要求管理人员要具有整体效应意识。

(2)管理工作标准，既要有定性的，也要有定量的，要有利于评价和考核。

(3)管理工作标准的建立要和个人奖惩结合起来，要使每个人都能清楚地知道违反管理工作标准对自身得失的影响。

(四)管理方法标准化

在推行管理业务标准化的同时，企业还应选择一些经常使用、功效明显的管理方法作为标准，在企业中加以推广，这一过程被称为管理方法标准化。例如，在全面质量管理中运用的七种统计工具，不仅适用于质量管理，而且还适用于其他各项管理业务，就可将它们规定为企业的管理方法标准。

第二节　组织设计理论的发展

上一节所阐述的组织设计的内容比较全面地反映了古典组织设计理论的主张，从这个角度上看，古典组织设计理论的贡献是很大的。事实上，不管时代发生了多大的变化，组织设计的基本内容是不会有太多增减的。但是，也必须认识到，古典组织设计理论并非完美无缺，继它之后，许多关于组织设计的新理论、新主张层出不穷，使人们对组织设计的原则和方法有了更为丰富的认识。

一、注重行为分析

现代组织结构依然保留着明确的组织等级，但行为科学认为以权威和命令来影响下属的传统组织观念已不合时宜。传统的组织原则来源于军队和教会的管理模式，但现代企业则不同于军队和教会，它最大的特点是组织目标与个人目标的融合，现代组织中存在的一个重要事实是，人际关系中相互依存度大为提高。因此，重视行为分析，建立一种和谐的组织气氛，是现代组织设计的任务之一。下面是比较有代表性的三种理论。

(一)卡恩的交迭角色组理论

在正式组织中，每人都占有一定的职位，担任一定的角色。社会心理学家卡恩注意到，一个人执行组织角色的任务时，必须与他人发生联系和协同行动，这样就构成一个角色组。角色组有一个中心人物。卡恩认为组织是由许多交迭的、连锁的角色组所组成的集合体。以图7-5所示情形为例，这个企业有三个角色组，采购代理商、生产经理和设计工程师是三个角色组的中心人物。供应商和顾问等虽然不在正式组织之中，却是角色组的成员。设计工程师既是采购代理商的角色组成员，又是另外一个角色组的中心人物。生产经理则是两个角色组的成员。

角色组成员的行为可能发生下列矛盾：①角色冲突。角色组中的不同成员对中心人物有不同期望，产生了角色冲突。②角色超负荷。中心人物没有能力满足许多成员的期望。③角色含糊不清。“角色组”成员没有把他们对中心人物的期望或他完成角色任务所必需的情报资料传送给他，中心人物不知道该怎么办。为此，卡恩强调，管理者要充分注意成员的职位、等级、角色期望、对冲突的反应方式、角色绩效的有效性等变量的相互依赖关系，不能凭传统的组织概念来解决问题。

(二)利克特联接销结构

联接销结构，即把组织中的个人作为组织中各个单位之间的“联接销”，以实现一体化(见图7-6)。从水平方向看，组织中的一些成员以两个相互分离的小组成员身份而在两个小组之间起协调员的作用；从垂直方向看，这些成员又可作为他们自己这一层与上下各层之间的联接

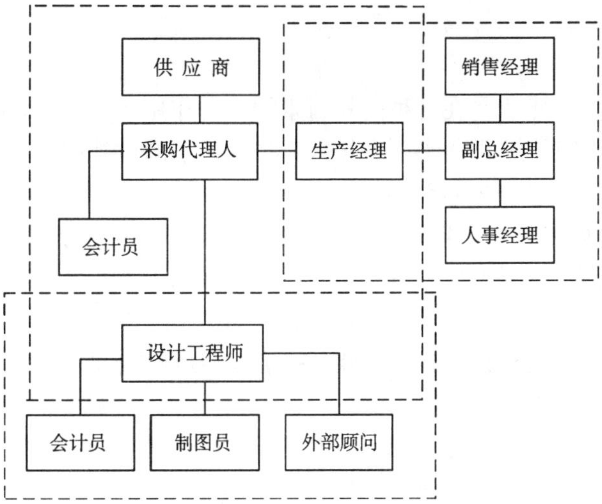

图7－5　交迭角色组的组织

销、整个组织就是通过这些在团体中占据关键职位，具有双重身份的人来联系的。

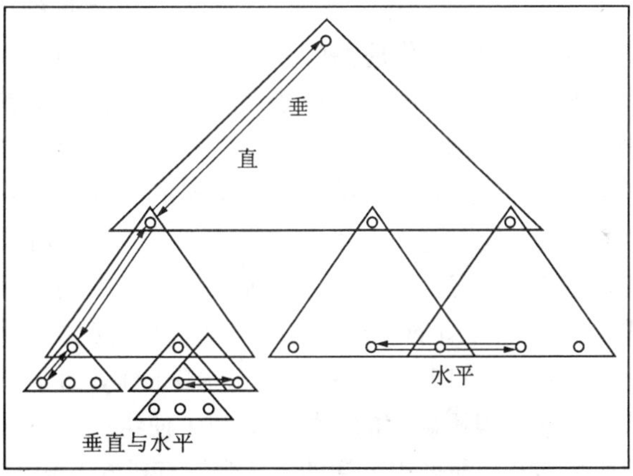

图7－6　组织的联接销结构

由于在组织结构中处于“联接销”位置的人对组织的一体化有着十分重要的作用，组织要善于利用这些人的特殊作用来实现各部门之间的联系和各管理层之间的联系。

（三）本涅斯的行为学观点

本涅斯是一位行为学观点的管理学家。他预言集权等级制将越来越没有活力，它在组织中会逐渐减少。促成这种变化的原因有两个。第一，严格的等级制本身容易使下属产生挫折感，从而导致上下级冲突；第二，科学技术革命的兴起使等级制更难适应环境变化。本涅斯在20世纪中叶推测，20世纪90年代的组织状况会有四个特点：①技术进步更加迅速，环境中充满不稳定或震荡因素。②受过良好教育的劳动力希望更多地参与决策和要求工作中的自主权。③组织中工作的技术性会更强，因而进行项目设计规划时需要专家集体参加。④组织结构趋向机动化，适用性增强，寿命变短。这些灵活多变的组织结构最终要取代官僚制结构。

二、倾向权变观点

权变观点的倾向是：组织是在各种内外因素的综合作用下运行的，而这些内外因素总是不断变化的。因此，组织结构的设计必须考虑这些变化着的内外因素——权变因素，然后做出适应某种特定情境的组织结构设计。

权变理论提出了两种基本的组织结构，即机械式结构和有机式结构。机械式结构实质上是高度官僚式的，它强调应用界限清楚的、集中化的等级结构，在这种等级结构中，职务和程序都是标准的。相反，有机式结构所采用的则是分权式、参与式的权力等级结构，其职务和程序都比较灵活。权变理论认为，任何组织的结构都是机械式和有机式之间的选择——按照与其有关的权变因素所作的选择。

企业的组织结构“机械”到何种程度或“有机”到何种程度，取决于哪些权变因素呢？管理学家的主张不甚一致，但大多数研究者都认为，环境、战略与技术是影响组织结构选择的三个重要因素。

（一）环境与组织结构

组织的环境就是社会。对经济组织而言，环境可分为四个参与市场，即人员市场、采购市场、投资市场和销售市场。从市场的变动性和复杂性两方面来衡量，可以把环境分为三类：①高度确定的环境。表现为市场相对简单，市场的稳定性大，市场的可预测度高。②比较确定的环境。特征是尽管顾客需求复杂，供应商较多，竞争者较多，但市场变动较小，市场趋势仍可比较准确地了解。③很不确定的环境。即市场复杂多变，市场情况模糊而难于了解。

哈佛大学管理学研究者劳伦斯和洛斯克通过实际考察发现，在上述三种环境中，只有根据不同情况分别采用有机式结构和机械式结构，企业才能获得成功。①在高度确定的环境中，机械式结构是成功的。因为处于这种环境中的组织，无需经常增大组织规模和成立新的部门，也无需革新产品，管理人员完全可以凭借官僚式规程来维持组织的一体化。②在比较确定的环境里，机械式结构是不合适的。为了适应环境，组织必须适当发展，要增设新的部门，要有得力的综合者，并依靠他们去协调各相关部门的工作，而官僚式的等级结构不可能满足组织自身的这种要求。③在很不确定的环境中，为了使组织能够对环境的变化迅速作出反应，组织必须强调分权和参与，即采用灵活的、易变的有机式结构。

（二）战略与组织结构

企业的战略发展一般要经过四个阶段，不同阶段的组织结构是互有区别的。

（1）数量发展阶段。许多组织刚刚建立时，往往只有一个作业单位或一个办公室，只执行一个单独的职能，或制造，或销售，或储存。

（2）地区开拓阶段。这时有许多个作业单位或办公室，在不同地方进行相同的工作。为了把分配在不同地方的作业单位组合起来，产生了工作的标准化、专业化和协调控制的问题，职能部门应运而生。

（3）纵向深入阶段。在前一阶段的基础上扩大行业功能，建立起新的职能机构，如以销售服装起家的商店扩大到销售鞋帽、布匹等。

（4）多项经营阶段。如上述服装商店，为了解决货源和扩大业务而建立起自己的服装厂，还开办了服务模特业务等。这时企业已发展到相当规模，主要应注意产品的评价、资源的分配以及部门化后的协作，因此，要建立与此相适应的横向发展的分权式组织结构。

（三）技术与组织结构

管理角度的技术，是指组织把原材料转化为最终产品或服务的机械力和智力的转换过程。如生产部门的生产工艺就属于这里所说的技术。

从完成工作任务方式的不同出发，技术可分为三类，而且不同技术条件下组织结构会有不同特点。①中介型技术：它是把彼此独立的，有标准的操作程序的各作业单位连结起来的技术。表现为各职能的相互依存性低，主要通过规章、程序和控制机制进行工作，银行就属此类，它对外界的变化具有中等程度的灵活性和适应性。②长链型技术：它是按照完成一次任务的先后程序，把相互依存的职能单位连结起来的技术，如工厂的自动装配线。其特点是：不同职能单位间的依存性处于中等水平，主要靠计划和监督维持工作，对外界变化的适应性低。③集束型技术：它是围绕一项任务，同时调动和集合若干职能单位的技术。特点是各单位之间的依存性很强，信息沟通的需要很高。医院是这类技术的典型。

三、引入“信息革命”

19 世纪末至 20 世纪初，西方大企业普遍采用的是一种按职能划分部门的纵向一体化的职能结构，即 U 型结构（Unitary functional form）。这种结构的特点是：企业内部按职能（如生产、销售、开发等）划分成一系列部门，各部门独立性很小，企业实行集中控制和统一指挥。U 型结构可以使企业达到必要的规模和效率，适应于市场稳定、产品品种少、需求价格弹性较大的环境。但是，从 20 世纪初开始，西方企业的外部环境发生了很大的变化，如原有市场利润出现下降、新的技术发明不断产生、人口向新地区迁移等。新变化要求企业把活动导向新的领域、产品和需求，并不断扩大自身规模。于是，一种新型的多分部或事业部的组织形式便应运而生，人们称其为 M 型结构（Multivisional form）。这种组织的特点是：企业按产品、客户、地区等来设立事业部，每一个事业部都是一个有相当自主权的利润中心，独立地进行日常经营决策，各事业部都相当于一个 U 型企业。不同的事业部服务于不同的市场，从而可以适应市场的分化，支持产品多样化，有利于大企业实行多角化经营；同时，资源控制在企业最高管理层，有利于迅速在新市场集中资源，充分利用经营发展机遇。美国通用汽车公司总裁斯隆被认为是 M 型结构的创造者。

M 型结构问世后，逐渐被西方企业所普遍采用。这些企业充分发挥了这一组织形式的优势，实行向前、向后一体化，对供应商和客户之间原来可能在市场上完成的交易进行内部化，把越来越多的业务活动置于一个企业之中，从而扩大了生产规模和产品组合的范围。这一过程在 20 世纪 60 年代随着巨型联合企业的产生而达到高潮。

然而，自 20 世纪 70 年代后期开始，尤其是进入 90 年代以后，以美国为策源地的信息革命却越来越激烈地向 M 型结构发起了多方位的挑战，随之而来，组织设计在理论上和实践上都出现了许多新的动向。

（一）组织形态扁平化

虽然 M 型结构的组织逻辑与 U 型结构有很大区别——后者强调集中协调的专业化，而前者推崇的是事业部的自主和企业集中控制相结合，但是，M 型结构就其性质而言，和 U 型结构一样，都具有纵向分层的科层制组织的显著特征。在 M 型结构中，高层管理者运用权力，凭借“一对多式”的信息传递方式对下层管理者发号施令，而下层管理者则逐级向上层管理者请示报告。由于有效管理幅度的限制，在大企业中，这种逐级纵向控制体系最终都无一例外地变成高高耸立的金字塔式的组织结构。但是，在现代信息传递技术条件下，联网后的各信息处理机之间的关系，不再是纵向的主从关系，而是水平的对等关系或是纵横交错的对等关系。这些联网后的信息处理主体，既是信息的接收者，又是信息的发出者。过去，在以“一对多式”的单向传递为主的信息传递技术条件下，自上而下的、多层次的“金字塔”组织结构有利于信息的有效传递，而在今天“多对多式”的信息传递技术条件下，信息主要是通过水平的、对等的方式来加以传递的，从这种情形出发，高耸型组织成为信息沟通的障碍。另外，当今的计算机网络，使组织中中层管理人员上传下达高层管理者意图的“放大器”功能和收集加工大量下层信息的“过滤器”功能，在很大程度上可以被大容量的信息网络所替代。管理人员可以十分方便地利用电子邮件、计算机会议、视频会议等形式来支持组织成员之间、各部门之间甚至各组织之间的信息沟通。在这种情况下，许多原来由管理人员去负责的工作，成为非人格化的信息系统的使命，因而，上层与下层之间的通讯结点和环节减少了，组织的层次也应随之减少，从这个角度上看，组织结构的扁平化是事出必然。

相关链接

网络催生“协同文明”

张树新是中国互联网的拓荒者，杨鹏是一位研究企业和文化的哲人。二人关于网络如何催生着“协同文化”的问题有一场精彩的对话。

张树新：互联网技术对管理结构、社会结构都有很大的冲击。金字塔式的传统统治是建立在信息控制和信息不对称基础上的。但是互联网是一个网状的WEB结构，十几亿人谁都可以各自在这个WEB结构无限网点的某个点上，任何一个信息接受点同时也是一个信息源。它没有中心，也就没有所谓的中心调控，现在还没有任何技术对它进行全面控制。

杨鹏：过去信息不对称，管理者可以让被管理者被动地接受指令。现在信息获取能力趋同，你就得承认别人的主体性和主动性，世界就从纵向的中心控制结构向横向的互动结构转变。公司如此，社会也如此。

张树新：互联网上每个点既可能是受制者，也可能统治别人。每个点的力量都有限，但每个点的能量都可以成为核心。那么这个点的能量怎么来呢？就来自一个非常协同作用的系统。每个点的相对影响力不断发生变化，网络技术就这样催生了更完全的平等、民主和个体的主体性。

杨鹏：很有意思，你从网状技术延伸到社会结构中的平等原则，我看这可以对应一个哲学环节，就是佛教所强调的“众生平等”。佛教中有“缘起论”，“缘”指的是因果关系，世界是一个由纵横交错的蜘蛛网状的因果关系组成的，每个点既可能是因又可能是果，每个点都依赖于其他点的互动而存在，“因缘而生，因缘而灭”，没有人可以控制这无限互动、纵横交错的因果网。佛教的另一个观点：“万事皆空”。有其他点，才有你，没有其他点，就没有你。你没有什么了不起，你把握不了整个网的变化。同时你也可能很了不起，因为当你一有动作，整个因果网就会发生无穷尽的连锁变化。你既是一个国王，又是一个奴隶。正是因为这样的宇宙观，所以佛教强调“众生平等”。

资料来源：张树新与杨鹏对话“虚拟世界”. 中外管理，2005(6)：72-73.

（二）组织规模小型化

自工业革命以来，通过扩大企业规模、增加产品数量来追求经济效益的“规模经济”观念长期为人们所推崇，M型结构的设计，其根本动机就是为了发展“规模经济”。长期以来，许多西方企业就是借助M型结构，实现了“大而全”和丰厚利润的。然而，这些年来正统的“规模经济”受到了日益严重的挑战，一大批中小型企业如同充满活力的初生牛犊，正在成为大企业的强劲对手。“小的是美好的”，似乎没有人不赞成这种观点。那么，“小的”在今天为什么会比”大的”好呢？这无疑与信息技术的发展直接相关。信息化进程中，计算机网络在企业内外的延伸与扩展，以及信息库被各层次管理人员共享，使生产的社会化和经营的国际化不再强求企业单位的大型化和职能完整化。信息技术的功能在很大程度上抵消了单个企业规模经济的优势。在这种背景下，一个小型企业只要加入社会信息网，或与其他企业结成“联盟”，从企业外获得足够的信息与技术支持，它就可以成就不凡。信息革命为小企业提供了大显身手的条件，而小企业的崛起又赫然反衬出大企业“M型结构帝国”的臃肿、迟钝与低效。显然，“小型化”已成为西方大企业的当务之急。

（三）组织反应敏捷化

实时(Real time)信息网是信息革命的杰作，对企业而言，这种信息网通过实时获得信息，实时更新数据库，使企业能够及时准确地获得各种所需信息，为企业做出经营决策提供可靠依据。实时信息网的建立，大大提高了企业适应瞬息万变的市场环境的瞬间应变能力，换一个角度说，实时信息网的存在，也要求每一个企业必须具有敏捷的反应习惯才能与外部环境的快速变化保持同步。但是，对M型结构的大企业来说，要迅速灵活地做出反应，遇到的第一个障碍就是那种追求稳定和秩序的、多层次的金字塔权力结构以及命令——控制式的管理方式。在M型结构中，信息的流动速度难以提高，企业无法对外部变化做出快速反应，企业的麻木迟缓成了一种不可小视的缺陷。

（四）组织姿态开放化

M型结构信息的传递多限于企业内部，即当时的企业无需花费太多的精力进行外部的信息沟通，企业是一个“独立的”、闭关状态的活动单元，而当今以电脑和远程通信的应用武装起来的信息网，正逐渐超越企业、产业和地区的范围，已经启动实施的“信息高速公路”，更使超国界的“全球化网络”的形成成为可能。这种变化使得企业不仅比较容易也很有必要打破与外部环境的种种阻隔，进行各种信息交流，共享信息资源。与过去不同，企业的活动将越来越不受时间与空间的局限，说企业是一个存在于某一地理位置，由人、厂房、资金构成的实体，不如说它是一个由各种要素和机能组成的系统。企业作为一个系统，通过现代信息网，能够比较容易地使本系统中的某些要素与其他企业系统中的某些要素组合起来，构成新的机能，形成新的生产力。上述运作从管理哲学的意义上讲，就是要求当今的企业必须具有一种开放的姿态，一种与全部的外在环境浑然一体的姿态，而这种姿态是M型结构难以具备的。

（五）组织格局分权化

在传统的M型结构中，企业的信息处理是集中式的，与此相联系，企业管理的权力也是高度集中的，处在这个组织基层的部门和个人极少有行使管理权限的机会。但是这种情况近年来出现了变化。由于微机被日渐普遍地用于企业的各个岗位，基层工作人员也开始有条件直接处理信息，在这种情形下，一线工人和接近市场的经销、开发与设计人员对所拥有的产出资源的重要性的认识明显增强，员工不仅承担了更大的责任，而且也应该拥有适当的决策权。这样，突破原有权力格局，采用分权结构就显得十分必要了。

（六）组织行为创新化

最近10多年来，由于以信息技术为龙头的新科技的推动，企业经营环境及整个人类社会的生产和生活方式都发生了激剧变化。以产品生命周期为例，分析仪器的生命周期从不久前的10年缩短到目前的4年，计算机软件的生命周期现在只有几个月。在当今环境下，没有一种产品能够像过去一样历久不衰，也没有一个企业能够轻易地拥有长期的优势。有关资料显示，在20世纪50年代曾名列《幸福》500家公司排行榜的企业，有37%在过去10年中从排名中消失。人们清醒地认识到，企业墨守成规，因循守旧，即无异于自杀，而只有在产品、技术、管理等方面不断创新，才能免于失败。而M型结构却缺乏有力的创新机制，在M型企业中，资源集中在最高管理层，决策由最高管理层作出，因此创新是一个自上而下的过程，企业高层即使充满创新欲望，下层管理者和普通员工也不会有真正热烈的响应，更不会有自发的创新冲动。由此可见，M型组织如果不通过自我改造提高自身的创新能力，就很难适应信息社会的大环境。

四、着眼全球竞争

（一）全球竞争的普遍化

十多年前，谈论跨国经营背景下的企业组织设计，大体上只是少数大公司的事。那时候，管理学教科书说企业参与全球竞争是一个漫长的过程，并将这个过程分为4个阶段：国内市场阶段、产品出口阶段、跨国经营阶段、全球化阶段。但是在今天，创业后第二天就跨国经营的企业比比皆是，可以说，任何一家企业，无论历史长短，无论规模大小，都有可能也有必要参与全球竞争，并且必须从这一点出发来考虑自己的组织设计。

这个世界究竟发生了怎样的变化？2005年，一本名为《世界是平的——21世纪简史》的书震动了整个美国，该书作者托马斯·弗里德曼告诉人们，这个世界已经变成平的。弗里德曼将全球化分为三个纪元：第一，全球化1.0。指从1492年哥伦布发现新大陆，直到公元1800年前后工业革命时代开始，这个阶段是“国家”的全球化。第二，全球化2.0。是从公元1800年至2000年，这是“企业”的全球化，跨国公司让市场和人才走向全球。第三，全球化3.0。它是从进入21世纪开始的，这是“个人”的全球化，变革的推动力是软件和网络。在这个阶段，有十大“推土机”铲平了整个世界：柏林墙的倒塌打开了世界之窗；网景上市开辟了网络时代；工作流程软件大大提高了工作自动化程度；开放源代码使水平创新越来越常见；依靠外包节省了资金；中国加入世贸组织促进了境外生产的大发展；依靠供应链可以水平地创造价值；将公司的后勤交给其他公司去做的“内包”“同步了你的世界”；信息搜索使每个人都有获取全世界资讯的管道；无线化、网络语言传输和档案分享推动了超时空运作。弗里德曼认为，在被“推土机”铲平了的今日之世界，个人力量大增，个人已成为世界的主角，人人都有参与全球竞争的机会，人人都身处全球竞争之中。

（二）全球竞争的“横向”组织法则

在一个“变平”的世界里，当个人与组织身不由己地置身于全球竞争之中的时候，思维方式的改变具有重大意义。关于新的思维方式，弗里德曼提出了“横向”这个关键词。他认为，在全球化2.0时代，由于管理者掌握更多的信息，价值观建立在由上至下的纵向指挥和控制的基础上。而在全球化3.0时代，“信息不对称”越来越难以做到，越来越多的经济体是由下而上的管理，因此必须认识到，要与垂直方式控制与指挥自己企业的方式告别，要拥有横向的，能和任何人连接与合作的习惯。

将“横向”思维运用于企业全球经营的组织设计，会产生两个基本方面的技术性安排。第一，内部横向化。例如，实行“弹性集中”原则，改变单一中心的传统做法，发展多个不同类型的中心，某些职能可能集中在某一国家或地区，其他职能可能分散在全球各地。组织中设立职能中心时强调的是将中心置于效率最高的地点，而与公司总部的地理距离并不重要。再者，要淡化单一总部概念，强调多级分权和网络体系。公司内部不存在明确的由上而下的层级责任关系，各个中心和分支机构都会自下而上地影响公司总部。第二，外部横向化。如果要做一项业务，可以将其分割成许多单元，交给地球另一端的合作伙伴，从头到尾通过网络完成，甚至无需见面。这就是组织虚拟化，在这种虚拟组织中，管理不是靠命令，而是横向的沟通与协作。

第三节　组织结构的基本形式

企业组织结构形式是企业组织结构设置的具体模式，它是管理组织的外在表现形式，它在很大程度上取决于组织的规模。随着企业从产生到发展的历史进程，企业组织结构形式也经历了一个不断演变过程。

一、直线制

直线制产生于工业发展初期，它是一种最早的和最简单的组织形式(见图 7－7)。

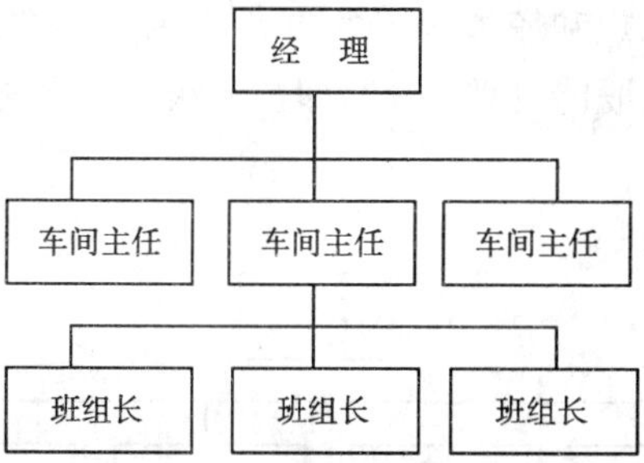

图 7－7　直线制组织结构形式

直线制产生于手工作坊，当时老板和工场主都是实行“个人管理”，生产、技术、销售、财务等各项事务都亲自处理。因此，这种组织形式没有职能机构，从最高管理层到最低管理层，实行直线领导。直线制的优点是：①机构简单，沟通迅速；②权力集中，指挥统一；③垂直联系，责任明确。但是，直线制把直线指挥与参谋职能合二为一，要求企业领导必须通晓各项管理业务，因而只适用于小规模企业；企业规模一旦扩大，生产与经营活动复杂化，企业领导人就会力不从心，顾此失彼。

二、职能制

随着企业规模的扩大，各种管理职能分工成为必要，因此，职能制组织形式的设想便应运而生。1903 年，泰罗出版了《工厂管理》一书，首先提出“纯粹的职能制组织”。这种组织形式的要求是：在企业内设立若干职能部门，各职能部门在自己的业务范围内都有权向下级下达命令和指示，即各级负责人除了要服从上级直线领导的指挥以外，还要受多个职能部门的领导(见图7-8)。职能制的优点是管理分工较细，有利于工作深入，便于充分发挥职能机构的专业管理功能。但是，在这种组织形式下，必然是多头领导，政出多门，企业无法统一指挥。事实上，职能制也只是表明了一种强调职能管理专业化的意图，并不可能也从来没有在企业真正实行过。

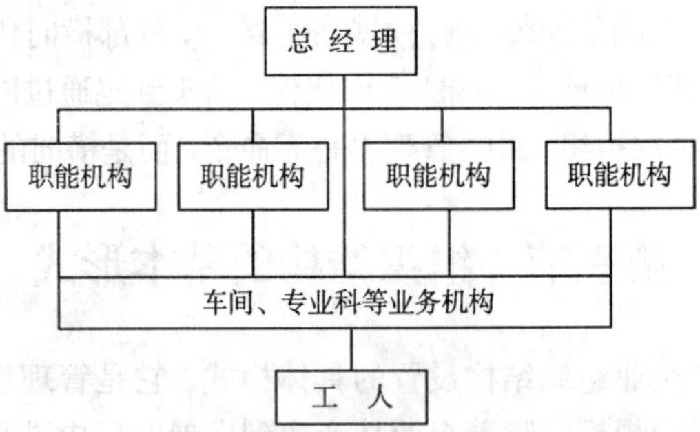

图7-8 职能制组织结构形式

三、直线-职能制

直线-职能制又称直线-参谋制。它吸取了直线制和职能制的长处，也避免了它们的短处。它把直线指挥的统一化思想和职能分工的专业化思想相结合，在组织中设置两套系统，一套是直线指挥系统，一套是职能管理系统，即在各级领导者之下设置相应的职能部门分别从事专业管理(见图7-9)。

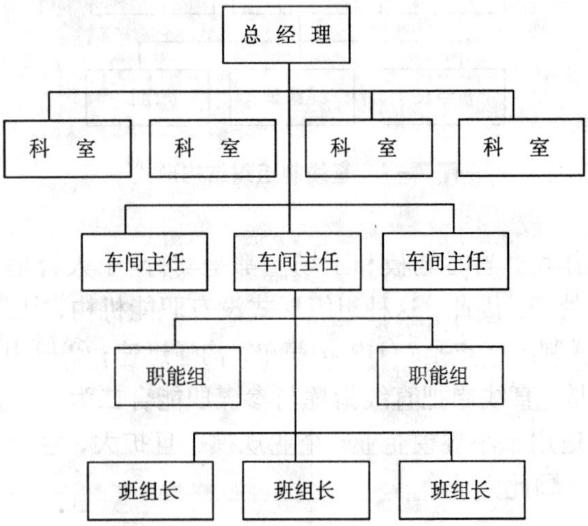

图7-9 直线-职能制组织结构形式

这种组织形式以直线指挥系统为主体，同时利用职能部门的参谋作用，但职能部门在各自范围内所作的计划、方案及有关指示，必须经相应层次的领导批准方可下达，职能部门对下级部门无权直线指挥，只起业务指导作用。

直线－职能制既保证了企业的统一指挥，又有利于用专业化管理提高管理效率。因此，在世界范围内，这种组织形式得到了普遍的、长期的采用。在我国，绝大多数企业至今仍然主要是实行这种组织形式。

但是，直线－职能制也有其不足：①下级缺乏必要的自主权；②各职能部门之间联系不紧，易于脱节或难于协调；③企业内部信息传递路线较长，反馈较慢，难以适应环境变化。

四、事业部制

事业部制也叫联邦分权化。它是一种分权制的组织形式，它在公司总部下增设一层半独立经营的“事业部”，事业部长负责其全面工作，并设相应的职能部门（见图7－10）。

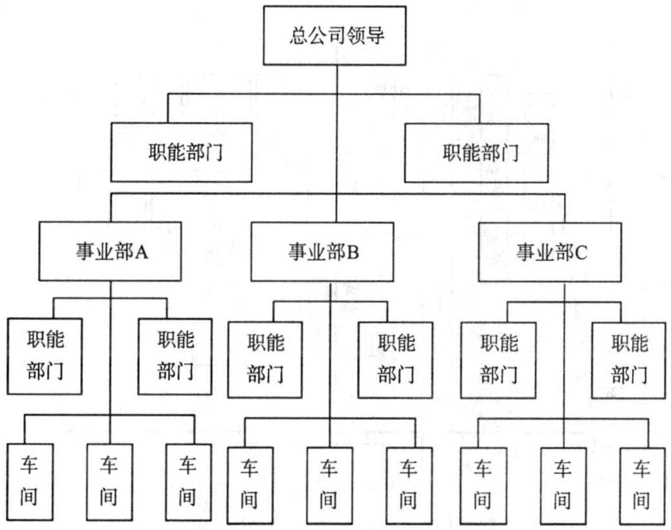

图7－10　事业部制组织结构形式

事业部是分权化单位，它分割了一定的直线指挥权限，有进行采购、生产、销售活动的自主权；是实际的利益责任单位，具有利益生产、利益核算、利益管理三种职能；是在总公司控制下的利益中心，是产品责任单位或市场责任单位，有自己独立的市场。事业部的划分可以参照本章第一节所述“部门设计”，即可按产品、地域、服务对象等标志来划分事业部。产品品种多，技术复杂，各种产品都有自己的独立市场，可成立产品事业部；用户成类型并有相应市场，可划分用户事业部；销售市场、作业部门分散，可按地域建立事业部。

事业部经营单一产品系列，对产品的生产和销售实行统一管理，自主经营，独立核算。①有利于发挥各事业部的积极性、主动性；②有利于最高管理层摆脱日常事务，集中精力去考虑宏观战略；③有利于锻炼和培养部门管理人员。因此，事业部得到了比较广泛的采用。

然而，事业部制要求管理者精干得力，知识面广，经验丰富，如果管理者素质达不到要求，则会造成事业部管理的困难。此外，事业部制还存在着分权所带来的一些不足，如本位主义，指挥不灵，企业整体性减弱，职能机构重复设置，管理人员增多等等。

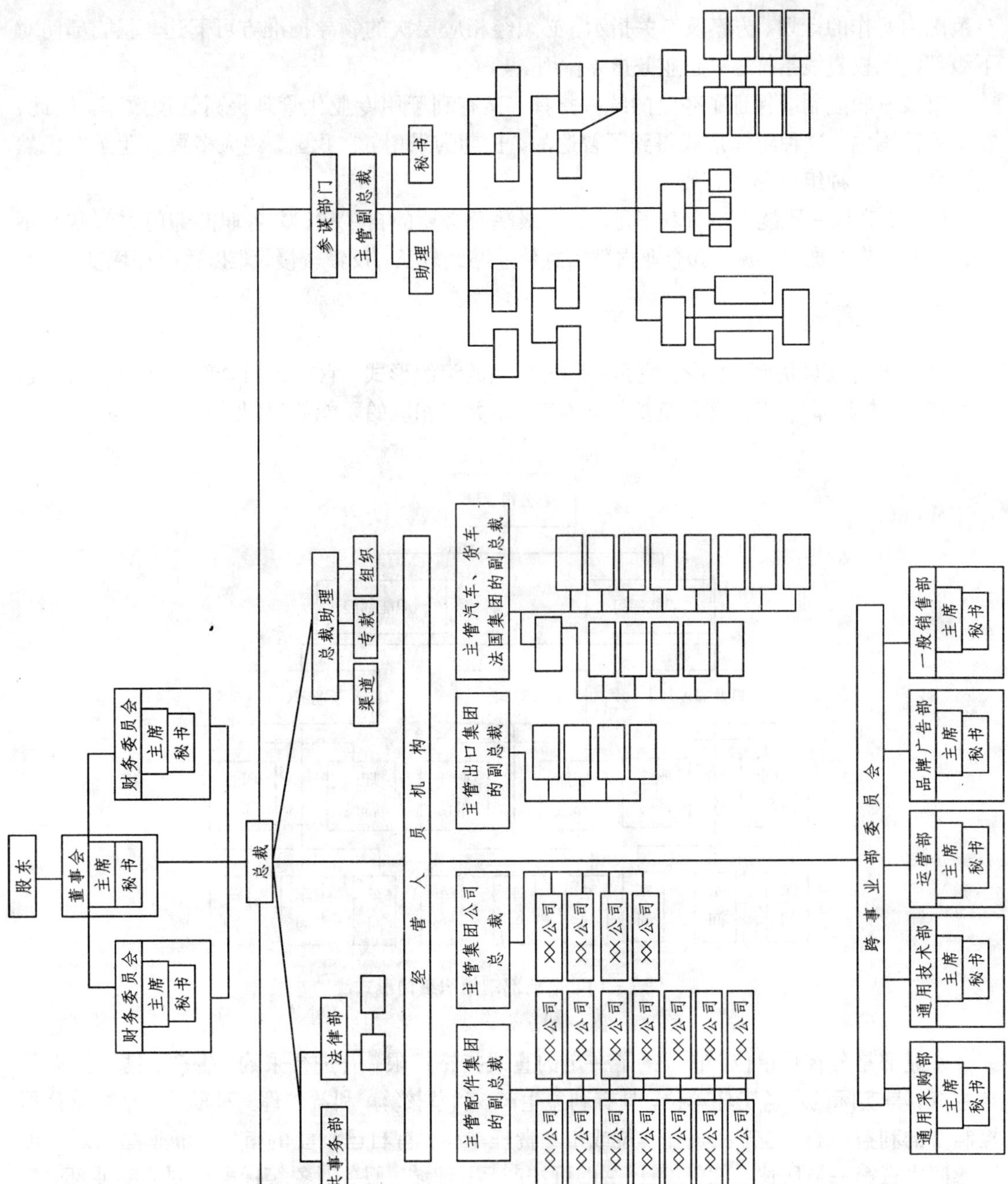
股东
董事会
主席
秘书
财务委员会
主席
秘书
财务委员会
主席
秘书
总裁
参谋部门
主管副总裁
助理
秘书
总裁助理
渠道
专款
组织
法律部
公共事务部
经营人员机构
主管汽车、货车法国集团的副总裁
主管出口集团的副总裁
主管集团公司总裁
主管配件集团的副总裁
××公司
跨事业部委员会
一般销售部
品牌广告部
运营部
通用技术部
通用采购部
主席
秘书
财务部
主管副总裁
副总裁
助理
财务经理

相关链接

一个真实的企业组织结构图

1923～1937 年，艾尔·弗雷德·斯隆任通用汽车公司总裁达 14 年之久，这位卓越的组织管理天才所创立的“斯隆结构”（多分部的“分权”结构或 M 型结构），成为那个时代大工业企业组织结构变革中共同效法的原型，即使在当今，斯隆结构仍然是大企业通常采用的一般结构模式。下面这个 1924 年通用汽车公司的组织结构图，就是斯隆结构的具体化。

资料来源：艾尔·弗雷德·D·钱德勒. 战略与结构——美国工商企业成长的若干篇章. 云南人民出版社，2002：172－173.

五、矩阵制

矩阵结构又叫规划－目标结构。它由纵横两套管理系统叠加在一起组成一个矩阵，其中纵向系统是按照职能划分的指挥系统，横向系统一般是按产品、工程项目或服务划分的管理系统（见图 7－11）。

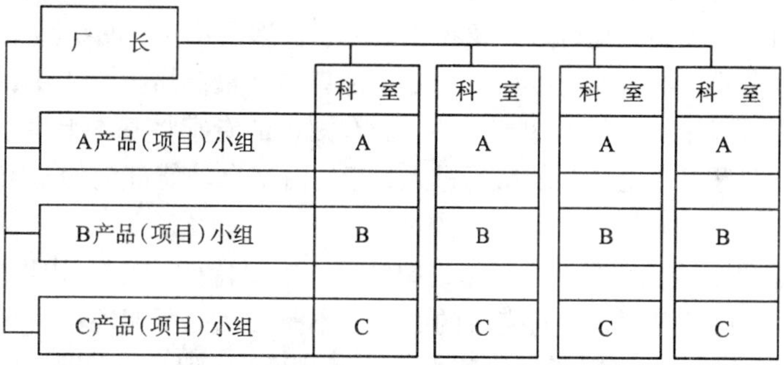

图 7－11　矩阵制组织结构形式

这种形式的组织结构最初出现在 20 世纪 50 年代末，被用于完成某一项特别任务。例如，企业为了开发一项新产品，在研究、设计、试制、生产各个方面，要由有关职能部门派人参加，组成一个专门小组，小组里的成员既同原职能部门保持组织上和业务上的联系，接受原部门主管的领导——主要是专业技术上的领导，又要对项目小组的主管负责，服从项目主管的管理——作为一个作业部门的领导者对其工作人员的全面管理。

矩阵制组织结构的优点是：打破了传统的一个工作人员只受一个部门领导的管理原则，使企业组织结构形成一种纵横结合的联系，加强了各职能部门之间的配合。而且，企业对专业人员的使用也富有弹性，有利于发挥专业人员的综合优势，有利于改善整体工作效率。其不足之处是：由于组织成员必须接受双重领导，当双重主管意见出现分歧时，下属会感到无所适从，而工作出现差错时，又不易分清领导责任。

六、网络制

网络制组织结构是信息革命的直接产物，与传统的纵向一体化组织模式不同，它是一种由小型自主、创新的经营单元组成的网络化组织形式。这一组织形式可以从“内网络型结构”和“外网络型结构”两个侧面加以认识。

（一）内网络型结构

从企业内部的角度看，网络型组织是一个由若干独立、彼此有一定纵横联系的经营单位组成的网络，其核心组织原则是网络成员之间在相对松散前提下的高度自主化，整个组织呈“企业联邦”状态。我们知道，M 型组织的构成逻辑是资源和权力从企业高层转移到事业部层次；而网络型组织则反映了另一种组织哲学，即组织应当是丰富化的和自下而上的小独立创新单位的有序结合。这种哲学立场显示出对个体的自我管理、自我组织和自我约束能力的充分肯定，同时也隐含着一种明显不同于 M 型结构的资源和权力的分配思路——资源“存在”于而不是被“下放”到基层经营单位，基层对总公司的依赖变得十分有限。

网络型组织与传统的控制型组织相比，结构十分简单，彼得·德鲁克认为，这种组织没有中间层次，因为这种企业类似于一个交响乐团。交响乐团需要上百个乐手同台演奏，按照一般的组织形式，乐团中应设立好几个乐组首席指挥，也许还得设五六个分部副首席指挥。但实际上乐团并不需要这些“中层指挥者”，乐团中只有一名指挥，每一位乐手都在他的直接指挥下演奏，没有中间指挥层次。乐手们都是优秀的专家，乐团指挥只要加以适当调节就可使整个乐团运转自如。人们完全可以想象得出，由于管理层次少，网络型组织大体类似于一个世纪前的大商业公司，不过那时候所有的知识都集中在最高层人员手中，其余的人只是从事“服从型”劳动的帮手；而在网络型组织中，拥有知识的专家将基本上集中在基层，从产品的开发设计到生产过程，以至产品的市场进入，都是由来自功能部门的专家组成的工作小组来完成。

组织单元之间紧密的横向联系是网络组织的另一重要特征。在 M 型组织中，各事业部的工作任务各不相同，彼此独立，横向交流的必要性不是很大，可能性也很小。M 型组织在授予事业部自主权的同时，也限制了事业部之间的互补行为。但是，在网络组织中，各个自主的组织单元资源有限，无法像事业部那样自给自足。只有通过与其他单元的广泛合作，才能有效地完成工作任务。这种基层单元之间主动的交往，为企业资源在内部的合理流动和企业中个别能力的科学整合提供了重要途径，也进而形成了网络型组织的一个突出的优点。

（二）外网络型结构

外网络型结构也叫“企业网络”，它是一种新近在西方国家形成的企业联合组织，它是指若干为了完成某一特定任务，利用电子信息技术在短时间内建立起合作关系的企业所构成的网络式联盟组织（见图 7－12）。联合组织内部，参与企业各自发挥其优势，共同开发和生产，并把产品迅速推向市场。这种组织是临时性的，分合迅速，反应灵敏，效率极高。许多西方大公司都在加速利用这一组织形式来寻找发展机会。

作为一种组织逻辑，企业网络模式的主张是，单个的企业不必全能化，不必去整体地负责一个产品从创意到投入市场的全过程，而完全可以凭借与别的企业的合作来更好更快地完成过去由单个企业承担的任务。在实际构成上，企业网络通过工厂网、跨企业组织虚拟、多专业开发组等，形成企业集成，在“技术”上像兼容机的插件那样插入兼容式企业。

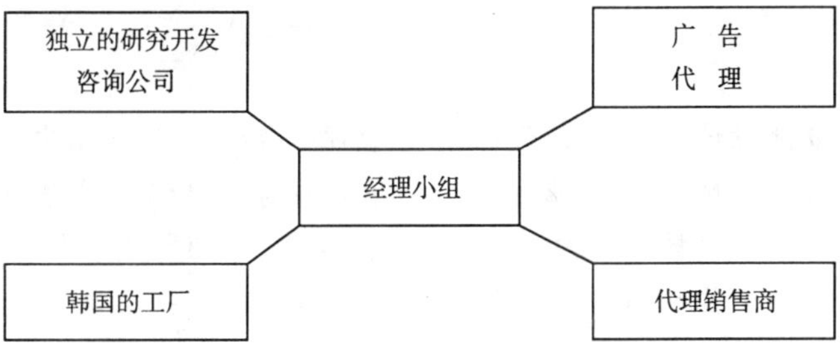

图 7－12 外网络型结构

企业网络有两个显著的特点：第一，松散性。在企业网络，虽然由发起公司抓总体设计和关键部件的制造，但没有总部办公室，也没有固定的组织结构图，对成员企业，网络组织只关心它与联盟项目相关的经营问题，其他一律不加干涉。第二，动态性。企业网络不像企业集团那样长久而稳定，一般情况下，当一个机遇所形成的产品生命周期结束时，合作即告终结。

不难理解，从组织结构的整体格局看，企业网络将使传统的组织结构概念发生两处重要异动：组织不仅要包容一部分“外组织”成分，而且也可能部分地为“外组织”所融合。

相关链接

奥迪康公司的“混沌式组织”

奥迪康公司是一家丹麦助听器制造商，20 世纪 80 年代末，公司首席执行官拉斯·柯林提出，能够在未来实现持久竞争优势的组织是一个精通变革管理、充满创新精神和灵活性的组织。1991 年，公司在组织变革中形成了“混沌式组织”模式。在这种新的组织中，公司废止了以往的职位说明和正式岗位。为了让员工在几种不同的职位上施展才能，每人都拥有一套自己的职位组合，每人至少有三个职位，其中有一个主要职位用于发挥自己的特别能力。这种安排使组织资源得到了扩展，工程师参与市场营销，营销人员管理开发项目，财务人员帮助产品开发。这种组织没有等级，没有层次，没有固定的部门，其结构是由项目决定的。在“混沌式组织”中，员工在项目之间不停地奔忙，他们几乎总是同时参与两个或更多的项目。

奥迪康不仅废除了组织机构图，也拆除了围墙，其员工不再拥有传统的办公室。每人有一张办公桌和一台电脑，但办公桌在 5 分钟之内就可以搬走，因此项目团队可以非常方便而迅速地实现空间上的集中。为了支持这种灵活的工作环境，公司建立了两大信息系统，一个是用于信息共享的非正式沟通的电子信息技术系统；另一个是用于正式沟通的查询和存档系统，进入该系统，可以非常方便地查阅公司的文件、报告、备忘录、信件等。

“混沌式组织”模式引发了奥迪康新的活力，公司利润两年内增长了 4 倍。

资料来源：古桥. 奥迪康公司的组织变革. 企业管理，2004(4)：59－60.

本章概念

组织设计　职能设计　部门设计　管理幅度　管理层次　职权设计
管理规范　管理制度　企业标准　管理业务标准化　管理工作标准化
交迭角色组理论　联接销结构　机械式结构　有机式结构　U 型结构
M 型结构　直线制组织结构　职能制组织结构　矩阵制组织结构
网络制组织结构

问题思考

1. 管理者为什么要做好组织设计?
2. 管理者进行组织设计时应建立怎样的内容体系?
3. 如何把职权设计与职能设计有机结合起来?
4. 现代管理技术条件下管理幅度设计的意义何在?
5. 当前组织设计理论有何发展趋势与特点?
6. 信息革命对组织设计的主要影响是什么?
7. 在一个"变平"的世界里,组织设计应当强调怎样的法则?
8. 网络制组织结构的核心是什么?
9. 进行组织设计必须把握哪些基本思想?
10. 怎样为企业进行现代组织设计?

☞ 案例分析

联想组织结构模式的变迁

联想有顺应时势变化发展改善自己的经营组织和发展策略的优良传统。在管理上,联想曾经采用了三种模式,即平底快船、大船结构、舰队结构。

第一种模式他们叫"平底快船",1987 年以前联想都处在这一阶段。"平底快船"用通俗的话说就是人员少、部门少,人员和部门一专多能,什么事都要干,只要是市场需要。资金分多批量投放然后快速回笼,他们称作"小步快跑",而权力则高度集中。这种模式对规模很小、处于创业阶段的联想是十分有效的。

1988 年,联想营业额首次突破亿元大关,除去自制产品外,联想还与几家外国公司建立了产品代理关系。联想这个时候面临的机会和课题有几个:第一个是在国际市场把自制产品市场做大;第二个是在国内市场把自制产品市场做大;第三个是把与国外电脑公司合作的电脑产品增值业务市场做大;第四个是在扩大联想汉卡市场同时加速联想电脑的开发。联想这时候基本上已是一个中型企业了,"平底快船"已经不适合。

1993 年,柳传志不失时机地建立了企业组织的"大船模式"。"大船结构"模式的主要特点是"集中指挥,分工协作"。内涵包括三个方面:第一,实行集中指挥、统一协调的管理模式。联想以开发、生产、经营三大系统为主体，围绕三大主体，设置了一个决策系统、一套服务系统、一条供货渠道、一个财务部门，实行人员统一调动、资金统一管理。根据市场竞争规律，企业内部实行目标管理和指令性工作方式，统一思想，统一号令。第二，各“船舱”实行经济承包合同制。1988 年，联想按工作性质，公司内划出了汉卡、微机、网络、小型机等事业部，上承业务部。实行“船舱式”管理，任务明确，流水作业。这种方式有利于提高工作质量和效率，有利于实行按劳分配，充分调动职工积极性，体现企业主人翁地位。第三，逐步实现制度化管理。从 1998 年起，公司开始完善各种企业管理制度，如财务制度、职工培训制度、干部聘任制度、库房管理制度等等。着意进行规范化企业管理，使各“船舱”衔接起来，既有分工又有协作；既要提高各自的工作效率，又要顾全整体目标和利益。制度化管理使企业不但有了强大的动力机制，同时也建立起一套企业自我约束机制，以保证企业高速正常运转。

“大船结构”有力地推动了联想的快速发展，但随着企业的壮大，这一结构也逐渐产生了“大企业病。”当时在联想销售方面，柳传志按照行业将联想分为：行业一部、二部、三部……按大区分为：华东区、华南区、华北区……各部门之间独立核算，因为行业和大区身上都是背着指标，所以行业和大区经常为争夺客户“打架”。生产制造方面，联想按职能分为：维修、测评、生产制造、企划、采购、物控等部门，很多部门由一名副总裁挂帅，各部门之间自成体系，出现问题很难协调。柳传志称这种体制为“计划体制”。柳传志这样归纳的理由在于这种体制的运作过程：“定下今年要卖三万台 PC 的目标，企划办开始定价格，采购部门把零部件买进来，采购部门采购多少，生产部门就生产多少。PC 生产出来，放进仓库里，至于卖不卖得掉，那是销售部门的事情……实际情况是经常造成积压。”联想的赢利线是脆弱的，一个环节出现闪失都有可能致命，哪能允许联想 PC 存在这么多问题。各部门之间不能有效地配合、协调，势必造成对市场反应滞后，造成企业动作迟缓。当时联想 PC 物流年周转率只有1.2次，就是说生产出来的 PC 要一年以后才能卖出去，并把钱收回来。

1993 年 3 月 19 日，柳传志授命杨元庆把集团涉及微机的部门从集团管理中独立出来，成立微机事业部，联想这种当一种体制不能适应市场变化的时候、彻底重建其组织架构的方法虽然势必在当时造成一定规模的阵痛，但不失为一种快刀斩乱麻的方法。如果当时只是在集团母体内部进行组织架构的重组，可能一时难以收到成立一个独立事业部，把 PC 业务通盘管理起来的效果。

负责实施这项改制计划的杨元庆当时的所有工作只有一个指导原则——“精简队伍，精简组织架构，减少原来由于协调困难所导致的大企业病”。在这种思想指导下，原来涉及 PC 的 20 多个部门被压缩为销售、市场、技术、综合、生产制造 5 个部门。新的联想 PC 事业部还致力于人员的精简，将原来 300 多人的队伍一下子精简到了 125 个人，特别是销售系统由原来的 100 多人锐减到 18 个人。后来的实践证明，联想此次组织调整，是其“大船结构”走向辉煌的重要拐点。此后，2000 年 4 月，联想分拆为“联想电脑”和“神州数码”，2004 年 12 月，联想收购 IBM 在全球的个人计算机业务，都可视为联想“舰队模式”的逻辑演变。

资料来源：李建立. 联想再造. 中国发展出版社，2004：116－120.

问题分析：

1. 用权变观点解释联想组织结构演变的合理性。

2. 联想"大船结构"阶段曾经出现过组织协调困难，原因是什么？

3. 1993年联想成立一个独立的PC事业部，这一举措为什么能够有效地化解"大船结构"中的组织协调难题？

4. 从互联网上搜索联想的相关背景，试对联想"着眼全球竞争"方面的组织结构特征加以评论。

参考文献

[1] 吴培良，郑明身，王凤彬．组织理论与设计．北京：中国人民大学出版社，1998：200－215、281－286.

[2] R·利克特．人类组织．纽约：麦克劳－希尔图书公司，1967：156.

[3] 弗里蒙特·E·卡斯特，詹姆斯·E·罗森茨韦克．北京：组织与管理．中国社会科学出版社，1985：570.

[4] 斯蒂芬·P·罗宾斯．管理学．北京：中国人民大学出版社，1997：243－247、260－261.

[5] 艾尔弗雷德·D·钱德勒．战略与结构——美国工商企业成长的若干篇章．昆明：云南人民出版社，2002：109－118、142.

[6] 托马斯·弗里德曼．世界是平的(第二版)．长沙：湖南科学技术出版社，2007：12－15、49－170.

第八章　主管人员配备

学习目标

学完本章之后，你应该能够：

- 说明主管人员选聘的主要标准
- 了解主管人员选聘的主要渠道
- 掌握主管人员选聘的方法
- 分析主管人员解聘的原因
- 探讨主管人员解聘的具体途径
- 阐述建立主管人员考评系统的主要环节
- 解释主管人员考评误差的主要成因
- 掌握主管人员考评的主要方法
- 讨论主管人员职业生涯成功的要点
- 阐述主管人员培训的主要方法

开篇实例

用人不当：百信鞋业失败的主因

在中国企业家调查系统第十届企业家成长与发展调查中，通过对3 539位企业经营者问卷调查，发现除“决策失误”外，“用人不当”是“企业经营者最容易出现的问题”中的第二大因素。用人不当已经严重制约企业的发展。百信鞋业的失败便是一个有力的证明。

1996年，已经有5年经营鞋店历史的温州人李忠文第一次打出“百信鞋业”招牌，宣称要开“平民化、低成本、低价位”的鞋店，号称中国第一家鞋业专业连锁企业。到2000年10月，百信连锁店在4年之内由4家变成80家，拥有近3万名员工，总资产达30亿元。随后，百信把总部搬到了北京。“百信”分店达到了400余家，遍布全国的大中城市，李忠文创造了一个“中国鞋王”的神话。

然而就在百信看起来经营得非常“火爆”的时候，出现了问题。2001年5月末，百信共欠货款计1.13亿元，涉及500余业户，最多每户欠500万元。国家税务总局下令查处“百信”的涉税问题。2003年，李忠文落网，中国第一家鞋业专业连锁企业宣告失败。

百信的衰败当然有许多原因。而用人不当、缺乏高素质管理层这一家族企业容易产生的通病则是百信走向覆灭的重要原因。

在百信内部，许多重要的职位都是由李忠文的亲戚朋友担任，造成百信内部管理层主人翁意识过度，跨部门管理和多头管理等许多弊端。而且这些身居管理层的“亲戚朋友”经常互相攀比，由于利益的冲突而产生派系斗争。

另外，百信鞋业没有处理好家族成员和外来员工的关系，使外来人才与家族成员形成了一种心理上的对立，外来人才难以与企业兼容，导致人才的大量流失。2000 年，李忠文曾以年薪 300 万元聘用一名我国台湾人士担任总经理，同时还大量引进了其他人才。但人才引进来后却养起来不用，这些人才基本没有实权，空有虚名，以至这名总经理只呆了几个月，就自己炒了老板的“鱿鱼”，其他的人才也纷纷离开了百信。在人才竞争成为企业竞争根本的现代市场经济体系中，百信鞋业的用人机制显然是其走向失败的主因。

资料来源：www. imcpeople. com, 2005 - 03 - 17.

百信鞋业失败的实例充分揭示了合理配备人员对于组织成功的重要意义。人员配备作为管理的一项重要职能，就是要为组织结构的各个职位配备称职的人员，包括主管人员的配备和非主管人员的配备。其中主管人员配备是最关键的部分，是影响组织目标实现程度的主导因素。因为主管人员是组织中对他人及其工作负责的管理人员，他们的基本任务是设计和维持一种环境，使身处其间的其他成员能在组织内协同工作，以完成预期的任务和目标。主管人员在组织活动中居于主导地位，是实现组织目标的关键人物，组织活动有效性的高低在很大程度上取决于主管人员的配备情况。本章主要讨论与主管人员配备相关的主管人员选聘、考评与培训三大问题。这些内容的讨论将有助于我们为组织结构的各个职位配备高素质的、理想的主管人员，为实现充分的组织协调，建设良好的组织文化，使组织不断获得成功提供主管人员保障。

第一节　主管人员的选聘

一、主管人员选聘的标准

成功的主管人员一般都具有相应的素质特征。因此，选聘主管人员需要遵循一定的标准。

1. 管理的欲望

具有强烈的管理欲望以影响他人，以及通过与下属的协作取得成果，是对成功的主管人员最基本的要求之一。主管人员必须“志愿管理”，必须对管理具有远大的抱负，具有忧国忧民的责任心，具有吃苦耐劳、不达目的誓不罢休的坚强毅力。同时，其管理愿望是建立在对环境的分析、对管理工作性质的透彻理解和对自己能力充分自信的基础上，而不是建立在对某种地位和物质利益追求的基础上，是为实现组织目标而贡献自己的才能。具有这种强烈管理愿望的人，才能自觉自愿地付出努力、时间和精力，在困难面前百折不挠，并获得积极的成果。没有强烈管理愿望的人，是不可能认真负责地履行其管理职责的。

2. 诚实正直的品质

主管人员必须品德高尚，值得信赖。一些世界级的大公司在选聘主管人员时，都很看重这一品质特征。福特汽车公司的前任董事长福特二世把诚实公正、坦率说成是有感染力的品质；百事可乐公司董事长肯德尔把工作道德和正直作为管理人员的主要特点。一般地，主管人员诚实正直的品质包括：①在金钱、物质上不搞特殊化，在与他人的交往上诚实；②能有效地利用工作时间；③能随时向上级反映情况，争取上级的支持帮助；④实事求是，坚持真理；⑤不怕困难，有坚强的意志；⑥行为符合社会道德标准。虽然衡量这些品质并非易事，但对于一位出色的主管人员来说，正直诚实是极为重要的品质。没有这种品质，就不可能从大局出发，正确处理国家、集体、个人三者之间的关系，组织内部关系以及组织与社会各方面的关系。

3. 管理技能

主管人员应具备的管理技能是指完成管理活动的本领。国外管理学家们认为应包括三类技能：①技术性技能。指熟练掌握业务方法、过程和程序等活动中应有的知识程度。包括专门技术和工具在工作中的运用。例如技工要使用一定工具来工作，他们的上级应该有能力向下属传授这些技术。②人事管理技能。指同其他工作人员共事的能力，通过工作中的合作与配合，创造一种能使其员工感到安全，并能自由地发表意见的环境，以激发员工的工作热情。③概括分析与策划的技能。概括分析是指从全局出发，认清决定形势的主要因素，理解这些因素之间的关系。策划是指主管人员不仅能看清问题，而且必须解决问题，即根据自己所面临的实际情况找出解决问题的办法。这是一名主管人员必须具有的宝贵技能，通常称之为分析问题和解决问题的能力。例如确定本部门在一定时期内应从事何种活动，这些活动要达到何种状况和水平，由谁去从事这些活动，利用什么条件和在什么时候完成这些活动，等等。

在组织的不同管理层次中，这些技能的结构是有所不同的。如图 8－1 所示。技术性技能对于基层主管人员最为重要，因为他要具体地领导和指导生产经营实际。对于大型公司中的总经理来说，对技术性技能需要则可以少些，因为他可以利用下属的这些技能，但对于小型公司中的经理来说，技术性技能就显得重要些。人事管理技能对于所有的主管人员来说都一样重要，主管人员都应具有与他人共事并处理好相互关系的能力。概括分析与策划技能对于基层主管人员来说就不那么重要，因为基层主要执行操作任务，但对于高层主管人员来说则显得非常重要，因为他们处于决策者的地位，见图 8－1 所示。

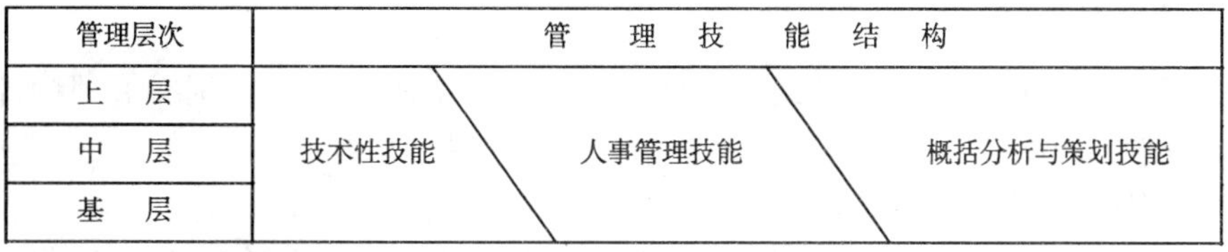

图 8－1　各层次所需管理技能结构

管理技能结构的差异性对于选拔不同层次的主管人员有重大意义，在管理等级中，某个职位的特殊需要应当结合候选人具有的技能加以评估，使之相互协调一致。

4. 过去的业绩

选拔主管人员的另一个非常重要的标准是作为主管人员过去的工作业绩。这可能是对主管人员今后工作表现的最可靠的预报材料。当然从普通职工中挑选第一线的主管人员，不可能对他们的管理工作经验做出评价，因为他们根本没有这种经验。但在挑选高级主管人员时，考虑其过去的工作成就很重要。在《财富》杂志对 500 家公司的调查中，大多数首席执行官们都认为在公司里取得的工作经验是他们事业成功的关键。

5. 团队精神

团队是一种介于企业和个人之间的组织形态。它由两个或两个以上的人组成，团队成员彼此之间相互影响、相互作用。越来越多的组织把“团队”引入到管理中，通过团队进行组织重构，以充分发挥组织成员的才能。因此，具有团队精神并能够有效地管理团队成为选聘现代主管人员的重要标准之一。

团队精神是指团队成员为了团队的利益与目标而相互协作、尽心尽力的意愿与作风。这种意愿与作风具体表现为：组织中存在一种能够不断地释放团队成员潜在的才能和技巧；能够让员工深感被尊重和被重视；鼓励坦诚交流，避免恶性竞争；用岗位找到最佳的协作方式；为了一个统一的目标，大家自觉地认同必须担负的责任并愿意为此而共同奉献的一种氛围。这是一种奋发向上的精神，一种可以赢得最大的竞争优势的精神。是成功的现代管理者必备的基本素质。

6. 全球视野

全球视野是21世纪管理者最为重要的素质特征，也是选聘企业主管人员的重要标准。20世纪90年代以来，世界经济发生了深刻的变化。这些变化集中表现在信息革命与经济全球化。推动了大大小小的企业进入全球化经营的领域。在全球化的浪潮中，任何一个企业都不可能像从前那样把市场局限于一个片面的区域。企业要想在激烈的市场竞争中谋求发展，就必须融入世界市场中去。经营全球化对于一个经济主体而言，从来就没有像今天这样直接关系到自身的生存与发展。国际商务活动，包括商品、劳务的进出口，资金、外汇的流动和跨国直接投资活动将世界各国的市场紧密地联系在一起，占世界经济三分之一以上的部分已经纳入了国际分工体系。国际化商业活动的发展速度已经大大超过了世界总产值的增长速度，国际化企业在世界经济中活动的地位也在不断上升。这些国际化企业把国际商务活动的分工、协调从组织管理上联系起来，成为开放的世界经济中的枢纽。显然，今天的组织管理者如果不具备经营与管理的全球视野，就无法参与这一轮竞争，更不必谈竞争优势了。

二、主管人员选聘的渠道

选聘主管人员的渠道可考虑从组织内部提升，也可考虑从组织外部招聘。但不管是从内部提升，还是从外部招聘，都要贯彻公平竞争，择优选用的原则。

（一）内部提升

内部提升是指从组织内部提拔那些能胜任的人员来充实组织中的各种空缺职位。它意味着一些人从较低的职位被提升到较高的职位，担任更重要的工作。

内部提升具有以下优点：①人选比较准确。由于组织内部人员有比较详尽可靠的资料可供分析比较，对候选人的优点和缺点、长处和短处都看得比较清楚，只要坚持德才兼备的用人标准，一般可以做到人选比较准确；②被提升者能较快地胜任工作。被提升的内部人员对组织的历史、现状、目标及存在的问题都比较了解，容易适应环境和较快地适应所任职务工作；③有利于激励组织成员的上进心，提高工作热情和增强组织的凝聚力。

相关链接

内部选拔：西方企业常盛不衰的法宝

内部选拔、培养与任用的用人策略与机制是西方很多著名企业常盛不衰的法宝。

在《基业长青》一书中被列为"高瞻远瞩"的18家美国公司(标准：所在行业中第一流的机构、广受企业人士崇敬、对世界有着不可磨灭的影响、已经历很多代的CEO、已经历很多次产品或服务生命周期、1950年以前创立)中，16家公司都是自已培养管理人员，特别是CEO。这些公司包括通用电气、摩托罗拉、宝洁公司、福特汽车公司、波音公司、3M公司等著名公司，在他们总长高达1700年的岁月中，只有4个CEO是外聘的，而且只在两家公司中出现过。

美国通用电器公司的领导人选拔过程于19世纪早期形成，选拔继任者已经成为通用领导者的一种习惯与责任。杰克·韦尔奇提前9年开始选择接班人，他在1991年谈到公司继承人规划时说："从现在起，选择继承人是我要做的最重要决定，这件事几乎每天都要花费我相当多的心思。"而韦尔奇的这种做法也不是他自己发明的，他的前任琼斯就提前7年(自1974年始)开始选拔候选人。琼斯和他的高层人力资源小组密切配合，花了两年时间把96个可能人选减少到6人，其中包括韦尔奇。为了测验这6个人的能力，琼斯任命每个人都担任"部门经理"，直接接受CEO办公室的领导。随后的三年里让每个候选人经历各种严格的挑战：言谈、论文竞赛和评估，韦尔奇最终赢得了这场严酷的耐力竞赛。这种严格的、马拉松式的领导人选拔制度是保证通用电气常盛不衰的重要法宝，也是任何外部选拔机制不可比拟的。

资料来源：谢晋宇、李新建. 人力资源开发与管理创新. 经济管理出版社，2002：263.

内部提升也有一些不可忽视的缺点：①容易造成"近亲繁殖"。由于组织内成员习惯了组织内的一些既定做法，不易打破旧观念、旧框框，树立新观念、新做法。这对于组织活动的创新和发展是不利的；②容易引起同事的不满情绪。因为被提升的人数有限，一些能力条件大体相当但没有得到提升的人就会产生不公平感，其积极性会受到一定程度的挫伤，甚至可能采取不合作的态度；③当组织中空缺职位较多时，单纯依靠内部提升不利于保证主管人员的高素质，这对于组织的发展是极为不利的。

(二)外部招聘

外部招聘是按照一定的标准和程序，从组织外部众多的候选人中选拔符合空缺职位要求的主管人员。外部招聘的渠道很多，可以通过广告招聘、人才交流中心、管理协会或学校、熟人的推荐来进行。要使外部招聘有效地实施，必须将组织空缺职位的有关情况通过一定形式事先告诉应聘者，如职位名称、性质、工作要求、工作环境、报酬和福利待遇、应聘者条件等。然后通过一定的招聘工作程序实施人员招聘。

外部招聘具有以下优点：①人才来源较广泛，有可能招聘到一流的主管人员；②可避免"近亲繁殖"现象，给组织带来新思想、新风气、新方法，有利于增强组织的生机和活力，防止僵化和停滞；③可避免组织内部条件相当而没有得到提升的人员的积极性受挫，避免因嫉妒心理而引起的情绪不快和组织成员之间的不团结；④被聘者大多数都具有符合职位要求的知识和经验，因而相对可以节省在培训方面所耗费的时间和费用。

外部招聘也有一些缺点，主要表现在：①如果组织内有胜任的人未被选用，而从外部招聘会使他们感到不公平，因而可能产生与受聘者不合作的态度；同时，这些人由于升迁之路被堵死，对自己的前途失去信心，士气将会受到影响，还可能引发人才外流；②受聘者对组织的历史和现状不了解，需要有一个了解和熟悉环境的过程；③由于对受聘者的实际工作能力缺乏了解或了解得不多，在招聘过程中不可避免地会过于偏重学历、文凭、资历。有时选聘不够准确，会导致对受聘者产生很大的失望，以致延误了组织发展的机会。

主管人员的选聘无论是采取"内升制"还是"外求制"招聘，都不是十全十美的，而是各有长短。但在实际工作中还是有一些规律可以遵循的。一般来说，当组织内有能够胜任空缺职位的人选时，特别是大公司有足够的合格人员可供选择，应先从内部提升；当空缺的职位不很重要，并且组织已有既定可行的发展战略时，也应当考虑从内部提升。然而，当组织缺乏一个关键性的主管人员，而组织内没有能胜任的人选时，就需要从外部招聘。否则，勉强地提拔内部人员滥竽充数，将会导致组织处于停顿甚至倒退的状态。例如，企业急需开发新产品以改变产品落后状况，或急需开拓市场以提高企业竞争能力，或急需重新确定企业战略目标以求得生存和发展，而组织内没有适当的人选时，就要从外部招聘这类工作的主管人员。在通常情况下，选拔主管人员可以采取内部提升与外部招聘相结合的途径，以形成"杂交优势"，可将外部招聘的人员先放在较低的职位上，然后根据其表现再决定是否提升。这是比较稳妥的做法。值得提倡的是实行公平竞争的政策，有利于得到最好的人选以充实空缺职位，而不论人选来自内部或外部。

三、主管人员选聘的方法

主管人员选聘的方法很多，下面主要介绍几种常用的方法。

（一）笔试

笔试是主管人员选聘的一种最基本的方法。是让应聘者在试卷上回答事先拟好的试题，然后由考官根据考生解答题目的正确程度评定成绩的一种测试方法。这种方法可以有效地测量应聘者的基本知识、专业知识、管理知识、相关知识以及综合分析、文字表达等方面的能力。二战后的20年间，笔试在西方非常流行，但是在20世纪60年代后期跌入了低谷。而80年代后期开始，又重新得到了企业的重视。

笔试的优点是花费时间少，效率高，一次评价人数多，对报考者的知识、技术、能力的考查信度和效度较高，成绩评定比较客观。因而笔试至今仍然是企业最常用的人才选拔方法之一。但笔试也存在一定的局限性，如不能全面地考察应聘者的工作态度、品德修养以及组织管理能力、口头表达能力和操作能力等。所以，还必须采用其他测评方式进行测试，才能全面考查应聘者的素质和能力。通常，在企业主管人员选拔活动中，笔试合格者才能取得面试和下一轮测试的资格。

（二）面试

面试是一种运用广泛、方法灵活、收集信息量大、简便且技巧性很强的人员素质测评技术。它是指一种经过精心设计，在特定场景下，以面对面的交谈与观测为手段，由表及里地测试应聘者有关素质的方法。

所谓结构化面试，就是指依照预先确定的内容、程序、分值结构进行的面试形式。或者说，是对同类应聘者，用同样的语气和措辞、按同样的顺序、问同样的问题、按同样的标准评分。且问题的结构就是招聘岗位所需要的人员素质结构，有时还会预先分析这些问题的可能的回答，并针对不同的答案划分标准，以帮助主试人进行评定的面试形式。这样有准备的系统提问方式能够全面地了解应试的素质情况，提高面试的效率，但谈话方式程式化，不太灵活。

非结构式面试是指无确定的提问程序和内容，在面试过程中可以随时发问的面试形式。常常是主试先提出某一问题，然后根据应试的回答进行追问。它一般针对每位应聘者所提的问题不同，据此而了解应聘者的一些特定的情况，但缺乏全面性，对主试者要求高，缺乏经验的主试者常常难以有较好的效果。

混合式面试是一种将结构化面试和非结构化面试结合起来的面试形式。这种方法能够取二者之长，避二者之短。

由于在实际的面试过程中常常存在诸如对应试者应具备的条件界定不清；考核或评估内容不明确；随意提问，缺乏整体的面试结构；评估结果受主试人个人因素影响较大等等问题，影响了面试的信度和效度。现在越来越多的组织采用结构化面试，以克服上述诸多弊端。下面我们就以结构化面试为例来介绍面试的设计。

面试的设计要遵循以下几个步骤：

(1)分析应聘岗位对应聘者的素质要求。这是面试设计的基础。首先应全面分析应聘岗位对应聘者的素质要求，包括知识、能力、动机、态度、性格、气质、薪酬期望等，具体操作上可以将这些要求一一列出，然后对这些素质、要求按重要程度进行排序和分类，分出哪些是必需的、主要的要求，哪些是次要的要求。

(2)确定录用标准，拟定面试问题。在岗位要求与素质分析的基础上，确定录用应聘人员的基础标准。基础标准通常就是那些必需的、主要的素质要求。然后，根据基础标准，拟定面试问题。常见的面试提纲包括关于个人情况、工作兴趣、偏好及个人职业目标、目前的工作状况、关于工作经历、教育背景与专业培训、工作能力、个人品质、工作态度、价值观、自我评价等方面问题的设计。

拟定面试问题的原则是：所提的问题要覆盖应聘岗位所必需的、主要的素质要求；通过应聘者对所有问题的回答，应能全面考察应聘者是否具备招聘岗位所需要的素质，以及素质水平的高低；所拟定的问题不但要有内容结构，还要有难度结构。为了对应聘者的水平进行区分，在问题难度结构上可以分成若干梯级，在基础问题之外还可以准备几个难度更高的问题或是综合性、创新性的问题，构成不同的“难度阶梯”，看应聘者各自能达到什么样的阶梯。

(3)合理排列问题的顺序，确定由谁提问。列出并确定了所要提的问题后，要对问题进行排序。排序的原则是先易后难，先简后繁。先问一般性的问题，逐渐进入专业性的问题。确定了问题的顺序后，还要明确哪些问题由哪位主考官来发问。确保面试时每个问题都不会重复或遗漏。

(4)明确评分标准和评分人，设计规范的评分卷。对每个问题，都要有确定的评分标准。例如，对于知识性的问题，可以根据正误评分；对于开放性的问题，可以确定评分的等级原则；对于个性心理问题，可以根据其自述、现场表现与岗位需要的符合程度来进行评分。评分通常采用五级评分制，也可以采用10分制。但要注意，评分等级过于细化，评价的准确性可能反而会下降。比如85分和87分的差别说明不了什么问题。

（三）心理测验

心理测验源于实验心理学中个别差异研究的需要，二战以后，西方各国广泛应用于企业的人员选拔与评价的实践中。通俗地说，心理测验就是借助心理量表，对心理特征和行为的典型部分进行测验和描述的一种系统的心理测量程序。其实质是对行为样组的客观和标准化的测量。其中行为样组是指一组有代表性的行为。这种行为既不是反射性的生理行为，也不是内部的心理活动，而是一种外显的、间接的行为。目前国外最流行的心理测验有：卡特尔16因素测验(16PF)、加州心理测验(CPI)、默里与摩根的主题统觉测验(TAT)等。

尽管心理测验方法因测验的对象、目的不同而存在不同的类型，但他们都有一些共同的特点，即标准的测试内容、标准的测试方法、标准的评估体系。常见的用于主管人员选聘的心理测验方法有：

1. 能力测验

能力是指顺利完成某种活动所必需的，并直接影响活动效率的个人心理特征。人的能力可以分为一般能力和特殊能力。一般能力是指在各种基本活动中表现出来的能力，主要反映人的智力方面的心理特征。如观察力、记忆力、注意力、判断力、想象力和抽象概括能力等等。特殊能力是指在某种专业领域表现出来的能力，如数学能力、音乐能力、创造力等。

能力测验主要包括专业能力测验、非专业能力测验和社会能力测验。

专业能力测验一般是针对主管人员应掌握的基本知识和专业知识进行的测验，其目的是测试被测者所掌握知识的深度和广度是否符合拟聘职位的要求。测试的方式基本上采用的是笔试，测试重点是依据拟聘职位的知识要求，用知识解决工作中的问题、推动工作的发展所需的知识。

非专业能力测验是针对完成拟聘职位的工作任务所需要的智力方面的能力和创造力而进行的测验。因为成功地完成一项活动，需要多种能力的综合。如一个企业家需要有决断能力、组织计划能力、协调控制能力等；一个画家需要有形象记忆力、色彩鉴别能力、视觉想象力等。非专业能力测验常常采用标准的试题、统一的评分标准在规定的时间内完成测试，如韦克斯勒成人智力量表。

社会能力测验是针对人的人际交往能力、社会适应能力、人际问题处理能力、谈判能力、团队合作能力等多种社交能力而进行的测验。因为在现代社会中，主管人员每一项工作的完成都越来越依赖于人际沟通及共同协作，企业的发展越来越需要全体成员的团队合作精神。

2. 人格测验

研究表明，主管人员的管理业绩不仅取决于其专业知识和各种能力，还与他的人格特点相关。主管人员不仅需要相应的专业知识、敏锐的观察能力、对事物的控制能力、人际协调能力，还需要具有强烈的自信心和责任感等人格特征。人格测验就是采用测验方法对人的人格特征进行测量，以了解一个人在一定的情景下，经常表现出来的典型行为和人格品质，诸如动机、兴趣、爱好、情感、性格、气质、价值观等等。人格测验的方法主要有问卷法和投射法两类。其量表很多，如卡特尔16因素测验、加州心理量表、艾森克人格问卷等。投射测验是一种结构不明确的测验，其优点是在被测者未觉察测验目的的情况下，通过个人的经验和主观意欲给以解释，从而推断该被测者的态度、动机和人格的方法。如罗夏墨迹测验和主题统觉测验。

值得注意的是，心理测验的内容很多，一般在进行主管人员选聘时，如果选聘的是高级主管则只采用人格测验；如果选聘的是初级主管则通常同时采用能力测验和人格测验。由于目前国内所使用的测验都是从国外引进的，为了保证测验的信度和效度，要注意与专业机构联系，对测验进行修订，并获得相应的测量学指标。

（四）评价中心

评价中心起源于德国心理学家哈茨霍思等人 1929 年建立的一套用于挑选军官的非常先进的多项评价程序。是在情景模拟和角色扮演测评方法的基础上发展起来的一种将许多不同的素质测评方法相互结合在一起的新型人员测评技术。早在二战期间，德国、英国和美国的战略情报机构就采用评价中心来选拔其工作人员，20 世纪 50 年代美国电话电报公司率先采用评价中心法对几百名初级管理人员进行了评价，目前被西方广泛运用于企业主管人员的选聘与培训、主管人员的素质与潜能的测评活动中。其主要特点是情景模拟性。它是把被测者置于一个模拟的工作情景中，采用多种评价技术，观察和评价被试者在该模拟工作情景下的心理和能力。其目的是测评被测者是否适宜担任某项拟担任的工作，预测被测者的能力、潜力和工作绩效的前景，同时察觉被测者的欠缺之处，以确定培养、使用的方法和内容。

1. 公文处理

公文处理是评价中心使用频率最高的一种活动形式。是对被测试者潜在能力的有效测定方法。其做法是被测试者假定将接替某个管理人员的工作，他将面对一大堆亟待处理的各种文件，然后将预先准备好的一袋公文交给被试者处理，要求在规定时间内处理完毕，并要求被试者向评价人员说明为什么这样处理。在这一堆待处理的公文中有来自上级和下级的，有组织内部的和外部的各种典型问题，有日常琐事，也有重要大事。通过对这些文件的处理，主要考察被试者是否能分轻重缓急，有条不紊地处理公文，是否能恰当地授权下属，还是分不清主次，杂乱无章地处理。这个测验可以反映出被试者在管理上的组织、计划、分析、判断、决策和分派任务的能力。

2. 无领导小组讨论

被试者组成小组讨论一个实际业务问题，目的是测验被试者的领导能力、处理人际关系能力、想象能力以及对资料的利用能力等。讨论采取自由开放形式，不指定谁是领导，由他们自由地去讨论如何才能完成这个任务。对于评价人员来说，重要的是观察这几个方面：每个人提出了哪些观点，其观点是否正确，是否有新意，别人的观点与自己的观点不符时怎么处理，谁在讨论中起引导作用。从讨论中可以观察到每个被试者的领导能力、说服能力、独到见解，以及能否倾听别人意见、尊重别人，等等。评价中心评议时，态度积极主动、组织和决策能力是最重要的。

相关链接

无领导小组讨论的实施、观察和评分

1. 实施流程

一次完整的无领导小组讨论大概需要 45 ~ 60 分钟的时间，可分为三个阶段。

(1) 开始阶段：主考官宣读讨论的注意事项和讨论题目，应聘者阅读题目，独立思考，准

备个人发言。准备时间一般为3~5分钟。

(2)个人发言阶段：应聘者轮流发言，初步阐述自己的观点。主考官控制每人发言时间不超过3分钟。

(3)自由讨论阶段：个人发言后，小组进入自由讨论阶段。应聘者不但要继续阐明自己的观点，而且要对别人的观点做出反应。讨论最后必须达成一致意见。自由讨论的时间一般为30~40分钟，此阶段主考官不作任何干预。

2. 无领导小组讨论的观察方法

无领导小组讨论中，评分者的观察重点当然是应聘者的行为表现，这是评分者评价应聘者的一切信息来源。在无领导小组讨论中，评分者的观察要点包括：

(1)发言内容；

(2)发言的形式和特点；

(3)发言的影响。

3. 无领导小组讨论的评分

评分一般为7分制，1分为最差，7分为最优。

4. 如何做出决策？

整个讨论全部结束后，评分者会为每名应聘者在各个维度上的表现逐一进行评分。但是，不同评分者的分数如何合并？如何做出录用决策呢？比较好的方法是讨论结束后，评分者再召开一个评分讨论会。在讨论会上，每个应聘者的表现被逐一进行评价。讨论每名应聘者时，评分者们报告他们观察到的该应聘者的典型行为以及对他表现的评价，并充分交换意见。

资料来源：www. hr. com. cn. 2005-06-21.

3. 案例分析

案例分析是先让被测者阅读一些关于企业中的某些问题的材料，然后要求其向高层管理部门提交一个分析报告，以考察其综合分析能力和作出判断决策能力的一种测评形式。

4. 个人演讲

个人演讲可分为即兴演讲和有准备的演讲，通过让演讲者就一定的题目发表演讲来评价其沟通技能、思维敏捷性、系统性、条理性、创造性、说服能力以及自信心等的一种测评形式。

5. 角色扮演

角色扮演主要是用来测评人际关系处理能力的模拟活动。在这种活动中，主试者设置了一系列尖锐的人际关系矛盾与人际冲突，要求被试者分别扮演不同的角色，去处理各种问题和矛盾，从而测试其素质和潜能。

6. 管理游戏

管理游戏也是评价中心常用的方法之一。在这种活动中，小组成员各被分配一定的任务，必须合作才能较好地完成任务。如购买、供应、装配或搬运。有时引进一些竞争因素，如三四个小组同时进行销售或市场推广，以分出优劣。通过这种活动可考察主管人员的综合管理能力，如人力资源配置能力、决策能力等。

评价中心的诸种测评形式都有其特定的素质测评倾向，因此，对于不同的素质，应结合多种测评形式进行综合测评。

四、主管人员解聘

在主管人员的职业生涯中，由于组织效率的需要或市场环境的影响，有时会面临与组织中某一特定职位解除劳动关系的情形，这种劳动关系的解除有多种分类，根据是否符合主管人员的主观意志可以分为自愿的和非自愿的；根据解除劳动关系的原因可以分为主管人员个人原因导致的和组织原因导致的。我们把主管人员与组织中某一特定职位劳动关系的非自愿性终止称为解聘。为了有效地进行竞争，组织必须采取措施确保高绩效主管人员有动力留在组织中，同时还应当允许、鼓励甚至在必要的情况下迫使低绩效的主管人员离开组织。

(一)主管人员解聘的主要原因

主管人员解聘的原因主要来自于主管人员自身和组织两方面：

1. 主管人员自身的原因

一般地，以下三个存在于主管人员自身方面的原因可能造成主管人员的解聘。(1)工作绩效不符合组织要求。工作绩效不符合组织要求可以界定为：主管人员在任职期间一直没有完成组织规定的管理目标。具体的原因包括反应迟缓、经常完不成额定管理目标，或者对组织、主管或同事持不良态度。(2)行为不当。行为不当是指主管人员蓄意、有目的地违反组织的规定，可能包括玩忽职守、不以身作则、领导或参与暗中削弱和取消上级权力的活动等。(3)管理能力不够。管理能力不够主要指主管虽然很勤奋但不能胜任指定的管理工作，管理效率低下。(4)年龄偏大。组织发展过程中常常会有一些主管人员随着年龄的增加而步入职业发展的后期阶段，这时，组织出于效率的要求需要让年轻有为的主管接替其管理职位。

2. 组织方面的原因

(1)精简机构。当组织面临倒闭、停业、降低规模或效益下滑等状况时常常会选择精简机构，削减管理人员可以降低成本，提高效率。(2)组织发展的战略性转移。组织在不同的发展阶段，为了获得并保持自身竞争优势，常常需要进行战略性经营转移。一方面，组织可能要通过减少人员数量或者转换人员能力类型来实现战略转移，这就不可避免地要进行主管人员数量和类型的调整，从而造成相关主管人员的解聘。另一方面，由于在战略转移的过程中会打破原有的权力与利益格局，部分主管人员因为出乎自身职业发展的考虑，有可能选择跳槽来实现自己的职业发展目标，从而发生主管人员解聘。

(二)主管人员解聘的主要方式

一般地，主管人员解聘可以选择如下方式：(1)解雇。解雇是主管人员与组织间永久性、非自愿地终止劳动合同。解雇往往是组织主导型的，由于主管人员个人方面的原因导致的雇佣关系的解除。(2)自然减员。自然减员是指组织发展过程中对因为自愿辞职或正常退休腾出的主管职位空缺不予填补。(3)调换岗位。调换岗位是指组织内部横向或向下调换主管人员岗位以解聘那些在现职岗位上工作绩效不符合要求、管理能力不够的主管人员的方式。(4)提前退休。提前退休是指为那些年龄大、资历深的主管提供有诱惑力的退休金方案，使其在正常退休前提早退离岗位。(5)裁员。裁员是指为了强化组织的有效性而实行的计划之中的大规模主管人员削减。这一解聘方式常常是由于组织面临倒闭、停业、降低规模、效益下滑或战略转移引起，而不是由于主管人员个人的原因。

（三）主管人员解聘面谈时应注意的事项

对于主管人员来说，解聘是一件需要慎重考虑的事情。强制性的解聘会损害被解聘者的尊严，使他们感到精神上痛苦和愤怒，甚至可能采取极端行为。处理不当，不仅引起纠纷，而且还可能伤害留下来的主管的组织承诺。具体地讲，解雇应当是正当的，有充分理由的，并且是循序渐进的。只有在采取了绩效辅导与改善的适当步骤均告无效的情况下才可以采取解聘。但毫无疑问，在需要解聘的时候应当立即解聘。

解聘前的谈话是使主管知道自己已被解聘这个事实的谈话。解聘前的谈话应该掌握以下原则：

首先，做好解聘面谈前的准备，精心设计谈话。尤其是谈话的时间、地点。资料表明，大多数组织喜欢在星期五的下午进行解聘面谈。事实上，在星期一上午进行解聘面谈所引起的反应反而更少一些。解聘面谈的场所最好是在工作现场中，面谈的基调应当尽可能的表示出对主管的尊重并让他对未来充满希望。在谈话前，应该准备好各种协议、档案等，以备迅速解决。

第二，抓住要点。不要寒暄或谈其他无关紧要的事情来旁敲侧击，应当在主管进来有过片刻的放松后，直接将决定告诉他。

第三，说明情况。简要地说明解聘的原因，使主管知道这个过程是客观公正的，说明是经过各部门最后的决议。这里要注意的是不要攻击主管个人，仅说明客观事实即可。谈话时间也不要超过10～15分钟。

第四，倾听。重要的是让被解聘主管放松地谈话，看起来能够接受自己被解聘的事实和原因。不要陷入争执，尽量保持倾听，以表现出对员工的尊重。

第五，讨论解聘费。接下来，要仔细地检查解聘费的所有项目，说明解聘的补贴、福利以及其他问题解决的渠道。不要给主管暗示还有留下来的机会，或者承诺再进一步“调查”情况。应该是在主管离开办公室时，此解聘过程就完成了。

第二节 主管人员的考评

从提升企业竞争优势的角度看，组织中主管人员的考评应该做到：依据客观的评价，把合适的人才在合适的时刻安排在合适的主管工作岗位上；倡导人才价值论、人才发展论和尊重人才、关心人才的组织文化，通过客观的评价发现人才；及时、明确地承认、肯定主管人员的业绩、价值；真心实意地花时间了解主管人员的期望与表现；制定确保主管人员自由地释放全部潜能的人力资源政策和组织发展规划。

一、主管人员考评系统的建立

主管人员的考评，就是对主管人员的工作能力和工作成绩进行考核与评价，是了解主管人员状况的重要手段。由于不同的组织，他们的目标、战略和文化不同，主管人员的任务和职责也不相同。因此，每个组织都应根据自己的目标、战略和文化的需要，建立有效的主管人员考评系统。

一个有效的主管人员考评系统必须要明确下列问题：采用什么指标进行考评？考评的标准是什么？如何进行考评？由谁来进行考评？何时进行考评等。

（一）确定考评指标

建立主管人员考评系统首先要确定采用什么指标对主管人员的工作业绩进行衡量。主管人员的管理业绩是其工作结果的总和，它表现在多个方面。影响工作业绩的因素也有很多，所以，任何一个单一的业绩指标都无法全面反映主管人员实际的工作业绩。图8－2反映了业绩形成的过程和影响因素，它有助于我们选择并确定主管人员考评指标。

从图8－2中我们可以看出，企业员工的工作结果是他个人特征和行为的最终体现，一个人只有具备某些必需的特征，采用正确的行为，其工作才能达到预期结果。所以，员工考评不仅要对他的工作结果进行测量，而且也要对其工作行为和个人特征进行评价。

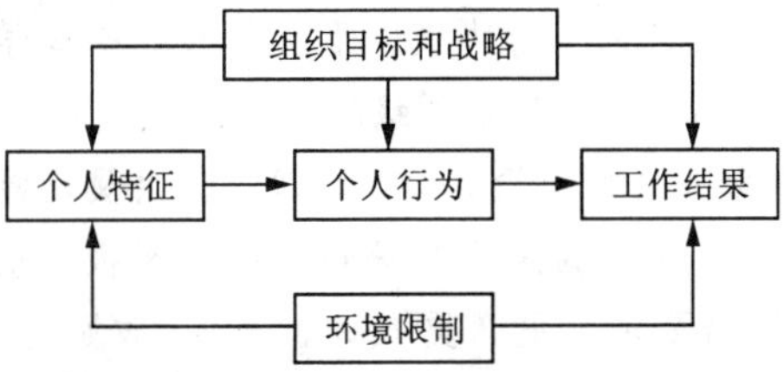

图8－2　业绩形成的过程和影响因素

但是，对于不同的评价对象，其评价指标和内容，以及每个指标在整个指标体系中的权重是不同的。主管人员考评更关注个人特征和工作结果而非工作行为，因为他们本人所具有的特征，如专业知识和工作经历、领导能力、决策能力以及人际沟通能力等在很大程度上影响着他们的工作结果。由于他们所从事的工作常常是变化的，很难对其工作确定一个适当的行为模式或标准，在这种情况下，对于他们工作结果的评估就比对其行为评估更加客观。

此外，我们在确定主管人员考评指标时，还要考虑企业目标和外部环境对主管人员业绩的影响。企业目标对主管的工作起着导向和激励作用，同时也决定了企业采用什么样的指标对主管人员进行考评，很难想象一个墨守陈规的企业会鼓励创新。同时，外部环境对主管人员工作业绩的实现起着不容忽视的作用，如市场环境、经济政策等都有可能对主管人员的管理业绩产生影响。缺乏科学公平的绩效评价系统和有效的激励机制，有时会抑制员工的工作积极性。所以，在确定业绩评价指标时，必须要考虑这些外部环境对员工业绩的影响。

（二）确定考评标准

合理的考评标准应该具有以下特征：

以工作为依据制定考评标准。为了保证考评的公平客观，考评标准应该根据目标要求和工作本身来确定，而且是唯一的，即所有从事相同工作的主管人员都应按照同一标准衡量其工作业绩。

标准尽可能具体而且可以衡量。每个考评标准都应该有明确的界定，这样才能使评价者和被评价者对于考评标准有共同的理解。通常情况下，定量指标比定性指标更加客观具体，标准统一而且容易测定。有些指标无法定量衡量时，其定性评价指标也要尽可能具体化。标准越具体，主管人员的工作业绩就越容易衡量。只有可以衡量的指标才可以去控制。

定期审核并随时调整。考评标准不能一成不变。当环境发生变化时，主管人员的工作方式和工作效率会产生相应变化，因而考评标准就应进行相应调整。因此，合理的考评标准必须进行定期审核，以便了解环境与标准之间的适应性，从而及时调整。

相关链接

安利(中国)的绩效考评标准

建立一套科学合理的绩效考评标准是许多成功企业的共同特征。安利是一家人力资源管理很成熟的企业，人力资源的各个方面都很有特色。尤其是它的绩效考评系统。

安利的绩效考评是围绕与企业文化相匹配的7项才能要素进行考核评分。这包括负责的行动、创新的精神、坦诚的沟通、周详的决策、团队精神、持续学习的态度和有效的程序管理。当然，这七项才能要素对不同职位、不同级别的员工又有不同的具体衡量标准，如"坦诚的沟通"，普通员工只要求"做一个好听众，敞开心扉，提供反馈意见时客观"等就可以了，对主任级员工的要求是"主动征求他人的意见和评价，并能积极倾听"、"能用积极态度解决工作上的冲突"等七点，经理级的要求则更高更具体，分成"鼓励开放的沟通"、"影响他人"等三大方面八个项目，越是高层，要求越高。公司对这七项要求做成标准化的明晰表格，考量每一项能力的时候还设定了细致的问题，每一个问题又分五个等级进行评估。在经理级员工的绩效考评表里，共设计了16大类48个问题。这样细致的目的是让内在素质最吻合该公司企业文化的人才脱颖而出，得到最好的激励。

绩效评估表特别强调突出考核"团队精神"和"持续学习的态度"的重要性。在经理级员工的绩效考评表里，这两类问题就共有五大方面共16个问题。

更为独特的是，绩效考核表的第三部分要求所有主任级以上的员工在上一年度都要对下一年度工作订立3到5个目标，对一年中达成目标情况的考核评分，而这些评估表现的量化得分将决定加薪幅度、升职机会、浮动花红(奖金)的多少等，所有这些评估都客观、公平、公开，而不是像某些企业通过老板、上司的"主观取向"来决定奖金和机会的分配，从而达到用奖励去有效推动业绩的目标。

安利依靠这一套客观标准对每个员工进行考核，在内部保持了公平合理的报酬机制，形成了优秀的企业文化和良好的工作氛围，进而保持了安利的市场竞争优势。

资料来源：李宝元. 战略性激励——现代企业人力资源管理精要. 经济科学出版社，2002：162.

(三)选择考评方法

一般地，可以将考评方法分为传统的特征考评法、根据可考核目标来考评和按管理人员的职责要求来考评三大类型。

传统的特征考评法主要用于对主管人员个人特征和个人能力，如合作精神、工作主动性、人际交往能力、决策能力等方面进行评价。这种方法可以为分析主管人员的工作业绩结果提供信息，但是由于它评价的内容比较抽象，所以评价结果的有效性和可靠性较差。

根据可考核的目标来考评主管人员的方法是根据规定的可考核目标来评定主管人员的工作业绩。在这一考评方法中，建立一个有意义的、可实施的目标体系是基础和关键，也是考评主管人员的主要依据。这一方法有其特殊而重要的优点——切实可行。他没有避开主管人员所做的工作，而是审查他们作为管理者实际做了什么。但由于它强调根据工作目标的完成情况来考评主管人员，就有可能忽视主管人员个人发展的需要。在实际工作中，一个人的成就可能是短暂的，即使在考评方法中包括了长期目标，也不可能把主管人员的长期发展考虑在内。而且，这一方法只看重结果，容易忽略实现目标过程中的客观因素。

按管理人员的职责要求来考评的方法利用管理的基本方法和原则作为考评的标准。具体说来这一考评方法包括对管理人员的职能进行分类，然后对每一项职能提出一系列的问题（这些问题应反映每一职能的最重要的管理原则），并依此进行主管人员的考评。这一方法把考评重点放在管理工作的基本要点上，明确了真正的管理工作是应该怎样进行的。而且还是管理发展的工具。但它只适用于一定职位的主管人员。

每种考评方法都有其优点和不足，有其一定的适用范围。所以要根据考评对象、考评目的与要求，以及每种考评方法所能提供的信息，选择合适的考评方法。一般情况下，在进行主管人员考评时，常常三种方法结合使用，以便获得多方面的考核信息，提高考核的信度和效度，满足不同的绩效考评需要。

（四）确定考评者

由谁来对主管人员的工作业绩进行考评，对考评信息的来源渠道及其有效性有着一定的影响。在传统的业绩考评中，上级是最主要，甚至是唯一的考评者，这不仅使业绩考评缺乏客观性，也有失公正性。为了保证考评信息的客观公正，应从多方面收集信息。

1. 上级主管担任考评者

由于上级主管对其下属的工作性质、工作任务、业绩标准最为了解，而且能有更多机会和方法考察下属的工作能力、工作态度和工作表现，所以，他们仍然是员工业绩评价的主要承担者。

由上级主管进行考评，可以有效地将业绩考评与主管人员发展、薪酬等联系起来，有效发挥考评的作用。但是，上级主管的考评也存在一些问题。首先，上级主管有时可能没有足够的时间和机会去监督下属的工作，特别是现在的组织日趋扁平化，那么他们就很难对每一个下属的工作有个全面细致的了解。其次，上级主管的个人偏好或偏见常常会带到考评中，影响业绩考评的客观性。另外，有时某些下级主管会在上级管理者面前努力表现出一种最佳行为，而这种行为并非他的日常工作表现，却容易给上级管理者留下错觉。

2. 同事担任考评者

与被评价者共事的同事的评价是很好的，而且是有效的业绩考评信息来源。因为他们不仅对工作任务和业绩要求非常熟悉，而且有更多机会从不同角度观察和了解被评价者的日常工作活动，所以他们提供的信息更为客观和准确。但是，如果同事间存在某种竞争，如业绩考评结果可能会对职位提升、工资调整或奖励产生影响时，同事评价的公正性和有效性就会降低。此外，同事评价也存在个人感情问题，这也会造成考评的偏差。

3. 下属担任考评者

在对主管人员进行评价时，其下属员工常常能提供有价值的业绩评价信息，因为他们对其上级的领导能力、管理作风、业务水平等有最直接的了解。但是，下属在对其上司进行业绩评价时往往更愿意采用匿名形式。而有些主管人员为了赢得其下属的良好评价，在平时工作中可能会更多地关注员工的满意度，而不是关注工作的效率或企业目标的实现，在这种情况下，业绩考评就会出现偏差。

4. 自我评价

主管人员的自我评价是业绩考核的一项重要内容。主管人员提交的“述职报告”是自我评价的最普遍形式。自我评价使主管人员能够思考其工作表现和工作结果，促进他们业绩的改善和提高。同时，自我评价为主管人员提供了陈述自己对工作业绩看法的机会，使他们有种被尊重的感觉，减少了对其他考评的抵制。

自我评价的问题是：主管人员本人对考评内容和考评标准的理解可能与企业的要求不一致，在自我评价时也常常夸大自己的工作业绩，对不良业绩总愿意寻找客观原因。

5. 客户评价

在市场竞争日趋激烈的环境下，许多企业将顾客满意作为企业的目标之一，顾客的意见也就成为业绩评价的重要依据。客户评价不仅可以用于与企业的外界客户直接打交道的销售、服务等部门和员工的业绩评价，也适合于企业内部，如相互联系或提供服务的工序、部门之间的内部客户关系，也可以采用客户评价的方法。

（五）确定考评周期

考评周期并没有一个统一的标准。企业可以根据绩效管理的需要、工作任务的完成周期、以及主管人员的工作性质决定业绩评价的周期。评价周期过短，会耗费评价者太多的时间和精力，也会给被评价者造成不必要的心理负担。评价周期过长，一方面不能将主管人员的工作业绩表现及时进行反馈，无法促进业绩改善；另一方面，评价者很难记住主管人员在长时间中的工作表现，容易发生错觉归类。所以，企业正式的业绩评价通常是每半年或一年一次。

但是，从广义的绩效管理角度看，企业可以通过非正式的绩效沟通，经常性地与主管人员进行业绩反馈，这样主管人员就能不断了解组织要求以及组织对他工作业绩的评价，这对于主管人员不断改善和提高工作业绩非常有益。

二、主管人员考评误差成因

主管人员考评往往存在误差。首先是因为对于一个人的工作能力，尤其是智能，很难找到一种简便易行的考评方法；对一个人的思想品德的考评也只能凭主观印象。其次是评价者常常容易受人际关系或心理因素的影响而对被评价者作出不公正、不客观的评价。

一般地，评价者可以通过注意避免如下问题来减少考评中的误差。

1. 晕轮效应

晕轮效应亦称“哈罗效应”或“光环效应”，是指观察者根据一个人某个方面的特征（在观察者看来这个特征较为突出）来判断他的所有特征，这个特征成为笼罩他的光环，使人看不到他的其他品质，从而由一点作出对这个人整个面貌的判断。美国心理学家 E. L. Thomdike 根据心理实验的结果发现，当评价者根据被评价者的一种特征得出总体印象时，就容易出现晕轮效应。在对员工进行考核时出现的晕轮效应是指评估者对员工个人的某一种绩效要素的评估影响到对这个人所有的其他绩效要素的评估。比方说，如果一个员工忠诚性高，比较谨慎，那很有可能其主管给他的评价就是他在其他方面也比较出色。再比如，一位对主管人员表现得不甚服从的员工，不仅主管给他的“纪律性”等方面的评价较差，而且也会影响对他其他方面的评价。同样，如果下属给上级主管进行评估，如果下属很欣赏该上级的某些做法，比如对下属很体贴，很少得罪人等，就可能给该上级所有的评估项目上都填上优秀。而如果下属认为该上级对下属比较苛刻严厉，则有可能会给所有的评估项目打低分。

2. 居中趋势

居中趋势即评价者对所有的被评价者作出的结论相差不多，都过分集中在评定尺度的中心附近，致使各被评价者的成绩拉不开距离的倾向。这种倾向会导致评估结果不符合正态分布的要求。比如，如果评价等级是从第一等级到第五等级，那么评估者很有可能避开最高的等级，即第四、五等级，同时也避开最低的等级，即第一、二等级，而把被评估者的大多数都评定在第三等级上。如果将被评估者的等级划分为优、良、中、较差、不合格，那么评价的结果则会大多数都在“中”这个等级上。其结果就是，似是而非，大家都半斤八两差不多。这样，不仅违背了企业进行绩效评价的本意，而且极大地削弱了绩效评价的管理功能和促进员工发展成长的功能。

居中趋势的产生，从评价者主观的因素来看，主要是由以下三个方面的原因造成的。一是人们往往很难或不愿意作出“极好”或“极差”的评价；二是评价者对评价工作缺乏足够的信心；三是评价者缺乏足够的事实，以至于难以作出准确的评定。评价中采用强制分布法可以帮助避免居中趋势的产生。因为它已经提前确定了一个将被评估者分别分布到每一个绩效等级上的比例了，这样，就不可能把他们全都排在中间的位置上了。

3. 近因效应

近因效应是指最近的印象对人的认知产生的强烈影响。当评价者在评价时不是根据整个评价期间员工的业绩和行为，而是主要根据最近的行为进行评价时，就犯了近因效应的错误。因此，如果被评估者在评估前的一段时间内表现得好，则评估者就推断其表现一贯好。而如果评估者认为员工最近正在不断地进步而给予员工较高的评价，则也犯了近期效应的错误。还有一种情况，就是评估者因为员工在最近工作中的一次失误，而使原来对其好的印象完全改变，导致被评估者评估成绩降低。因此，在绩效考核中，一定要有被评估者在评估期间的完整系统的工作记录。

4. 对比效应

对比效应是指个体在认知他人时，常常将其与最近接触的人进行比较，从而得出结论的一种知觉失真现象。当评价者将一个员工与先前已经做过评价的员工相比而不是将这个员工与客观的标准去进行对比的时候，就容易得出偏高或偏低的评估结果。比如当评估者将员工的评定等级按最好到最差的顺序排列时，如果在当前员工之前被评估的员工比较差，即使当前员工绩效一般，他也会显得比较优秀，考核的结果就有可能偏高。如果在他之前被评估的员工比较优秀，则其评估结果就有可能偏低于其应该得到的水平。

5. 相容效应

相容效应是指个体在认知他人时，常常容易对与自己有相同特性和品质的人产生好感的现象。如果评估者在对其他人进行评估时，特别注意该被评估者是否具有他自己所具有的某些特点时，就出现了相容效应。对那些观点和性格特征等方面与自己相同的人，评估者会故意提高这些与他有相似特点的员工的评估结果。比如，评估者自己是一个社交能力很强的人，那么，在评估时，他就会特别注意社交能力强的员工，因此社交能力强的员工就自然从中受益，社交能力不强的员工在评估中就会吃亏。

6. 刻板效应

刻板效应亦称“定型效应”。是指人们对于某一种人或某类事物产生的一种比较固定的看法，也是一种概括而笼统的看法。当评价者根据被评价者所在的某个团体特征为基础来判断某人的绩效时，就犯了刻板错误，导致被评价者得到的绩效评价结果大大地偏离了他们的实际工作绩效。比较常见的是以性别、年龄、民族、地区、宗教等为基础的刻板印象。比如评估者认为，年龄较大的员工比一般的员工要难以接受新的技能，这就形成了一种刻板印象。

三、主管人员考评的工具

主管人员的考评常常要借助适当的工具来进行。常用的考评工具有：

(一)强制分布法

强制分布法就是将主管人员的工作进行比较后排序，再按照其管理业绩的优劣程度强制将其列入某一业绩等级中。通常将业绩分成优秀、良好、一般、合格、不合格五个等级，按照正态分布规律，每个等级有一定的比例限制(优秀 5%，良好 20%，一般 50%，合格 20%，不合格 5%)，如图 8－3 所示。

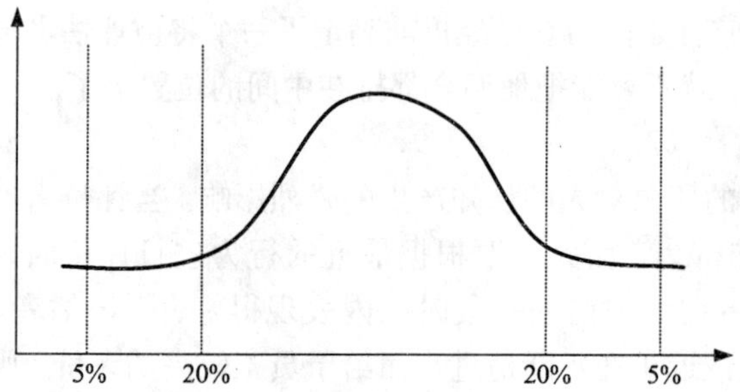

图 8－3 主管人员业绩强制分布形态

强制分布法可以克服不分优劣的平均主义考评，也可避免主管人员业绩考评过程中过严或过松的现象。但是，有时可能出现由于部门之间整体绩效的差别而使考评结果在部门之间标准不一致的现象。如绩效差的部门的优秀者可能不如绩效好的部门的良好者。

(二)配对比较法

配对比较法是按照考核项目将被考核的主管人员一对一地加以比较，如果被评价者比另一对比对象更好，就记 1 分，更差得 0 分。然后计算每人的得分数，并按得分高低排出名次的一种考评方法，如表 8－1 所示。

表 8－1 配对比较

	A	B	C	D	E	得分
A		1	0	0	1	2
B	0		0	0	1	1
C	1	1		1	1	4
D	1	1	0		1	3
E	0	0	0	0		0

表8-1中有5个被考评者，他们分别与四人比较，最后计算每人的总得分数，其优劣顺序是：C、D、A、B、E。如果考评的项目有若干个，那么就要逐个项目进行这样的对比，得出相应的分数，然后再排名次。其优点是准确性高，两两对比，显得比较客观。但手续繁琐，工作量大，当被考评者人数较多时则不宜采用。

（三）360度绩效考评法

360度考评法又可称为“多源考评”或“多评价者考评”。是一种从不同层面的群体中收集考评信息，并最终将考评结果反馈给被考评者本人的主管人员考评方法。它不同于以往的自上而下，由上级主管评定下属的传统考核方式。在这一模式中评价者不仅仅是被考评的主管人员的上级，如同事、下属、客户等，同时，还包括被考评的主管人员本人。其主要特点有：(1)全方位。360度考评法的评价者来自企业的不同层面，可以对被考评的主管人员进行更深入、全面的多角度的评价，从而达到减少个人偏见及评分误差的效果；(2)基于胜任特征。胜任特征是指能将某一工作中表现优秀者与表现一般者区分开来的个体潜在的深层次特征。它是工作行为设计的依据。360度考评法中的评价要素的设计依据正是各职位的胜任特征评价模型；(3)评价的客观性。360度考评法为了保证考评结果的可靠性，减少评价者的顾虑，一般采用匿名的方法。同时，为了使参与评价的人员能够客观地进行评价，还要进行专门的评分方法的训练。

360度考评法的实施有非常严格的要求。否则，只是改变现有的评估方法的信度和方式，不仅仅不能体现其优越性，而且可能带来许多问题。诸如被考评者诊断结果不够客观公正，提供的反馈意见挫伤了主管人员的积极性等等。因此，必须根据组织的实际情况和需要，认真设计正规的、有针对性的360度考评方案和实施过程。

（四）目标管理法

目标管理(MBO)法是当前比较流行的一种主管人员考评方法。目标管理是一种系统，它通过使每个雇员为完成组织使命而努力来实现组织的有效性，其管理过程包括目标设定、规划和评价。采用目标管理作为主管人员考评的方法，其基本的操作程序为：(1)上下级主管共同制定考评期内要实现的工作目标，并为实现特定的目标而制定相应的主管人员必须达到的绩效标准。一般地，主管人员的工作目标是组织最高层制定的战略目标的具体落实与分解，主管人员个人工作目标的完成应代表最有助于组织战略目标实现的结果。(2)根据业务或环境变化修改或调整目标。目标的修改或调整是中上级主管和被考评的主管人员共同参与，在充分分析了原定目标要达成存在的障碍，并通过努力后难以克服这些障碍而被迫作的调整或修改，而不是随意的改动。(3)对目标实现情况进行评价，并制定下一考评期的工作目标和绩效标准。

目标管理法的特点在于将绩效考评者的作用从法官转换成了顾问或促进者，被考评者的作用也从消极的旁观者变成了积极的参与者。能够增强他们的满足感和工作的主动性，有利于组织目标的实现；从公平的角度来看，因为采用目标管理法设定的绩效标准是按相对客观的条件来设定的，可以使得评分的主观性大大降低，而让人感到公平。

目标管理法也存在一些缺点：(1)目标管理法为主管人员设定了具体而明确的目标，但没有指出达到目标应有的行为，对一些初涉管理生涯的主管而言，会存在一定的难度；(2)目标管理容易导致主管人员的短视行为。由于考评周期的限制，目标管理中的目标往往是短期目标，这就有可能使主管人员牺牲长期目标来达到短期目标，以获得较好的绩效评价；

(3)如果在实现目标程度上发生归因错误，会影响其评价的公平性。因为主管很容易将成功归因为主观的努力，将失败归因于不可控范围的因素。这样，就会导致考评结果失去公平性。

(五)KPI法(Key Performance Indicator or Lndex)

与目标管理考评法紧密相关的一个问题是“关键绩效指标”(Key Performance Indicator or Lndex，简称KPI)的确定。因此，KPI法成为当前流行的主要绩效管理方法之一。所谓KPI，实际上是对公司组织运作过程中关键成功因素的提炼和归纳，是对部门和个人工作目标起导向作用的引导指标体系。KPI法的基本思路是：在实施目标管理的过程中，层层设置考评目标，并确定这些考评目标中哪些绩效属性是重要的，而且是可度量、可验证的，将他们作为KPI，形成绩效沟通和评估的量化或行为化标准体系。

采用KPI法进行绩效管理的关键是要科学确定KPI指标体系。一般地，KPI在指标数量上要做到“少而精”；在指标性质上要基于战略流程、与公司远景相联系；在实施操作上是部门和个人可以控制的。具体来说，KPI的确定要遵循SMART原则，即：

(1)具体性原则(Specific result)。具体性原则指的是绩效指标要切中特定的工作目标，不是笼统的，而是应该适度细化，并且随情境变化而发生变化，明确的实现步骤和措施。

(2)可度量性原则(Mearuable)。可度量性原则是指绩效指标或者是数量化的，或者是行为化的，验证这些绩效指标的数据或信息是可以获得的，在成本、时限、质量和数量上有明确的规定。

(3)可接受性或可实现性(Accepted/Attainable/Achievable)。这是指绩效指标必须是在员工付出努力的前提下能够完成或超额完成的，设立过高或过低的目标都不利于企业战略目标的实现。

(4)工作相关性或现实性(Relevant/Realistic)。工作相关性或现实性指的是绩效指标是实在的，可以证明和观察得到的，而并非假设的。

(5)时效性(Time - bound)。这是指绩效指标中要使用一定的时间单位，即设定完成这些绩效指标的期限。

确定KPI的一般操作程序是：

(1)明确工作产出，即界定团队或个人的工作产出成果或状态是什么。通常以“客户”为导向来设定工作产出是一种比较适宜的方法。工作成果输出的对象，无论是面向组织外部还是内部，都构成这里所说的“客户”，应从客户的需求出发，通过检核这样一些问题来确定工作的产出：被评估对象面对的组织内外客户分别有哪些？被评估者要向这些客户提供什么？组织内外客户所需得到的产品或服务是什么样的？这些工作产出在被评估者的工作中各自所占的权重如何？

(2)确定关键绩效指标和标准。指标解决的是评价“什么”的问题，确定考评指标即确定各项工作产出应分别从什么角度去衡量。一般地，关键绩效指标主要包括数量、质量、成本和时限四种基本类型。

(3)审核指标。就是要审核所确定的“KPI”是否能全面、客观地反映被考评者的工作绩效。一般可以从如下几方面进行审核：指标是否可以证明和观察？多个评价者对同一个绩效指标进行评价是否能取得一致的结果？这些指标的总和是否可以解释被评价者80%以上的工作绩效目标？是否从客户的角度来界定关键绩效指标？跟踪和监控这些关键绩效指标是否可以操作？等等。

(六)BSC 法(Balanced Score Card)

BSC 法是20 世纪90 年代在美国兴起，并迅速推广应用的企业经营绩效评估法，也称“平衡记分卡”。它是企业绩效管理系统中采用的一种新方法。1997 年美国 64% 的企业采用了这种评价方法。今天它已成为凝聚组织、增加沟通、确立组织目标、提供战略反馈的工具。

平衡记分卡的设计原理是选择一套合适的指标：每项指标表示企业战略的一个方面/因素；准确反映企业战略成功的主要因素；揭示各个指标之间的因果关系；指明非财务指标如何长期影响财务指标；能够帮助管理者广泛地考察企业现状。这个指标体系一般包括三组相互关联的指标：(1)驱动指标与成功指标——驱动指标又称超前指标，主要揭示实施战略时关键领域的进展，说明最终影响成果增加的变动，并通过引导管理者把注意力集中于企业关键领域而影响企业员工的行为。成果指标通常是“滞后指标”，它说明最后的战略结果，如增加收益、提高质量。(2)财务指标与非财务指标——财务指标包括利润或净利润、投资收益率、现金流量等；非财务指标包括质量、顾客满意度等。非财务指标对于企业的影响越来越大，要求管理者必须视之为重要绩效指标而高度重视。(3)内部指标与外部指标——内部指标包括产量、成本等，外部指标包括企业形象、品牌影响度、顾客满意度、社会赞誉度与支持度等。现实表明，二者都不可忽视，如图 8 -4 所示。这是 Rockwater 公司设计的平衡记分卡，它把各种指标分为 4 类：财务；顾客；内部经营；学习与革新。

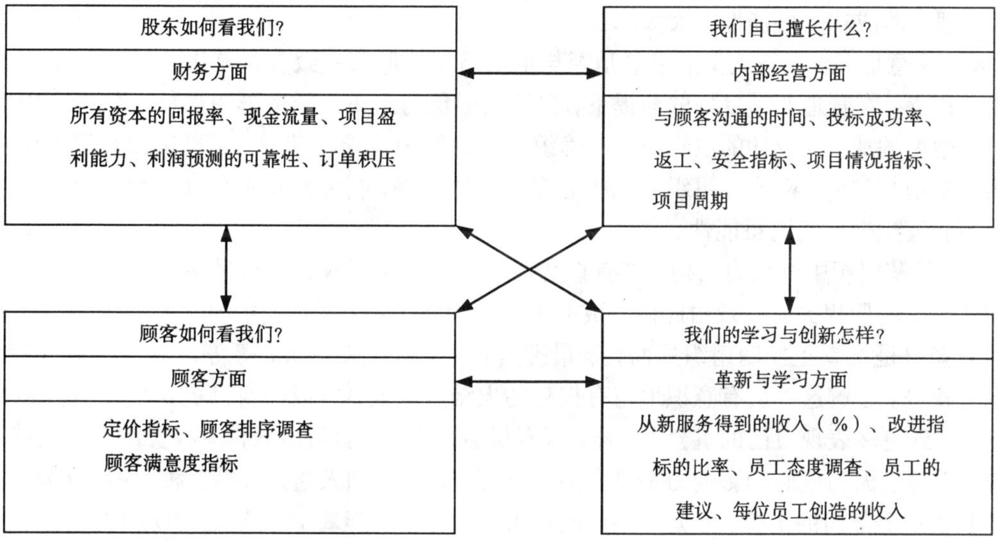

图 8 -4 Rockwater 平衡记分卡

“平衡记分卡”是建立在“综合平衡观”、“战略观”基础上的综合绩效评估体系，它除了传统的财务绩效衡量指标外，还融合了三类非财务绩效衡量指标，包括顾客导向(即客户绩效)、企业内部经营(即流程绩效)、学习创新和成长(即员工绩效)等长期性绩效指标。BSC 成功地揭示并解决了传统经营绩效评价系统的严重缺陷，紧紧围绕公司的战略目标，并将公司的长期战略和短期行动联系起来，通过把公司的战略、任务和决策转化为具体的、全面的、可操作的目标和指标，而变成集评价和激励、传播和沟通、团结和学习的多功能的战略管理系统。是对传统绩效评价观念与模式的一次重大改革。

第三节　主管人员的培训

一、主管人员职业生涯指导

主管人员职业生涯是指主管人员在其一生中所承担的各种管理职务的相继历程。或者说是他一生中管理职位的升迁路线。对主管人员进行职业生涯的指导，可以促进主管人员的潜能开发，使得主管人员在成功地发展自己事业的同时，增进组织的效率。一般地，主管人员把握如下要点将有利于职业生涯的成功：

(1)审慎选择第一项职务。第一项职务是主管人员管理生涯的起点。有实践证明：选择什么样的职务作为起点常常对一个主管人员将来的职业发展具有重要的影响。经验表明：如果能够选择，最好是挑选一个有权力的部门作为管理生涯的起点。因为权力影响大的部门有助于初涉管理生涯的主管尽快地建立自己的人脉，学会如何运用和驾驭权力，从而更有可能在他们的职业生涯中得到迅速提升。

(2)做好本职工作。做好本职工作是主管人员建立管理业绩的根本途径。而良好的工作业绩又是管理生涯成功的必备条件。有效的主管应该懂得首先把本职工作做好，缺少了这一条，管理生涯成功的可能性会大大降低。

(3)注意形象。主管人员的形象是否与组织倡导的形象一致常常是影响其管理生涯成功的重要因素。在管理业绩良好的前提下，自己的形象与组织倡导的形象保持一致能有力地促进职业生涯的成功。成功的主管应当明确组织对自己的要求与期望，通过努力获得组织发展所需的知识与技能，形成与组织文化相适应的管理风格，树立组织成员认可的人际形象，从而提高管理生涯成功的可能性。

(4)了解组织中的权力结构，同有权势的人结成联盟。权力结构是指组织中由正式组织结构所确定的职权关系以及由此而形成的资源配置状况。了解组织中的权力结构是要求主管人员要知道是谁真正控制组织局面；谁最拥有资源；谁又依赖谁；等等，也就是说谁在组织中拥有权势。了解这些后有意识地与有权势的人结成联盟，可以使自己更快更多地得到核心信息，得到更多表现自己的机会。这样，当有机会晋升时，就可以获得有权势的人的支持，达到成功升迁。因为他们的影响力是最大的。组织中有权势的人通常包括三种：一是上级主管；二是其他重要部门的主管；三是离组织的权力中心很近，但看起来并无实权的人，如总经理秘书、总经理的至亲好友等。

(5)争取最关键的工作。对于本单位发展至关重要，被上级领导最看重的工作，如本人可以胜任，则应尽快争取。可以考虑将自己对这一工作的构思和计划显示给与之相关的人，一旦得到积极的反馈，就可以进一步设法实现这种构思和计划，从而扩大自己的影响力。

(6)保持可见度。由于管理业绩的评估常常难以消除主观性。因此，让你的上司和组织中有权力的人意识到你的贡献是管理生涯成功的重要手段。如果你没有机会争取到组织中最关键的工作，或者你只是小组行动中的一份子，难以区分你的特定贡献，那么你必须设法提高自己的可见度。如向你的上级汇报工作进展情况，与正在评价你的人多接触等等。但要注意不能给人留下爱吹牛的印象。

(7)从危机中获益。管理生涯的成功是以获得权力为标志的。在正常情况下，迅速获得权力，“坐直升机”的可能性是很小的，但在危机之中，原来的权力构架很容易打破，主管人员如果能够挺身而出，带领组织走出危机，就能迅速获得权力。

(8)不要在最初的职务上停留太久。成功的主管应当谙熟“要么在第一份管理职务中真正干出点成绩，要么尽快接受一项新的职务轮换指派”的道理。因为在最新的职务上很快转换到不同的工作岗位上会给人一种你在“快车”上的信号，这将有利于得到更多的升迁机会。

(9)谨慎地寻求导师。再聪明的人也只能洞悉事情的一部分，如果能找到一个德高望重、职位较高的人作为自己管理生涯的导师将会大有帮助。许多现代组织有正式的教导方案，将组织寄予高期望的年轻主管分派给扮演导师角色的高级经理人员。但现实中，你往往是非正式地由你自己的上司或者组织中其他与你共享某些利益的人选中而成为一个被教导者。这时你必须注意：如果你的导师不是自己的上司，千万不要做些威胁你上司或者不忠于上司的事。

二、主管人员培训的方法

主管人员培训是指由组织安排的采用一定的手段与方式有计划、有步骤地向主管人员传授其本职工作所必需的相关知识、技能、价值观念和行为规范的过程。常用的培训方法有两大类：

(一)“工作中”的培训方法

工作中的培训方法是指一种边工作、边学习的培训，亦即常说的“干中学”。目前企业中流行的做法有：

1. 职务轮换

就是使受训人员在不同部门的不同主管职位或非主管职位轮流工作，使其拓宽知识面，了解不同的工作内容，获得各种不同的经验，为今后在较高层次上任职打好基础。

(1)非主管职位的轮换。主要在组织基层第一线进行，目的是使受训者了解基层的各类业务活动，了解这些活动的基本过程、特点，了解非主管人员工作的情况和精神状态。这种轮换的时间一般不宜太长，参加轮换的人员多为刚从组织外部招聘的人员和一些基层主管人员。通过轮换，取得多方面活动的感性知识，密切与基层人员之间的关系，为他们今后在主管职位上的管理工作打下一定的基础。

(2)主管职位之间的轮换。它是在组织同一层次上的各个同部门的主管职位上进行的。例如将车间主任调去当财务科长，过一段时间后，又调去当销售科长。这种轮换的目的是使待提拔较高层次的主管人员，在不同部门的主管职位上积累经验，提高全面管理的技能，以便将来胜任较高层次上的管理工作。这一做法的优点是使主管人员开阔视野，了解各部门的工作特点及其相互联系，培养综合管理能力。缺点是这种轮换在一定程度上影响部门工作的相对稳定性，还会使某些参加轮换者产生“做客”心理。同时，经常调换主管人员也会影响其下级的情绪和积极性。为了避免职务轮换中的“做客”思想；可以对在每个职位上的时间长短不作规定而是根据其工作表现来决定培训时间的长短。对于那些工作干不好，没有培养前途，就不必再轮换了。

2. 委以助手

在一些较高的管理层次上设立助理职务，不仅可以减轻主管人员的负担，使之从繁忙的日常管理中脱出身来，专心致力于重要问题的考虑和处理，而且具有培训待提拔主管人员的好处。委以助手是指将有潜能的待提拔的主管人员委派给较高层次的主管当助理以提高其管理能力的培训方式。助理通过接触和处理较高层次的管理实务，可以积累经验，观察和学习上级主管处理问题的方法，从而促进助理的成长。作为上级主管人员。则应根据助理所缺乏的经验对他们进行培训，让他们知道应该处理些什么、怎样处理？为什么要这样处理。既要让他们看你处理问题；又要适当地授权让他们自己去处理一些具体问题，从中得到锻炼和提高。如果上级主管人员不了解助理的需求，不放手让他们实践，是不可能达到培训的目的的。培训的组织者要根据助理的管理能力培养状况，来决定是否需要继续培养或是否能给予提升。

3. 临时职务

这是指某一主管人员因出差、短期离职学习、生病或度假等原因而出现职位空缺时，由组织指定有培养前途的下级主管人员代理其职务。这种临时职务或临时提升，具有与设立助理职务相类似的好处，可以使作为代理人的受训者得到一个很好的实践机会，积累在较高层次上的管理经验。同时，组织也可以借此机会考察其潜能。要使临时提升真正起到培训的作用，必须让临时提升的主管人员拥有实权，能在职权范围内作出决策，并承担全部责任。如果在代理职务期间有职无权，不敢放手让他去管理，则不可能达到培训的目的。

4. 工作扩展

工作扩展是对主管人员现有的工作提出新的要求或赋予其新的职责。例如让主管参加一个新的项目，改变他在团队的角色，做新主管的导师，等等。这既是一个培训过程，又是一个发现主管人员潜能的过程。

5. 训练与辅导

训练与辅导是通过安排一个经验丰富的主管作为导师或教练帮助接受培训的主管人员学习适应工作要求所需的知识、技能和方法的培训方式。这种方法通常是一对一的，这样导师或教练就能针对受训主管人员的实际情况采用相应的培训内容和方法。这样可以使受训者不仅能学习到相关知识和技能，还能因为与导师长期交往而学到许多人际交往能力、处理问题的能力等等。

（二）“教室里”的培训方法

教室里的培训方法是指主管人员走进教室，以课堂的形式参加正式的培训课程接受培训的方法。这种培训方法形式多样，主要包括培训课程与讲座、研讨会、案例研究、角色扮演、商业游戏等等。

培训课程与讲座是最传统的，也是最为广泛的离岗培训形式。它是针对工作中所需要的知识和技能为员工提供的有针对性的培训课程。如针对销售主管人员开设的《市场营销》、《广告策划与管理》课程；提高主管人员沟通能力的课程《人际交往与沟通技巧》；针对管理人员的《领导艺术》课程，等等。这些课程可以是组织自己开设，也可以委托有关院校或专门的培训机构开设。

研讨会是受欢迎的一种培训形式，因为一些最新的研究成果、技术和方法、热点问题通常是通过研讨会的形式进行交流和推广。通过研讨会，参加培训的人员可以了解某一技术和研究最新的发展动态。这是一种很好的启迪思维形式。

管理决策演习同案例教学有相似之处，其前提是要有案例。决策演习法是由美国沃顿管理学院创造的，首先要为每一个案例设计出多达几十种的不同决策方案，并预计出每种方案得到的后果。把这些信息和程序储存在电子计算机中。受训者分析案例时，自己提出决策方案，预测它的后果，然后将决策方案输入电子计算机。受训者看了报告，同自己的预计相比较，从而发现问题，再提出另一种较好的决策方案输入电子计算机，又得出一份决策方案的报告。照此进行下去，直到得出最优的决策方案为止。这种学习法对于提高受训者的决策能力是很有帮助的。使用这种方法必须利用电子计算机技术，而且事先要做好大量的准备工作。

以计算机为基础的培训是随着计算机和信息技术的飞速发展，越来越多的新技术被广泛用于培训过程中而产生的一种培训方式。如多媒体技术、CD－ROM 和光盘、网络培训、远程教育等等。

相关链接

西门子的人才培训体系

西门子公司是具有 150 多年历史的百年老店。公司的人才培训计划从新员工培训、大学精英培训到员工再培训，涵盖业务技能、交流能力和管理能力的综合培训。这种多级培训制使西门子公司长年保持员工的高素质，成为具备强大竞争力的重要根源。

第一职业培训，造就技术人才。

西门子的第一职业培训对象是吸纳部分 15～20 岁的中学毕业后没有进入大学的年轻人，培训时间为 3 年左右。第一职业培训期间，学生要接受双轨制教育：一周 5 天，其中 3 天在企业接受工作培训，另外 2 天在职业学校学习知识。第一职业培训理论与实践结合的学习方法，保证了学员在正式进入公司时就具有很高的技术水平和职业素养，为企业的长期发展奠定了坚实的基础。

大学精英培训，选拔管理人才。

西门子公司计划每年在全球接收 3 000 名左右的大学生，为了从这些宝贵的人才中选拔优秀管理人才，公司提出了大学精英培训计划。大学精英培训计划为西门子公司储备了大量管理人员。西门子公司还从每年的大学生中选出 30 名尖子进行专门培训，培养他们的领导能力。专门培训的时间为 10 个月，分三个阶段进行。第一阶段，让他们全面熟悉企业的情况，学会从互联网上获取信息；第二阶段，让他们进入一些商务领域工作，全面熟悉本企业的产品，并强化他们的团队精神；第三阶段，将他们安排到公司的下属企业（包括境外企业）承担具体工作，在实际工作中获取实践经验和知识技能。目前，西门子公司共有 400 多名这种“精英”，其中 1/4 在接受海外培训或在国外工作。

除了以上两种培训，西门子公司还特别重视员工在职培训，在公司每年投入的 8 亿马克培训费中，有 60% 用于员工在职培训。培训的主要形式是独特的管理教程培训。员工管理教程分五个级别，从第五级到第一级所获技能依次提高，各级培训分别以前一级培训为基础。管理教程培训使正在从事管理工作的员工或有管理潜能的员工得到了学习管理知识和参加管理实践的绝好机会。既提高了参与者的管理能力，又增强了企业和员工的竞争力。

资料来源：宋联可，吴应泉. 百年老店是怎样炼成的. 东方出版社，2004：86.

本章概念

团队　　效度　　团队精神　　信度　　公文处理　　评价中心　　无领导小组讨论
首因效应　　结构化面试　　光环效应　　非结构化面试　　居中趋势　　职务轮换
对比效应　　工作扩展360度考评法　　职业生涯　　目标管理法　　BSC考评法
KPI考评法

问题思考

1. 选聘主管人员必须遵循一定的标准，请评述这些标准的意义。

2. 组织中主管人员的选聘常常通过内部晋升和外部招聘两条渠道来实现，在你看来，两种渠道各自的优缺点是什么？当组织迫切需要一位能够领导变革的高级主管人员时，通过何种渠道来获得会比较好？为什么？

3. 目前许多组织流行采用心理测验来选聘主管人员，在你看来选聘高级主管与选聘初级主管可以选用相同的心理测验方法吗？为什么？

4. 确定科学合理的考评指标是进行有效考评的基础，请问怎样才能确定合理而科学的主管人员考评指标体系？

5. 考评的结构常常会因为考评者可能步入的某些心理误区而产生考评误差，请问这些心理误区是什么？如何避免？

6. 考评工具的选择常常影响考评结果的有效性，试比较各种考评工具的优缺点。

7. 主管人员的职业生涯是否成功，除了自身的努力外，还需要组织能够提供相应的指导，请联系实际谈谈主管人员职业生涯成功的策略。

8. 360度绩效考评法已经日益成为一种适应时代要求的评价主管人员的有效方法，目前《财富》杂志排名前1000位的企业中已有90%的企业在使用不同形式的360度考评法。请评述一下其特点及其作用。

9. 主管人员的培训已成为组织发展的必然要求，也是组织人力资源投资的重要项目，试以投资的眼光联系实际评述主管人员培训的意义。

10. “教室中”的培训方法与“工作中”的培训方法都是主管人员提高知识、技能的有效方法，请比较一下这些方法的适应范围。

☞ 案例分析

总经理人选的“三难”选择

如果自己所开创的事业由于缺乏领军人物而难以为继或发展壮大，企业没有合适的接班人，企业老总一定寝食不安。最近黄海集团公司老总正遇到了这样的难题。

黄海公司经过多年的奋斗，已经发展成为行业内颇具影响力的公司，并准备在未来几年里选择适当的时机上市。公司的几位董事看到公司的发展壮大，一方面感到欣慰；另一方面也在为公司近60岁的总经理需要着手寻找合适的接班人而操心。暗地里筛选之后，公司接班人的主要焦点最后放在了公司内部的3位候选人A、B、C身上。

A和B两人是8年前同时被招进公司的，都是大专以上毕业。经过自己的努力和奋斗，两人目前都担任公司的副总经理，A负责市场营销，B负责行政及采购。而C是3年前从竞争对手处挖过来的研发能力很强的一位经理（本科毕业），他曾因为觉得自己的奉献（产品畅销）与待遇不对等，闹过情绪，提出过辞职，后来在董事的挽留下留了下来，公司也将他晋升为负责研发的副总经理。

负责市场营销的A副总，行事大胆果断、雷厉风行，市场在她的引领下颇有起色，订单源源不断。但明显不足的是，在她眼中，客户和订单是天下第一大事，其他可以忽略不计。所以在A副总管理下的市场部，经常有些业务能力较好的人违反公司规定（如上班看报纸、吃零食），都被她认为是小事一桩而轻轻带过。同时，她的本位主义比较严重，通常不喜欢别的部门投诉本部门的某些问题，对其他副总的建议也只是一笑置之……

负责行政管理工作的B副总，属于温和式管理，讲究人性化，沟通能力极强，在处理事情上往往会咨询相关的意见，然后稳步推进。不过，有时候其处事给人感觉不够干练，事情往往会办得成功，但所需时间相对较长。

负责研发的C副总则是典型的钻研技术的人，平时话语不多，整天都皱着眉头在思考自己的创意之作。每当完成一件精心之作，便会将设计部的所有同事请去酒楼里喝上一杯。C副总平时参与公司流程运作设计的时候不多，管理层多数人通过意见表决时，他往往说："我没意见……"

公司几位董事在继任人的问题上有分歧。赵董事和钱董事认为：从资历、性格及处事的稳重程度上看，选择B升为总经理是个不错的结果，何况他的沟通能力和人缘是大家公认的，但孙董事表示反对："不，我不这样认为！公司要生存发展，市场和顾客是第一！没有市场就什么都没有，我个人认为A将是最好的人选！"赵董事却认为："很多公司都注重以德为先选拔公司高层，我们也应如此考虑……""我不同意，每个公司有自己的特点，我们应强调能力为先……"孙董事发表自己的不同看法。

不过，几位董事达成的共识是：C目前还不够晋升为总经理的条件。但有一个头痛的问题是，到时候，C会不会又提出辞职呢？

难！到底该晋升哪位做总经理好呢？

资料来源：中国人民大学书报资料中心. 人力资源开发与管理，2004(4).

问题分析：

1. 主管人员的选聘渠道与方法各有哪些？案例中是怎样选聘总经理的？
2. 你认为谁适合晋升？为什么？
3. 该公司继任计划有没有问题？如果有的话，是什么原因造成今天的被动局面？
4. 通过本章的学习，你认为Z公司遇到的问题应该如何解决？

参考文献

[1] 哈罗德·孔茨，海因茨·韦里克. 管理学. 北京：经济科学出版社，1995：366－370.

[2] 湛新明、刘善敏. 人员测评技巧. 广州：广东经济出版社，2002：107、161.
[3] 黄瑛. 人力资源管理. 北京：中国财政经济出版社，2002：128 - 129.
[4] 谢晋宇，李新建. 人力资源开发与管理创新. 北京：经济管理出版社，2002：261 - 265.
[5] 李宝元. 战略性激励——现代企业人力资源管理精要. 北京：经济科学出版社，2002：265 - 267.
[6] 王先玉，王建业，邓少华. 现代企业人力资源管理. 北京：经济科学出版社，2003：312 - 315.
[7] 斯蒂芬·P·罗宾斯. 管理学. 北京：中国人民大学出版社，1997：300 - 303.
[8] James W. Walker. 人力资源战略. 北京：中国人民大学出版社，2001：101 - 102.

第九章　组织文化

学习目标

学完本章之后，你应该能够：

- 把握组织文化的内涵、结构及功能
- 讲述如何识别组织文化
- 了解组织文化建设的一般过程
- 熟悉组织文化培育的一般操作

开篇实例

创维集团的价值观体系

创维集团有限公司是以香港创维数码控股有限公司为龙头，跨越粤港两地，生产消费类电子的大型高科技上市公司，是中国三大彩电龙头企业之一。

企业宗旨——创造至尊，维誉至诚。

我们提倡：孝敬父母，尊重家庭，仁爱为怀，谦虚刻苦，自强不息。

企业提倡节约、刻苦精神，“做创维人，不造不良品”的质量观，以及在售后服务中“维誉至诚”的责任观。

创维思想体系贯穿九大理念：

(1)事业理念。创维是上市公司，创维的事业是所有人的事业。(2)理想理念。创维的理念是“创中国籍的世界名牌”。“创维情，中国心”体现了创维人在当今知识经济时代，以自己的勤奋、团结、智慧、向上，努力振兴民族工业的决心和勇气。(3)哲学理念。创维人的人生哲学是“仁爱为怀、诚信为本、谦虚刻苦、自强不息”。它反映了创维人的道德规范和人生准则。(4)利益理念。创维主张企业和员工是一种利益的共同体。员工应该把个人的发展与企业的发展融合起来，追求双赢。(5)公平理念。创维坚持在选拔人才、利益分配的方面都尽可能地公平公正。(6)追求理念。不断学习，不断进取，追求完美，追求卓越，永不满足。(7)痛苦理念。宁做痛苦的人，不做快乐的猪。它让创维人了解自己的幸福、收入和事业的发展都要靠自己的奋斗。(8)细节理念。要求从员工到领导注重每一个细节，包括产品的每一个流程，消费者的每一个投诉。(9)优秀干部理念。创维的每一个干部不但要自己表现优秀，更重要的是能够培养出比自己更优秀的人才梯队。

创维的理念设计是独特的，体现了创维鲜明的个性，从而创造了一种差异性的企业文化。尤其是创维价值观的核心：“痛苦理念——宁做痛苦的人，不做快乐的猪。”其语言十分个性化，完全与众不同，令人耳目一新，同时又久久不能遗忘。因为这其中的内涵是丰富的：表达了一种艰苦奋斗的精神，一种超前的忧患意识。痛苦，更多的是一种磨炼，一种准备，有了痛苦的千锤百炼，企业才能创下基业。

资料来源：有非，企业文化修炼. 林坚，企业文化宣言. 蓝天出版社，2005.

美国哈佛商学院教授约翰科特预言：企业文化在未来十年内很可能成为决定企业兴衰的关键因素。企业文化是企业的灵魂和精神支柱，是企业管理科学理论与管理哲学理念的有机结合。企业需要一种精神和文化理念来指导自己的运营与发展，有了"文化"企业的一切经营活动就等于找到了"灵魂"，否则，就失去了方向，更谈不上发展。

本章研究无数的像创维集团那样的企业文化。本章主要说明三个问题：第一，组织文化的结构、功能与识别；第二，组织文化建设的一般程序；第三，组织文化的培育。

第一节　组织文化概述

文化是一个社会的核心价值观、信仰、规范、知识、道德、法律和行为标准，具体表现为一个社会群体的行为模式和生活方式，文化包括各种外显和内隐的行为模式，它们是人类文明传承的重要内容和形式。就组织而言，组织文化是指组织在长期的实践活动中形成的，并且为组织成员普遍认可和遵循的，具有本组织特色的价值观念、团体意识、行为规范和思维模式的总和。具体包括组织员工共同分享的信仰和期望的方式、各种规范、共同的价值观、组织哲学、人们遵循和处理事情的"游戏规则"，以及与外部相关业务关系人相互作用的方式等。组织文化是一个具体组织的精神风貌、经营风格和价值标准的真实体现。组织文化通过企业环境、价值观、英雄人物、典礼及仪式来表明。组织文化渗透于组织的所有部门，影响并支配着各种业务活动之间的关系。

一、组织文化的结构

组织文化一般包括三层次：深层、中层、表层。深层的组织文化是指积淀于组织及其员工心灵中的意识形态，价值取向、理想信念、行为准则、道德规范等；中层的组织文化是指与核心层相对应的规章、制度与组织结构等；表层组织文化指可见于形、闻之于声的文化形象，如厂容、厂貌、员工服饰、厂旗厂歌等。三者最为重要的是核心层，决定其他两层文化，而中间层与表层文化也会反作用于核心层文化。

除上述区分之外，还有将组织文化分为四层，即精神文化、制度文化、行为文化与物质文化。下面以企业为例说明组织文化四层内涵及关系。

(一)组织文化的精神层

组织文化的精神层又叫组织精神文化，相对其他几层，是一种更深层次的文化现象，在整个企业文化系统中，它处于核心地位。

组织精神文化，是指企业在生产经营过程中，受一定的社会文化背景意识形态影响而长期形成的一种精神成果和文化观念。它是一个企业所具有的时代精神、基本信念、共同理想、奋斗目标、竞争意识、价值观念、道德规范和行为准则的综合反映。是企业意识形态的总和；是企业物质文化、行为文化的升华。

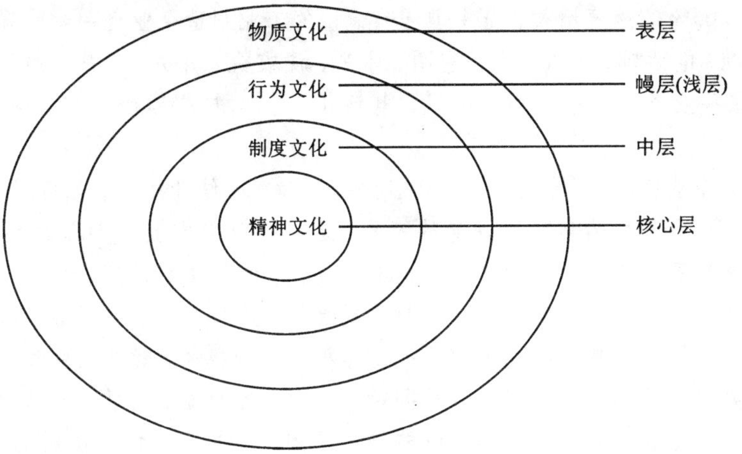

图9－1　组织文化结构

1．企业精神

企业精神是企业文化的高度浓缩，是企业文化的灵魂。企业文化的内涵丰富而深刻，意义重大而深远。企业精神具有强大的凝聚力、感召力和约束力，是企业员工对企业的信任感、自豪感和荣誉感的集中体现，是企业在经营管理过程中占统治地位的思想观念、立场观念和精神支柱。企业精神往往以简洁而富有哲理的语言形式加以高度概括，如杭州娃哈哈集团有限公司的企业精神是："励精图治，艰苦奋斗，勇于开拓，自强不息。"

企业精神源于企业生产经营的实践之中。随着这种实践的发展，企业逐渐提炼出带有经典意义的指导企业运作的哲学思想，成为企业家倡导并以决策和组织实施等手段所强化的主导意识。企业精神集中反映了企业家的事业追求、主攻方向以及调动员工积极性的基本指导思想。企业家常常以各种形式在企业组织过程中得到全方位强有力的贯彻。于是，企业精神又常常成为调节系统功能的精神动力。

优秀的企业精神应当能够让人从中把握时代的脉搏，感受到时代赋予企业的勃勃生机。反映企业现实状况、现存生产经营方式、员工生活方式，是全体员工共同拥有、普遍掌握的理念，应有自己的特色和创造精神，这样才可使企业的经营管理和生产活动更具有针对性，让企业精神充分发挥它的统帅作用。企业精神的确立，旨在为企业员工指明方向和目标。从实际出发，遵循客观规律，注重实际意义、切忌凭空设想和照搬照抄。在发展市场经济的今天，企业精神应当渗透着现代企业经营管理理念、确立消费者第一的观念、灵活经营的观念、市场竞争的观念、经济效益的观念等。充分体现时代精神应成为每个企业培育自身企业精神的重要内容。

相关链接

TCL的企业精神

TCL集团股份有限公司创办于1981年，总部位于中国南部的广东省惠州市，在深圳和香港上市。23年来，TCL集团发展的步伐迅速而稳健，特别是进入20世纪90年代以来，连续

12 年以年均 42.65%的速度增长，是中国增长最快的工业制造企业之一。目前 TCL 集团主要从事彩电、手机、电话机、个人电脑、空调、冰箱、洗衣机、开关、插座、照明灯具等产品的研、产、销和服务业务，其中彩电、手机、电话机、个人电脑等产品在国内市场具有领先优势。

TCL 倡导的企业精神是“敬业、团队、创新”，这是“团结开拓、艰苦拼搏”企业精神的延续和升华。“敬业”是鼓励为事业而献身的精神，这种敬业实质上是 TCL 过去“艰苦拼搏”精神的延续；追求更高的工作目标，勇于承担工作责任，掌握更好的工作技能，培养踏踏实实和精益求精的工作作风。这种精神是以往 TCL 成功的一个非常重要的因素，也是保障今后继续成功的基础。“团队”是要求企业内部要有协作和配合的精神，营造企业和谐健康的工作环境，员工不但要对自己的工作负责，同时也对集体的工作负责，对整个企业负责，提倡员工间互相鼓励、互相关心和帮助。“团队”精神包含了团结的内涵，但比团结的表述更为系统，更有积极的意义。“创新”精神一直是 TCL 高速发展的重要动力。创新包含了“开拓”的内涵。TCL 从小到大，比别人走得更快，工作更有成效，靠的就是创新进取、勇于开拓的精神。这是支撑 TCL 高速成长的重要经营观念，TCL 只有在借鉴别人成功经验基础上不断创新，才有可能超越对手。

资料来源：世界企业文化网，2005－07－25.

2. 企业经营哲学

企业经营哲学，是指企业在经营管理过程中提升的世界观和方法论，其根本问题是解决企业中人与人、人与物、人与经济规律的关系问题。企业要着眼于培养企业家与员工的哲学思想，以转变观念和思维方式，正确处理人与人，即雇主与雇员、管理者与被管理者、消费者与生产者、企业利益与职工利益、企业利益与社会利益、局部利益与整体利益、当前利益与长远利益、企业与企业之间的相互利益。人与物，包括产品质量与产品价值、职工操作规范、技术开发与改造、标准化、定额、计量、信息、情报、计划、成本、财务等关系，统一员工思想和思维方式，激发企业活力，树立正确的世界观、方法论，带动企业前进。

企业经营哲学一方面与民族文化传统有关；另一方面与特定时期的社会生产、特定的经济形态及国家经济体制有关；还与企业文化背景有关。一个企业在确立自身的经营哲学时，必须考虑到企业文化背景对企业的影响力。外向型企业、跨国公司、企业跨国经营，更需重视这一点。东西方民族文化传统不同，在企业经营中从方法到理念上都存在着明显的差异。英美国家的企业受其文化传统影响，他们崇尚天马行空独往独来式的英雄、崇尚个人奋斗和竞争。在管理中比较强调“理性”管理，强调规章制度、管理组织结构、契约等。而东方文化圈的企业更强调“人性”的管理，如强调人际关系、群体意识、忠诚合作的作用；强调集体的价值——企业集团、社会负责技能训练、团队精神、对公司的忠诚、产业发展战略以及推动经济增长的产业政策。一个是以理性为本，一个是以人为本，以情感为本，两种文化传统形成鲜明的对比，从而也形成两种不同的企业经营哲学。

在东亚文化圈的企业经营哲学中，重视集体精神的价值，每当公司制定发展战略，一定要征求公司集体的意见。在日本企业内，雇员被放在利益相关集体的首位，客户次之，股东则更次之。由于雇员的利益最重要，日本公司总是设法不断提高雇员的工资，以培养雇员对公司集体的忠诚。

随着科技的进步和世界经济的迅速发展，企业跨国经营国际化趋势日益明显。企业的跨国经营是工业发达国家利用国际资源，壮大经济实力的必由之路。在企业跨国经营这一领域中，企业经营哲学与企业文化背景之间的相互联系显得格外重要。企业跨国经营、跨文化管理孕育了企业跨国经营哲学。管理学大师彼得·德鲁克说过，跨国经营的企业是一种多文化的机构，其经营管理思想基本上是一个把政治上、文化上的多样性结合起来进行统一管理的哲学思想体系。

3．企业价值观

价值观是关于"对象对于主体来说是否有价值"的看法。企业价值观的内涵是企业全体或多数员工赞同的关于"企业的价值在于什么以及哪些对象对于企业来说是有价值的看法。从哲学上说，价值观是关于对象对主体有用性的一种观念。是一个人对周围客观事物的是非曲直、好坏善恶的评价标准。人们对各种事物，如金钱、地位、友谊、荣辱、幸福、诚实、自尊等都有自己的评价标准，在心目中都有好坏、轻重、主次之分。这种好坏、轻重之分构成了人的价值观体系。企业价值观，是指企业在追求经营成功过程中所推崇的基本信念和奉行的目标，是企业全体或多数员工一致赞同的关于企业意义的终极判断。企业价值观是企业经营管理者和企业员工共享的群体价值观念，它决定和影响着企业存在的意义和目的，是企业各项规章制度的价值和作用的评判标准，为企业的生存和发展提供基本方向和行动指南，决定了企业全体员工的行为取向。

企业价值观经历了三个阶段：第一是追求最大利润的价值观，盛行于18世纪至20世纪初的西方发达的工业化国家；第二是经营者与投资者分享利润的价值观，始于20世纪20年代；第三是利润共享和履行社会责任的价值观，在20世纪70年代后逐渐兴起并成为主流。

当代企业价值观大致包括以下几种取向：

（1）经济价值取向。主要表明企业对利益的看法。企业是经济实体，必然以赢利作为经济价值取向和行为规范。但企业不是单纯的谋利组织，必须文明经营，适合市场要求，满足消费者需求。利润是企业为顾客提供服务后所得到的报酬。

（2）社会价值取向。表明企业与社会关系的看法。企业是社会的细胞，是社会大系统的子系统，企业要为社会作贡献，增进社会利益，改善社会环境，促进社会发展。企业要确认并积极处理企业的生产、经营活动造成的社会影响，确认社会问题的存在并积极参与社会问题的解决，既满足社会的需要，又为企业的发展奠定基础，树立良好的企业形象，创造无形价值。

（3）伦理价值取向。主要涉及企业所有者、经营者、员工之间，企业和消费者之间，企业和合作者之间等的关系。企业应遵守伦理道德规范，以正直、善良、诚实、守信的企业行为，确立和各方的良好关系，以实现持续的发展。

（4）人文价值取向。企业即人，去人则止。企业必须以人为本，一切为了人，依靠人，具有人文关怀，在企业发展时让员工也得到全面发展，充分调动全体员工的积极性，发挥主动性和创造性，实现自身的价值，维护人权，尊重人的个性，形成良好的人文环境。

（二）企业文化的制度层

企业文化的制度层又叫企业的制度文化，主要包括企业领导体制、企业组织机构和企业管理制度三方面。

1. 企业领导体制

是企业领导方式、领导结构、领导制度的总称，其中主要是领导制度。企业的领导制度，受生产力和文化的双重制约，生产力水平的提高和文化的进步，就会产生与之相适应的领导体制。不同历史时期的企业领导体制，反映着不同的企业文化。在我国，自新中国成立以来，我国国营企业的领导体制大致经历了4个阶段：一是建国初期照搬苏联的模式，即实行厂长（经理）总揽企业一切大权的"一长制"；二是1956年党的八大以后实行的党委领导下的厂长经理分工负责制；三是"文革"中实行的领导体制，这种体制破坏了党的政治领导原则，使企业陷入混乱；四是1978年以后，企业又恢复实行"党委领导下的厂长负责制"又逐步向"厂长（经理）负责制"过渡。

2. 企业组织机构

是指企业为了有效实现企业目标而筹划建立的企业内部各组成部分及其关系。如果把企业视为一个生物有机体，那么组织机构就是这个有机体的骨骼。因此，组织机构是否适应企业生产经营管理的要求，对企业的生存和发展有很大的影响。不同的企业文化，有着不同的组织机构。影响企业组织机构的不仅是企业制度文化中的领导体制，而且，企业文化中的企业环境、企业目标、企业生产技术及企业员工的思想文化素质等也是重要因素。组织机构形式的选择，必须有利于企业目标的实现。

3. 企业管理制度

是企业为求得最大效益，在生产管理实践活动中制定的各种带有强制性义务，并能保障一定权利的各项规定或条例，包括企业的人事制度、生产管理制度、民主管理制度等一切规章制度。企业管理制度是实现企业目标的有力措施和手段。它作为职工行为规范的模式，规范着企业的每一个人，企业工艺操作规程、厂规厂纪、经济责任制、考核奖惩制等都是企业制度文化的内容。它使企业在复杂多变、竞争激烈的经济环境中处于良好的状态，从而保证企业目标的实现。

企业制度文化是企业文化的重要组成部分，制度文化是一定精神文化的产物，是企业价值观、道德规范、经营哲学的反映，人们总是在一定的价值观指导下去完善和改革企业各项制度。制度文化是精神文化的基础和载体，并对企业精神文化起反作用。企业制度的建立，又影响人们选择新的价值观念。制度文化是物质文化建设的保证，没有严格的岗位责任制和科学的操作规程等一系列制度的约束，任何企业是不可能生产出优质的产品。物质文化是制度文化的存在前提，一定的物质文化只能产生与之相适应的制度文化。企业的制度文化也是企业行为文化得以贯彻的保证。同企业职工生产、学习、娱乐、生活等方面直接发生联系的行为文化建设得如何，企业经营作风是否具有活力、是否严谨，精神风貌是否高昂、人际关系是否和谐、职工文明程度是否得到提高等，无不与制度文化的保障作用有关。

（三）组织文化的行为层

组织文化的行为层又称为组织行为文化。是浅层的组织文化。组织行为文化是指组织员工在生产经营、学习娱乐中产生的活动文化。它包括组织经营、教育宣传、人际关系活动、文娱体育活动中产生的文化现象。它是组织经营作风、精神面貌、人际关系的动态体现，也是组织精神、组织价值观的折射。

以企业为例，从人员结构上划分，企业行为中又包括企业家的行为、企业模范人物的行为、企业员工的行为。企业家和企业模范人物是企业文化价值观的"人格化"，他们的行为常常被企业员工效仿。尤其企业家是企业的主角，企业文化从某种意义上讲是企业家的文化。企业家行为主要体现在企业的经营行为、决策行为、管理行为和创造行为，是企业行为的主导。企业家的文化理念、思维方式、经营思想等无时无刻不对企业员工的文化观念和行为起着潜移默化的影响，对企业的创建和发展起着指导作用。企业员工是企业的主体，企业员工的群体行为决定企业整体的精神风貌和企业文明的程度，因此，企业员工群体行为的塑造是企业文化建设的重要组成部分。

企业文化的行为层受控于企业共有的价值观，亦受控于企业文化的制度层。企业员工在工作中的表现，如对待工作的态度、对待顾客的态度取决于企业经营哲学是否重视对上述的要求，取决于企业的制度设计是否设置有相应的奖惩机制。

(四)组织文化的物质层

组织文化的物质层也叫物质文化，它是由组织员工创造的产品和各种物质设施等构成的器物文化，是一种以物质形态为主要研究对象的表层组织文化。企业生产的产品和提供的服务是企业生产经营的成果，它是企业物质文化的首要内容。其次是企业创造的生产环境、企业建筑、企业广告、产品包装与设计等，它们都是企业文化的直接体现。但须注意的是将物质层归入企业文化，不是说一间厂房、一台设备等所具有的实际物质形态就是企业文化，而是指从物质形态折射出来的经营哲学、企业精神、工作作风和审美意识等企业理念。企业理念通过企业物质形态向外折射，就是企业理念的外化过程；而企业理念外化的结果，就构成了企业文化的物质层——器物文化。

1. *产品*

产品是企业物质文化的重要构成部分，产品是企业生产出来用于销售的最终成果，它可以是有形产品，如汽车，也可以是无形产品，如提供的服务等。产品包括广义的产品(核心产品、形式产品和延展产品)和狭义的产品(核心产品)。

核心产品(内层)，核心产品指狭义的产品，主要指产品的使用价值(功能)，它能满足消费者最基本的效用和利益。如水瓶可装水及保暖，产品本身除了适应性价值之外，往往也具有文化价值，如产品质量如何、能否很好满足顾客需要、体现一个企业的经营宗旨、奉行的价值观。

形式产品(中层)，是指产品的形式层，较产品实质层具有更广泛的内容。它是目标市场消费者对某一需求的特定满足形式。产品形式一般通过不同的侧面反映出来。如，产品特色、产品款式以及产品包装和品牌。它们主要具有的却是文化价值，主要满足的是消费者的精神需求、文化心理需求，因为它可以给消费者身份、地位等的精神享受。

延展产品(外层)，是指产品的扩展层，即产品的各种附加利益的总和。他们除了提供特定的产品外，还根据顾客和用户的需要提供包含售前咨询，售中送货、安装，售后培训、维修、保养等多种服务。这些都具有极强的实用价值，但同时也体现以消费者为本的人本主义经营观。

2. *企业环境和企业容貌*

企业环境和企业容貌是企业物质文化的重要组成部分。企业环境主要是指与企业生产相关的各种物质设施、厂房建筑以及职工的生活娱乐设施。

企业容貌是企业文化的表征，是体现企业个性化的标志。它包括企业的名称、企业象征物和企业空间结构、布局等。

企业的整体环境包括企业的整体布局、主建筑物造型、大门的设计，以及各个部分与整体保持一致的布置等等。这一切虽然都是物质形态的东西，但它们同样常常体现了一种企业精神，一种企业文化。例如，海尔园的设计是一种充满了企业文化氛围的设计。“外方内圆”的标志、海尔小兄弟的雕塑、“如意湖”、“乾泉”、“五龙塔”、张瑞敏亲自撰写的文章《海尔是海》，这些造型与寓意，表达了他们与中国传统文化中的自强不息的精神的关系，以及海尔要在轨迹工业中铸造民族之魂、中国之龙的企业目标。

企业布局是指企业的内外空间设计，包括厂容厂貌、商店的橱窗和内部装饰。一个企业的厂容厂貌、绿化、厂房造型、各车间的布局、各种交通布局等，都应给人以一种“花园式工厂”的感觉。这些是企业形象的重要组成部分，是该企业精神面貌的一个折射。

3. 企业生产环境

企业生产环境的优劣，直接影响企业员工的工作效率和情绪。优化企业的生产环境，为企业员工提供良好的劳动氛围，是企业重视人的需要，激励人的工作积极性的重要手段。

运用色彩调节可以优化劳动环境，选择相应的色彩以适应特定的工作，利用冷暖色来提高和降低人的心理感受度，减少疲劳。除色彩调节外，还可以用音乐调节。音乐调节是指在工作场所创造一种良好的音乐环境，以此来减轻疲劳和调节情绪。

4. 技术、设备现代化与文明程度

企业的文明程度与技术、设备的现代化密切相关。从一定意义上说，企业文化的形成取决于企业内外多种因素，其中企业外部的技术环境、企业内部的技术条件、企业职工的文化技术水平对企业文化的塑造有重要影响。技术作为物质文明、精神文明的一种体现，对社会起着潜移默化的作用。人们接受了这种技术反映出来的思想，可以冲击传统的思想沉积，破除旧的价值观念，萌生新的价值追求。第一台电子计算机刚刚出现时，人们嫌它又大又笨，但当它广为使用并不断改进后，人们终于认识了计算机的价值。技术、设备是现代企业进行生产经营活动的物质基础，是企业劳动资料中最积极的部分。在现代化企业中，职工凭借先进的技术、设备，使劳动对象达到预期的目标。

二、企业文化的功能

许多企业通过企业文化建设体会到，企业文化能推动企业管理的重点转向以人为中心的现代化管理，以多种形式来鼓舞人的情感，平衡人的心理，维系人的忠诚，激发人的智慧，调动人的积极性，挖掘人的内在潜力，培育企业精神，使之成为企业员工的共识，引导和规范员工的行为，增强企业的向心力和亲和力。同时也可培育企业个性，树立良好的企业形象，在企业的生产、经营、管理过程中，促进企业的宏观管理和员工的自我管理相结合，形成一种文化管理模式，调整管理组织，改革管理制度，培养管理人才，形成良好的企业人文环境。通过潜移默化的影响与管理方法及管理手段的结合，向管理职能渗透，提高管理绩效。通过企业文化建设使企业经营管理更具有深刻的思想性、丰富的人情味、具有鲜明的时代特色和人文精神。具体表现在以下几方面。

1. 指导功能

企业文化对企业经营的指导功能，是指企业文化为企业经营活动确定正确的指导思想和决策方向。任何一个企业的经营目标、经营决策，都是在一定的观念，即企业的经营哲学、价值观、企业精神等企业文化指导下进行的。企业经营目标、经营决策的正确确定和贯彻实施，还取决于整个企业的精神状态和文化氛围。正确的经营目标和经营决策，既能使企业活动保持正确的方向，又能使企业充满活力和生机。

企业文化的指导作用还表现在，企业文化把组织整体及组织成员个人的价值取向及行为引导到组织所确定的目标上来。在价值观上，员工之间、员工同企业之间会存在差异性，企业文化是企业的一面旗帜，明确告诉员工本企业价值观是什么、具有什么样的企业精神、追求什么样的企业目标，向员工展示企业发展前景，让员工看到企业的未来，促使员工不断地审视自己的原有价值观念，调整自己的行为与价值取向，最终使个人与企业保持一致。海尔的经营宗旨是“敬业报国，追求卓越”这是它的精神和价值观，卓越是一种精神、一种境界，用海尔人的话就是“要么不干，要干就要争第一”“无论干什么工作都要争最优，创最佳”。作为海尔员工行动的指南。

2. 约束功能

企业文化的约束功能是指企业文化对每个组织成员的思想、感情、心理、行为和举止具有约束和规范的作用。企业文化是一种通过教育和模仿而传承下来的行为习惯，形成一整套条文，或是虽无条文却是约定俗成的厂规、厂纪、厂风、厂貌以及文明生产守则，或是各项规章制度，都会对员工的思想、感情、行为、举止产生潜移默化的作用。同时，企业文化建设又通过微妙的文化渗透和企业精神的激励和感染，形成一种约束倾向，成为员工的无形准则。在这种氛围中，就会使员工产生自我心理约束力，自觉地遵守规章制度，遵从组织的道德习惯，保持自己的行为同组织的要求相一致。

一般约束有“刚性”约束。即在规章制度面前人人平等，直接要求员工该做什么和不能做什么，形成批评、警告、罚款、降薪、降职、解雇等制度，规范员工的行为，以利企业的发展。亦有“柔性”约束。即员工必须遵守企业道德、职业道德和社会公德，注重社会舆论。企业文化建设通过微妙的文化渗透和企业精神的感染，形成一种无形的、理性的、韧性的约束。“刚性”约束给人以紧张，形成压力；而“柔性”约束重在启迪心灵、提升境界、追求完美的心理，企业文化重在后者。

企业文化的约束功能不仅体现在对员工的约束上，也体现在对企业本身的约束。“不以规矩，不成方圆”。企业本身也要受到多方面的约束，一个企业形成了优良的企业文化体系，就应该维护和坚持。

3. 凝聚功能

企业文化是适应当代“以人为本”思想的管理模式。企业文化实质上是一种人文管理，是通过文化对人的能动性、创造性和自觉性的积聚、激发、引导和调控，是对人的价值实现和全面发展的关注。因此，是一种更具时代特征、更符合人性、也更有效率的新的管理方式和管理理论。企业文化通过对员工的习惯、知觉、信念、动机、期望等微妙的文化心理沟通，使员工树立以企业为中心的共同理想、信念、目标、追求和价值观念，产生一种强烈的向心力；通过改变员工的思想和态度，把企业的宗旨、理念、目标和利益纳入员工内心深处，使员工对企业产生认同感、使命感、归属感和自豪感，并自觉付诸行动。企业文化能够产生强烈的团队精神，把员工团结在一起，同心同德，齐心协力，共谋企业的发展，使企业发挥巨大的整体优势。当企业中的个体之间关系融洽、心情舒畅、沟通顺畅、目标一致时，整体便显现出强烈的凝聚力和向心力。

4. 激励功能

当一种价值观一旦被组织成员认同后，企业文化就成为组织成员的黏合剂，使员工把个人命运同企业的发展紧密地联系在一起，自愿遵循这些原则，心向一处想，力往一处使，创造一种良好的文化氛围，心情舒畅地共同工作，这种强大的凝聚力激励人们团结合作，奋发进取。

企业文化激发组织成员从内心深处自觉产生为组织目标拼搏的精神，并通过软约束调整组织成员的不合理需要，形成积极向上的整体力，产生持久的驱动力。现代企业文化主张以人为中心、以文化引导为手段、以激励员工的自觉行为为目的，其基本特征是重视人、相信人、理解人、尊重人、发动人、引导人、教育人、培养人和塑造人的人本主义。它就好像一只看不见的手，常常在自觉和不自觉中对企业员工产生巨大的精神激励作用，使员工处于一种和谐的人际关系的文化氛围之中，拥有一种自信与自豪感，保持一种高昂的、积极的精神状态，不单把工作作为一种谋生的手段，而作为一种实现自身价值的途径。

5. 辐射功能

良好的企业文化不仅对内部成员产生影响，而且通过各种渠道向社会辐射和传播。企业通过自己的产品和服务满足社会公众的需求，包括物质需求、文化需求和心理需求等；其中，企业文化起着重要的作用。企业文化是社会文化的重要组成部分。而且，在企业文化中体现的企业员工心中蕴藏的积极的价值观、先进的道德意识、高尚的精神境界，以及在企业生产经营过程中的创新观点和方法。会渗透到整个社会中，从而对社会文化的变革产生影响。

企业文化的传播途径主要有：软件辐射，即企业精神、企业价值观、企业伦理道德规范等的发散和辐射；产品辐射，即企业文化以产品为载体对外辐射；人员辐射，即通过员工自觉或不自觉的言行所体现的企业价值观和企业精神，向社会传播企业文化；宣传辐射，即通过具体的宣传工作使企业文化得到传播。

三、组织文化的识别

识别组织文化，通常运用问卷、旁听会议、阅读文献、剖析典型人物、收集轶事和故事五条基本途径。

1. 通过组织气氛问卷调查来识别组织文化

组织气氛问卷调查是将与气氛有关的项目拟成简明易答的问题，制成问卷量表，让调查对象选择回答，并从答卷反映的气氛来识别和评估组织文化的特点。这种问卷一般采用若干选择项等级排列法，即对问卷中有关问题的回答，预先都提供按程度等级排列的若干选择项，让回答者从中选择一个。正式的问卷量表，其调查项目一般为60个左右。

以下给出了关于一个组织气氛调查问卷量的简约形式：

该调查是不记名的，请不要书名或透露您身份的信息。这种调查绝不追究个人的责任，坦率而自由发表您的意见将使组织获益匪浅。后面将提出一系列对组织现状的陈述，当您阅读完每一项陈述后，请您根据您自己的情况和感觉按下列等级做出评价：a. 经常；b. 偶然；c. 极少；d. 未曾。

在本组织中：

①组织目标充满人情味和吸引力；

②组织的管理层次简明而富有效率；

③我获得了充分发表意见的机会；

④只要干得好，就会有奖赏；

⑤改革精神在组织里受到肯定和提倡；

⑥在工作中有困难，总能得到别人的帮助；

⑦员工的士气很高；

⑧对来访者、领导和员工都彬彬有礼；

……

2. 通过旁听组织的会议来识别组织文化

组织的会议风格是组织文化的生动显现。通过对组织的会议气氛、会议方式、效率高低、内容充实或空洞，会议形式繁简等项目的评估和识别，大抵可以了解组织文化的某些重要特征。请看以下事例：

哈洛·季宁曾任美国国际电话电报公司最高主管近20年，常常被描绘为一个天才、一个具有野心、权威、倔强而专断的人。哈洛·季宁曾顽强地将自己的价值观融进公司的文化中，并且将他的价值观及企业文化不自觉地反映在公司会议这一特定场合。

哈洛·季宁所主持召开的公司会议经常笼罩质问和敌对的气氛。他在会议中所运用的心理技巧与公开审问的方式非常接近。利用可操纵的恐惧感，使季宁所制定的制度能发挥效能的基本原因之一。在季宁所主持的会议上，参加会议的人唯恐自己消息不灵通，唯恐因消息闭塞而在会议中出丑，唯恐因孤陋寡闻而在会议上受到责罚。直线部门的主管人员在提出报表时，不但要担心哈洛·季宁的质问，而且要担心职能部门的人的提询。如果哈洛·季宁在会议上把会议目标或质问对准了某一个人，这实际上就意味着职能部门的人可以向这个人猛烈开火。职能部门的这些人往往会讲许多不堪入耳的粗话，会议气氛有时候会非常恐怖。

在任何一次公司会议上，职能人员都可能打断直线主管人员(总经理)的报告，例如提问要求了解某个分公司为什么不向其他分公司购买零部件、而去市场找其他公司购买等等。这时，哈洛·季宁总是坐在他的旋转椅上，认真倾听双方的对话。一旦理清头绪，哈洛·季宁就会打断他们质问与反诘式的谈话和争论，并指派一个人专门研究这件事。需要特别指出的是，会议上的这些质问与反诘，无论多么严厉，到最后都会得到技巧性处理。一位部门主管说："这就像网球比赛，你可以和对手拼个你死我活，但是比赛结束后，你们的交情依然存在。"哈洛·季宁是协调矛盾的高手，他有时候会通过会后私下磋商的方式来补偿会议上的不近人情。

3. 通过阅读组织内部的有关文件来识别组织文化

组织内部的文件、内刊、文献、通讯、报纸等，无不反映了组织文化的某种倾向。采用简单列出其经常出现的特殊短语和信条的所谓内含分析法，就可以分析和评估组织文化的某些特色和倾向性。例如，在邹韬奋先生20世纪30年代所经营管理的生活书店中，该书店是当时国内外著名的进步文化事业组织，为了沟通内部意见和报告工作，书店每周都编印一份《店务通讯》，专备书店同仁阅览。在每期《店务通讯》上，最重要的内容是由书店负责人邹韬奋所撰写的关于职业修养的文章。为了了解"生活书店"的组织文化及其核心价值观——"坚定、虚心、公正、负责、刻苦、耐劳、服务精神、同志爱"所谓"生活八精神"，阅读邹韬奋先生在"生活书店"内部刊物《店务通讯》上的一系列文章，无疑是一条捷径。

当今时代，许多组织都有自己定期的内刊、通讯或报纸，这些内刊或报纸几乎每一期都会自觉或不自觉地表露组织的文化倾向，组织内部的其他许多文献资料，如年度报告、工作计划、工作汇报、表扬通讯等，也同样从不同侧面反映了组织文化或组织价值观。这些内部文献资料，均可以通过内含分析法来识别组织的文化特征，所以阅读组织内部的有关文件资料，是识别组织文化的一条重要途径。

4. 通过剖析组织内部的正反典型人物来识别组织文化

组织文化的特性可以鲜明地反映在组织内部的正反典型人物身上。同一个人在不同文化环境中，可能得到不同遭遇。例如，不守陈规、乐于变革的人，在推崇创新精神、开拓意识的组织文化环境中，就可能被当作正面的典型人物得到组织的赏识和被组织同仁尊敬及称道。相反，如果这个人置身于一个强调秩序、强调传统的组织文化环境中，则可能被视为组织的叛逆分子和不守本分的反面典型，从而遭受组织的警告或被组织同仁讥讽。因此，剖析组织内部正反典型人物，可知组织文化提倡何种精神、何种观念或行为以及何种价值观取向等文化特性。

5. 通过收集组织内部的轶事、故事来识别组织文化

研究者发现，许多出色的组织都倾向于采用传说和故事来解释和宣传其组织特性。一些著名的组织或成功的组织的发展历史，甚至就是由轶事、故事交织起来的一幅传奇图画。从组织的意义上来说，组织中的这些传说和故事，通常正是组织价值观和文化的生动体现。

福特“为一人买下一个公司”的故事体现了福特的人才观。

一次，福特公司的一台汽车马达坏了，公司所有的技术人员修了半天都没有修好。于是，他们就把一个在小厂工作的技术员请来帮忙。这个人是德国的技术人员，技术非常好。福特公司把他请来以后，这个技术人员为了听马达的声音，在电机旁躺了三天，听了三天。在一架梯子上爬来爬去，最后终于找到了原因：原来是马达上的线圈多缠了16圈，他把这多缠的16圈拿掉，马达立刻恢复了正常。对此，福特老板对他非常赏识，并邀请他来本公司工作。但这个技术人员很讲义气，他说，原来的公司待我很好，我不能见利忘义。福特说，那好，我就把你公司全买过来就是了。后来福特公司真的把这个小厂买过来了。福特公司成为全球著名的大企业，应该说与其重视网罗人才有很大关系。

第二节 组织文化建设的一般过程

一、评估既存组织文化

任何组织都有起点文化，因此，组织文化建设往往不是白手起家，而必须了解原有文化。在组织文化建设初期，要有效地评估现存文化，使领导者能合理地吸收现存文化的精华以及优良传统与作风，以便科学地建设组织文化。评估现存企业文化，可从以下9方面进行。

1. 组织目标

组织目标是组织价值观的最高表达方式，是组织活动的行动指南。组织目标确定时要重点考核或侧重以下几方面内容：

(1)以公司为整体。即强调组织的整体性；强调组织值得员工和社会的承认、赞美，提倡员工对组织的认同和归宿(如美国三角洲航空公司“三角洲家庭情感”的口号)。

(2)公司的外在市场。即强调企业的产品、服务等对社会的价值；以及维持这种价值的

因素——质量、运送、服务、顾客需要等(海尔提供五星级服务)。

(3)公司的内部作业。如效率、成本、生产力、创造力(如松下致力于第一流的生产技术)。

(4)公司的员工。即重视员工的个人价值、个人需要和个人发展(许多企业不仅重视企业利益，同时考虑员工的个人成长)。

(5)公司与社会、国家的关系。即推崇社会提倡的价值观、国家的法律等，强调个人的社会责任(如海尔"产业报国"的信仰)。

值得注意的是，上述组织目标的5个方面并不是每一种企业目标都必须要包括，而且，不同的企业目标还会在其所包含的内容上有所侧重。这就为人们辨别不同的文化模式提供了方便。

2. 组织结构

了解组织结构有两个角度。第一，从集权与分权的角度加以考察，集权就是统一领导，下级不得各行其是；分权就是适当下放权利，以便下级获得一定范围内的自主权并承担相应的责任。在集权的组织里，控制比较严格，员工的思想和行为易于一致，分权的组织，员工的独立意识较强，参与感容易形成。第二，从管理层次的繁简评估。管理层次少，决策不需层层上报，可以节省时间和提高办事效率。管理层次多，机构臃肿，则会助长官僚主义和不讲效率的作风。

3. 决策方式

根据美国管理学家罗伯特·坦南鲍姆和沃伦·H·施米特的理论，领导人的决策方式从"专制型"到"民主型"有7种，民主程度逐步提高。

(1)领导做出决策并宣布决策；

(2)领导者说服下级接受决策；

(3)领导者提出想法征求意见；

(4)领导者提出初步设想与下属交换意见；

(5)领导者提出问题，征求意见再作决策；

(6)领导者确定界限，让下属群体决策；

(7)领导允许下属在他规定的界限内行使权力。

4. 工作作风

一个领导者或者一个企业的个性(文化)，其最外显和最直观的表现形式莫过于他的工作作风，以下是最具代表性的几类工作作风：

(1)开放与保守。这是开拓创新与因循守旧的对立，是发展与停滞的选择。

(2)严谨与涣散。它表明了甚为特殊的组织气氛，前者井然有序，后者散漫无章。

(3)果断与迟缓。美国公司的经理素以决策迅速著称，中国公司的经理与美国人谈判，大多有跟不上节奏的感觉，这是两个不同国度的作风差异。但同样是在国内，也不乏快刀斩乱麻的高效率经理。

(4)务实与务虚。有的组织里，推崇多干少说的信条，凡事看实效；而在另一些组织里，高谈阔论、指手画脚的人则十分吃香。

(5)远见与短视。企业里许多人(包括领导者与职工)都经常受到短期效果的制约，凡事不能从长计议，只能"头痛医头，脚痛医脚"。但是，如果真要干一番事业，则必须具备另一种作风：高瞻远瞩，注重将来。

5. 报酬制度

广义的报酬包括工资、奖金、表扬、提升等物质方面与精神方面的奖赏。给予报酬的依据是获得者的“投入”状况（年龄、学历、技能、经验、资历、职位、社会地位、对组织的忠诚、努力程度、工作绩效等）。从组织文化角度来说，报酬制度的核心问题是报酬的给予侧重于论功行赏还是论职位和资历行赏？是依据技能晋升职位还是凭借对组织的忠诚决定提升？在这种情况下组织的信条和价值取向很容易表现出来。

6. 员工士气

士气是指工作积极性、主动性和协作精神等结合而成的人的精神状态，它是一种员工的共同态度。士气的高低取决于安全感、归属感和社会需求的满足程度。而员工社会需求的满足程度又直接取决于一种相关的企业文化。如果一种企业文化能够强调对人的尊重，强调亲和一致，并且能够付诸实践，其结果必然带来员工社会需求的有效满足，进而带来员工高昂的士气。显而易见，透过“士气”这个窗口来探视与其相关的企业文化模式是完全可能的。

7. 人际关系

不同的人际关系模式，会折射出不同的组织文化背景，如在美国公司，人们相互之间的联系和依存比较少，而在日本公司里，人际关系表现出明显的整体性。这两种不同的人际关系形态，就直接反映了日美两国不同的企业文化背景——在美国人们一向相信不要依赖别人，要独立，要自力更生，而在日本，人们相信与别人相互合作，要成为大团结中的一部分，要与别人互相依赖。

8. 外交态度

接待来访者，气氛轻松还是紧张，举止文雅还是粗俗，服务意识强或是弱，是否官僚等都能反映其组织文化的某些倾向。在一个服务意识很强的公司里，有人会替你挂风衣，并为你倒茶递烟；如果置身于一个官僚化的公司，你就会被“闲置”在办公室里半天也无人理睬。

9. 物质环境

可以借助物质环境来表现其文化特色。在世界上不少的城市里，矗立着 IBM 明亮、摩登的公司大楼，向人们展示了一个自豪的公司。设在美国康涅狄格州凡尔菲德城内的通用电气公司总部，其堡垒式的建筑是稳固合作及公司重要性的标志。但是另外一些公司可能不自觉地在物质环境方面暴露了自身文化的消极面：公司大楼虽然刚建成不久，外墙就出现煤块和脱落，使人一看就联想到公司的消沉与没落，门厅里花盘上的花草早已枯萎，花盘上积满烟头和痰迹，来人的第一印象即是该公司的杂乱无章与苟且度日。

二、提出组织文化的整体设计

明确提出本组织的价值观念体系和理想追求，提出行动方案，用以指导企业文化建设。在这种特殊的环节中，有几个关键性的操作步骤：

1. 把握原则

现代社会已经正在积累大量的精神产品。所有的企业家都不能对这些精神产品置之不理，特别是当他们要自觉地建设企业文化的时候，更应该组织适当的力量去熟悉和研究。通过研究，企业必须从中筛除精神糟粕，选取精神财富。合格的精神财富的标准：一是要能促进本企业经济迅速发展；二是要能促进本企业职工人格健康成长；三是要能增强本企业内在凝聚力；四是要能加强社会凝聚力；五是应该突出特殊性和个性，提倡标新立异。这样，才能在全体职工和社会公众中留下深刻的印象，从而使职工们在碰到问题时很快就想到应该以什么精神来对待。

2. 选择合适的组织价值观标准

组织价值观是整个组织文化的核心，选择正确的组织价值观是塑造良好组织文化的首要战略问题。选择组织价值观要立足于本组织的具体特点，根据自己的目的、环境要求和组织方式等特点选择适合自身发展的组织文化模式。其次要把握住组织价值观与组织文化各要素之间的相互协调，因为各要素只有经过科学的组合与匹配才能实现系统整体优化。在此基础上，选择正确的组织价值观标准要体现组织的宗旨、管理战略和发展方向，使文化能支持其发展，要正确、明晰、科学，具有鲜明特点，体现企业个性；要切实调查本组织员工的认可程度和接纳程度，使之与本组织员工的基本素质相和谐，过高过低的标准都难以发挥作用；同时，在选择组织价值观时要发挥员工的创造精神，认真听取员工的各种意见，并经过自上而下和自下而上的多次反复，审慎地选出适合本组织特点又反映员工心态的组织价值观和组织文化模式。

3. 设计实施方案

在把握上述原则与标准的基础上，对本企业的历史和现状，特别是对企业实践中直接萌发的观念和意识，进行系统深入的回顾、调查、分析，在研究基础上，做好以下三项工作。首先，找出最适合本企业发展的精神，或者说本企业最有价值的精神。可以把本企业历史上产生的优秀精神、本民族历史上的优秀精神、本国其他企业的优秀精神、本企业当前实践中个别先进人物萌发的优秀精神、外国企业文明竞争的优秀精神，都采集起来加以消化，并按照本企业当前和未来发展的需要，融汇成为本企业的最适精神；其次，使最适精神引起全体职工的共鸣，变成全体职工共同的精神财富；再次，以最适精神服务于企业的生产经营等实践活动，使之物化，并在实践中丰富和发展这种最适精神。在此基础上拿出行动方案。第一，拿出经过科学论证而又具有本企业特色的价值观念、企业精神、企业信念、企业宗旨、企业理想、行为规范、思维方式等，以理论和口号的形式出现；第二，设计能够体现这些价值观念、企业精神等个例说明，最好是本企业的个例，但也可以是外单位的个例，甚至还可以是设想的个例和生动的寓言故事等，目的是要把这一套东西形象生动地表示出来，使广大职工易于了解；第三是灌输或实现这些价值观念、企业精神的步骤、设想和可操作性的程序。

三、开展全员组织文化讨论

企业文化需要得到员工认同，任何精神财富，若不能理解，便无法享用，一旦理解，获得真理的愉悦便油然而生。通过参与、沟通等方式进行讨论，使企业文化得到员工的认同。

1. 提高员工的参与程度

企业文化的建设，重在全员参与。文化建设架构的提出，须基于理性的分析，不可鲁莽行事，也不可只是领导者、高层主管的个人看法，需广泛发动群众参与。员工的参与需要高层主管有接受挑战和不同意见的雅量，还需要领导者的支持与放手发动，要让员工分享成功的果实，并要提供员工参与所需的资讯和工具。领导者和高层主管必须发掘和利用整个企业的各种意见和合理化建议，以此来建立对未来的共识和认同，以此形成卓越的企业文化。还要鼓励员工对企业文化建设予以讨论，交流意见，提出建议，从而使他们获得受到尊重的心理满足，并形成对企业文化建设的关心，最终利于建设卓越的企业文化。

2．重视沟通

沟通对于增进组织文化建设十分重要，即使一项变革只对十个人中的一两个人有影响，所有其他人也有必要了解变革的必要。许多实例证明，一些人对文化建设的抵制和阻挠常常不是由于对变革方案的不满，而是因为沟通不够而出现的对变革方案的不甚了解。因此要注重非正式沟通。非正式组织灵活、随便，只要是需要接触的人，都可以经常地在不拘礼仪的气氛中进行交谈。人们认为，好主意的提出以及好主意能获得他人的理解，主要是通过非正式组织沟通而获得。要注意频繁和平等地沟通。在美国一些公司，都具有多种信息沟通形式，如高层人士间那种“无议程，无记录”的每日例会，或几个人的“喝咖啡碰头会”等，通过沟通获取信息。

四、打造组织文化建设的基本阵容

实践反复证明了这样一个道理：孤掌难鸣的独角戏是很少能唱好的，企业文化建设需要有人赞助。许多关于鼓励企业文化建设的设想从不同角度提出，企业文化建设不仅要有文化闯将，还要有某种形式的保护人。也就是说文化建设的成功，需要一批角色，需要组成一个阵势。

管理学家在经过长期观察和研究之后指出，成功的企业文化建设，其阵容包含了三种主要角色，他们是文化闯将、文化后台以及文化教父，广泛听取他们的建议也是至关重要的。

1．文化闯将

这是不适合干行政管理工作的那类人里的热心人或狂热分子。这种人大多是个人至上，独来独往，怪僻急躁。不过，他们对自己的文化建设构想充满着溺爱之情，并对他的成功坚信不已。

2．文化后台

成功的文化后台，无一例外，都是文化闯将的过来人。他们亲身体验过改革征途的艰难困苦，亲眼看见过要他们保护一个大有前途的新主意，以致他不被组织中刻板的保守倾向所埋没。

3．文化教父

组织里的教父一般是一位年事已高和居有功德的领导者。教父与文化闯将的关系，是一种“前辈”与“后辈”的关系，这种关系相当于西方的“监护人与被监护人”的关系。教父是文化闯将的鼓励者和保护者，他使文化闯将在需要承受风险和需要挺身而出的时候，达到一种道义上的和组织上的支持和保护。

五、创建组织文化

人的精神不是客体的直接反映，而是主体自身的升华。优秀公司从来不是消极地等待高尚的企业精神自然而然地形成，而是积极寻求，精心表达，全力以赴、坚持不懈地进行培育。

1．组织文化内化

以具有本企业特色的精神财富为指导，确定组织共同的目标，通过目标加以引导员工的思想行为；以企业家、领导者、闯将和教父的表率行为来带动员工；给企业员工以关怀，使员工在主人翁的体验中认同和接受企业价值观；采用各种激励的方式推动企业全体员工走向共同的价值观，尤其要借助企业的规章制度，采用经济、行政、纪律的措施手段，来保证企业价值观能够在全体员工中得到贯彻，并逐步使全体员工养成按照企业价值观来思考和行为的习惯；也可以采用教育的方式，使职工通过点点滴滴的理解，日积月累，达到精神境界的升华，最终使企业价值观逐步铭刻在职工心里，内化为员工的自觉行为。

2. 组织文化外化

企业生产的产品和提供的服务，是企业生产经营的成果，它是企业物质文化的首要内容，其次是企业创造的生产环境、企业建筑、企业广告、产品包装与设计等都是企业的物质文化。企业以它们为媒体，借助企业视觉识别系统设计符合本企业特色的能体现企业价值观的形象，使企业在物质层如可见产品或物质服务中，体现崇高的企业理想、企业精神、价值观念。

企业员工的行为外化，最重要的是确立和通过管理机制实施符合企业价值观的规范。从人的行为、语言规范到个人仪表、上下班工作时间都严格按照这些规范行事。要达到此目的，需要借助讨论与座谈、演讲与模范报告、实地观摩与示范演练、重复性演示与比赛以及在实际工作中纠正不符合规范行为偏差，边检查、边纠正等方法，最终形成从规矩的学习演变到自觉地行为。

3. 组织文化习俗化

在企业中通过种种内化、外化价值观的方式，制造一种氛围，使企业的整体物质环境、精神环境、以及行为环境都体现出企业价值观的要求，让全体员工在这样的环境中，耳濡目染、潜移默化，天长日久就自然而然地形成企业共同价值观。即把本企业的价值观念、精神状态等变成全体员工自发地加以遵循的风俗、习惯、舆论、意识等。

4. 组织文化社会化

企业可借助各种文化网络向社会提供体现本企业特有精神的优质服务和优良产品，向社会介绍本企业的英雄模范人物，向社会展示并扩散本企业的风俗习惯，形成得到全社会赞美的企业形象。企业文化的社会化有多种途径：通过产品物质载体向社会展示满足社会需要的功能；把先进的企业精神、企业价值观、企业道德向社会扩散，形成某种共识；通过企业员工的思想行为、参政议政活动而影响公众；通过赞助比赛、通过文化活动传递企业形象；在企业中形成的创新观念向社会传播和扩散，进而引导社会的发展和变迁。

相关链接

蒙牛企业文化建设扫描

企业文化就像人的基因，无时不在，无处不在。一台机器、一笔资金、一车原料，从进厂那天起，就被植入了这个企业的基因。

一、大象无形，大道有痕，高尚的企业才能成就高尚的事业。

蒙牛从诞生第一天起，就把自己定位成“百年蒙牛”，就在寻找“长寿基因”。提出三个“大”：造大品牌，讲大道德，顾大利益。

造大品牌，就是建设好内蒙古这个大品牌。“不谋全局者不足以谋一域，不谋万世者不足以谋一时”。根据呼和浩特人均牛奶拥有量居全国第一，牛奶增速也居全国第一的实际，蒙牛提出了把呼和浩特建设成“中国乳都”的主张。

讲大道德，就是讲正气，把企业塑造成一个道德高尚的集体。蒙牛讲“经营人心”，但只准向下经营，不准向上经营，例如拜年，只准上级给下级拜年，不准下级给上级拜年。同时反对在经营之外搞任何形式的“钱财大循环”，婚丧嫁娶，过生日迁新居，请客可以，但一律不准收受礼金、礼品。要求人人确立一个座右铭。董事长的座右铭是：“小胜凭智，大胜靠德。”

顾大利益，就是在战略决策中，将股东、银行、员工、合作伙伴和社会“五满意”作为企业立身之本，这在蒙牛被概括成五句话：“股东投资求回报，银行注入图利息，员工参与为收入，合作伙伴需赚钱，父老乡亲盼税收。”通过这五句话教育每个人，在利益面前要换位思考、换心思考、换向思考。

在大利益格局中，居核心位置的是消费者的利益，这是实现所有其他利益的源头活水。所以，蒙牛强调对消费者实实在在讲诚信。例如，为了保证草原牛奶的原汁原味，1999 年在建厂资金捉襟见肘的情况下，蒙牛率先建起了国内第一个奶车洗浴车间，虽然每年为此多支出几百万元，但赢得了更多的消费者。

二、观众方者成良医，观众器者成良匠，学习型文化让企业站到巨人的肩膀上。

在蒙牛厂区，你可以看到上百个标语牌。如：“如果你有智慧，请你拿出智慧；如果你缺少智慧，请你流汗；如果你既缺少智慧，又不想流汗，那么请你离开本单位。”“产品质量的好坏就是人格品行的好坏。”“发射自己的光，但不要吹熄别人的灯。”这些标语取自“上下五千年，纵横八万里”，在潜移默化中规范着每个员工的思想和行为。

生物学上有个名词叫“杂交优势”。生物杂交产生优良品种，观念杂交催生思想巨人，人才杂交造就卓越团队。学习，不单纯是学习，学习中有创造。如果我们原来的思想只是一枚鸡蛋，那么，学习就是使这枚鸡蛋孵成活蹦乱跳的小鸡的环境。在中西方文化的嫁接中，在儒释道精神的融合中，在自我理念与他人理念的交锋中，蒙牛力图让思想与思想相乘，实现“王水效应”。

三、学我者生，似我者死，超我者成大业，创新型企业文化铸就领袖型企业。

“学我者生，似我者死”是齐白石老人的话，我们再补上一句，就是“超我者成大业”。

蒙牛在学习古今中外的同时，也力图有所创新。例如，在决策管理上，提出人人都是盲人的“全盲定律”；在资源整合上，提出处理智力、体力、财力三者辩证关系的“三力法则”；在企业运作上，提出目标决定过程的“目标倒推法”；在选人用人上，提出无缺点就无优点的“变形虫理论”……

有位教育学家说过：“一两基因胜过一吨教育。”基因工程是世界上最复杂、最伟大的工程之一，种瓜得瓜，种豆得豆，我们在文化设计上迈出的每一小步，都可能带来企业变革上的巨大进步。产品一旦植入文化的“基因”，丑小鸭就变成了白天鹅，灰姑娘就变成了白雪公主。

资料来源：由 HR 管理世界网，2006－05－29.

第三节 组织文化的培育

一、发挥领导者作为文化供应者的角色作用

1. 领导者要成为企业文化的化身

领导者是企业文化的人格化代表，是企业文化建设的主要和核心力量，起着主导性和不可替代的作用。因为在很大程度上，企业文化是领导者个人价值观的延伸与扩大，因此，领导者要拥有一套独特的价值观体系、企业哲学、理想、伦理观、思维模式和行为方式。在企业

文化建设中，卓越的企业文化是领导者德才、创新精神、事业心、责任感的综合反映，是领导者的人格化，领导者精神及领导者的形象，是企业文化的一面镜子；从组织的角度上看，称职的领导者必然是人心之所向，一定是企业之灵魂，也无疑是企业文化的替身；从日常领导者所从事的角色来看，企业领导人不仅是企业重大活动的参与者和组织者，而且，它通过身体力行的组织活动，体现了企业的价值观。因此，领导者为履行好这些职责，需要自身不断修养，提高素质；要有热爱本职工作，甘于奉献的坚强的事业心和责任感的职业追求；要有强烈的政治责任感和社会责任感；做人要正直、诚实、大公无私、品德高尚；要勤于学习、善于学习，具有广博的知识面；要目光敏锐、志向远大、审时度势、把握时机、坚韧不拔和百折不挠。唯有如此，才能担当起这一角色赋予的光荣使命。海尔张瑞敏有哲学气度和大家风范，成为海尔文化大旗的旗手和海尔"联合舰队"的船王，带领海尔建设优秀的海尔文化。鄂尔多斯集团进行企业文化建设的最大优势就在于经过二十多年的经营实践，已经形成并拥有了自己的精神领袖，这就是集团事业的领头人王林祥。

2. 领导者要通过文化供应推动企业文化建设

企业领导既是企业文化的创造者，又是组织者和缔造者。美国管理学家劳伦斯·米勒在《美国企业精神》一书中指出："没有一家公司在缺乏强有力的高级主管的领导下，能成功地改变其文化。"托马斯·彼得斯和罗伯特·沃特曼在《探索企业成功之路》一书中也说："我们发现几乎每一家优秀公司都和一个(或两个)在使该公司成为第一流的优秀公司方面似乎大有作为的领导有关。"因为卓越的领导者在企业中既是卓越的管理者，又是员工的思想领袖，他以自己的新思想、新观念、新思维、新的价值取向来倡导和培植卓越的企业文化。

企业文化的建设，需要企业全体员工积极参与，领导者必须身体力行，率先垂范，积极倡导，用自己的言行、工作作风和精神面貌去确立企业的风尚，影响企业员工的思想和行为，用自身言行感染、感化员工，使员工不断地抛弃旧习俗，创造新文化，使企业文化建设保持一种健康向上的态势和良好的精神风貌，切实收到实效。鉴于领导者的特殊地位，从整体上了解企业，知道企业最需要的是什么，最缺少的是什么，最关键要解决什么问题，因而能够对症下药，从问题入手，因地制宜，建设合乎本企业的先进文化。企业领导大权在握，运用它可以集思广益，把个人意见变成企业领导层的集体意见，最终变成企业的集体意志和群众意识。领导者也可以运用自己的威望和员工对他的信任，扮演企业文化宣传员和鼓动家的角色，宣传、培养和灌输企业的价值观、思维方式和行为方式，通过领导者的推行、传播，使企业建立具有鲜明个性和合乎本企业的先进的企业文化。

二、运用英模人物现身说法的影响力

(一)企业英模的概念

企业英模的概念，应该从企业英模个体、企业英模群体、企业英模类型三个方面来把握。

企业英模个体的标准是：一是"理想性"。即英模要卓越地体现了企业价值观和企业精神的某个方面，和企业的理想追求相一致；二是"先进性"。在其卓越地体现企业精神等方面，取得了比一般职工更多的成绩；三是"可学性"。即他们的所作所为离开常人并不遥远，显示出普普通通的人也能够完成非同寻常的工作。这三种性质必须很突出，使其他人能够毫无争议地感觉出来。但却不能求全责备，即不能要求英雄个体全面体现企业精神的各个方方面面，不能要求他们在所有各方面都先进，不能指望企业全体职工从一个英雄身上就能学会一切。

一个企业的所有英模个体，构成这个企业的英模群体。卓越的英模群体必须：(1)具有全面性。即是完整的企业精神的化身，是企业价值观念体系的全盘体现。(2)具有层次性。群体中不仅有体现企业价值观的模范，也有灌输价值观念、培育企业精神的先进领导，还有企业价值观和企业精神的卓越设计者。(3)具有多样性。英雄辈出，群星灿烂，有代表各种英模类型的人所组成。

一个企业中所有的英模人物的集合体构成企业英模群体，卓越的英模群体必须是完整的企业精神的化身，是企业价值观的综合体现。企业英模群体的行为，是企业英模个体典型模范行为的提升，具有全面性。因此，在各方面它都应当成为企业所有员工的行为规范。

企业英模可按不同的类型划分。美国学者曾把企业英模人物划分为共生英雄(幻想英雄)和情势英雄两大类。而情势英雄又被划分为出格式英雄、引导式英雄、固执式英雄和圣牛式英雄四类。他们所说的共生英雄，是指优秀的企业创建者，如通用公司的托马斯·爱迪生，宝洁公司的普罗克特和甘布尔，IBM公司的托马斯·沃森，松下电器公司的松下幸之助，索尼公司的井深大和盛田昭夫等。他们不仅是企业的创建者，也是企业的所有者，一辈子为他们自己的企业呕心沥血。但这决不是说，每一个企业主都能成为共生英雄。且不说那些贪婪卑鄙、苟安图逸的企业主们成不了什么气候，就是那些埋头实干但却不知理想和价值观为何物的企业主也成不了共生英雄。只有具备较高的理想追求，价值观念比较正确，而又埋头苦干、赢得人心的企业主，才有可能成为共生英雄，共生英雄是企业模范中的最高层次，因为他们不仅建立了企业组织，而且还缔造了一个能使他们生存并将个人的价值观付诸实践——改变公司经营方式的企业理念，且这种企业理念的影响力不断地被扩大。

相关链接

我国企业模范行为的普遍类型

在我国，任何一个企业员工，只要通过自己的努力，都可以成为任何一个层次上的企业模范。从企业模范行为的类型上划分，可分为领袖型、开拓型、民主型、实干型、智慧型、坚毅型和廉洁型。①领袖型企业模范：具有极高的精神境界和理想追求，有整套符合社会主义企业发展规律的价值观念体系，常常从这个企业调到另一个企业担任领导，都能把企业办好，许多濒临绝境的企业被他们一一救活。②开拓型企业模范：永不满足现状，勇于革新、锐意进取，不断开创新领域，敢于突破新水平。他们具有创新意识，自身充满创新的活力和竞争的意识。③民主型企业模范：善于处理人际关系，善于发挥大家的聪明才智、集思广益，能把许多小股力量凝聚成为无坚不摧的巨大力量。④实干型企业模范：总是埋头苦干，默默无闻，数十年如一日，如老黄牛贡献出自己的全部力量。⑤智慧型企业模范：知识渊博、思路开阔、崇尚巧干，常有锦囊妙计，好点子层出不穷。⑥坚毅型企业模范：越是遇到困难干劲越足，越是危险越能挺身而出，关键时刻挑大梁，百折不挠。⑦廉洁型企业模范：一身正气，两袖清风，办事公正，深得民心，为企业的文明做出表率。上述七类人的行为并不是彼此独立的，只不过是在某方面有突出的表现，因此把它归为某一类型。在现实生活中，不少企业模范既有某一方面的长处，又有另一方面的优点，常常是相互交融的。

资料来源：刘光明. 企业文化. 经济管理出版社，2004.

（二）企业英模人物的作用

企业英模人物的行为在整个企业行为中占有重要的地位。因为英模是企业的中流砥柱，是职工的学习楷模；是推动公司的火车头，是化难为易的魔术师；是前进的象征，是成功的保证。企业英模使得职工理智上明确方向，感情上奋发豪爽，行为上有所模仿。从企业文化本身的角度来看，英模群体是企业精神和企业价值观念体系的化身，从而向职工具体展示了精神和观念上的内容，客观上起到了灌输价值观念和培育企业精神的作用，他们把企业价值观体系和企业精神，内化成了自身的品质，从而使一个企业最有价值的东西得以保存、积累并传递下去。

在具有优秀企业文化的企业中，最受人敬重的是那些集中体现了企业价值观的企业英模人物。这些英模人物大都是从实践中涌现出来、被职工推选出来的普通人，他们在各自的岗位上做出了突出的成绩和贡献，因此成为企业的模范。在我国，企业中的英模人物称谓很多，有的称"劳动模范"，有的称"先进工作者"，还有的称"新长征突击手"、"革新能手"、"'三八'红旗手"、"学雷锋标兵"等。

企业英模群体的出现，为全体职工树立了榜样，使全体职工知道应当怎样行动，从而规范了职工行为。再且这种规范，不是生硬的而是自然的，是被英模事迹所感动。是鼓舞、所吸引而形成，每个英模都有一批崇拜者，所有的英模又都环绕着领袖型英模，从而使整个企业成为紧密团结的、有文明竞争力的组织。企业英模群体，是企业形象的一个极其重要的组成部分，外界有时就是通过企业英模来了解和评价企业。中国处在大变革的时期，在这个时期成长起来的商界骄子能够不浮躁的委实难得。新希望董事长刘永好面对鲜花、掌声、荣誉能够清醒地认识到：一个人在困难的时候要挺住，在鲜花、掌声、荣誉包围的时候要保持清醒的头脑，看到自己的不足。虽然是亿万身价，但是不显富，不奢华，吃"老三样"，穿普通衣服，每天花费"不超过100元"，每天工作不少于12小时……正因为如此，刘永好受到了员工的敬重，他的自律是集团员工最好的榜样。这种精神对企业发展也是至关重要的。

（三）英模人物的培育

英模人物的培育一般包括塑造、认定、奖励三个环节。

（1）英模人物的塑造。组织中的英模人物有多种类型。有与组织共生的英雄，他们往往在组织内部持续多年。也有在组织某一历史时期和某一特定情景的英雄，即所谓情势英雄。无论共生英雄还是情势英雄，英模人物都需要在一定环境和文化条件下才能形成和成长起来。因此组织在培育和塑造内部英雄时，领导者和管理者要树立正确的英模人物观，要为英模人物的形成和成长营造必要的条件和文化氛围。在英模人物培育的实践中，组织的领导者和管理者在致力于建立明确的、优秀的、先进的价值观念及价值观体系。首先，要善于发现或寻找具有成为英模人物潜力的培养对象。对于培养对象，在给予重点指导和实践锻炼的同时，也在思想上、工作上和生活上给予足够的关心和帮助。必要时，要建立相应的组织制度和组织机制，让英模人物培养对象既有成长的机会，也有成长的愿望和动力。其次，组织领导者和管理者在培育和塑造组织的英模人物时，要乐于奉献、甘做人梯，要立足于组织的利益，爱护和保护组织的英模人物和英模人物培养对象。此外，对组织的英模人物和英模人物培养对象，组织的领导者和管理者也要提出或制定出严格和高标准化的要求，使英模人物能够顺利而健康成长。

（2）英模人物的认定。英模人物的认定有多种方式和途径，最常见的有领导批准和群众评选。无论是领导批准还是群众选举或评选，英模人物的认定都必须要有广泛的群众基础。实践证明，群众路线与民主集中制相结合，是任何一个组织认定英模人物的较好方式和途径。

(3)英模人物的奖励。组织对英模人物的奖励，不应只是一种报酬，而应是对英模人物精神价值的肯定与激励，应是一种组织文化意义上的激励与象征化。对英模人物的奖励，还需注意不仅是对他们过去成绩的肯定，而且是对他们未来的期望。同时，组织对英模人物的奖励，不应只着眼于英雄个人，而应着眼于在组织内部产生更多英雄。组织的奖励可以别出心裁，可以多方式、多途径、多形式并用。

三、借助文化仪式的表现力

一种企业文化如果要走向繁荣，就必须有某些仪式来体现；仪式对于企业文化，就像歌唱对于乐谱、表演对于剧本一样，前者是后者的表现形式，不借助相应的表现形式，再好的“内容”也发挥不了影响，在缺乏组织的仪式里，文化的核心价值观不可能构成任何影响。因此，试图建立卓越企业文化的领导者，要科学地使用仪式这一有效形式。

1. 工作仪式

许多人都不相信日常工作中还会有仪式，但是，我们仔细观察一下那些富于管理技巧的领导者的工作现场，就会发现，他们确实在经常地使用着某些仪式。20世纪60年代初，当成千上万的石油工人进军大庆，打响建设我国大油田战役的时候，在大庆，人们可以时常看到这样一些令人激动的场面：某一项高难度工程就要开工了，工程突击队队员站在风雪呼号的荒原上，油田指挥部的领导举着一面突击队队旗站在他们面前：“同志们，你们是这项工程的主力军，重任寄托在你们肩上，油田指挥部任命你们为光荣的工程突击队，大家等待着你们早传捷报！”在一片掌声中，突击队队长接过油田指挥部领导授予的队旗，领着全体队员向他们的“战场”奔去。这些仪式都能强有力地表现一种企业精神特征，极大地鼓舞士气，造成一种意气风发的氛围。

2. 管理仪式

在领导人的管理活动中，许多内容并不直接产生某种具体的成果，它们纯属一种“形式”，它们被用来打扮或武装那些具有实质意义的管理活动，使管理活动蒙上一层神秘的面纱，使局外人在含糊不清之中产生对某种管理活动的神圣感。接受下级的工作报告，是领导者一项经常性的管理活动。老成干练的领导者在听报告时，总是静静地听，有时边听边做记录，若是看书面报告，他们要在要点下面做些记号。凡此种种，都是一些仪式，都是一些重要的装扮管理活动的“服饰”。

开会是管理者的重要仪式，在一些成功的企业里都是极受重视的：

(1)会议的频率。善于用仪式装点管理活动的领导者，都热衷于召开会议，这些频繁的会议并不是无谓的时间消耗，恰恰相反，它们是秩序和效率的重要保障。

(2)与会人员的构成。在注重仪式的领导人员看来，被通知参加会议是与会者身份与待遇的象征，并不是随便什么人可以参加，是有严格等级限制的。

(3)会议桌的形式。各种不同的会议桌会对人产生不同的心理影响。正方形含有进攻性和竞争性；长方形把人分成两派，各在一边，主次分明；圆桌不分首席和边座，使人感到整体性和不可分割性。

(4)坐椅的安排。良好的目光接触能扩大讲话人的影响，要善于为与会者安排座位。有时为了鼓励对立立场的人讨论问题，会把他们安排在面对面的座位上，有时，为了减少冲突，主持人则会将对立双方安排到目光不易接触的位置上。

3. 奖励的仪式

对于工作出色的员工，要给予适当的奖励。一方面是为酬谢和鼓励他本人，另一方面是为了感染和引导其他的人。为有效地达到后者的效果，许多企业都十分重视举行奖励的仪式。如在组织的年终总结会上，热烈而隆重地对在年内为本组织生产经营做出贡献的组织成员进行表彰，树他们为标兵劳模，号召全体组织成员以他们为楷模，向他们学习，这种仪式总是让人感到必不可少而且很有意义。举行奖励仪式的内容要充实、气氛要热烈、场面要宏伟、格调要高雅，才能达到培育其他人的目的。

4. 教育仪式

教育仪式是体现企业文化最直接最明了的形式之一，通常是直截了当地向员工传输和强化企业精神。在全国各地的康佳，每天早晨7点55分要举行升旗仪式，要宣读深圳康佳的总部文化，借助此仪式，将康佳总部文化传递到全国各分支机构，将康佳精神渗透到每一个康佳人。

除此之外，还有庆祝仪式、迎新仪式、娱乐仪式等。习俗和仪式不仅是组织烘托渲染自身文化的一种传统，是传播和灌输文化的一种有效的形式，而且是组织为其成员提供强大精神激励的有效手段。

组织的习俗和仪式建设，首先需要建立一套基本规范，其次是运用恰当的形式，然后是在组织的一系列活动中持之以恒地贯彻执行。基本规范的建立，形式的恰当运用，需要注意既与社会文化一致，又与组织的实际情况符合。组织的习俗和仪式建设还要注意与时俱进，要保持先进性、科学性、实用性和广泛接受性。

四、开发组织文化的传播媒介

1. 开发文化网络的意义及类型

文化网络是指组织内部各种正式和非正式的文化沟通手段和媒介，是文化要素的“载体”和传递途径。文化网络“运载功率”的大小，决定着一个组织文化氛围的强弱以及组织文化的影响力的大小。发达而健全的文化网络，能使人时刻体验到组织文化的存在，并深深感受到它的影响。不但如此，文化网络还是组织内部各种信息传播的工具，担负着组织内部成员思想、感情和价值观念等方面交流的任务。组织文化网络的物化形式，是报纸、广播电视等各种文化载体和媒介。运行健全的文化网络，其信息交流率高，每一个成员能够在较快时间里了解组织发生的种种大事和组织领导人的决策，组织信念能迅速及时传递给每一个组织成员，从而促使大家把自己的行为同化在组织整体行为之下。就此而言，文化网络的健全运行对组织实现有效管理，无疑是至关重要的。

通常情况下，企业文化传播网络存在两种形式：一种是正式网络，如企业创办的刊物、报纸、闭路电视、有线广播、宣传栏、内部局域网等；另一种是非正式网络，如非正式团体内部的交流、企业内的小道消息等，非正式文化网络不管规模如何，对形成忠诚和信任有时非常关键，因而在组织中的作用不可低估。企业文化组织总是有意识地发展非正式文化网络，使之与正式文化网络相一致，以便充分发挥组织文化的强大功能。

2. 文化网络的建立与维护

文化网络的建立和健全，主要是在组织内部的信息传播与沟通中进行和实现。为了建立健全文化网络，组织成员在组织内部需要划分并明确组织的正式和非正式的文化网络，然后在组织中寻找或建立适合自己的恰当网络。对于自己的网络，无论正式的还是非正式的，也无论是采用何种沟通方式，组织成员只有经常使用这种网络，才能维护网络的健全，才能开发出新的网络。

文化网络有多种多样的障碍，障碍的原因多也很模糊，表现形式复杂。从实践中来看，一个组织要排除其文化网络障碍，首要问题是破除官僚主义作风，精简组织机构，裁减冗员。解决这些问题，才能为组织开发文化网络营造一个宽松愉快的组织环境和组织氛围。

3. 文化网络的开发方式与开发途径

在文化网络的开发方式或开发途径方面，有一些基本的和重要的方式或途径：(1)以组织的领导者为中心的开发方式，要求领导者打破组织内部的等级界限，经常有效地接触组织中的普通成员，经常出现在公众场合，与普通的组织成员直接交流和建立友谊；(2)以组织中的群体为中心的开发方式，要求建立组织机制保证群众活动正常开展的积极性，组织的领导者和管理者要大力提倡和积极支持有益于组织的群众性活动；(3)以组织中的一般成员为中心的开发方式，要求组织成员都是沟通能手，能够在组织内部建立和开发自己的网络和朋友圈。一般情况下，只要组织环境和文化氛围正常，只要组织的领导者和管理者引导恰当，组织成员个人在组织中建立和开发的文化网络就和组织的整个文化网络协调一致，这对组织文化网络的建立和健全，有百益而无一害。

五、确立表现组织文化的视觉识别系统

1. 企业视觉识别的含义

企业视觉识别(VI)是企业形象识别系统(CI)的静态识别符号，是具体化、视觉化的传达形式。它是以视觉传播为感染媒体，将企业文化、企业规范等抽象语意，转换为具体符号、转化为具体可见的识别系统，应用在视觉的展开(有形识别)和行为展示(无形识别)，进而提升到企业文化的共识。简言之，企业视觉识别指一个企业由于独特的名称、标识、标准字、标准色等视觉要素而区别于其他企业。VI的表达必须借助某种物质载体，如厂房、店铺等。

2. 企业视觉识别内容

为了使企业视觉识别能以最快、最便捷的方式加以传播，以利于企业形象的确立，有必要建立视觉识别的信息传递系统。视觉识别的信息传递系统包括两大部分和四个阶段。两大部分是指基本要素和应用要素；四个阶段是指信息源(视觉识别系统)、设计符号(基本要素)、传播媒体(应用要素)、接受者(消费者或社会大众的认同)。

归纳起来视角识别(包括基本要素和应用要素)的内容主要包括：

(1)企业商标，其中包括标准字体、商标图案及色彩。

(2)企业的印刷字体。要力求把商标、公司名称、地址、电话号码等形成统一字体。

(3)建筑物。包括厂房、办公室、厂门口等，他们的设计都要体现个性。对商店的营业场所则要有特色和风格。

(4)产品。包括产品的内在设计和外观包装。

(5)广告。把传播内容、手法及形式加以系统化，以作为所有广告的制作依据。

(6)办公用品。包括便笺、信封、名片、办公桌等。

(7)车辆。车辆活动媒体设计时表现企业的最佳媒体之一。

(8)展览和展示。努力使户外广告，橱窗销售专柜及展览、展销会的设计、布置做到系统化、统一化。

(9)服饰。企业悦目的职工制服，有利于创造良好的企业形象。

(10)其他。

从视角识别的内容来看，非常丰富，他们的功能在于传达企业信息。即通过企业标识等让员工、用户、供应商、合作者、传播媒介等社会公众产生对企业的印象和认知。他们的设计要体现企业决策层或有关负责人的设计思想，体现企业的形象、浓缩企业的理念。

3. 企业视觉识别系统的表现功能

视觉识别系统设计并不是一种简单的视觉表现手段，它是将企业的信息进行概括、提炼、抽象并顺利转化成企业的视觉符号的过程，良好的企业形象塑造离不开企业形象视觉设计。随着市场经济和时代的发展，企业形象对企业参与市场竞争的作用越来越明显。有人提出了形象力的概念，认为企业形象是一种新的生产力要素，是隐含在企业生产经营活动背后的一种巨大的潜在力量。企业通过对优秀的企业形象的刻意建树和传播，形成一种对企业内外公众的凝聚力、吸引力、感召力、诉求力和竞争力。企业视觉识别系统的功能表现在：

(1)识别功能。识别功能是企业视觉识别系统的重要功能之一。视觉是人们获取信息的主要渠道。根据人体工程学的研究，人们获得信息的最主要途径是视觉，视觉接受的信息占全部信息的83%，由于人们是凭着五官的感觉来接受外界信息的，而认知又是接受企业形象的第一步，所以在塑造企业形象的过程中，视觉识别占有十分重要的地位。在市场经济体制下，竞争不断加剧，公众面对的信息纷繁复杂，企业借助含义深刻、造型优美的VI设计，使顾客容易辨认和记忆企业的产品和服务，通过特色鲜明的VI设计能使顾客对企业留下深刻的印象。可口可乐是一个成功的典范。可口可乐的总部设在美国的亚特兰大，但是他的视觉形象却遍于全球。他那套具有独特风格的视觉识别系统和每年巨额费用对这套系统的宣传，在公众头脑中留下了可口可乐的良好企业形象。

(2)易接受功能。一个企业，尽管有了良好的企业理念，但是如果找不到一种完美的表达方式，仍然不为社会大众所接受。因此，企业必须通过一定方式，把抽象的企业理念加以形象化、视觉化，即把储存在头脑的企业理念化成标语、图案、色彩、形状、声音，以便制作成商标、标准字，让凡是看过这些视觉形象的人都能过目不忘，产生意念沟通的效果。视觉识别系统采用图形和色彩等独特的语言方式比直接的语言形式与公众进行沟通，会产生更加意想不到的效果。使接受信息者在“欣赏和品味”中，在“毫无抵抗”的情况下，不知不觉地接受了视觉识别的攻势。因此，用色彩、图形等视觉要素为树立企业形象服务，更容易收到理想的效果。

(3)统一功能。企业视觉识别系统，代表着企业的经营理念、文化特色、价值取向，反映企业的产业特点，经营思路，是企业精神的具体象征。大众对企业标志的认同等同于对企业的认同，标志不能脱离企业的实际情况。但现实中企业内部发送信息的部门很多，发送的途径也不只一条，内容有可能因发出的表现形式不同而使接受者感觉各异。如果企业传递的信息不统一，甚至发生互相抵触的情况，不仅浪费经费，而且容易使企业形象分裂。造成无法弥补的损失。所以，企业借助视觉识别系统的设计，实现整体统一，并增加信息的可信度，有利于企业形象的树立。

(4)联想功能。随着企业的经营和企业信息的不断传播，企业视觉识别系统所代表的内涵日渐丰富，企业的经营活动、广告宣传、文化建设、公益活动都会被大众接受，并通过对标志符号的记忆刻画在脑海中，经过日积月累，当大众再次见到标志时，就会联想到曾经购买的产品、曾经受到的服务，从而将企业与大众联系起来，成为连接企业与大众的桥梁。增强观众的记忆效果。

(5)凝聚功能。通过企业视觉识别系统的建立，有助于企业树立良好的形象，它可以激发员工的自豪感、荣誉感、使命感和责任感，有助于增强企业的凝聚力，自觉地把自己的言行与企业的形象联系起来，热爱企业，献身企业，始终保持高昂的士气和旺盛的斗志投入工作。

(6)竞争功能。在现代市场经济的社会里，企业形象的重要性日益突出。企业形象的重要性视为除人、财、物之外的第四资源。这是因为在现在的市场上，商品日益丰富，竞争对手日益增多，企业与企业之间的竞争，不但是产品质量和服务质量之间的竞争，同时也是企业知名度和影响力之间的竞争，更是企业在广大消费者心目中“形象”优劣之间的竞争。因此，企业形象已为越来越多的企业所青睐。在当今激烈的竞争中，如果哪个企业忽视了自身形象的塑造，就必然会被市场无情地淘汰，而最具个性的企业形象，则能捷足先登地占领市场的“制高点”。

4. 企业视觉识别的基本要素设计

在所有视觉识别的内容中，企业名称、标志、标准字、标准色是整个 VI 系统的四个核心要素或基本要素。这些要素集中体现企业文化精神层的要求，充分传达企业理念。它们是企业地位、规模、力量、尊严、理念等内涵的外在集中表现，是视觉识别的核心，构成了企业的第一特征及基本气质。同时，它们也是通过广泛传播取得大众认同的统一符号。VI 中的其他要素都由此繁衍而来。由于视觉识别负载着传达企业文化、企业理念、企业使命的功能，因此企业的名称、标志、标准字、标准色必须具有寓意性、直观性、表达性和传播性。

(1)企业名称。CI 视觉识别系统的目的之一，就是尽可能地将企业的个性强调出来，以便于迅速扩大影响力，在市场中拥有清晰的形象。企业名称作为企业的外层视觉识别因素更应如此。设计时要注意具有个性、要名实相符、要具有民族性、要简易。如日本 Sony，中国 Haier。

(2)企业标志。企业标志是代表企业形象、特征、信誉、文化的一种特定符号，是企业整体形象的浓缩和集中表现，是企业目标、企业哲学、企业精神等的凝聚和载体。标志是 VI 的主角，也是企业与市场情报沟通与资讯传递的核心，更是消费者心目中对企业认知、认同的代表物。企业标志可分为字体标志、图形标志和组合标志。视觉形象中的标志设计要素与一般商标有着本质上的不同。最重要的区别在于 VI 的设计要传达企业文化、企业理念和企业精神，而脱离了企业文化、企业理念、企业精神的符号，只能称作普通的商标。优秀的视角形象设计无不是在表达企业理念方面取得成功的。标志设计的关键是在确立了企业理念的基础上，设计出最有效的、最直接的传达理念的标志。视觉设计是企业个性的重要体现，以此为基础的标志设计才拥有持久的生命力。下面是佛山市南海区政府采购中心标志与佛山市天诚工程造价咨询有限公司的企业标志（如图 9－2，图 9－3 所示），它们的设计分别体现了各自企业的理念。

建立政府采购中心的目的在于实施政府阳光采购。图 9－2 中标志设计以南海的 N 作为设计原点变化而来，纳入了阳光普照文化内涵，揭示了政府采购阳光理念。

它的特点是：形象，揭示理念。

图 9－2　佛山市南海区政府采购中心标志

资料来源：http：//www. ilovelogo. com/

图 9－3　佛山市天诚工程造价咨询有限公司

资料来源：http：//www. ilovelogo. com/

图 9－3 中公司标志设计是“天”创意的很好运用，表现了企业视野开阔，不断进取，不断发展，深蓝色色彩运用显得更稳健。

特点：十分简洁，浑然一体。

(3)字体标志。字体标志是指以特定的明确字体，字体造型式字体所衍生出来的图案作为企业的标志。其中，中文、英文大小写字母，阿拉伯数字等都可作为字体标志的设计要素。字体标志简洁而表现力丰富，可利用字母或文字的变形和排列来加强标识性，尤其是企业名称相同的字体标志同时具有两种功能，不仅传达了企业名称的信息，而且又具有图形标志的功效，以达到视觉、听觉的同步扩散效果。这是如今也是今后企业设计的发展趋势。标准字设计要注意各种功能不同，其设计形式、使用频率、使用范围都会有所不同。活动标准字是专为新产品推出、周年纪念、节日庆典、展示活动及各类竞赛等特定场所及活动所设计的标准字。这类标准字因为使用时间短，设计特色大多风格自由、活泼、印象强烈。标准字的设计原则具有识别性、易读性、艺术性、延展性和系统性。下面是温州市恺撒贸易有限公司的字体标志(如图 9－4 所示)，体现了易于识别和记忆的特点。

图 9－4　温州市恺撒贸易有限公司

资料来源：http：//www. ilovelogo. com/

此款标志设计以“SODAMI”中的 S 作为构思，来表现贸易往来、互相依存、互惠互利的企业理念。

特点：造型鲜明，易于识别和记忆。

(4)标准色。标准色是企业根据自身特点制定的某一色彩或某一组色彩，用来表征企业实体及其存在的意义。色彩是视觉感知的基本因素，它在视觉识别中起决定性作用，使企业标志、名称等色彩实现统一化和保持一贯化，以达到企业形象和视觉识别的目的。标准色的应用要注意不同文化区域的差异。由于社会制度、民族文化、宗教信仰、风俗习惯不同，各国都有专门的相关管理机构和条例，对牌号、形象有不同的解释，在设计标志、商标时应特别留心，对色彩的喜爱和禁忌因国家、地区而异，如德国南方人爱鲜艳的色彩，禁忌茶色、深蓝色、黑色的衬衫和红色的领带。法国东部男孩爱穿蓝色服装，少女爱穿粉红色服装，而厌恶墨绿色。

本章概念

组织文化　精神文化　行为文化　制度文化　物质文化　价值观　经营哲学　组织精神　产品　标准色　组织环境　仪式　英模人物　视觉识别　企业标志　组织容貌　字体标志　共生英雄　情势英雄　教父

问题思考

1. 怎样完整地理解组织文化这一概念的内涵？
2. 实践中的组织文化具体表现为哪些层面？
3. 如何培育有组织特色的组织文化？
4. 树立英模人物对组织文化建设有何重要意义？
5. 组织文化有哪些功能？如何充分发挥组织文化的功能？
6. 组织价值观在组织文化中居何地位？当代企业价值观大致包括几种取向？
7. 通过哪些途径识别组织文化？
8. 组织文化建设应考虑哪些程序？
9. 如何利用视觉识别系统创设良好的组织文化？
10. 学完本章内容，收集资料对比不同国家组织文化的特点及建设状况？

☞ 案例分析

福建电力“三位一体”企业文化建设实施方案

一、建设目标

以服务福建电力发展战略为宗旨，以培育员工社会公德、职业道德、家庭美德，提高企业知名度、文明度、美誉度，增强企业凝聚力、竞争力、生产力为目的，实施工作区、住宅小区、家庭“三位一体”文化建设，弘扬企业精神、实践企业价值观，实现企业发展战略与员工愿景有机统一，经营者理念与员工观念高度和谐，员工内心世界与外部环境同步改善，为福建电力的改革发展提供强大的文化支撑和精神动力。

二、建设内容

(一)精神文化：上下欲同　同舟共济

培育和弘扬"学习、创新、务实、诚信"的企业精神；"解放思想、实事求是"的核心精神；"敢为人先的探索，不甘落后的拼搏，永无止境的追求"的创一流精神；"实干、实践、实现"的务实精神；"接受任务不讲条件，完成任务不打折扣"的拼搏精神；积极主动，尽心尽力的敬业精神。"三严一表率"。勤政、廉政、善政。注重身教、言教和宣教，使企业精神成为员工的共同追求和自觉行为。

（二）人本文化：人企合一　人尽其才

推行全员竞聘上岗、全员绩效评价、全员终身培训，鼓励员工进行职业生涯设计，促进员工全面发展。建立上岗靠竞争、收入凭贡献的核心机制，倡导培训是最大的福利、工作是最大的幸福的理念。

（三）历史文化：奉献社会　推陈出新

继承和发扬福建电力员工的优良传统：人民电业为人民。燃烧自己，照亮别人。光明使者，不辱使命。诚信为本，无私奉献。艰苦奋斗，能打硬仗。只要任务明确，就能一往无前、务期必成。以史为鉴，推陈出新。肩负新世纪福建电力"双满意"、"创一流"、"两转变"三大历史使命。

（四）网络文化：平等开放　文明健康

网络架起沟通桥梁，丰富企业文化内涵。

……

三、保证措施

（一）实施一把手工程，明确工作责任

各单位党政一把手是企业文化的第一责任人，把企业文化建设纳入领导班子任期目标。

（二）立足两个层面，实现上下联动

建设企业文化要立足省公司和基层单位两个层面，上下层面紧密配合。省公司重在开展福建电力企业文化整体战略研究，建设福建电力 CIS 体系，实施福建电力企业文化一体化管理。基层单位着重在统一福建电力理念的基础上，结合本单位实际积极开展企业文化的教育和实践活动，使福建电力理念渗透到企业的生产经营管理工作中。

（三）抓好三个区位，做到同步推进

（1）工作区是传播和实践先进文化的主阵地。一要建好阵地。在工作区要统一福建电力理念识别系统、行为识别系统、视觉识别系统。二要开展形式多样的活动，使员工对企业文化的主要内容入心入脑、人人皆知。三要优化美化环境。贯彻 ISO14000 标准，落实国家环保政策，向系统内外展示福建电力一流企业形象。四要建立三大安全形势分析制度，落实三项责任制，努力实现三大安全目标。

（2）住宅小区是学习宣传企业文化的重要场所。把社区建设要求纳入住宅小区文化建设，要按照"规划合理、环境优美、服务配套、活动经常、安全文明、睦邻和谐"的目标建设小区文化。

（3）家庭是社会的细胞，也是企业文化建设的重要部分。要围绕"爱党爱国、遵纪守法，移风易俗、崇尚文明，学习上进、情趣高雅，尊老爱幼、平等和睦"的目标建设家庭文化。

（四）落实四项工作，丰富文化载体

（1）确定6.26 企业节（司庆），开展纪念活动。以"6.26"省公司挂牌纪念日作为福建电力公司企业节日（司庆），广泛开展"三位一体"企业文化艺术活动和各类纪念活动。

(2)创作司歌，制作司旗，开展唱司歌、升司旗活动。公司系统各单位要做到人人会唱，全面推行唱司歌制度，每逢重大会议和重大活动要奏唱司歌，举行升司旗仪式。

(3)制定施行公司员工行为规范，制作员工行为识别系统手册。

(4)推行统一形象标识。根据国家电力公司的形象识别手册，结合福建电力的实际，设计制作公司形象识别手册。并在器物文化中加以表现，实现公司系统标识和其他形象识别系统的全部统一。

(五)突出五个重点，夯实工作基础

(1)狠抓规划部署，实行企业文化建设目标管理。要把企业文化建设作为一项长期的战略，纳入企业发展的总体规划。

(2)狠抓宣传教育，提高对企业文化建设重要性的认识。一是通过党员大会、职代会等各种形式广泛动员；二是广造声势。做到“墙上有理念、橱窗有图片、报刊有版面、网站有页面”；三是广辟途径；四是广泛培训。依托党校、培训中心举办企业文化培训班，使每个单位的各层面都有抓企业文化建设的骨干。

(3)狠抓典型示范，推进企业精神人格化。

(4)狠抓调研试点，探索企业文化建设新途径。一是集中系统力量并借助外部力量，加强对企业文化建设的研究，政研会等协会要把企业文化作为重要研究重点，适时组织召开专题研讨会，探讨新途径，组织骨干赴系统外著名企业参观调研，学习借鉴。二是省公司根据不同类型企业具体情况，分批选择企业文化建设推进单位，加强指导，抓好示范。

(5)狠抓考核奖惩，把企业文化各项要求落到实处。对企业文化建设项目采取跟踪、汇报、通报的办法进行项目管理，在线控制。要充分发挥精神和物质的杠杆作用，把企业文化建设情况作为绩效考核和评先创优的重要条件。

资料来源：月亮船教育资源网，2006-06-17.

问题分析：

1. 从企业文化的内涵入手分析福建电力企业文化特点。
2. 福建电力如何打造企业文化特色？
3. 领导在文化建设过程中起到哪些作用？
4. 你认为有哪些方法可以丰富文化载体？

参考文献

[1] 刘光明. 企业文化[M]. 北京：经济管理出版社，2004：168、145-149、278、162.
[2] 林坚. 企业文化修炼[M]. 北京：蓝天出版社，2005：72.
[3] 罗长海，林坚. 企业文化要义[M]. 北京：清华大学出版社，2003：204、206、214.
[4] 朱立恩. 企业形象的魅力——CIS战略概述[M]. 北京：北京经济学院出版社，1995：85、86-87.
[5] 张德，吴剑平. 企业文化与CI策划[M]. 北京：清华大学出版社，2000：199-201.
[6] 马树林. 中外企业文化股市[M]. 北京：企业管理出版社，2006：100.
[7] 华锐. 企业文化教程[M]. 北京：企业管理出版社，2003：93、252.
[8] [美]特雷斯·E·迪尔，阿伦·A·肯尼迪著，唐铁军等译. 企业文化——现代企业的精神支柱

[M]. 上海：上海科学技术出版社，1989：55.
[9] 王强. 论图形设计在企业形象中的运用[J]. 江苏大学学报(社会科学版)，2003(10)：4.
[10] 刘刚田，高百宁. 新形势下企业文化建设的对策与思考[J]. 现代管理科学，2005(11).
[11] 张敏，陈传明. 战略调整视觉下企业文化理论演进[J]. 外国经济与管理，2005(3).

第十章 组织协调

学习目标

学完本章之后，你应该能够：

- 阐述组织协调的传统话题
- 说明集权与分权的相对性
- 解释影响集权与分权程度的因素
- 分析直线人员与参谋人员关系的本质
- 了解组织冲突的原因与冲突的处置方法
- 描述公共关系视角的组织协调方法
- 说明“第五代管理”中的组织协调观念

开篇实例

唐僧团队的组织协调

吴承恩的文学名著《西游记》以唐僧西天取经为故事线索，不仅塑造了唐僧、孙悟空、猪八戒、沙和尚等中国人家喻户晓的富有个性的人物形象，而且展示了一个团队组织协调的经典。

唐僧为了完成西天取经任务，先后收孙悟空、猪八戒、沙和尚为徒，一路降妖除魔，直达西天。从组织理论的角度来看，我们可以把唐僧师徒四人的组合看成一个项目团队，其中唐僧是项目经理、孙悟空是技术核心、猪八戒和沙和尚是普通团员，这个团队的高层领导是观音。

团队的组成很有意思。唐僧作为项目经理，有很坚韧的品性和极高的原则性，不达目的不罢休，又很得上司支持和赏识（直接得到唐太宗的任命，既给袈裟，又给金碗；又得到以观音为首的各路神仙的广泛支持和帮助）。沙和尚言语不多，任劳任怨，承担了项目中挑担这种粗笨无聊的工作。猪八戒这个成员，看起来好吃懒做，贪财好色，好像留在团队里没有什么用处，其实他的存在还是有很大用处的，因为他性格开朗，能够接受任何批评而毫无负担压力，在项目组中承担了润滑油的作用。最关键的还是孙悟空，他的性格极为任性，回想他那大闹天空的历史，恐怕作为普通人来说没有人会让这种人呆在团队里，但是，取经项目要想成功实在缺不了这个人，只好采用些手段来收复他。首先，把他给弄得很惨（压在五指山下500年，整天喝铜汁铁水）；在他绝望的时候，又让项目经理去解救他于水火之中以使他心存感激；光收买人心是不够的，还要给他许诺美好的愿景（取完经后高升为正牌仙人）；为了让项目经理可以直接控制他，给他戴个紧箍咒，不听话就念咒惩罚他。但是，孙悟空毕竟是神人，承担了取经项目中的斩妖除魔的绝大多数重要任务，不能只用手段来约束他，这时猪八戒的作用就出来了。猪八戒是个乐天派，任何指责都不会放在心上。在孙悟空苦恼的时候，上司不能得罪，沙和尚这种老实人又不好伤害，戏弄猪八戒便成了孙悟空排除心中郁闷的最佳方式。

在取经项目实施的过程中，除了团队成员的艰辛劳动外，还善于利用外部的资源，只要碰到难题，孙悟空就会立即向领导(观音)汇报，或者通过各种关系，找来各路神仙(从哪吒到如来佛)帮忙，来解决各种难题。

资料来源：谢文辉. 智慧管理：60个经典管理寓言故事. 民主与建设出版社，2004：226 - 228.

不管吴承恩的主观意图如何，但他在《西游记》中设计的唐僧团队向人们昭示了一些重要的管理学道理：组织管理者怎样才能促使一个组织中的全体成员各尽所能，配合默契，进而实现目标，完成任务？发生冲突时，应该选择怎样的方法才能消除？面对困境或环境发生变化时，又该如何协调各种关系，通过资源整合来促成目标的实现？这是管理学中有关组织协调的主要话题，也是任何一个管理者都无法回避的问题。本章将分三节讨论这些问题。

第一节 组织协调的传统话题

一、集权与分权

职权是任何一个组织不可缺少的要素。只有当我们有效地运用权力时，组织才能协调运转。因此，科学地进行组织中的集权与分权是传统视角中组织协调的关键。

(一)集权与分权的相对性

集权是指管理的职权集中到组织中较高的管理层次；分权则是指管理职权分散到整个组织系统中。绝对的集权意味着组织全部权力集中在一个主管手中，组织活动的所有决策均由主管作出，没有任何中层管理机构，就如同在一个医院内，没有内科、外科等科室主管人员，仅有院长一样。而绝对的分权则意味着全部权力分散在各个管理部门，甚至分散在各个执行、操作者手中，没有任何集中的权力，没有上层主管人员，形同没有院长的医院。实际上这两种组织结构都是不存在的。有层次的组织的建立，就已经存在着某种程度的分权。在现实社会中的组织，可能是集权的成分多一点，也可能是分权的成分多一点。但是，过度的集权或分权不当都是不利于组织效率的。为使组织能有效地运行，必须科学地进行组织内部集权与分权程度的协调。

(二)影响集权与分权程度的因素

集权与分权的程度，是依据条件的变化而变化的。影响集权与分权程度的因素主要有：

(1)决策的代价。这里要同时考虑有形的经济标准和诸如信誉、士气等一些无形的标准。对于较重要的决策、耗费较多的决策，由较高管理层做出决策的可能性较大。因为基层主管人员的能力及获取的信息量有限，限制了他们决策。再者，重大决策的正确与否责任重大，因此往往不宜授权。

(2)政策的一致性要求。组织内部执行同一政策，集权的程度较高。

(3)规模问题。组织规模大，决策数目多，协调、沟通及控制不易，宜于分权；相反，组织规模小，决策数目少，分散程度较低则宜于集权。

(4)组织形成的历史。若组织是由小到大扩展而来，则集权程度较高；若组织是由联合或合并而来，则分权的程度较高。

(5)管理哲学。主管人员的个性与所持的哲理影响权力的分散程度。

(6)主管人员的数量和管理水平。主管人员的素质及数量，也影响着权力的分散程度。主管人员数量充足，经验丰富，训练有素，管理能力较强，则可能较多地分权；反之应趋向集权。

(7)控制技术和手段是否完善。通讯技术、统计方法、会计控制以及其他技术的改进都有助于趋向分权。但电脑的应用也会出现集权趋势。

(8)分散化的绩效。权力分散化后的绩效如何，将会影响职权的分散与否。

(9)组织的动态特征及职权的稳定性。组织正处于迅速发展中，则要求分权。原有的、较完善的组织或比较稳定的组织，一般趋向集权。有些问题的处理有很强的时间性，而且要随机应变，权力过于集中容易延误时机，处理此类事项的权力应当分散，以便各管理环节机动灵活地解决问题。

(10)环境影响。决定分权程度的因素中，大部分属组织内部的，但影响分权程度的还有一些外部因素，例如经济、政治等因素。这些外部因素常促使集权。正如戴尔所说："困难时期和竞争加剧可能助长集权制。"

(三)组织内部集权与分权程度的确定

一般说来，集权与分权程度的确定常常是根据各管理层次拥有的决策权的情况来进行的。

(1)决策的数目。如果组织中基层决策数目相对较多，分权程度就越高；反之，上层决策数目较多，集权的程度就越高。

(2)决策的重要性及其影响面。若较低一级管理层次作出的决策事关重大，涉及面较广，组织内部的分权程度较高；相反，若下级作出的决策无关紧要，则集权程度较高。例如，只允许分厂作出有关经营管理方面决策的公司，其分权程度就低于还允许分厂作出有关财务与人事方面决策的公司。

(3)决策审批手续的简繁。一般地，在组织内部根本不需要审批决策的情况下，分权的程度就应该较高；而在作出决策以后，还必须呈报上级领导审批的情况下，职权的分散程度就低一些；如果在做出决策前，必须请示上级，那么分权的程度就更低一些。此外，较低一级管理层次在决策时，需要请示的人越少，分权的程度就越高。

按照集权与分权的程度不同，可形成两种领导方式：集权制与分权制。

集权制指管理权限较多地集中在组织最高管理层。它的特点是：经营决策权大多地集中于上层主管，中下层只有日常的业务决策权限；对下级的控制较多，例如下级的决策前后都要经过上级的审核；统一经营；统一核算。

分权制就是把管理权限适当分散在组织的中下层。它的特点是：中下层有较多的决策权；上级的控制较少，往往以完成规定的目标为限；在统一规则下可独立经营；实行独立核算，有一定的财务支配权。

相关链接

“分权制”为创维平息“黄宏生事件”抢得第一时间

科学地进行组织中的分权是提高组织效率的关键。分权制管理模式常常可以成为组织遇到突发事件时确保一个可控和有利局面的保证。

2004年11月30日，黄宏生被香港廉政公署拘捕，创维凭借成熟的公关技巧和“未雨绸缪”的公司制度，避免了金正、爱多式的企业悲剧。与金正、爱多等大多数家电业的民企“当家人一倒，江山变色”的悲剧不同，创维不但没有受到巨大冲击，一切工作按部就班地进行；反而借力于危难之间，不仅在2004年12月份和2005年1月份创造了销售和回款的双增长，还实现了从家族式管理向现代企业制度的重要一跃。

这一切当然要部分归功于创维起支撑作用的分权治理制度。虽然2000年“陆强华出走风波”造成了创维营销系统的大崩溃，但黄宏生并没有因此而放弃在公司内部“放权”。2001年开始，黄宏生大力重用张学斌，由张直接掌管企业的用人、财务与营销大权，正是这一大胆放权，为创维此次顺利渡过危机埋下了伏笔。

2004年11月30日——黄宏生被香港廉政公署拘捕的当晚，作为董事局副主席的张学斌就马上从香港赶回，紧急召开董事会，急速调度资源，成立了四个小组应对各方事务。12月1日早上，全国各大媒体都收到了创维发布的声明：公司一切活动正常，并于下午5点正式召开新闻发布会。

近几年企业危机公关的案例告诉我们，对于危机公关而言，第一时间尤为重要。这时企业能否及时妥善处理，关系到企业或品牌的伤害能否降到最低。“如果当时创维没有及时与记者积极沟通，很可能在第二天国内大小报刊中，会出现很多猜测或质疑的负面报道，这对创维化解危机非常不利。”有专家如是说。孙伟中则认为，创维之所以能作出这么快速的反应，是与其治理结构的趋于完善、决策与执行相分离分不开的。

资料来源：http：//news. chinabyte. com/234/1913234. shtml.

二、直线人员与参谋人员的协调

直线人员是指在组织中行使行动、执行、职能的人员，他们的职责是指挥、命令。参谋人员是指在组织中行使思考、筹划职能的人员，他们的职责是建议。在组织运作中区分这两者之间的差别是必要的，无论上司和属员都必须了解自己是以参谋的资格还是以直线人员的资格从事活动，这样才能实现组织的协调运行。

（一）直线人员与参谋人员关系的本质

在任何一个现实的组织中，直线人员与参谋人员关系的本质可以更直接地描述为一种职权关系。职权如同一种不间断的刻度或系列的梯级，存在于所有的组织中。直线人员所拥有的是一种直线职权。从企业最高管理职权中分给每一个下级职位的直线职权越明确，决策的职责就越明确，组织的运行也更有效。在许多大公司里，这种职权的梯级既长又复杂，即使在最小的企业里，这种梯级也客观存在。直线职能意味着作出决策，发布命令并付诸实施。

它是协调组织的人、财、物，保证组织目标实现的基本权力。参谋人员所拥有的是一种参谋职权，这种职权的概念由来已久，在中外历史上很早就出现了一种为统治者出谋划策的人物。参谋职能属于顾问性质，仅意味着协助和建议的权力，它的行使是保证直线主管人员作出的决策更加合理的重要条件，也是组织运行效率提高的保证。

（二）直线人员与参谋人员的协调

由于一个组织内存在两种权力：一是有命令权的直线权力；一是只有咨询权的参谋权力。这里还存在两种职能：直线职能与参谋职能。直线职能是与完成组织根本目标相关联的，而参谋职能则是支持直线职能的。这种两重性使得一个组织看来好像是两个分离的组织——直线组织和参谋组织。这种双重权力、职能和组织的概念，造成了被指派为直线和被指派为参谋的那些人之间产生严重误解和冲突的背景。

直线与参谋之间的矛盾冲突，往往是组织协调的主要障碍。解决这一问题的关键应该是合理利用参谋的工作，参谋的作用发挥不够或过分，都有可能导致直线与参谋之间的摩擦与冲突，都有可能影响直线，以至整个组织活动的效率。

1. 充分认识使用参谋在组织运行中的利弊

应当肯定，当经营管理人员面临着需要经济、技术、政治、法律和社会等领域的专门知识才能决策时，参谋的建议对于今日的工商业、政府或其他企事业来说，都是至关重要的，无论怎样估计几乎是不会过分的。尤其是当业务变得更为复杂的时候，这种作用就更加举足轻重。正如美国陆军在 1898 年美国 - 西班牙战争中，由于缺乏专家的参谋，尽管在热带炎热的气候的情况下，美国军队却是穿着呢制服被派往古巴作战的，他们缺少精确的道路地形图，但还是要求他们夺取领土，其间效率是可想而知的。参谋的另一大好处是，当他们的上级忙于管理业务而没有时间去考虑问题、收集资料、进行分析时，参谋专家可以为他们做好这一切，以协助他们提高管理效率。

显然，在协调好直线与参谋的关系，发挥参谋作用时必须注意趋利避害。

2. 直线人员要倾听参谋的意见但不为参谋所左右

在管理现实中，参谋的作用对于规模庞大、业务复杂的公司是举足轻重的，这就要求现代大公司的直线经理既要倾听参谋的意见又不能为参谋所左右。如果参谋的建议和咨询完全是恰当的，那么必定有种种原因：或是由于企业的经营管理复杂，需要专家的帮助；或是由于直线主管的时间或精力不足需要参谋的协助，直线经理应当认识到有参谋能力的助理提出的建议是为了协助工作而不是为了破坏或指责。在组织管理中应该鼓励或强迫直线主管采用强制性的参谋助理制度，直线人员必须倾听参谋人员的意见。例如，在通用汽车公司，产品分公司的经理在向最高执行委员会提出一项重要的计划或政策之前，总要同参谋部门商量。虽然没有要求分公司经理一定要那样做，但是他们会发现那样做的结果有利于顺利地通过他们的申请；如果他们能与有关的参谋部门联名提出建议，那么这样的建议无疑将更容易被采纳。与此同时，不能忘记直线应“善断”，决不能为参谋所左右。直线人员应像古人所云“国咨博询，不耻下问”。

3. 适当限制职能职权的使用范围和级别

在组织运行中，职能职权的使用常限于解决“如何做”（How）、“何时做”（When）等方面的问题，若无限扩大到“在哪儿做”（Where）、“谁来做”（Who）、“做什么”（What）等方面，就会取消直线经理的工作。经理一旦对本部门的业务工作失去计划、组织、用人、参谋、指挥以及控制等职权，他们也就无法再进行管理了。此外，职能职权的使用级别也是必须限制的，职能职权不能越过顶头上司下属的第一级。换句话说，职能职权应当集中在组织结构中关系最近的那一级。比如，采购经理的职能职权一般限于处理分公司或部门的采购。当这些采购经理处理涉及全公司的采购业务时，他们所发挥的作用只相当于一位业务部门的负责人。同样地，人事或公共关系主任的职能职权就不应该越过主管财务、销售和制造的副总经理这一级，否则就会破坏直线主管人员的统一指挥，如图 10－1 所示。

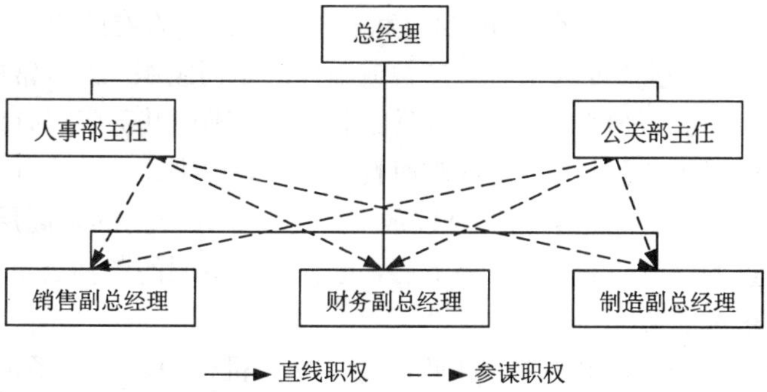

图 10－1　直线职权与职能职权的关系

4．让参谋独立地提出建议和解决问题的方法

参谋人员大多是某一方面的专家，应让他们根据客观情况，提出科学性的建议，而不应左右他们的建议。德鲁克 1994 年受聘于美国通用汽车公司任管理政策顾问，第一天上班时，该公司总经理斯隆找他谈话：“我不知道我们要你研究什么，也不知道该得到什么成果。我唯一的要求，只是希望你把正确的东西写下来，你不必考虑我们的反应，也不应怕我们不同意。尤其重要的是你不必为了使你的建议易为我们接受而想到调和折衷。在我们公司里，人人都会调和折衷，不必劳你的驾。你当然可以调和折衷，但你必须先告诉我正确的是什么，我们才能作正确的调和折衷。”这段话不仅说明参谋不仅要独立地提出建议，而且还要提出解决问题的方法。参谋不是问题的挑剔者，而是解决问题的倡导者。

5．为参谋人员的工作提供必要的条件

尽管直线与参谋的矛盾往往主要是由于参谋人员的过分热心所造成的，缓和他们之间的关系首先要求参谋人员经常提醒自己“不要越权”，但同时直线经理也应认识到，参谋人员拥有的专业知识正是自己所缺乏的，必须取得参谋人员的帮助，才能提高管理效率。这就要求直线经理必须为参谋人员的工作提供必要的条件，特别是有关的信息情报，使他们能及时地了解直线部门的活动进展情况，从而能够提出有用的建议。否则，即使最优秀的参谋助理也提不出恰当的咨询意见。为了使上司能够从收集和分析资料这种必要的工作中解脱出来，为参谋助理的工作提供必要的条件，充分发挥参谋人员的作用是十分必要的。

三、委员会管理

（一）委员会及其性质

委员会可以解释为从事执行某些方面管理职能的一组人，是负责处理某一专题的集体。

存在于各种组织中的委员会，其形式和类型是多种多样的。这些委员会，有的执行管理上的职能；有的则不执行这方面的职能；有的要作决策；有的则仅仅讨论与决策无关的问题；有的虽有权向经理提出建议，但经理可以接纳也可以不接纳；还有的则纯粹是为了接受信息，既不提建议也不作决策。

委员会可以是直线式的，也可以是参谋式的，这要看它的职权而定。如果它所拟定的决策是要下属去执行的，那么它就属于执行委员会和直线委员会；如果它同上级的职权关系属于咨询性的，那么它就是参谋委员会。委员会又可以是正式的或非正式的。正式的委员会是组织结构的一个组成部分，拥有特定的职权和职责，非正式的委员会没有被授予特定的职权，通常是因为对某些专题需要人来集思广益或集体决定而组织的，常常能发挥与正式委员会职能相同的作用。例如，经理对某问题需要征求其他经理或其部门以外的专家意见而召开的特别会议。委员会还可以是永久性的或临时性的，一般说来，正式委员会比非正式委员会更固定一些。在组织的各个管理层次都可以成立委员会。在公司的最高层，一般叫董事会，他们负责行使制定重大决策的职权。在中下层，也有类型不同的各种委员会，负责落实上级决策，切实保证任务的完成。

委员会被广泛应用于各种组织中。在政府每一立法机构中都有许多常务及特别委员会；教育领域中，著名大学的教职员由于害怕失去学术自由又不信任行政权力机构，长期以来设立了许多委员会来限制校(院)长及各系系主任的权力；宗教机构为了鼓励教徒们积极参与、限制宗教领袖的权力也十分依赖委员会；企业中更是普遍存在委员会，诸如董事会、财务委员会、审计委员会、各种管理委员会等。

(二)委员会管理的协调途径

委员会管理对于组织内部协调既有积极的促进作用，诸如集思广益、提高决策的正确性，促进部门、计划与政策的协调，避免权力过于集中，增进组织中的激励等。同时委员会管理又存在诸多不良的影响，如提高决策成本、议而不决等。再加上人们常常滥用委员会等诸多情况，这就要求我们认真探讨运用委员会管理实现组织内部协调的有效途径。

(1)必须明确委员会的职权和范围。委员会的权限究竟是决策，还是提供建议供直线主管参考，应该明确加以规定。委员会成员还应该明确地了解他们将在会议上集体讨论的议题的范围，以免委员会讨论时超出这一议题范围，从而造成各种浪费。

(2)确定适当的规模。确定委员会的规模是非常重要的。一般说来，委员会要有足够的规模，以便集思广益和容纳为完成其任务所需要的各种专家，但是又不能过大。因为随着委员会规模的增大，委员会内部关系的复杂性也大大地增加。如果委员会太大，委员之间就不能有足够的适当交流的机会。有人认为，最合适的委员会规模一般是5~6人，最多不能超过15~16人。

(3)精心挑选成员。要使委员会成功，其成员必须是他们想要为之服务的利益的代表。他们必须拥有所需要的权力，能够胜任委员会的工作。同时，委员会成员应有善于交流的能力，并有通过综合集体思想而不是通过不适当的妥协来达成集体决策的能力。

(4)认真选择议题。委员会的工作必须限制在集体讨论可以处理的一些主要事项上。有些问题适宜于委员会讨论，而另一些却不适宜。除了管辖权限的问题外，委员会采取具体行动的最适宜的领域是制订政策和主要计划。此外，还有控制工作，特别是对负责执行主要计划的经理进行控制。

(5)选择有能耐的会议主席。委员会的工作是否有效，取决于会议主席的领导才能。一位好的会议主席可以通过为会议作规划、准备议事日程、注意务必使委员们事先能得到研究的结果、为讨论或要采取行动提出明确的建议并有效地主持会议来避免委员会发生浪费和缺点。会议主席还需要担负掌握会议基调，统一思想，使讨论不离议题等责任。因此，必须非常谨慎地选择会议主席，才能使委员会的使用取得最大限度的成功。

(6)做好会议记录。委员会中行之有效的交流通常要求传阅记录并核对结论。为避免有时委员们带着对已商定的事情的不同解释离开会场，最好是认真做好详细的会议记录，并将记录以草案的形式进行传阅，以便更正修改，然后由委员会核准为正式文件。这种程序比强迫委员会委员同意或不同意讨论的结论要优越，还可以收到用书面文字补充口头讨论的好处。

(7)注意考察委员会的成本与效率。要有效地运用委员会这种工作形式，还必须注意考察委员会的成本与效率。也就是说，委员会必须做到值得组织为它付出代价。计算委员会的收益可能是困难的，特别是一些无形的项目，如士气、委员地位的提高；委员会作为加强合作精神以及培训手段的价值等更是难以计算。但只有当代价由有形与无形的收益相抵后，才可证明委员会是正确的。

四、组织冲突的处置

处于组织中的不同个人和不同部门，因为这样或那样的原因常常会产生分歧、争论和冲突，彼此间的关系会出现对抗和分裂。因此，怎样科学地处理组织冲突也是组织协调要研究的重要课题之一。

(一)冲突的类型

冲突是指组织内个人或部门之间不相容的目标、认知或情感以及由此而引起的对立局面。冲突的类型可从两个角度加以划分。

(1)按冲突发生来源划分有三类。①个人与个人之间的冲突，包括上下级个人之间和同级个人之间的冲突；②部门与部门之间的冲突，它也包含上下部门之间和同级部门之间两种情况的冲突；③个人与团体之间的冲突，它是指组织成员个人与组织之间的不协调。

(2)按冲突性质划分有四类。行为科学家杜布林提出了与冲突分类有关的四个要素：有益、有害的、“实质的”和“个人的”。实质的冲突涉及技术上和行政上的因素；个人的冲突则与憎恨和妒忌等个人情感有关。杜布林把上述四个要素组合在一起，构成了两维空间的四种类型，见图 10－2。

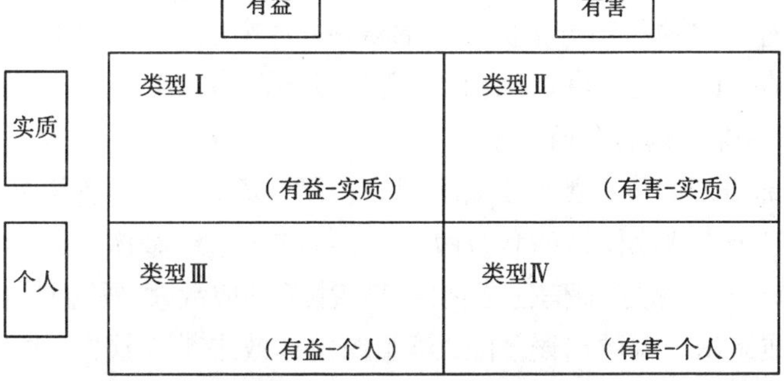

图 10－2　冲突的类型

图中的四种类型，举例如下。

类型Ⅰ：如两个生产部门争相试制一种新产品，最后尽管重复生产，但两个部门的新产品都成功地投放了市场。

类型Ⅱ：如两个部门为购买一部价格昂贵的机器而发生冲突，最后以购买一部比较便宜的机器而达成妥协。但这部机器不适用，花了钱却没有提高生产效率。

类型Ⅲ：如财务部门和采购部门之间长期关系不好，前者指责后者忽视公司的财务制度，最后从账目中查出了采购员有不法行为，于是以对采购部门的惩罚而告结束。

类型Ⅳ：如企业的生产经理对上级不满，故意延误生产，延迟交货，引起了用户的不满，造成企业损失，最终生产经理被解雇。

（二）冲突的根源

导致冲突的根源主要有五个。

（1）人性缺陷。杜布林依据弗洛伊德的心理学观点认为，许多人存在着潜在的侵略意识，并且总想寻找机会表现出来，战争、攻击、杀人以及体育比赛等现象都是这种侵略性的证据。这种侵略意识是人性的一大缺陷，是组织内部冲突的基本原因之一。杜布林发现，人们常常把组织当作发泄侵略性本能的场所，或是故意不予合作闹对抗，或是语言尖刻搞攻击，这样一来，冲突就在所难免了。

（2）价值观差异。你看重的是这个，我看重的却是那个，不同的价值观就会引起相互冲突，企业中老年工人与青年工人之间时有冲突，往往就是因为二者价值观不一样。同样，企业中销售部门和生产部门也常有矛盾，原因也是双方的取舍标准不相同：销售部门一般倾向于满足顾客需要，要求生产部门经常变换产品品种而生产部门则要从生产效率出发，希望少品种，大批量。

（3）角色差距。组织中的个人和团体，由于各自充任的角色不同，各有其特定的任务和职责，从而形成了不同的利益和需要，相互之间的冲突也就由此而来。

（4）职责模糊。职责边界不清晰，最容易导致两个或两个以上的个人或部门同时插手一项工作，或者完全相反，即大家相互推诿，谁也不负责任，这也是冲突产生的常见原因。

（5）组织变动。在组织发生变动时，冲突也最容易出现。此时，组织原有的平衡被打破，个人之间、部门之间出现新的不适应感，协调出现困难，摩擦与对立随之产生。

（三）冲突对组织内部协调的影响

古典组织理论认为，既然冲突意味着分歧和对抗，就必然给组织内部协调造成危害。但是，现代组织理论对冲突的作用有了更全面的认识：冲突固然有消极的、有害的一面，但也有其积极的、有益的一面，关于冲突对组织内部协调的影响，应当从正反两方面来把握。

1. 冲突对组织内部协调的负面影响

冲突对组织内部协调的负面影响主要表现为：①冲突使人们的注意力离开了组织的整体目标，使人们为自己个人或小团体的利益而工作，导致了组织整体目标受到忽略和伤害；②冲突在个人和团体之间造成了不信任和怀疑感，甚至形成敌意，从而造成了组织的分裂状态；③冲突常常造成组织资源的错误分配，给组织整体效果带来损失，冲突还可能导致组织原有利益格局的失调；④在冲突双方的立场走向极端时，会使组织系统不能处于正常状态，无法形成正确的决定。

2. 冲突对组织内部协调的正面影响

冲突对组织内部协调的正面影响主要有：①冲突犹如一个出气口，它使冲突双方采取合适的方式发泄各自胸中的不满，从而可以避免由于怨气的压抑而出现更严重的对抗；②冲突迫使人们通过表明自己的观点来支持自己的主张，促进了意见交流，实际上为相互了解、相互信任提供了机会；③冲突为双方提供了一次重新思考的机会，冲突过后，人们有可能冷静地“自我解剖”，客观地查找自身的不足；④冲突的结果，往往是原有的不合适的目标被修改，代之以合适的目标。因此，冲突可能带来组织的合理变革。

（四）有害冲突的处置

冲突的负面作用极大地影响着组织内部的协调统一，必须加以有有效地克服，在实际操作上，就是一个怎样适当处理有害冲突的问题。

1. 处理有害冲突的策略选择

处理冲突的关键问题是双方要考虑自己的胜负得失，如何把握胜负关系？基本策略有三。①负－负策略。不设法满足自己的需要，也不寻求满足对方需要的方法，双方部分或全部放弃自己的利益，可谓两败俱伤。②胜－负或负－胜策略。前者是通过击败对方而达到自己的目标；后者正好相反，它通过自我克制和自我牺牲来满足对方，从而化解冲突。③胜－胜策略。通过充分交流意见，双方都从有利于对方的立场出发，共同寻找对双方都有利的方案，以共同获利为最终结果。

在以上三种策略中，负－负策略双方均受损失，再度冲突的可能性很大；胜－负或负－胜策略的结果不管何方获胜，失败的一方由于心理受到挫折，往往会引起新的、更大的冲突；唯有胜－胜策略能够打破冲突的循环，它应当是冲突处理的最佳策略。

2. 有害冲突的处置方法

为了降低冲突水平，控制和解决有害冲突，组织常常需要选择恰当的处置方法。

（1）妥协。这是指当组织中各群体和个人为了资源的分配发生冲突时，由上层领导常常充当仲裁人，仲裁人采取妥协的方法，让每一方都得到部分的满足以解决冲突。这是最常用的冲突处置方法。值得注意的是，多数管理者也许会满足于各方所达成的妥协条件，然而对于整个组织来说，其效果不是最好。因为投资分配应该以经济效益最大化为出发点，不应该平均分配。不能因为某一群体的反对而采取妥协的办法来避免冲突。妥协法的实施需具备一定的前提条件。第一，各方竞争的目标或资源可以用某种方式加以分割；第二，一方在某些问题上的让步可以换取对方在另一问题上的让步。

（2）权威裁决法。这是指由权威人士通过仲裁的方式在认真分析冲突原因的基础上提出双方都能接受的解决协议来解决冲突的方法。可以由法规来裁决，也可以由冲突双方的上司来裁决。仲裁的类型有：①有约束力仲裁，即双方同意接受的仲裁；②自愿仲裁，即双方保留执行自主权的仲裁；③传统仲裁，即仲裁者可以提出任何解决方案的仲裁；④最终提议仲裁，即仲裁者只能在冲突双方提出的方案之间作出选择的仲裁。这种方法简单、省力。组织中的各级管理人员都有控制和减少冲突的职权，他们可以裁决，也可以发布批示来处置本部门的冲突。如，销售科长和财务科长因资金使用问题产生冲突，总经理就可以行使职权来解决冲突。应当注意的是，仲裁可能留下一些潜在问题。例如，冲突一方怀疑仲裁者存在偏见，冲突双方可能对仲裁者持有异议等，这些都可能影响仲裁的执行。

（3）正视法。这是将冲突各方成员召集到一起，在面对面的基础上讨论彼此的分歧，以便解决冲突的方法。这种方法主要是给对方一个发表意见的机会，通过当面交换意见，从而对存在的矛盾和各自的状况有充分的理解，有助于消除误解、偏见和敌意，能够有效地防止矛盾的进一步积累和激化。正视法对于解决群体间的冲突，尤其是那些由于误解和积怨造成的情绪化冲突常常有效，但对根源于稀有资源的竞争往往收效甚微。此外，运用正视法需要召开多次会议，投入大量的时间和精力，更需要主持会议的人具有出色的调解技巧，才能取得事半功倍的效果。

(4)回避法。按照心理学的观点，“不做决定”比“拒绝别人”引起的冲突小。回避法就是指当冲突发生时，采取回避问题，“不做决定”的方式使双方逐渐消除冲突。实践中一般采用隔离和限制互动的方式使双方减少冲突。隔离是把冲突双方分离，使他们互不接触，这样可能使双方的冲突行为停止，避免进一步激发。限制互动是指允许冲突双方在正式的、有监督者在场的条件下进行的有限接触，而且在接触过程中尽量不涉及焦点问题，在相互理解和尊重的基础上，逐渐达到共识。回避法的应用性较差，有时不但不能解决问题，反而会加剧冲突。

(5)激发合作。合作是一种双赢的人际冲突处置方式。冲突双方的个体倾向于将冲突看成是有益的，希望通过冲突的解决而实现双方利益的最大化。适合采取合作方式的情景有：①双方具有共同的利益；②想通过达到一致获得对方的承诺；③欲建立持久的良好关系；④融合不同的看法。研究表明：合作不仅有利于组织绩效的提高，而且有利于提高员工的满意度、群体的凝聚力，还能提高创造力和适应性，最终有利于组织目标的实现。设置共同目标是激发合作、减少冲突的最佳方式。

(6)竞争。竞争是一种坚决不合作的行为。代表一种不赢即输的人际冲突解决方式。这种冲突处置方式一般表现为个体一味为实现自己的目标而丝毫不理会别人的利益。当遇到如下情形而发生冲突时，可以采取竞争的方式来解决冲突。①情况紧急，必须马上行动；②认识到自己是完全正确的；③反对他人利用自己。

此外，组织冲突的处置方法还有加强沟通、人际关系训练、组织文化建设等等，为避免与其他章节的重复，不在这里赘述。

第二节　公共关系视角的组织协调

公共关系是社会组织运用传播手段使自己与公众相互了解和适应的一种管理活动。它的基本内容是协调与相关公众之间的关系，它的基本手段是与公众的双向信息传输，它的基本目标是树立自身良好的社会形象。管理学研究，尤其是管理学关于组织协调的研究，引入公共关系视角具有重大的理论意义和实践价值。

一、组织内部公共关系协调

组织内部的全体员工及股东是组织的内部公众，这类公众和组织有着最直接、最密切的利害关系。内部公众关系的协调状况，直接影响到组织内部的凝聚力，进而对整体的组织协调构成重大影响。

(一)组织与员工的协调

“团结就是力量”，这里作为力量之源的“团结”主要就是指一个组织与其全体成员之间的一种充分协调状态。因此，从组织管理角度看，组织的领导者必须高度重视“以人为中心”的管理，建立一种和谐一致、统一协调的员工关系，并以此形成组织的整体力量。

(1)进行良好的双向沟通。良好的双向沟通是组织与员工相互了解、相互信任、彼此配合、彼此协调的重要途径。双向沟通包括两种形式。第一种是由上而下的沟通，即组织向员工提供有关信息。员工需要了解的信息主要有：组织未来计划、业务情况、人事制度、职责要求、职位提升机会、人事变动、组织怎样支配收益、财务成果等等。组织应当借助有线广播、闭路电视、宣传橱窗、内部刊物、员工大会等各种形式，经常地、及时地将有关情况传递给全体员工。第二种是由下而上的沟通，即员工向上级管理部门表明自己的意见、反映自己的情况。这类沟通的主要方法有：①员工态度调查。这种调查可通过谈话、员工撰写文章、分发调查表等方式进行，它有助于管理部门了解员工对组织方针政策的认识。②员工提案收集。即收集员工提出的某些具体问题的设计方案、解决办法等等，借此可以使员工感到有机会过问组织事务、感到自己受到重视。③自由接触管理者。这是管理上的一种“开门政策”，即组织的管理者可以随时随地接待员工来访，员工可以十分方便地向管理部门发表看法。

(2)真诚地关心员工。组织对员工的关心必须是真挚的。真情实意最能赢得人心。组织要关心员工，首先，不能把员工视为实现组织目标的工具，而应当把员工视作组织本身，也就是要树立一种观念：要像关心组织一样关心员工。在动机上，组织领导者不应该把关心员工当作一种诱发员工回报(如好好工作)的手段，而应把关心员工当作组织的必然责任。其次，要少说多干。一是要少许诺，宁可做了之后再说，不要搞“提前兴奋”；二是不能开空头支票，不能“吊胃口”。真心真意关心员工，做不到的不说，做得到的也要少说，重在实干。做成一件实事，胜过许诺十次。再次，关心员工要大事小事一起抓。工资、奖金、福利、职称、职务等等这些都是员工的大事，需要组织关心，但是员工们还有许多小事，也不能没有组织的关心，如家庭问题、工作环境中的同事关系问题，等等。组织领导者切不可认为只要在几件大事上为员工解决了困难就算是关心员工了，“于细微处见精神”，情况往往是对员工个人小事的关心更能体现组织的一片真心，更能引发员工的感激。

(3)对员工加以适当的引导和约束。要使员工个人认同和服从组织的大目标，这是实现组织员工协调的重要任务之一，而要做好这项工作，就必须借助两个基本操作。第一，对员工进行适当引导。员工自觉认同和接受组织目标的情况总是极少数，而大多数员工都需要一定的组织引导，如组织员工学习组织的有关制度，学习行为准则，学习操作规程等，而且，这种引导不是一劳永逸的，而应当是持续不断的。第二，对员工加以适当约束。为了协调员工的思想和行为，组织必须建立相应的制度规范，而处于组织中的员工个人往往不可能完全心悦诚服地、自觉主动地遵守这些制度规范，因此，为了协调组织与员工的关系，就应当对员工作出适当约束，显然，这种约束也包含着一定的惩罚手段的采用。

(二)组织与股东的协调

股东是各种社会组织尤其是经济组织的“财源”和“权源”，股东是组织命运与前途的决定者。组织与股东的协调，具体目的包括：唤起股东对组织的兴趣；使组织与股东相互之间有更好的了解；避免股东减少，刺激他们长期保留组织的股票、长期投资；减少股东对组织的批评和集体对抗；得到股东的支持，以期提供新的资本来源等等。组织与股东的协调主要应当从以下三个方面入手。

(1)保障股东的权益。作为组织的股东，通常都会有一种“主人意识”，并十分重视其应有的权益，如了解组织发展动向、对组织的发展战略进行适当干预、按时领取股息红利等权益。只有在这些基本权益都有了保障之后，股东才会信任组织并与组织忠诚合作。因此，从组织方面看，一定要积极主动地关心和尊重股东的权益，最主要的就是要定期或不定期地向股东汇报组织的有关情况，这些情况主要是组织的政策、目标、计划、财务情况，股东构成及股息红利分配情况，人事安排情况等等。

(2)争取股东的参与。组织争取股东对组织事务的积极参与，其“协调”作用主要有三点。第一，使股东受到尊重，使他们对组织产生良好的印象，进而形成合作意识。第二，可以更清楚地了解股东对组织的要求，使组织在实际运作过程中与股东的意愿保持协调。第三，股东的参与，可使与他们“就近”了解组织，尤其是组织面临的难处，使他们更好地理解组织。

(3)处理好股东的异议。作为“主人”，股东对组织的事务提出不同意见甚至进行严厉指责是常有之事，这件事处理不好，往往会激化组织与股东的矛盾，最终导致股东的退出。因此，对于股东提出的异议，组织首先应取的态度就是虚心接受，积极采纳。对于个别不合理的或经过努力也难以达到的要求，也要予以耐心解释，以消除误解。

相关链接

毛泽东协调内部公共关系的杰作

毛泽东全面领导一个包含着党、政、军、民等在内的结构复杂的组织，是从延安时期开始的。在陕甘宁边区，毛泽东进行过许多协调内部公共关系的重要实践，而在他指导下开展的“双拥”运动(军队“拥政爱民”、民众“拥军优抗”)，则是其中的杰作之一。

在边区政府成立的头3年里，边区的军政、军民关系总的来说是比较好的。但是，由于物资困难以及军队和地方各自存在的宗派主义和本位主义的影响，造成了军政、军民关系的某些裂缝。如军队方面，就出现了不执行政府法令、不尊重政府工作人员、侵犯群众利益、甚至打骂老百姓等现象。这些问题如果不能妥善解决，必然导致军政、军民关系的严重危机，并最终导致边区组织上的极大损失。

1940年下半年的一天，毛泽东在杨家岭召见肖劲光等10多位留守兵团的领导，座谈军政军民关系问题。毛泽东说，开天辟地以来，老百姓见了军队就像老鼠见猫就跑，只有兵欺民，哪有民告兵，现在老百姓敢批评军队，是件大好事。毛泽东还谈到了工农是军队之本、军民合作是人民军队的优良传统等道理。毛泽东的循循善诱，使大家心里豁然开朗。座谈会后，留守兵团全体动员，开展拥政爱民教育，检查军阀主义思想和侵害群众利益的行为。与此同时，毛泽东还多次找边区政府领导做工作，开导他们充分认识人民军队的重要性，要求他们关心和帮助军队。此后，边区的军政军民关系开始改善。1942年在全党整风运动的推动下，陕甘宁边区高级干部会议和军政干部联席会议，又对军政军民关系上的不足进行了更加认真的检讨，并决定开展一次大规模的拥政爱民与拥军优抗(优待军属)运动。在这场运动中，军队方面的主要操作有：开展军民联欢，慰问政府；清理旧案与赔偿还物；帮助群众劳动；帮助群众学习文化、防病治病等。地方政府的主要行动有：动员参军参战；搞好支前工作；优待军属烈属，安置退伍军人；帮助军队解决困难等。1943年10月1日，毛泽东在为中共中央政治局起草的《关于减租生产拥政爱民及宣传十大政策的指示》中，正式将“拥政爱民”作为十大政策之一规定下来。此后，“双拥”运动被推广到全国各抗日根据地，从全局上强化了人民军队是人民“子弟兵”的形象，营造了一种“军民鱼水情”的温馨氛围。

在解放战争时期以及新中国成立以后，“双拥”被定格为中国共产党实现组织协调的经典，一种古今中外未曾有过的、至今仍在继续使用的组织协调经典。

资料来源：聂正安. 毛泽东组织管理的思想与实践. 中共党史出版社，1998：292－295.

二、组织外部公共关系协调

组织外部公共关系就是组织和它各类外部公众之间的关系。外部公众包括政府公众、社区公众、消费者公众、业务伙伴公众、媒体公众等。组织是一个与环境相互影响的开放系统，组织外部公共关系的协调是组织整体协调的组成部分之一。

（一）组织与政府的协调

1. 政府对组织的影响

（1）政府调控着组织的经济行为。在市场经济条件下，政府虽然不能直接干预组织的生产经营活动，但它会通过税收、信贷、价格等宏观调控手段对组织进行间接制约。

（2）政府可通过一定的分配政策来调节组织的经济利益。对于盈利性组织，政府主要是借助税种、税率的调整来实现国民收入的宏观分配，这种宏观分配无疑会构成对组织经济利益的种种影响。

（3）政府可通过相关信息的提供来引导组织的生产经营活动。政府可以利用其特殊地位，全面、系统地收集和整理各类信息，通过文件、简报、内部刊物、参考资料等文字形式或各种口头形式，及时传递给企业。这些信息往往比组织通过其他渠道所获得的信息更加真实可靠，因而它们常常是组织进行各种决策的重要依据。

（4）政府是组织重要的资金来源和客户。采用财政拨款、低息贷款、提供基金等方式支援重点建设，扶持弱小行业，发展先导产业，是政府进行宏观经济管理的通行做法。另外，出于一定的政治、军事或经济目的，政府还常常向经济组织订货。从上述两方面看，政府对组织的影响往往是很富于“经济性”的。

2. 政府关系的协调方法

（1）要及时了解和熟悉政府颁布的各项政策法令，收集汇编各级政府部门下达的各种文件、条例，还要注意研究它们的变化情况，以准确掌握政府的大政方针和宏观意图，接受政府对组织的宏观指导。

（2）要尊重政府部门的工作人员，主动配合和支持他们的工作。在与政府部门的工作交往中，要尊重其权威，友好热情地接待。例如工商、税务、物价、卫生防疫等部门来检查工作时，要真实地介绍组织的情况，要服从和执行他们的有关决定。遇到矛盾时，不能避而不见，不能让人家坐冷板凳。

（3）主动为政府分忧。政府有困难时，组织要助一臂之力，要为政府排忧解难，如更多地提供就业机会，为政府减轻社会的失业、待业压力，如响应政府扶贫助贫的号召，帮助落后地区或困难企业发展生产搞活经营。为政府出力，可以直接赢得政府的信任。

（4）扩大组织在政府部门中的声誉和影响。在美国，企业为了协调与政府的关系，特别注重使用“游说”的方法，一些企业有自己专职的“企业外交官”，这些人的主要任务就是与政府官员打交道，介绍企业的困难、要求、成就等，目的是让政府了解和重视企业。在具体做法上，扩大组织在政府部门中的声誉和影响往往有许多机会。如在新厂房落成、新生产线投产、企业成立周年志庆、新技术新产品问世等时候，可邀请政府部门的人士到企业来出席仪式，让他们更实际地了解企业，提高他们对本企业的信心和重视程度。

（二）组织与社区的协调

组织与社区关系就是一种左邻右舍的关系。俗话说“远亲不如近邻”，协调的社区关系会给组织带来诸多便利。国外企业都十分重视区社关系的协调，如美国福特汽车公司在全美各地主要城市中设有67个社区关系委员会，每一个委员会都由该公司的地方工厂和机构的经理组成，专门负责公司与社区关系的协调。

1. 社区关系协调的具体对象

作为整体的社区公众可以分为不同类型，每一种类型的人对组织都有其不同的影响。

(1)实权人物。在一个社区里，总有一部分人大权在握，如政府官员、企业家等。这些人在政治、经济和社会等领域里都可以呼风唤雨，他们是组织需要协调好的首要对象。

(2)舆论领袖。这些人不一定握有实权，但是他们凭借自己的职业便利或个人特质，可以引导舆论，他们的言论具有很大的煽动性。编辑、评论家、教师、社团负责人等大多都是舆论领袖。

(3)独立者。每一个社区都有一些不合群的居民，他们的观点与态度不受任何人的左右。这些人要么是对一切事物都漫不经心，要么是过分自尊自强。他们孤芳自赏，独来独往，对别人为之兴奋的事情采取冷漠或中立的态度。组织如果能够获得这类人的青睐，那就是一种值得骄傲的胜利。

(4)持不同见解者。这些人或者是古板守旧者，或者是激进派。前者顽固地抵抗一切变化；后者却试图对所有事物都进行剧烈的改革。对于这些人，如果你的观点不比他们更有力量，就无法改变他们。持不同见解者一般情况下都难以协调好，但又不能置之不理，弄不好，他们会恶化组织的社区关系。

2. 社区关系的协调措施

(1)积极参与社区事务。直接参与到社区的实际事务中去，是建立和谐融洽的社区关系的重要途径。首先，要热心参加社区举办的各种社会活动，如爱国卫生、义务植树、体育比赛、文艺表演、普法宣传、消防演习等。其次，对社区内的左邻右舍要实行“礼尚往来”，绝不可搞“鸡犬之声相闻，老死不相往来”。这一点主要是体现在对社区的关心和支持。

(2)为社区发展办实事。一个组织要得到社区的信任和欢迎，必须要为社区的发展做出实际的贡献，做一些让社区直接受益的事情。这些事情主要包括：保护社区的自然环境和社会环境；扶持社区的经济发展；赞助社区的公益福利事业。

(3)让社区充分了解组织。组织所在社区的人对组织有一种好奇心，想弄清楚组织的若干情况，这一点正像一个居民很想了解隔壁邻居一样。为了搞好社区关系，组织应当利用多种手段和方式，让社区更多地了解组织的有关情况。①宣传。要与地方的报纸、电视、广播等保持密切联系，并通过它们向社区介绍组织情况；也可以通过街区公共宣传橱窗展出组织的图片；还可以向社区散发宣传手册。②公开演说。组织可以安排员工在社区俱乐部、学校集会、社团组织等场合发表演说，阐明组织的宗旨、目标等。③邀请社区人员参观访问。

(4)处理好社区关系中的“危机事件”。在组织中，有时可能出现一些突发性的、严重危及社区利益的事情，如化工厂的有毒气体泄漏，严重毒化了周围的空气。这种可能极大地破坏社区关系的“危机事件”，必须加以妥善处理。首先，组织不能向社区隐瞒“危机事件”，把坏消息藏起来会导致自己打倒自己。要知道，坏消息并不一定产生坏结果，组织可以坦诚相告，引起社区群众的理解和同情，用事实消除不正确的传说。其次，组织要诚恳地接受社区群众的批评，并及时采取应急措施控制和消除“危机”，以得到社区的谅解。

(三)组织与顾客的协调

顾客是组织经济利益目标实现程度的直接制约因素。一个组织，尤其是经济组织，能否生存和发展，关键取决于有没有顾客及顾客的多少。如果能协调好顾客关系，消费其产品或服务的顾客就多，企业的生存和发展就有了经济基础；如果顾客关系不好，就会得不到顾客的支持，组织的产品或服务就会无人问津，组织就会关门大吉。许多企业把顾客称为“衣食父母”，显然是有道理的。

协调顾客关系，应当主要做好四项工作。

(1)努力满足顾客需要。顾客具有某些需要，而组织又能恰当地满足顾客的这些需要，协调的顾客关系从根本上讲就是建立在这种操作之上的。顾客的需要可以分物质与精神两大类，组织应当借助各种途径使顾客既能得到物质的满足，又能获取精神的享受。

(2)切实维护顾客权益。以市场交易活动为例，顾客至少具有以下权益：有权挑选商品；有权了解商品的性能、使用方法；有权对商品的质量、价格等提出意见；因商品质量或价格等问题自身利益受到损害时，有权得到补偿。在社会生活中，企业与顾客的许多冲突，都是由于顾客的上述权益没有得到维护而产生的。不言而喻，要有效地防止和平息组织与顾客之间的冲突，组织自身的努力就是切实维护好顾客的基本权益。

(3)妥善处理顾客投诉。顾客投诉的目的可以分为两种，一种是没有实质性要求，只是发发牢骚，出口恶气而已；另一种是需要解决实际问题，牵涉到利益调整。对上述两种性质的投诉，组织都要予以妥善处理，否则，就可能激化矛盾，造成顾客关系的更大危机。具体地，对待顾客投诉应当做到：①认真接待，表示谢意；②适当解释，少作辩护；③对一般“牢骚”应加以道歉，不可指责顾客；④对实质性要求在认定其合理性之后要尽快解决，不够合理或基本无理的要求在讲清理由后应明确答复。

(4)科学进行顾客引导。协调顾客关系，组织不应当只是被动地围着顾客转，一味地去“亲热”和满足顾客，而应当设法引导顾客主动地“亲近”组织、“靠拢”组织，也就是说，要通过科学的引导，使顾客产生一种接近组织、与组织进行交往的意愿。科学的顾客引导主要是要引发顾客对组织的注意和兴趣，使顾客看到与组织建立联系的有益之处。

(四)组织与业务伙伴的协调

这里所说的业务伙伴是指那些与组织有业务活动关系的组织，如供应商、经销商等，它不包括与组织有非业务性关系的那些组织，如政府组织、社团组织等。一个组织的业务活动不可能孤立地进行，它离不开其他组织的支持与协作，从原材料的购进，到产品的销售，组织的业务活动与其他组织有着千丝万缕的联系。因此，只有协调好与其他组织之间的关系，一个组织才能有正常的业务运行，才可能有一个合适的生存和发展环境。

1. 合作——与业务伙伴协调的必然选择

合作是指两个以上的组织为了共同的目的一起工作或共同完成某项任务的行为。合作是通过建立一种“利益均占、风险共担”的伙伴关系来实现组织间协调的重要手段。合作一般是通过下面的具体形式来实现的：

(1)交易合同。它是指组织间为交换产品或劳务的一种直接的协商。通过某项带有约束性的契约，使组织双方共同承担相应的义务，以努力减少它们所面临的环境的不确定性。例如，一个长期的销售合同使出售产品或劳务的组织能准确地预测将来的销售需求，同时也使需求方面的组织得到一个稳定的供应渠道，供需双方的行为都将通过这种交易合同加以规范。

(2)协议价格。它是指竞争中的组织通过协商对某种产品或劳务采用同样的价格。协议价格是协调不同组织之间利益的常用方式，如海湾国家各石油公司共商的石油限价就具有很强的利益协调功能。

(3)市场划分。它是指两个或更多的组织协商划分市场范围的做法。通过市场划分，可以避免相互伤害的剧烈竞争，达成组织间的某种协调。

(4)联合经营。这一合作形式又包含两种具体做法。第一种是合作经营 ——合作的双方各自保持原有的独立法人资格，双方的权利和义务以联合经营合同为依据。第二种是合资经营——合作双方共同投资，建立一个具有法人资格的独立经营实体。这种方式也称为“产权式联合经营”。

(5)连锁董事会。这种合作方式又称作兼任董事制度，具体表现为某一组织的董事同时又是其他一个或几个组织的董事。这些组织表面上相互竞争，实际上采用共同的政策。这一合作方式有助于组织在复杂的竞争中实现与其他相关组织的协作。在实际操作上，主要有两个具体做法，一个是任命那些外部环境中能够为组织提供信息、技术等，给组织带来利益的人士为组织的外界董事；另一个是将一些知名人士吸收为组织的董事，以获取一般环境及部分业务组织对组织的认可。

2. 竞争——与业务伙伴协调的特殊途径

竞争在本质上是一种对抗，要使它促进组织间的协调必须切实做到两点。第一，不以吃掉对方为出发点。通过竞争，实现组织自身的生存与发展，并不一定要绝对地以吃掉竞争对手为必然前提，如果竞争的目的就是置对手于死地而后快，这种竞争必定会造成一种不共戴天的冤家对头关系，也必然不会出现双方的任何程度的协调。第二，使用合理的竞争手段。以有助于组织间协调为目的的竞争，要反对那种不顾政策法律、不顾职业道德的竞争手段，如囤积居奇、赔本倾销、诽谤对手等。竞争手段的选择必须是道德的、合法的。如美国纽约的梅端公司，在它的营业大厅里专门设置了一个咨询服务台，如果顾客在该公司买不到自己需要的商品，你可以去服务台询问，接待人员会告诉你另外一家有这种商品的商店，也就是说，梅端公司会把顾客引向自己的竞争对手，这种做法使该公司在深得顾客好感的同时，还获得了竞争对手的敬佩。

（五）组织与新闻媒介的协调

新闻媒介能够给组织提供有力的支持与帮助，它是组织获取外部信息的重要渠道，它是组织进行自我宣传必须借助的重要工具，它是组织社会形象的客观宣传者。因此，实现与新闻媒体的协调，是组织外部公共关系协调的重要任务。

促进组织与新闻媒介之间的合作关系，主要途径有四个：

(1)充分尊重新闻媒介的基本权利。新闻媒介具有独立工作、自主采访、客观报道、评价事物、删改稿件等基本权利，组织不应当干涉记者的采访动机，不得干涉记者的报道角度和报道时机。

(2)了解和熟悉新闻媒介的具体联系对象。组织与新闻媒介的联系是通过个别的人际往来建立起来的，组织要在新闻界多交朋友，他们包括报纸和杂志的总编、电台和电视台的台长、编辑部或节目部主任、版面负责人、记者、编辑、新闻评论家、专栏作家、特约通讯员等。在与上述新闻界人士的交往中，组织不仅要了解他们各自工作方面的情况，还要了解他们的个性、爱好、经历、家庭背景等情况，以便与他们沟通感情和建立友谊。

(3)主动向新闻媒介提供新闻素材。新闻媒介往往也离不开组织，因为它们所需的新闻素材有很大一部分直接来源于各类组织。从这个角度上看，组织如果能主动向新闻媒介提供其需要的新闻素材，也就是对它们的帮助。具体地，首先是要提供新闻价值较强的素材，要注意素材的时效性、重要性、独特性、趣味性等。其次，要科学运用多种新闻素材提供的方式，如个人联系、记者招待会、邮寄新闻稿、新闻预告、午餐会等等。

第三节　“第五代管理”中的组织协调

在管理学的研究中，我们习惯地将工业时代以所有权作为组织劳动力、资源和技术的便利方式的组织管理方式称为管理发展的“第一代”；将具有严格的组织等级体系的组织管理方式称为“第二代”；把试图通过应用矩阵组织来增加不同职能部门之间交流的组织管理方式称为“第三代”；将利用计算机和网络来保持组织内部水平方向和垂直方向上不同职能部门间的接触，以促进部门间的交流和协同的组织管理方式称为“第四代”。而“第五代管理”指的则是由于知识经济和信息革命的冲击而出现的通过建立虚拟企业、动态团队协作和知识联网来共同创造财富的组织管理方式。其中“建立虚拟企业”是指联合多个企业的才干和能力共同创造某项产品和服务的过程。正如波音公司在生产777客机时，不仅联合了它的下级承包商，而且也结合了联合航空公司和日本航空公司的才干、知识和经验。“动态团队协作”是指通过在公司内部或公司之间进行资源整合或重组来把握和传递具体的市场机遇。“知识联网”是指通过不断变化的、互利的方式联合各个企业的知识、经验、才干、技巧、能力，以及抱负的过程。

显然，管理发展的前四个阶段是工业时代的产物，“第五代管理”则是信息革命和知识经济的必然要求，是对前四个阶段的超越。这一超越过程中出现的虚拟企业、动态团队协作和知识联网三种组织方式，给传统的组织协调观念带来了前所未有的挑战。探讨这三种管理方式中的组织协调问题是21世纪管理学研究中不可回避的问题。

一、虚拟企业网络的组织协调

(一)虚拟企业出现的背景

二次世界大战后，日本处于经济萧条状态，制造业也陷于困境。丰田公司的丰田英二和大野耐一认识到美国当时传统的大量生产方式不适合日本的国情，于是他们结合自身的特点，另辟蹊径，开创了“精良生产”方式。日本在其后的几十年中，利用这一生产方式，在制造业方面超过了美国，曾一度取代了美国在制造业方面的领先地位。

20世纪80年代后期，美国意识到必须夺回制造业的优势，才能保住其在国际上的领先地位。于是，他们向日本精良生产方式学习，并力图在美国工业中实施。但是由于文化和各种社会的差异，其效果总是不尽如人意。近年来，美国企业发现，一个企业把自己业务针对特定的专业领域深入下去，确立自己的技术优势，然后通过与在其他领域拥有卓越技术的企业的联合，建立一个合作网络，可以比自己面面俱到要有效得多。

1991年，美国国防部拟定了一个较长期的制造技术规划基础结构，并能体现工业界和国防部的共同利益，于是委托基础结构利海(Lehigh)大学的艾柯卡（Iacocca)研究所进行研究，结果艾柯卡研究所提出了一份“21世纪制造企业战略”的报告。这篇报告提出了一种新的生产模式，即以动态联盟为基础的灵捷制造。灵捷制造总结了当今世界上成功企业的创新思维，充分考虑了运用当代最新的信息技术成就，极富创造性地构想了一种新型企业——“虚拟公司”(Virtual Corporation)，在企业之间以市场为导向组建动态联盟，以便能够充分利用整个社会的制造资源，在市场竞争中取胜。

现代信息技术的飞速发展为企业在更大范围内的合作提供了可能性。另外，从有效地利用外部资源这一角度上看，虚拟公司也体现了扩大资源利用范围这一现代管理思想。虚拟公司这一创新设想，已经在电子计算机及信息通信等相关企业普遍利用。在多媒体领域，一个企业拥有自己的核心技术，同时又与其他公司的核心技术进行组合已成为该领域企业发展的基本途径。总之，虚拟公司的出现使现代管理方式从综合主义发展到专门主义，从内部筹措发展到有效利用外部资源。

（二）虚拟企业的涵义与特征

“虚拟”的涵义是指模拟现实或假想现实，换言之，在现实中是不存在的，但却给人一种犹如现实的错觉。虚拟企业正是借用了这一涵义，它实际上不是具有法人资格的实体公司，也就是说它不是一个具有命令系统的组织实体，只不过是由于承担一定的功能而看起来具有实体性的组织。

所谓虚拟企业是由一些独立的厂商、顾客，甚至同行的竞争对手，由其中的一个企业为中心(中心企业)通过信息技术联结成的临时网络组织，以达到共享技术、分摊费用以及满足市场需求的目的。它既没有中央办公室，也没有正式的组织图，更不像传统企业那样具有多层次的组织结构。

虚拟企业具有以下特征：(1)卓越性。网络中的成员均具有自身的核心竞争力，因此，虚拟组织中的每一项功能或流程都是最佳的，而不是任何一个单一的企业可以单独达成的。(2)机会性。网络中的成员关系是非制式的、较少稳定、随机变动的形态。这些公司可以为一个特定的市场机会而快速有效地结合网络中的成员。(3)高科技。这些公司企业要能结合起来运作，必须高度依赖信息网络。通过网络及时传递并处理信息，从而能够迅速协调行动，作出决策。(4)相互依赖。各个核心竞争力单位公司以价值链整体利益为目的，互补对方的不足。网络中的成员将变得彼此愈来愈互相依赖，将成功根植于彼此之间的相互信赖与合作基础之上。(5)无边界。很难定义出组织与组织之间的界限。

（三）虚拟企业的组织协调

从虚拟企业的涵义和特征来看，构成虚拟企业网络的成员至少包括中心企业、供应商、分销商、顾客，甚至同行的竞争对手等。这些企业活跃在各自专业领域并拥有卓越的技术，中心企业利用现代信息沟通技术将它们连成一个网络，以便更有效地向市场提供商品和服务，完成一个企业不能承担的市场功能。一旦这个需求消失，这个虚拟组织便会解散，并为下一个计划而作改组。从资本关系上看，虚拟企业不强制各企业发生联系，实际上是出于一种功能性需要而把相互独立的公司以自愿形式联系在一起，企业之间的联系方式和合作方式是根据市场变动和顾客变动而变化的。显然，虚拟网络中的中心企业如何有效协调与供应商、顾客，以及同行竞争对手之间的关系是虚拟企业成功的关键。

1. 委托生产：与供应商协同创造竞争优势

在虚拟企业网络中，各成员企业之间如何实现协同是资源共享的基础。中心企业与供应商协调的主要任务是要建立一种协同机制来保证虚拟企业能够达到成员企业之间共享技术、分摊费用、满足市场需求从而获得市场竞争优势的目的。比如 Nike 公司和 Reebok 公司，一向被看成是著名的运动鞋制造厂商，但实际上，Nike 公司只有一个很小的制造单位，用来生产耐克鞋的气垫系统，而其余几乎 100% 的业务都是由外部供应商提供的。Reebok 公司更是完全不从事制造活动。这两家公司实际上是与亚太地区的运动鞋制造厂签订合约，交由他们生产制造。Nike 公司和 Reebok 公司正是典型的虚拟企业，他们运用信息网络将所有的企业活动联系起来。虚拟组织使得他们能够很快地对市场上流行起来的顾客需求做出反应。Nike 公司把主要力量集中在新产品的研究开发和市场营销上，制造上采用“多层伙伴”策略，按不同合作对象的特点，采取不同的合作方式。这使得 Nike 公司的产值以每年 20% 的递增率增长。又如创建于 1984 年的 DELL 计算机公司，采用虚拟企业的运作方式，经过仅仅 13 年的发展，已经成长为一个拥有 120 亿美元资产的大公司。

他们与供应商协同的方法就是委托生产。传统的制造业观念是厂商自己生产构成某一产品的所有零部件，这就使得它必须保证在各个领域内达到领先水平才能获得市场竞争优势。以传统的计算机制造为例，如 IBM 公司、Digital 公司等，都有一种传统的观念，即自己生产所有的零部件，这就使得它必须自己制造一台计算机所需的大量零部件，必须保证在各个领域内达到领先水平，这实际上是很困难的。采用虚拟企业运作方式的 DELL 公司则是以委托生产的方式来完成的。DELL 首先认识到，与其同 20 个已经进入市场的生产者竞争，还不如同其中最优秀的企业达成合作来得更为经济。因此，DELL 的策略是不搞大而全，而是把有限的资源和资金投入到最能够产生市场价值的部分，让其他企业为其生产一般零部件。

2. 建立“合作伙伴”关系

虚拟网络中的成员企业之间的另一协调观念是将彼此视为伙伴。如 DELL 公司与它的供应商建立互利的合作伙伴关系。这些供应商派出技术人员来帮助开发 DELL 的新产品，DELL 也把这些技术人员看做是公司的一份子。当 DELL 开发某种新产品时，供应商的技术人员就常驻在 DELL 公司，而当顾客发现了 DELL 产品的问题时，DELL 就会马上通知供应商停止生产，直到他们修正错误。DELL 公司同它的供应商建立了高度的信息共享，这使得公司对市场的反应更加快捷，并创造了更多的价值。DELL 公司对供应商的需求订单能精确反映 DELL 每日的需求，它对产品的需求数量甚至精确到个位数。当然，DELL 公司与供应商之间的关系并非固定不变的，要取决于供应商在技术、质量等方面能否保持领先地位。这种“强 - 强”合作方式保证了 DELL 的技术处于一流位置。

3. 建立积极的顾客联系系统达成与顾客的充分协调

在虚拟网络中，中心企业与顾客的有效协调是虚拟企业把握市场需求，赢得竞争优势的神经末梢。其协调的办法通常是建立积极的顾客联系系统。如 DELL 公司建立了一套完备的数据交换系统，通过这个系统，顾客的要求可以及时地反映到公司。例如，某个顾客在当地的一个硬件商店订购了一台计算机，这个商店将向这个系统发送这些信息，系统进行信息处理后反馈给 DELL 公司，它就可以根据这些数据快速制定和调整每天的生产计划。

4. 与竞争对手形成战略联盟实现合作性竞争

战略联盟是基于成本、效率以及竞争优势的考虑所建立的非一次性市场及非内部化的企业组织间关系网络。其目的是为了构造一个企业之间的网络关系，企业可以在一个共同的战略目标下互相合作，加强竞争力。在传统的相互竞争的企业之间不可能有合作，而在战略联盟内，企业之间常常在某些职能上合作，在另一些职能上又竞争，联盟内成员之间常常“左手挥拳，右手握手”。根据布兹·艾伦·汉密尔顿咨询公司的调查结果，在 1995～1996 年间，企业间的联盟有 25% 是在竞争对手之间进行的。

虚拟企业为了应对知识经济的挑战，必须把重点放在核心能力的建设上，这就要求它必须与其他具备专门知识的外部竞争对手进行合作，建立跨学科、跨地点的协作小组，共同开拓和培育市场。同时，每个公司也因此相互展开竞争，以便在这个日益健康的市场中占有一定的份额。

二、动态团队协作的组织协调

（一）动态团队协作的主要形式

“第五代管理”的另一个主题是动态团队协作。在人们的想象中，一提到团队就应该是团队成员共处一室，全神贯注地完成某项具体工作，团队成员之间的工作和协作关系也是在这些空间中形成的。然而，“第五代管理”中的团队工作范畴要广泛得多。比如，虚拟企业中的团队管理人员必须在最短的时间内依靠团队成员的知识和才干用最少的资源向市场提供最好的产品和服务，此时，建立虚拟团队应该是最具效率的团队协作形式。

虚拟团队，是指由于具有共同理想、共同目标或共同利益结合在一起所组成的团队。从狭义上说，虚拟团队仅存在于虚拟的网络世界中；从广义上来说，虚拟团队早已应用在真实的团队建设世界里。虚拟团队只要通过电话、网络、传真或可视图文来沟通、协调，甚至共同讨论、交换文档，便可以分工完成一份事先拟定好的工作。这种团队可能不仅包括公司的成员，也可能包括来自卖主或顾客公司的人员，而且他们并不需要驻扎在同一地点。用德鲁克的话说是“集中任务的团队”（task－focusing teams），这些团队需要自我组织、自我结盟和自我负责。高层管理部门可能建立一定的参数，明确表达组织的含义，或者确定组织原则，但是更详细的中心还是需要团队自己来确定。

（二）虚拟团队建设的动态协调

（1）团队成员角色的重新定位。虚拟团队成员一般以知识型员工居多，远程管理使得组织的监督与控制功能弱化。在这种情况下，仍然沿用传统的成员定位是行不通的。在虚拟团队中，需要对成员重新定位，把他们从“劳动者”角色转为“会员”角色。作为会员，他们需签订会员协议，享有相应权利和责任，最重要的是参与管理。成员归属的对象也不应是某个“地方”，而是由所有团队成员组成的一个虚拟的“社区”。

（2）明确团队的战略目标。在虚拟团队中，战略目标是领导关系的替代，明确的目标是成员协同工作的基础。因此，团队在建立之初，要尽量让每个成员了解团队的目标和前景，并及时获取员工的反馈信息，在互动中加深对目标、任务以及在团队中的角色的理解。此外，在团队运转中，要尽量掌握每一成员的工作状况，及时纠正工作中的偏差。

（3）建立信任关系。可以说信任的建立和维系是虚拟团队管理的核心问题，相互信任是虚拟团队运作的基础。团队对成员的信任其实是一种信心，即对成员能力的信心，以及对他们忠诚于团队目标的信心。在团队中建立信任关系，首先，要承认“个体”，即充分认可、接受和尊重成员个体的知识、技能、态度、行为、文化、信仰等，同时要具有强烈的产权保护意识。其次，要对组织进行重新建构，建立任务封闭式的独立工作单元，使他们在各自的领域内充分发挥知识结构优势，进行创造性的活动。当然，这种封闭式工作单元，如果不能及时跟上市场、客户和技术的变化，则会给整个组织造成巨大损失，因此，成员必须时刻紧跟变化的步伐，形成一种不断学习的文化。

(4)建立有效的激励与约束机制。团队的运作，仅仅依靠信任关系的维系还是不够的，还必须建立起有效的激励与约束机制，以调动成员的积极性，规避成员的道德风险。首先，在给予充分信任的同时，必须保证个体目标和整个团队目标的一致，这就要求把信任和契约联系在一起，以契约的形式明确成员的权利、义务以及违约责任等。其次，在把握虚拟团队成员组成特点的基础上，深入研究各虚拟成员的需要，构建有效的激励机制，如建立良好的团队环境（技术条件、学术氛围、团队文化等），提供挑战性的工作，给予丰厚的回报，组织跨地域学习、交流等等。众所周知，建立团队激励机制的最大困难在于难以衡量个体的业绩，这也意味着在虚拟团队管理中，往往需要把激励机制建立在团队产出的基础上，这就要求激励框架要有对团队内部协调性的刺激，通过把个人收益和团队业绩结合起来，促使成员在创建团队绩效中更加努力。

(5)强化团队技术手段的管理。信息通畅是虚拟团队正常运转的根本保障，因此，技术手段的可靠性问题是团队应该关心的首要问题。首先，团队要选择适合的、可靠性强、效率高的一种通讯技术作为团队的主要沟通渠道，同时要交叉运用多种沟通方式，以防止某种技术手段突发故障而影响整个团队的进程。其次，要加强对技术设施的配备、技术手段的使用、更新以及开发的管理，并及时对成员进行必要的培训。此外，可在团队中安排一到两名专业技师，其主要职责在于排除突发故障，并负责技术设施的开发、安装和调试等。

(6)最大限度地实现团队知识和信息共享。在虚拟团队网络中，知识和信息高度积聚，这些知识和信息在整个网络中的流动，必将大大提高整个团队的竞争优势，提高创新能力。因此，在注重发挥成员个体比较优势的同时，通过互动式学习和交流，建立起知识与信息共享的内部环境。同时注重培养知识与信息共享的文化氛围，最大限度地实现知识和信息共享。此外，为了减少信息交流中丢失、失真与误解，可在一定范围内实行信息标准化，以规定的格式、编码等实现信息的传递。

(7)重视跨文化管理。文化差异问题是虚拟团队管理中需要认真对待的问题。为此，首先，可以通过文化敏感性培训，让成员了解文化差异的状况，以及可能带来的相应问题，使成员接受和认可他人的文化背景，尊重他人的语言风格以及行为习惯、宗教信仰等，以减少因不同文化带来的冲突。其次，在尊重成员个体文化背景的基础上，加强团队文化建设，形成与整体目标一致的团队文化。在团队运作过程中要充分沟通信息，加强协调，促进团队文化的形成。此外，促进工作、信息标准化，通过与工作有关的程序、方法的标准化，可获得一定范围内的统一性，有利于沟通。例如规定成员每天至少接收两次电子邮件，以避免因作息时间不同而导致的信息反馈的延误。再如，在与工作有关的信件中，尽量使用标准格式，从而避免因文化差异造成的误解问题。

(8)营造团队的“社区”氛围。在对团队成员的管理与协调中，还需要注意营造团队的

"社区"氛围，使成员产生归属感，增强群体意识。在虚拟的社区内，允许成员自由交流，使他们彼此成为朋友和伙伴。此外，还要注重增加成员之间面对面交流的机会，如定期会晤、组织培训、相互走访等。

三、关于知识联网的组织协调

（一）知识联网——将信息变为财富的必然选择

知识具有多种形式，从组织内部的角度看，通常可将知识分为四个部分，即雇员知识和技能、物理技术系统、管理系统、价值观和规范。这四个部分必须通过整合，才能形成企业的竞争力。因为知识经济的一个重要特点是：知识只有在人们互相交流时才能得到发展与创新。对于一个组织来说，如果它所拥有的知识不能互相联系并且不能为人所用，那么这些知识是没有价值的，只有充分地进行交流与共享，才能衍生出新的知识并为组织创造效益。

随着信息管理技术的不断发展，一些有远见的公司开始从内部的信息管理转向与外部的信息共享。如沃尔玛和保洁公司通过信息共享彼此间都获得了巨大的收益，成了人人传颂的商界佳话。但是，信息共享如何为企业带来收益，一直使人感到模糊不清。实际上，只是在信息层面上，人们并不能为企业做出正确的决策。而要进行正确的决策需要依赖的因素很多，其中以知识、智慧和道德最为重要。于是，一些企业在信息共享的基础上发展出了知识共享，它们对信息进行详细的分析、处理，并从中提取市场知识、客户知识在网络上进行知识共享，这就是知识联网。由于知识经济高度重视信息与技术的发展、传播和使用，知识的收集和使用效率越来越成为经济成功的重要因素，这就使得知识联网的重要性更加突出。

显然，知识联网既是知识经济时代人类将信息变为财富的必然选择，也是这一时代组织结构转变的客观要求和管理方式的巨大转变。当全球范围内的每个企业组织联网时，它意味着各个组织管理者基于自己的思考、观察、知识和想象而生产了价值。人际网络、自我授权、对话式工作、系统思考、团队学习、相互依赖、共享观点、非编码化知识（意会知识）和智力的力量，是知识联网的观念基础，它们为形成全新的管理理念和管理方式做出了重要的划时代的贡献。

（二）知识联网过程中的组织协调

在知识经济时代，知识创新是关键，但知识创新的关键是知识联网，这已经成为知识经济时代的特征。随着国际互联网、内部网、局域网等的不断发展，企业与企业间、员工与员工间的网上交流空前快速、方便、花费低廉，为知识联网创造了极大的便利条件。但是，企业要真正通过知识联网来获取竞争优势，还必须注重知识联网过程中的组织协调。

1. 知识联网过程中的组织内部协调

企业知识联网的实现不仅包括企业内部知识网络的建设，也包括对员工知识、能力的融合。企业利用网络技术从应用程序、数据库、专家系统神经网络工艺和程序当中得到的只能是其他的外隐知识。因此，为完成企业中的知识联网，企业还需要不断维护企业与企业间、员工与员工间进行充分交流与协调的协调环境，以保证组织内外知识网络的有效运行。这是实现知识联网和知识创新的基础。这种环境越有效，组织内部的知识就能得到越多、越好的共享，组织的竞争优势就越有保证。

相关链接

微软公司精心营造有利于知识共享的协调环境

在知识经济时代，有价值知识的生产及其商品化是组织获得竞争优势的关键。因此，组织中的其他活动，如人员招聘、办公室的设计与布置、信息沟通与交流网络的建设等等都必须围绕这一关键来展开。微软公司正是因为把握了这一时代的脉搏，才创造了令世人赞叹的奇迹。

如在微软公司，由于软件开发人员的主要工作是“静坐冥想”的一种脑力劳动，因此微软坚持让它的软件开发人员在绿色园区的宜人环境中封闭的办公室里工作，与外界隔离，同时园区内所有的设计都从开发人员的特殊需要出发，以有利于软件开发人员高效率地工作。为了弥补单人办公室在促进沟通与信息交流之间的不足，公司在园区内配备了各种娱乐设施，并在20世纪80年代就采用了电子邮件系统。尽管有人提出可以利用现代电子通信手段让雇员在家上班，但公司坚称“其雇员整天呆在园区里会最大限度地为公司作贡献”，公司里一直不许“打零工或兼职”。比尔·盖茨认为“打零工或兼职”既不利于合作与交流又不利于迅速完成工作。另外，从公司的选址到办公室的安排，从员工福利计划到办公室免费可乐的供应，从员工股权选择到每天的食品补贴，微软公司都努力使其高素质、高潜力的软件开发人员心情愉快地工作。而公司的这些努力实质上是要保证员工个人最大限度地奉献出有价值的思想。正如兰德尔·E·施特劳斯所说；“许多外界批评家已经发现，微软公司暗藏着一种企图，即尽可能促使其雇员呆在自己的办公室里夜以继日地工作，为实现盖茨的思想而拼命。”

不管盖茨的目的到底如何，在微软这样的公司里，组织结构、设施、各项规章制度都被要求能够满足知识的有效运行，实现公司内部员工之间充分的信息交流与知识共享，进而实现公司内部知识联网应该是今天企业获得竞争优势的关键。

资料来源：赵曙明，沈群红．知识企业与知识管理．南京大学出版社，2000：79.

因此，为实现组织中的知识联网，应当在组织内部做好如下协调工作：①发展想象能力以使动态团队真正了解工作的背景；②发展优秀的职能中心；③发展一个容易重建的技术网络基础设施和一个数据集成战略；④发展以任务为中心的团队的能力使之能在公司内外跟踪、识别与选择；⑤发展学习、再学习和忘却的能力；⑥发展规范、价值、奖励和度量来支持以任务为中心的动态团队；⑦发展支持团队协作的能力；⑧发展和增强知识基础；⑨扩展以任务为中心的包括供应商、合伙人、分销商和顾客在一起的虚拟企业。

2. 组织外部知识网络建设与维护过程中的组织协调

知识经济条件下，企业常常需要建立一个发达外部的知识网络，以便实现组织之间的知识共享和创新，从而获得竞争优势。以美国的卡特皮拉公司为例，该公司生产“黄色产品”（即生产周期较长，利润较高的耐用品，如机械、电器等），在全球行业中首屈一指。它的战略是建立能有效处理同交易商之间关系的知识网络。

组织外部知识网络包括供应商网络、用户网络、专家网络、信息网络、合作网络、与政府有关部门的网络等等，这些网络中存在大量的知识，可以被企业利用，转化为企业的效益。

为此，一个企业应当做好如下组织协调工作：①充分收集供应商信息并做好分类与档案管理，以便分享他们的知识，从而降低企业运营成本，提高产品质量和竞争优势；②培养忠诚的产品用户，充分利用用户创新；③与专家建立良好的合作关系，以充分利用专家的最新知识并大力挖掘隐含在专家中的隐性知识；④加强企业间合作的网络管理，尽可能实现企业间的产品、信息、人力资源和技术的合作；⑤科学处理与政府部门的关系，争取政府对企业的信任与支持。

本章概念

权力　职权　集权　分权　授权　直线人员　参谋人员　委员会
冲突　权威裁决法　交易合同　协议价格　连锁董事会　第五代管理
虚拟企业　知识联网　战略联盟　委托生产　虚拟团队　公共关系

问题思考

1. 如何有效地运用权力是每个企业管理者不可回避的问题。联系实际谈谈如何准确把握集权与分权的相对性。

2. 现实社会中的组织可能是集权的成分多一点，也可能是分权的成分多一点。请结合企业的实际情况分析影响集权与分权程度的主要因素有哪些？

3. 权力作为一种支配力量，在组织运行中起着双重作用。请分析组织中过渡的集权与分权不当对组织效率有哪些影响？

4. 对于任何组织来说，冲突都是客观存在的，请问组织中冲突产生的原因是什么？

5. 委员会的滥用会导致许多的负作用。请结合企业实际具体说明委员会的滥用有哪些消极作用？

6. 为了降低冲突水平，组织中常常会采用恰当的方法来处置冲突，请简述组织冲突的处置方法。

7. 企业与股东关系的协调应当有怎样的理念和方法？

8. 企业外部公共关系中的“危机事件”应当如何处置？

9. 虚拟企业中成员是怎样协调合作的？

10. 现代企业为了完成知识联网应树立哪些观念？

☞ 案例分析

耐克的成功之道

有一则家喻户晓的耐克神话：在美国俄勒冈州的比弗顿市，四层楼高的耐克总部里看不见一双鞋，员工们只忙着做两件事：一件事是建立全球营销网络，另一件事是管理它遍布全球的公司。不用一台生产设备，耐克公司缔造了一个遍及全球的帝国。一双耐克鞋，生产者只能获得几个美分的收益，而耐克公司凭借其在全球的销售，却能获得几十甚至上百美元的利润。

但那些将耐克视为企业杰出案例纷纷效尤的人们或许忘了，1982年耐克曾经经历过一个举步维艰的阶段，阿迪达斯、匡威、锐步强敌环伺，销售额大幅下滑，在很多人眼里，耐克只是一家“挫败的、内部士气低落的二流制造企业”。

耐克应对严峻局势的战略是将权力下放，增加产品品种，推动产品线的差异化。由原先的以篮球鞋为主转变到近几年的高尔夫运动用品系列，并以老虎伍兹为代言人，同时加强足球鞋的推广，以迎合足球运动人口的增加。目前足球运动用品系列的营业额已高达10亿美元，占有全球25%的市场，在欧洲市场市均占有率更高达35%。在管理战略的转变之下，公司用18个月的时间使局势稳定了下来，从1993年到1997年，耐克的销售额呈爆炸性增长，从20亿美元上升到90亿美元。

此外，和很多企业一样，耐克利用收购其他公司加速扩张，继1988年之后，耐克相继收购了Cole Haan公司，在1995年兼并了冰鞋制造商Bauer公司、2002年收购滑板及服饰制造商Hurley International公司，以及在2004年收购了运动鞋制造商Converse公司。耐克进行收购的策略就是寻求那些产品能互补、经营风格相似，以及有一定研发能力的企业，并利用收购打压对手。

在现在耐克公司的业务结构中，Cole Haan的鞋已经实现销售额约3亿美元，而耐克最初买下该公司，只花了8 000万美元；至于Converse公司，在被收购前，其销售额一直下滑，但是在收购后，反而出现了25%的增长。不仅如此，Cole Haan公司的鞋类产品正好可以融入耐克先进制鞋技术，而如Bauer和Hurley International公司都有自己的研发中心，耐克在推出新品时，大部分都是参照他们的专业设计意见，而Converse则恰好弥补了耐克在帆布鞋领域的空白。

在并购的过程中，耐克也曾经犯下不少错误：在最初买下Cole Haan以后，耐克一厢情愿地把自己的想法贯穿到Cole Haan中，并沿用粗放型的管理模式，结果导致后者的强烈不满，在矛盾激化时，Cole Haan甚至要求耐克的管理人员“滚出工厂”。在意识到自己的错误之后，耐克集团对并购的公司采取了开放的管理方式，并赋予其独立自主的权利。公司适时的反馈让耐克保证了重新获得市场的能力。

以并购作为企业扩张模式的同时，耐克继续在公司内部进行改造，把一个大的鞋类部门分为几个较小的部门，每个小部门分管一种体育项目的运动鞋，加快产品的开发进程。对企业的整个运作链，耐克也在进行调整，尤其是存货控制体系和海外销售体系。耐克要求经销商必须提前6~8个月就预订其总销量的80%，这样才给予10%的折扣。这使得耐克可以对订货情况了如指掌，并有足够的时间来安排，避免过多的存货，保证获得理想的出厂价。

此外，耐克在生产上采取了一种虚拟化策略，所有产品都不由自己生产制造，而是全部外包给其他的生产厂家加工。将公司的所有人力、物力、财力等资源集中起来，集中投入到产品设计和市场营销中去，培植公司的产品设计和市场营销能力。耐克公司将设计图纸交给生产厂家，让他们严格按图纸式样进行生产，尔后由耐克贴牌，并将产品通过公司的行销网络将产品销售出去。这种模式充分实现了优势互补的作用。耐克公司的这一战略，节约了大量的生产投资以及设备购置费用，将产品的生产加工外包给东南亚等地的许多发展中国家的企业，利用当地廉价的劳动力，极大的节约了人工费用，这也是耐克运动鞋之所以能以较低的价格与其他名牌产品竞争的一个重要原因。

资料来源：51报告在线(www.51report.com)，2006-10-11.

问题分析：

1. 耐克的成功之道中体现了哪些具体的组织协调思想？与其所处的内外部环境有何联系？

2. 在耐克收购了 Cole Haan 公司后，遇到了什么问题？是如何协调的？

3. 和很多企业一样，耐克利用收购其他公司加速扩张。请问并购后的企业可能出现哪些类型的组织冲突？如何协调？

4. 虚拟化生产是耐克赢得竞争优势的成功策略之一，虚拟经营将会使传统的组织协调管理面临哪些挑战？

参考文献

[1] 芮明杰. 管理学. 上海：上海人民出版社，2005：175.
[2] 哈罗德·孔茨，海因茨·韦里克. 管理学. 北京：经济科学出版社，2002：191、345.
[3] 查尔斯·M·萨维奇. 第五代管理. 珠海：珠海出版社，1998：24.
[4] 陈佳贵. 知识经济与企业管理. 广州：广东经济出版社，1999：94、96－98.
[5] 阎剑平. 团队管理. 北京：中国纺织出版社，2005：266、268－269.
[6] 叶茂林，刘静，王斌. 知识管理理论与运作. 北京：社会科学文献出版社，2003：86.
[7] 侯贵松. 知识管理与创新. 北京：中国纺织出版社，2002：268－269.

第四篇　指挥

第十一章　激　励

学习目标

学完本章之后，你应该能够：

- 掌握激励的本质和目的
- 描述三种主要的激励理论
- 掌握三种主要激励理论中的不同的激励模型
- 运用每一种激励模型来解释不同的激励方法
- 尝试综合运用各种激励理论和模型来构建激励的制度

开篇实例

兔王的难题

南山坡住着一群兔子。在蓝眼睛兔王的精心管理下，兔子们丰衣足食，其乐融融。可是最近一段时间，外出寻找食物的兔子带回来的食物越来越少。为什么呢？兔王发现，原来是一部分兔子在偷懒。那些偷懒的兔子不仅自己怠工，对其他的兔子也造成了消极的影响。那些不偷懒的兔子也认为，既然干多干少一个样，那还干个什么劲呢？兔王决心要改变这种状况，宣布谁表现好谁就可以得到他特别奖励的胡萝卜。

兔王认为其中一只小灰兔干得不错，就奖励了它第一根胡萝卜，这件事在整个兔群中激起了轩然大波。有几只老兔子前来找他谈话，数落小灰兔的种种不是，质问兔王凭什么奖励小灰兔？兔王说："我认为小灰兔的工作表现不错。如果你们也能积极表现，自然也会得到奖励。"于是，兔子们发现了获取奖励的秘诀。几乎所有的兔子都认为，只要善于在兔王面前表现自己，就能得到奖励的胡萝卜。那些老实的兔子因为不善于表现，总是吃闷亏。于是，日久天长，在兔群中竟然盛行起一种变脸式(当面一套背后一套)的工作作风。许多兔子都在想方设法地讨兔王的欢心，甚至不惜弄虚作假。兔子们勤劳朴实的优良传统遭到了严重打击。

为了改变兔子们弄虚作假的弊端，兔王在老兔子们的帮助下，制定了一套有据可依的奖励办法。这个办法规定，兔子们采集回来的食物必须经过验收，然后可以按照完成的数量得到奖励。一时之间，兔子们的工作效率为之一变，食物的库存量大有提高。

兔王没有得意多久，兔子们的工作效率在盛极一时之后，很快就陷入了每况愈下的困境。兔王感到奇怪，仔细一调查，原来在兔群附近的食物源早已被过度开采，却没有谁愿意主动去寻找新的食物源。有一只长耳朵的大白兔指责他唯数量论，助长了一种短期行为的功利主义思想，不利于培养那些真正有益于兔群长期发展的行为动机。

兔王觉得长耳兔说得很有道理，他开始若有所思：现在的兔子们把胡萝卜当成了工作的前提，时间一长，情况愈演愈烈，如果没有高额的奖励，谁也不愿意去劳动。可是，如果没有人工作，大家的食物从哪里来呢？兔王万般无奈，宣布凡是愿意为兔群作贡献的志愿者，可以立即领到一大筐胡萝卜。布告一出，大家踊跃报名。

谁也没有料到，那些报名的兔子之中居然没有一个如期完成了任务。兔王气急败坏，跑去责备他们。他们异口同声地说："这不能怨我呀，兔王，既然胡萝卜已经到手，谁还有心思去干活呢？"

兔王又陷入了烦恼之中……

资料来源：水煮三国．中信出版社，2003：50～62.

在管理学中，胡萝卜就是能够激励员工努力完成工作任务的方法和方式。激励问题永远是管理学中的主题之一，兔王如何去使用他的胡萝卜，也是兔王永远的难题。在兔王与胡萝卜的故事中，兔王犯了几个方面的错误，一是把激励替代日常的制度管理，最后导致兔子们不见激励不工作，一般激励也不工作。二是激励的随意性，没有激励的制度化和激励条件，激励可能适得其反。兔王随意凭个人好恶奖励了小灰兔就引起了很大的麻烦。三是激励与动机的脱节，如果不能准确掌握行为的动机，激励会失去它应有的作用，兔王最后的危机就在于这里。四是不能综合地运用各种激励手段，兔王单一的胡萝卜（物质激励）政策，对兔群失去了激励效应。

兔王的危机在管理学中同样存在。本章的任务是阐述如何应用各种激励手段与方法去解决与兔王的危机相类似的管理困境。本章主要说明三个问题：第一，什么是激励——激励的基本原理和本质；第二，激励有哪些手段和方法——三种主要的激励理论的内容；第三，如何激励——每一种激励理论的适用前提和综合应用。

第一节　激励概述

一、个体行为模型

（一）需要

从组织行为学的一般观点看，激励的对象是组织中有血有肉的人，激励是从个人需要出发的。人的一切活动最终都是为了满足自己的某种需要，需要是人们行动的出发点。人们大多数的需要是工作背景下的需要，需要又带有很大的社会性。可以认为，需要是人与客观环境之间相互作用及人与人之间的交往过程的产物。

需要的满足过程可以通过个体的基本行为模型来体现。基本模型如，如图 11－1 所示。

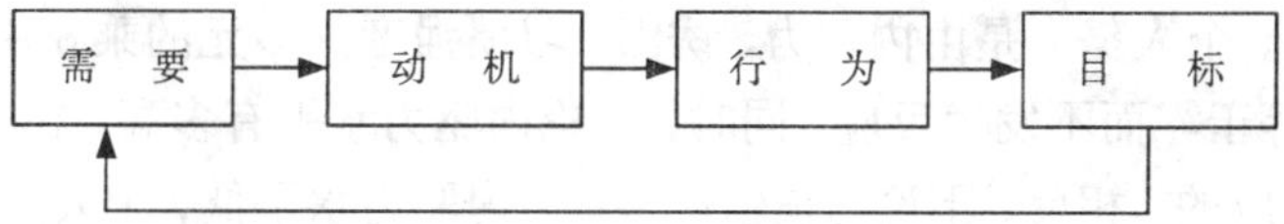

图 11-1 个体的基本行为模型

模型的基本含义是：需要产生动机，动机引起行为，行为产生客观现实的效果，行为的效果受到目标的检验，目标的检验使人调整或产生新的需要，并依次反复，激励过程包含了上述的因素和环节。

所谓需要，是指人对某种事物的渴求或欲望。从生理和心理学意义看，是指个体在生存和发展所必须具备的内在要素或外在条件得不到满足时，大脑神经中枢所感知的生理失衡或心理紧张的状态。因此，需要是行动的内驱力，是行为的力量源泉，也是行为的终极目标。

精神分析学派创始人，奥地利著名精神科医生弗洛伊德对人的生理和心理动机做了深刻的分析。弗洛伊德把人的心理活动分为意识、前意识、潜意识三个层次，指出人格结构为本我、自我、超我三个部分，同时认为人有两种本能：首要的本能是生的本能，代表着爱和建设的力量，表现为生命的成长。它又叫性本能或称性爱，性是一个非常广泛的术语，它最终包括了肉体快乐的每一种来源，我们可把它看成生存本能或生殖本能，与性爱相联的能量叫力比多(Libido)。第二个本能是破坏本能或称攻击本能(也被称作死的愿望)，代表着恨和破坏的力量，表现为攻击和侵犯。弗洛伊德把它看成死亡本能，但弗洛伊德并未命名与死亡本能相连的力量。一些人认为力比多把性和攻击性紧密联系在一起，当一种本能未被满足时(当能量未被释放)，就会产生压力导致紧张，比如剥夺了食物就会导致极度饥饿。

弗洛伊德的思想对需要的影响可以归结为需要的本能理论。意识、前意识、潜意识阐述了需要产生的不同精神层次；本我、自我、超我表明了个体和社会因素对需要的不同影响和作用；生的本能和死的本能说明了需要产生的原动力问题。

(二)动机

动机是行为的心理动力，它引发行为指向一定的目标，并由于行为后的有利结果而强化行为。动机与需要密切相关，动机以需要为基础，需要是动机的前提。动机具有三个方面的功能：①引发功能，动机引发行为，充当行为的直接原因。②导向功能，促使有机体的行为向一定目标进行和发展。③强化功能，由于行为带来有利结果而使行为的努力程度、出现频率得以巩固和增强，或因为行为导致的不良后果而使行为受到抑制。

由于人的需要是多种多样的，动机也出现了多样性。从管理学的视角看，可以把动机分为原始动机、一般动机和习得动机。①原始动机(primary motives)是先天性的，是基于身体内部生理平衡变化而产生的生理性动机，如饥渴、性欲、母爱等动机。②一般动机(general motives)是指人与环境有效地互相作用的动机，具体指胜任工作、好奇、对客观事物的操纵掌握、爱好活动及情感动机等。③习得动机，又称衍生动机(secondary motives)，指通过后天学习得来的，并且可以改变的动机，包括权力、成就、情谊、安全保障、地位、自主需要等动机类型。

20 世纪 30 年代，霍尔提出了动机激发是内驱力、习惯和诱因的积的公式：

$$E = D \times H \times I$$

其中，E(effort)——一个人付出的努力；D(drive)——一个人的内驱力；H(habit)——一个人的习惯；I(incentive)——表示诱因。

这个公式表明，个人努力是由内驱力、诱因、习惯强度的多元的乘积决定的。如果 D=0 或 H=0，则 E 也等于零而不发生反应。同时，不论内驱力水平有多高，在未形成习惯的情况下也是没有行为反应的。相反，不论习惯强度多高，内驱力水平低，个人努力程度也低。

后来的现代心理学家在早期内驱力理论基础上提出了动机激发循环的概念，认为需要、内驱力、目标三要素构成了一个不断循环的动机激发的完整过程(图 11－2)。

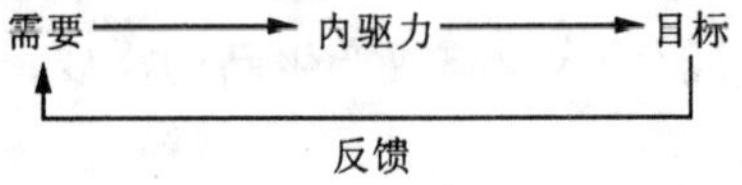

图 11－2 基本的动机激发循环

(三)行为

行为是人类日常生活所表现的一切动作。人的行为起源于脑神经的交合作用形式的精神状态(意识)，由意识表现为动作时，便形成了行为，而意识本身则是一种内在的行为。

德国心理学家勒温认为人类行为取决于内在需要和环境的相互作用。当人们的需要尚未得到满足时，个体就会产生一种内部力场的张力，而周围环境(外在因素)起导火线作用，他提出了著名的行为公式：

$$B=f(P\times E)$$

B——行为；P——个人的需要(内在心理因素)；E——外界环境的影响(自然、社会)。

上式表示 P 和 E 是密切相关、相互作用的。个人情绪的好坏对同一环境会产生不同的感觉，不同的环境又会影响个人情绪的变化，P 和 E 的不同组合，导致不同的行为产生。勒温把个体和所处的环境统一称为“生存空间”(life space)，他认为在解释某种行为时，不同时研究环境和个体是没有意义的。行为 B 是个人 P 与环境 E 交互作用所发生的函数或结果，或者说行为是人与环境的函数。

动物实验发现，已经吃饱、停止进食的小鸡看到另一只非常饥饿、刚刚开始进食的小鸡时，也会跟着吃而且会多吃50%。对于人来说也是同样的，如果一名员工想晋升当经理，但公司短时期内不会有空缺职位，也只能想想而已。

相关链接

哪些因素影响“现实中的人”的行为

自亚当·斯密以来的西方主流经济学，都把“性恶自私人”即“经济人”作为探究包括企业经营者在内的人类经济行为的始点和基点，并由此推演出整个经济学体系。即使现今贝克尔等新自由主义经济学家对传统“经济人”的内涵进行了修补，把分析范围扩展到非经济领域，增添机会主义行为描述和信息成本约束，或者把含义扩展为可用货币衡量的经济利益与不可用货币衡量的精神利益两个层面，也没有从根本上摆脱追求个人利益最大化的“自私人”的思维模式。

与西方经济学有所不同，现代西方管理学面对企业现实，先后提出了“社会人”、“文化人”、“道德人”、“有限理性”、“非最大化的次优说”等新观点，试图弥补“自私经济人”和“完全理性”的主流说法的缺陷。不过，即使是当代西方著名的管理学家西蒙，当他以企业家只能寻求“满意的利润”和“足够好”为例，用“有限理性”否定“最大化的理性”时，也难以完全驳倒旧“自私经济人”理性。理性上追求约束条件下的最大化，不等于实际经济生活中就能实现，但无法因此而否定“最大化的理性”。直到目前西方经济学和管理学还难以根本克服“经济人”假设的缺陷。

在马克思看来，“人的本质不是单个人所固有的抽象物，在其现实性上，它是一切社会关系的总和。”人性的善与恶、利他与利己，是由社会存在、经济基础决定的。至于一个企业内部、整个经济系统乃至全社会，人性的善与恶、利他与利己哪种行为特征突出或占主导地位，首先或主要取决于社会制度和各种环境。因为人性的善与恶、利他与利己总是与特定的社会整体大环境和群体小环境相关联的，是一种社会网络中的互动行为，具有交互性的内在机理。

在马克思的学说中，人是“现实中的人”，现实中的人包括人与自然的关系，也包括人与人之间的关系。具体来说，影响人的行为的因素包括：人的生存需要、人类社会再生产（繁衍后代）的需要、心理情感因素、社会文化因素、现存的法律制度因素、个体自身的能力等多种因素的综合。

资料来源：程功. 人性假设与经营者激励约束机制. 人民日报，2004－12－06.

二、激励的一般过程

从个体的基本行为模型看，激励实质上就是动机的激发过程。激励就是要把需要、动机和目标三个互相影响、相互依存的要素衔接起来，构成动机激发的整个过程，从而最终影响人们的行为。

因此，从需要的满足过程分析，激励的一般过程模式可以如图 11－3 所示：

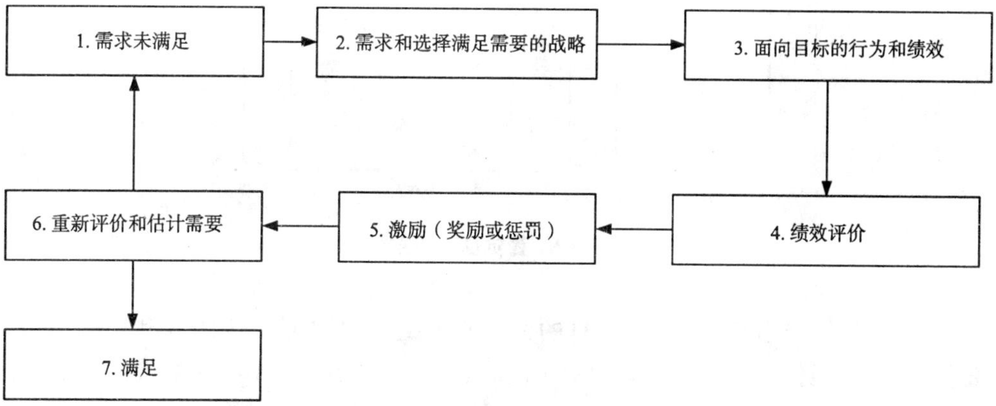

图 11－3　激励的一般过程模式

这个模式反应了激励的多个阶段。第一，需要的产生，在于个人内心的感受，个体的心理因素导致需要的产生。第二，个人将寻求和选择满足这些需要的方法，以恢复心理的平衡。第三，个人通过目标行为或工作去满足需要。第四，个人在实现目标方面的绩效和成就，需要进行相关的评价。第五，根据对绩效的评价给予奖励或惩罚。第六，由个人来评价他的行为和绩效在多大程度上满足了最初的需要。如果这个激励过程满足了最初的需要，个体就会有成就感和满足感；如果这个需要没有满足，激励过程就要重复，也可能选择一个不同的行为。例如，物质生活的贫乏使人们产生的对金钱的需要，人们就会考虑赚钱的方法和手段，大多数人选择了参加工作的道路，但也有一些人选择抢劫等犯罪道路。他们对各自的行为和绩效都会进行评估，一些人对工作带来的收益表示满意，继续干好本质工作，一些人会重新选择他的目标和手段。激励与需要的满足过程密切相关。

三、激励与行为绩效

（一）激励与绩效

激励是推动个体付出努力的一种心理诱导。心理学家詹姆士发现普通人在工作时一般只运用了10%的潜力，他认为这尚未用上的潜力可通过适当的技术开发出来。他在一份调查报告中指出：按时计酬制度下员工只需要发挥20%～30%潜力即可“称职”，若给予充分的激励，潜能在利用率可上升到80%～90%。

美国心理学家奥格登1963年做了一个警觉性实验。实验是这样进行的：用光源调节发光强度，记录被实验者辨别光照强度变化的感觉，以测定其警觉性。实验分为四个小组，其中A组为控制组，不施加任何激励，只是一般地告知 实验的要求与方法；B组是挑选组，告诉实验的参加者他们是挑选出来的、觉察能力最强理应错误最少的成员；C组是竞赛组，明确规定要以误差的次数评定小组的优劣与名次；D组为奖惩组，每出现一次错误则罚款，每次无误则奖励一定数额的金钱。实验结果统计如下（图11－4）：

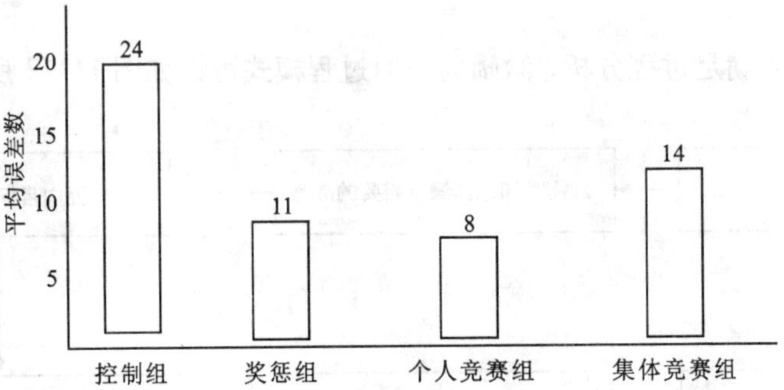

图11－4 警觉性实验数据

统计结果显示，有无激励，用什么样的方式进行激励，对人的行为的影响十分显著。

警觉性实验表明：人的工作绩效取决于他们的能力和激励水平（积极性）的高低，即：

$$P=f(A\times M)$$

其中，P是个人工作绩效；A代表工作能力；M表示工作积极性（激励水平）。

这个公式抓住了决定个人绩效的两个关键：能力与激励，即没有干劲，自然难有作为；仅有热情而无能力，也是枉然。能力是常数，激励可以激发、调动人的潜力，从而提高绩效水平。根据这个公式，两个能力相近的人，他们的绩效高低取决于激励水平。

（二）激励的本质

所谓激励，就是激发人的动机，使人有一股内在的动力，朝着所期望的目标前进的心理活动过程。从组织行为的角度看，激励就是激发、引导、保持和规范组织成员的行为，使其努力实现组织目标的过程，而组织成员的努力以能够满足个体的某些需要为前提。简单地说，激励就是激发人的动机，诱导人的行为，发挥其潜力，并用来为组织目标服务。

激励理论可以划分为内容型激励理论、过程型激励理论和行为转化型激励理论三大类型。内容型激励理论把如何满足需要的研究作为激励的关键，包括需求层次理论、成就需要理论、双因素理论等；过程型激励理论侧重于动机形成过程中的认知过程，包括期望理论、公平理论、归因理论等；行为转化型激励理论重视行为结果的反馈作用本身，重视行为的定向塑造和控制，包括强化理论、挫折理论等。

第二节　内容型激励理论

一、需求层次理论

（一）需求层次的基本内涵

美国心理学家亚伯拉罕·H·马斯洛提出的需求层次理论，将他人的需求由低到高分为以下五个层次（图 11－5）：

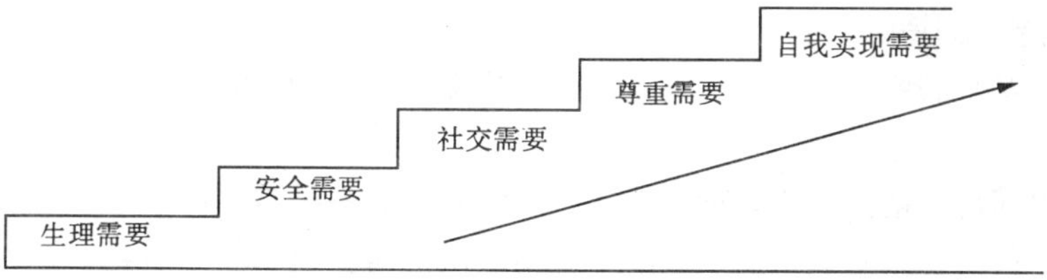

图 11－5　需求的五个层次

（1）生理需要。生理上的需要是人们最原始、最基本的需要，如吃饭、穿衣、住宿、医疗等等。若不满足，则有生命危险。这就是说，它是最强烈的不可避免的最底层需要，也是推动人们行动的强大动力。显然，这种生理需要具有自我和种族保护的意义，以饥渴为主，是人类个体为了生存而必不可少的需要。当一个人存在多种需要时，例如同时缺乏食物、安全和爱情，总是缺乏食物的饥饿需要占有最大的优势，这说明当一个人为生理需要所控制时，那么其他一切需要都被推到幕后。

（2）安全需要。安全的需要要求劳动安全、职业安全、生活稳定、希望免于灾难、希望未来有保障等，具体表现在：①物质上的，如操作安全、劳动保护和保健待遇等；②经济上的，如失业、意外事故、养老等；③心理上的，希望解除严酷监督的威胁、希望免受不公正待遇，工作有应付能力和信心。安全需要比生理需要较高一级，当生理需要得到满足以后就要保障这种需要。每一个在现实中生活的人，都会产生安全感的欲望、自由的欲望、防御的实力的欲望。

（3）社交需要。社交的需要也叫归属与爱的需要，是指个人渴望得到家庭、团体、朋友、同事的关怀爱护理解，是对友情、信任、温暖、爱情的需要。社交的需要比生理和安全需要更细微、更难捉摸。它包括：①社交欲。希望和同事保持友谊与忠诚的伙伴关系，希望得到互爱等；②归属感。希望有所归属，成为团体的一员，在个人有困难时能互相帮助，希望有熟识的友人能倾吐心里话、说说意见，甚至发发牢骚。而爱不单是指两性间的爱，而是广义的，体现在互相信任、深深理解和相互给予上，包括给予和接受爱。社交的需要与个人性格、经历、生活区域、民族、生活习惯、宗教信仰等都有关系，这种需要是难以解悟、无法度量的。

(4)尊重需要。尊重的需要可分为自尊、他尊和权力欲三类，包括自我尊重、自我评价以及尊重别人。与自尊有关的，如自尊心、自信心，对独立、知识、成就、能力的需要等。尊重的需要也可以如此划分：①渴望实力、成就、适应性和面向世界的自信心、以及渴望独立与自由。②渴望名誉与声望。声望为来自别人的尊重、受人赏识、注意或欣赏。满足自我尊重的需要导致自信、价值与能力体验、力量及适应性增强等多方面的感觉，而阻挠这些需要将产生自卑感、虚弱感和无能感。基于这种需要，愿意把工作做得更好，希望受到别人重视，借以自我炫耀，指望有成长的机会、有出头的可能。显然，尊重的需要很少能够得到完全的满足，但基本上的满足就可产生推动力。这种需要一旦成为推动力，就将会令人具有持久的干劲。

(5)自我实现需要。自我实现的需要是最高等级的需要。满足这种需要就要求完成与自己能力相称的工作，最充分地发挥自己的潜在能力，成为所期望的人物。这是一种创造的需要。有自我实现需要的人，似乎在竭尽所能，使自己趋于完美。自我实现意味着充分地、活跃地、忘我地、集中全力全神贯注地体验生活。成就感与成长欲不同，成就感追求一定的理想，往往废寝忘食地工作，把工作当作是一种创作活动，希望为人们解决重大课题，从而完全实现自己的抱负。

(二)需求层次的特点

(1)生理和安全需要属于较低层次的需要，社交、价值、认可、自我完善属于较高层次的需要。

(2)需要的满足严格按照阶梯前进，在一段时间只有一种需要占主导地位。

(3)任何一种需要基本满足后，下一个更高层次的需要成为主导需要。

(4)基本满足的需要不再有激励作用。需求层次从低级向高一级上升，并不是突然的、跳跃的现象，而是从无到有、从少到多逐步发生的。如生理满足10%，安全需要可能根本不会出现，但当生理需要满足25%时，安全需要可能会出现50%。

(5)自我实现需要的产生有赖于前面四个层次需要的满足。马斯洛将这些需要得到满足的人称为基本满足的人，马斯洛描述的“自我实现”人有如下特征：①能更有效地意识到现实；②认识自己和认识别人；③自发性；④集中处理问题；⑤独立性；⑥自立性；⑦有不断新鲜的鉴赏感觉；⑧有不受缚束的想象力；⑨对社会有兴趣；⑩与有同样自我实现需要的人有深厚的友谊；⑪民主的性格；⑫能辨别目的和手段；⑬幽默感；⑭创造性；⑮有反潮流精神。

马斯洛等认为一个国家的人民对各个需要层次的分布和经济发展水平直接相关。在不发达国家，生理需要和安全需要的人数比重较大，高级需要的人数比重较小；在发达国家则情况相反。同一国家的各个地区、各个时期人们的需要层次结构因生产力水平的变化而变化，戴维斯(K. Dvis)曾就美国的情况进行调查，结果如表11-1。

表 11-1 对美国工人优势需要变化的估计

需要种类	1935 年百分比	1995 年百分比
生理需要	35%	5%
安全需要	45%	15%
社会需要	10%	24%
尊重需要	7%	30%
自我实现需要	3%	26%

相关链接

寓言故事：鸬鹚与第三条鱼

最近，作渔业生意的王老板接到了一个大订单，欣喜若狂。兴奋之余，仔细一盘算，自家只有 15 只鸬鹚，根本无法按期交付，即使将隔壁小刘的 8 只鸬鹚加上，也显得异常吃力。于是，王老板决定召开一次鸬鹚工作会议。

第二天一大早，王老板就唤醒了全体鸬鹚，召开工作布置大会，“鉴于目前任务较为紧急，同时也摆着‘以鹚为本’的精神，本人决定，从即日起全体鸬鹚的午餐标准由原来的 1 条鱼改为 2 条鱼，同时工作量加大 40%。”这一指令很快得到了多数鸬鹚的欢呼，因为捉鱼的数量仅仅加大 40%，而报酬增长了 100%。

然而几天后，情况发生了变化，很多鸬鹚并没有捕捉到预期数量，就连几个捕捉高手也没有完成，王老板甚是纳闷，便循踪调查，原来很多鸬鹚抱怨，王老板仅在有订单时，才会考虑改善午餐质量，平时很少兑现“以鹚为本”的诺言，趁此也让他瞧瞧颜色……

晚上，王老板在万福街上最著名的“飘香大酒楼”订了一桌饭菜，并打电话给 A 鸬鹚要求其来赴宴，席间，王老板闭口不提捕鱼问题，而一味询问 A 鸬鹚近日来如何辛苦等诸如此类话题，并许诺从明日午餐起给其 3 条鱼。A 鸬鹚听后极度感动。此后几天内，王老板故伎重施，结果至交付之日，王老板不仅如数交货，而且数量还足足多出 20%。

商业企业存在的根本理由就是实现利润的最大化，任何人性化的决策或制度的贯彻执行都是建立在持续的发展和盈利基础之上。从实质上讲，大多数企业雇主或雇员之间更多的是一种纯粹的利益合作关系，并没有实现同危同安，共进共退的合作理念，因而双方的需求或期望是平行永不相交，这也从另一方面诠释了企业为什么狠抓执行力但依然收效甚微的原因。

正如寓言中所述，当第二条鱼摆在你面前的时候，大家都很兴奋，但是短暂的欢悦过后进入平静的时候，鸬鹚们知道这是自己的报酬，而不是个人奖励，也只有当王老板与其单独交谈的时候，每只鸬鹚才认为这是领导对自己工作的肯定和重视，特别是给予第三条鱼的时候(其实所有的鸬鹚都是 3 条鱼)，鸬鹚的真正潜力和动机才被激发出来，取得了骄人成果。

关注员工的个性化需求和精神需要，倾注更多精力于员工潜能激发和情绪调节，一杯小酒也许就会获得意外惊喜……

资料来源：王高楼. 寓言故事：鸬鹚与第三条鱼. 中国管理传播网.

(三)需求层次的制度设计

马斯洛的需求层次理论对人的需要进行了系统的研究，为以后的各种激励理论奠定了基础，需求层次理论也成为最著名、最经典的激励理论，对管理实践的影响也最大。

针对员工的不同需要，管理者可以采取不同的管理策略，组织也可以采取相应的措施。需要与其相应的激励因素和组织措施的关系如表11－2所示。

上述需要层次表仅是一般人的要求，实际上每个人的需要并不都是严格地按表上的顺序由低到高地发展的，还需要具体情况具体分析，因为在不同情况下人们需要的强烈程度是不同的，如经济收入较低的人，对衣食住行方面需求较强烈，不太重视个人成就；有些知识分子对个人成就的欲望很强，对穿衣和吃饭要求不高；有些老年人，生理需求和成就需求并不强烈。即使同一人在不同的时间和不同的情况下，需求层次也不一样。下文中“雷尼尔效应”和“带刺的玫瑰”的案例就是明证。

表11－2　需要层次与管理措施相关表

需要层次	激励(追求的目标)	一般激励因素	管理策略	组织措施
生理需要	工资 工作环境 各种福利	1. 空气 2. 食物 3. 住处 4. 性生活	待遇奖金 保健医疗设备 工作时间 住房福利设施	1. 暖气和空气调节 2. 基本工资 3. 自助食堂 4. 工作条件
安全需要	职业保障 意外事故的防止	1. 安全 2. 保障 3. 胜任 4. 稳定	雇佣保证 退休金制度 意外保险制度	1. 安全工作条件 2. 附加的福利 3. 普遍加薪 4. 职业安全
社会需要	友谊(良好的人际关系) 团体的接纳与组织的认同感	1. 志同道合 2. 爱 3. 友谊	协商制度 利润分配制度 团体活动计划 互助金制度 教学培训制度	1. 管理的质量 2. 和谐的工作小组 3. 同事的友谊
尊重需要	地位、名誉 权力、责任 与他人工资的相对高低	1. 承认 2. 地位 3. 自尊 4. 自重	人事考核制度 晋升制度 表彰制度 选拔进修制度 委员会参与制度	1. 工作称职 2. 和谐的工作小组 3. 同事和上级承认 4. 工作本身 5. 责任
自我实现需要	能发展个体特长的组织环境 具有挑战性的工作	1. 成本 2. 成就 3. 提升	决策参与制度 提案制度 研究发展计划	1. 挑战性的工作 2. 创造性 3. 在组织中提升 4. 工作的成就

位于美国西雅图的华盛顿大学选择了一处地点，准备修建一座体育馆。消息一传开，立即引起了教授们的强烈反对，一些教授甚至准备调离学校。教授们为什么会反对呢？原因在

于新建的体育馆将挡住教授们在教工餐厅和宿舍时欣赏美丽的华盛顿湖光景色和著名的活火山——雷尼尔山峰。而与美国其他大学教授的平均工资相比，华盛顿大学的教授们工资低20%。他们来到华盛顿大学，纯粹是因为这里的湖光山色。为了美丽的风景而愿意牺牲20%的收入，这种现象，被华盛顿大学经济学教授们戏称为“雷尼尔效应”。

20世纪90年代，中国一家企业为了改善企业的环境，用企业基金买了不少玫瑰花和奇花异草绿化厂区。厂长以为这样一来，肯定会受到职工的欢迎。可是，不少职工抱怨企业领导，甚至还故意毁坏花草树木。经了解，原来工人们对企业不关心职工住房问题意见最大，不少职工住房拥挤，有的三代同堂，许多房子年久失修，雨天下小雨，冬天刮北风……

为什么同样的美化环境起到了不同的作用？对于职工来说，住房等基本的生存需要是他们的占主导地位的需求，在这个需求没有满足之前，风景只是次一级的需求；对于丰衣足食的教授们来说，追求风景等愉悦的享受已经成为其社交和受尊重的必要条件了，雷尼尔山峰也只有在这个阶段也发挥效应。

二、成就需要理论

（一）成就需要理论的基本内涵

哈佛大学心理学家麦克莱兰指出，马斯洛过分强调个人的自我意识和内在价值，而忽视了人的社会属性。麦克莱兰将人的社会属性归纳为三个层次，认为组织中的人最重要的需要的三种：成就需要、权力需要和合群需要。

1. *成就需要*

成就需要是对事业成功的需要，高成就需要者的以下特征：①追求个人成就、工作的成功而非报酬本身，从工作完成中得到很大的满足，喜欢表现自己。②不喜欢靠运气成功，设置中等挑战性的目标，成功几率为二分之一时绩效最高。他们乐意挑战性的工作，为自己树立有一定难度而又不是高不可攀的目标。③喜欢长时间地工作，很少休息，即使失败也不会过分地沮丧。④愿意承担责任，渴望及时获得工作绩效反馈。⑤全神贯注于完成自己的任务，只管自己做好，在经营自己的事业或独当一面时更易成功。

麦克莱兰认为成就需要是较稳定的，他采用主题统觉（TAT）的投射技术，让人根据含义模糊的图片编故事，具有高度成就需要的人会编出各种取得成功或顺利达到目标的故事，从而可以了解某人的成就需要强度，进而预测他的工作行为。

麦克莱兰认为，具有高成就需要的人对企业、对国家都有重要的作用。一个企业拥有这种人越多，劳动生产率越高，发展和成功就越有保障。一个国家拥有这样的人越多就越兴旺发达。据他调查，英国在1925年时所拥有的高成就需要人数，在25个国家中名列第五，而当时的英国确实是一个兴旺发达的国家；可是到了1950年，英国所拥有的高成就需要的人数，在329个国家中已退居第27位，而事实上当时的英国也正在衰退。这说明不发达的国家之所以不发达，重要原因之一就是缺少高成就需要的人。

一般来说成就激励较高者总是比成就激励较低者工作得更好，进步也较快。麦克莱兰等发现，成就需要与经理人员的关系在小公司中最为明显，其总经理通常具有很高的成就需要，而大公司的总经理却只有一般的成就需要。他们往往更多地追求权力和社交需要。因为，后一种需要对与人共事、合作相处是十分重要的。

2. 权力需要

权力需要是指影响和控制别人的愿望。高权力需要者喜欢影响和控制别人，喜欢承担责任。喜欢竞争性的环境，重视地位与威望，总是追求领导者的地位。他们常喜欢争辩、健谈、直率而头脑冷静，善于提问题和要求，喜欢教训别人，乐于演讲。

3. 合群需要

合群需要就是相互交往、友爱的愿望，高合群需要者寻求友谊，喜欢合作而非竞争，他们喜欢与别人保持一种融洽的关系，享受亲密无间和相互谅解的乐趣，从友爱、情谊的社交中得到欢乐和满足，随时准备安慰和帮助危难中的伙伴。最优秀的管理者有着高权力需要与低合群需要，见表 11－3。

表 11－3 美国总统的成就、权力和合群动机

姓名\需要类型	权力需要	成就需要	合群需要
克林顿	中	高	高
布　什	中	中	低
肯尼迪	高	低	高
林　肯	中	低	中
华盛顿	低	低	中

资料来源：R. J. 豪斯、Wm. D. 斯潘格勒、J. 沃克，美国总统的人格与超凡魅力：领袖效果的心理学理论. 管理学季刊，1992：36、395.

（二）三种需要的比较

三种需要有不同的思维特征和行为特征，可以为我们制定相应的管理制度提供参考（表 11－4）。

表 11－4 三种需要的比较

需要类型	典型的思维特征	典型的行为特征
成就型	* 经常琢磨如何把事情做好，超过别人 * 经常想干些与众不同，独特的事情 * 经常想要达到或超过某个标准 * 经常考虑个人事业的前途、发展等问题	* 愿做冒险程度适中的事 * 树立的目标虽比较实际，但具有一定的难度 * 想方设法了解自己的工作成绩或过程 * 做事积极、主动、力求创新 * 更愿与专家而非朋友共事
权力型	* 经常想采取果断而有力的行动 * 经常考虑帮助别人或给人提供支持和忠告等 * 经常考虑如何提高自己对别人的影响力及控制整个局面的能力 * 经常考虑某人行动后果、别人的评价或反应 * 经常评价自己的社会地位、名望和名誉等	* 参与组织的决策制定 * 搜集和炫耀带有较高地位标志的物件 * 通过说服、帮助或支持来影响他人 * 追求官位 * 千方百计搜集、掌握并且运用那些能控制别人的材料和信息

续表

需要类型	典型的思维特征	典型的行为特征
合群型	* 经常考虑如何与人建立和保持深厚牢固的友谊 * 经常考虑如何取悦别人 * 视集体活动为社交的好机会 * 经常担心别人与自己闹矛盾	* 广交朋友 * 常与人谈知心话,常给人写信或打电话等 * 愿与人共处而非独自一人 * 更愿与朋友而非专家共事 * 喜欢获得别人表扬 * 经常附和或迎合别人的需要,同时也愿给人同情和安慰

（三）高成就需要者激励

成就需要被广泛应用于企业家的激励方面。麦克莱兰认为，成就需要高的人大都属于中产阶层，如经理、自由职业者、专家和学者等，因此，麦克莱兰特别关注三种需要对于管理者的意义。其中，成就需要对于管理者来说十分重要，通过训练培养较强的成就感，能够使管理者倾向于承担个人责任、希望获得工作反馈和喜欢适度冒险或挑战的工作。

在大量的研究基础上，麦克莱兰对成就需要与工作绩效的关系进行了十分有说服力的推断。

首先，高成就需要者喜欢能独立负责、可以获得信息反馈和中度冒险的工作环境。他们会从这种环境中获得高度的激励。麦克莱兰发现，在小企业的经理人员和在企业中独立负责一个部门的管理者中，高成就需要者往往会取得成功。

其次，在大型企业或其他组织中，高成就需要者并一定就是一个优秀的管理者，原因是高成就需要者往往只对自己的工作绩效感兴趣，并不关心如何影响别人去做好工作。

再次，合群需要与权力需要和管理的成功密切相关。麦克莱兰发现，最优秀的管理者往往是权力需要很高而合群需要很低的人。如果一个大企业的经理的权利需要与责任感和自我控制相结合，那么他很有可能成功。

最后，可以对员工进行训练来激发他们的成就需要。如果某项工作要求高成就需要者，那么，管理者可以通过直接选拔的方式找到一名高成就需要者，或者通过培训的方式培养自己原有的下属。因此可以训练和提高员工的成就动机，以提高生产率。

三、双因素理论

（一）双因素理论的基本内涵

美国心理学家赫茨伯格在一些工厂企业进行调查研究，他设计了许多问题，如“什么时候你对工作特别满意”，“什么时候你对工作特别不满意”，“满意和不满意的原因是什么”，等等。请工人写出自己做过的“最佳工作”和“最糟糕的工作”及个人评价。他发现，造成职工非常不满的原因，主要是在公司政策、行政管理、监督、与主管的关系、工作条件、与下级关系、地位安全等方面处理不当。改善这些方面，也只能够消除职工的不满，不能使职工满意，也不能激发其积极性，进而促进生产率的增长。赫茨伯格把这一类因素称为“保健因素”，意思是只能防止疾病，不能医治疾病。

另外，使职工感到非常满意的因素主要是工作富有成就感、工作成绩能得到社会承认、工作本身具有挑战性、承担重大的责任、在职业上能得到发展和成长等。这类因素的改善能够激励职工的工作积极性的热情，提高生产率。赫茨伯格把这一因素称为激励因素，这就是他于1950年提出的激励－保健因素理论，即双因素理论，如表11－5和图11－6所示。

表11－5 保健因素与激励因素

保健因素（外在因素、与环境有关）	激励因素（内在因素、与工作有关）
·公司（企业）的政策与行政管理	·工作上的成就感
·技术监督系统	·工作中得到认可和赞赏
·上下左右的人事关系	·工作本身的挑战性和兴趣
·工作环境或条件	·工作职务上的责任感
·薪金	·工作的发展前途
·个人的生活	·个人成长、晋升的机会
·职务、地位	
·工作的安全感	

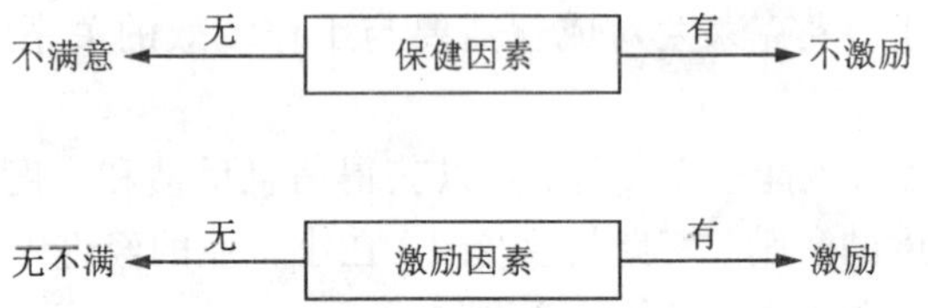

图11－6 双因素激励图

传统观念认为满意的反面是不满意，赫茨伯格认为这是不正确的。满意的对立面应该是没有满意，不满意的对面应该是没有不满意，赫茨伯格认为只有靠激励因素来调动职工的生产积极性，才能提高生产率。赫茨伯格认为：①对于激励因素来说，它是满足能带来工作满足感，它的不满足并不导致不满意，是没有满意。②对于保健因素来说，它的欠缺带来不满意，它的满足并不导致满意，而是没有不满意。③激励因素是由工作本身产生的，工作对职工的吸引力才是主要的激励因素，调动职工的积极性主要是从工作本身来调动职工的内在积极性，当职工受到很大的激励时，对外部因素起的不满足感具有很强的耐受力，而当职工经常处于保健状态时，则常会对周围事物感到极大的不满意，所以，职工从事具有潜在激励因素工作的本身就是激励。④在两类因素中，如果把某些激励因素（如物质奖励）变为保健因素，或任意扩大保健因素，都会降低从工作中得到的内在满足，即外部动机的扩大会引起内部动机的萎缩，从而导致职工积极性的降低。⑤要调动人的积极性，不仅要注意物质利益和工作条件等外部因素，更为重要的是要注意工作的安排，注意对人进行精神激励，给予表扬和认可，给人以成长、发展、晋升的机会，这样的内在激励作用更大，维持时间更长。

从科学管理年代开始，经理人员的注意力往往集中于保健因素方面，用提高薪金、津贴、小恩小惠、改善工作条件等来激励员工。实践表明，这种简单的办法有时难以见效，赫茨伯格的研究提醒人们必须充分注意工作本身的激励作用，给管理的激励手段提供了新的内容和方法。

(二)双因素的动态转化

双因素理论受到了广大管理工作者的认可，上述赫茨伯格的五个观点其实就可以转化为管理制度：应首先满足保健因素；应用激励因素调动人的工作积极性；保健因素与激励因素的相互转换等。例如，双因素理论可用于指导工资、奖金和管理，如果金钱与绩效没有联系，那么花钱再多，也起不了激励的作用，而一旦停发或少发，则会造成职工的不满。这样，工资和奖金就成了保健因素。如果工资和奖金与工人的绩效挂钩，那么它们发挥激励作用，也就成了激励因素。又比如，企业中工资改革、奖金发放，每次调整幅度很小，加一级才几十上百元，是无法起到强激励作用的。但采取一些跳跃式的激励因素转化，即由激励因素直接向强激励因素转化，可能在调动员工积极性方面的效果会更好。

但双因素理论在管理实践中得到普遍认可之处在于“工作丰富化”。分工和专业化、流水线作业带来了效率的提高，同时也带来了工作的单调、乏味，影响人的工作热情(正如卓别林在电影《摩登时代》中所演绎出来的一样)。通过工作丰富化，提高工作意义和工作本身的挑战意味，以激发职工的积极性。工作丰富化主要通过垂直工作加重和水平工作加重来体现。垂直工作加重指重新设计工作，给员工更多的责任感、成就感；水平工作加重是指员工完成更多的前后工作程序，如工作轮换，使员工对工作的整体感、社会责任感和自我能力的发展感加强。

双因素理论在管理应用中有一个值得注意的关键问题是不同国家因为政治、经济、文化的差异，给双因素理论中各种因素先后次序的排列带来了一定差异。管理心理学家做过这样一个试验：要求基层管理者设想自己是工人，按重要性的高低，列出工人想从工作中得到的东西。同时要求工人自己也列举他们所想要的东西。研究结果表明：基层管理者认为工人们最想从工作中得到的东西是高薪、工作稳定性、升迁、理想的工作环境等；但是工人最需要的却是工作受到赞赏、对事情的认同感，以及个人问题受到同情和了解。这说明管理者并不真正了解工人的真实需要，也就难以保证相应的管理策略的正确性。管理者只有深入实际，和群众相互沟通，真正了解员工的真实需要和动机，才能采取有效的激励措施。因此，本土化问题是应用双因素理论成败的主要因素。在我国还起着激励作用的一些因素，在国外已是保健因素(如表 11 -6 所示)。

表 11 -6 国内外激励、保健因素的比较(按照重要性从上往下排序)

国外所确定的激励因素	国外所确定的保健因素	国内所确定的激励因素
成就	认可	公平发展
认可	技术监督	公司政策与管理
工作吸引力	薪金	工作条件
责任	人际关系	报酬
发展	工作条件	人际关系
	报酬	责任
		基本需要

从表 11－6 中可以看出，国外起保健作用的因素如基本需要、人际关系、报酬、工作条件等在我国仍然可以起到激励作用，因为在我国社会法制尤其是法制实施方面的不完善，使得一些基本的需要和保障得不到保护，相关的因素也就成为管理者的激励工具和手段。

从表 11－6 中还可以知道，公平和认可在激励国内员工积极性上起着举足轻重的作用。以往大锅饭形式，希望一碗水端平的做法，如今在一个部门甚至一个企业里常常起到消极作用。下属对工作付出不同的贡献和努力，到头来却得到相同的回报，这往往只能使那些工作上不积极的人因看不到区别而故技重演；而使那些积极进取的人因得不到公平的待遇而产生消极情绪甚至选择离开。因此，这里的公平，是指制度化的公平。表中国内员工激励因素的第二项“公司的政策与管理”就说明了这个问题。

表 11－6 还表明了国内员工的一种心态：人们更希望在同别人的比较中，求得自己存在的价值。这也就是说，员工总是力求最大限度地将自己的潜能充分地发挥出来，只有在工作中将自己的才能充分表现出来，才会有最大的满足感。而只有当上述条件得不到满足时，人们才会转而求其次，寻求其他的需要，比如报酬、人际关系等。

第三节　过程型激励理论

一、期望理论

（一）期望理论的基本内容

人在行动之前总是会想，我付出努力是否能把这件事情做好？做好之后有何好处？这种好处对我是否重要？美国心理学家弗罗姆指出，期望是一种潜在的力量，能够激励人们的积极性。期望理论就是研究期望与目标之间关系和规律的理论。弗罗姆提出了期望模型，即：

$$动机强度(M) = 期望值(E) \times 效价(V) \times 工具性(I)$$

期望值——个人相信通过努力会取得优良成果的程度（努力－绩效联系）；

工具性——个人对一定的绩效能够带来某种报酬的相信程度（绩效－报酬联系）；

效价——个人对某一报酬或目标的偏爱程度，或某种结果对个人的吸引力（报酬－个人目标联系）。

一般人们常会考虑期望值与效价对动机强度的影响：

E 高 × V 高 = M 高　　E 高 × V 低 = M 低　　E 中 × V 中 = M 中

E 低 × V 高 = M 低　　E 低 × V 低 = M 低

弗罗姆的期望理论辩证地提出了在进行激励时要处理好三方面的关系，这些也是调动人们工作积极性的三个条件。

第一，努力与绩效的关系。人们总是希望通过一定的努力达到预期的目标，如果个人主观认为达到目标的概率很高，就会有信心，并激发出很强的工作力量，反之如果他认为目标太高，通过努力也不会有很好绩效时，就失去了内在的动力，导致工作消极。

第二，绩效与奖励的关系。人总是希望取得成绩后能够得到奖励，当然这个奖励也是综合的，既包括物质上的，也包括精神上的。如果他认为取得绩效后能得到合理的奖励，就可能产生工作热情，否则就可能没有积极性。

第三，奖励与满足个人需要的关系。人总是希望自己所获得的奖励能满足自己某方面的需要。然而由于人们在年龄、性别、资历、社会地位和经济条件等方面都存在着差异，他们对各种需要要求得到满足的程度就不同。因此，对于不同的人，采用同一种奖励办法能满足的需要程度不同，能激发出的工作动力也就不同。这三方面管理可以用下面的图形表现出来（图 11－7）：

个人努力 —关系1→ 取得绩效 —关系2→ 组织奖励 —关系3→ 满足个人需要程度

图 11－7　弗罗姆期望理论模型

例如，报考硕士研究生，有的人积极性高，有的人没有积极性，积极性高的人一定同时具备两个因素：一是认为读硕士对他很重要，效价高；二是认为他很有可能考取，期望概率高。而不想报考的人，可能认为读硕士不如早点工作，效价低，或者认为考试成功的可能性很小，期望概率低，或者二者兼而有之。效价一般用 0～10 级来表示，期望概率在 0 和 1 之间变化。如果某人报考硕士生，效价为最高一级为 10，期望概率为 0.9，那么 $EV = 0.9 \times 10 = 9$，则认为他的激励水平高，即：

M 高 = f(E 高，V 高)。期望值是期望理论的核心，要激励个体的积极性，就要想办法提高期望值。

（二）目标与绩效管理

期望理论被广泛应用于目标设计、目标考核与激励等方面。从期望理论中，我们了解到期望激励的关键是处理好个人努力与个人绩效、个人绩效与组织奖励、组织奖励与个人目标这三种关系。在实际工作中，将期望理论应用到管理活动中以激励员工，需注意以下方面：

第一，要考虑到员工期望目标的多样性。员工个体不同，对工作会产生不同的期望，期望达到的程度也会有一定差异。要通过期望来激励员工，首先要考虑员工期望目标的多样性，并在此基础上，协调好组织目标与个人期望之间的关系。管理者应找到员工偏爱的诱因或报酬，以此作为激励物。例如，国有单位的平均主义和大锅饭使职工没有期望，如果管理层能正视员工的合理物质需要，报酬与绩效紧密挂钩，多劳多得，按劳分配，奖勤罚懒，则可提高其积极性。

第二，提高效价水平。为了提高效价水平，应使员工意识到他们所从事的工作的地位、对组织目标的影响以及对于企业生存和发展所带来的经济效益及社会效益。同时，应注重引导员工重视内在效价，使他们从工作本身获取激励的力量。只有不断提高员工的内在效价，才能使员工的积极性不受外在因素的影响而降低。例如，企业奖金的发放，可以设计把月工作绩效与每月的奖金多少和年终分配、工资调级和获得先进工作者称号挂钩，则将大大增大效价的综合值。

第三，适当控制期望概率和实际概率。期望概率既不是越大越好，也不是越小越好，关键要适当。当一个期望概率远高于实际概率时可能产生挫折，而期望概率太小时又会减少某一目标的激发力量。实际概率最好大于平均的个人期望概率，使大多数人受益。但实际概率应与效价相适应，效价大，实际概率可以小些，效价小，实际概率可以大些，例如企业的平均奖金与先进工作者的奖金等级可以拉开 10～20 倍的差距等。

第四，建立公正的绩效评价体系。如果员工付出了最大的努力，能否在绩效评价中体现出来？管理者要保证绩效评价体系的公平与公正，做到“一碗水端平”，让员工看到自己的努力能够从绩效评价体系中得到体现。

第五，注重奖励的公平性与合理性。如果员工获得了好的绩效评估，是否会得到组织的奖励？奖励要以绩效为前提，只有完成了任务，取得了一定绩效，才能得到物质奖励或精神奖励。奖励作为外在效价，能否让员工满意、能否起到应有的激励作用，其关键在于奖励的公平性与合理性。否则，将会挫伤员工的自尊心与积极性。总之，期望激励要考虑到员工期望目标的多样性以及组织目标与个人目标的关系。更重要的是，要让员工意识到自己的努力和高的工作绩效必然会得到组织的肯定与回报。这对绩效评价体系的公正性、奖励机制的公平性与合理性提出了更高的要求。

二、公平理论

（一）公平理论的基本内涵

公平理论又称社会比较理论，它是美国行为科学家亚当斯在《工人关于工资不公平的内心冲突同其生产率的关系》等著作中提出来的一种激励理论。该理论侧重于研究工资报酬分配的合理性、公平性及其对职工生产积极性的影响。

公平理论的基本观点是：当一个人做出了成绩并取得了报酬以后，他不仅关心自己所得报酬的绝对量，而且关心自己所得报酬的相对量。因此，他要进行种种比较来确定自己所获报酬是否合理，比较的结果将直接影响今后工作的积极性。

1. 公平公式

$\frac{O_A}{I_A}=\frac{O_B}{I_B}$　A 与 B 报酬相当，A 感到公平（满意）

$\frac{O_A}{I_A}>\frac{O_B}{I_B}$　A 报酬过高，A 感到自己多得（满意）

$\frac{O_A}{I_A}<\frac{O_B}{I_B}$　A 报酬不足，A 感到不公平（不满意）

I_A为自己的报酬；I_B为别人的报酬；O_A表示自己的投入；O_B表示别人的投入。

2. 比较的主观性

结果与投入的比值（O/I）称为“公平指数”。按照亚当斯公平理论，人们的心理上存在着一台“公平天平”或“公平秤”。当发现自己的公平指数小于参照者的公平指数时，心中的“公平秤”便会倾斜，使心态失衡，出现一种紧张感。他会急于消除紧张感，恢复心态平衡。心态平衡有两种，一种是觉得自己吃了亏而产生的委屈；另一种是感到自己占了便宜而产生的负疚感。前者更为敏感、普遍而重要。

公平比较是一种主观的比较，很难客观地计算。这里的投入是指员工认为他的工作是有价值的投入，如本人教育程度、工作经验、技术、努力等。成果是指员工感觉从他的工作中所获得的任何有价值的回报，诸如待遇、提升、福利等。因此，这种比较与一个人对“投入”和“产出”的各项目重要性的评价有关，见表 11 -7。

表 11－7 工作投入与成果的例子

投入	时间	努力	教育	经验	培训	思想	能力
成果	工资	提升	承认	安全	个人发展机会	福利	友谊

一个人所得报酬的绝对值与其积极性高低并无直接的必然联系，只有当其付出的劳动与其所获的报酬的比值与同等情况下的其他人相比较，主观上感到是否公平、合理，这才会真正影响人的积极性。当企业职工主观上感到公平时，会带来激励作用；否则，会有消极作用。

3. *比较的参照对象*

比较的参照对象可以是公司内外部的人，也可能是自己在公司内外别的岗位上的工作经历。

(1)纵向比较。即把自己现在得到的报酬与自己过去的相比，如果两者相当，则公平。如果比过去低了，就会不公平，从而影响工作的积极性；如果比过去多，也不公平，从而主动多做些工作。

(2)横向比较。这是公平理论的主要部分，即自己与他人的所得报酬相比，通常是用自己所得的报酬与投入的比值，与他人的报酬与投入的比值来比较。所得报酬包括工资、奖金等物质的东西，所谓投入是指个人的知识、经验、能力、努力、贡献等。横向比较会出现三种可能：①两个比值相等。A 认为是公平的；②A 的比值小于 B 的比值，A 会产生不公平感；③A 的比值大于 B 的比值，A 也会产生不公平感。

4. *不公平的反应*

如果不满时，员工可能会出现以下几种情况：

(1)改变投入或产出，使分式值变小，如不再像以前那么努力或降低产品质量。

(2)改变对自己或别人的看法，认为自己对公司贡献更大，别人没有自己工作努力；用说服方式，试图令比较人减低他的投入，或者改变对别人的投入成果的认知。

(3)停止当前的比较，选择另一个参照对象或离开公司。

亚当斯还做了这样的实验，在一家公司里招聘一批大学生从事招工审查，一种是按每小时付给固定报酬；另一种是计件工资，即每完成一次审查付给一定报酬。成绩考核按两个指标(数量和质量)进行。数量指标是审查次数的多少，质量指标是审查报告的详细程度。按时计酬的大学生由于感到他们的工作本来是不称职的，因而更加努力工作，或者增加审查的次数，或者提高审查的质量；而接受计件的大学生一般不增加审查的次数，这是因为他们认为自己的工作是不称职的，所得报酬已超过自己的水平，如果报酬过高，他们的不公平感会增加。这一实验证明了报酬过高也会引起不公平感，尽管这种不公平感不像报酬过低普遍。

如果计件付酬，报酬过高的员工比报酬公平的员工产品质量高，但他们不会增加产量，因为这样会加剧不公平。相反，报酬过低的员工，产量高而质量低。如果以时间付酬，报酬过高的员工比报酬公平的员工生产率更高，报酬过低的员工产量更低，质量更差。

(二)制度公平

公平理论在中国比在外国更有实用价值，因为中国的传统观念中有“不患寡而患不均”的观念，包括“均贫富”等平等意识深入人心，在企业管理实践中会对管理者形成很大的挑战。

1. *以制度作为公平的尺度*

一个团队或管理者在管理过程中应制定了比较完备的制度，这些制度充分体现着公平原则，只要严格落实这些制度，就能满足团队成员渴望公平的心理需求，起到公平的激励作用。造成不公平的原因，一是某些团队负责人私心作怪，违背团队制度，独断专行造成的；二是制度不完善，尤其是对项目负责人的决策行为还缺乏有效监督。根除不公平现象，重要的是建立和健全保证决策公平的规章制度，尤其是要建立平等竞争机制。

人的管理是企业管理的核心。中国古代有“千里马常有，而伯乐不常有”的说法，强调伯乐的“慧眼识英才”，但对于企业管理来说是十分危险的。凭什么伯乐“说你行，你就行，不行也行；说不行，就不行，行也不行”，这对于人才是不公平的。现代企业管理中，几乎每个企业都有自己的一套用人机制，但海尔的赛马不相马成为企业界的美谈。海尔结合自己的企业文化和自身环境的特点构建了以出才为核心，识才、出才和用才三位一体的人本管理模式。“人人是人才，赛马不相马”就是海尔独具一格的识才之道。在海尔，无论是干部还是普通员工，只要有所创新，不管实用性有多大，都会得到一定的奖励和企业的肯定。正是在这样一种鼓励创新的文化氛围中，赛马机制由一位名叫张驰的普通员工提出来了。他认为：“传统的相马机制，依赖伯乐，对于千里马来说，命运掌握在别人手里，十分被动；而赛马机制打破了对伯乐的依赖性，改变了千里马的命运。”海尔提炼了张驰的赛马思想，产生了赛马机制。可以说有了海尔任人唯贤的企业文化，才有了赛马机制的问世。海尔集团总裁张瑞敏是这样解释赛马机制的：给你比赛的场地，帮你明确比赛的目标，比赛的规则公开化，谁能跑在前面就看你的了。

2. 追求过程公平

公平的保证是公开和民主，要在团队内部建立一种平等的内部氛围，使每个普通员工也能够参与团队的决策和管理。而这种参与的前提，是把决策的事情公开，在广泛听取团队成员意见的基础上再进行决策。坚持这一制度就可以保证决策公平，防止暗箱操作、个别人说了算。公开程度提高了，群众监督加强了，公平就有了可靠的保证。

心理学家发现，即使人们认为他们得到的产出不公平，但如果他们认为过程是公平的，他们也会认为已经获得了公平。例如，某人得到了较低的加薪或未被提拔到一个他认为胜任的岗位，他就可能对决策的公平性产生疑问。如果管理者对他解释公司是如何考虑和如何对他进行评价以及相关的决策过程，那么决策就是可以接受的。如果解释未被完全接受，至少员工能够得到公平的倾听抱怨的机会和提出问题以获得管理者的解释和信任。其中最重要的是，如果员工和管理者共同制定决策，并关注过程的公平性，或许他们最终未能得到自己所需要的，但至少能够理解所使用的程序已经是尽可能公平的了。

3. 建立科学合理的绩效评估制度

①评估时要建立多层次考核目标，目标的设定应把握 SMART 原则，即“S”是明确的（Specific），“M”是可衡量的（Measurable），“A”是可操作的（Attainable），“R”是相关的（Relevant），“T”是有时限的（Time - defined）。摩托罗拉公司在其员工业绩考核方面设定的目标不仅包括财政、客户关系、员工关系以及合作伙伴之间的表现，也包括对员工的领导能力、战略计划、客户关注程度、个人发展、过程管理方法等的考察，考察的目标具有多层次性、明确性、可量化性特征。②量化评估结果。评估目标的多层次性决定了评估结果的复杂性，如对软件开发人员的评估可分为编写程序代码行数、每千行的出错率、每千行的编写时间等评估子目标，这些子目标的评估并不直观，所以必须有一套完善的量化机制，对各层次目标进行量化分析，最后按轻重加权得出该员工的综合绩效。绩效评估的结果是给予软件开发人员何

种激励的依据。对很多开发人员来说，他们所获得的激励不仅仅是钱的问题，更重要的是它还反映公司或开发团队如何看待他们的贡献，根据绩效确定的报酬，能反映其自身的价值，使其感到公平和满意。柯帕尔曼哈恩和比尔在对一个大型金融机构的研究报告中指出：这些把工作实绩和报酬相联系的分支机构在取得有价值的绩效方面远较那些在两者联系不够紧密的分支机构为优。

相关链接

“空降兵”的失败

最近几年，“空降兵”成为企业管理中的时髦词汇，它是指企业从外部引进人才，特别是高级管理或者技术型人才，因为这些人才不是在企业内部培养的，故被人形象地称之为“空降兵”。不少企业对“空降兵”寄予了厚望，也给他们提供了高级的职位和优厚的待遇，以此来吸引、激励和留住“空降兵”，然而，实际的情况却是这些“空降兵”在新的管理团队中常常表现出“水土不服”。为什么会水土不服？主要的原因是由于总经理的高薪打破了公司原有的公平状态，强烈的不公平感改变了企业员工的原有的工作态度和工作行为。

很显然，“空降兵”在公司内部产生了极度的报酬的不公平性。副总们心里会这样比较：我自己的月薪是5000元，而总经理的月薪却高达25000元，是我整整5倍。而他一个人的投入能是我的5倍吗？强烈的不公平感由此而产生。

所以，企业在引进“空降兵”时，不但不能只想以高薪来留住他们，而且要考虑到薪酬差异对原管理团队的负面影响。“空降兵”薪酬越高越易水土不服。企业希望通过充分的激励使“空降兵”有足够的工作动力。但这种激励作用是一把双刃剑。薪资越高，对“空降兵”的激励作用越大，但原管理团队成员的不公平感、不被信任感和挫折感就越强，容易引发关系冲突。

在一个企业内部，薪酬水平的高低往往被员工看成是地位和成功的标志。管理人员在进行工资水平和职位结构决策时，需要关注和了解员工可能会对企业的薪酬政策进行两个方面的公平性比较。首先，员工会把自己的注意力转向外部，即外部公平性(external equity)比较。员工对外部公平性的比较主要集中在对其他企业中从事和他相同工作的员工所获得的工资水平的考察和关注方面。这种比较的结果可以影响一位新的求职者作出是否加盟某家企业的决策。而对于企业现有的员工来讲，外部公平性比较所产生的公平性感受则影响他作出是否继续留在本企业中，还是到其他企业另谋高就的决策。同时，员工也会把注意力转向内部，即内部公平性(internal equity)比较。此时，员工会与企业内部其他职位的员工进行对比。例如，员工常常把自己的工资与比自己级别低的职位、与自己级别相同的职位以及比自己级别高的职位所获得的工资进行对比。这种比较的结果主要影响员工在企业内部不同职位间的流动，影响一个人是否愿意被调换到同一个部门内其他新的职位上，影响一个人是否愿意接受晋升，是否同意进行工作轮换，也影响员工之间的合作态度。

资料来源：致信网：hr. mie168. com. 空降兵为何水土不服.

三、归因理论

(一)归因理论的基本内涵

奥地利社会心理学家F·海德在《人际关系心理学》中首先提出归因理论。以后一些学者在此基础上陆续提出一些新理论，如B·维纳、L·Y·阿布拉姆森、H·H·凯利、E·E·琼斯等人。20世纪70年代归因研究成为美国社会心理学研究的中心课题。

归因，就其字面含义来说，是指“原因归属”，即将行为或事件的结果归属于某种原因。通俗地讲，归因就是寻找导致结果的原因。心理学将归因理解为一种过程，因此，归因是指根据行为或事件的结果，通过知觉、思维和推断等内部信息加工过程而确认造成该结果之原因的认知活动。归因理论是关于人们如何解释自己或他人的行为，以及这种解释如何影响他们的情绪、动机和行为的心理学理论。

我们对别人的知觉总是要通过他的外部表现来推测其内在的意图和动机。例如当人们看到一个人在笑时，人们就会想他为什么笑，想要找出他笑的内在原因。人们总是试图解释周围的人或事，对于某种行为，人们试图解释这种行为是由于行为者自身原因引起的(内因行为)，还是外部原因引起的(外因行为)。有时人也会对自己的行为进行归因。这种根据他人的外部特征对他人的内心状态所作的解释和推叫做归因(at - tribution)。即对某种行为的结果找出原因。

1. 三种参照指标

人们在归因时主要有三种参照指标：

(1)一致性：指这种行为与他人的行为是否一致？如一致，则归为外因行为，否则归为内因行为。

(2)一贯性：指该行为者过去是否有同样行为？如一贯，则归为内因行为，否则归为外因行为。

(3)特殊性：指行为者在不同情境下是否也发生这种行为？如肯定，则归为内因行为，否则归为外因行为。

这里举例加以说明。某职工A与另一职工B现在关系很好，B与A配合共同完成一项任务。A的这一行为该如何归因？可进一步分析如下：其一，行为的恒常性如何？即A是否一贯和B很好？其二，行为的一致性如何？即周围其他人与B的关系如何？其三，行为的特殊性如何？即A与B以外的其他人的关系如何？假如，人与人的关系很好，周围其他人与B的关系则一般，而A与别人的关系也都很好，则可将A这一行为归结为他的内因，得到的结论是，A具有良好的与人相处的能力。假如，A与B的关系很好，而别人和B的关系也都很好但A与别人的关系却较紧张。则A这一行为一般归结为外因，结论是，B具有良好的与人相处的能力，是B在积极主动地联络A。

2. 基本归因错误

人们在判断他人行为原因时，倾向于夸大他人自身原因的影响，缩小外部条件的影响，即把别人的成功归于外因导致的，把别人失败归于内因导致的，这是基本归因错误。

3. 自我服务偏见

人们对待别人的归因判断与对待自己的归因是相反的，人们倾向于把成功归于自身原因(内因)，而把失败归于外部条件(外因)，这就是自我服务偏见。

4. 一般归因规律

归因理论认为，行动成功(受到积极强化)或失败(受到消极强化或未受强化)对于随之而来的行为和工作效果的影响，要通过归因这一中介因素。人们找出的原因可分为四个方面，即努力程度、能力大小、任务难度、运气和机遇。其中，能力、工作难度属于稳定因素，努力和运气属于不稳定因素；能力、努力属于内部因素，工作难度、运气属于外部因素；能力和工作难度、运气属于不可控制因素，努力属于可控制因素。对于行为的成败以何种原因作解释，在很大程度上决定着该人以后的行为动机和行为的方向。一般归因规律如表 11－8 所示：

表 11－8　一般归因规律

	内因	外因
稳定因素	能力 不	工作难度 不
不稳定因素	努力 可	运气 不

如果一个人把失败归之于天生低能、脑袋笨等自己难以控制的内因，他在几次失败后就不会再从事同样的行为，因为他知道能力低是难以改变的，再努力也是徒劳。而如果一个人把失败归之于不够努力等可以由自己主动控制的内因，他失败后可能会加倍努力，从事同类行为，直至获得成功。

如果一个人把失败归之于偶然的不可控制的外因，例如他认为没有完成是天公不作美，他失败后一般能坚持同样行为，争取在下次获得成功，因为“天公不作美”因素不可能每次都出现。如果一个人把失败归之于必然的不受控制的外因，例如，认为领导总是和自己作对，阻碍自己，他失败后就较少可能坚持引起失败的行为。因为，他认为只要领导不下台或不离开这个单位，自己就难逃失败的命运。

总之，如果一个人把自己失败看成是必然的，他对于结果是无能为力的，就会降低自己以后从事同样行为的动机，完全受外在力量的摆布。反之，如果将失败看成是偶然的或自己可以主动控制的，认为他的行为结果受内因的控制，就可能保持甚至是增强同类行为的动机，他就能通过自己的能力和努力去影响行为的结果。因此，在管理中，管理体制者都应尽量帮助职工做出后一归因，即将成败归之于自己的努力程度，如表 11－9 所示。

表 11－9　成功与失败的归因去向

归因因素 因素分类	努 力	能 力	任务难度	机 遇
内、外因	内在因素	内在因素	外在因素	外在因素
稳定性	不稳定因素	稳定因素	稳定因素	不稳定因素
可控制	可控制因素	非控制因素	非控制因素	非控制因素

（二）不良绩效的归因

归因理论实际上就是一种心理诱导。在企业管理和教育管理等方面得到了广泛应用。

例如，在企业管理中，心理学家米切尔(Mitchell)和他的同事们曾提出了一项应用于分析和预言主管人员对职工不良绩效反应的归因模式，如表11－10所示。

表11－10　主管人员对职工不良绩效反应的归因模式

			成功	失败
归因原因的分类	内外原因	内在原因:能力、努力	感到满意和自豪	感到内疚和无助乃至悲观
		外在原因:运气、工作难度	惊奇、感激的心情	导致气愤和敌意
	暂时稳定原因	稳定原因:能力、工作难度	有助于提高自信心和积极性	积极性和自信心可能会下降
		暂时原因:努力、运气	工作积极性可能提高也可能下降	积极性可能提高

又如，大学生普遍认识到考研的重要性，但英语和数学等基础课让其望而生畏。在英语学习过程中，大多数人不可避免地要遭遇不同程度的失败和挫折，如何看待这些失败和挫折本身以及把它们归于什么原因等，对于学习者的自我感知和认识及其以后的英语学习均有重大影响。如果学习者把自己某一次或几次失败(尤其是在英语学习的早期阶段)归因于自身能力因素，那么他(她)就很可能认定自己不具备学好英语的天赋和基本能力条件。人们普遍认为能力属于稳定的、内在的、不可控制的因素，学习者一旦把自己的失败归因于能力，就会给自己这样一个定位：缺乏学习英语的必要能力条件，不可能在英语学习上有多大长进。基于这一定位，一个直接的后果应运而生，那就是学习者成功的期望值降低，动机减弱，进而学习热情下降，积极学习的持久性减退。显然，这对于英语学业成功的影响是致命的。相反，如果学习者把失败主要归因于自身付出的努力不够或使用的策略、方法不当等不稳定、可以控制的因素，他们就可能在以后的学习中，拥有更高的成功期望和更强的学习动机，付出更大的努力，以及探求更为有效的学习策略。

归因的变化可以对动机的变化产生影响，动机的变化又直接作用于行为的改变，而这种改变了的新的行为又会影响归因。归因分析的有效性要靠一定程度的成功的反馈刺激来强化和保证。

第四节　行为改造型激励理论

一、强化理论

（一）强化理论的基本内涵

1. 斯金纳箱实验

强化理论是美国的心理学家和行为科学家斯金纳、赫西、布兰查德等人提出的一种理论。

美国心理学家斯金纳为了观察操作性行为，做了一个实验，他把饥饿的白鼠放入斯金纳箱，让它自由行动。在木箱中安装了一个与传递食物丸的机械装置相连的小杠杆。当杠杆一被压动，一粒食物丸即滚进食盘。如果白鼠偶然踏上杠杆时，一个食物球就掉进来，于是吃到食物；再次踩到杠杆时，第二粒食物丸放出，这样以食物为强化物，如此反复几次，条件反射就很快形成了，白鼠将持续按杠杆，取得食物，直到吃饱为止。当停止供应食物，饿鼠就会主动按压杠杆来得到食物，它把按门闩和获得食物暂时联系起来。按压杠杆的爪由于停止供应食物丸而逐步消退。

有一类梭子鱼特别爱吃鲤科小鱼。如果把这些梭子鱼和它的小猎物们一起放到水槽里，水槽里很快就只剩下梭子鱼了。然而，当在水槽里放进一块玻璃板，把梭子鱼和鲤科小鱼隔开，有趣的事情发生了。梭子鱼看不见玻璃，每次当它追逐自己美餐的时候，都会结结实实地撞到玻璃板上。开始时，梭子鱼会一次又一次游向玻璃，撞得天旋地转。显然，梭子鱼的猎食行为没有得到强化，因此它慢慢地消失了。最后，梭子鱼终于懂得了这些小鱼是可望而不可即的，于是，它改变了自己的行为。这时，再把玻璃板从水槽里拿走，结果却变成：这些鲤科小鱼居然可以十分安全地绕着它们的天敌游来游去。梭子鱼再也不想去吃掉它们，因为它懂得了它所懂得的道理：这些小鱼是吃不到的。令人吃惊的是，最后，这些大型的梭子鱼竟然饿死了，而它所喜爱的食物还时不时地游过它的嘴边。

2. 行为定律

期金纳由实验得出结论：一个行为后跟随一个有利的刺激，会增加这个行为重复发生的可能性，即行为是结果的函数：

$$B=f(R)$$

(1)人们在行为结果得到奖励后会继续保持这种工作行为，奖励会强化(加强)在类似情况下再次进行这种行为的可能性。

(2)人们在行为结果受到惩罚后会回避这种行为，惩罚会减少以后再次发生这种行为的可能性。

(3)人们在行为结果既无奖励又无惩罚之后，最终会停止这种行为，这就是说，得到中性结果的行为将逐渐消失。

(4)最理想的情况是在人们进行的每一行为之后立即给予强化，这样会使人们的行为得到巩固。

3. 强化的类型

强化类型可以分为：积极强化、消极强化、惩罚和消退。

积极强化是在行为之后伴随一个有利的结果；惩罚是在行为之后伴随一个不利的结果；消极强化是在行为之后不再伴有不利结果，它是事前警告，如坦白从宽、杀鸡给猴看等，对鸡是惩罚，对猴是消极强化。消退是在行为之后不再伴有有利的结果。幼儿每次哭泣若都能引起母亲的注意，哭泣就得到了积极强化，幼儿会经常哭泣；如果母亲不再注意，无动于衷，久而久之，幼儿的哭泣就会消退。

为了鼓励对组织有积极意义的行为，消除有负面作用的行为，以提高组织的工作效率，可以运用强化理论来矫正行为。矫正行为首先在于要确定关键行为，再测量这种行为，对行为起因进行分析，选择矫正方式，最后是绩效评定。矫正方式选择应视具体情况而定，一般应以强化为主，还可辅以惩罚和消退。

4. 强化频率

根据强化的频率，强化可以分为连续性强化和间断性强化。连续性强化是每次特定行为之后均给予奖励；间断性强化即并不是每次特定行为之后均给予奖励，它又可分为以下四种形式：

(1)固定时距强化：每隔一定时间就施行强化，时间间隔越短，强化效率越好；

(2)可变时距强化：与固定时距强化的区别是时间间隔是变化的；

(3)固定比率强化：与前者区别是比率可变。

组织行为学的研究表明，应按时间和比率这两种维度来安排强化的程序。按时间的固定性来看，可以划分为固定时间间隔的强化程序和可变时间间隔的强化程序。所谓固定时间间隔的强化程序是每隔一定的时间给予一次强化，例如各类组织中所实行的计时工资，即按小时、按周或按月支付报酬的制度。所谓可变时间间隔的强化程序是指强化的时间是随机的而不是固定的，例如不定期发放奖金。从比率来看，可以分为固定比率的强化程序与可变比率的强化程序。所谓固定比率的强化程序是指人们作为一定次数的正确反应后才给予强化，例如企业中实行的计件付酬制。所谓可变比率的强化程序是指不以作出正确反应的次数为依据，而是随机安排的，如表 11－11 所示。

表 11－11　不同频率强化的对比

程 序	报 酬 形 式	绩效影响	行为影响
固定间隔	根据固定时间付酬，如月薪、年薪	导致平均绩效	行为迅速消退
固定比率	根据具体反应数量付酬，如计件工资	导致很高稳定绩效	行为中速消退
可变间隔	多种时间段后付酬，如不定期发奖	导致中高稳定绩效	行为缓慢消退
可变比率	仅给某些反应付酬，如奖励时不严格依据销量	导致很高绩效	行为极慢消退

(二)强化原则

许多行为科学家认为，强化理论有助于对人们行为的理解和引导。因为，一种行为必然会有后果，而这些后果在一定程度上会决定这种行为在将来是否重复发生。那么，与其对这种行为和后果的关系采取一种碰运气的态度，就不如加以分析和控制，使大家都知道应该有什么后果最好。这并不是对职工进行操纵，而是使职工有一个最好的机会在各种明确规定的备选方案中进行选择。因而，强化理论已被广泛地应用在激励人的行为的改造上。

强化的主要功能，就是按照人的心理过程和行为的规律，对人的行为予以导向，并加以规范、修正、限制和改造。它对人的行为的影响，是通过行为的后果反馈给行为主体这种间接方式来实现的。人们可根据反馈的信息，主动适应环境刺激，不断地调整自己的行为。强化理论具体应用的一些行为原则如下：

(1)不断强化。所谓强化因素就是会使某种行为在将来重复发生的可能性增加的任何一种“后果”。例如，当某种行为的后果是受人称赞时，就增加了这种行为重复发生的可能性。

(2)依照强化对象的不同采用不同的强化措施。人们的年龄、性别、职业、学历、经历不同，需要就不同，强化方式也应不一样。如有的人更重视物质奖励，有的人更重视精神奖励，就应区分情况，采用不同的强化措施。例如针对不同的人，采取不同的批评方法：对于惰性大，依赖心理强的人，采取尖锐的“触动式批评”；对于自尊心强的人，采取“渐进式”批评，逐步深入；对于性情机敏、疑心重的人，采取“提醒式”的批评；对于不肯承认错误又极力为自己辩解的人，采取“及时式”的批评等。

(3)小步子前进。分阶段设立目标，并对目标予以明确规定和表述，即选择强化激励的时间间隔和频率上要精心设计。对于人的激励，首先要设立一个明确的、鼓舞人心而又切实可行的目标，只有目标明确而具体时，才能进行衡量和采取适当的强化措施。同时，还要将目标进行分解，分成许多小目标，完成每个小目标都及时给予强化，这样不仅有利于目标的实现，而且通过不断地激励可以增强信心。如果目标一次定得太高，会使人感到不易达到或者说能够达到的希望很小，这就很难充分调动人们为达到目标而做出努力的积极性。

(4)及时反馈。所谓及时反馈就是通过某种形式和途径，及时将工作结果告诉行动者。要取得最好的激励效果，就应该在行为发生以后尽快采取适当的强化方法。一个人在实施了某种行为以后，即使是领导者表示“已注意到这种行为”这样简单的反馈，也能起到正强化的作用。如果领导者对这种行为不予注意，这种行为重复发生的可能性就会减小以至消失。所以，必须利用及时反馈作为一种强化手段。

(5)多用正强化。正强化比负强化更有效，所以在强化手段的运用上应以正强化为主；同时，必要时也要对坏的行为给以惩罚，做到奖惩结合。

二、挫折理论

(一)挫折理论的基本内容

这一理论主要由多拉尔德、梅尔、米勒等人提出。多拉尔德认为，攻击的发生强度与欲求不满的量成正比，挫折越大，攻击的强度也越大。具体说来，他认为，从经济情况看，穷困者的挫折要比富裕者的挫折大，因此，穷困者的犯罪率也大；从年龄看，青少年要比成年人的挫折大，因而，青少年违法的比例要大；此外，家庭地位低下的、身体有缺陷的人、劣等种族的人等都挫折较大，所以攻击行为也多。

梅尔则提出“挫折固执理论”。他认为，犯罪一般有两种心理动力所引起，一种是心理欲求所引起，这种犯罪有偷盗、欺诈、拐骗、偷税漏税等。这种犯罪一般在行为前要考虑得失，得大于失才去犯罪。另一种犯罪是基于挫折而起的，有性犯罪、杀人犯罪等。这种犯罪往往不考虑以后的惩罚，不计得失。这是因为，挫折使人情绪显著激昂。这时的攻击行为是刻板的、固定的、甚至是无目的的。

米勒认为，挫折并不都引起攻击。有的人受到挫折后反而增强了战胜困难的决心；有人受到挫折后变得紧张、倒退、无动于衷或陷入空想等；还有的引起攻击行为。他认为，一般挫折转为攻击，还需要环境中存在着引起攻击的线索。

1. 挫折原因

挫折的发生不只是由于外在障碍、干扰的存在，还与受挫者内在条件不足应对有关。构成挫折的外部因素，包括自然物理因素(如地震、噪音等)和社会文化因素(如公司政策、管理不善、人际隔阂等)；受挫者自身因素包括心理不健全、情绪不稳定、意志水平低、内心冲突激烈等。在组织中，领导作风、劳动条件、人际沟通等因素与员工挫折发生直接相关。

2. 挫折体验

挫折体验即适应挫折的心理过程，体验挫折最早出现的是心理的紧张不安，伴随着心率加快、皮肤放电、呼吸改变与生理反应，其程度因个体而不同，其次可能出现行为反应，如惊慌失措、攻击等，也因人而异。伴随行为反应的心理变化有：下丘脑过度兴奋影响到脑垂体和内分泌系统，肾上腺素大量产生影响到消化、血液循环系统，严重者导致身心疾病。

挫折强度与挫折容忍力负相关，挫折力指个体遭受挫折时恢复平常的能力或适应能力，这个能力的大小取决于意志力、经验、对挫折的判断、挫折的强度等。一个经验丰富、意志坚强、能正确判断挫折的人挫折容忍力较强。

3. 挫折行为

面对挫折，每一个人的行为反应会不相同，有以下几种：

(1)升华：是心理机制中最有建设性的一种，即把敌对、悲愤等消极因素化为积极动力，做得更有意义和更有成就。

(2)增加努力：坚持原有目标，加倍做出努力，选择其他途径，最终达成目标。

(3)重新解释：即重新解释目标。当达不成目标时延长完成期限可重新调换目标。

(4)补偿：当实现某一方面目标受挫折，用其他方面的成就来补偿。

(5)折衷：两件事发生矛盾时，采取折衷调和法，以避免或减少挫折。

(6)反向行为：努力压制自己的意志和感情，勉强去做一些违背自己愿望的事。

(7)合理化：为解释某种挫折和行为寻找借口，这种借口听来似乎合理，但并非真实，在第三者听来往往不合逻辑，然而自己却能从中求得内心的某种安宁，减轻受挫感。

(8)推诿：将自己做错的事，推过于他人。

(9)退缩：知难而退或畏难而退。

(10)逃避：不敢面对受挫折的现实，遇到棘手问题或情绪低落时，努力从其他活动中(工作或娱乐)寻找乐趣。

(11)表同：这是一种以理想中的某人自居的变态心理，通过模仿某人的思想、言论、行动乃至衣着等，在心理上分享他人的成功之果，以冲淡自己未能达到此人那样成就所产生的挫折感。

(12)幻想：面对受挫的现实，胡思乱想，作为精神上的寄托。

(13)抑制：将痛苦的记忆和经验从意识中排除出去，压抑到下意识之中，来减轻挫折所带来的痛苦。

(14)回归：这是面对挫折表现出来的一种与其年龄不相称的幼稚行为形成成熟的倒退现象，甚至退化到作出“小孩般”的幼稚动作。

(15)侵略：一种无理智的、消极的、带破坏性的行为，可针对他所认为的挫折源(人或事)而发，也可迁怒于无关的旁人或折磨自己，甚至自杀。

(16)放弃：长期受挫，丧失信心，极度消沉，自暴自弃，什么事都打不起精神，对挫折漠然视之，对未来一无所求。

4. 应对挫折

受挫者的反应不外两种：建设性反应和破坏性反应，应发展建设性反应，减少破坏性反应，提高挫折容忍力保护积极性，措施有：

(1)对受挫者宽容、谅解，不要针锋相对；

(2)改变挫折情境，换个环境可以逐渐忘却挫折；

(3)让受挫者把受挫情绪发泄出来，挫折导致的心理紧张和痛苦如有机会发泄，会得以减轻。

相关链接

冷水煮人才

现代人的生活节奏越来越快，很多人从超市买速冻饺子回来煮，既方便又省事。煮速冻饺子最重要的一点是，水烧开并不意味着饺子熟了，这时候的饺子大多是夹生的，一定要加入一碗凉水继续煮，水煮开后再加一碗凉水，如此反复两次到三次，直到所有的饺子都漂起来了才算大功告成。

很多著名的管理学家以及成功者都说过，在顺利的环境中成长起来的人往往缺乏对恶劣环境的抵抗力，也就是我们常说的不够稳重和成熟。在成功地创造了前两项适宜新员工成长的优良环境之后，企业更应该关注新员工在这样顺境中的成长过程，看看新员工们是否会“上下翻腾”，这时候就应该加上一碗凉水让他们安分下来，脚踏实地地继续成长。

有这样一个故事：一名学生在大学毕业后进入了一家大型医疗器械公司做销售，凭着自己的不懈努力和灵活的头脑，他很快地成为这家公司销售业绩最好的员工之一，继而成为该公司最年轻的片区经理。但是当所有的荣誉都加到他身上的时候，他自己的心理却发生了变化，一路的成功使他变得自大、自负，他觉得自己为公司做出了如此大的贡献，公司给他的报酬却不能令他满意，在贪欲的驱使下他从偷偷代理其他企业的医药器材开始，继而发展到挪用公司的公款为自己的地下经营活动筹集资金；对发现他违规行为的公司员工进行威胁，甚至私自辞退企业员工，直到东窗事发。企业发现大批的资金去向不明，根据举报发现了他擅自挪用公款、私自解雇员工等不法行为。对于这个原本是企业未来之星的人才的巨大蜕变，公司领导痛心疾首，可是不加以惩戒不足以服众，最终公司将他告上了法庭。

一两碗凉水可以帮助饺子完全熟透，一份合理的职业规划、岗位流动、良好的人力资源监控体系能够起到“凉水”的作用，一点挫折，也许能帮助一个新员工从生涩走向成熟、从成功迈向辉煌。

资料来源：陈志刚. 像煮饺子一样培养新员工. 人力资源网，2007－03－14.

（二）挫折诱导

“人生不如意事常有八九”，挫折越普遍，挫折理论的应用范围就越广。高明的管理者经常善于从挫折的征兆中找出真实的原因，采取种种诱导措施，以增加建设性行为，消除破坏性行为。这些具体措施包括：

（1）提高人们对挫折的认识，增强挫折的容忍承受能力。挫折对人的影响具有积极的一方面，挫折可增加个体的心理承受能力，使人猛醒，吸取教训，改变目标或策略，从逆境中重新奋起。如曾国藩在与太平天国的战斗中，屡战屡败，几次要跳河自杀，但忍辱负重，吸取经验和教训，坚持“屡败屡战”，最终取得了最后的胜利。

（2）对挫折和受挫折者的攻击行为要有容忍的态度。挫折也可使人们处于不良的心理状态中，出现负向情绪反应，并采取消极的防卫方式来对付挫折情境，从而导致不安全的行为反应，如不安、焦虑、愤怒、攻击、幻想、偏执等。在企业管理中，有的人由于工作的某些失误，受到领导批评或扣发奖金，由于其挫折容忍力小，可能就会发泄不满情绪，甚至采取攻击性行动，在攻击无效时，又可能暂时将愤怒情绪压抑，对安全生产采取冷漠的态度，得过且过。人受挫折后可产生一些远期影响，如丧失自尊心、自信心，自暴自弃，精神颓废，一蹶不振等。对这种行为要有一定的容忍能力，如三一重工的企业文化中就有一条：容许犯错，不许再错。体现一个优秀企业的先进理念。

(3)改变或消除易于引起员工挫折的工作环境，如改进工作中的人际关系、实行民主管理、合理安排工作和岗位、改善劳动条件等，以减少挫折的客观因素；通过培训提高职工工作能力和技术水平，增加个人目标实现的可能性，减少挫折的主观因素；合理调整无法实现的行动目标；改变受挫折职工对挫折情境的认识和估价，以减轻挫折感等。

(4)采取“精神发泄”疗法，倾听职工的抱怨申诉，让职工的情绪有一个适当的发泄机会，有助于减轻或消除挫折感。“精神发泄”的含义就是“出气”，一个人心中有话让他说出来，就会减轻因挫折带来的消极情绪。日本松下电气公司所属的企业中专门设置“出气室”，美其名曰“精神健康室”。第一室内，迎面是一排普通的镜子，让他看到此刻自己的形象。进入第二室，迎面是一排各种各样的“哈哈镜”，上面写着：“请看与你本来形象有何不同”。该职工看到自己在镜中被扭曲了的形象，领会到因镜子不平会使人变形。在第三室里，列着几个模拟经理和老板的橡皮塑像，旁边还有打人的棍子，进入该室的职工对最讨厌的那一个打个痛快，发泄自己的怨气。最后一室则为恳谈室，内设茶点咖啡，陈列着企业的发展简史等。此时一位满面笑容的高级经理人员或心理学家，热情地同他谈心，询问他个人的困难和不满，征求他对企业的意见和要求。

本章概念

需要　本能理论　动机　个体的基本行为模型　激励本质　需求层次
高成就需要　激励因素　保健因素　效价　目标管理　公平指数
行为定律　一般归因规律　强化频率　正强化　挫折体验　精神疗法

问题思考

1. 警觉性实验的启示是什么？

2. 如果你是一位企业人事主管，如何根据需求层次理论对不同的人员进行分类？请针对新毕业的大学生的需求，设计一套满足新就业的大学生需要的激励制度。

3. 比尔·盖茨经常请新员工到自己的豪宅参观。盖茨领着他们参观自己的起居室、餐厅乃至卧室，请他们看自己不久前去中国访问时买来的仿制兵马俑，很是热情。临了请大家在自己的花园里喝啤酒，谈起好莱坞拍摄的一部拿他开涮的电影，这位世界首富也会甩出两句美国国骂。很难看出他是全球最大的软件企业的董事长，倒很像统领十几个人的小老板。请用你所学的激励理论来分析比尔·盖茨的上述行为。

4. 具有高成就需要的人有什么特点，如何造就高成就需要的人？

5. 有些公司认为，当员工抱怨时，公司解决他们的问题，便能提高员工对工作的满意度，进而提升他们对公司的承诺。运用你所学的激励理论，解释这个问题。

6. “我很笨，这个工作我干不了！”面对员工的这些抱怨，如何利用归因理论，帮助下属解决这个难题。

7. 根据双因素理论，哪些因素起保健作用，哪些因素起激励作用？国外起保健作用的因素为什么在中国会变成激励因素？

8. 章前开篇实例中，兔王犯的最主要的错误是什么，根据激励理论，谈谈为何兔子们有时不受激励？

9. 设想你是一个部门主管，你怎样用强化理论来纠正一个销售员的懒惰？

10. 回想你遇到的印象最深的一次挫折，你的反应是什么？有何效果？你认为还有更好的应对措施吗？

11. 激励与制度化管理之间的相互关系是什么？运用这种相互关系解释海尔的斜坡球体理论。

12. 巴斯夫公司经营着世界最大的化工厂，并在35个国家中拥有300多家分公司和合资经营企业及各种工厂，拥有雇员13万人。巴斯夫公司的原则是：职工的工资收入必须看他的工作表现而定。他们认为，一个公平的薪酬制度是高度刺激劳动力的先决条件，工作表现得越好，报酬也就越高。因此，为了激发个人的工作表现，工资差异是必要的。另外，公司还根据职工表现提供不同的福利，例如膳食补助金、住房、公司股票等等。综合运用激励理论解释巴斯夫公司的薪酬制度。

案例分析

麦当劳神秘顾客制度的争论

麦当劳在全世界主要的市场都有被称之为神秘顾客的项目。这项活动旨在从普通顾客的角度来考核麦当劳餐厅的食品品质、清洁度以及服务素质的整体表现。

“神秘顾客”是由经过严格培训的调查员，在规定或指定的时间里扮演成顾客，对事先设计的一系列问题逐一进行评估或评定的一种调查方式。由于被检查或需要被评定的对象，事先无法识别或确认“神秘顾客”的身份，故该调查方式能真实、准确地反映客观存在的实际问题。具体到窗口服务型行业而言，通过“神秘顾客”的调查可以对窗口行业的营业环境，营业、服务人员的服务质量、规范进行评估和考核，以此达到改进内部服务管理、改善服务质量、提高顾客满意度的目的。

早在2003年，麦当劳就在中国市场开始了“神秘顾客”制度，2006年，当“神秘顾客”被媒体披露以后，在中国引起了很大的争议，“神秘顾客”制度被怀疑为对员工的盯梢、不信任。在网易商业频道内，该网站设计了“你认为麦当劳该不该雇顾客作监工”的问题。在942名网友中，共有450名网友选择了“应该”选项，406位网友选择了“不应该”，86位选择了“不好说”。

因“神秘顾客”制度遭遇网上口水的麦当劳，对“神秘顾客”制度一事作出正面回应。麦当劳西南地区媒体负责人称，麦当劳目前采用的“神秘顾客”制度采用的标准在整个中国市场都是统一的。目前麦当劳采用的是双线考评体系：神秘顾客的评分＋公司自己做出的评估。麦当劳公司每周都会收到调查公司出具的神秘顾客做出的打分表，并根据打分表对员工进行考评。神秘顾客可能出现个人素质或者情绪波动等因素导致打分表现出不公，但公司同时也在进行考评，如果出入很大，公司会调查，员工自己也会投诉。麦当劳公司称，“神秘顾客”制度对麦当劳管理提升的作用很明显，公司会坚持实行“神秘顾客”制度。麦当劳还表示，神秘顾客项目帮助麦当劳管理者和餐厅经理设立对表现杰出员工的鼓励及奖励机制。一些市场的反馈显示这些奖励机制对于鼓舞员工士气及对员工的工作表现非常有益。

社会各界对麦当劳的“神秘顾客”制度反映不一，代表性的观点有三种：

一种观点认为神秘顾客不适合中国文化。麦当劳在中国实行神秘顾客制度有些不妥。如果说神秘顾客制度是为了监督表现差的员工，那么行为一向很自律的员工肯定会感到很委屈，这反而可能会对他们造成负面的心理作用。中国人性格比较含蓄，不太能接受直来直去的批评，更不大可能从心理上真正接受这种外界监督的绩效考核模式。像麦当劳这种培训体系比较完善的公司，更应该从培训环节提升员工的自律意识。应该相信绝大多数员工都是以公司为荣的，在完善的培训体制支持下，他们能负责地对待工作。这种观点以公司员工为主。

另一种观点认为神秘顾客制度值得肯定，麦当劳的做法无可厚非。只要员工在工作中始终保持高昂的工作状态，始终认真对待工作，就没必要害怕神秘顾客的调查和监督。往往是在日常工作中注意力不集中、不能始终认真对待工作的员工，才害怕被神秘顾客监督。正是这部分员工使公司有了聘请神秘顾客的行为。但公司在操作神秘顾客制度的过程中，一定要保证考核制度的客观与神秘顾客的主观相分离。持这种观点的大多是公司管理层。

第三种观点认为神秘顾客制度应该补充完善。神秘顾客制度是一个本土企业需要从“洋”企业借鉴的经验。就好比公司设有会计一职，就要另设一个审计来审核和监督他们的工作。特别是服务性行业，员工在被监督的工作状态下，的确会有更好的工作表现。但是，这种神秘顾客制度只能是公司绩效考核制度的一个补充，并要组织培训让员工熟悉神秘顾客制度的考核细则。企业文化部也要做好员工的思想工作，不要让他们觉得这一制度只是挑员工的错。而是要做到有奖有罚、赏罚分明，引导好的企业行为，对表现好的员工予以奖励。这样员工才能真正接受这种制度。

资料来源：每日经济新闻. 2006－5－17、2006－5－18、2006－5－29、2006－7－29.

问题分析：

1. 神秘顾客制度的出发点是怎样反映人的需要、动机、行为、目标的关系？
2. 从内容型激励角度分析为什么神秘顾客制度会引起争议？
3. 运用归因理论解释员工与管理者对神秘顾客制度认同的差异。
4. 从行为改造型理论分析神秘顾客制度的效果。
5. 综合激励理论分析神秘顾客制度应该如何完善和运用。

参考文献

[1] [奥]西格蒙特·弗洛伊德. 梦的释义. 张燕云译，辽宁：辽宁人民出版社，1987：512.

[2] Lewin, K. The Principles of Topological Psychology. McGraw－Hill B. C. 1936 P. 85；P. 16

[3] Weiner, B. A. theory of motivation for some Classroom experiences. Journal of Educational Psychology, 71, 3－25, 1979.

[4] 李春琦，石磊. 国外企业激励理论述评[J]. 工业企业管理，2001(9).
[5] [美]安妮·布鲁斯，詹姆斯·S·伯比顿. 员工激励[M]. 北京：中国标准出版社，2000.
[6] Stephen P. Robbins. Managing Today. Prentice - Hall, Inc., 1997.
[7] [美]黑尔里格尔，斯洛克姆，伍德曼. 组织行为学[M]. 岳进等译，北京：中国社会科学出版社，2001.
[8] [美]托马斯·贝特曼，斯考特·斯奈尔. 管理学-构建竞争优势[M]. 王雪莉等译，北京：北京大学出版社，2004.
[9] D. 麦格雷戈. 企业的人事方面[M]. 北京：中国社会科学出版社，1987.
[10] 斯蒂芬. P. 罗宾斯. 管理学[M]. 北京：中国人民大学出版社，1997.

第十二章 领 导

☞ 学习目标

学完本章后，你应该能够：

- 定义领导并阐明领导与管理的异同
- 阐明权力实质与类型
- 阐明领导特性论的核心思想
- 讨论并评价领导风格论的方法
- 列举并阐释影响领导的主要权变因素
- 讨论领导理论的新进展

☞ 开篇实例

毛泽东的五大人格魅力

毛泽东作为中国共产党第一代领导集体的核心，为新中国的成立立下了汗马功劳。他的非凡伟绩、光辉思想，泽被后世，影响和教育着一代又一代的人们。毛泽东的如此非凡成就，与其人格魅力是分不开的。

喜欢挑战的一生。毛泽东一生挑战自然、挑战对手、挑战社会、挑战世界。越是面临挑战，就越是冷静。“与天奋斗，其乐无穷；与地奋斗，其乐无穷；与人奋斗，其乐无穷。”这段脍炙人口的名句，就是他人生的写照。

不循常规的性格。“有虎气也有猴气”，这是毛泽东对自己性格的评价。前者表现为权威、霸气、豪放、严厉、庄重，后者表现为即兴随意、浪漫洒脱、不拘成规、灵活多变。正因为他的这种性格，在重要关头才有了惊世骇俗之举，如四渡赤水、转战陕北、挺进大别山……

重情重义的品行。毛泽东那块在重庆谈判时郭沫若送的一直戴到去世的手表、那首祭奠爱妻的《蝶恋花》词、那封致恩师徐特立的信、以及他那赶赴陈毅追悼会的匆匆身影、听到百姓受灾时流下的热泪、与斯诺和胡志明等国际友人真诚的交往……都记载着一位伟大而普通的领袖的喜怒哀乐、情深义长。

文采纵横的才气。“我有读不完的书，每天不读书就无法生活。”毛泽东一生与书卷为伴——《资治通鉴》读了17遍，《红楼梦》读了5遍，通读了4000万字的《二十四史》……他的诗书见解独到，他的字迹纵逸豪放，他的语言生动形象，他的讲话妙趣横生……身为全军统帅，他一生不曾发过一枪，但最终用笔杆子加枪杆子打败了对手。

旷达生死的精神。对于生老病死，毛泽东以一个唯物主义者的姿态旷达地对待它：“人总是要死的，毛泽东是人，所以毛泽东是会死的”。“我在世吃鱼比较多，我死后把我火化，骨灰撒到长江里喂鱼。你就对鱼说：鱼儿呀，毛泽东给你们赔不是来了，他生前吃了你们，现在你们吃他吧，你们吃肥了好去为人民服务。这叫物质不灭定律。”

资料来源：新华，西安晚报. 2003 - 12 - 25.

当人们谈论领导理论时总是兴奋不已，他们想知道是什么造就了一个杰出的领袖，不同行业各个层次的经理人对这个话题都感兴趣。他们相信，对这个问题回答将有助于改进组织绩效和获得个人事业的成功。他们希望获得这样的技能，以便从普通的管理者成长为真正的领导者。毛泽东无疑是一个杰出的领导者。正是组织中领导者的领导使得各种事情得以发生和发展。

计划、组织、领导、控制是管理的四大基本职能，因此，领导也是管理研究的重要领域，为了有效地管理，必须有效地领导。本章将从领导的概念入手，分析领导者影响力的实质、来源和运用；介绍三个有代表性的领导理论，即领导特性理论、领导风格理论和领导权变理论；最后对领导类型的演变作简单介绍。

第一节　领导与权力

一、领导的含义

虽然有不少关于领导的解释，但由于不同的人注重于领导的不同侧面，故对领导的概念存在不同的解释，到目前为止，仍没有一个明确、统一的定义。

关于领导的含义，有三种主要类型的解释：第一种，将领导理解为一种行为，认为领导是影响人们自动为实现群体目标而努力的一种行为；第二种，将领导理解为一种能力，认为领导是影响他人追求一定目标的能力；第三种，将领导理解为一个动态的过程，认为领导是对制定和完成组织目标的各种活动施加影响的过程，并认为这个过程是领导者个人品质、被领导者个人品质和某种特定环境函数。

我们认为，所谓领导，就是激励、引导和影响个人或组织，在一定的条件下，实现组织目标的行动过程。这一定义包含以下的含义。

(1)领导一定要与所领导的群体或组织中的其他人发生联系，这些人包括其直接的下属，也可能还包括组织中的其他成员。他们可能心甘情愿地服从或被迫无奈地屈服于该导者的权力，使自己处于被领导者的地位。

(2)权力在领导其他成员中的分配是不平等的。领导者拥有相对强大的权力，使他得以影响组织中其他成员的行为，而其他成员却没有这样的权力，或者拥有的权力并不足以改变其被领导的地位。

(3)领导者能对组织成员产生各种影响。领导者具有指导下属活动的法定权力，不仅能够指导下属“做什么”，而且能够影响下属“如何做”。领导者能够通过影响被领导者，使其表现出某种符合组织期望的行为。领导的本质就是组织成员的追随与服从，才使领导人员在组织中的地位得以确立，并使领导过程成为可能，而下属和组织的其他成员追随与服从某些领导人领导的原因，就在于这些被他们所信任的领导人能够满足他们的愿望和需求，巧妙地将组织成员的个人愿望和需求的满足与组织目标的实现结合起来。这些不仅在很大程度上表明领导工作不可避免地要与沟通、激励发生关系，也揭示了领导工作本身所包含的艺术性。

(4)领导的目的是影响被领导者为实现组织目标作出努力，而不是更多地体现出个人的权威。组织需要建立领导权威，但独裁的领导方式通常不是最有效的领导方式。有效的领导者应该赋予被领导者在执行组织任务的过程中，能发挥主动性和创造性。领导是一个有目的的活动过程。这一活动过程的成效取决于领导者、被领导者和环境三种因素，即领导 =f(领导者、被领导者、环境)。领导者是领导活动的主体，领导者必须有下属的追随和服从。没有部下，领导者谈不上领导。成功和有效的领导活动还取决于有利的环境因素。领导者必须依据组织内外的环境因素，因地、因时、因人制宜地开展领导活动。

我们在探讨领导含义的过程中，需要正确认识到领导和领导者是不同的两个概念。领导者是担任某项职务、扮演组织中的一种角色的个人，而领导则是领导者一系列领导行为的统一，是在一种特定环境下领导者与被领导者之间的关系的体现。一个组织可以指定或选出一个领导者，但却不能指定或选出某种领导行为。在企业或组织中，每个人都扮演着一定的角色，而领导者的角色要求其具备许多不同于其他角色的素质，具备了这种素质并采取了角色要求的各种行为，便构成了领导的过程。

同时也需正确认识到领导和管理是不同的两个概念。从本质上说，管理更多的是建立在系统规范的、强制性权力基础上实现组织目标的行为。而领导则不同，领导尽管需要组织系统规范的、强制性权力基础，但是，领导更多是建立在个人影响力的基础之上。因此，一个人可能既是领导者，又是管理者。但是，有时一个人是领导者却并不一定是管理者。非正式组织最具影响力的人就是典型的例子。组织没有赋予他们职位和权力，他们不承担管理工作，但是他们却能引导和影响非正式组织的成员。同样，一个人可能是管理者，却并不一定是领导者。领导的关键在于有被领导者的追随和服从。有些具有职权的管理者可能没有几个部下服从他。因此，他只是管理者而不是领导者。在理想状况下，所有的管理者都应是领导者。显然，组织要创造好的工作绩效，应尽可能选择好领导者，本章的领导者指的是那些能够影响他人并拥有管理权力的人。

相关链接

领导者经常犯的10种错误

金无足赤，人无完人，领导者也不例外。即使是再高明的领导者，也免不了犯错，从而影响管理效果和经营业绩。以下列出一些领导者常犯的错误。

1. 把面子、地位看得比结果还重要

长期位居领导者的“高位”，往往会自然而然地产生一些优越感。当领导者带着这种优越感处理事情时，常常会过多地关注自己的面子和地位，甚至于超过事情本身可能产生的后果。避免这种错误的最好办法就是让团队中的所有成员完全明确你的业务目标和任务，如此一来，你就很难再为了面子、地位和权威而用主观和面上的理由来敷衍自己和别人。

2. 有意无意地拉帮结派

许多团队的领导者更信任也更习惯启用自己所熟悉和喜欢的人，或是以前的部下或同事，而与结识不久或前任领导者的员工之间总有一堵无形的墙，长此以往，便在组织中形成了不同的群体。也许这种结果并非你刻意造成，也不是你愿意看到的，但结果却在不经意中形成了。两条建议可帮助你阻止组织中帮派的形成：用统一的标准来对待所有团队成员；用更多的时间和精力加强与那些“另类”员工的交流，促进组织融合，这一点极为重要，因为大多数的“另类”员工也会以一种“另类”的眼光看你对待他们的态度和行为，只有你付出额外的努力，他们才会明显地感受到。

3. 为了情面，甚至放弃原则和责任

作为领导者，由于你和下属有着良好的个人关系，以至于在分配任务或追究责任时，有时候你会由于碍于情面，难于启齿，甚至会放弃一些基本的原则，或是让他们逃脱责任。要解决这个问题，你应该和下属保持合理的距离，并将工作和私人关系明确分开；另外，你应该发展另外的关系网络，使自己不必太依赖于建立在工作关系上的友情，这样做无论是对公司还是对个人都是有利的。

4. 将权力看得比什么都重要

有些领导者喜欢将权力紧紧攥在手中，生怕有一点闪失，以至于大事小事都亲历亲为，不敢授权给下属和员工。这样一来，领导者本人劳累过度不说，更重要的是眉毛胡子一把抓，却将最重要的工作给耽误了；而且，下属还不会买你的账，对你还会产生许多怨恨。要进行有效、适度的授权，最重要的是要有权力下放的意识，另外还需要一些技巧。

5. 永无休止地等待信息以做决策

有些领导者，特别是一些注重逻辑和分析的领导者，他们在进行决策时，常常会不停地问：“还有没有进一步的信息”、“能不能再做一些调查”，迟迟不能做出最后决定。正是在这一次又一次的询问中，许多宝贵的决策机会就这样丧失了。其实，许多管理决策永远也没有最佳答案。要避免犯这样的错误，建议你为每一次决策设定一个最后的时间期限，并且让所有人都知道这一期限，迫使自己在最后期限到来之时做出决策。

6. 过于强调一致

有些领导者期望获得完全的一致，而对团队内的争论并不欢迎。然而，员工间善意的争论对产生建设性的意见是非常重要的。有些公司，如英特尔甚至鼓励这种“建设性的争论”。员工善意的争论正说明了他们对公司及团队的关注，你应该对他们的争议采取更为开放的态度，允许他们进行争论。当他们因意见相左而变得情绪激动时，你最好的处理方式就是坐在一旁做一个好听众，而不是总给他们泼冷水。

7. 不愿提供看起来卑微的服务

总有一些领导者认为为下属及员工提供服务，特别是需要动手的劳动，有损领导的威严。事实上，为别人提供服务是领导者的重要工作，优秀的领导者在适当的场合都愿意做平常可能由普通员工去做的工作，他们从不认为在会议间隙为员工端茶递水是一件羞耻的事。大凡最伟大的领导人，都乐于做大家的仆人。

8. 为了权威而尽力掩饰自己的弱点

领导者通常认为，如果自己的下属了解自己的弱点或劣势，就会轻易地向自己发出挑战，从而使自己丧失权威。但事实恰好相反，调查表明，员工并不像领导者想象的那样总是盯住上司的缺点，他们深知每一个人都会有不足，即使是领导者也不例外；调查还发现，绝大多数公司成功的领导人之所以受人拥戴，原因就是人们曾看到他最脆弱的一面。因此，你完全没有必要刻意隐藏自己的弱点，而应该向员工展现完整的你，让他们得以全面认识和了解你，这丝毫不会影响你的权威，反而会增强他们对你的信任。

9. 害怕下属取而代之

有些平庸的领导者总是担心自己的下属取代他的位置，因此他们根本不愿培养下属，也不愿与下属分享知识和关键信息，更不会将重要工作交给他们认为最有可能取代他的有能力的下属。殊不知，领导者越是担心，越是这样做，那么这种担心就会越快变为现实。能干的领导者懂得培养接班人，他们从不惧怕下属超过自己。当然，他们自己也从不会放松学习，争取更快的进步。他们深知，只有培养出合格的能取代自己的下属，自己才可能获得进一步发展和晋升的机会。

10. 不愿意分享

领导者所取得的大多数工作成果都是依靠他人和团队的共同努力获得的，但有些领导者却极为自私地将集体的荣誉和奖励据为己有。当然，这样做必然会遭到下属的不满。真正优秀的领导者从不这样做，相反，他会和所有团队成员分享所取得的任何成功、荣誉和利益。

资料来源：戴一鸣. 中国管理传播网，2006－07－27.

二、权力的实质

权力本身是一个中性概念，它既可以被用来达到不良的目的，也可以帮助管理者实现组织的目标。权力是组织生活的现实，永不会消失。

所谓权力，指的是一个人(A)用以影响另一个人(B)的能力。这个定义中实际上假定，尽管B对自己的行为有一定的自主权，但出于对A在某些方面资源的依赖，使得A能借此影响B去做他在别的情况下不会去做的事。

可见，依赖关系是一个人可以对另一个人行使权力的基础。B对A的依赖性越强，则在他们的相互关系中A所拥有的权力就越大。当你拥有他人需要的某种东西，而你是唯一的控制者时，你就使他们依赖于你，你便因此而获得了对他们的权力。依赖性的大小与资源的可替代性大小成反比。如果某种资源充足，拥有这种资源不会增加你的权力。如果每个人都极富智慧，那么智慧就没有什么特殊价值了。正如西方谚语所讲："在失明者的国度里独眼者就是国王"。如果你能通过控制信息、尊严或其他别人渴望的东西，并形成垄断，那么，对此有所需求的人将依赖于你。反过来说，你手中掌握的资源越多，别人手中的权力就越小，这可以说明为什么大多数组织要开发出多个供应商而不只与一家厂商保持业务关系。此外还可说明为什么许多人都渴望在金钱上保持独立，因为金钱上的独立能减少他人支配我们的权力。所以，如果说"影响"是权力的表现和权力使用的结果，那么从权力的来源来看，权力就是对资源拥有者的一种依赖性。依赖和权力关系的建立，是与A相对于B而言，A所拥有的资源的重要性、稀缺性且不可替代性相关联的。

第一，如果没人对你掌握的资源感兴趣，那就谈不上什么依赖。因此，要想产生依赖，必须使他们感到你掌握的资源是重要的。据有关研究显示，组织总是力图避免不确定性的发生。因此，那些能够减少组织不确定性的个人或群体将被认为控制了组织的重要资源。像Intel这样的公司，是高技术导向的，为保持其产品的质量和技术方面的领先优势，他们不得不依赖于他们的工程师。因此，在Intel公司，工程师们是一个很有权力的群体。而对于P&G

公司来说，市场就是一切，因此市场人员是最有权力的职业群体。这些例子不仅说明减少不确定性的能力确实提高一个群体的重要性进而提高其权力。而且也说明了重要性是依情境的不同而变化的，不同组织情况不一样。随着时间的推移，同一组织的情境也会因时而变。

第二，这种被看中的资源是否稀缺，也是形成权力的另一个条件。假如某种资源非常充足，则拥有这种资源实际上并不会增加这个人的权力。对富豪来说，金钱就不是一种能影响他的行为的权力基础。因此，稀缺的资源才能使他人依赖于你。这足以说明为什么组织中拥有重要知识的低级别员工能在高级别员工面前获得权威，因为高级别员工缺乏这种重要的知识，使得高级别员工不得不依赖这些拥有稀缺资源的低级别的员工。

第三，资源的不可替代性也是权力关系形成的一个重要条件，一种资源越是没有替代物，则该资源的控制者所拥有的权力就越大。如果某员工发现本组织内的工作设计使得所有员工都在分工明细基础上从事着特定技能的工作，而在他所工作的岗位上，除了他可以做好目前的工作外，还有其他员工也能做到，也就是说，该工作要求具备的技能在很多员工身上都可以找到，而且这些员工的技能都非常完备，这种情况下，他就丧失了索要高报酬的资本，而他的主管人员以解雇作为威胁手段影响这位下属的行为就成为可能。

资源的重要性、稀缺性和不可替代性，三者共同决定了权力与依赖关系的性质和强度。权力最重要的方面在于它是依赖的函数。如果你掌握的资源是重要的、稀缺的且不可替代的，那么人们对你的依赖将会增加，你拥有的权力相应亦会增大。

三、权力的类型

现实生活中，一个人掌握的资源往往不只一种，因而权力的来源也就相当广泛。根据权力来源的基础和使用方式的不同，可以将权力划分为如下几种类型。

1. 惩罚权

惩罚权是建立在惧怕基础上的，一个人如果不服从的话就可能产生消极的后果，出于对这种后果的惧怕，这个人就对强制性权力做出了反应。这种权力取决于使用或威胁使用生理的处罚，如肉体的痛苦，精神上的打击，对基本的生理及安全需要的控制。

从组织的角度来看，当下属意识到违背上级的指示或意愿会导致某种惩罚，如降薪、扣发奖金、分配不称心的工作、降低待遇、免职等，领导者对其下属就拥有了强制性权力，下属就会被动地遵循其领导。但是研究表明，领导者对下属采用的强制权力越大，强制性措施越严厉，下属人员对他的不满和敌意会越强烈。当然，并非一定要成为管理者才拥有强制权。

2. 奖励权

奖励权是指提供奖金、加薪、表扬、升职或其他任何令人愉悦的东西的权力。一个人假如能给他们以特殊的利益或奖赏，可想而知能和他关系密切是大有益处的。你的主管无疑拥有这样的权力，企业中的人事处长对一般员工，大学中拥有排课权的教务秘书对教师，课程讲授老师对学生，市场上供不应求的原材料生产厂家对购买企业，都具有奖赏性权力。作为领导者在运用奖励权时必须注意五个方面：一是奖励的标准。奖励必须确定明确、合理的标准。既要有刺激和推动作用，又不能高不可攀。标准和效果密切相关，不可忽视。二是奖励的形式。奖励的主要形式是精神奖励和物质奖励，应注意相互结合、合理运用。三是奖励的对象。奖励对象不能由领导者个人确定。四是奖励的宣布。公开宣布的奖励会产生良好的群众心理效应。五是奖励后的工作。领导者在奖励宣布后，还要善于利用先进典型的经验和事迹教育全体人员，同时也要继续培养和保护先进。

与强制性权力一样，你不一定非要成为管理者才能通过奖赏性权力来施加影响，诸如友好、接受和赞扬之类的奖赏，组织中的任何一个人都可以使用。由于人们在组织中追求这些东西，如果你具有给予或取消这类奖赏的能力，你就拥有了权力，其大小取决于人们追求这些东西的程度。

3. 法定权

法定权又叫职位权，是由组织正式授予领导者在组织中的职位所引起的，指挥他人并促使他们服从的权力。法定权是领导者职权大小的标志，是其他各种权力运用的基础。法定权具有四个突出的特点：一是具有层次性特点。职权的大小是由职位的高低而确定的，职位高的权力大，职位低的权力小。二是具有固定性特点。法定权是由法律或有关政策规章相对固定下来的，有职就有权，失职就失权。三是自主性特点。当领导者的某一法定权被确定下来后，领导者也就相应地取得了在职权范围内相对独立用权的条件。四是单向性的特点。法定权具有极强的线性约束力，只能支配职权范围内的下属。依据法定权的特点，领导者在运用法定权时应注意两点：一要独立负责。利用法定权独立地负责工作就是要求领导者在一定的理论指导下，有系统、有步骤、有方法地实施领导者行为，在自己的职权范围内运用法定权。二要正确指挥。领导者能否正确指挥下属，是检查领导者法定权力运用好坏的一个重要标志。

4. 专长权

专长权来源于专长、技能和知识。由于世界的发展日益取决于技术的发展，专门的知识技能也由此成为权力的主要来源之一。随着工作越分越细和专业化的增强，我们目标的实现就越依赖于专家。正因为我们知道医生具有特殊的技能，医生才具有了专家性权力，我们大多数人都听从医嘱。你也应该认识到计算机专家、财务专家、心理学专家以及其他各种专家都会因为他们的技能而获得一定的专家性权力。

5. 感情统摄权

感情统摄权是一种由于领导者的表率作用，赢得被领导者发自内心的信任、支持和尊重的一种权力。这是与个人品质、魅力、经历、背景等相关的权力。一个具有独特的个人特质和超凡魅力的人，会使你认同他、景仰他、崇拜他，以至达到你要模仿他的行为和态度的地步，这就是他对你拥有参照性权力。参照性权力可以解释为何人们愿斥巨资请名人做产品广告。领导者运用参照性权力要把握好三个环节：第一是工作要兢兢业业，勇于创新，要求下属做到的自己要首先做到。第二是作风上要深入群众，联系群众，坚持实事求是。第三是生活上不以权谋私，不搞特殊化。

我们不妨将以上五种权力归纳为两大类。

第一类是制度权，即与职位相关的权力。这种权力是由上级和组织赋予的，并由法律制度明文规定，故称为制度权。制度权不依任何任职者的不同而变动。有职位者就有制度权，无职位者就无制度权。制度权的基本内容，包括对组织活动的合法的决定和指控权，以及对组织成员的奖赏和强制权。组织成员往往由于压力而不得不服从于这种权力。

第二类是与领导者个人有关的权力。这种权力不是由领导者在组织中的职位产生的，而是领导者由于自身的某些特殊条件才具有的。例如，领导者具有高尚的品德、丰富的经验、卓越的专业能力、良好的人际关系、特殊的个人经历和背景，以及善于创造一个激励人的工作环境，以满足组织成员的需要等等。这种来自于个人的权力，通常是在组织成员自愿接受的情况下产生的影响力，因而易于赢得组织成员发自内心的长时期的敬重和服从。

显然，有效的领导者不仅要依靠制度权，还必须具有个人内在的影响力，这样才会使被领导者心悦诚服，才能更好地进行领导。

四、权力的运用

有一项调查，它要求165名经理人员每人写一篇文章，描述一件事情，说明在这件事情中他(她)们是如何影响他们的上司、同事和下属的。从他们的答卷中收集到了370种方法，这些方法被分成14大类，这些答案经概括整理，制成了包含58项问题的调查问卷，并用以向750名员工进行调查。被调查者不仅要回答在工作中他们是如何影响他人，而且还要求回答影响他人的可能原因，调查结果(见表12－1)使我们对管理者如何运用权力策略增大其影响力有较深入的认识。

表12－1 按使用频率高低排序的运用权力策略

	管理者影响上级	管理者影响下级
高使用率	合理化	合理化
↑	结盟	硬性指示
	友情	友情
	谈判	结盟
↓	硬性指示	谈判
低使用率	高层权威	高层权威
		规范的约束力

(说明：对上级的影响中删去了规范的约束力)

1. 权力运用的策略

调查结果可分为7种运用权力策略。

第一种，合理化——指用事实或数据使要表达的想法符合逻辑或显得合理。

第二种，友情——提出请求之前，先进行吹捧，表现得友好而谦恭。

第三种，结盟——指争取组织中他人的拥护，以使他人支持自己的要求。

第四种，谈判——通过谈判使双方均受益。

第五种，硬性的指示——直接使用强制的方式，如要求服从、重复提醒、命令，并指出制度要求服从。

第六种，高层权威——从上级那儿获得支持来强化要求。

第七种，规范的约束力——运用组织制定的奖惩规定，如工资增长与否，是否能获得良好的绩效评估或停止晋升等。

研究者发现人们并不是均等地运用这7种策略，最常用的策略是合理化(不管这种影响是自下而上还是自上而下)。

2. 影响管理者运用权力策略的因素

研究者发现影响管理者运用权力策略的4个权变因素。

一是管理者的相对权力。那些被视为掌握了有价值的资源的管理者和被认为占据支配地位的管理者，运用权力策略多于那些权力相对较小的管理者，权力较大的比权力较小的管理者更频繁地使用硬性指示。我们可以推断，大多数管理者都试图采用简单的要求和合理化。硬性的指示是备用的策略，当影响对象拒绝或看起来不太愿意服从时才用这种策略。对权力的抗拒导致管理者使用更直接的策略，典型的例子是由提出简单的要求转为坚持必须满足要求，但权力较小的管理者如遇到抵制，更容易停止行动，因为他感到要进行强硬的指示对他来说代价太大。

二是管理者试图影响他人目的。当管理者想从上级那里获取好处时，他们更多地依赖甜言蜜语并促进与上司的友好关系。当他们想说服上级接受新建议时，往往使用合理化的策略。这种运用权力策略与目标的匹配同样也适用于处理对下属的影响。比如管理者运用合理化的方法给下级灌输自己的思想并运用情感的手段来赢得下属的好感。

三是管理者对被影响者服从于他的程度的期望。管理者对成功的期望也影响他对运用权力策略的选择，过去的经验表明，成功率很高时，他往往运用简单的要求来获得服从；当成功不太容易预测时，管理者更愿运用硬性指示和法规的力量来达到他们的目的。

四是组织文化。我们知道，组织文化各有特色，差异很大。例如，在一些组织中，人们关系很和谐、轻松、相互支持；另一些组织则很正规、保守。因此，组织文化对管理者权力策略的选择有极大影响。某些组织文化鼓励管理者使用友情策略；而有一些则鼓励合理化；还有一些组织依赖规范的约束力和硬性的指示。所以，组织本身会影响管理者所使用权力策略的可接受程度。

第二节　领导特性理论

领导理论根据其研究的角度和内容可分为三类：即领导特性理论、领导风格理论和领导权变理论。

领导特性理论是指研究领导者的个人特性对领导成败的影响。西方研究领导者素质的成果被叫做“领导特性理论”，它集中回答了这样的问题：领导者应具备哪些素质？怎样正确地挑选领导者？这种理论首先是由心理学家开始研究的，它们的出发点是：根据领导效果的好坏，找出好的领导人与差的领导人在个人品质上或特性方面有哪些差异，由此确定优秀的领导人应具备哪些特性，这种理论的假设前提是，领导者的个人特性是决定领导效能的关键。研究者认为，只要找出成功领导人应具备的特点，再考虑某个组织中的领导者是否具备这些特点，就能断定他是不是一个优秀的领导人。这种归纳分析法成了研究领导特性的基本方法。按对领导特性来源所作出的不同解释，可分为传统特性理论和现代特性理论。

一、传统特性理论

传统特性理论认为，领导者所具有的特性是天生的，是由遗传决定的，不具备天生领导特性的人，就不能当领导。古希腊时代的哲学家亚里士多德就认为，人从出生之日起就已注定了他们是治人还是治于人。

采用心理测试方法评价领导者特性，是从第一次世界大战开始时进行的。当时美国心理学会鼓励心理学家从事美国军人的选拔工作，当时所采用的工具是阿发(Alpha)智力测验。

第一次世界大战结束后，心理学家尝试将相同的技术与方法应用于工业系统，这就导致了人事测验运动，并借助评价领导者特性来选拔领导者。

除了通过测验来发现领导者的品质特征外，品质理论的支持者们在现实生活中，也找到了一些证据。例如，一般领导者的社交性、坚持性、创造性、协调性、处理问题能力等方面都超过了普通人。此外，处于领导地位的领导者，其个性特征也有别于普通人。

美国心理学家吉伯在1969年的研究报告中指出，天才的领导者应具备善言辞；外表英俊潇洒；智力过人；具有自信心；心理健康；有支配他人倾向；外向而敏感等七项天生的特性。

心理学家斯托格迪尔于1948年在其所写论文《与领导有关的个人因素：文献调查》中，全面地总结了这方面的文献之后，将同领导有关的特性因素归纳为：智力；在学术和体育运动上过去取得过成就；通过可靠性、持久性反映出来的感情的成熟性与稳定性，以争取不断成功的干劲；参与社会的能力和适应各种群体的能力；对于个人身份和社会经济地位的欲望等五个方面。

1974年斯托格迪尔在《领导手册》一书中，进一步提出了领导特性应包括：才智；强烈的责任心和完成任务的内驱力、坚持追求目标的性格、大胆主动的独创精神、自信心、合作性、乐意承担决策和行动的后果、能忍受挫折、社交能力和影响别人行为的能力、处理事务的能力等10个方面。

传统特性理论，从调查研究和心理测验两方面，概括地描述了领导者的许多特性，让我们看到有效领导者与某些特性相关，因而这无疑是一个重要进步。

但是，持这种理论观点的人，完全把领导者的素质说成是与生俱来的，带有唯心主义色彩，现在已很少有人赞同这种观点。

事实上社会中许多具有天才领导特性的人，因为环境因素而没有当上领导者；而一些不具备天才领导特性的人，在环境与教育实践中却逐渐锻炼成了一名有效的领导者。

二、现代特性理论

现代特性理论研究者密切联系管理实践，改进研究方法，从动态的角度深入研究领导者的品质特性，他们认为领导者的特性和品质是在实践中形成的，是可以通过教育训练培养的。

美国管理学家埃德温·吉赛利在20世纪70年代提出了影响领导效率的8种品质（个性）特征和5种激励特征。8种品质特征是：才智能力大小；独创性（创造与开拓）；果断性，决断能力强弱；自信心强弱；指挥能力大小；成熟程度高低；是否受下级爱戴和亲近；男性或女性。5种激励方面的特征是：对职业成就的需要；自我实现的需要；对权力的需要；对金钱报酬的需要；对安全（工作稳定性）的需要。吉赛利认为，影响领导效率最重要的因素有指挥力、职业成就与自我实现的需要、才能、自信心，决断能力等；其次是对工作稳定性和金钱报酬的需要，同下级亲近、创造和开拓、成熟程度等；至于性别则关系不大。

日本企业要求企业管理人员应具备10项品德和10项能力。10项品德是：使命感、责任心、依赖性、积极性、忠诚老实、进取心、忍耐性、公平、热情、勇气。十项能力是：思维决策能力、规划能力、判断能力、创造能力、洞察能力、劝说能力、对人理解能力、解决问题能力、培养下级能力、调动积极性能力。

还有其他一些类似的研究。按照领导特性理论的观点，领导者之所以成为领导者，是由于他们具有与众不同的优秀品质和特殊能力，研究领导问题主要是研究领导者应具有哪些优秀品质和能力，并据此来培养、选拔和考核领导者。

然而特性理论并未取得多大的成功，我们认为至少有5方面原因：第一，领导特性包罗万象，说法不一，人们并未找到一些特质因素总能对领导者与下属以及有效领导者与无效领导者进行区分；第二，它忽略了下属的需要；第三它没有指明各种特性之间关系的重要性；第四，它没有对因与果进行区分(到底是领导者的自信导致了成功，还是领导者的成功建立了自信)；第五，它忽视了情境因素。单纯的特性对解释领导来说并不充分，具备恰当的特性，只能使个体更有可能成为有效的领导者，但它还需要采取有效的活动。而且，在一种情境下正确的活动在另一种情境下却未必正确，特性理论在这些方面的欠缺使得研究者的注意力转向其他方向。

当然，这并非说这些理论毫无用处。一些研究表明，某些个人品质与领导者有效性之间确实存在相互联系。例如，一些研究发现领导者确实具有高度的才智、广泛的社会兴趣、取得成功的强烈愿意，以及对职工极端关心和尊重。另一些研究发现个人才智、管理能力、首创性、自信以及个性等，与领导的有效性有重要的关系。另外，这个理论系统地分析了领导者应具有的能力、品质和为人处事的方式，向领导者提出了要求和希望，这对我们培养、选择和考核领导者是有帮助的。

相关链接

领导：别再沉溺于管理了！

通用电气前总裁杰克·韦尔奇在任职期间，曾大声呼吁："别再沉溺于管理了，赶紧领导吧。"如果说10年前我们还不明白韦尔奇话的含义，那么今天我们重温这句警世之言，多少应该能感到其中的分量和教益。在国内外市场已经竞争到白热化、众多中国企业已经进入成熟期并准备向海外市场发展之时，迅速地、全面地提升企业高层领导的综合领导素质和能力，变得尤为重要。那么，一个卓越的领导者与一个管理者在领导品质上有哪些重大区别呢？美国《领导力》的作者库泽斯和波斯纳在过去的20年中分三个不同阶段对7500人调查后发现，尽管经历不同、行业不同、专业不同，卓越的领导人身上有着四项突出的共有素质：真诚待人、远见卓识、胜任其职、鼓舞人心。

选择真诚作为领导者品质的人在每次调查中都占据了第一位。真诚是领导者区别于管理者的一个最为重要的特征。一个微观管理者可能为了完成任务而采用不同的方式，有时甚至不择手段，但对一个领导者来讲，真诚是一种美德，是一种原则，更是获得追随者的一种能力。领导者区别于经理人的第二个重要品质就是前瞻性。一个管理者的重要职责是组织、秩序、履行和落实；而一个优秀的领导者需要视野和眼光，一种对未来趋向的把握，一种辨别企业方向的特殊技能，一种看到事务本质的能力，一种可以在变化无穷的环境中作出战略选择的决策力。远见卓识并不是先知先觉，而是在公司面临危机之时镇定地、扎实地指明公司的发展方向，确定公司的未来战略目标。华为总裁任正非在过去的几年中，深深意识到中国企业国际化的重要性，提出了著名的"靴子"论，聘请各国专家到华为，为公司国际化战略出谋划策，在公司范围认真、踏实地研究海外经营的战略和跨国文化理念，成功运用"农村包围城市”的国际化发展战略。早在公元前4世纪，苏格拉底就讲过：“职业素养和专业能力是承担领导者职责的先决条件。”有能力的领导者可以吸引、影响大批的追随者。能力主要是指领导者过去的成功业绩，早年的经验和做事的能力。在现代管理中，领导者要有专业技能、人际沟通和事务分析三方面的综合能力，这种能力随着领导者职位的不同不断发生变化，与一般管理者的能力表现出差异。在日趋复杂的组织中，领导者的人际交流能力、激发他人热情的能力、组织团队共同进步学习的能力，都是卓越的领导者所不能缺乏的。与冷静理性的管理者不同，卓越的领导者通常表现出火一般的热情和激情。他们往往充满活力，对未来充满梦想和信念。伟大的领导者在组织遇到困境时，能够看到希望，看到前途，充满信心地扭转乾坤。面临挑战，他们不会因为惧怕而踌躇不前。他们的热情和乐观上进的情绪，能够深深感染着周围的每一个人。

任何一家像样的企业的核心高层，大都需要各种不同类型的人才，即管理型人才和领导型人才。任何一位像样企业的高管，也大都会认为自己管理和领导才能兼而有之。但事实上，千军易得，一将难求，帅才更少之又少，这也是卓越企业如此凤毛麟角的原因所在。一位优秀管理者不等于是一位卓越的领导者。企业有其生命周期，在企业初创期，领导力是成功的关键；随着企业业务和盈利模式逐步成型，专业化的管理流程需要稳定的组织和管理能力，但企业和行业的未来是不确定的，当企业面对变动的环境时，特别需要的是拥有领导力的领导者。

资料来源：商务周刊. 2005－07－11.

第三节 领导风格理论

由于在特性理论的矿山中未能掘到金子，20世纪60年代以后，研究者们开始将注意力从领导者的内在素质转移到领导者的外在行为上。领导风格理论认为，领导是领导者推动和影响集体成员或下属，引导他们的行为按领导者预期的方向发展，为共同的目标而努力，因此，它必然涉及领导者与其下属成员之间的相互关系。行为科学对领导行为的研究主要考虑两种因素，即领导者对工作的关心和对人的关心。这就要求人们不要仅仅考察领导者的个人特性，而必须着重考察领导者的行为对其下属成员的影响，找出领导行为中的哪些因素在影响下属成员的行为和集体工作成效。也就是说领导的作用是通过领导者的特定行为表现出来的，并主张判断领导者好坏的标准应是其领导行为，而不是其内在素质。由于对工作和人的关心重视程度不同，就形成了各种不同的领导风格，下面主要介绍有代表性的领导风格理论。

一、四型领导方式论

以伦西斯·利克特为首的美国密执安大学社会调查研究中心，从1947年开始通过对大量企业的调查访问和长期研究，根据领导者在运用自身权力过程中所表现出来的专制独裁程度的高低，以及民主参与程度的强弱，他们把领导方式归纳为四种类型。这些研究成果后来写进了《管理的新模式》（1961）和《人民组织》（1967）两部著作中。他们的研究成果通常又被称为“密执安研究”。

（一）专制－权威式

领导者非常专制，这种领导方式的特征是：权力集中于最上层，上级对下属没有信心，缺乏信任，下属根本不能参与决策，也没有任何发言权，下属对组织目标没有责任感，组织内部几乎不存在相互协作关系；上级经常以威胁、恐吓、惩罚以及偶尔的奖励来激发下属人员的工作意识，沟通采取自上而下的方式。

（二）开明－权威式

采用这种领导方式的领导者对下属有一定信任和信心，其特点是：领导者仍然是专制的但采取了家长式的恩赐领导方式；权力控制在最上层；但也授予中下层部分权力；领导人对下属有主仆之间的那种信赖关系，一般员工都不参与决策，但有时也能听取他们的某些意见，下属人员对组织目标几乎没有责任感，组织中极少有相互协作的关系；运用奖励和有形、无形的惩罚调动下属人员；有一定程度的自下而上的沟通。

（三）协商式

这种领导方式的领导对下属抱有相当大但并不是完全的信任，其特征是：沟通是上下双向的，但重要问题的决定权仍掌握在上层手中，下属只能对某些特定问题参与决策；大部分组织成员，尤其是上层人员对组织目标具有责任感；主要运用奖励，偶尔也运用惩罚手段激励下属人员。

（四）群体参与式

在一切问题上，领导对下属人员都能完全信任，其特点是：上下级之间对工作问题可以自由地交换意见，上级都尽力听取和采纳下属人员的意见，组织内形成了紧密的协作关系；以参与决策、经济报酬、自主地设定目标、自我评价等手段调动下属人员，因而组织的各类成员对组织目标都具有真正的责任感，实行集体参与、自我管理。

根据利克特的研究，由于员工参与管理的程度不同，以及在实践中相互支持程度的不同，生产率高的企业大都采取群体参与式的领导方式，生产率低的企业大都采取专制－权威式的领导方式。因此，利克特大力提倡专制－权威式、开明—权威式的领导方式要向协商式和群体参与式的领导方式转变。单纯依靠奖惩来调动员工的积极性的管理方式已过时，只有依靠民主管理，从心理因素来调动员工积极性，才能使其潜能得以充分发挥。因此领导都要诚心实意让员工参与管理。要看到员工的智慧，相信他们愿意做好工作。独裁式管理永远也不能达到民主管理体制所能达到的生产率水平，民主管理体制能使员工对工作产生高度满足感。有效的领导者注重于面向下属，他们依靠信息沟通使所有部门和人员像一个整体那样行事，使群体的所有成员，包括主管人员在内，都形成一种相互支持的关系，正是在这种关系之中，他们才会感到在需求、愿望、目标和期望方面存在真正的共同利益。由于群体参与式采取了从内在激励员工的办法，所以，利克特认为它是领导一个群体的最为有效的方式。

二、领导行为的连续统一体理论

坦南鲍母与施密特在 1985 年 3 月至 4 月刊的《哈佛商业评论》上发表了《怎样选择领导模式》一文，提出了“领导行为连续统一体”理论。他们指出领导行为是包含了各种领导方式的连续统一体，在独裁式的领导行为和民主式的领导行为两种极端的领导方式中间，还有多种领导方式。他们在其模型中列举了七种有代表性的领导风格，模型如图 12－1 所示。

图 12－1 的左端是独裁型的领导行为，右端是民主型的领导行为，这是两个极端。基于

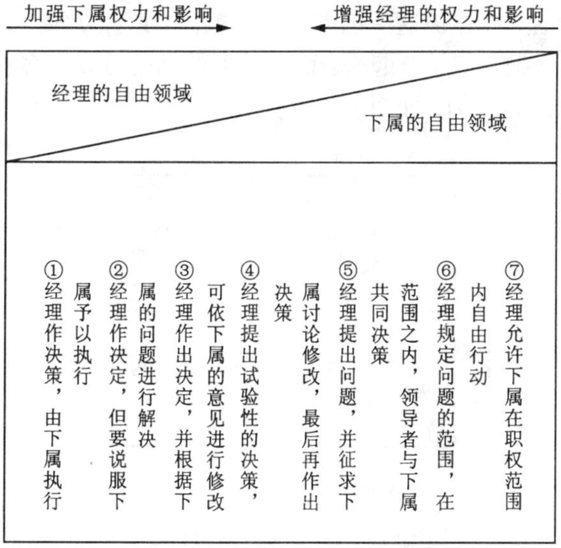

图 12－1　领导行为连续统一模型

领导者权力来源的看法不同，独裁型的领导者认为权力来自于职位，人生来懒惰而没有潜力，因而一切决定均需由领导者亲自作出；而民主型的领导则认为，权力来自于群体的授予和承认，人受到激励时能自觉、自治、发挥创造力，因此决策可以公开讨论，集体决策。另外，独裁型领导比较重视工作，并运用权力，支配影响下级，下属的自由度较小；而民主型领导重视群体关系，给予下属以较大的自由度。如图 12－1 所示，领导行为连续统一体模型中从左至右，领导者运用职权逐渐减少，下属的自由度逐渐加大，从以工作为重逐渐变为以关系为重。图 12－1 的下方依据领导者把权力授予下属的程度不同、决策的方式不同，形成一系列领导方式。可供选择的领导方式不是有民主与独裁两种，而是有多种。

坦南鲍母与施密特认为，说不上哪种领导方式是正确的，哪种方式是错误的。领导应当根据具体情况，考虑各种因素选择图 12－1 的某种领导行为。在这个意识上，领导行为连续统一体也是一种情境理论。

领导行为连续统一体理论从权力的来源和应用、部属参与决策的程度，为我们划分出多种领导行为，这对我们研究领导方式是有益的。但是在图中把独裁和以工作为重、将民主和以关系为重联系在一起，并且等同起来，将领导的职权与下属的自由度互相对立起来，而且仅从领导的决策过程、群众的参与程度来划分领导方式，这些都是不全面的。

三、领导行为四分图理论

美国俄亥俄州立大学工商企业研究所的斯托格第和沙特尔两位教授通过对大型组织的领导行为进行一系列调查研究后，用高度概括的方法，对一千多种描述领导行为的因素进行筛选，最后归并为两类主要领导行为：主导型结构(Initiating Structure)和体谅型结构(Consideration)。

主导型结构，指由领导确立组织目标和抓好组织，严格要求下属，确保其努力达成目标。体谅型结构，指领导和下属的相互关系为相互信任，相互尊重，上级关心并考虑下属的意见和感情，通过参与管理来调动人的积极性。那些能造成一种互相信任的工作气氛、尊重下级意见、关心职工的领导者，在体谅这一因素上得分就高。斯托格第等认为，上述两种因素不是互斥的，可以而且应该把它们结合起来。两种因素的结合可以有多种情况。他们首创用两根轴线的图标法来表示领导行为，如图 12－2 所示。

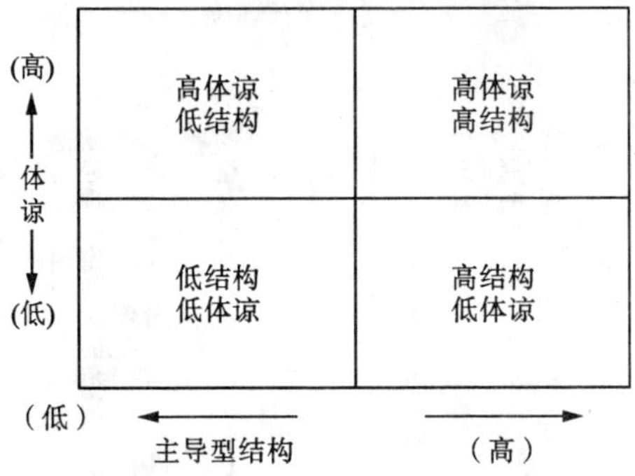

图 12－2　领导行为四分图

领导行为四分图表示出主导结构与体谅这两个因素的多种结合情况。

他们认为，领导者必须在组织的要求和职工的个人需要、主导结构和体谅之间加以调节，以找出最恰当的领导方式。斯托格第等人的研究为“管理方格理论”的研究奠定了基础。

四、管理方格理论

在俄亥俄州立大学研究出的领导行为四分图的基础上，美国管理学家罗伯特·布莱克和穆顿于1964 年提出的管理方格理论指出，以任务为中心和以人员为中心的领导风格反映了两种最基本类型的领导行为。在这两种行为极端的基本类型之间，还存在着多种中间形式。这两个方面并不是相互排斥，非此即彼的，它们可以按不同的程度结合在一起。关心任务和关心人员不过是同一事物的两个方面。即对人关心并不意味着必定忽视任务，同理，对任务的重视也不意味着必定缺少对人的关心，领导者可以根据现实需要和可能，对任务或人表现出不同程度的关心，基于这一思路，布莱克和穆顿设计出了两维坐标图，即管理方格图(见图 12－3)。

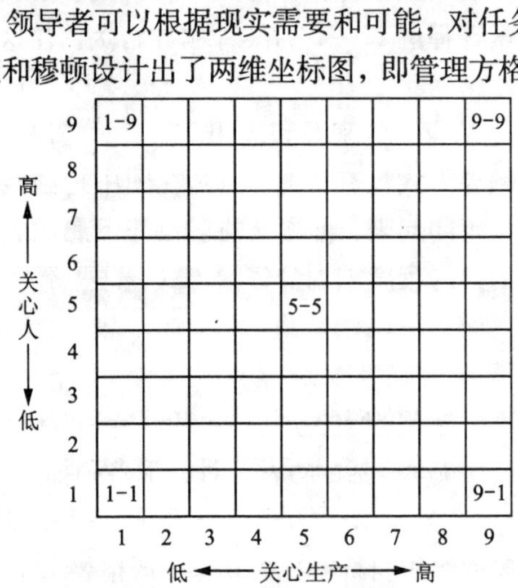

图 12－3　管理方格图

在管理方格图中，横坐标表示领导者对生产的关心程度，纵坐标表示领导者对人的关心程度。纵横坐标上各有9个不同刻度，表示对人或生产（任务）的不同关心程度，这样，两者的组合就形成81种管理方格，分别代表81种不同的领导方式。其中有5种典型的组合状态，即1-1、1-9、9-1、9-9、和5-5。反映出典型的5种领导方式。

1.（1-1）为贫乏型的管理，这种方式下的领导者对员工和生产均表现出极度的漠不关心，领导效果最差。

2.（1-9）为乡村俱乐部式的管理，领导者充分注意搞好人际关系，注意对职工的支持与体谅，形成和谐的组织气氛，但对任务、效率、规章制度、指挥监督很少关心。

3.（9-1）为任务式的管理，领导者的注意力集中于完成任务的效率，但不关心人的因素，对下属的士气和发展很少注意。

4.（9-9）为团队式管理，领导者对生产和人都极为关心，努力协调各项活动，生产任务完成得好，职工关系协调，士气旺盛，职工个人目标与企业目标相结合，形成一种团结协作的管理方式。

5.（5-5）为中间式管理，对人和生产都有适度的关心，保持完成任务和满足职工需要之间的平衡，追求正常的效率和令人满意的士气，倾向于维持现状。

管理方格理论，对于培养有效的管理者是有用的工具，它提供了一个衡量管理者所处领导形态的模式，使管理者较清楚地认识到自己的领导方式，并指出改进的方向。但上述五种典型的领导方式仅仅是理论上的概括，在实际工作中，很难出现这样一些特殊的领导方式。

到底哪一种领导方式最佳呢？布莱克和穆顿组织了许多研讨会，参加者绝大部分人认为(9-9)型最佳，但也有不少人认为(9-1)型最佳，还有人认为(5-5)型最佳。布莱克和穆顿指出，哪种领导方式最佳要看实际工作情况，最有效的领导方式不是一成不变的，要依情况而定。

领导者倾向于采用何种领导方式，往往与他们对人性的认识有关，也要视具体的工作环境而定。领导者在紧急状态下可能是十分专断的。如在火灾现场，消防队长很难花很长的时间同消防队员商量灭火的最好方式。而同科研人员打交道的领导者则可能在研究和试验过程中给科研人员以更充分的自由。

相关链接

青岛双星总经理汪海的领导方式

青岛双星人至今仍记忆犹新的一段往事是：5年前，一个对大陆抱有很深成见的老台商气冲冲地来找双星总经理汪海，他要看看汪海用什么绝招，把一个和他做了20多年生意的美国大客户抢走了。他在双星一个车间一个车间地连转了三天，怒气慢慢变成了服气，最后，他抓住汪海的手，发自内心地说道："真没想到双星规模这么大，真没想到你把双星领导得那么好！"

不光老台商没想到，就是美国的大鞋商到双星后也感到吃惊，但惊讶过后，则把他们在韩国、菲律宾的订货单拿到了双星。

纽约《世界鞋报》记者从美国鞋商口中知道了双星的情况，在双星举办的新闻发布会上，他问总经理汪海："请问您是怎样领导这样大规模企业的？采取了什么先进的管理办法？"

对于美国人的疑问，汪海的回答简单明了："我们针对制鞋业劳动密集型，手工操作的特点，提出'人是兴厂之本，管理以人为主'，坚持管理以人为本，采取了'超微机的管理'，并且形成了一整套自己的管理理论和管理哲学，创造了具有鲜明特色的'双星九九管理法'"。

对于管理，汪海曾在字面上作过这样诠释："管"，就是对人和事、物的管；"理"，就是在管的基础上去建立新的章法、理顺各种关系。一句话，就是要人去管要人去理。

双星公司总经理曾专门研究了日本松下公司的管理，他发现松下公司取得成功，除了得力于组织机构、管理技巧、科学技术外，更重要的是得力于其经营理念，一种"繁荣、幸福、和平"的企业文化功能。它把人的历史传统、价值标准、道德规范、生活观念等统一于企业内部共同目标之下，使企业如大家庭般上下忠诚和谐。他更发现松下的这套东西不过是秉承中国的"诚意正心、修身齐家、治国天下"的儒家思想。

汪海开始琢磨：徒尚如此，况师乎？社会主义市场经济，必然要受传统文化的影响，而传统文化又必然要接受现代市场经济意识的洗礼。

经过认真思考和分析，汪海紧紧抓住了"人"这个决定因素，以对人的九项管理为纵轴，以对生产经营的九项管理为横轴，为双星的管理勾画出一个直角坐标，提炼出物质文明与精神文明互相促进的"双星九九管理法"在人的管理上，双星人要达到三环、三轮原则。他们继承传统、借鉴国外的以及创造自己的，以此三环来刻意求新；他们把思想教育当前轮，经济手段、行政手段做后轮，同步运行，共同提高。在生产经营上，双星人实行三分、三联、三开发。他们分级管理、分层承包、分开算账，以此增加了企业的活力；他们搞加工联产、销售联营、股份联合，进一步扩大了企业的实力；他们进行人才、技术产品和市场的全方位开发，使双星在市场上提高了竞争力。

汪海在实施九九管理法的纵横交叉中，终于找到了把人与物管理相结合的最佳组合点。

现在，双星公司总经理汪海又在积极探索新的领导方式，力争把双星公司带入国际大公司行列，实现"世界的鞋业在中国，中国的鞋业在双星"的宏伟战略目标。

资料来源：丁杰．领导科学．华中科技大学出版社，2003：82.

第四节　领导权变理论

领导的作用在于领导人们的行为，而人们的行为又受其动机和态度等因素以及客观环境的影响，因此，讨论领导效能就不能脱离人们的动机和态度，以及当时当地所处的环境。决不能以为某一种领导方式可以普遍应用于所有的情况和所有的人群；相反，必须把这种环境因素，包括组织人员的动机与态度同时考虑。这就是研究领导问题的权变（或情境）理论的基本观点。下面具体介绍三种有代表性的领导权变理论。

一、菲德勒模型

美国管理学家费雷德·菲德勒在大量研究的基础上提出了有效领导的权变模型。他认为普遍适用于各种情景的领导模式并不存在，任何领导方式均可能有效，其有效性完全取决于领导方式与所处的环境是否适应，即有效的群体绩效取决于下属相互作用、领导者风格、情景以及下属状况对领导者的影响程度等等。这是一个较为全面的领导理论。

菲德勒认为，影响领导成功的关键因素之一是领导者的基本风格。菲德勒以一种被称为“你最不喜欢的同事”的问卷调查，来反映和测定领导者的领导风格。他把领导方式分为两大类：以人为主(关系导向)和以工作为主(任务导向)。一个领导者如对其最不喜欢的同事仍能给予较高的评价，那说明他对人宽容、体谅，提倡人与人之间的友好关系，是宽容型的关系导向型领导，有民主式的领导风格，他的 LPC 值就较高；如果对其最不喜欢的同事给予很低的评价，则是以工作任务为中心的领导者，领导风格是专制型的，惯于命令和控制，他的 LPC 值就低。

菲德勒把领导的环境，具体细化为三种情景因素：

(1)领导者与下属的关系。它是指领导者与其组织成员的关系。如果双方高度信任、互相尊重、互相支持和友好，则相互关系是好的；反之，则是差的。

(2)任务结构。它是指组织工作的程序化、明确化程度，如工作的目标、方法、步骤等是否清楚，有无含糊不清之处等。如果工作是例行性的、明确的、容易理解以及有章可循的，则任务结构属于明确的或高的；反之，则属不明确或低的。

(3)职位权力。它是指领导者的职位所能提供的权力和权威是否明确、充分，在上级和整个组织中所得到的支持是否有力，对雇员解雇、晋升和报酬等的影响程度的大小。

菲德勒将三个环境变数组合成 8 种情况，对 1200 个团体进行了观察，收集了将领导风格与工作环境关联起来的数据，得出了在各种不同情况下的有效领导方式，其结果如图 12－4 所示。

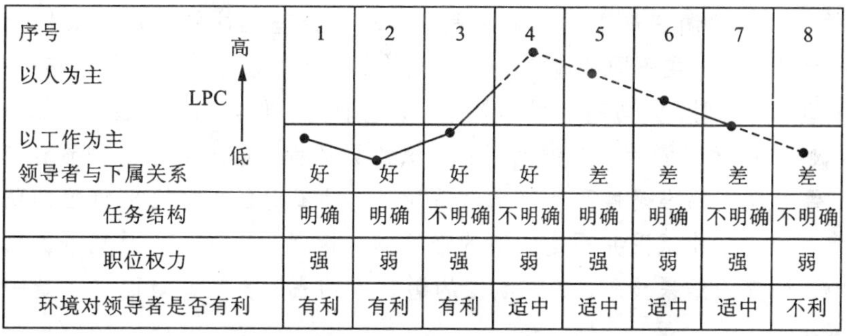

领导者与下属关系	好	好	好	好	差	差	差	差
任务结构	明确	明确	不明确	不明确	明确	明确	不明确	不明确
职位权力	强	弱	强	弱	强	弱	强	弱
环境对领导者是否有利	有利	有利	有利	适中	适中	适中	适中	不利

图 12－4 菲德勒模型

菲德勒认为，对于各种领导情形而言，只要领导风格能与之适应，都能取得良好的效果。在对领导者最有利和最不利的情况下(例如 1、2、3、8)，采用任务导向型领导方式，其效果较好；在对领导者中等有利的情况下(如 4、5、6、7)采用关系导向型领导方式效果较好。

值得注意的是，菲德勒认为一个人的领导风格是固定不变的，这意味着如果情境要求任务取向型的领导者，而在此领导职位上却是关系取向型的领导者，要想达到最佳结果，则要么改变情境，要么替换领导者。也就是说，领导者不可能改变自身的风格去适应变化的情境。

菲德勒认为，要提高领导的有效性，应从两方面着手：一是先确定某工作环境中哪种领导者工作起来更有效，然后选择具有这种领导风格的管理者担任领导工作，或通过培训使其具备工作环境要求的领导风格；二是先确定某管理者习惯的领导风格，然后改变他所处的工作环境(即在上下级关系、任务结构、职位权力等方面做些改变)，使新的环境适合领导者自己的风格。例如，现有一任务取向的领导者处在第4类型情境中，如果该领导者能显著加强他的职权，即在第3类型中活动，则该领导者与情境的匹配十分恰当，从而会获得更高的群体绩效。

同时，菲德勒认为，第一种方法是传统的人员招聘和培训方式，而第二种方法（按管理者自己固有的领导风格分配他们担任适当的领导工作）可能比第一种方法（即让管理者改变自己的领导风格以适应工作）更容易做到。这说明，通过组织设计和变革（即改变组织环境）可能成为一种非常有用的工具，使得管理阶层的领导潜能得以更充分的利用和发挥。

有大量的研究对菲德勒模型的总体效度进行了考查，并取得了十分积极的结果，但是这一模型也存在一些欠缺，一些研究人员对LPC尺度如何度量提出疑问（如作答者的LPC分数并不稳定），这些权变量对实践者来说也过于复杂。其他人则批评该模型中的领导者不能改变他们风格的这一前提。

相关链接

成功的领导风格

海·麦克伯咨询公司从来自世界各地的20 000多个经理中随机抽查了3 871个，并从中整理出了成功经理的一些特点。调查显示，大约有六种不同的领导风格，每一种都来自不同的情境因素。任何一种风格单独使用，都会对公司、部门或小组的工作有直接影响，同时也影响到经济效益。这项调查最重要的成果是，成功的经理往往并不仅仅依赖于一种领导风格，而是根据企业状况，在不同的时期使用不同的领导风格。这六种领导风格分别是强制型、权威型、合作型、民主型、方向制定型和教练型，它们对工作氛围也有影响。工作氛围指的是影响一个组织的工作环境的六个关键因素：组织的灵活性、员工对组织的责任感、人们制定标准的水平、绩效反馈的准确性及对奖励的适应性、员工对任务和企业价值的明确性以及对共同目标的忠诚性。工作氛围并不是业绩的唯一影响因素，经济条件及竞争的动力也对业绩有很大的影响。调查的结果显示，工作氛围的影响大约占三分之二，而这也是一个非常容易被忽略的因素。

包括这项研究在内的许多研究表明，一个领导越能展现出多种风格，他将会越成功。如果一个领导能掌握四种以上的风格，尤其是其中的权威型、民主型、合作型和教练型风格，他将会得到最好的工作氛围和绩效，当然成功的领导还要学会根据情境需要灵活选用合适的领导风格。实际上，很少有领导能同时具备这些领导风格，能在正确的时间和场合恰当运用这些风格的人就更少了。补救方式可以是领导与具备他所欠缺风格的人共同组建团队，或者是扩展自己的领导风格。

资料来源：魏海燕. 企业管理. 2001(8).

二、途径-目标理论

途径-目标理论是由加拿大多伦多大学教授埃文斯及其同事豪斯等提出和发展的。此理论以期望理论及领导行为四分图为依据，提出领导的主要职能是为下属在工作中提供获得满足需要的机会，并为下属搞清哪些行为能导致目标的实现并获得有价值的奖励。简言之，即领导应指明达成目标的途径。

（一）领导行为

豪斯认为“高结构”和“高体谅”的组合不一定是最有效的领导方式，还需考虑环境因素。在 1974 年他与米切尔发表的论文中提出了四种领导行为：

1. 指示性的领导行为

让下属明确任务的具体要求，怎么做，及安排好工作日程，决策都由领导作出（此方式类似于主导型结构和任务导向型行为）。

2. 支持型领导行为

与下属友善相处，领导平易近人，关心下属，公平待人（与体谅型或关系导向型相似）。

3. 参与型领导行为

与下属商量，征求下属的建议，允许参与决策。

4. 成就导向型领导行为

提出有挑战性的目标，要求下属有高水平的表现，鼓励下属并对下属的能力表示出充分的信心。

与菲德勒理论不同的是，途径 - 目标理论认为领导人的风格和行为是能改变的，并使之适应特定的情境。有时领导人可根据不同的情况分别采用不同的领导方式。如一个新上任的项目经理，开始他可用指令型的方式，建立明确的任务结构，并明确告诉下属做些什么；随后他可采取支持型的行为来增强群体的凝聚力和形成积极的群众氛围；当项目小组成员对任务更熟悉后并遇到新问题时，则可让下属一起参与并作出一些决定；最后则可运用成就导向型行为来鼓励下属不断取得更高的成就。

（二）情境因素

和其他领导情境理论一样，途径 - 目标理论提出领导方式要适应情境因素。该理论特别关注两类情境因素，一类是下属的个人特点，另一类为工作场所的环境特点。

1. 个人特点

个人特点主要包括下属对自身能力的认识以及控制轨迹这两个重要特点。假如下属认为自己能力不强，则他们更喜欢指令型领导；反之，则可能对指令型的领导行为表示不满。控制轨迹也属个性特征。持受内因控制认识的个人相信一切结果都是通过自身的努力和行为所产生的；而持受外因控制认识的个人则往往把发生结果归因于运气、命运或“制度”。相信内因决定论的人喜欢参与型的领导行为，相信外因决定论的人则宁可指令型的领导。管理者对下属的个人特点是难以影响并改变的，但是管理人员对于环境的塑造及针对不同的个性采取不同的领导方式是完全可能的。

2. 环境特点

环境因素非下属所能控制，它包括任务结构、职权制度和工作群体的情况。当任务结构很明确时，如采用指令型领导行为效果就差，对于一些很平常的工作，人们并不需要其上司老是喋喋不休地吩咐如何去做；正式职权制度是另一个重要的环境特点，如果正式职权都规定得很明确，则下属会更欢迎非指令性的领导行为；工作群体的性质也会影响领导行为，如果工作群体为个人提供了社会上的支持和满足，则支持性的领导行为就显得多余了；反之，个人则会从领导人那里而寻求这类支持。

图 12－5 表明，领导人的行为会影响下属的工作动机，而个人和环境特点也会影响这种关系的性质。途径－目标领导理论是一种动态的理论，就目前来看尚不够完善，此理论的原意是以一般的术语来表达的一种理论框架，以便能更进一步探索其相互间的各种关系，随着将来研究中的新发现，这理论也将得到修正。途径—目标理论对领导过程作了合理良好的描述，沿着这一研究方向，将会使我们发现更多有关领导与激励之间的联系。

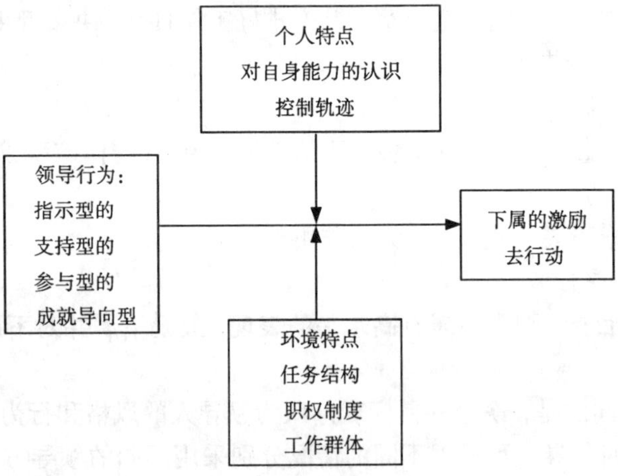

图 12－5　途径－目标模型

三、领导生命周期理论

领导生命周期理论是由美国管理学家科曼于 1966 年首先提出，后经赫西和布兰・查德加以发展形成的。赫西和布兰・查德认为，领导的有效性取决于工作行为、关系行为和下属的成熟程度。领导有效性的研究中之所以重视下属，是因为不管领导者做什么，其有效性都取决于下属的行为，是下属决定接受还是拒绝领导者，而很多领导理论都忽视或低估了这一因素的重要性。从这一点来看，该理论是一个重视下属的权变领导理论。

"领导生命周期理论"以领导的"四分图理论"和"管理方格理论"为基础，同时又结合了阿吉瑞斯的"不成熟—成熟理论"。它在前两者的二维结构的基础上，又加上了成熟程度这一因素，形成了一个由工作行为、关系行为和成熟程度组成的三维结构，如图 12－6 所示。

（1）工作行为是指领导者和下属为完成任务而形成的交往形式，代表领导者对下属完成任务的关注程度；

（2）关系行为是指领导者给下属以帮助和支持的程度；

（3）成熟程度，是指人们对自己的行为承担责任的能力和意愿的大小。它包括两个要素：工作成熟度和心理成熟度。工作成熟度指一个人的知识和技能，如果一个人拥有足够的知识、能力和经验完成他的工作任务而不需要他人的指导，则其工作成熟度就高，反之则低。心理成熟度指一个人做某事的意愿和动机，如果一个人能自觉地去做某事而无需太多的外部激励，则其心理成熟度就高，反之则低。

1. *领导方式*

由工作行为和关系行为相组合，形成四种情况，对应着四种领导方式：

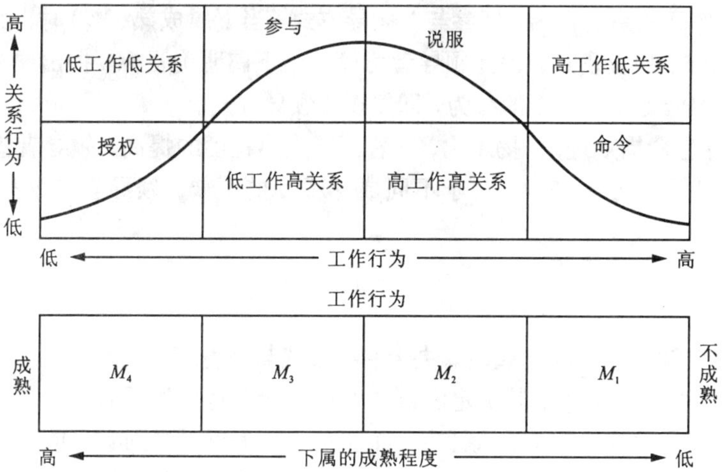

图 12－6　领导生命周期理论

(1)高工作低关系——命令式：领导者对下属的工作进行详细、具体的指导，告诉下属应该干什么、怎么干、何时干、何地干等，它强调直接指挥。

(2)高工作高关系——说服式：领导者既给下属以一一的指导，又注意激发和鼓励其积极性。

(3)低工作高关系——参与式：领导者与下属就工作问题共同决策，领导者着重为下属提供便利条件，搞好协调沟通。

(4)低工作低关系——授权式：领导者提供极少的指导或支持，授予下属一定的权力，由下属自己独立地开展工作，完成任务。

2. *成熟程度分类*

同时，赫西和布兰查德又把成熟程度分为四个等级：

(1)不成熟(M_1)：不成熟指下属对工作任务缺乏接受的意愿和承担的能力，即不能胜任工作又不被信任。

(2)稍成熟(M_2)：稍成熟指下属愿意承担工作任务，但缺乏足够的能力，他们有积极性，却没有完成任务所需的技能。

(3)较成熟(M_3)：较成熟指下属有能力完成工作任务，但却没有动机，不愿去做。领导行为应当按"高工作低关系→高工作高关系→低工作高关系→低工作低关系"逐步推移，这种推移变化就形成了领导方式的寿命周期。

(4)成熟(M_4)：成熟指下属既有能力又愿意去做领导者分配给自己的工作。

赫西和布兰查德认为，随着下属从不成熟走向成熟，领导方式应该随之而变。当下属不成熟(M_1)时，领导者必须给予下属明确而具体的指导以及严格的控制，需要采取高工作低关系的行为，即命令式领导方式。当下属稍微成熟(M_2)时，领导者需要采取高工作高关系的行为，即说服式领导方式。高工作行为可以弥补下属能力上的不足，高关系行为可以保护、激发下属的积极性，给下属以鼓励，使下属领会领导者的意图。当下属比较成熟(M_3)时，由于下属能胜任工作，但没有动机，或不愿意领导者对他们有过多的指示和约束，因此领导者的主要任务是做好激励工作，了解下属的需要和动机，通过提高下属的满足感来发挥其积极性，宜采用低工作高关系的行为，即参与式领导方式。当下属成熟（M_4）时，由于下属既有能力又愿意承担工作、担负责任，因此领导者可以只给下属明确目标、提出要求，由下属自我管理，此时可采用低工作低关系的行为，即授权式领导方式。

总之，“领导生命周期理论”揭示出，随着下属成熟程度的提高，领导者应相应地改变自己的领导方式。从另一方面来说，对于不同成熟程度的下属，领导者应该采用不同的领导方式。

四、超 Y 理论

权变理论强调领导方式的有效性取决于领导方式与环境变化的适应性，也有不少学者认为，领导方式是否成功和有效，其决定因素之一是领导者对被领导者人性的认识程度，他们认为，如果一个领导对被领导者的人性有一个正确认识和估计，则有可能产生成功而有效的领导行为；如果一个领导者对被领导者的基本人性缺乏正确认识，就不可能有成功而有效的领导行为。

关于人性问题，是由美国学者麦克雷格提出的，称之为“X、Y 理论”。

（一）X 理论

1957 年，美国行为科学家麦克雷格在《管理评论》杂志上发表了题为《企业中的人性方面》的文章，文中麦克雷格把传统管理理论中对人性的看法称为 X 理论。这一理论的要点是：第一，一般人的天性是厌恶工作，懒惰，并尽可能地逃避工作，希望工作越少越好；第二，大多数人缺乏雄心壮志，宁肯服从，怕负责任，没有抱负，贪图享受；第三，人并不是非常聪明，容易受人欺骗，常有盲从的特点；第四，在领导方式上必须进行严格的监督、控制，并以惩罚相威胁，认为只有这样才有可能使人们为完成目标而努力。

持“X 理论”的观点，只注重依靠订立各种严格的工作规范，加强各种法规的控制，用强硬的方法，并由此产生一系列软硬兼施的措施，结果反而引起被领导者的不满和反抗。而根据 X 理论主张，肯定形成专制的领导方式。

（二）Y 理论

麦克雷格认为，X 理论并不符合现实生活中的许多情况。X 理论对人类本性的假设是消极的，错误的，以 X 理论为指导并不能有效地完成组织目标，因此，根据他对人类本性的认识，提出了与 X 理论相对的 Y 理论。

Y 理论的要点是：第一，一般人并不是天生就厌恶工作，而是把工作看成同娱乐、休闲一样自然，问题是看在什么条件下工作，当人们对工作感到满足时，就会自愿工作，而当人们感到工作是一种惩罚时，就会逃避工作；第二，人们在执行任务中能够自我指挥和自我控制，所以，监督、控制和惩罚并不是实现企业目标的最有效方法；第三，人们总是希望自己的工作取得成就，人们进行自我指挥和自我控制的动力来自于他们对需要的满足，尤其是实现自我需要的满足程度；第四，人们有丰富的想象力、智慧和创造力，他们能够独立地解决工作中的问题。在现代工业条件下，一般人的潜力只利用了一部分。

麦克雷格认为，按照 Y 理论，领导方式上应该是创造条件，以满足被领导者的尊严需要和自我实现的需要，让他们担负更多的责任，使他们发挥潜力，自我控制，达到个人与组织目标的一体化。

当然，麦克雷格的 Y 理论并不是科学实验的产物的社会观。因此也不能一概而论。

（三）超“Y 理论”

一般来说，X、Y 理论是对于人性假设的两种对立理论。X 理论并不是普遍适应，Y 理论也不是一无是处，应该针对不同的情况，灵活选择运用。这种根据情势变数选择不同人性假设作为领导依据就是所谓的超 Y 理论。

美国学者莫尔斯和洛斯卡做了这样的试验：他们挑选了两个工厂和两个研究所。一组用 X 理论为指导，试验结果表明，工厂的工作效率高，研究所的工作效率低。另一组用 Y 理论为指导，试验结果却表明，研究所的工作效率高，而工厂的工作效率低。

上述实验说明，工作效率的高低，与单位的工作性质、组织形式、不同工作者的特点有密切关系。工厂采用流水线生产，劳动重复、单调，这种工厂如果缺乏工作安排和规程，如果没有严格的监督和控制，就无法进行正常的生产活动，因而以 X 理论为指导的工厂效率较高，以 Y 理论为指导的工厂效率较低。而在研究所中，则需要放手让研究人员较自由地从事选题和研究，否则反而会束缚研究人员的积极性。因而以 Y 理论为指导的研究所效率高，而以 X 理论为指导的研究所工作效率就较低。这说明用同一种人性假设指导不同类型的单位，或同一类型的单位用不同人性假设理论指导，所得结果不同。因此，工作单位的性质不同，组成成员不同，其领导方式应有所不同。事实上，每个人都有不同的能力和需求，可以依自己的能力和需求，对不同的领导方式作出不同反应。因此，领导者所采用的最有效的领导方式就必须是从实际情况出发，适合不同特点的领导方式。

第五节　领导理论研究的新进展

20 世纪末 21 世纪初，经济的发展、企业管理理论的演进为领导理论开拓了更为广阔的研究空间。西方当代各种领导理论学派的建立并不是以单一的标准和原则为基准的，而是建立在更加综合、更加现代的管理理念之上。但仍未形成一个完整的科学体系。当前比较有代表性的理论有以下几种。

一、性别与领导

随着越来越多的女性进入管理层，以及一些妇女在争取成为管理者和晋升过程中所面临的问题，促使研究人员在性别与领导方面进行了大量研究。总体的结论是，男性与女性确实采用不同的领导风格。女性相对于男性倾向于采用更加民主型或参与型的风格，而较少采用专制型或指导型的风格，女性更善于鼓励参与，共享权力与信息，并努力提高下属的自我价值。她们通过包容进行领导，并依靠她们的领袖魅力、专业知识和人际交往技能来影响下属，女性倾向于运用变革型的领导方式，通过将员工的自身利益转化为组织目标而激励他人。

男性则更乐于使用指示型、命令加控制型的领导风格。他们以自己岗位所赋予的正式权力作为影响的基础。男性善于运用事务型领导方式，通过奖励优异的成绩和惩罚不良工作进行领导。

研究者发现，在男性主导的工作中，女性领导者更为民主的倾向减弱了。显然，此时男性领导者所塑造的组织的群体规范大大超过了女性领导者的个人偏好，因而女性在这些工作中放弃了她们本身的领导风格而以更为专制的领导作风采取行动。

由于男性在传统中一直处于组织的主要领导岗位，因此人们可能会认为男性与女性的差异必定对男性更为有利。但是，事实并不尽然。在今天的组织中，组织结构的灵活性、团队组织形式、组织成员间的信任和信息共享的特点迅速地取代了传统的僵化的组织结构、个人主义的竞争、对下属的监督和控制以及信息的保密特点。当今的管理者认真听取下属的意见，充分激励和支持他们的下属，而不是去控制他们。总体来说，女性做这些事似乎比男性更为出色。比如，组织中目前越来越多地使用交叉职能的团队，这意味着有效的管理者必须成为高水平的谈判者。女性的领导风格使她们在谈判方面更为有利。她们并不像男性那样过分看重输赢和竞争，而是在持续关系的背景下进行谈判——她们努力使对方从自己的角度上把自己也看做是个成功者。

前面提供的研究证据显示出在性别与领导风格之间的总体关系。但是，并不是所有的女性领导者都偏好民主型风格，也有不少男性采取变革型的领导方式。因此，当我们以性别来标识领导风格时应十分慎重。比如，“女性化的领导风格”这种提法显得含糊不清。另外，我们所论述的研究指的是领导的风格，而非领导的效力。何种风格有效还取决于情境。因此，即使男性与女性在领导风格上有所不同，也不应凭空认为某一种风格总比另一种风格更好。

最后一点，一些人比其他人在调整领导风格以适应不同情境方面更为灵活。因此，如果认为性别因素在领导中提供了一种行为倾向可能更为恰当。

相关链接

企业领导者的男女差异

与男性相比，身居企业高层的女性更擅长解决实际问题，但缺乏对未来的预测能力。

从公司的董事会上到谈判桌前，越来越多女性的出现已经打破了男性在商业领域的垄断，并用实际行动证明了自己的价值。作为商业社会中曾经的绝对统治者，男性如何评价今天闯入其中的女性企业领导者，而女性又将如何适应一个原本只属于男性的商业世界？

针对“企业领导者的性别差异”这个问题，《中国企业家》杂志近期分别对男性和女性企业领导者进行了问卷调查。

结果显示：作为企业领导者，男性更喜欢思考未来，而女性则更加务实。从男女企业家彼此的评价来看，男性对女性的评价要低于女性对男性的评价，而且女性在从事企业领导工作中显得不够自信。

男性眼中的女企业家：敬业但缺乏远见。

女性眼中的男企业家：竞争力强但诚信不足。

对于女性企业家而言，她们让男性同行最佩服的地方就是她们的“敬业精神”。根据此次调查的结果显示，在一个包括了与企业管理有关的“19项能力/素质”，满分为7分的打分中，男企业家为女企业家打出的最高分就是“敬业精神”，得分为5.714分，而排在第二和第三位的分别是“诚信度”以及“公关能力”，得分分别为5.429分和5.389分。

而在女企业家眼中，男企业家身上最优秀的“能力/素质”就是他们的“竞争能力”，女企业家为其打出了5.886的高分，其次就是“远见与洞察力”和“敬业精神”，得分分别为5.706分和5.629分。

比较男女企业家得分情况，女企业家“远见以及洞察力”方面的能力比较欠缺。这一项的得分上，女性明显低于男性，仅得到3.471分，是男企业家给女企业家打出的最低分。而根据女企业家的评价，男企业家在对未来的预见上，能力明显强于女性，比较女企业家为男企业家打出的5.706分，比女企业家得分高出2.235分，是男女企业家得分中差距最大的一项。但与女企业家相比，男企业家稍显诚信不足，在“诚信度”这一项上，女企业家的得分是5.429分，而男企业家只得到4.914分，低了0.514分，是男企业家与女企业家得分差距最大的一项。

根据打分的结果，在所有“19项能力/素质”评价中，男女企业家得分差距最小的就是“理财能力”，其中男企业家得到5.088分，而女企业家得到5.083分，仅相差0.005分。

在女企业家看来，男企业家的“人事管理”以及“沟通”的能力相对较弱，在这两项上，女企业家仅为男企业家打出4.657分和4.771分，分别排在男企业家得分的倒数第一和第二位。而女企业家的最低得分，除了“远见以及洞察力”外，就是“决策、计划”以及“创新能力”，得分均为3.743分，排在倒数第二位。

从总体上看，在男女企业家对于彼此的19项评价中，男企业家对女企业家的评价明显偏低。综合所有得分，女企业家19项的平均得分仅为4.486分，而男企业家的平均得分为5.260分。在男企业家对女企业家的评价中，得分在5分以上的只有5项，而在4分以下的同样有5项。但是女企业家对男企业家的评价，共有15项得分在5分以上，而且没有一项得分在4分以下。

资料来源：中国企业家，2005(3).

二、事务型领导与变革型领导

对事务领导和变革型领导的研究也发展了领导的新理论。人们通常认为事务型领导更适合市场持续扩大和竞争较少的年代。管理者基本上是按照常规和传统管理企业，很少做出什么改革。变革型领导往往出现在动荡、困难重重和快速变革的时代。但是变革型领导并非是事务型领导的替代物，变革型领导是事务型领导的进一步发展，他通常更能激励、鼓舞员工为达到群体目标而付出大的努力，做出超过预期的绩效来。

变革型领导注重变革、创新和开创新事业。其领导过程是有系统、有目的、有组织地寻求变革和系统分析，以把资源投入到生产率更高的领域。他们试图通过行动来实现他们为组织设计的前景，以激发出组织的活力。通常他们必须直面应对冷漠、对变革的抵制以及雇员间各种原因导致的紧张关系；同时他们还需承受外界环境对组织构成的巨大压力，诸如市场份额的丧失、财务上的严重拮据。因此，这些领导应具备如下特殊素质：

(1)倡导变革。他们把变革组织视为已任并经常思考“我在组织中做些什么才能与众不同并成为别人学习的楷模”。

(2)有胆有识。他们是“谨慎的风险承担者”，为了组织更大的利益，他们不满足于现状，并甘冒一定的风险。在采取行动中智能双全，一方面能面对现实，另一方面敢于揭露事实的真相。

(3)信任他人。这些领导者对他人的需要很敏感，在处理人的问题上有一整套准则，他们信任别人，同时也为他人所信任。这些领导者更像团队中的一名教练、指挥或顾问，鼓舞他人使事情得以发生。

(4)追求价值。变革型领导有一整套明确的价值观，更为重要的是他们能以身作则，他们知道奋斗的目标并清楚怎样采取行动来实现它。

(5)终身学习。变革型领导知道学无止境。他们善于从错误中学习和吸取教训，并愿意变革。

(6)缜密思考。他们有能力处理不确定的复杂问题，能用缜密的思维模型、理论，提出原理，检验假设和预计可能发生的后果。

(7)创造愿景。变革型领导有远见，有理想，并能把他们的理想具体化、从而使他人也能接受这些理想。他们也能设身处地地为他人着想，能理解他人的感受以及知道怎样打动他人的心。他们关心下属的日常生活和发展的需要，引入新观念、新机制，激励和鼓舞下属为实现群体目标而努力。

变革型领导在工业界、军事界和政治界都可以找到。如亨利·福特实现了他的理想——制造出人们买得起的、大批量生产的汽车；乔治·巴顿将军改变了第三军；李·艾柯卡使克莱斯勒公司起死回生。研究表明，变革型领导及其对下属满意度和行为的影响遍及世界各国，包括中国、英国、日本以及德国和埃及等。

三、价值领导理论

在知识经济环境下以豪斯教授为代表的学者对1970年代以后的领导学理论和实验进行了高度的综合，1990年代初提出了以价值为基础的领导学理论。

基于价值的领导管理是相对于制度管理而言的，该理论认为：领导者与其下属之间是以价值观为基础的关系。领导者通过明确表达愿景，向组织和工作注入价值观，使它们与跟随者所持有的价值观和情感产生共鸣。从而唤醒跟随者对集体和集体愿景的认同，实现跟随者自我功效和自我价值的提高。

传统的领导者对下属的激励主要以应急式的物质和经济报酬以及处罚为基础。而对知识型企业的知识型员工，采用这些激励方式是不合适的。知识型员工都受过很好的教育，易于接受新事物，更关心人生的价值，希望把自己投入到有价值的事业中去！企业的领导者可以通过向企业注入核心价值观，建立以此价值观为核心的企业文化，唤起员工的共鸣，从而实现对企业基于价值观的领导。

四、群体领导方式理论

该理论是在1972年美国学者詹尼斯提出的群体思维概念的基础上发展而来的。现有群体思维研究表明，群体思维涉及群体成员的心理活动和行为过程，由于不同的文化对人类行为将产生不同的价值判断标准，所以建立在北美文化基础上的群体思维研究，其结论不一定适合其他文化价值的国家。

在群体思维的跨文化研究中，荷兰文化协作研究所所长霍夫斯坦特用四个变量来研究社会文化差异，分别是：权力级差接受程度，不确定性规避，个人主义与集体主义和阳刚/阴柔文化。

对组织的领导方式影响最大的因素是个人主义、集体主义和权力级差接受程度。权力级差接受程度是指社会组织或群体成员接受权力分配不平等的程度。能够接受这种不平等的程度大，则称为高权力级差接受程度；反之，就是低权力级差接受程度。在个人主义盛行的国家，其组织中的群体领导方式是建立在个人利益与控制基础之上的。领导者为了达到自己的个人目的，常常会借助于一些直接和强有力的方式来控制局势，掌握主动。同时，如果组织中存在着低权力级差接受程度，则会造成组织成员在这种领导方式下的冲突和对抗。因此，在领导风格方面，以高个人主义和低权力级差接受程度为特征的美国群体更容易出现喜欢控制、命令和引导的领导风格。日本的领导方式相对于美国来说，是一种更加平等的、避免对抗的风格，这种情形下的领导，会在群体中造成一种相对和谐、公平的氛围。但有时会因为过分强调和谐而产生一些模糊不清、责任不明的情况。中国的领导风格与日本的比较相近，但是领导在群体中的权威又相对较高，领导方式也更直接一些。

五、纵向配对关联理论

该理论由丹瑟鲁提出，其实质是领导与下级个人之间的关系各不相同，导致领导风格的差异。也就是说，关系决定领导风格。

所谓“纵向配对关联”是指一位领导与一位下级组成的一对人之间的关系。这种关系基本上可分为两大类，即“圈内”的自己人的关系和“圈外”的非自己人的关系。前者，领导者对下级会给予责任较重的任务，较多的帮助、支持和信任，较多影响决策的机会，而下级则报之以超过需要的干劲和贡献，承担更大的责任。因此，双方的行为依靠的是这种非正式的人际交换关系而不是正式岗位职权的运用。后者，领导者与下属之间是一种雇佣性，以接受上级的正式职权来换取付给的工资福利的交换性关系，没有密切的私人友谊，但正式的就业合同能够提供有保障的生活。

由“圈内”型的上下级关系决定的领导方式能使职工有更多的参与，获得更高的工作满意度，从而保证较低的缺勤和离职率。但是，在评定下级绩效方面“圈内”型关系比“圈外”型关系较多地欠缺客观性。

六、魅力型领导理论

魅力型领导理论指出，被领导者将领导者的特定行为归因为英雄行为或超凡行为，包括极端高度的自信、支配力和坚定的信念。该理论的根源可以追溯到20世纪初期马克斯·韦伯提出的魅力型领导的概念以及20世纪70年代豪斯对魅力型领导的发展。但是，韦伯和豪斯都是以对政治和宗教领袖的分析为基础研究魅力型领导特征的，真正从分析企业界领导人入手来研究魅力型领导是从巴斯提出改造型领导理论开始的。

富于领袖魅力的领导者对下属具有某种影响力，这种影响力来自：第一，为下属建立一个令人憧憬的目标，例如马丁·路德·金有一个对更美好世界的梦想，肯尼迪宣称要把人类送上月球等；第二，形成某种公司价值体系；第三，信任下属从而赢得下属的尊重。他们总是创造一种变革的环境，努力为追随者建立起一种富于竞争、成功与信任，并传递高度期望值的氛围。他们都是善于雄辩的演讲者，显示出高超的语言技巧，而这种技巧能够帮助他们激励和鼓舞群众。沃特·迪斯尼能用讲故事的方式迷倒人们，他具有巨大的创造才能，并把高品位、甘冒风险和创新所具有的重要价值观逐渐灌输到组织中去。

拥有这些品质的领导者能激发起其追随者的信任、信心、接受、服从、同喜同悲、钦佩及他们更高的工作绩效。在大量的群体、组织中和各种管理层次上，在众多国家中，都能找到领袖魅力型领导方式的积极效果的证据。美国西南航空公司的CEO赫伯·凯勒赫尔就是一位具有领袖气质的公司领导，他鼓励员工打破常规，保持独立性和工作时心情愉快。

本章概念

领导　领导者　权力　授权　人性假设　领导特性理论
领导作风理论　四型领导论　管理方格证　菲德勒模型
领导生命周期的理论　工作成熟度　心理成熟度　X理论　Y理论
超Y理论　途径—目标理论　价值领导理论　魅力型领导理论

问题思考

1. 如何正确地理解领导者在例外处理中并不会破坏规章制度的严肃性？

2. 对领导者的研究有多种途径，主要有领导素质的研究途径，领导行为的研究途径和领导情景的研究途径，一个管理者通过对这些途径的学习有何意义？

3. 请你对领导理论的发展过程进行总结与分析，并提出自己的看法与评价。

4. 根据本章的内容，作为一名刚刚进入工作岗位的大学生，你将如何尽可能地扩大权力，你的职业发展。

5. 如果一个企业的“一把手”总觉得别人跟不上他(她)的发展思路，你认为产生这一现象的主要原因是什么？可采用什么解决措施。

6. 人们普遍认为，搞好国有企业必须解决好企业的“一把手”问题，而在管理学理论中，民主领导方式得到广泛称赞，试说明这二者有何联系。

7. 创业型管理者与守业型管理者在行为特征方面存在何种差别？

8. “大胆使用能人”的说法有何片面性？在“能人风”大刮之下，“58岁现象”愈演愈烈。请你深入分析一下这个问题，并提出解决“58岁现象”的对策。

9. 目前的腐败现象比较严重，其产生原因是什么？如何从管理上纠正和解决这种现象。

10. 若是一个企业的一把手逢人总是说自己的企业没有可用的人才，你认为主要原因是什么？长此以往将对该企业产生什么后果？

☞ 案例分析

王嘉廉：领导精英的人

1998年5月13日，“北京高新技术产业周“拉开帷幕。会上，美国CA有限公司和日本富士通有限公司联合宣布，共同推出二者合作开发的中文版Jasmine。这是两家高科技领域内的精英公司，实力相当雄厚。CA是年营业额达45亿美元的世界商用软件界大哥；富士通是年销售额逾360亿美元的信息技术产业巨人。二者联袂亮相，自然给会议带来不小的轰动。然而，这其中更为引人关注并为新闻界所追逐的，却是一位以往在国内并不声名显赫的美籍华人——王嘉廉先生。

如果用业绩来衡量，王嘉廉应在当今最成功的企业家之列，而且成就非凡。1976年，王嘉廉抱着“技术必须服务于商业“的信念，赤手空拳与三位员工创建了CA公司。21年后，CA

已成为在43个国家拥有11 000名员工，市场资本近300亿美元，年营业额达45亿美元的软件王国。CA曾被美国《财富》杂志评为美国最有价值的100家公司之一。他的成功，让羁旅异乡的华人感到骄傲，像20世纪80年代叱咤美国电脑界的王安一样，王嘉廉在办高技术企业上的非凡成就，证明了华人在海外除了开饭店、洗衣房外，在其他事情上也能超人出众。

从白手起家到缔造出年营业额高达45亿美元的软件公司，CA的实力与潜力为公众所称道。虽说不能完全用金钱来衡量一个人的价值与成就，但45亿美元这一天文数字，又怎能不叫人赞叹王嘉廉的才能与聪慧，不对他成功背后的原因与动力感到好奇。

一个成功企业的成长过程，是一个渐渐形成自身独有风格的过程。而这一风格，又往往与领导者的作风与独特的领导方式有着最直接的联系。

王嘉廉的个性非常突出，有着过人的精力，动作麻利，工作效率高，说话心直口快不拐弯抹角。因而也就有了"积极进取"、"坚定不移"、"温和"、"桀骜不驯"、"激情"、"冷静"、"斗志高昂"等描述他的词汇不断在众多报刊上出现。美国广播公司曾标榜他是"具独创性、最有效率的主管之一"。他领航的CA如同一台高速运转而又井然有序的大机器，又像一个温情和睦、充满活力的大家庭。

王嘉廉最讨厌也最怕官僚系统，视其为腐蚀人心、摧毁企业的罪魁祸首，因而在他身上，你看不到老板架子。他要员工有话直说，有困难直接找他。为了破除官僚系统，CA公司每年四月有一次"大地震"——人事组织的变动。你今年在某一部门工作，明年就会被调到另一个部门工作，今年你在这个国家任职，明年又会被换到另一个国家。这种岗位的互换制，不仅使员工总是在面对挑战的环境中自我成长、成为精英，更重要的在于激发出员工个人的潜能与才智，使他们自觉地体会到团队精神和整体表现才是把握成功的关键。

王嘉廉建立的CA，是一个没有等级观念的公司，这里的工作方式是追求高效率而不是拘于形式。CA的每一个部门都有自主权，做决策可以直通最高主管而无需浪费在写报告上。像许多大公司一样，CA也有大大小小开不完的主管会议。但这些会议并非是例行或事先安排好的，而是根据实际需要随时召开。在CA的一次重要会议现场，看到的是在其他公司看不到的情景：一大群高级主管正准备开会，有些人手持咖啡、早点；有些人交头接耳；有的人忙着把笔记本电脑连接在大电视屏幕上。这里没有传统和正规的会议规则，会议的气氛时而轻松，时而激烈。他们可以声嘶力竭地争论，毫无忌惮地彼此交换意见，在碰到意见不同时，任何人都可以打断董事长、上司的话而不会被视为冒犯。讨论的过程不是单向的，王嘉廉的话亦不会被员工奉为圣旨。双方一来一往的激辩，其他人有不同的意见也不时的切入，没有所谓的发言次序。这种介于"正经"与"不正经"之间的沟通方式，刺激了大家的参与感、强化了每个人的思考能力。两个多小时的会议上，只有嗓门提高的声音，却见不到有人打盹儿、打哈欠，而王嘉廉不时冒出的幽默比喻，更是动不动让大家笑得人仰马翻。于是，一个生硬的电脑议题便在轻松与活泼的气氛中，得出了一个共识，找出了一个完善的解决方案，而这一方案很可能会给CA增添一大笔收益。

王嘉廉把今日CA的成功归功于公司大量的出色人才。然而在软件界，聪慧的一流人才俯拾即得，无人不想坐立山头。能够把这些聪明过人的人吸引在一起共同为CA效力，这本身就是一件难度很高又很能说明问题的事情。难怪有人说，王嘉廉不仅自身是一个了不起的人才，而且还是一块能吸引人才的强力"磁石"。

王嘉廉提拔人才不看重学位，而是看他的工作热诚与能力。他认为拥有硕士学位或名校出身者，并不一定就是最适合在CA工作的人，学校教的东西并不等于实际。CA最迫切需要的是具有自发精神、不畏挑战而又善于因地制宜的人。CA最重要的哲学之一是："有失败的权力"。王嘉廉告诉员工，犯错误没有关系，但谁都没有权力掩饰过失，因而相互指责、推卸责任的现象不会在CA出现。员工敢于冒险、独立思考、不怕发表自己的看法，每一个人都不会忙着掩饰自己的过失，这是CA和许多大公司不同的地方。"我们并不比其他公司的人聪明，但不同的是，我们节省下许多相互指责的时间来从错误中学到教训，不断成长。在CA工作的人，多是自动自发，希望共同为CA闯出一番天地的人。"王嘉廉以此为傲。

在美国电脑界大公司工作，员工们能得到很高的薪金待遇，而CA给员工的薪金报酬甚至比世界头号电脑公司IBM还高出三分之一。"你必须给予他们报偿，而且重重地报偿他们。当你找到一个全心投入的工作者时，付他两倍的代价，因为他可以顶三个人的工作。"在CA总部大楼内，甚至设有第一流的幼儿园、篮球场、健身房等福利设施。王嘉廉认为，尽可能地向员工提供丰厚的薪金与福利待遇，是CA一直在努力做的，因为只有为员工提供一个轻松愉快、毫无压力的"大家庭"式的温馨环境，才能激励他们热爱公司，并以主人翁的态度对待工作。在美国的大公司中，CA这种以人为本的企业文化，使人感到是中国文化传统的影响，因而有人称CA公司是"颇具东方色彩的西方公司"。

尽管在规模与待遇上CA颇显大公司实力，但在经营上却把自己当小公司来经营，这是他们一直努力保持的心态。"因为一旦你将自己视为大公司，你就会失去工作的积极性与乐趣，因而尽管我们的确是电脑软件界规模最大的公司之一，但在思考及工作的方式上，都是以小公司为基准的。"王嘉廉说。

成功绝不是偶然的，大凡成功的人比未成功的人还勤勉努力。但对此，王嘉廉却有着不同于一般人的理解："我不像人想象中的有很大的工作压力。对我来说，工作如同游戏，已成为我生命的一部分。"他说。热爱自己的工作，因而繁忙的工作也就变成了自己兴趣所致的"努力游戏"。成功只是对这种努力绩效的一种印证，而由努力中得来的愉快与乐趣，才是对生命的回报。

资料来源：和丕禅. 现代企业经营管理案例[M]. 高等教育出版社，2003.

问题分析：

1. 请概括王嘉廉的领导风格。

2. 王嘉廉的领导风格对于他的成功有什么作用？

3. 如果把王嘉廉的领导风格与领导方式直接移植到浙江温州的打火机厂，可能会产生什么结果？为什么？

4. 王嘉廉最值得企业管理者学习的是哪一点？为什么？

参考文献

[1] 斯蒂芬·P·罗宾斯. 组织行为学. 北京：中国人民大学出版社，1997.
[2] 丁杰. 领导科学. 武汉：华中科技大学出版社，1999：65.
[3] 周健临. 管理学教程. 上海：上海财经大学出版社，1996.

[4] 斯蒂芬·P·罗宾斯. 管理学. 北京：中国人民大学出版社，1997.
[5] 郑晓明. 现代企业人力资源管理导论. 北京：机械工业出版社，2002：61.
[6] 托马斯·贝特曼. 管理学—构建竞争优势. 北京：北京大学出版社，2004：307－310.
[7] 帕特里克·米勒汉，等. 公司领导转型. 北京：经济管理出版社，2002.
[8] 李建设，李玉君. 西方领导理论演变综述. 领导科学，2005(2).

第十三章 沟 通

☞ 学习目标

学完本章之后，你应该能够：

- 了解沟通的过程、沟通的种类和沟通网络
- 了解语言沟通和非语言沟通这两种沟通工具
- 描述人们的沟通心理
- 了解沟通存在的障碍
- 知道如何克服沟通障碍，改善沟通，提高沟通水平

☞ 开篇实例

沟通多了 抱怨少了

“没等闹钟响，我就躺不住了，蹑手蹑脚来到厨房，煮牛奶、煎鸡蛋、下面条，等我忙完了这一切，去叫爸妈起床的时候，我似乎看到了爸妈日复一日为我辛勤操劳的身影。”在参加了学校少先队开展的“今天我当家”活动后，江苏省扬州市梅岭中学少先队员杨亚衡在体验日记中写下了这段文字。

很多时候，大人抱怨现在的孩子“刀枪不入”，不理解大人；孩子责怪大人“小题大做，唠唠叨叨”。如何使人与人之间多一些沟通，少一些抱怨呢？全国各级少先队组织开展了体验教育活动，引导少先队员走进特定的情境中，进行角色换位，帮助少年儿童从他人的视角去观察和体味，在体验中感悟做人做事的道理，养成良好的行为习惯。

南京市夫子庙小学的几名少先队员对传达室工友师傅的劝导很不服气，红着脸嚷道：“你凭什么管我？”辅导员老师发现了这个现象，指导中队队员开展了“当一日校工”体验活动：扫院子、打钟、分报递信、打扫厕所、检查校园安全……在劳动中，队员们从心底里感到“工友伯伯真辛苦”！从此，队员们经常主动帮工友师傅干这干那，工友师傅也开心了。

广西柳江县拉堡小学少先队利用寒暑假开展了“小主人乡村体验周”活动。队员们当“记者”，访问一家农户；做“农民”，识别一种农作物，参与一项农业劳作；做“工匠”，学会使用一种农具；当“专家”，提供一条现代农业实用信息；做“主人”，写一篇体验日记。活动归来，家长们发现“孩子不挑食了，主动帮着做家务了”；老师们也发现集体活动时，再也没有袖手旁观的“局外人”了。

资料来源：华耀文. 今天我当家体验. 中国青年报，2005－05－11.

从以上报道可以看出，在我们生活的周围，处处要与人打交道，做任何一项工作都要与人沟通。全国各级少先队组织通过开展体验教育活动，引导少先队员走进特定的情境中，进行角色换位，从而去感悟做人做事的道理。这就是沟通，通过这种沟通，少先队员们抱怨少了。美国著名未来学家约翰·奈斯比特曾说："未来的竞争将是管理的竞争，竞争的焦点在于每个社会组织内部成员之间及其与外部组织的有效沟通上"。沟通是管理的最为重要的组成部分，可以说沟通是任何管理艺术的精髓。管理者每天的工作也都离不开沟通。人际间的相互作用，与上司、下属和周围的人都要进行沟通，计划、组织、指挥、控制等管理职能的执行都必须通过相互间信息的传递才能进行。沟通是管理各项职能中不可或缺的一个重要组成部分。同时，在指挥篇中，沟通是管理者进行正确激励和领导者进行有效领导的前提，如果管理者和领导者不能进行有效的沟通，激励的各项措施就不能发挥应有的作用，领导者的领导艺术也不能得到很好的发挥。本章主要介绍沟通的种类与网络；沟通的工具；沟通的心理；沟通障碍和沟通改善四个方面的问题。

第一节 沟通的种类与网络

沟通活动是使有组织的活动统一起来的重要手段之一。无论个人之间还是组织之间彼此的信息交流都是绝对必要的，任何一个管理者都必须对沟通活动给予高度重视，对沟通过程、沟通的种类和沟通网络有正确的认识。

一、沟通过程

(一)沟通的含义

对于什么是沟通，可以说是众说纷纭、莫衷一是。社会心理学家、传播学研究者、管理学家等都对沟通下过定义。据统计，有关沟通的定义竟达 100 多种。如斯蒂芬·P·罗宾斯认为：沟通是意义的传递和理解。《美国主管人员训练协会》把沟通解释为：它是人们进行的思想或情况交流，以此取得彼此的了解、信任及良好的人际关系。美国传播学研究者 C·M·戈德哈伯对组织沟通进行过多年的深入研究，他对组织沟通下了这样的定义：组织沟通是由各种相互依赖关系而结成的网络，是为应付环境的不确定性而创造和交流信息的过程。

从一般意义上讲，沟通是指人与人之间的信息交流过程。具体地说，就是发送者凭借一定渠道(亦称媒介或通道)，将信息发送给既定对象(接收者)，并寻求反馈以达到相互理解的过程。它包含以下几层意思：①沟通首先是信息的传递。沟通包含着意义的传递，如果信息没有传递到既定对象，那么，也就没有发生沟通。②信息不仅要被传递到，还要被充分理解。信息经过传递后，接收者所感知到的信息应与发送者发出的信息完全一致。③有效的沟通并不是沟通双方达成一致的意见，而是准确地理解信息的含义。④沟通是一个双向、互动的反馈和理解过程。

(二)沟通在组织管理中的作用

组织内沟通的目的，是要通过组织内成员间的相互沟通，增进了解，有效判断行为活动状况，以协调行为，从而形成巨大合力，有效实现组织既定的目标，一般来说，沟通在组织管理中有以下几方面的重要作用：

1. 沟通使组织管理更有效率

沟通是组织管理过程的一个重要方面。如在计划过程中，沟通的作用表现在以下几方面：①有组织的计划过程需要在经理人员和其他人员之间广泛地沟通联络；②有效地沟通对执行预定计划有重要意义；③下属人员执行计划情况的信息，对于确定是否达到计划目标是必不可少的，只有通过沟通方能将信息反馈回去。由此可见，组织管理的其他过程，如组织、指挥、协调和控制都离不开有效的沟通，它能使组织管理更有效率。

2. 沟通是协调个体行为模式、使组织成为一个整体的凝聚剂

由于组织中各个体的地位、利益和能力的不同，他们对组织目标的理解、所掌握的信息也不同，使得各个体的目标有可能远离组织的总体目标，甚至完全背道而驰，这就需要互相交流意见，统一思想认识，自觉地协调各个体的工作活动，以保证组织目标的实现。因而，对组织内部来说，沟通是使组织成员团结一致、共同努力来达到组织目标的重要手段。如果没有沟通，一个群体的活动也就无法进行，既不可能实现互相协调合作，也不可能做出必要而及时的协调和变革，通过有效的沟通，可以使组织内部分工合作更为协调一致，保证整个组织体系统一指挥，统一行动，实现高效率的管理；也可以使组织与外部环境做到更好的配合，增强应变的能力，从而保证组织的存在与发展。所以，良好的沟通是组织达到协调状态的重要基础，是组织完成其目标的必要条件。

3. 沟通是领导者激励下属、实现领导职能的基本途径

一个领导者不论他有多么高超的领导艺术水平，有多么灵验的管理方法，都必须将自己的意图和想法告诉下属，并且了解下属的想法。领导环境理论认为，领导者就是了解下属的愿望并为此而采取行动，为满足这些愿望而拟订和实施各种方案的人，而下属就是从领导者身上获得了达到自己愿望或目的的希望，而这些"希望"的"获得"就需要通过沟通这个基本工具和途径。

（三）沟通过程模式

沟通是一个社会性的过程，它以语言、文字、动作、表情等作为传达手段，其中每一个参加者都是积极的主体，沟通的目的在于互相影响以改善其行为。

一般而言，沟通的过程是由发送者发出信息，经过一定的沟通渠道，传达给接收者，然后再把接收的信息反馈给发送者。其中涉及8种要素，即发送者、信息、编码、渠道、译码、接收者、噪声、反馈。如图13－1所示。

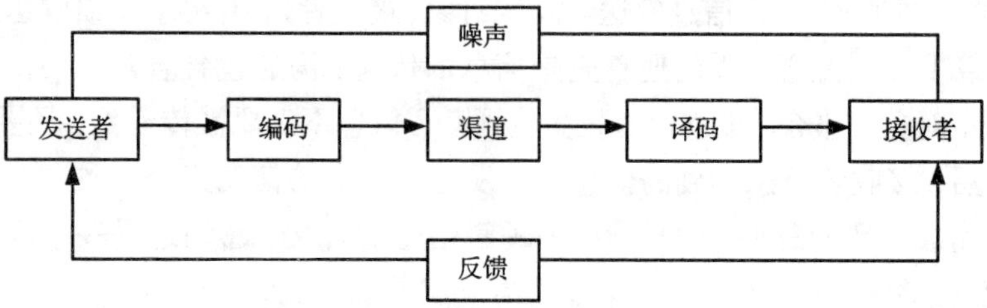

图13－1　沟通过程模式

从图示可以看出，信息发送者将沟通的内容进行编码后纳入沟通渠道，接收者在接到信息后将信息译码，进而接受信息，然后再将接收到的情况反馈到信息发送者处，完成沟通的

全过程。当人们之间需要进行沟通时，沟通的过程就开始了，人与人之间的交流是通过信息的互相传递而进行的。

(1)发送者。发送者是沟通过程信息发送的源头，是沟通的主体、信息的来源，经其将思想加以编码而产生信息。

(2)信息。如果说发送者和接收者是沟通活动中的主体，那么信息就是沟通传递的客体。接收者并不能领悟发送者内心的思想和观点，他只有通过接收发送者传递的信息来理解对方真正的意图。经过编码而进入沟通渠道的有用信息，往往受编码的选择与处理程序的影响。

(3)编码。编码是发送者将思想、观念、想法、情感等信息内容符号化，编成一定的语言或非语言性的符号。编码的水平要受信息发送者沟通技巧、态度、知识、信念、价值观与文化背景的影响。

(4)渠道。亦称通道或媒介，是指由发送者选择的，借以传递信息的工具或手段。一般常用的信息渠道有口头和书面两种。渠道的选择直接关系到信息传递和反馈的效果。不同的信息内容要求不同的渠道。例如，“政府工作报告”就不能通过口头形式，而应采用正式文件作为媒介。企业会议则有必要使用备忘录。

(5)译码。译码与编码恰恰相反，是接收者在接收到信息后，将符号化的信息还原为思想，并理解其意义。信息接收者接收信息前，必须将编码的信息解译到能够了解的程度。如同信息发送者编码时受到其技巧、态度、知识、信念、价值观与文化背景的影响，信息接收者译码时也会受到这些因素的影响。

(6)接收者。接收者是对发送者传递的信息进行解码并加以理解的人，他与发送者相辅相成，相互制约。

(7)噪声。这里的“噪声”指的是信息传递过程中的干扰因素。在沟通过程中，沟通的每一要素出现的“噪声”干扰现象会影响信息的传送，发送者和接收者由于情绪好坏，理解差异，价值观、认知水平、地位不同等形成的沟通距离，以及编码和译码时采用的信息符号差异等都会影响沟通过程。

(8)反馈。反馈是指接收者把信息返回给发送者，并对信息是否被理解进行核实。是沟通过程的最后一环。它检验信息传送的程度，由反馈可以决定信息是否已经完全为接收者所了解。

以上所分析的每一要素对沟通过程都很重要，只要有一个要素出现问题，信息沟通的效果就达不到。

二、沟通种类

(一)以沟通的组织程度为标准，沟通可分为正式沟通和非正式沟通

1. 正式沟通

正式沟通是指在一定的组织系统中通过明文规定的渠道，进行信息的传递与交流。如组织内的文件传达、定期召开的会议、上下级之间的定期汇报以及组织间的公函来往等。正式沟通的优点是：沟通效果好，具有严肃性，约束力较强，易于保密，可以使信息沟通保持权威性。重要的消息和文件的传达，组织的决策等，适合采用这种形式。正式沟通也有它的不足。正式沟通一般是在垂直的方向上进行层层传递，若组织层级比较多，就会影响传递的速度，更有可能造成信息失真；同时也不利于横向沟通。近年来，随着信息技术的发展，组织管理

信息化趋势加强，组织内的正式沟通正迈向一个新的阶段——管理信息系统。

2. 非正式沟通

非正式沟通是指在正式组织系统以外进行的信息传递与交流，它不受组织监督，可自由选择沟通渠道。如团体成员的私下交换意见，议论某人某事，传播小道消息等，非正式沟通的产生，是由于人们有各种各样的社会需要。除了吃、穿、住等基本的生存需要外，人还有安全的需要、寻求关心的需要、建立友谊的需要、归属的需要、被认可和被尊重的需要、成长和发展的需要等，通过非正式沟通，常常可以满足人们某些方面的需要，例如，朋友之间的信息沟通与交流，常常意味着相互的关心和友谊的增进；有些人乐于探听有关报酬变动、职位升迁的消息，是处于对安全的需要等。此外，组织中非正式关系(如朋友关系、同学关系)和非正式群体的存在，也促进了组织成员通过这种方式来弥补正式沟通的不足。非正式沟通的优点是：沟通不受组织系统的监督和限制，可自行选择沟通渠道，所以沟通灵活方便，速度快，它可以提供正式沟通难以获得的某些消息，人们的真实思想和意见也往往能在非正式沟通中表露出来。但非正式沟通发挥作用的基础是组织中良好的人际关系。非正式沟通的缺点是：非正式沟通难以控制，传递的信息难以保证其准确性，易于失真、曲解，而且可能导致传播流言蜚语、小道消息，混淆视听，影响组织内的人心稳定和组织的凝聚力。

现代管理理论综合正式沟通、非正式沟通的优缺点，提出了一个新概念，即"高度的非正式沟通"，指的是利用各种场合、通过各种方式、排除各种干扰，来保持人们之间经常不断的信息交流，从而在一个团体、一个组织中形成一个巨大的不拘形式的、开放的信息沟通系统。实践证明，高度的非正式沟通可以节省很多时间，避免正式场合的拘束感和谨慎感，使许多长年累月难以解决的问题在轻松的气氛下得到解决，减少了组织内人际关系的摩擦。

相关链接

向墨子学习　建立企业良好的沟通渠道

作为管理者，应该要有主动与部属沟通的胸怀；作为部属也应该积极与管理者沟通，说出自己心中的想法。加强企业内部的沟通管理，一定不要忽视沟通的双向性。

春秋战国时期，耕柱是一代宗师墨子的得意门生，不过，他老是挨墨子的责骂。有一次，墨子又责备了耕柱，耕柱觉得非常委屈，因为在许多门生之中耕柱是公认的最优秀的人，但又偏偏常遭到墨子指责，让他很没面子。一天，耕柱愤愤不平地问墨子："老师，在这么多学生当中，我难道竟是如此的差劲，以至于要时常遭您老人家责骂吗?"墨子听后毫不动肝火："假设我现在要上太行山，依你看，我应该用良马来拉车，还是用老牛来拖车?"耕柱回答说："再笨的人也知道要用良马来拉车。"墨子又问："那么，为什么不用老牛呢?"耕柱回答说："理由非常简单，因为良马足以担负重任，值得驱遣。"墨子说："你答得一点也没有错，我之所以时常责骂你，也只因为你能够担负重任，值得我一再地教导与匡正你。"虽然这只是一个很简单的故事，不过从这个故事中，可以给企业的沟通管理一些有益的启示。

首先，员工应该主动与管理者沟通。这样可以弥补主管因为工作繁忙和没有具体参与执行工作而忽视沟通。其次，管理者应该积极和部属沟通。高效的沟通技巧是优秀管理者必备的技能，要善于向更上一级的领导进行沟通，还要重视与部属的沟通学问。第三，企业忽视沟通管理就会造成无所谓的企业文化。当一个企业沟通不善时，大家就会消极地对待沟通，长期下去就会形成一种“无所谓”企业文化。这时，领导布置任何任务都得不到妥善地解决。第四，治疗企业无所谓文化的良方就是加强沟通，防范危机。企业从上到下都应该重视沟通管理，主动进行沟通危机防范。在经济全球化的今天，任何一个企业最需要具备的，就是沟通管理的危机感和真正抓好沟通管理的勇气。第五，沟通是双向的，不必要的误会都可以在沟通中消除。如果墨子和耕柱忽视了沟通的双向性，都不说出心中的想法，就不可能消除误会，甚至可能使误会加深，最终分道扬镳。

资料来源：经理日报，2006-11-05.

（二）从发送信息者与接收信息者的地位是否变换的角度来划分，可将沟通分为单向沟通和双向沟通

1. 单向沟通

单向沟通是指沟通双方地位不变的沟通方式。在沟通过程中，一方始终处于发送信息的地位，另一方则始终处于接收信息的地位而不发出反馈信息。如发指示、下命令、作报告等都属于单向沟通。

2. 双向沟通

双向沟通是指沟通双方地位不断变换的沟通方式，在沟通过程中，一方有时处于发送信息的地位，有时又处于接收信息的地位，双方交替变换。如交谈、协商、谈判等，双向沟通的最大特点在于能及时获得信息反馈，并且可使沟通双方感情融洽。

（三）按语言的不同形式，沟通可分为口头沟通和书面沟通

1. 口头沟通

口头沟通是指沟通双方以口头语言进行的直接沟通方式，如谈话、讨论、会议、电话洽谈等。口头沟通的优点是：简便易行，灵活迅速，尤其可伴有手势、体态和表情，增强传递信息的效果。口头沟通的缺点是：信息保留时间较短，使用也有一定局限性。

2. 书面沟通

书面沟通是指沟通双方以文字、图画、图表等书面形式为媒介而进行的沟通方式。如通知、文件、报表、书信等都属于书面沟通，书面沟通的优点是：信息可以长期保存，对一时辨别不清的信息可以反复研究，其缺点是：信息对语言文字的依赖性强，沟通效果受文化修养的影响很大，对情况变化的适应性较差。

（四）按组织沟通中信息流动方向来划分，沟通可分为上行沟通、下行沟通和平行沟通

1. 上行沟通

上行沟通是按组织层次由下而上所进行的信息交流。如下级向上级汇报工作，提出意见、建议、要求等。它有两种表现形式：一是层层传递，即依据一定的组织原则和组织程序逐级向上级反映。二是越级传递，即组织成员打破组织原则和组织程序，减少中间层次，向更高层的管理者反映。上行沟通的优点是：职工可以把自己的意见向领导反映，获得一定程度的心理满足，管理者也可以利用这种形式了解企业生产经营管理的实际情况，并与下属形成良好的关系，提高管理水平。其缺点是：在沟通过程中，下属因级别不同易造成心理距离，形成心理障碍，更害怕“穿小鞋”、受打击报复，不愿反映情况，导致沟通效果不佳。

2. 下行沟通

下行沟通是按组织层次由上而下的信息交流。如上级向下级发布指示、命令，安排工作，

布置任务，等等。这种沟通的主要目的是向下属传递信息和指示，给下属提供有关资料，阐明组织目标，告知组织动态等等。下行沟通的优点是：给组织的下层成员以行为的指导和控制，还可以协调组织各层次之间的行为活动，增进互相了解，从而有效合作。其缺点是：在下行沟通时，信息常常被传递过程中的中层和下层所遗漏或被曲解。事实上，上级的许多指示并未被下属所理解，甚至连看也没有看过。

3. 平行沟通

平行沟通也称为横向沟通，是指处于同一级的组织、单位或个人之间的信息传递和交流，沟通双方没有隶属关系。一般具有业务协调的性质。横向沟通的优点是：它可以使办事程序、手续简化，节省时间，提高工作效率；可以使组织各个部门之间相互了解，加强工作协调，有利于培养整体观念和团结合作精神，克服本位主义；可以增加职工之间的互谅互让，培养职工之间的友谊，满足职工的社交需要，使其提高工作兴趣，改善工作态度。横向沟通的缺点是：横向沟通头绪过多，信息量大，易于造成混乱，尤其是职工之间的横向沟通可能成为职工发牢骚、传递小道消息的一条途径，造成涣散群体士气的消极作用。

三、沟通网络

沟通网络是指沟通中的沟通渠道的结构形式。沟通网络的形状可以反映一个群体的结构，也可以表明组织中的权威系统。不同的沟通网络对于群体活动的效率具有不同的影响，还会影响群体成员的心理和组织的心理气氛。

沟通网络多种多样，按沟通渠道可将其归为两类，即正式沟通网络和非正式沟通网络。

（一）正式沟通网络

正式沟通网络是指由组织正式规定的信息沟通渠道所形成的沟通结构形式。以 5 人作为一群体为例，正式沟通渠道有五种基本类型，见图 13－2 所示。

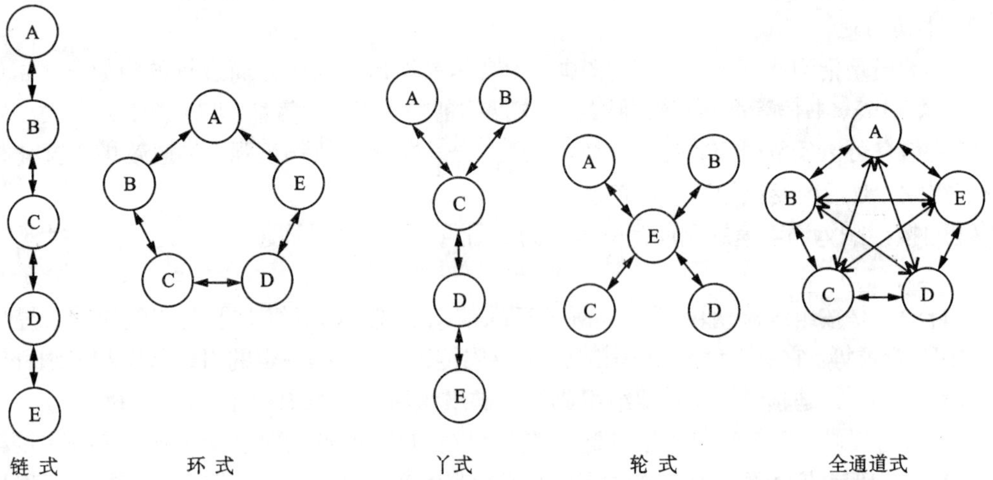

图 13－2 正式沟通网络类型

1. 链式沟通网络

这是一个平行网络，在这个网络中，成员上下或左右沟通，其中有三个成员可与其他两个成员沟通，只有顶端的两个人只能跟另一个成员沟通。在组织中，它相当于一个纵向沟通网络，代表一个五级层次，信息可自上而下或自下而上进行传递。在这个网络中，信息经层层传递，层层筛选，容易失真，各个信息传递者所接受的信息差异很大，平均满意程度有较大差距。此外，这种网络还可表示组织中主管人员和下级部属之间中间管理者的组织系统，属控制型结构。在管理中，如果某一组织系统过于庞大，需要实行分权授权管理，利用链式沟通网络是一种行之有效的方法。

2. 环式沟通网络

此网络可看成是链式网络的一个封闭式控制结构，表示 5 个人之间依次联络和沟通，其中，每个人都可以同时与两侧的人沟通信息。在这个网络中，组织的集中化程度和领导人的预测程度都较低；畅通渠道不多，组织中成员具有比较一致的满意度，组织士气高昂。在组织中，如果欲创造出一种高昂的士气来实现组织目标，可采取环型沟通网络。这种网络适合于分散小组，经常用于突击队、智囊咨询机构或特别委员会等组织形式之间的沟通。

3. 丫式沟通网络

这是一个纵向沟通网络，其中只有一个成员位于沟通的中心，成为沟通的媒介。往组织中，这一网络大体相当于组织领导、秘书再到下级主管人员或一般成员之间的纵向关系。"丫"的分叉点是秘书、助理或基层主管所处位置。此网络适用于主管人员工作任务繁重时，需要有人选择信息，提供决策依据，节省时间，而又要对组织实行有效的控制，但此网络易导致信息失真或曲解，影响组织中成员的士气，阻碍组织提高工作效率。

4. 轮式沟通网络

这种网络属于控制型网络，其中只有一个成员是各种信息的汇集点与传递中心。在组织中，大体相当于一个主管领导直接管理几个部门的权威控制系统，此网络集中化程度很高，解决问题的速度快，主管人员的预测程度很高，因此，这种网络是加强组织控制、争时间、抢速度的一个有效方式，如果某一组织接受了紧急攻关任务，要求进行严密控制，就可采用这种网络。但是，在这种网络中，只有处于核心地位的主管领导才了解全面情况，其他成员之间消息闭塞，平行沟通少，很难达到彼此的协调与合作，心理满足程度低，影响士气，特别是有碍发挥下属的主观能动性。

5. 全通道式沟通网络

这是一个开放式的网络系统，这种网络允许所有的成员之间彼此进行沟通，是一种没有正式机构、也没有人以某种领导者的身份处于网络中心位置的沟通。这种沟通不受任何限制，所有成员都是平等的。在这种网络中，集中化程度很低，可能采取的沟通渠道很多，各个沟通者之间全面开放，因此，成员的平均满足程度很高，团体民主气氛浓厚，士气高昂，合作精神强。在组织中，如果需要加强民主气氛和合作精神，采取全通道式沟通网络是行之有效的方法。但是，这种网络沟通渠道太多，易于造成混乱，而且很费时，影响工作效率。

关于以上五种沟通网络的比较见表 13－1。

表 13－1 五种沟通网络比较

网络类型 评价标准	链式	环式	Y式	轮式	全通道式
集中性	适中	低	较高	高	很低
速度	适中	慢	快	1. 快(简单任务) 2. 慢(复杂任务)	快
正确性	高	低	较高	1. 高(简单任务) 2. 低(复杂任务)	适中
领导能力	适中	低	高	很高	很低
全体满意度	适中	高	较低	低	很高

上述五种沟通网络，各有其优缺点，作为管理者，在全体沟通过程中，应根据组织内部结构、层次、工作性质、沟通目标等选择一种有效的沟通网络。一般来说，若组织非常庞大，需要授权分层管理，则链式网络比较有效；若沟通速度快且容易控制，则轮式网络比较适宜；若需群体中形成高昂的士气，环式沟通网络比较理想；若主管本身工作繁重，需有人筛选信息，宜采用Y式沟通网络；若目标是为了让员工有高度满意感，刚采取全通道式网络进行沟通为佳。

（二）非正式沟通网络

非正式沟通网络是指群体中未经批准的信息的自由传播渠道所形成的沟通结构形式。实际上就是非正式组织中存在的信息沟通，这种沟通一方面是非正式组织成员之间的需要，另一方面也是组织中正式沟通难以传递的信息的私下传递的需要。从组织的角度看，就是所谓的小道消息传递的需要。美国管理心理学家戴维斯对非正式沟通网络进行了研究，他曾在一家皮革公司对67 名管理人员进行过一次调查，采取顺藤摸瓜的方法对小道消息进行研究，发现非正式沟通有如下四种沟通网络，见图 13－4 所示。

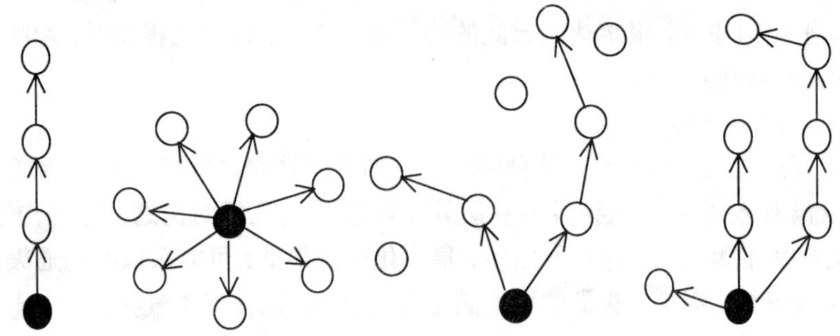

图 13－4 小道消息传播网络

1. 单线式沟通网络

指个体之间的相互转告，即一人告诉另一人，另一人再转告第三人，如此通过一连串的人把消息传递给最终的接收者。这种类型在组织中发生的比较少。

2. 流言式沟通网络

或称闲谈式，它表示一个人主动把小道消息传播给其他一些人，此网络中有一个信息发送者，多个信息接收者，信息发送者不一定是该非正式组织的领导，可能只是信息率先获取者或喜欢传递各种消息的人。

3. 偶发式沟通网络

或称机遇式，即碰到什么人就转告什么人，并无一定中心人物或选择性。这种方式通常是非正式组织中最常用的一种沟通方式，也是传递非正式信息最常用的一种渠道。

4. 集束式沟通网络

它表示信息发送者有选择地将消息告诉自己的朋友或有关的人，有关人员得到消息后也照此传播。

戴维斯的调查结果还表示，小道消息传播的最普遍形式是集束式，组织中约10%的管理人员是小道消息的传播者。这说明，小道消息一般只在特定范围内传播，它只传播给那些与传播者有密切关系的人。

非正式沟通网络往往以非正式组织为基础，成员之间由感情纽带联结，所以信息传递迅速，但有时往往容易失真。由于人们往往在非正式沟通中更能表达真实思想感情，所以，管理者应注意采取非正式沟通网络，一方面，可与非正式沟通网络中的人员多接触、交流、沟通，充分调动他们的积极性；另一方面，也可以设法发现谁在非正式沟通网络中处于“核心”和“转播站”的地位，可以利用他使信息迅速传达。

第二节　沟通工具

沟通是一个信息传递的过程。根据传递中所使用的沟通工具不同，沟通可分为语言沟通和非语言沟通。语言沟通就是对语言的结构规则进行具体运用。非语言沟通指的是不以语言为载体的人际信息沟通，它的载体是人的表情、动作、眼神、手势等，就是我们通常所说的体态语。

语言沟通和非语言沟通两者既有联系又有区别，两者的联系在于：①人们常用体态语来代替语言沟通。摇头表示否定，拍肩表示亲切或支配，耸肩表示无可奈何。②在使用语言符号沟通时，人们常用体态语来辅佐，即“以姿态助说话”。③体态语可以调节有声语言的沟通。如当交谈超过了规定时间，看看手表便是一种暗示，也是一种逐客令。此外，人们有时也会用搔头、抖脚或玩弄手中的铅笔等非语言符号来缓解紧张心情，适应环境变化。

语言沟通与非语言沟通的区别是：①语言沟通是“分离性”的，语言可以分离成句子、短语、单词，话说完了，说话过程就结束了，非语言沟通也可分离成句子和单词，但其组合规律不及有声语言明显。②语言沟通是线性的，话是一句一句地说，呈线性状态，是单通道的传播。而非语言沟通是立体的，多通道的，音容笑貌都能发射出多种信息。非语言沟通比语言沟通的信息更可信，人对语言的运用是自觉的，这就带来了掩饰和“择其善者而从之”的可能，而非语言信息往往在不知不觉中传递给对方。

一、语言沟通

（一）语言沟通是人类最普遍的沟通形式

语言是一种社会现象，是社会约定俗成的符号系统，而言语则是人们运用语言符号进行交流的过程。语言是人类最重要的交流工具，是信息传递最强有力的手段，大多数信息的编码和译码是在语言的参与下进行的。利用语言实行的言语交往是任何其他交往工具所无法替代的。语言作为社会人群已经形成高度共识的符号系统，每一个字词的声、形符号，都被赋予了一定的意义。因此人们一方面可以用它来指称事物，描述内心状态，另一方面又可以通过它的声、形等物化形式使其他人能够觉察并理解，这样，语言沟通成了人与人之间进行沟通的桥梁。虽然人与人之间的沟通还存在其他许多非语言的形式，但由于语言是最为规范化的符号系统，在同一种语言背景中，不同的人对以一定声、形符号为载体和字词所建立起来的概念或理解是高度接近的，语言的这种特点，客观地决定了人们日常社会生活中大部分沟通都借助于语言来实现。

（二）语言沟通受文化差异的影响

文化背景不同，操不同语言的人在沟通时，常常发生下列情况：由于文化上的不同，即使语言准确无误，也会产生误会。对于不同的人们，同一个词或同一种表达方式可以具有不同的意义。由于文化上的差异，谈一个严肃的问题时，由于一句话说得不得体，可以使听者发笑，甚至捧腹大笑，一句毫无恶意的话可以使对方不快或气愤；由于文化上的差异，在国外演讲的人经常发现听众对他讲的某个笑话毫无反应，面无表情，鸦雀无声。然而，在国内，同一个笑话会使听众笑得前仰后合。语言是文化的一部分，并对文化起着重要作用。有些社会学家认为，语言是文化的基石——没有语言，就没有文化；从另一个方面看，语言又受文化的影响，反映文化。可以说，语言反映一个民族的特征，它不仅包含着该民族的历史和文化背景，而且蕴藏着该民族的对人生的看法、生活方式和思维方式。语言与文化互相影响，互相作用，因此，要正确地进行语言沟通，必须了解相应的文化。文化是形形色色的，语言也是多种多样的。由于文化和语言上的差别。互相了解不是一件容易的事，不同文化的人们间进行沟通常常遇到困难。比如：利用一种外语与外国人沟通时，你不仅要掌握语音、语法、词汇和习惯语，而且还要知道使用这种语言的人如何看待事物，如何观察世界；要了解他们如何用他们的语言来反映他们社会的思想、习惯、行为；要懂得他们的“心灵之语言”，即了解他们社会的文化。

（三）语言的符号系统

语言可以分为口头语言和书面语言符号系统。

1. 口头语言

在直接交往中，人们大都采用口头语言，它作为使用合声的自然语言而构成的语音符号系统，在日常生活中应用最广，收效最大。例如，会谈、讨论、演讲等见面对话都可以直接地、及时地交流看法、沟通意见。信息发出者在说的过程中积极地思维，进行信息编码，筛选对方最易理解的词汇和句法，输出信息。而信息接收者在听的过程中同样要集中注意积极地思考，进行信息译码，筛选出最实用的信息加以储存。由“说”和“听”构成的言语交往情境，直接促使双方在心理上产生交互作用。

2. 书面语言

在间接交往中，一般采用书面语言。书面语言不受时空条件的限制，能更为详尽地、丰富地表达叙述者的意见和情感，并可广泛地流传。如通知书、公文一般都采用书面语言形式。书面语言不仅能使个人获得他人的知识经验，而且扩大了人们认识世界的范围。在交往活动中，书面语言虽不及口头语言直截了当、简便易行，但它保存时间长，书写时可以充分考虑词语选择的恰当性，词斟句酌，达到更为完美的心理效果，实现口头语言无法完成的沟通。由“写”和“读”构成的言语交往，使交际范围得到进一步的扩展，丰富了人们交往的内容。

当然，口头语言和书面语言并不是彼此孤立的，在大多数情况下，两者共同存在，互为补充。

(四)语言沟通的三大要素

语言是人作为高级动物所独有的沟通工具，语言沟通从某个角度来说造就了人类的文化。没有语言沟通，人类将无法从事群体乃至社会的创造性工作，要成功地进行语言沟通，需要借助以下三大要素。同样，只有熟练运用以下三大要素的人，才有可能成为优秀的语言沟通者。

1. 语境

语境是指说话时所处的语言环境，它随着语言的表述活动产生和变化，对说话行为起着制约的作用。语言环境和心理环境一样，比自然环境、社会环境的变化性大。它的变化发展必须和说话时环境的变化发展相适应，否则会出现脱节现象，直接影响语言的表达效果。任何人用语言与他人进行交往和沟通都是在一定的环境下进行的。因此，人们所使用的语言必然受到语言情境的影响。所谓语体是指由于语言环境不同而形成的语言特点的体系。一系列使用语言的特点综合起来，就构成语言变体。人们在不同的情况下，使用不同的语言变体。这种现象对使用几种语言的沟通者来说，表现为选择哪个语种；而对只会讲一种语言的人来说则表现为使用这种语言中的不同变体。如普通话或方言。一般认为，使用何种语言变体，取决于由需要某种语言变体的所有场合所构成的“范围”，而此范围则由沟通的情境或环境所决定。所以，从根本上说，语言变体取决于沟通环境。而沟通环境又是由沟通者与沟通者的关系、沟通的地点以及讨论的主题等三方面因素来确定的。

2. 口语

谈话时所使用的语言，包括称呼语、专门语、方言、俚语、避讳语、外国语等。口语的应用范围广泛而直接，表达的方式和手段有其自身的规律和特点：(1)直接沟通信息。信息输出——反馈——再输出——再反馈的周转频率高，传递的信息量大，接受的效果好，增加交流双方的亲近感。(2)大多采用习惯词语、通俗词语和短语，便于表情达意，交流感情。(3)以声传意。语调、语气、语速等多种变化，不仅丰富了表达内容，而且增强了语言的形象和可感性。(4)应用灵便。口语表达可以利用许多辅助手段，除语气、声调外，还可辅以动作、表情以及运用现场条件等，以提高语言的表现力。

3. 非口语

非口语沟通可以强化口语所传递的信息，也可以混淆歪曲口语所传达的信息，因此了解非口语沟通非常重要。非口语的信息可以用多种方式表达，最常用的是语调，它是通过说话者声音的高低、快慢以及声音所表达的情感来实现的。有时候，说话的语调比要说的话本身更值得信赖，因为说话的语调中往往潜意识地反映你对某事或某人的真正态度。这样，一方面能够大大增强沟通的有效性，同时也有可能为沟通制造障碍。

二、非语言沟通

如前所述，语言沟通是人际沟通的最主要的形式，但并不是唯一的沟通工具。非语言沟通在人际沟通中也占有重要的地位。美国心理学家爱德毕·赫尔在他的《无声语言》一书中说，无声语言所显示的意义要比有声语言多得多，而且深刻得多，因为有声语言往往把所要表达的意思的大部分，甚至绝大部分隐藏起来。

非语言沟通可分为哪些形式？社会心理学家和语言学家意见不一致，但一般来说，把非语言沟通归为三类：无声的动姿、无声的静姿和有声的辅助语言与类语言。

（一）身势学和无声的动姿

身势是指身体的无声动作，例如点头、微笑、手势等。身势学主要研究借助于身体的动作而达到沟通目的的一门新学科。自20世纪50年代起，这一学科一直受到人们的青睐。

无声的动姿是指动态无声的非言语沟通，根据身势学的研究，这类沟通行为主要包括手势、面部表情、触摸和眼神的运用等。

相关链接

微笑的跨文化含义

在不同的文化背景下，微笑所传达的信息不同。每天，在机动车管理局都有一条长队等待拍照。当摄影师要求大家微笑时，每个人都很愿意这样做。但是，一位加利福尼亚州机动车管理局的摄影师说，曾经有一次他要求一位日本人微笑，结果被拒绝了。

在美国，微笑通常被认为是正性的，面带微笑的人被认为和善、友好、值得信赖。历史学家提出由于美国曾经是一个边疆社会，那时正式法律的约束很少，所以与其他人良好的沟通，使自己被当成友好的、善意的和没有侵犯性十分重要。微笑这种行为被延续下来，以至于美国人通常被认为是十分友好的。而对于亚洲人，微笑可能传达非常不同的信息。拒绝为拍摄驾驶执照照片微笑的日本人，认为微笑表示他对自己的驾驶能力并不重视。而且既然这张照片将被用于政府文件，如果微笑就显得对一件重要的事情态度轻视。一条韩国谚语表达了相似的意思："笑得太多的男人不是真正的男人。"在很多亚洲国家中，包括日本、韩国和印度，人们在感到绝望、悲伤、高兴、抱怨、生气或者迷惑的时候都可能微笑。所以，微笑并不像在美国那样一定和友善或者快乐相关联。

对微笑的不同文化解释可能会带来麻烦。韩国商店店主在与非韩国顾客打交道时，可能会因为较少微笑而被人看做带有敌意。而美国人则因为经常微笑，有的时候被认为幼稚和有点傻气。当日本政府官员和美国的高官合影时，他们有时会微笑，不过那也是因为有顾问提示他们美国人民很重视微笑。如上所见，即使是像微笑这样的简单行为，在不同的文化下也可能有多重含义，传递不同的信息。

资料来源：社会心理学（第十版）.（美）泰罗（Taybr）、（美）佩普劳（Peplau）、（美）希尔斯（沁）若；谢院非等译，北京：北京大学出版社，2004年

1. 手势

手势，是运用手指、下掌、拳头和手臂的动作变化，表达思想感情的一种无声语言，其特点是：使用频率高，运用方便灵活，变化形态多样，表达内容丰富。手势语言的内容包括：①情意手势。主要表达说话者的情感，使其形象化、具体化，加深听话者对语句含义情感的理解。②象形手势。模拟事物形状引起人们的联想，给听话者一个具体明确的印象。③指示手势。指示具体的对象，增强真实感。④象征手势。表示比较复杂的情感和抽象的概念。

手势在人际的非语言沟通中起着十分重要的作用，在有些场合甚至是十分有效的沟通工具。当两个国籍不同、语言相异的人交往时，人们往往借助手势表达自己的意思；而聋哑人的手势其作用更是妙不可言。

2. 面部表情

面部表情，是指通过面部肌肉的放松、紧缩、颤抖等变化，表达说话者丰富的思想感情。基本表现形式有沉着、喜悦、愤怒、悲哀、振奋、忧郁等。面部表情主要包括眉毛的动作、面部肌肉的动作、嘴的动作等内容。在人际沟通中，面部表情是人的态度的第一反应。人类的大多数表情确实具有文化的普遍性和非习得性。但是，社会因素往往能够降低消极的态度和情绪的表情强度，以使那些本能性的面部表情能够受到严格控制。

3. 触摸

触摸行为主要包括握手、亲吻、拥抱以及拍肩膀等。触摸行为可以分为各种不同的类型，每种类型具有不同的意义，传递不同的信息：①功能性－专门性触摸。主要是为了达成某种任务而采取的触摸行为，可能不带有任何情感的色彩。②友谊－温暖触摸。此种触摸能够传达彼此的关心、喜欢或好感。③性唤起触摸。情侣或夫妻之间则可能出现较为亲昵的动作，引发彼此的性欲求。④社交－礼貌性触摸。例如刚认识的朋友见面时，彼此握手，短暂寒暄。

此外，眼睛的运用也属于动态无声的沟通，但由于在人际沟通中眼睛的运用所表达的含义十分丰富，因此我们将单独论述目光接触的社会意义，

（二）近体学与无声的静姿

近体学是指在互动时人与人之间空间变化情况的研究。爱德华·赫尔是近体学的奠基人，无声的静姿即静态无声的非语言沟通，包括人类静止无声的姿态和人际空间距离。

1. 静止无声的姿态沟通

人的静止无声的姿态是指人在坐着、站着或行走时怎样保持身体姿势以及身体的“附加物”服饰等。人的静止姿势也是非语言沟通的重要手段，用来表达种种不同的信息和内心的情绪状态。

人际沟通中，人站立的姿态往往表示一定的态度，传达一定的信息。例如：一个人站着脊背挺直、胸部挺起、双目平视不仅是具有充分自信的表现，并可给人以“气宇轩昂”、“乐观愉快”的印象，属于开放型立姿。坐姿和立姿一样，运用得当也能大大加强人际沟通的表现力和感染力。坐姿除了正常的、合乎礼仪的姿势之外，还有某些变化的形式，可以传递出一些特定的信息。从严格意义上说，服饰是动作语言中“标志语”的一种。一个人的服饰可以向别人传递出多种多样的信息，如性别、年龄、职业、地位、身份、民族、性格爱好、气质风度、文化素养、对他人的态度等。

2. 交际空间与沟通

“空间”是物质存在的一种客观的形式，其范畴通常表现为体积、位置和距离。而动作语

言学中所谓的“交际空间”，主要指人际交往时所处的位置和相互间的距离，人们利用“交际空间”可以传递某种信息、表达一定的思想感情，并体现人与人之间远近亲疏的关系。交际空间涉及空间距离和空间位置两个主要方面。

(1)空间距离与沟通。人际沟通时通常总要保持一定的距离，这既是交际活动本身的实际需要，也是传递交际信息、显示人际关系的需要。霍尔以美国人的习惯为依据，总结出人际沟通中可以意识到的空间距离大体可分为四种：①亲密区。与对方只有一臂之遥，适合进行较敏感的沟通。②私人区。通常是正常交往或集会时人与人之间保持的空间区域。③社交区。这是与一般认识的人或因某种原因而需要交往的陌生人交际时所保持的距离。距离延伸到4～12英尺远，适合于一般商务及社交上的来往。④公众区。这是对公众讲话(如演讲、会议发言)时所保持的距离。更远至12英尺外，是人们管不到，也是可以不理会的地方。应该说，霍尔所划分的距离是一种“理想距离”，但人际交往的空间并不是固定不变的，一般来说，我们和他人交往时，间隔多少距离取决于具体的情境以及我们与交谈对方的关系，但是，文化及习惯因素对人际沟通的距离也有影响。

(2)空间位置与沟通。空间位置指人际沟通时主方或客方所处的位置。不同的位置也能传递某种信息。比如：在婚礼、宴会时，总是把主宾安排在正中的位置；如有花台或演讲台，则宜把主宾安排在最靠近台子的席位，以示尊崇。在谈判或商谈问题时，主客并排而坐，则可造成一种合作、友好的气氛，或者表示合作、友好的态度；若主客双方隔着桌子相对而坐，则表示初次相识、相交不深，或者表示所举行的是正式、隆重的谈判；若某方主动选择这一位置，则表示他持一种竞争、对抗、防御的态度。可见，恰当地利用空间位置，可以显示自己的身份地位，也可以表示对沟通对象的情感和态度，同时又体现出自身的修养。

(三)有声的辅助语言和类语言

辅助语言是指言语的非词语方面，包括声音的音调、音量、节奏、变音转调、停顿、沉默等。它是语言表述的一部分，却不是语言的词语本身，类语言是指那些有声而无固定意义的声音，如呻吟、叹息、哭声、笑声、叫喊等，在人们的沟通过程中，辅助语言和类语言起着十分重要的作用，由于说话者的声调不同，同一句话的语义就可能迥然相异。因此，在人们的沟通中，他们怎么说事实上比他们说些什么更为重要。

(四)眼神

眼神又称“眼语”。社会学家、人类学家、心理学家们做过许多实验，几乎一致认为，在人体的各种器官中，眼睛能够表达许多“无声的”语言，对人类行为有着很大的影响。眼睛能传达出人的喜怒哀乐、真诚与虚伪、慈善与凶恶，它所传达的感情，有时比有声语言还要深刻。动作语言的“眼语”主要着眼于三个方面：瞳孔的变化、视线的角度和注视的方式。

“眼语”在人际沟通中可以传言、传情、传神，恰当而正确地使用，会大大增强沟通的效果。具体分析起来“眼语”有以下主要用途：①眼神可以作为一种认识手段。直接的目光接触表明你对说话者十分感兴趣，并希望知悉、理解他们的话题。②眼神可以控制、调整沟通者之间的互动。③眼神可以用来表达人的感情。从一个人眼神之中可以看出他在沟通情境中的激奋和卷入程度，在各种情绪中，最能为面部表情所表达的是惊讶、恐惧和厌恶。而这些情绪的最佳表现区域在眼睛、眉毛以及与眼睛毗邻的鼻翼。④眼神也可以用来作为提示、告诫以及监视的手段，人们相互之间交谈的时候往往通过目光接触来了解自己的话语对他人的影响，也同样以凝视他人来表达自己正在洗耳恭听。

第三节　沟通心理

在人际沟通中，沟通的主体和客体都是人，他们都有心理活动。人际沟通中的心理活动主要体现在信息发送者发布信息的心理、接收者选择信息、接受信息和理解信息的心理几方面。

一、发送信息的心理

动机是驱使人们活动的一种动因或力量，它是在需要的基础上产生的。求同存异和求异存同是人类发生沟通行为的两大主要动机，它们建立在人类寻求某种信息的基本需要之上。

（一）发送信息的求同存异心理

发送信息者的求同存异心理是指沟通者彼此之间的认识和体验相似或相容时，追求趋同、共识和平衡的效果。对于沟通双方而言，看法、态度基本接近或协调。其特点如下：一是这种沟通是一种化合式的沟通，就如同两种容易发生化学反应的东西放在一起，形成了溶两种东西在一起的另一种共同的东西。这个过程用心理学术语说很类似于同化的过程。二是这种沟通起始于认知不协调带来的心理压力。趋同是一种人的认识社会化的表达，即沟通的社会化，自我表露的深度和广度一般。

需求构成动机，它是沟通行为的起点。沟通求同的动机得到诸多心理学和传播学理论的支持。其中认知协调理论和认知不协调理论的帮助最大。在很多情况下，认知协调和认知不协调的研究都同信息的寻求有关。因为存在着认知不协调的情况，所以人类就有认知协调的需要。社会心理学家费斯汀格提出了认知不和谐或不协调理论，认为对每个人来说，决策、选择和新信息都具有引起不一致感觉的潜力；而这种不和谐是一种“心理上的不舒服感”，它将促使个人去寻求支持已作出的选择信息。这一理论有两大基本假设：一是作为心理上的不适，不协调的存在将推动人们去努力减少不协调，并达到协调一致的目的，即趋同达到共识；二是当不协调出现时，除了设法减少它以外，人们还可以能动地避开那些很可能使这种不协调增加的情境因素和信息因素。这意味着不协调状态已经有了动力学意义，成为沟通求同的动力。

沙赫特也认为，群体内的沟通主要是指和脱离群体准则的离异分子的沟通。为什么群体内部当态度不一致时会活跃地沟通呢？传播学者纽科姆在1956年扩充了海德的观点，提出态度均衡模式——这是一种认知协调的理论。按照纽科姆的解释，对沙赫特问题的回答是这样的：沟通就是A－B－X模型中想要维持和恢复均衡的过程。如果A、B之间形成好感关系，但对X的态度不一致，这时系统内部产生紧张，为恢复平衡的动机所驱使，A、B之间会展开使对方改变态度的沟通。这样的两点间沟通构成的单位可无限制地扩大至巨大组织以至社会人群。这种理论重视选择性感知，认为沟通最可能的效果将是强化现存的观点、态度和行为倾向。如果说海德关心的是参与沟通的双方各自内部的认知过程，那么纽科姆的发展则是将这种理论运用于两人或更多人之间的沟通。

（二）发送信息的求异存同心理

信息发送者的求同存异心理是指尊重差异，当沟通者彼此之间的认识和体验不相容时，双方都渴望真诚的理解和接纳，为不能达到共识的想法和愿望寻找存在的理由和空间。沟通双方的看法根本不同，却能够彼此理解、互相尊重，其实这还是一种共识。这种沟通是一种不相容的混合式的沟通。它与求同要求同化的特点不同，不是说服或感动了对方同意自己的想法，而是把“异”的想法置于对方的认知结构之中，同意接收也是一种态度互识，不要求对方同化成其认知图式的一部分；理解并不一定接纳，好比是油和水共处一处，是一种物理性的混合，仍然油是油，水是水，恰似一种不容的、并存的混合物。同时，求异的沟通行为起始于对“异”的尊重与宽容，因此就属性而言，沟通个人化，它更倾向表达个性化的东西，自我表露的深度和广度相对大于求同动机的沟通情形。

趋向意见一致不是沟通的唯一原因和效果。沟通也是一个鼓励接受、采纳创新的过程，因此有时反而需要求异。什么时候出现求异的需要？求异的情况一般有两种：一是在个体认知层面上，解决认知差异的“不确定感”或“不舒服感”的方法有许多，不一定非意见趋同不可，比如可以通过形成新的关系解决问题；二是在社会场合的沟通情境中，并不总是有意见一致、认知趋同的需要，为了求发展，需要的倒是认知的冲突、创新和体验的多元化，但允许求异必须在态度互识和共识的前提下展开。

沟通求异的动机同样得到了心理学和传播学理论的大力支持。罗杰斯、休梅克的创新扩散模式和罗森格伦的使用与满足模式就是贡献出色的帮助。创新就是求新、求异、求与众不同，使用与满足强调的是沟通者的感受和体验。创新扩散理论假设一个“创新扩散”过程包含4个环节：知晓、劝服、决策、证实。知晓是指个体意识到创新的存在，并对创新的功能有所了解；劝服是个体对创新形成一种赞成或反对的态度；决策是个体从事于导致对采纳或拒绝创新做出选择的行动；证实是个体谋求加强他已做出的创新决策，但如果面临对该创新有分歧意见的信息，他可能改变以前的决策。这一理论把沟通行为阶段化的努力同样给人诸多的信心和启发。它把沟通过程分成前奏、过程和后果。前奏指事件的那些环境（指社会体系变量，如社会对异常的宽容）或参与人员（指接收者变量，如个人特征和意识到创新要求的程度）的特点，使个人接触到与创新有关的信息或感受到创新的需求成为可能；过程是一种学习、改变态度和做出决定的过程；后果指是否采纳了创新，个人影响可能对决定是否采纳创新起着重要作用。

二、选择信息的心理

人们在接收信息时，总是不由自主地、自动地把那些与自己毫不相干的信息排除在自己的注意范围之外，同时也会主动地回避那些与自己固有观念相悖的或自己不感兴趣的信息，只注意选择那些与自己固有观念一致的，以及自己需要和关心的或者对自己有用的信息。

（一）接收者选择信息的几种理论

1．靶子论

大众传播学早期的理论。19世纪20年代的大众传播学者，在研究传播过程中，把重点放在传播者和媒介的研究上，认为传播者和媒介是传播效果的决定因素，而接收者只不过是消极、被动达到接收器，有人还把接收者称作“靶子”，认为一击就倒。

2．个性差异论

20世纪40年代的美国大众传播学者梅尔文、德福洛提出的理论。德福洛通过大量的调查和研究，推翻了“靶子”论的观点，指出每个接收者都有不同的兴趣、爱好、欲望、文化、社会地位等，因此，他得出这样的结论：每一个接收者都有自己的个性特征，接收者之间个性心理特征是千差万别的。

3. 顽固接收者论

20 世纪 60 年代另一部分学者的观点，如美国的雷蒙德·鲍尔，他对接收者的差异在传播过程中的作用，片面夸大到荒谬的地步。鲍尔声称，"子弹击不中"靶子"，就是击中了，他也不倒，就是击倒了也不死……传播的作用只能局限于影响接收者前进或后退的速度，根本不能改变接收者的方向。

4. 社会关系论

20 世纪 60 年代的大众传播学者的观点，这种观点认为：在承认个性差异论的同时，应抛弃"顽固接收者论"。并认为，影响接收者接受信息，不仅受个性的影响，而且还要受社会关系的制约。接收者既不是"靶子"，也不是"顽固者"。接收者有他的个性差异，但每个接收者的个性差异、特征的形成、发展，都与他所处的社会关系有密切的关系，而且，接受信息而言，每个接收者选择信息都要受到个性和社会关系的影响。具体而言，每个接收者都表现出他所处的社会团体、社会环境关系的影响。

5. 相互作用论

这种理论源于美国的 G·米德的符号相互作用论。相互作用论比其他理论更加企图建立人的行为是社会因素决定的学说，它认为，人的行为、人的性格是在社会因素相互作用过程中形成的。

（二）影响接收者选择信息的因素

影响接收者选择信息的因素很多，对这些因素的划分界限也众说不一。一般来说，影响接收者选择信息的因素可以分为两大类：第一类是接收者的自身因素；第二类是客观外界（包括环境、发送者等）的因素。

1. 接收者自身因素

（1）接收者选择信息的心理倾向性。人在与客观现实交往并发生相互作用的过程中，对待客观事物和现象总有一定的看法、态度和趋向。人们出于认知和谐和自我确认的需要，总是更乐于选择那些支持其态度和立场的信息，因为这些信息有助于其认知的和谐和自我确认；当然，对相反的信息则会加以排斥和回避。

（2）信息内容同接收者的接近程度。即信息内容是否同接收者有关，是否会对接收者产生影响。如有关儿童保健和教育的信息内容对正有孩子处于儿童期的母亲就比对于未婚妇女或虽然已婚但没有孩子的妇女更为接近。而信息内容同接收者越是接近就越有可能成为接收者选择的内容。

（3）接收者自身需要的影响。需要是人活动的基本动力，接收者在选择信息时，总是受到某种需要的驱使。那么接收者的需要是怎样影响他选择信息的呢？关于这一点，可以用马斯洛的需要层次理论来解释，马斯洛认为，生理需要是人最基本的需要。人首先应当满足生理需要，当生理需要满足后，安全需要就成了主要的动机。在生理和安全需要得到满足后，社交需要就占优势。这样逐层变化，每个人在一定的时刻都有占优势的需要。人最高层次的需要是自我实现，人最强的需要是生理需要。马斯洛的这些以某种需要占优势的需要组合，完全可以说明接收者由于某个时刻所处的需要优势不同，决定着他选择信息也不同。

2. 客观外界影响因素

（1）信息发送者与接收者人际关系的影响。在人际沟通中，信息发送者最初给接收者的印象好坏直接影响接收者选择信息。如果一个信息发送者最初给接收者的印象好，这种最初印象非常有利于信息的选择，反之则不然。

(2)沟通媒介本身质量的影响。沟通媒介的质量直接影响接收者对信息的选择。沟通信息的形式应该是完美的。任何沟通媒介不能支离破碎，而应该给接收者对一个事物的完整印象，这有利于接收者作出选择。实验证明，无论书面、图像、口头的信息，有明确的结论的沟通就比没有结论的沟通效果要好得多。

(3)沟通环境的影响。这里所指的环境，包括两方面的因素：一是不同的沟通地点影响不同。好的沟通环境能增强接收者接受信息的可能性。二是沟通作用产生的情绪影响。由于沟通作用所产生的情绪影响分两种，积极和愉快的情绪能强化沟通的信息。反之，焦虑不安，心绪不定或其他消极情绪，则会引起接收者对沟通的观点持否定的态度。如果出现这种情况，应尽力减少否定情绪的消极影响。

(三)接收者选择信息的心理表现

1. 接收者倾向于选择自己赞同的信息，排斥自己不赞同的信息

例如，经过挑选，某人购买了一台海尔牌电视机，这时，他便特别注意海尔牌电视机的广告，生活中的这种简单事实被称为“事实上的选择”。

2. 接收者对两种截然相反的信息并没有明显的选择性

社会心理学家裴泽在1963年曾做过以下的实验：他给吸烟者和不吸烟者同样一个阅读文章的机会，文章有两篇，一篇说吸烟引起肺癌，一篇说吸烟与肺癌无关。只读论述吸烟致癌的文章，对于吸烟者来说，是非赞同性信息，对于不吸烟者来说，则是赞同性信息，但是，被试者(吸烟者、不吸烟者)通读这两篇文章，则没有表现出善恶。

3. 接收者喜欢选择反对自己观点的信息

如1968年春天美国反战大抗议中，许多大学生在“我们不去”的反应征请愿书上签了字，其他许多学生也考虑了是否签字。1970年在耶鲁大学4种学生中，贾尼斯等人测验了他们对支持誓言和反对誓言交流信息的选择性问题，这4种学生是：马上拒绝签字的；在仔细考虑后拒绝的；同意这个誓言表示可以签字的；已经签了字的。实验者给每个学生8篇关于战争的文章，其中4篇支持“我们不去”的誓言，其余4篇则反对誓言，然后统计学生们对这些文章的兴趣程度，结果是支持誓言的学生对支持誓言的信息的兴趣低于对反对誓言的信息，即学生喜欢选择反对自己观点的信息。

4. 越是不让接触的信息，人们越想选择

例如，一个公开的报告会结束后，未听报告者中并没有多少人关心和打听报告会的内容；相反，一个只允许某一级领导干部参加的内容暂时保密的报告会结束后，会有不少本来不该知道的人千方百计地打听报告的内容。有些小道消息，尽管三令五申禁止传播，却照样不胫而走，也是这个原因。

由此可见，人们选择信息的心理是十分复杂的，很难确切地说某种信息人们乐意选择，某种信息人们不太愿意选择。

三、接受信息的心理

1. 接受信息与信息源的权威性相关

一般来说，沟通来源即信息源的权威性越大，接收者接受信息的可能性就越大。信息接

收者存在的慕名心理就是一种突出的表现。一般说来，发送者的名望越高，他在信息沟通中所吸引的接收者就越多，因而其传播所影响的面也越广。

2. 接受信息与信息源的可信度相关

如前所述，发送信息者的权威性影响信息的接收。但是，信任不信任发送信息者，是至关重要的因素。为了使接收信息者接受信息，一个重要问题是要让接收信息者相信发送信息者没有偏见。而一个人要想表现得让人信赖，就是要让别人看到他发出的信息同他本人的利益不发生关系。

3. 接受信息与信息源的可靠性相关

信息来源是否可靠也是接收者接受信息的一个重要标准。在日常生活中，信息接收者存在的自己人心理和从众心理都与信息来源的可靠性有关。接收者在接受信息过程中，总希望在发送者身上找到与自己的共同点或相似点。共同点或相似点越多，就越容易选择、接受发送者所传递的信息。这种现象我们称之为“自己人心理”。接受者面对的信息发送者，如果是他的老乡、老同学、老战友、老同事、老朋友或者是有同样遭遇、同样疾病、同样年龄、同样出身、同样职业等等，他在发送者身上能发现相同或相似点，他就容易接受发送者所传递的信息。从众心理在心理学上是指那种为适应团体或群体的要求而改变自己的行为和信念的心理。在沟通领域中的从众心理表现为，对传递观点没有明确的意见和看法，是否定还是肯定都是按大家的意见办。

相关链接

“沉默的螺旋”理论

德国女社会心理学家伊利莎白·诺尔·诺依曼提出的“沉默的螺旋”理论认为：人为了避免孤立，在发表自己意见时一般都要观察周围的人意见如何。如果自己的意见属于多数，占了优势，他就会大胆地表明自己的意见；当发觉自己的意见属于少数，处于劣势时，他就会保持“沉默”而不发表自己的意见或转而附和大多数人的意见。“沉默”的结果，使占优势的意见越来越强大，处劣势的意见越来越小，于是便形成了“一方越来越大声疾呼，而另一方越来越沉默下去的螺旋式过程。”诺依曼把这一过程图示如下：

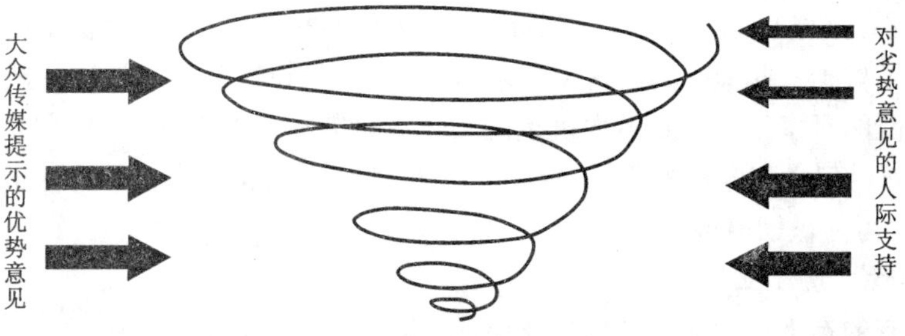

转向沉默或附和的人数

诺依曼的沉默螺旋理论启示信息发送者：要使其传播的信息为无定见的接收者和有定见的接收者所选择、采纳、赞同，都要注意向接收者暗示或说明或证明其所传信息来自大众，是大家的意见。因为，一般人对意见的可靠性、权威性的判断是：大多数人的意见既可靠，又具有一定的威力。只要接收者确认了您传播的意见既可靠又有权威，那他理所当然地要选择、采纳、赞同。

资料来源：林之达. 传播心理学新探. 北京大学出版社第210页.

4. 接收者接受信息与团体规范相关

有时候，不是接收者本人不愿意接受信息发送者的意见，而是由于接收者所在的团体的规范限制了他不能接受发送者的意见。这里的团体规范分为规章制度和道德约束两种。在规章制度中有国家法规、各行各业的行规、学校的学生守则等硬性规范。团体的道德约束是软性规范。硬性规范限制接收者对某些传播信息的选择是比较普遍的，接收者不受其团体硬性规范限制的情况是少数。在海关、税务、国土、质检、审计、公检法等岗位上的工作人员当作为接收者时，大多数会拒绝作为发送者的亲友向他提出有违规的帮助的请求。

5. 接受信息与个体有选择性地接受相关

所谓有选择地接受是指人们拒绝或片面地接受与他们的期望不相一致的信息。研究表明，人们往往听或看他们感情上有所准备的东西，或他们想听或想看的东西，甚至只愿意接受中听的，拒绝不中听的信息。

6. 接收者接受信息的逆反心理

逆反心理就是指人们在接受信息时，对某种观点、立场或结论等具有抵触情绪，进行反方向的思维，表示怀疑和不信任，并进而得出与原结论相反的结论，表现出相反的行为。在信息沟通中，接收者在逆反心理的作用下，对于信息发送者极力提倡的观念反而加以反对，而对发送者所批评或禁止的东西却加以赞赏和接受。

四、理解信息的心理

通常，人总是依照某些经验来接受和理解信息的内容，或根据自己已有的观念来理解信息，对那些与自己原有观念相反的内容则加以排斥或歪曲，使它符合自己已有的观念和立场。

（一）影响接收者理解信息的因素

1. 接收者的动机

有时接收者之所以对信息做出自己的理解，就是在某种动机推动下试图满足自己的某一种或某几种需要。理解的目的往往是想通过理解得到某些东西。美国学者麦克莱勒和阿特金森的实验表明了对于一些似乎隐约可见的东西，处于高度饥饿状态的被试者把它们理解成同食物有关的东西的概率很高，而不太饥饿的被试者则较少地把它们理解成同食物有关的东西。可见只有外界刺激与内在需要相一致时，外界刺激才能起作用，也才能被接收者注意和理解。否则，就可能被回避或歪曲。

2. 接收者的态度或立场

接收者原有的态度或立场也是导致选择性理解的一个极为重要的因素。美国犹太人委员会有志于研究讽刺在减少偏见方面的效果，库珀和雅霍达为了研究反偏见的漫画在减少偏见方面的效果，塑造了一个夸张的漫画形象“比戈特先生”，令他在规定情境下有意显示出偏见的可笑。例如，其中有一幅漫画，比戈特先生躺在医院的病床上已经奄奄一息。可他还在对医生说："万一我必须输血的话，医生，你要保证给我输第六代美国人的蓝血(blue, sixth - generation American blood)!"漫画的意图是让观众看见偏见的可笑并减少自己所持的偏见。可是大约有2/3的被试者误解了漫画的意图，说漫画的目的在于使偏见合理化，因为漫画表明别人也有偏见，因此自己有偏见就不足为怪了。而原本不太有偏见的人多能理解漫画的意图。可见无论有无偏见的人从漫画中看到的都是能够稳定和加强他们原有态度的因素。

3. 接收者的情境态度

卢奔和卢卡斯利用催眠术将被试者引领进入不同的情境状态后，给他们看一张一群年轻人在一片沼泽地里挖掘的图片，发现由于个人所处的心境不同对图片的描述有极大的差异。同一个被试者处于愉快心境时对图片的描述是："看起来很有意思，唤起了我对夏天的记忆。这就是生活的目的，在野外锻炼——挖掘泥土、种植、看着它们成长。"当他处于批评性心境时则述为："相当可怕的地方。对处于这种年龄的孩子来说应该做些更有益的事情，而不是挖掘这种东西。不干净、肮脏、毫无益处。"在被引领进入焦虑心境时对同一幅图片的描述为："他们会弄伤自己。应该有大人在旁看护以防事故。我真想知道水有多深。"

4. 接收者的个性特点

接收者的个性特点也会对人的理解产生影响。有一个故事说一位父亲有两个儿子，一个儿子非常乐观，另一个儿子极端悲观。父亲觉得过于乐观或过于悲观都不好，于是，父亲在一间房间里堆满了马粪，让乐观的儿子在里面呆一天；在另一间房间里堆满了各种各样吸引人的玩具，让悲观的儿子在里面呆一天。到了这一天的晚上，父亲进到堆满马粪的房间，看见乐观的儿子正喜气扬扬、挥汗如雨地刨着马粪，丝毫没有沮丧或悲伤，他告诉父亲在马粪的下面肯定藏着好东西。父亲又到另一间房间，发现悲观的儿子坐在玩具堆前伤心地哭着。儿子告诉父亲他担心这些好玩的玩具会打坏。

信息接收者选择性理解的存在，使得在实际的信息沟通过程中，编码和解码两个过程并不对称，所受的信息常常并不等于所传的信息，二者可能相去甚远甚至相反。

（二）接收者理解信息的心理表现

1. 接收者在理解信息的过程中，主要表现为求真意

接收者收到的信息并不都十分明确，有时即使言词明确，但在表面言词之下却可能有隐含的意义，这就不能不使接收者产生一定的心理紧张，"他说的究竟是什么意思?"这就要求"真意"，即所谓"锣鼓听声，听话听音"，为了理解"真意"，在解释信息的时候就要利用各种各样的线索。在语言沟通中，信息由语言构成，但同时总伴随着发送信息者说话的声调、发言的时机、文字的字体等非语义因素。尤其是面对面沟通的场合，还伴随着发送信息者的表情、视线、姿势、动作等各种各样的非语言表现。语言信息是发送信息者有意识地发出的，而非语言表现虽然也具有同语言一样的固定的象征性意义，却多数是无意识地显示出来的。这种无意识地显示出来的东西，能够帮助接收信息者更有效地理解发送信息者的"真意"。因此，在解释信息的时候要利用各种各样的线索，如发出信息的表情、视线、姿势、动作、说话的声调等等。

2. 接收者在接受信息时，常常有选择地理解信息

如前所述，人们在理解信息时，常常受到个人的知识、经验和个性心理特征等的影响。也就是说，人们常常有选择地接受和理解信息，对同一信息，不同的接收者可能有不同的理解。这种选择性理解主要表现为几种情况：

(1)深度不同。对同一信息从不同的深度去理解，这有几种可能：部分理解信息的意义；完全理解信息本身的意义；不但能完全理解，而且还能对信息进行补充，并与之产生联想，也就是可以从发展的角度去理解。

(2)从各取所需的角度去理解。这种情况在日常工作中随时可见，不同的人对同一条文可作各种解释，在解释信息的时候，常常会出现个体根据自己的口味、既有的经验或常识来加以理解的情况，如在黑板上面一个“0”，数学家说它是一个圆，运动员说它是一个球，作家说它是一轮明月，儿童说它是一只饼，语言学家说它是句号。尤其在信息内容本身不明时，接受者更有可能根据以往的经验、当时的需要和社会情境来加以理解。

(3)只理解与自己有关的部分信息。即便是最简单的信息都由若干部分或几种，甚至为数众多的信息组成，接收者在理解信息时，可能有这种情况，只去理解所需的部分，对其余则略之或弃之。

第四节　沟通障碍与沟通改善

在沟通过程中，由于各种因素的影响和制约，会使沟通难以全面、准确、迅速地进行，造成沟通障碍。因此，必须分析影响有效沟通的障碍，采取切实可行的措施，提高沟通的效率。

一、沟通障碍

所谓沟通障碍，是指信息在传递和交换过程中失真或中断。而信息失真则表现在添加、省略和改变三个方面。造成沟通障碍的因素很多，从沟通的主客观因素分析，造成沟通障碍的主要因素可归纳为两个方面。

(一)沟通中的主观障碍

沟通中的主观障碍主要是指信息发送者与接收者在信息传递和交换过程中，受其主观心理因素的影响和制约，而不能正确有效地进行信息沟通的障碍。

1. 个体的性格、气质、态度、兴趣、情绪等的差别造成的沟通障碍

如果管理者性格豁达，平易近人，会乐意听取意见；反之，如果管理者优越感强，居高临下，咄咄逼人，则难以进行主动的沟通，一个诚实的人所传递的信息会得到他人的相信，而一个轻浮者传递的信息，则难以为人接受。发送者的态度和兴趣会影响他发送出去的信息的质量。而接收者也经常根据自己的态度、兴趣，有选择地去听、去看信息(在行为心理学上，叫做选择性知觉)。在解释接受到的信息时，接收者也会把自己的态度和兴趣带进去。同时，沟通双方的情绪也会影响沟通的效果。这是因为个体在不同的情绪下，对同一问题会有不同的解释，尤其是在狂喜、狂怒和抑郁等一些极端的情绪状态下，常常使人不能客观、理智地思考问题，阻碍了信息沟通的顺利进行。所以，管理者在情绪激动的情况下最好不要做决断，以免造成失误。

2. 双方在知识、经验水平上的差距过大造成的沟通障碍

在沟通中，由于双方在知识上的差异，可能会使接收者不能完全理解甚至曲解发送者的意图，或发送者不能以最易被理解的方式表达他的意图，从而降低了沟通的效果。比如一位老师很有学问，但由于他不善讲课，那么学生要从他那里学到东西也不容易。此外，在现实生活中，人们往往会凭经验办事，经验丰富者往往对沟通的信息做全面的考虑，周到细心，

而经验不足者却往往忽略细节，粗心大意。特别是沟通双方往往依据经验上的大体理解去处理信息，使彼此理解的差距拉大，形成沟通的障碍。

3. 个体记忆、思维能力的影响造成的沟通障碍

在管理中，组织内的沟通一般是依据组织系统分层逐级传递的。然而，在按层次传递过程中信息量往往受到个体记忆能力和思维能力等的影响而减少，从而降低信息沟通的效率和效果。有关研究表明，在进行口头沟通时，每传递一次信息大概要损失所传信息量的30%，即使附有书面解释，也难以表述信息的全部含义，对信息接收者来说，员工只能记住他所接受信息量的50%，管理者只能记住他所接受信息量的60%。这显然给有效的信息沟通造成严重的障碍。

4. 个体知觉选择性偏差所造成的障碍

发送和接受信息也是一种知觉形式。但由于种种原因，人们总是习惯接收部分信息，而摒弃另一部分信息，这就是知觉的选择性。知觉选择性所造成的障碍既有客观原因，又有主观原因。客观原因如组成信息的各个部分的强度不同、对接收者价值大小的不同等，都会使一部分信息容易引人注意而为人接受，另一部分则被忽视。主观原因也与知觉选择时的个人心理素质有关，在接收或转述一个信息时，符合自己需要的、与自己有切身利害关系的，容易“听进去”，而对自己不利的、有可能损害自身利益的，则不容易听进去，从而影响沟通的顺利进行。

5. 语言系统使用不当造成的沟通障碍

信息通过语言、文字及其他符号来传递，但若使用不当就会造成沟通障碍，这主要表现在：发送者在提供信息时表达不清楚，或接收者接受失误所造成的误解。由于语言符号的记忆模糊所导致的信息失真。语言表达不清、使用不当，使用方言、土语等造成理解上的困难或产生歧义，年龄、教育程度、文化背景是三种较为明显的因素，会影响到人们对语言的使用及对字眼的定义。

（二）沟通中的客观障碍

沟通中的客观障碍主要是指沟通过程中因信息沟通渠道、组织结构以及沟通中的环境等客观因素的影响和制约，导致沟通不能准确有效地进行。

1. 空间距离造成的沟通障碍

空间距离对信息沟通及其效果影响很大。一般来说，信息的传递者和接收者进行面对面的交流，有利于把复杂的问题说清楚，提高沟通的效率。如果沟通双方距离太远，接触机会少，只能借助于诸如通讯等手段传递和交换信息，就很难把复杂问题说清楚，时间上也耽误得太多，从而影响沟通效果。此外，由于沟通双方社会背景等的差异而形成的社会距离也会影响沟通的效果。

2. 沟通方式选择不当造成的沟通障碍

上节介绍的沟通形式和网络多种多样，而且不同的形式有不同的优缺点。如果不能根据组织目标和特点选择适合的沟通形式，将会导致组织沟通效果下降，现代组织越来越庞大，中间层次不可避免地增加，在这种情况下，如果仍沿用传统的垂直沟通形式，沟通速度必定会很低，沟通效果也不会好。

3. 沟通信息过量造成的沟通障碍

人们在传递和交换信息的过程中，都有一个信息量限度的问题，如果一次沟通中信息量

超过所能接受的限度，沟通者就难以准确甚至不能接受超过限度的信息量，从而造成沟通障碍，影响沟通全过程的有效性。而现代组织中的管理人员大都有一种共同的抱怨：说他们几乎被信息淹没了，如果一切沟通的信息都予以处理，则组织的实际工作一点也不能做了。因此，沟通中的信息量并非越多越好，重要的是要把充分有用的信息传递出去。信息过量，反而会使沟通进程难以有效进行下去而形成阻塞，就像交通阻塞一样。

4. 组织机构不合理引起的沟通障碍

一般来说，合理的组织机构和沟通网络有利于信息沟通，但如果组织机构臃肿，机构设置不合理，各部门之间职责不明、分工不清，形成多头领导；或因人设事、人浮于事；或沟通网络混乱；或沟通网络不适合组织机构。都会影响沟通的有效进行，还容易使传递的信息失真，浪费大量时间，影响信息的及时性。

二、克服沟通障碍与提高沟通效率

（一）创造平等合作的沟通环境

作为社会中的人，只有通过彼此间相互交往和沟通，诉说各人的喜怒哀乐，才能增进感情，产生亲密感。但组织内机构地位的差别容易产生沟通障碍，这就需要组织有意识地去创造一个平等合作的内部环境，形成畅所欲言、相互理解的气氛。作为沟通的主导者，要尽可能减少与对方的差异，一般应该注意：选择对方喜欢的媒体或沟通环境；信息源在对方心目中享有高度的可信度；减少双方立场上的差别；在沟通主题范围内，选择对方熟悉、喜欢、认可的词汇或趣闻；关注信息接收者的绝大多数；当对方的认知产生积极反应时，要予以鼓励等。沟通者所传递的信息要具有特定的价值标准，如：影响力，包括影响的人员数量、影响效果的快捷性与程度、不同效果之间的互动性；接近性，即信息内容与对方关注的问题的距离程度；及时性，即信息要新鲜、及时，防止过时；显著性，信息中知名的或公认的成分高；新奇性，即信息具有新闻特征，少、奇、新、信；冲突性，即信息反应特定的冲突事件，或内容冲突丰富等。

相关链接

家校沟通障碍在哪里?

一些学校开家长会，不仅学生害怕，家长也害怕，这主要是家长和老师日常缺乏有效沟通。家校沟通障碍在哪里呢？2006 年 10 月，北京育英学校对 328 名不同年级学生做的问卷调查显示：36.3% 的学生听说开家长会心情紧张；家长会后，11.3% 的学生与教师关系变得紧张，20.1% 的学生与家长关系紧张，30.5% 的学生受到严肃批评并被限制活动。家长会为什么会导致这样的结果？其中一个重要原因是一些家长平时不能及时有效地和老师、孩子取得沟通。

家长是沟通学校、老师和孩子之间的桥梁。在一个孩子的成长过程中，学校和家庭是一对不可分离的教育者，学校教育需要家长的支持，家庭教育需要学校给予科学的指导。只有学校教育与家庭教育步调一致、相互补充、形成合力，教育才能成功。如果教师不了解孩子在家的情况，家长也不知道孩子在校的表现，二者相互脱节，就会形成教育的盲区，不利于对孩子的培养。所以，家长必须与老师进行良好的沟通和交流。从某种意义上说，家庭也是重要的教育场所，家长既是孩子的启蒙老师，又是沟通学校、老师和孩子之间的桥梁。做好孩子和老师之间的相互沟通工作，协助老师了解和教育孩子，教育孩子尊重和理解教师，这些工作家长都不应当忽视。

那么，家长怎样才能恰到好处地当好桥梁这个角色，与老师和孩子进行良好的交流呢？家长必须充分、切实地认识到家庭教育与学校教育结合的重要性，经常及时、主动地和老师联系，与孩子对话，以便一方面把孩子在家里的情况和对老师教育、教学的意见反馈给老师，同时配合老师，共同做好对孩子的教育工作，搞好孩子的学习。比如，发现孩子的思想、行为出现了某种反常，或学习成绩产生较大波动时，都应及时主动地向老师反映，和老师一起探寻其中的原因和解决的方法。诚恳虚心地听取孩子的在校表现，中肯坦诚地反映孩子的在家表现。找老师交流情况，要尊重老师，要诚恳、谦逊。同老师交流，家长既要充分听取老师的意见，也要适当坚持自己的正确判断。不能把"配合老师工作"简单地理解成"老师怎么说，家长怎么做"。家长若发现老师掌握的情况有偏差或解决的办法不能奏效时，也可以开诚布公地同老师交换意见。家长同老师交流，考虑到老师工作繁忙，也不一定每次都要到学校面谈，我们还可以利用现代信息技术，通过电话、短信、互联网，建立起学校与家庭、老师与家长密切沟通的平台。有些话当面不好说的，借助于这些平台也许可以更冷静更有效地解决问题，从而更好地达到交流的目的。

资料来源：文汇报，2006－10－09．夏莲花文改编．

（二）选择合适的沟通方式

1．根据沟通内容的特点不同，选择不同的沟通方式

如果所要沟通的内容是上级的命令、决策等重要事宜，或是依照规章制度行事，则适宜选择正式沟通和书面沟通。若沟通内容属于规章制度以外的问题，或属于组织成员的琐碎小事，则选择非正式沟通或口头沟通，沟通效果可能更好。但什么时候都不能绝对化，最佳选择还需通过实践摸索。

2．根据沟通双方的特点不同，选择合适的沟通方式

有些人非常看重制度和程序，与这些人进行沟通，最好选择正式和书面的沟通。而有些人比较注重目的和结果，如能达到目的，可以不顾制度和程序的约束。这些人在进行信息的沟通时，倾向于采取非正式和口头的沟通方式。

3．根据沟通方式本身特点的不同，选择合适的沟通方法

具体来说，应注意：(1)根据传达速度快慢进行选择。不同的沟通方式，沟通速度差异较大。一般地，非正式沟通和口头沟通的速度，要快于正式沟通和书面沟通。若信息源希望尽快将信息传递给信息的接收者，可以选择非正式沟通（或先非正式后补以正式）或口头沟通（或先口头后书面）。(2)根据反馈速度快慢，进行沟通方式的选择。利用不同的沟通方式，得到反馈的速度也有差别。一般地，口头沟通、面对面的沟通，可以很快得知对方的反应和理解；书面沟通，有时却得不到反馈。(3)费用开支。不同的沟通渠道，涉及的费用开支大小会有差别。如双方相隔遥远的情况下，要进行面对面的口头沟通就需要很多费用开支，而发E－mail、传真、写信就很便宜。(4)责任心和重视程度。使用沟通方式的不同，责任的建立及托付的程度也就不同，双方对问题重视的程度也会不同。正式的、书面的沟通，双方都会给

予必要的重视，而且一旦发生，责任也随之明确，如计划、决策的传达、职务任免通知等；而口头沟通、非正式沟通情况下，一方可能认为只是说说而已，责任很难明确，甚至故意否认事情的发生（无证可查）。如沟通一方认为事情很重要，需要做到责任分明，最好选择正式（或先非正式后补以正式）和书面（或先口头后书面）沟通。

（三）运用灵活的沟通技巧

1. 要提高信任度

群体中的成员，要想使自己发送的信息被他人接受，首先就要取信于人。尤其是组织的上层领导，要做到言必行、行必果，才能取得员工的信任，发布的信息才能被员工接受，有效沟通才能形成。

2. 要正确地使用语言文字

语言文字运用得是否恰当直接影响沟通的效果。使用语言文字时要简洁、明确，叙事说理要言之有据，条理清楚，富于逻辑性；措辞得当，通俗易懂，不要滥用辞藻，不要讲空话、套话。非专业性沟通时，少用专业性术语。可以借助手势语言和表情动作，以增强沟通的生动性和形象性，使对方容易接受。

3. 要学会积极倾听

在口头沟通，尤其是面对面的沟通中，积极倾听对沟通效果非常重要。在别人讲话时，我们的听可以分为倾听和被动的听两种。倾听就是主动对信息进行搜索，而单纯地听就是被动的听。倾听之所以重要是由于在倾听时，双方都在思考，促进了信息的理解和接受。要发展积极倾听的能力，需要从以下几方面入手：①与说话人进行目光接触，这样可以使你精神集中，减少分心的可能性，并能鼓舞说话者；②使用赞许性的点头和恰当的面部表情，这可以表明你在积极地聆听，对说话者传达的信息感兴趣并能理解；③恰当地提问，显示积极的倾听者自己的思维也在动，他在听的时候，会对自己听到的信息进行一定的分析，并恰当地提出问题，这样既可以提高自己接受信息的清晰程度，保证理解，也可以使说话者知道你在认真听；④避免中间打断说话者，让说话者把意图完整地表达出来；⑤恰当地使用复述，复述指听话者使用自己的语言将对方的意图重复一遍，这样，一方面可以使听者不易走神，另一方面，还可以检查听者理解得是否准确。

4. 要克服沟通中的不良习惯

尼柯斯曾列举了沟通中存在的十种不良习惯：对说话对方所谈的主题没有兴趣；被对方的姿态所吸引，忽视了对方所讲的内容；当听到与自己意见不同的地方，就过分激动，不愿再听下去，把其余的信息都抹杀了；仅注意事实，而不注意原则和推理；过分重视条理，而对欠条理人的讲话重视不够；过分造作掩饰，而不重视真情实质；心不在焉；对较难的语言不求甚解；当对方的语言带有感情时，则听力分散；在听别人讲话时，思考别的问题，顾此失彼。这些不良习惯往往影响着沟通的有效进行，需要摒弃。

（四）注意信息反馈

沟通只有在信息发出者清楚信息已被对方接受并得到反馈意见后才算完 成。在沟通过程中，要尽量多听取信息接收者的反馈意见，以搞清楚接收者对传递信息是否真正了解，以便及时调整信息发送的速度、方式，使接收者完全、准确地了解。反馈可以是语言的，也可以是非语言的。如上级问下级：“你有意见吗？”“你明白我的话了吗？”就是在核实对方是否理解了自己的真实意图。让对方用自己的话复述信息，也是一种常用的反馈方式，同样，在你对着许多人讲演时，你可以从听众的表情、眼神等许多非语言线索中，了解他们是否接受你发出的信息。在组织中，这种反馈要求是双向的，即下级主管部门经常给上级领导提供信息，同时接受上级领导的信息查询；上级领导也要经常向下级提供信息，同时对下级提供的信息进行反馈，从而形成一种信息环流。

本章概念

沟通　正式沟通　非正式沟通　单向沟通　双向沟通　口头沟通
书面沟通　上行沟通　下行沟通　平行沟通　沟通网络　正式沟通网络
非正式沟通网络　语言沟通　非语言沟通　辅助语言　类语言
沟通障碍　沟通中的主观障碍　沟通中的客观障碍

问题思考

1. 沟通是一个社会性的过程，每一个参加者都是积极的主体。请结合沟通的过程模式谈谈如何提高沟通效率。

2. 沟通的种类很多，从不同的角度有不同的分类。试分析和比较沟通的主要形式。

3. 正式沟通网络是由组织正式规定的信息沟通渠道所形成的沟通结构形式。在组织中正式沟通网络有哪些类型？

4. 正式沟通网络的每一种都有其优缺点。作为管理者，应如何选择一种有效的沟通网络？

5. 思考一下你听说的谣言：这些谣言针对什么事，是怎么产生的，有多大的准确度，人们是怎样对待的，你能从中得到什么启发？

6. 你是否经历过或看到过其他因为不能很好使用一种共同语言而出错？你怎样同其他和你使用不相同语言的人打交道？

7. 非语言沟通在人际沟通中占有重要的地位。作为管理者，应如何识别各种非语言符号？正确使用非语言符号提高沟通效率？

8. 你是否在该向某个人传递信息和观点的时候而没有这样做？为什么？那样做是正确的吗？理由是什么？你因已经或没有传递不利信息而自鸣得意的原因是什么？你因此而懊悔的原因是什么？

9. 在沟通中，由于沟通者的主观因素造成的障碍很多。请你谈谈这些主观障碍是如何影响沟通效果的？

10. 管理者大部分的时间都在与人沟通，请你谈谈应怎样改善沟通。

☞ 案例分析

高智力人群的管理

1998 年 9 月的一天，智明公司会议室的空气显得比较沉闷，郑总经理、人力资源部蔡经理和新进公司的15名技术人员正在进行严肃的对话。

郑总："听说你们要集体辞职，能把你们的想法告诉我吗?"

一片沉默。

郑总："这段时间来，公司业务发展很快，平时我尽忙于处理事务性工作，一直没有抽出时间来关心你们，很抱歉。今年能从我所向往的名牌大学招收到你们，你们愿意来我们公司，我非常高兴，也非常重视你们，不希望你们离开。"

还是一片沉默。

郑总："今天我真心诚意来听取你们的想法和意见，有什么话大家尽管说，我尊重大家的各种想法。"

会议室稍有动静。

甲开口："今年4月份贵公司到我们学校招聘，出于毕业后有所作为的想法，我们慕名来到这里。但是，公司的管理令我们感到很失望。从进公司的第一天起，我们只是接受任务，一天到晚埋头干活，干得不明不白的，无从了解我们工作是为了什么。"

乙接下去说："招聘的时候，林经理(林经理是某项目的负责人，被临时抽调去招聘新员工)答应的月工资是1600元。7月23日，我们来报到了，报到后方知试用期工资仅850元/月，月底拿到的第一次工资是按天计算的，8天总计是213元，这无疑给我们泼了一盆凉水。第二个月的工资，扣掉办理有关的人事手续费100元，午、晚餐伙食费300元，再扣掉住宿费用100元，到手的仅有300元；工资的高低并不是最重要的，这种计算报酬的方法是对我们的轻视，也是对我们母校的公开蔑视。我们会告诉母校以后不要再推荐同学来这里工作。"

丙也开口了："你们这么斤斤计较，按天给我们付酬，我们也只好按小时来计算工作。以往我们为了完成项目，考虑到工作的连续性，经常自愿加班到夜晚11点。我们愿意这么做，也从工作中找到不少的乐趣，但我们学乖了，不必那么卖力，到了下班时间，该下班就下班。我们清楚手上的项目要在9月10日前完成，现在明确告诉你，就是到了11月10日也交不了差的。"

甲又说："不过，我们已经商量好了，现在暂且不辞职，等学到本领后再离开这里。"

听到这里，郑总说："谢谢你们都讲了真心话，公司成立两年来，我和几个副总经理白手起家，奋斗打拼，才有目前的结局。由于订单都做不完，我们一直没有时间认真考虑管理上的问题。前些日子，我碰巧听了一个有关人力资源的讲座，深受启发。回来后，我马上成立了人力资源部，还聘请了省委机关部门的处长来负责企业管理部，你们看(他指着人力资源部经理)，我还请来了一位受过正规MBA教育的研究生来帮助我制定各项规章制度，希望能做到公司所有成员和公司一起发展。现在，管理水平的提高是公司迫在眉睫的事情。请你们相信我，给我一段时间，我会做得让你们满意的。你们先回去安心工作。"

技术人员离开后，郑总回头对蔡经理说："你一定要帮帮我，把他们的积极性马上调动起来。"

蔡经理回到办公室后，开始分析公司的基本情况，并着手进行一份问卷调查的计划。

智明公司是专门从事计算机软件开发的民营高科技企业，两年前，郑总经理和另外四名技术人员共同筹资成立了该公司。目前，公司在全国拥有10个分公司，职工417人，几乎所有的人员都是技术出身。企业根据项目来设立负责人，形成柔性的组织结构。除了四个副总经理和五个职能部门外，其他成员的责任随项目变化而变化。所有员工均是通过各种渠道招聘来的，部门经理大多数在26岁至30岁之间。

（1）公司的报酬政策。在报酬管理方面，公司实行保密工资制，由总经理和职工直接商定职工的工资。工资确定后，员工之间不得相互打听，不得泄漏各自的工资收入额。基本可以说，整个工资管理完全由总经理控制，除财务部门外，其他人无从了解工资确定的标准和发放的依据。据不完全的数据估计，人员的工资水平大致如下：（1）试用期间（3～6个月），本科生850元/月，大专生750～850元/月；（2）试用期合格后，一般技术人员可达2000元/月；（3）中层管理人员，每月3000元左右；（4）技术骨干及高级管理人员，情况则无可估计。

（2）公司的福利情况。由于年轻职工多来自外地，公司就近租用公寓采取补贴的方式为他们提供住宿，每套两房一厅住4人，每人每月交100元的住宿费。再有，公司提供午餐和晚餐，价值450元，收取每人300元的伙食费。另外，企业还为员工按国家规定办理了养老保险和社会保险，并在企业内部建立了医疗互助基金会。除此之外，尚未有更多的考虑。

（3）人员考核的管理。公司对人员的考核形式较为简单，到了年终，一张大白纸分两栏，其中一栏由职工自己填写个人鉴定，另一栏则由小组负责人填写小组评价。由此得来的结果使所有人员的考核结果都基本一样。

为了全面了解员工的需求情况，蔡经理进行了一次"企业现有激励方法调查"。问卷按三种类型的需要进行统计，即第一类型是物质需要，包括工资、奖金、福利待遇、工作条件及工作稳定性等；第二类型是社会需要，包括归属感、友谊、人际关系、被人尊重与承认、领导的认可及领导水平等；第三类是发展需要，包括潜力的发挥、成就感、自我发展、工作本身的意义等。调查问卷共发出400份，回收有效问卷363份。调查结果为下表所示：

		物质需要		社会需要		发展需要	
		人数	比例%	人数	比例%	人数	比例%
25岁以下	263人	109	41.5	27	10.3	127	48.2
26～35岁	89人	27	30.3	16	18	46	51.7
36～45岁	9	5	55.6	3	33.3	1	11.1
46岁以上	2	2	100	0	0	0	0
合计	363	143	39.4	46	12.7	174	47.9

资料来源：厉以宁、曹凤歧. 中国企业管理教学案例. 北京：北京大学出版社，1999：370－374. 原文作者：何燕沙.

问题分析：

1. 智明公司在员工沟通方面存在哪些问题？
2. 本案例中用到了哪些沟通方式？谈谈你的认识。
3. 结合该案例谈谈管理人员应如何改善沟通？
4. 智明公司可以通过哪些手段来扭转目前管理的困境？

参考文献

[1] 托马斯·贝特曼，斯考特·斯奈尔. 管理学(第4版). 北京：北京大学出版社，2004：375、376.
[2] 周晓虹. 现代社会心理学. 上海：上海人民出版社，1996：198.
[3] 克特·W·巴克. 社会心理学. 南开：南开大学出版社，1984：321.
[4] 全国八院校《社会心理学教程》编写组. 社会心理学教程. 兰州：兰州大学出版社，1986：362、367、368、374.
[5] 张笃行，张力行. 社会宣传学. 上海：上海社会科学院出版社，1987：103、105.
[6] 林之达. 传播心理学新探. 北京：北京大学出版社，2005：211.

第五篇　控　制

第十四章　控制的基本原理

学习目标

学完本章之后，你应该能够：

- 为控制下定义
- 解释控制的作用
- 描述控制过程
- 讨论组织可以通过哪些方式创造有效的控制
- 描述组织控制的基本方法

开篇实例

苦心妈妈成了孩子眼里的“母老虎”

说起对母亲的印象，不少人脱口而出的一个词就是“慈祥”。《中国青年报》社会调查中心2005年4月28日至30日进行的一次专题调查显示，年轻人多用“慈祥”(49%)、“善良”(37.8%)、“勤劳”(37.4%)、“和蔼”(26.4%)、“伟大”(25.8%)等词汇来描述自己的母亲。同时，与超过半数(51.8%)的人小时候害怕爸爸相比，只有27.4%的人说自己小时候更害怕妈妈。

然而，同年4月25日的《珠江晚报》上登载了这样一条消息：近日，在湖北省一项近4200名中小学生参加的题为“给我一点时间”的作文比赛中，超过70%的孩子选择了一个共同的题材——被妈妈逼着整天做功课。在这些孩子的笔下，母亲成了“变色龙”、“母老虎”和“河东狮吼”。该报评论称，母亲在孩子心中的形象被妖魔化了。

为什么会出现这样的情况呢？调查发现，抓学习现在已经是母亲教育孩子的重中之重。51.8%的人认为，上学时，母亲对他们学习上的要求“非常严格”；29.8%的人觉得母亲的要求“有点严”；认为“很少管我”和“从不要求”的共有17.6%。看来，在学生时代，孩子们眼中母亲的主要形象就是“严厉”。

除了对孩子学习上的关心之外，为人处世和生活习惯，以及一些生活琐事也是不少母亲心中的大事。她们对孩子生活上的细心关照和反复叮咛，很容易让人觉得“严厉”、“唠叨”，甚至是“蛮不讲理”。

事实上，孩子对母亲的这种不理解只是暂时的，随着年龄的增长，越来越多的人渐渐体会到了母亲当初的良苦用心。调查显示，31.8%的人从小就能理解母亲对自己的要求，而且心甘情愿被“管理”；47.6%的人小时候不能理解母亲，但是长大后逐渐明白了；19.8%的人说自己当时能理解，可就是太贪玩达不到母亲的要求；只有4人(0.8%)至今仍对母亲当年的严格要求心存不满，认为这样的约束使自己的童年失去了乐趣。

因此，尽管绝大多数人长大后都会理解母亲当年的苦口婆心，但是，眼下对子女要求过于严格导致自己成了孩子们眼中的“母老虎”，却是妈妈们应该引起特别注意的问题。

资料来源：成梅. 苦心妈妈成了孩子眼里的“母老虎”. 中国青年报，2005－05－11.

“开篇实例”中的例子只是告诉了你在母亲对待孩子的教育问题上普遍存在着的一种社会现象，如果从控制理论的角度来看，这种施控者对受控者的控制，尽管控制的目的双方都认同，但控制的效果却是双方都不愿意看到的。我们之所以举出这个例子，只是为了强调我们在本章中所要讨论的有关组织控制的几个重要问题，这些问题也许已经或将会在你所从事的各项工作中出现，甚至会在一定程度上影响着你在工作中的满意程度和成功的几率。

本章中，我们将集中讨论与组织控制有关的问题。第一节控制概述：主要探讨控制的含义、管理控制系统的结构以及控制在管理中的地位等内容。第二节控制的分类：主要探讨控制的几种分类方法。第三节控制的程序：主要包括三大程序，即确定控制标准、测定实际工作及纠正已有偏差。第四节有效控制的基本要求：要控制有效，主要应满足七大要求。第五节控制的一般方法：主要介绍了预算、审计、国际质量标准、全面质量管理、六西格玛法、价值工程等几种方法。

第一节　控制概述

一、控制的含义及其在管理中的地位

1. 控制的含义

从管理学的角度上说，所谓控制，是指管理者为了保证实际工作与计划的要求相一致，按照既定的标准，对组织的各项工作进行检查、监督和调节的管理活动。在这里，“控制”一词意味着：①核对或验证；②调节；③与一项标准比较；④行使职权(指示或命令)；⑤抑制或限制。

理解控制的含义，需要明确的要点包括：①控制是管理过程的一个阶段，它将组织的活动维持在允许的限度内，它的标准来自人们的期望。这些期望可以通过计划、目标、指标、程序或规章制度的形式含蓄地或明确地表达出来。②控制是一个发现问题、分析问题、解决问题的全过程。组织开展业务活动，由于受外部环境、内部条件变化和人认识问题、解决问题能力的限制，实际执行结果与预定目标很难完全一致。因此，对管理者而言，重要的是能否及时发现偏差，找出造成偏差的原因并采取措施纠正偏差。③控制职能的完成需要一个科学的程序。要实施控制，至少需要三个基本步骤，即建立控制的标准、将实际绩效同标准进行比较、纠正偏差。④控制的目的是使组织管理系统以更加符合需要的方式运行，使它更可靠、更便利也更经济。因此，控制所关心的不仅是与完成组织目标有直接关系的事件，而且还要

使组织管理系统维持在一种能充分发挥其职能，以达到这些目标的状态。

2. 控制在管理中的地位

控制，既是一种很重要的管理方法，也是一种非常重要的管理职能。作为一种管理职能，控制职能是指：对组织内部的管理活动及其效果进行衡量和校正，以确保组织的目标以及为此而拟定的计划得以实现。

控制在管理中的地位可以从两方面来进行分析：(1)控制职能作为管理的基本职能之一，在管理职能体系(由计划、组织、指挥与控制等所构成)中有着自己独有的功能。如前所述，计划职能预测未来，决策目标，拟定方案，属决策性职能；组织职能设置部门，划分职权，配备人员，落实任务，属执行性职能；控制职能可以发现、纠正工作中的偏差，保证计划的正常执行(此时的控制工作就起了执行和完成计划的保障作用以及在管理控制中产生新的计划、新的目标和新的控制标准的作用)，属保障性职能。控制使管理过程形成一个封闭回路，它既结束了一个管理过程，又启动了下一个管理过程。(2)控制职能与计划、组织等职能有着密不可分的联系。控制曾经被认为是管理的孪生子，其孪生兄弟便是计划。对计划和战略而言，一定的控制是十分必要的。因为一旦管理者制订了计划和战略，就必须保证计划得到执行。换言之，确保其他人正在做需要做的事而不是其他不适当的事。如果计划没有被很好地执行，管理者就必须采取措施对问题进行修正(如果是执行过程中的问题)，或对计划进行修订(如果是计划制订得不切实际)，否则计划便失去了其存在的意义和价值了。这种管理者所采取的措施，就是控制职能。显然，计划是未来的框架，它提供了控制的蓝图；控制系统反过来调节资源的利用和配置，从而有利于计划的执行。同时，要进行有效的控制，还必须有组织保证，必须要配备合适的人员，必须给予正确的指导和领导。因此，控制工作存在于管理活动的全过程中。

二、管理控制系统

1. 管理控制系统的特征

控制系统是向管理者提供有关组织战略和结构能否有效地发挥作用这一信息的正式的目标设定、监督、评估和反馈系统。

管理控制系统则是管理组织系统和控制系统的集合体，它是管理系统的一种特殊形式。其特征主要反映在四个方面：

(1)控制系统与管理组织系统相融合，一方面是控制系统依靠管理组织系统发挥着作用；另一方面是管理组织系统也执行着控制机构的职能(功能)。

(2)控制程序与不同形式的组织机构相适应，使管理控制程序具有许多不同的表现形式。

(3)在与管理组织系统结合中，管理控制系统要求建立和健全实施控制的信息系统和测量机构，以便组织机构更好地执行监控和调节的功能。

(4)管理控制系统包含着人的目的性和能动性因素，较明显体现出人的目的性和控制作用。

2. 管理控制系统的基本结构

控制作为一种作用，至少要有“作用者(即施控主体)”与“被作用者(即受控客体)”以及“作用的传递者”这三个要素。由这三个组成部分组成一个整体，相对于某种环境而言，才能具有控制的功能和行为。因此，我们可以把“施控者”、“受控者”和“控制作用的传递者”三个部分所组成的，相对于某种环境而言具有控制功能与行为的系统，称为控制系统（如图14－1所示）。

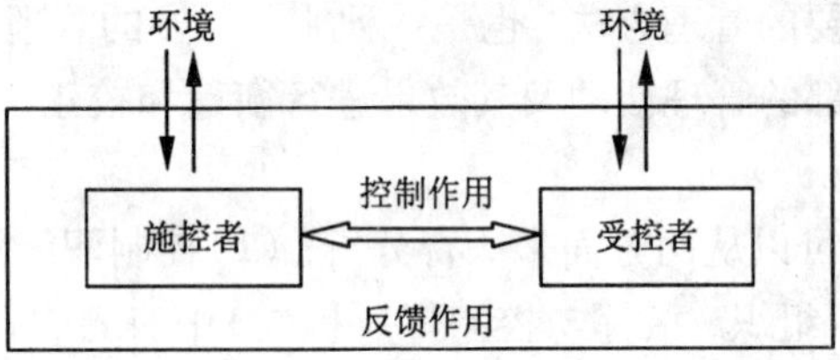

图 14－1 控制系统

组织管理的控制也是一个系统，同一般的控制系统一样，组织管理控制系统也由作用者（即施控主体）与被作用者（即受控客体）以及作用的传递者这样三个要素所组成。

（1）组织管理控制系统的被控对象就是整个组织，即以人为核心的组织中各种要素及其相互结合所形成的运动过程。它具有全面性和统一性。所谓全面性，即组织中各个环节和各个部门，都无一例外地受到控制。所谓统一性，是指要把组织内的各项工作当作一个整体来控制，而不是对各项工作孤立地进行控制。组织管理控制系统强调控制对象的整体优化，注意整体的协调一致，反对顾此失彼，甚至相互矛盾的控制。

（2）组织管理控制系统的控制器主要是组织的管理者。在组织管理控制系统中，管理者是主体，具有自觉的能动作用，能够按照客观条件的变化有意识地调节控制的内容和方式。但是，作为控制器的管理者，不仅是指组织的高层管理者，它还包括组织内各层次的管理者，甚至还包括组织中的每一个成员。因为每个成员作为管理客体是被控对象，而作为管理主体从事各种活动时也会起控制作用。因此，在组织管理控制系统中，控制器实质上是一个以人为主体的、具有层次性的整体。

（3）组织管理控制系统中的信息反馈机构，就是用既定的程序、方法和手段综合处理信息，并将其提供给管理者的机构。这个机构以收集、加工、整理、贮存信息为主要任务，通过向组织决策层和职能管理部门及时提供必要的信息，辅助管理者进行组织的有效控制。信息反馈机构主要是通过一种被称之为“反馈”的过程来起控制作用的。反馈是控制论的一个最基本的概念，它是使控制系统的信息（或称给定信息）作用于被控系统后产生的结果（真实信息）再输送回去，并对信息的再输入发生影响的过程。简单的反馈形式如图 14－2 所示。

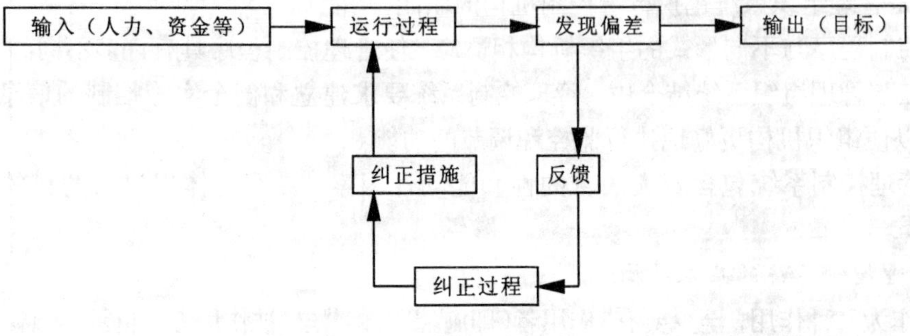

图 14－2 简单的反馈形式

相关链接

“雷神”防空导弹系统

2007 年 2 月 7 日，伊朗伊斯兰革命卫队向媒体公开了一段导弹发射的视频画面：伊朗成功进行了“雷神”(TOR，又译为“道尔”)M1 防空导弹系统发射演习，发射的导弹准确命中目标。

伊朗于 2005 年 12 月从俄罗斯进口了价值 7 亿美元的 29 套“雷神”近程防空导弹系统，主要部署在布什尔、纳坦兹、设拉子、伊斯法罕等 16 处核电站及相关核材料处理工厂——显然伊朗已将“雷神”防空导弹系统看做是保护其核电站及相关核材料处理工厂与捍卫主权和领土完整的“杀手锏”。

“雷神”防空导弹系统是世界上最先采用垂直发射方式的近程防空系统，同时也是一种全天候、全自动、三位一体(目标搜索、跟踪和导弹发现装置同时装在一辆车上)的新一代高性能防空导弹发射车。它具有警戒、指挥与控制、制导与发射等多种功能，既可以独立作战，也可与其他发射车协同作战。它可在低空、超低空和近程区域内拦截多种非隐身与隐身空袭目标，如固定翼飞机、直升机、无人机以及巡航导弹、空地导弹、反辐射导弹和精确制导炸弹等，主要用于保护地面部队和一些重要目标免遭敌人空袭，其性能在同类系统中出类拔萃。

“雷神”导弹发射车由履带式底盘、发射装置、导弹和火控系统四大部分组成。在此，我们着重从管理控制系统的角度来看看它的火控系统的工作过程。

“雷神”导弹发射车上配用的火控系统，是由搜索制导雷达、跟踪雷达、自动电视跟踪器、指挥显示控制台与敌我识别系统等组成。其作战过程分为 5 个阶段：发射准备、导弹弹射离架、转向目标、控制飞行和摧毁目标。

“雷神”防空导弹系统的具体工作过程为：当搜索雷达检测到来袭目标的信号后，系统会进行以下操作：

1. 立即进行敌我识别，经威胁判断建立目标优先等级，随后给出目标指示，系统中的计算机进行目标分配。

2. 导弹发射筒上的发射口盖在 1.5～1.7 秒之后会由液压系统打开。

3. 整个转塔立即调转到目标指示方向。制导雷达开始空间搜索，可连续进行 3 次逐步扩大方向角和俯仰角的空间搜索。通常情况下，在 3 秒后就可完成目标捕获并转入自动跟踪。

4. 火控计算机利用目标运动诸元进行射击诸元计算，对待发导弹(车上载有 2 个导弹模块，共计 8 枚 9M330 型或 9M331 型导弹)进行加电、陀螺启动、发射前检测和装定各种参数。

5. 当导弹射击控制台上显示“导弹准备完毕”信号后，操作员按下发射按钮，筒内的冷发射装置启动，导弹将在 0.7～1 秒内被弹射到 18～20 米的高度，这时弹体中部的小喷管喷气，操纵导弹按要求方位转弯，导弹转弯后，弹上固体火药发动机点火，导弹进入初始飞行阶段，上述过程约需 1.6 秒。

6. 雷达已在预定方向，以 20 度宽波束等待导弹和截获，雷达以 5 度宽波束截获到导弹并把导弹坐标信息送到计算机，并进行制导，通常在导弹飞行 700 米左右完成初段交接。

7. 雷达测量目标与导弹的相对位置差，并送给计算机，计算机计算出修正量，形成指令编码，由指令发射机进行调整，并通过雷达天线发射给空中飞行中的导弹。导弹接收后形成控制量，控制导弹的飞行弹道，最后在目标的上方引爆战斗部，形成约1 870块(约3克/块)破片，杀伤半径15米。为了满足导弹武器系统既能拦截中低空飞行目标，又能拦截超低空的目标，导弹采用了三种导引方式：三点法、比例导引法和弧形弹道。最后，“雷神”系统根据目标的运动参数变化，计算机可决定是否对该目标发射第2、第3或第4枚导弹。并且，该系统在性能上拥有一次拦截2个空中目标，消灭目标后，就自动转向下一个目标，直到备弹用尽(共计8枚)为止。

上述“雷神”防空导弹系统的工作过程，就是个典型的信息反馈过程。

资料来源：方正. 伊朗新撑起的防护伞. 坦克装甲车辆，2004(4)：27－30.

第二节 控制的类型

在系统控制中，由于控制的对象不同，控制的目的不同，系统的状态不同，所运用的控制方式(或控制类型)也不同。系统控制的方式是多种多样的，各种控制方式也并不相互排斥。为有效地实现管理的目标，往往是多种控制方式交叉使用。对于同一个系统，也可以从不同角度考察它的控制方式。

一、按照控制的逻辑发展，可分为试探控制、经验控制、推理控制和最优控制

1. 试探控制

试探控制也叫随机控制，是一种原始的控制方式，也是其他控制方式的基础。

当我们碰到一件棘手的事情，或者是遇到了从来没有碰到过的新状况而又不能选择逃避时，常常只能采取“摸着石头过河”的办法去试试了，这便是最简单的试探控制。试探控制是在人们对解决问题所必需的条件不了解，对控制对象的性质不清楚的情况下所能采取的唯一办法。它是完全建立在偶然机遇的基础上，是“试试看”思想在控制活动中的体现。

试探控制在获得成功之前，一般要付出极大的失败成本。换言之，这种控制方式有较大的风险，对事关重大的活动，一般不宜采用这种控制方式。在人类社会发展的初期，人们的知识十分有限，因而常采用试探控制；然而即使到了今天，无论科技如何发达，客观世界总会存在尚未被认识的事物，此时，试探控制往往成为人们唯一可以选用的办法。

2. 经验控制

经验控制也叫记忆控制，是一种应用广泛的控制方式。试探控制所得到的直接成果就是经验，把由试探控制得出的结果用于指导下一次控制，就是经验控制。单纯的试探控制并不强调记忆，如果运气不好，就要花费很长的时间才能达到目的。改进的办法是增加一个记忆装置，以便把不能达到目标状态的输入都从下一个控制过程排除出去。例如，我们要用手中的一串钥匙去开锁，如果我们通过试探控制把每次试过之后的钥匙记下来，可使试探的范围逐步缩小，最后，在这串钥匙中找到可以打开锁的那一把。下一次开锁时，我们就可以直接运用以往的经验，很快就会达到目的。显然，经验控制能够提高控制效率。

值得注意的是，事物总是不断发展变化的，如果情况发生了变化(如锁坏了，换了一把新锁)仍一味照搬过去成功的经验，或者把某一时期的经验当作教条(仍用原来的钥匙开锁)，显然这样的控制是达不到控制目的的。

3. 推理控制

推理控制也叫逻辑控制，是试探控制和经验控制相结合的产物。它通过中间起过渡作用的媒介实现控制，因此又叫共轭控制。

推理控制就是根据事物之间的相似性，用类比的方法，将一种事物的控制用于另一种事物的控制。例如，三国时期的“曹冲称象”。曹冲是把大象引到一只船上，在船上刻下吃水线，再把大象换成石头，也使船沉到同样的吃水线上，通过称出石头的重量来推断大象的体重的，如此便很好地解决了小秤无法称出大象体重的问题。这个方法实际上就是推理(或共轭)控制方法。由于这种控制方法归根到底是使用别处的经验，所以也可叫经验转移。其过程是：

事物甲 —相似→ 事物乙 —经验控制→ 事物乙的结果 —推理控制→ 事物甲的结果

这里关键是“相似”，即事物甲与事物乙的基本性质要大体相似，否则事物乙的经验难以指导对事物甲的控制。科学技术的发明创造，有不少是通过推理控制的方式来获得的。实验方法也是一种推理控制，即把模型上的实验结果用于控制原型。

4. 最优控制

它是控制方式发展的高级阶段，是在前面三种控制方式的基础上，通过精确地分析和推导得出的，是“选优求好”的思想在控制活动中的具体体现，是人类主观能动性高度发挥的产物。

所谓最优控制，就是符合最优标准的控制。其核心思想是：不仅要保证实现控制目的，而且强调要在较短的时间内，以尽可能少的人力、物力、财力的消耗(即系统的输入量)来实现控制目的；或者在同样的时间、资源条件下，使系统的输出达到最佳目标状态。这就要求在实际控制前或控制过程中，提供多种可供选择的方案，以便在实际控制时能够获得最优的方案，使受控系统能够达到最好的结果。

一般而言，受控系统的每一输出，都是由相应的输入产生的，最优控制就在于不断调整输入，以保证输出达到最优。

二、按照控制的信息有无回路，可分为开环控制和闭环控制

在系统控制中，没有信息反馈机制的控制称为开环控制；具有信息反馈机制作用的控制称为闭环控制。

1. 开环控制

开环控制是系统不将输出信息返送回原输入端，并形成再控制的直链式控制方式。开环控制是由首尾不相接的一连串环节所组成的，其中后面的环节对前面的环节没有影响或影响极微。也就是说，这种控制方式几乎不存在反馈，信息构不成闭合回路，如图 14－3 所示。

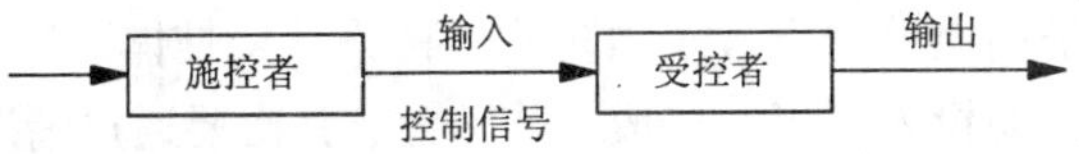

图 14－3　开环控制系统

开环控制是系统按照既定的控制程序来实现控制目的，为了保持系统运行的有效性，其控制程序设计的前提是：外部环境和系统的未来行为都是确定的，即不可预测的干扰因素并不存在或系统是在理想条件下运行的，尽量不受干扰因素的影响。因此，在开环控制条件下，输入是固定的，与输出有无偏差无关。这种控制的优点是控制效率较高，不足是适应性较差。开环控制适应于对组织内具有一定规律性的作业的控制，而不大适宜于对受外部环境影响较大的组织全局的控制。

2. 闭环控制

闭环控制又叫反馈控制。它是根据反馈原理对系统进行调节的一种控制方式。简单地说，就是施控系统根据反馈信息，通过调节受控系统的输入，来实现控制目的。其反馈控制过程是：施控系统将输入信息变换成控制信息，控制信息作用于受控系统后产生的结果再被返送到原输入端，并对信息的再输出发生影响，起到控制作用，达到预定目的，如图 14 -4 所示.

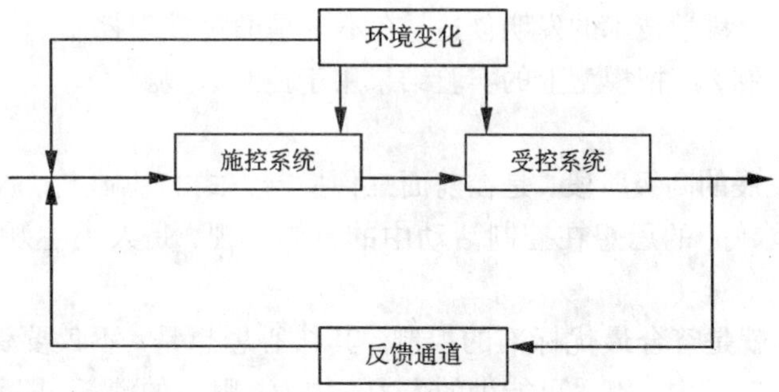

图 14 -4 闭环控制

闭环控制与开环控制的根本区别，在于增加了反馈环节(在管理系统中是“监测机构”)。由于增加了反馈环节，使整个控制过程形成了闭合回路。通过反馈环节，把受控系统的状况返送给施控系统来影响其控制指令的改变。闭环控制在管理中被广泛运用。在管理中，闭环控制是使受控对象的行为结果反过来影响自身的输入，进而调节自身的行为。如为激励组织成员的积极性，根据组织成员的劳动成果实施奖惩，使用的就是闭环控制方式。实施这种控制的显著优点是系统的适应性强。

三、按照控制发生在受控系统运行的不同阶段，可分为预先控制、同步控制和反馈控制

1. 预先控制

预先控制也称前馈控制、预备式控制或预防式控制，它是指工作开始之前(受控系统运行之前)，就进行周密的调查研究和可行性分析，并事先对各种可能出现的偏差采取预防或校正措施，保证工作达到预期效果。预先控制把重心放在投入组织的人力、物料和财务资源上，其目的在于通过保证高质量的投入来预防问题的发生。具体而言，首先要防止不符合标准的资源投入，避免因资源投入不当而造成工作偏差；其次要通过情况的观察、信息的获得、趋势的分析和规律的掌握，引导人们采取必要的预防措施，防止问题的发生。预先控制是通过排除干扰的控制方式进行的，即在受控系统运行之前，排除内外环境中对被控系统发生干扰的因素，使系统的输入达到标准状态，以保证被控系统正常运行，并获得预期输出。

2. 同步控制

它是指在工作开始到完成的全过程中(受控系统运行之中),持续深入工作现场进行检查督促,发现偏差随时解决。同步控制也叫现场控制、并行控制,其目的在于确保工作能够产生正确的结果。并行控制包括自我约束(自我控制),即个体对自身行为所实施的并行控制。在国外的组织管理中,有一种很受推崇的名为"周游式管理"(也译为"走动式管理")的方法,其实质就是重视同步的、现场的控制。

相关链接

"走动式管理"

"走动式管理"主要是指企业主管身先士卒,深入下去,体察民意,了解真情,与部属打成一片,共创业绩。这种管理风格特点为:(1)主管"身先士卒",发挥表率作用。如日本经济联合会名誉会长土光敏夫,在出任东芝(TOSHIBA)电器公司总经理之初,就曾采用"走动式管理"法,每天巡视工厂,遍访了东芝设在日本各地的30多家工厂和企业,与员工一起吃饭,闲话家常。每天清晨,他总比别人早到半个小时,站在厂门口,向工人问好,率先垂范。员工受此气氛的感染,促进了相互间的沟通,结果士气大振。不久,东芝的生产恢复正常,并有很大发展。土光敏夫也一举成为日本享有盛名的企业家。(2)看得见的管理。即最高主管能够到达生产第一线,与工人见面、交谈,期望员工能够对他提意见,能够认识他,甚至与他争辩是非;主管不仅要关心员工的工作,叫得出他们的名字,而且要关心他们的衣食住行。这样,员工便会觉得主管重视他们,工作自然也就十分卖力。一个企业有了员工的支持和努力,自然就有了昌盛之基础。(3)现场管理。日本为何有世界上第一流的生产力呢?有人认为是建立在追根究底的现场管理上。其实,日本企业的主管及其幕僚们每天要洗三、四次手,原因是这些人的手总要在现场东摸摸、西碰碰,由此而弄脏的。主管每天马不停蹄地到现场走动,对部属的激励作用是不言而喻的。(4)"走动式管理"投资小而收益大。当今世界,人们都在努力提高企业效率,"走动式管理"是一种并不需要太多的资金和技术,就可能大大提高企业生产力的好方法。

除上述的土光敏夫曾用此法振兴过东芝外,我们还可举出下述的两位美国企业家的事例,来佐证"走动式管理"的良好效果。

美国麦当劳快餐店创始人雷·克罗克是美国有影响的大企业家之一,他不喜欢整天坐在办公室里,大部分时间都用在"走动式管理"上,即到所属各公司、各部门走走、看看、听听、问问。麦克唐纳公司曾有一段时间面临严重亏损的危机,克罗克发现其中一个重要原因是,公司各职能部门的经理官僚主义严重,习惯躺在舒适的椅背上指手画脚,把许多宝贵的时间耗费在抽烟和闲聊上。于是克罗克想出一个"奇招",要求将所有经理的椅子靠背都锯掉,经理们只得照办。开始很多人骂克罗克是个疯子,不久大家便悟出了他的一番"苦心",纷纷走出办公室,开展"走动式管理",及时了解情况,现场解决问题,终于使公司扭亏为盈,有力地促进了公司的生存和发展。

另外,使美国联合航空公司扭亏为盈的公司总裁卡尔森,其最重要的经验就是实行"走动式管理"(或曰"看得见的管理")——四处周游。他一年跑20万英里,每到一地,一下飞机就去工作现场与员工见面，检查工作实绩……终于使美国联合航空公司走出低谷。

综上所述，企业家如此强调同步的、现场的控制，道理当然是显而易见的。

资料来源：1. 现代企业管理的12法.

http://www.cmo.org.cn/Article_Show.asp? ArticleID=5247, 2006-05-16.

2. 人力资源管理六大奇招.

http://info.china.alibaba.com/news/detail/v5003013-d5388604.html, 2004-09-09.

3. 反馈控制

如前所述，反馈控制是指工作完成之后(受控系统停止运行之后)，对最终结果进行多方面的考核和分析，总结经验教训，指导未来工作。反馈控制又称事后控制或产出控制，其控制的重心放在组织的产出结果上——尤其是最终产品和服务的质量。企业工作系统的运行是一个连续的、循环的过程，对前一过程的考核和分析，是指导下一过程的必要环节。因此，反馈控制是一种承前启后的控制，它是对工作系统进行循环控制的联结点。

四、按照控制的方式不同，可分为程序控制和目标控制

1. 程序控制

程序控制就是通过预先确定控制目标，编制被控对象行为的程序来实现控制。或者在已知系统的状态变量和控制变量的前提下，预先确定出控制变量的时间序列，保证系统状态的时间序列沿着既定的步骤运行的一种控制方式。例如，管理者在对下属的工作采取程序控制时，不仅要事先规定好下属活动的目标，而且对下属实现目标的行动方式与方法也要事先做出安排和规定。

程序控制的过程一般分为三个阶段：①确定控制目标；②编制控制程序；③实施预定的程序。在经济系统中，生产活动的各种施工计划、投资计划、生产计划、工艺规程、发展规划等就是预定的控制程序。

2. 目标控制

目标控制对控制对象所采用的控制方法正好同程序控制相反，它不是预先设计好被控对象的行动目标和实现目标的行为，而是指出目标，确定出控制变量和控制参数，即只给被控对象输入目标信号，而让被控对象以相当大的弹性和灵活性来应付工作中出现的种种问题。这种控制方式对于充分发挥下属人员的聪明才智、调动他们的积极性、培养下属人员的能力而言，均是极为有效的控制方式。

第三节 控制的程序

法约尔曾在《工业管理和一般管理》一书中指出：“在一个企业，控制就是核实所发生的每一件事是否符合所规定的计划、所发布的指示以及所确定的原则。其目的就是要指出计划实施过程中的缺点和错误，以便加以纠正和防止重犯。控制在每件事、每个人、每个行动上都起作用。”管理的成败在于能否实施有效的控制。有效的控制除了以正确的目标计划为前提，还必须遵循管理控制的步骤。

管理控制的程序至少包括三个基本步骤，即：①确定控制标准，设立若干标准的类型或

指标；②测定实际工作，即将实际工作与上述标准相对照，检查与衡量标准的执行情况；③纠正已有偏差（如图14－5所示）。

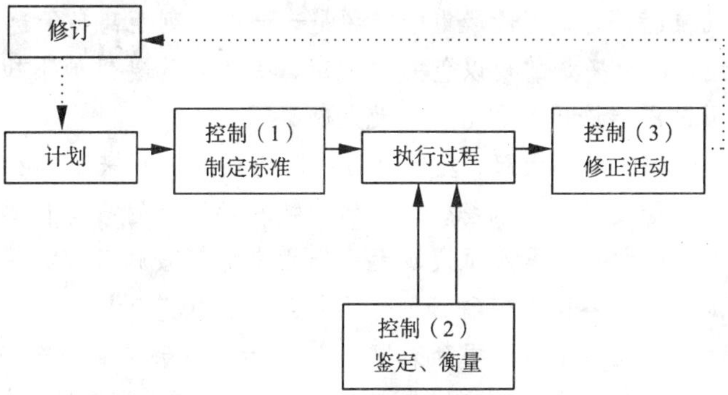

图14－5　控制的程序

一、确定控制标准

这是控制过程的起点。计划是控制的依据，但由于计划只是对工作目标及行动方案的总体规划和安排，不可能十分详尽具体，因此，在进行管理控制时，要按照计划的要求，建立起一套科学的控制标准。这些标准是衡量工作成果的规范，是在一个完整的计划中选出的计量工作成果的"控制点"。

（一）控制标准及其种类

（1）标准的含义。"标准"一词包括两个概念。①标准是测量的一种尺度（或单位）。人们试图把它作为一种模式或规范。②标准是权威建立起来的，具有权威性。因此，可以给标准下这样的定义：标准是作为一种模式或规范而建立起来的测量单位。

标准的建立取决于所需衡量的绩效和成果领域。如每场高尔夫球赛规定18穴打72杆的标准，即是一个最好的例子。这里的标准杆数是由权威（习惯和许多高尔夫球联合会）建立的，并是公认的有关成绩水平的衡量标准。但是标准并不表示至善臻美。多数职业高尔夫球运动员都可超过或打破标准杆数，标准杆数也不是所有高尔夫球运动员的平均水平，实际上标准杆数是一个难以取得的，但又是可以达到的成绩水平。它是一种客观测量单位，用以衡量运动员的熟练程度与水平。

相关链接

一切皆有可能！

1976年6月27日，4名武装分子劫持了一架从特拉维夫飞往巴黎的法航空中客机，飞机辗转降落在非洲乌干达的恩德培机场。劫机者占领了候机大厅，以242名乘客（其中以色列籍83人）和12名机组成员为人质，胁迫以色列政府释放羁押在以色列、西德、肯尼亚、瑞士和法国的53名在押人员。7月1日下午1点，劫机者释放了大部分人质，将94名乘客（其中大多数为以色列人）和机组成员扣留。至此，这起劫机事件针对以色列已经非常明朗了。

劫机事件发生后，以色列决定采取军事行动，动用特种部队，强行解救被扣人质。

然而，解救人质面临着重重困难：时间紧迫、人质数量众多、劫机者得到了乌干达总统阿明及其武装部队的支持等等，而最严重的难题是——以色列距离乌干达恩德培机场有4000多公里，并且沿途经过的大多是敌视以色列的国家，特种部队要想神不知、鬼不觉地到达由乌干达武装部队守卫的恩德培机场，几乎是天方夜谭！

然而，从二战后建国的第一天起，爱憎分明的以色列人就从来不信邪！经过一番精心而周密的策划和短时间超强度的逼真训练，以色列的特种部队经过震惊世界的8 000公里的远程生死奔袭，竟获得了仅亡一名军人而人质无一伤亡全部获救的辉煌战果，将这看似不可能完成的任务愣是变成了世界各国的特种部队学习的经典作战范例！

首先，以色列特种部队具体的远程奔袭路线为——从西奈半岛向东南，穿过红海，在红海与亚丁湾交界的吉布提折向西南，登陆非洲大陆，穿越素有“非洲屋脊”之称的埃塞俄比亚领空，俯瞰壮观的东非大裂谷，沿茂密的山岳丛林向西南飞临肯尼亚首都内罗毕，紧接着一个漂亮的急转，直插西北方乌干达的恩德培机场，不远处的维多利亚湖还在夜色下隐隐地泛着波光。53分钟后，从恩德培机场起飞，向东南方经内罗毕飞入印度洋，绕过索马里半岛，穿越红海，返回西奈半岛。全程8 000公里！

其次，以色列特种部队最终决定选用C－130“大力神”军用运输机，既用于机降突击分队又用于营救近百人质。然而，恩德培机场可供降落的跑道只有200多米，而C－130正常的起飞滑跑距离是1 091米，着陆距离是1 478米！在如此短的距离上怎能成功降落又安全撤离呢？行动决策者最终决定：强行降落！

为了在尽可能短的距离内飞起来，以色列的飞行员把副翼全部放下，将四台发动机开到最大，同时打开机尾两侧的八个火箭助推器，然后突然松开刹车，使飞机如同直升机一般冲向天空。至于降落时就更加疯狂。飞行员关闭了三台发动机，驾驶着这个70多吨重的庞然大物，单发大角度砸向跑道。从地面看，机翼弯曲得几乎要折断了，不过飞机竟然神话般地在210米处停了下来，而且由于降落时只使用一台发动机，C－130的降落噪音大大降低。整个强行起降的过程非常刺激，以色列官兵对此不无自豪：“敢这么干，要么是疯子，要么是我们以色列飞行员！”

从控制的角度看，200多米是控制的标准，1 091米及1 478米是测定的实际数据，案例中的控制标准是无法改变和突破的，应采取哪些控制措施使实际的结果最终符合控制的标准这才是问题的关键所在。

资料来源：高鑫，金昊．生死奔袭——特种部队的远程投放．世界军事，2007（4）：10－11.

（2）标准的种类。一个较好的控制标准体系，在内容上一般包括数量标准（实物数量和货币数量）、质量标准（实物质量和工作质量）、综合标准和时间标准等等。如对一个企业而言，其常用的标准有以下几种：①时间标准：是指完成一定数量的产品，或做好某项服务工作所限定的时间。②生产力标准：是指在规定的时间内完成合格产品和满意服务的数量。③消耗标准：是根据生产产品或服务计算出来的有关消耗。④质量标准：是指保证产品符合各种质量因素的要求，或是服务方面需达到的工作标准。⑤行为标准：是对职工规定行为准则。

（3）控制标准的单位。一般而言，确定控制标准的单位，就是为了使“标准”便于计量，提高控制的精确度和可行性。控制标准的单位有：①货币单位。如销售额、利润额、费用额等都属此类，财务控制主要采用这种单位。②实体数量单位。指货币之外的计量单位。如公斤、公升、米（公尺）等，这类单位在作业过程控制上使用较多。③质量单位。主要指资金的周转速度、利润水平、工作差错等。④时间单位。任务完成情况同时间的关系十分紧密，时间单位主要用来表达效率要求。

（二）“关键控制点”的选择

“关键控制点”亦称战略控制点、控制的焦点。在组织系统的运营过程中，选择的最为关键的控制要点被称作“关键控制点”。对于简单的经营活动，管理人员可以通过亲自对工作过程作细致的观察来实行控制。然而，随着部门的扩大，要确定该部门绩效的各种定量与定性的标准数就大大增加，当经营活动更为复杂及部门的职能不断增多时，主管人员要对每一笔资源、每一个行为过程和产出都给予检查，并对照各预定的标准，不仅耗时耗钱，而且也不切实际。再说，主管人员所做的工作不只是亲自观察业绩而已，因此，管理人员应集中于某些关键控制点来检查绩效，以确保整个运作过程符合计划要求。

所谓关键控制点主要是指在经营活动中受限制的那些因素，或是对计划的完成更显有利的那些因素。有了这些标准，主管人员就能掌管更多的下属，从而扩大管理幅度。这样不仅节约了成本，还增进了沟通。选择关键控制点原则是一条较为重要的控制原则，其表述如下：有效的控制要求在对照计划衡量绩效时需注意那些关键意义的因素。

由于各单位各部门都有其特殊性，主管和下属的构成也各不相同，再加之有待衡量的产品与服务品种繁多，所要执行的计划方案也多不胜数，所以并不存在一种对各主管人员都适用的、专门的控制要点一览表，也没有现成的关于如何选择战略控制点的特定规则可循。因此，只能提出一些一般的指导原则：

（1）关键点的建立是为了使主要的工作和事务得到正确的管理。如有的管理人员，自己不了解计算机的性能，却盲目购进并不适用的计算机，结果非但增加了成本，而且还增加了许多不必要的文牍工作。由于输入的信息不正确和不及时，反而影响了正常的业务工作，即使所配备的文字处理的职员和电脑操作人员都是高水平的，也无济于事。

（2）选择的关键点应能及时反映并发现问题。关键控制点应能在严重损害发生前就能看到问题的迹象。由于时间在控制中是十分关键的，因此，偏差总是越早发现越好。关键控制点的位置选择恰当，则能在尚未造成严重损失前就可停止工作或改变原有的工作程序。

（3）关键控制点应能全面反映并说明绩效的水平，有时顾及了范围的全面往往会与时间的限制产生矛盾。如净利润指标是一个全面的战略控制点，能反映整个企业的进步，但是等正规的会计程序得出利润数字后再采取行动，往往会失去眼前的机会，所以，把企业的财务状况作为要点，并实施预先控制显然是有益的。

（4）选择关键控制点应考虑经济实用。由于计算机和管理信息系统的普及应用，有的企业还通过自动化系统或程控系统来实施控制。这些现代化设施的安装、使用与保养的代价都是十分昂贵的。管理人员能获得的各种信息越来越多，但真正具有实用价值的并不多。为了避免盲目的求多求全，不让次要的信息掩盖了重要的信息，管理者应处处以经济观点考虑问题。

（5）关键控制点的选择应注意平衡。一个关键控制点的选择往往会对另一个标准产生负面影响。例如，如果把控制放在过分强调增加产量上，有时则会影响产品的质量；如把开支选作一个关键控制点，那么又可能使产品的质量和数量等受到影响。医院的洗衣房决不能为了节省开支而牺牲消毒卫生的高标准。所以，关键控制点的选择在一定程度上将取决于该部门工作的性质。目前，在有些企业中，对实质性的职能如生产和销售控制很严，而对一些隐性的职能如人力资源开发和对职工的服务则较为松弛，这种不平衡最终也会对组织的总体绩效造成损害。

二、测定实际工作

这一步是依据标准衡量执行情况。把实际与标准进行比较，对工作作出客观评价以便从中发现偏差，并分析偏差产生的原因。当然，按照标准衡量实际成效，最理想的是在偏差尚未出现之前就有所察觉，并采取措施加以避免。富有经验的管理者一般是这样的。但是，光凭管理者的经验是远远不够的，必须凭借切实可行的控制标准和测定手段，才能客观评价实际的或预期的执行情况。一般而言，工作情况的测定方式主要有三种：一是管理者定期分析固定信息反馈形式，如统计报表、业务报表；二是管理者听取执行者的口头或书面汇报；三是管理者进行实地检查。

为了能够及时、准确地提供能够反映偏差的信息，同时又符合控制工作在其他方面的要求，管理者在衡量工作成绩的过程中应注意以下几个问题：

1. 通过衡量成绩，检验标准的客观性和有效性

衡量工作成效是以预定的标准为依据的，但利用预先制定的标准去检查各部门在各个阶段的工作，这本身也是对标准的客观性和有效性进行检验的过程。

检验标准的客观性和有效性，是要分析通过对标准执行情况的测量能否取得符合控制需要的信息。在为控制对象确定标准的时候，人们可能会因各种原因而考虑不周全。因此，利用既定的标准去检查人们的工作，有时并不能达到有效控制的目的。比如，衡量职工出勤率是否达到了正常水平，不足以评价劳动者的工作热情、劳动效率或劳动贡献；分析产品数量是否达到计划目标，不足以判定企业的盈利程度；计算销售人员给顾客打电话的次数和花费在推销上的时间，不足以判定销售人员的工作绩效等等。在衡量过程中对标准本身进行检验，就是指出能够反映被控制对象的本质特征的最适宜的标准。要评价员工的工作热情，可以考核他们提供有关经营或技术改造合理化建议的次数；评价他们的工作效率，可以计量他们提供的产品数量和质量；分析企业的盈利程度，可以统计和分析企业的利润额及其与资金、成本或销售额的相对百分比；衡量推销人员的工作绩效，可以检查他们的销售额是否比上年或平均水平高出一定数量；等等。

衡量的方法主要有：①定性衡量和定量衡量。定性衡量是反映和评价工作的创造性和主动性等内容，而定量衡量较多的是反映和评价与管理控制标准相对应的实际工作成绩和效果。②连续衡量和间断衡量。连续衡量和间断衡量所反映的工作实绩时域和状况是不同的，对控制效果影响也不同。衡量绩效的间隔时间需要定得合理，如果间隔太短，会增加控制费用，但间隔太长，会使问题发现太迟，从而造成不必要的损失。③执行过程中衡量和执行后衡量。这主要取决于采用哪一种控制方式，但无论执行过程中还是执行后衡量。都要切实搞好组织活动的日常统计记录、现场观测和技术测定工作，以便掌握真实可靠的被控量实际值，便于对工作绩效作出及时的、正确的评价。

2. 确定适宜的衡量频度

要进行有效地控制，就要避免出现控制过多或控制不足的现象。这里的“过多”或“不足”，不仅体现在控制对象、需衡量的标准数目的选择上，而且表现在对同一标准的衡量次数或频度上。对影响某种结果的要素或活动过于频繁的衡量，不仅会增加控制的费用，而且可能会引起有关人员的不满，从而影响他们的工作态度；而检查和衡量的次数过少，则可能使许多重大的偏差不能及时发现，从而不能及时采取措施。

以什么样的频度，在什么时候对某种活动的绩效进行衡量，这取决于被控制活动的性质。例如，对产品的质量控制常常需要以小时或以日为单位进行；而对新产品开发的控制则可能只需以月为单位进行就可以了。需要控制的对象可能发生重大变化的时间间隔是确定适宜的衡量频度所需考虑的主要因素。

管理人员经常在他们方便的时候，而不是在工作绩效仍“在控制中”(即可能因人们采取的措施而改变时)进行衡量。这种现象必须避免，因为这可能导致行动的迟误。

3. 建立信息反馈系统

负有控制责任的管理人员只有及时掌握了反映实际工作与预期工作绩效之间偏差的信息，才能迅速采取有效的纠正措施。然而，并不是所有的衡量绩效的工作都是由主管直接进行的，有时需要借助专职的检测人员。因此，应该建立有效的信息反馈网络，使反映实际工作情况的信息适时地传递给适当的管理人员，使之能与预定标准相比较，及时发现问题。这个网络还应能及时将偏差信息传递给与被控制活动有关的部门和个人，以使他们及时知道自己的工作状况、为什么错了，以及需要怎样做才能更有效地完成工作。建立这样的信息反馈系统，不仅更有利于保证预定计划的实施，而且能防止基层工作人员把衡量和控制视作上级检查工作、进行惩罚的手段，从而避免产生抵触情绪。

三、纠正已有偏差

这一步是在衡量工作成效的基础上，针对被控制对象状态相对于标准的偏离程度，及时采取措施予以纠正，使其恢复到正常状态上来。

为保证纠偏措施的针对性和有效性，必须在制定和实施纠偏措施的过程中注意下述问题：

1. 找出偏差产生的主要原因

并非所有的偏差都可能影响企业的最终成果。有些偏差可能反映了计划制定和执行工作中的严重问题，而另一些偏差则可能是一些偶然的、短暂的、区域性因素引起的，从而不一定会对组织活动的最终结果产生重要影响。因此，在采取任何纠正措施以前必须首先对反映偏差的信息进行评估和分析。首先要判断偏差的严重程度，是否足以构成对组织行动效率的威胁，从而去分析原因，采取纠正措施；其次要探寻导致偏差产生的主要原因。

通常产生偏差的原因主要有：①因标准本身是基于错误的假设和预测上，从而使该标准无法达成；②从事该项工作的职工不能胜任此项工作，或是没有给予适当的指令；③和该项工作有关的其他工作发生了问题；④从事该项工作的职工玩忽职守。

2. 确定纠偏措施的实施对象

需要纠正的既可能是企业的实际活动，也可能是组织这些活动的计划或衡量这些活动的标准。

如：大部分员工没有完成劳动定额，可能并不是由于员工不努力所造成的，而可能是定额水平太高；承包后企业经理的收入可高达数万，甚至数十万，也可能并非由于经营者的努力超常付出所得，而很可能是由于承包基数不恰当或确定经营者收入的绩效挂钩方法不合理；企业产品销售量下降，可能并不是由于质量劣化或价格不合理，而是由于市场需求的饱和或周期性的经济萧条，等等。在这些情况下，首先要改变的不是或不仅是实际工作，而是衡量这些工作的标准或指导工作的计划。

预定计划或标准的调整是由两种原因决定的：一是原先的计划或标准制定得不科学，在执行中发现了问题；二是原来正确的标准和计划，由于客观环境发生了预料不到的变化，不再适应形势的需要。管理者应该认识到，外界环境发生变化以后，如果不对预先制定的计划和行动准则进行及时的调整，那么，即使内部活动组织得非常完善，企业也不可能实现预定的目标；消费者的需求偏好转移，这时，企业的产品质量再好，功能再完善，生产成本、价格再低，仍然不可能找到销路，不会给企业带来期望利润。

3．选择恰当的纠偏措施

针对产生偏差的主要原因，就可能制定改进工作或调整计划与标准的纠正方案。纠偏措施的选择和实施过程中应注意：

(1)使纠偏方案双重优化。纠正偏差，不仅在实施对象上可以进行选择，而且对同一对象的纠偏也可采取多种不同的措施。采取这些措施，总要优于不采取任何行动，使偏差任其发展可能给组织造成的损失。但如果行动的费用超过偏差带来的损失的话，此时最好的方案是不采取任何行动。这是纠偏方案选择过程中的第一重优化。第二重优化是在此基础上，通过对各种经济可行方案的比较，找出其中追加投入最少，解决偏差效果最好的方案来组织实施。

(2)充分考虑原先计划实施的影响。由于客观环境的认识能力提高，或者由于客观环境本身发生了重要变化而引起的纠偏需要，可能会导致原先计划与决策的局部甚至全局的否定，从而要求企业活动的方向和内容进行重大的调整。这种调整有时被称为“追踪决策”，即当原有决策的实施表明将危及决策目标的实现时，对目标或决策方案所进行的一种根本性修正。

追踪决策是相对于初始决策而言的。初始决策是所选定的方案尚未付诸实施，没有投入任何资源，客观对象与环境尚未受到人的决策的影响和干扰，因此是以零为起点的决策。进行重大战略调整的追踪决策则不然，企业外部的经营环境或内部的经营条件已经由于初始决策的执行而有所改变，是“非零起点”。因此，在制定和选择追踪决策的方案时，要充分考虑到伴随着初始决策的实施已经消耗的资源，以及这种消耗对客观环境造成的种种影响。

(3)注意消除人们对纠偏措施的疑虑。任何纠偏措施都会在不同程度上引起组织的结构、关系和活动的调整，从而会涉及某些组织成员的利益。不同的组织成员会因此而对纠偏措施持不同的态度，特别是纠偏措施属于对原先决策和活动进行重大调整的追踪决策时。虽然一些原先反对初始决策的人会幸灾乐祸，甚至夸大原先决策的失误，反对保留其中任何合理的成分，但更多的人对纠偏措施持怀疑和反对的态度：原先决策的制定者和支持者会害怕改变决策标志着自己的失败，从而会公开或暗地里反对纠偏措施的实施；执行原决策、从事具体活动的基层工作人员则会对自己参与的已经形成的或开始形成的活动结果怀有感情，或者担心调整会使自己失去某种工作机会，影响自己的既得利益而极力抵制任何重要的纠偏措施的制定和执行。因此，控制人员要充分考虑到组织成员对纠偏措施的不同态度，特别是要注意消除执行者的疑虑，争取更多人理解、赞同和支持纠偏措施，以保证避免在纠偏方案的实施过程中可能出现的人为障碍。

第四节　有效控制的基本要求

控制的目的是确保组织活动符合目标和计划的要求，以有效地实现预定目标。为实现有效的控制，必须遵循下述基本要求：

一、控制应具有整体性

现代管理中的控制是系统的控制，必须具有整体性。具体表现为以下两个方面：

首先，控制要有长远观念，要兼顾现实与未来。只顾眼前，不顾未来的纯“现实主义”显然不妥，否则组织的长远目标和计划将无法达成；反之，不顾眼前，只顾未来的纯“未来主义”也不妥，否则，人们在工作过程中将会由于短期内看不到自己工作的成就和意义而丧失工作的信心和积极性，同样将导致组织的长远目标和计划无法实现。

其次，控制要有全局观点。在组织结构中，由于各个部门及其成员都在为完成其个别的或局部的目标而工作着，因而许多主管人员在进行控制工作时，就往往从本部门的利益出发，只求如何才能圆满地完成或超额完成自己局部的目标而忽视了组织整体目标的实现，他们忘记了组织的总目标是必须靠各部门及其成员协调一致的活动才能实现的。现实的情况是，组织大系统中各子系统是相互联系的，应从组织整体目标出发，使各部门各环节都能服从于组织总目标。既要明确子系统控制的性质和范围，又要指明各子系统之间的相互作用和影响，把各个局部的控制与整体的控制有机地协调起来。因此，对于一个合格的主管人员来说，进行控制工作时，必须具有全局观念，必须从整体利益出发来实施控制，将各个局部的目标协调起来。

总之，强调控制的整体性，就是要克服管理控制中的“头痛医头”、“脚痛医脚”的短期眼光和局部意识，使控制建立在合理的“时空结合”之上。

二、控制要讲究客观性

控制作为一种管理活动，难免包含着许多主观因素，但作为管理者必须清醒地认识到，控制如果失去客观性，不仅达不到控制的目的，还会导致一系列不良后果。如对下属工作的评价就不应仅凭自己的个人好恶来决定，而应更多地从其工作的态度与实际绩效等客观因素来考察。因此，实事求是、一切从客观实际出发，是有效控制的重要保证。

管理控制的客观性主要表现在：一是控制标准要客观、合理、简单明了。控制标准是衡量、评价工作业绩的依据，只有客观、合理而又简单明了的控制标准，才能客观地衡量、评价工作的业绩，才能保证实施有效的控制。特别是那些无法定量的标准，控制主要依靠主管人员的主观评价、检查和监督，若不客观、合理地衡量下属的工作业绩，将无法达到控制的目的。合理、适当的标准对于控制而言也是很重要的，如过高的标准将无法达到，而过低的标准又起不到任何激励作用。简单明了的标准则可使控制者和被控制者易于理解，因而能够更有效地进行控制。值得注意的是，不管是定量标准，还是定性标准，都应当符合控制对象的客观实际情况，都应当是可以测定的和可以考核的。二是控制方式要客观真实。主管人员在检查和衡量工作成果时，要注意引导被考核者如实汇报情况，避免弄虚作假；同时，主管人员还要深入调查研究，尽量取得第一手材料，以避免主观臆断。

三、控制要保证适时性

有效的控制，要求能对组织活动中产生的偏差迅速地发现并及时采取措施加以纠正，由此才能避免偏差的进一步扩大，或防止偏差对组织产生的不利影响的扩散。适时纠偏，要求管理人员必须及时掌握能够反映偏差产生及其严重程度的信息。如果等到偏差已经非常明显，且对组织造成了无可挽回的影响之后，反映偏差的信息才姗姗来迟，那么，即使这种信息是非常系统、绝对客观、完全正确的，也不可能对纠正偏差带来多大的指导作用。

控制的适时性要求主要表现在两点：

第一，在偏差还未发现之前，就能准确预见，制定对策，防患于未然。由此可以使管理人员尽早发现、预见偏差的产生，并及时加以纠正，从而使各方面的损失降到最低程度。预测偏差的产生，虽然在实践中有许多困难，但在理论上是可行的：即可以通过建立组织运行状况的"预警系统"来实现。例如，我们可以为需要控制的对象建立一条警戒线，反映组织运行状况的数据一旦超过这个警戒线，预警系统就会发出警报，提醒人们采取必要的措施防止偏差的产生和扩大。如生产企业中的"质量控制图"就是一个简单的预警系统(如图 14-6 所示)。

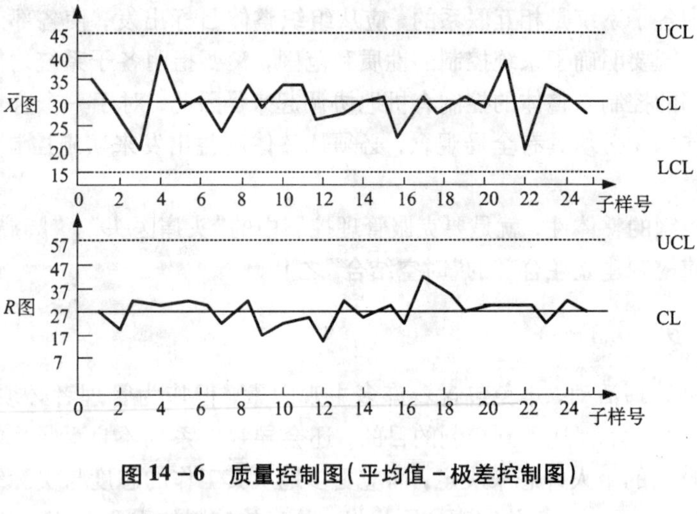

图 14-6 质量控制图(平均值-极差控制图)

图 14-6 中，纵轴表示反映某种产品或某项工作的某个质量特征值，横轴表示获得该数据(即实施控制)的时间，中心线 CL 表示反映该质量特征的标准数据，UCL 和 LCL 分别表示上、下警戒线。如果反映质量特征的数据分布在 CL 周围且未超出 UCL 和 LCL 之外，则表示质量在控制中；而一旦超越 UCL 或 LCL，则表示质量出了问题。在此之前，质量控制人员就要警惕，注意质量变化的趋势并采取必要的纠正措施。

第二，一旦产生偏差，能够迅速发现，及时纠正，不至于积重难返。在一些管理比较规范的组织里，每季每月乃至每旬都要对生产经营情况进行未来的预测和实际的检查，特别是在某些关键时期(如销售的旺季或淡季)就更要重视这方面的工作，这都是为了保证控制的适时性和有效性。

相关链接

“廉洁指导”——防患于未然

圣诞节前夕，美国政府下属的机关部门可能会向自己的雇员(相当于“公务员”)，重新颁发一次“廉洁指导”。“廉洁指导”是一份有关限定接受礼品和宴请的文件。其内容具体详细，文字清楚简明，以便让所有雇员一目了然又能牢记在心。以下便是美国商务部国家海洋和大气层管理局向雇员颁发的“廉洁指导”。

美国商务部国家海洋和大气层管理局全体工作人员：

圣诞节即将来临，不少雇员可能会收到与本部门有业务联系的私人或单位送来的礼品或宴会邀请书。现本局重申有关接受礼品和宴请的限定，请诸君务必遵守。

您不能接受与您工作的部门有关的私人或单位(包括您的权限对其有影响者)所赠送您的礼品。当然，如果他们恰恰是您的亲戚或朋友，那么您还是可以“笑纳”20美元以下的小礼品。但要是礼品的价值超过了20美元，那么重要的是，您同时还必须向您的上级明确：您是作为他们的亲友，而非特定职务的办公人员来接受礼品的，并在此后最好作价值相当的回赠。

外国政府(或由外国政府组办的国际机构)主动赠送的价值低于245美元而且实难谢绝的礼品，您可以收下，但在三小时内务须向上级主管部门申报备案。如果礼品价值超过了245美元，您在无法推脱的情况下也许仍可接受，但须如同所有政府部门收到礼品时一样，全数上交给有关部门妥善保存。

在通常情况下，您不能接受您所领导的下属机构的工作人员或级别比您低的工作人员赠送的礼品，但您可跟同事(包括行政领导)交换价值低于10美元的小礼品。不过仍须强调：管理人员不可向下级人员索要或暗示送来这样的礼品，而仅仅在属于传统的“礼尚往来”性质时，方可予以接受。

您也许还会接到与您或您所属部门有业务联系的人或单位的宴请。一般情况下，与接受礼品有关的限定同样也适用于宴请。这就是说，如请客者与您的工作部门有业务联系，或您可能对其产生影响，您就不应该出席，除非是总费用低于20美元的低档而且规模有限的小型宴请。

只有在下列情况下，您方可出席高于20美元的宴请：

(1)一个邀请面广泛的宴会，其中大多数客人来自不同的私营企业；

(2)为了国家或部门的重大利益由您的上司组织的宴请。

以上仅是一般性的指导方针，您须时时对照，以防止任何可能的犯规行为的发生。对以上规定如有疑问，请与本部门的大众咨询处和职业道德处联系。

资料来源：吴秦华编译. 廉洁指导. 读者，2005(19)：32.

四、控制要考虑灵活性

控制的灵活性是指控制应能适应影响管理的各种因素的变化。一个组织在活动过程中，其所处的环境总是在不断地变化，其原来所制订的计划和标准也将不断地受到影响，因而大部分计划和标准在执行过程中都可能出现偏差，有时甚至会无法执行。因此，要求控制工作也必须相应地具有一定的灵活性，亦即要求控制工作即使在面临着计划发生了变动甚至计划全盘错误，出现了未曾料到的情况的时候，仍能正常地发挥它的作用。管理学家孔茨曾经说过："在某种特殊情况下，一个复杂的管理计划可能失常。控制就应当报告这种失常的情况，它还应当含有足够灵活的要素以便在出现任何失常情况下都能保证对运行过程的管理控制。"换言之，如果要使控制工作在计划出现失常或预见不到的变动情况下仍保持有效的话，所设计的控制系统就要有灵活性。

另外，控制的灵活性包含的另一层含义为，控制应当从实现组织计划和目标的目的出发，采用多种灵活形式达到控制的目的。不能过分依靠正规的控制（如预算、监督、检查、报告等），因为它们都有自己的不完善之处。数据、报告、预算有时会与实际情况有较大的差异，过分依靠它们有时会导致指挥失误、控制失灵。因此，要实行弹性控制，制订能随机应变的控制方式和方法，如弹性预算、跟踪控制等。

当然，灵活的计划最利于保证灵活的控制。值得注意的是，这一要求只适用于计划失常的情况，而不适用于在正确计划指导下人们工作不当的情况。

五、控制要注意经济性

组织的一切经济活动都应以较少的费用来取得较多的收益，即都应注意经济性，控制工作也不例外。在管理中究竟把控制工作做到什么程度，要根据费用效益分析来决定。所谓费用效益分析是指把为进行活动所支出的费用与通过活动取得的效益加以比较，以期效益大于费用。

有人认为，控制越全越好，越细越好，这种观念是不科学的。例如，现代工业多数是大批量生产，难免出现次品，如果把产品从零件到整件全部进行严格检查，把所有的次品都筛选出来，那就必须支付一项庞大的检验费用。但是若采取抽样检查的方法把次品率控制在2%以下，而且当顾客买到次品时又允许无条件退换，这样处理，所支出的费用就会比较合算。

不过，上述所指的效益也是相对而言的，它随经营业务的重要性及其规模而不同，也随着缺乏控制时的耗费情况与一个控制系统能够作出的贡献时的情况而不同。例如，为调查全国人口的有关数据而花费大量的人力、物力、财力和时间去设计调查表格，这被认为是值得的。但谁也不会认为花费同样的代价去拟定一个旨在了解某个人的有关情况的表格也是合算的。

控制的经济性要求虽然简单，但做起来却很复杂。一个管理者很难了解哪个控制系统是值得的，以及它所花费的费用是多少，即存在控制系统的相对经济性，因而就在很大程度上决定了管理人员只能在他认为是重要的方面选择一些关键问题来进行控制。因此可以说，如果控制技术和方法能够以最小的费用或其他代价来探查和阐明偏离计划的实际原因或潜在原因，那么它就是有效的，因而也是符合经济性的要求的。

要实现控制的经济性，首先应根据组织规模的大小，所要控制的问题的重要程度，以及控制所能带来的效益等几个方面，来设计详略程度不同的控制系统。其次，所选用的控制技术和控制方法，应该是能够以最少费用就可以检查和阐明工作偏差及其原因的。第三，不要追求所谓的“全面控制”，要防止在无意义的控制上花费时间和财力，要把着眼点放在组织工作最重要的方面和最关键的环节上。

六、控制系统应当适合领导者的个人情况

建立控制系统和进行信息传递的目的是为了协助领导者行使其控制职能的，如果控制系统及其所传达的信息不能为领导者所理解、信任和使用，它们就不会有多大的用处。

不同的人提供的信息形式是不同的，统计师和会计师喜欢用复杂的数据和表格形式来表达信息；工程技术人员喜欢用数据或图表形式来表达信息；还有少数人，如数学家，喜欢用数学模型来表达信息，而一般的领导人对控制系统的理解与其个性有着密切的关系。由于知识水平所限，领导者不可能样样精通，所以也就未必都能理解、喜欢上述信息表达形式。因此，建立（或设计）控制系统必须符合每个主管人员的情况及其个性，使他们能够理解它，进而能信任它并自觉运用它。同时，控制技术也是如此，不同的主管人员适用不同的控制技术。实践中常常有这种情况，即一些熟悉统计方法、计算机技术或全面分析的专家，却不能很好地把控制数据的含义传达给必须运用它们的领导者。有时，“控制”专家提出的信息不够简明，不符合领导者的理解能力；有时，计算机打印出来的结果长达几十、上百页，令人看着就头痛。

因此，控制系统和信息表达不能离开领导者的个人情况而一味地追求“专业化”。有经验的控制专家大都明白这一点，他们不会借复杂的专业术语或模型去炫耀自己是如何内行，而宁愿去设计一种虽然显得粗糙但便于领导者理解的控制系统，以避免“阳春白雪，和者盖寡”的不良后果。

七、控制必须重视对人的心理的影响

一般而言，控制系统都会对人的心理产生一定的影响，其作用的发挥也是通过人的活动来实现的。我们经常会发现，有些技术上设计非常完善的控制系统，可能会由于一些人对它的反感而失败，一些精明强干而富有想象力的领导者，往往会抵制来自上级的控制。这些情况均说明，只有充分研究和重视控制对人的心理的影响，才能保证控制活动的有效性。

管理学家麦克马洪和伊凡塞维奇曾提出过两种可供选择的控制观点——“传统的”和“行为的”控制观点（见表 14－1）。由此可以看出，“行为的”控制观点就是建立在充分认识控制对人的心理的影响这个基础之上的。

表 14－1　“传统的”和“行为的”控制观点

传统的控制观点	行为的控制观点
控制是：	控制是：
①固定量的	①可变量的
②一个 f（结构和职权）	②一个 f（人员间的影响）
③单方面的	③通过相互的了解进行
④垂直的	④平等、垂直和斜向的

上述图表说明:“行为的”控制观点和“传统的”控制观点的一个方面的区别是,按照“传统的”控制观点,控制的数量是固定的,这就必然会导致这样的假设:即如果下属对他们自己行为的自主控制越多(自由度较高),作为管理者的上级的控制就必然越少(可控制性较小)。而“行为的”控制观点则认为,控制的数量是可变的,它将直接随着下属对组织目标关心程度的增加而增加,如通过分权、参与等激励方式,可以促使控制总量的增大(这些激励方式首先是上级的“外在控制”,然后又转化为下属的“自我控制”)。

“行为的”控制观点和“传统的”控制观点的另一方面的区别是,后者认为控制是一种正式结构和职权(命令权)关系的职能,而前者认为控制是一种人员之间相互影响的职能——控制是通过相互作用系统而发生的,这种系统取决于相互了解和对所期望结果的接受程度。

八、控制要适应时代变化

随着网络时代的到来,控制也面临着网络时代带来的一些新问题。这里我们主要探讨三个具有网络时代特征的新问题:工作场所隐私、员工偷窃和工作场所暴力。

1. 工作场所隐私

尽管网络时代给管理者随时掌控员工的工作过程带来了极大的便利,但值得注意的是:员工在工作的场所是具有隐私权的。然而出乎意料的是,管理者对员工的工作过程所采用的监视方式之多、频率之高,是非常令人吃惊的。管理者为什么要置员工的隐私权而不顾非监视员工不可呢?理由有二:一是管理者认为员工被雇用来就是工作的,不能允许其在网上聊天、玩在线游戏、浏览股票价格或进行网上购物;二是管理者希望确保公司机密不被泄露,希望确认雇员中没有将公司信息传送给那些可以利用这些信息来伤害公司的人。为此,为达成员工的谅解,管理者应该预先告诉每位雇员使用的计算机随时都会受到监视,并且提供明确具体的原则说明什么是可以接受的网站和电子邮件系统使用方法。

2. 员工偷窃

有关资料表明:所有组织中的偷窃和欺诈行为中有85%是雇员而不是外人所为。所谓员工偷窃就是指任何未经允许将公司财产拿出作为员工个人使用的行为。其范围从贪污到填写虚假报销单,到从公司办公室搬走设备、零部件、软件及办公用品等。对此,表14-2中总结了几种可能的管理行为。

表14-2 阻止或减少员工偷窃与欺诈的控制方法

前馈	同期	反馈
仔细进行雇用前审查	尊重员工的尊严	当偷窃或欺诈发生后确保员工都知晓——不点名,但让人们知道这是不能接受的
建立专门关于偷窃和欺诈的规章和纪律	开诚布公地交流偷窃的代价	让专业调查人员进行调查
让员工参与规章的制定	定期让员工知道他们防止偷窃和欺诈的成功	重新设计控制方法
对员工进行规章的教育和培训	如果条件允许使用摄像监视器	评价组织的文化和管理者与员工的关系

续表

前馈	同期	反馈
让专家检查内部安全控制措施	在计算机、电话、电子邮件上安装锁定"选项"	
	使用公司热线报告事故	
	树立良好典范	

3. 工作场所暴力

从恃强凌弱(*bullying*)、聚众滋扰(*mobbing*)到精神状态不稳定同事的威胁、性骚扰和他杀等，工作场所暴力在全球出现增加趋势。甚至恐怖主义行为，也出现在工作场所中。

工作场所暴力增多的主要原因是工作压力增大(包括工作时间过长、信息超载、日常工作中断、不切实际的最后期限及漠不关心的管理者等)、工作不稳定性增加等等。

管理者为阻止或减少工作场所发生暴力的可能性可采取哪些措施？表 14－3 中归纳了几种建议。

表 14－3　阻止或减少工作场所暴力的控制方法

前馈	同期	反馈
管理层为实现高效的工作环境而承担责任不是失职	利用 MBWA(走动管理)来识别潜在问题;观察员工如何相处	公开交流所发生的事件及处理方式
利用员工支持计划(EAP)来帮助解决员工出现的严重工作问题	在组织重大变动期间,允许员工或工作小组表明不满	调查事件并采取适当行动
利用组织措施杜绝工作场所的狂怒、侵害或暴力行为	使用公司热线或其他机制报告和调查事故	如果有必要,检查公司规章并调整
仔细进行雇用前审查	进行快速果断干预	
从不忽略威胁	发生暴力事件时让专家提供专业帮助	
训练员工遇到情况时如何避免危险	提供必要的设备或程序来处理暴力事件(蜂窝电话、报警系统、姓名代码或短信等)	
明确同员工交流有关规章		

第五节　控制的一般方法

组织管理中的绝大多数方法都属于控制方法，例如：劳动人事管理中的制订劳动定额、考核劳动绩效，商品经营中确定"经济采购批量"、分析"保本保利期"等都是一些具体的控制方法。本节主要介绍 7 种比较有代表性的控制方法。其中包含了传统的和现代的两个方面。这些控制方法有的是以某种经营要素为控制对象的，有的则是以经营要素整体为控制对象的。

一、国际质量标准

近几年来，随着经济的迅速发展及全球经济一体化进程的加快，各国均纷纷采用了一套统一的质量保证体系——ISO9000。

1. ISO(国际标准化组织)

ISO(International Organization for Standardization)即“国际标准化组织”，它成立于1947年2月23日，其前身是1928年成立的“国际标准化协会国际联合会”(简称ISA)。ISO宣称它的宗旨是“在世界上促进标准化及其相关活动的发展，以便于商品和服务的国际交换，在智力、科学、技术和经济领域开展合作。”ISO负责除电工、电子领域之外的所有其他领域的标准化活动。1906年于英国伦敦成立的“国际电工委员会”(简称IEC)是世界上最早的国际标准化组织，IEC则主要负责电工、电子领域的标准化活动。

ISO现有130多个成员，包括130多个国家和地区。其最高权力机构是每年一次的“全体大会”，日常办事机构是中央秘书处(设在瑞士的日内瓦)。ISO通过它的2856个技术机构开展技术活动。其中技术委员会(简称TC)共185个，分技术委员会(简称SC)共611个，工作组(WG)2022个，特别工作组38个。ISO的2856个技术机构技术活动的成果(产品)是“国际标准”，现已制定出国际标准共10300多个，主要涉及各行各业各种产品(包括服务产品、知识产品等)的技术规范。

2. ISO9000族标准(国际质量标准)

“ISO9000”不是指一个标准，而是一族标准的统称。根据ISO9000－1：1994的定义：“‘ISO9000族’是由ISO/TC176制定的所有国际标准。”其中的“TC176”即ISO中第176个技术委员会，它成立于1980年，全称是“品质保证技术委员会”，1987年又更名为“品质管理和品质保证技术委员会”。TC176专门负责制定品质管理和品质保证技术的标准。

ISO9000族标准规定了制造性企业或服务性企业为确保产品的高质量所应该遵循的统一标准，它并不要求详细规定特定产品的投入(如原材料)或产出(如产品或服务)，而是倡导企业建立一套质量管理系统，这样企业才能成功地达到预期的规格。通过ISO9000认证的公司均可以获得一个资格证书，表明其软硬件设施符合ISO9000标准。

ISO9000资格的申请和认证既耗财又费时，但申请者在申请认证的过程中，亦可从对制造和服务过程严格而认真的分析中大获裨益，通过对流程的精炼，消除重复作业和无效作业，使设计、测试、包装、培训、营销等各业务领域获得改进，所以，申请者趋之若鹜。

20世纪80年代末，这套国际质量管理标准已被50多个国家所采用。到了90年代中期，随着一些国际性大公司越来越多地要求其供应商提供ISO9000认证资格，全球已有90000多家企业获得了该项认证。美国的福特(FORD)、通用(GE)和克莱斯勒(现在的戴姆勒－克莱斯勒公司DAIMLER－CHRYSLER)结合ISO9000标准和汽车行业的一些专门标准，共同建立了它们自己的QS9000标准。1997年后，三家公司的所有零部件供应商都必须符合QS9000标准。

我国于1988年12月宣布采用ISO9000族标准，发布了GB/T10300质量管理和质量保证系列标准。ISO组织1994年修改颁布ISO9000：1994族标准后，我国于1995年6月宣布采用上述标准，即GB/T19000：1994－ISO9000：1994。进入21世纪后，我国国内的各类企业，大都已将获得这套标准视为企业求生存谋发展而必须具备的起码资格和条件。

二、全面质量管理

自20世纪80年代以来，随着国际竞争的加剧，西方发达国家的企业开始把质量改进作为增强竞争力的重要手段，通过采用全面质量管理(TQM)的方法，把质量观念渗透到企业的每一项活动中，以实现对质量的持续改进。其中一些日本公司借此成功地扩大了市场份额，"Made in Japan"也赢得了高质量的声誉。

所谓全面质量管理，是指依靠全体员工综合运用现代管理思想、管理方法、管理技术对组织全体人员、组织活动的全过程及影响组织活动的全部因素实行标准化、目标化和规范化封闭式的管理。

1. 全面质量管理的内容

对于一个组织而言，全面质量管理的内容主要包括以下三个方面。

(1)实行全员管理。所谓全员管理，就是组织内部所有部门、所有人员，人人做好本职工作，个个关心工作质量，全体人员都参加质量管理活动，从而形成一个质量管理的有机整体。全面质量管理鼓励全员参与质量改进，其目标是实现零次品率。每一次质量改进都是朝进一步完美迈进了一步，质量控制也就成为每一位员工日常工作的一部分。

(2)实行全过程管理。全过程管理就是对工作的整个过程、所有环节自始至终的管理。如以商业零售企业为例，则应包括售前服务、售中服务(即销售服务)和售后服务三个环节。商业服务质量问题常常表现为售中阶段，而决定售中服务质量的关键往往是在售前就存在的。为了搞好售中的服务工作，必须在售前做好准备，给售中服务打好基础。而对售中服务工作的不足也需要通过售后服务给予完善和补充。因此，商业零售企业要保证服务质量，不仅要做好服务中的质量管理，还要做好售前准备过程和售后延续过程的质量管理，也就是对商品流转所形成的全过程各个环节加以管理，形成一个综合性的质量管理体系。

(3)实行全因素的管理。质量管理的好坏受很多复杂因素的影响与制约。所谓"全因素"管理，例如对服务质量而言，就是在全面分析影响服务质量的各种因素的基础上，找出主要因素，采取有效措施加以严格控制和管理，努力控制服务事故的发生，使优质服务长期坚持下去。如当前影响商业企业服务质量的因素主要有以下几种：①经营思想；②人员素质；③商品经营；④组织机构；⑤分配制度；⑥基础设施；⑦劳动条件；⑧生活福利；⑨社会影响和人际关系等。

总之，TQM观念十分强调团队工作，在其实施过程中，企业鼓励经理人员和员工进行跨职能、跨部门的合作，同时也鼓励与客户和供应商之间的合作，以寻找各种改进机会。通过专门的培训和授权，员工团队参与决策制定，帮助企业取得较高的质量。

2. 全面质量管理的工作方法

全面质量管理的最基本的工作方法就是PDCA循环管理法。我们做任何事情都有这样一条规律：先有个设想，根据设想来安排计划，然后按照计划去执行，在执行过程中进行检查和调整，完成计划后再做一番总结和处理。美国管理学家戴明把这种工作法的规律总结为PDCA循环法，也称"戴明环"。具体而言，PDCA循环管理法的基本内容包括：①计划阶段(Plan)；②执行阶段(Do)；③检查阶段(Check)；④处理阶段(Action)四个环节。

3. 全面质量管理(TQM)技术

实施全面质量管理，可采用的技术方法很多。除了传统的质量管理小组、员工参与等方法之外，比较新颖且行之有效的方法主要有标杆管理、资源外取、缩短周期标准和持续改进等。这里限于篇幅，主要介绍标杆管理与资源外取两种新颖的TQM技术。

(1)标杆管理。标杆管理是美国施乐公司(XEROX)于1979年开始引入的。此后，该技术迅速成为一种主要的TQM方法。所谓标杆管理，是"参照最强的竞争对手或公认的行业领导者来衡量本企业产品、服务和经营的一个持续的管理过程"。标杆管理成功的关键在于分析。实施标杆管理，第一步，组织应从自身的使命宣言出发，实事求是地分析自己当前的状况，找出拟改进的方面；第二步，组织应仔细挑选值得模仿的竞争对手。为此，组织可以效仿竞争对手的内部程序和过程，一旦找到一套有效的、兼容的方案，实施标杆管理的组织便可以制定出新方案实施战略，考虑如何将吸收的经验应用到组织的运作中。如上述的施乐公司在仔细研究了L. L. BEAN的订货满足技术后，从中吸取了大量的经验应用到本公司的库存管理中，节约了10%的库存费用。

(2)资源外取。资源外取虽不是TQM的必然组成部分，但组织通过"外取"可提高质量。通过资源外取，组织的内部职能可以承包给相关领域内能力较强的外部单位。目前资源外取已成为美国企业界最快的发展趋势之一。一些公司采用资源外取，迅速地实现了成本节约和质量提高。企业通过外包自己不擅长的活动如人力资源或存货管理，可以节约工资成本，把现有员工转移到其他岗位上去。如美国Rural Metro公司与亚利桑那州Scottsdale市政府签署协议，负责提供消防和紧急医疗服务，此举不仅提供了更好的服务，而且其成本仅为以前政府经营时所耗成本的一小部分。

资源外取的关键，在于组织应确保外取功能的质量达到可接受的水平。预先控制包括仔细选择高质量的经营，挑选最佳的外取伙伴。同步控制主要是保持与合作伙伴之间良好的合作与沟通。反馈控制则是定期提供有关外取活动及相关成本的报告。

三、六西格玛管理

1. 什么是六西格玛管理

关于六西格玛管理，或称六西格玛法，目前没有统一的定义。下面是一些管理专家关于六西格玛的定义：

管理专家Ronald Snee将六西格玛管理定义为："寻求同时增加顾客满意和企业经济增长的经营战略途径。"

六西格玛管理专家Tom Pyzdek："六西格玛管理是一种全新的管理企业的方式。六西格玛主要不是技术项目，而是管理项目。"

通用电气的CEO韦尔奇先生在谈到六西格玛管理时曾说："品质的含意从字面上来看，乃是要提供一个超越顶级的事物，而不仅是比大多数的事物更好而已。"

我们可以把六西格玛管理定义为：获得和保持企业在经营上的成功并将其经营业绩最大化的综合管理体系和发展战略。是使企业获得快速增长的经营方式。六西格玛管理是"寻求同时增加顾客满意和企业经济增长的经营战略途径"。是使企业获得快速增长和竞争力的经营方式。它不是单纯的技术方法的引用，而是全新的管理模式。

六西格玛管理作为一种全新的管理模式，充分体现着量化科学管理的思想理念，是组织控制过程、产品和服务质量的一种极为有效的方法。

六西格玛质量策略是建立在测量、试验和统计学基础上的现代质量管理方法。它由摩托罗拉公司于1987年首创，作为全面满足客户需求的关键经营战略，经过十多年的发展，逐渐被众多一流公司采用。

希腊字母σ(音sigma，大写为Σ)是统计学里的一个单位，表示与平均值的标准偏差。六西格玛(SIX SIGMA)质量水平表示在生产或服务过程中有百万次出现缺陷的机会仅出现3.4个缺陷，即达到99.9997%合格率。实行六西格玛质量计划要求管理层全面介入，并由经过特殊培训的内部六西格玛质量计划的专职人员以及项目负责人组织实施，以实现减少偏差，提高过程能力的短期目标和达到六西格玛的世界一流水平的长期目标。

六西格玛是企业走向精细化科学管理的一个质量目标，这个质量目标是企业内各个部门共同努力才能够整体实现的。摩托罗拉和通用电气等公司推行六西格玛的成就，也是业务部门内部成百上千个影响产品设计、生产、服务的一个个努力改进的结果。六西格玛方法影响了几十个管理流程和交易流程。例如，在顾客支持和产品派送上，对顾客需求的更好理解和对评估体系的改进，使我们能够迈出更大的步伐来追求服务的改进和产品的及时派送。

2. 六西格玛管理的特点

(1)比以往更广泛的业绩改进视角，强调从顾客的关键要求以及企业经营战略焦点出发，寻求业绩突破的机会，为顾客和企业创造更大的价值；

(2)强调对业绩和过程的度量，通过度量，提出挑战性的目标和水平对比的平台；

(3)提供了业绩改进方法。针对不同的目的与应用领域，这种专业化的改进过程包括：六西格玛产品服务过程改进DMAIC流程，六西格玛设计DFSS流程等；

(4)在实施上由“倡导者(Champions)”、“大黑带(Master Black Belt)”、“黑带(Black Belt)”“绿带(Green Belt)”等经过培训职责明确的人员作为组织保障；

(5)通过确定和实施六西格玛项目，完成过程改进项目。每一个项目的完成时间在3~6个月；

(6)明确规定成功的标准及度量方法，以及对项目完成人员的奖励；

(7)组织文化的变革是其重要的组成部分。

相关链接

六西格玛管理的由来

1. 产生的背景及成效

六西格玛管理作为一种持续改进产品和服务质量的方法，最早起源于美国的摩托罗拉公司。

20世纪70年代后期，在日本企业的猛烈攻势下，几乎所有的美国企业都面临着巨大的竞争压力。80年代至90年代初期，摩托罗拉是众多市场不断被日本竞争对手吞食的西方公司之一。当时摩托罗拉的领导人承认其产品质量低劣。

为此，摩托罗拉公司从1980年开始了其“质量振兴计划”，内容包括加快产品开发、大幅度提高产品质量以及通过调整生产过程来降低成本等，以期提升企业的竞争力，与竞争对手抗衡。1987年，当时摩托罗拉通信部门的经理乔治·费希尔提出了一种质量管理新方法，就是“六西格玛”方法，该方法构成了上述“质量振兴计划”的核心内容。在公司主席鲍伯·高尔文的支持下，六西格玛方法迅速在全公司范围内得到推广。

实施六西格玛方法仅仅两年，摩托罗拉就荣获了马尔可姆·波多里奇美国国家质量奖（世界著名的三大质量奖之一，第一为日本的戴明奖，第三为欧洲质量奖，此为第二）。该公司从实施六西格玛方法的1987年到1997年，销售额增长了5倍，利润平均每年增长20%；带来的节约额累计达140亿美元，股票价格平均每年上涨21.3%。

摩托罗拉的成功引起了许多公司的注意，后来，许多著名的公司如通用电气、爱立信、IBM、索尼、柯达等纷纷开展了这一活动，也取得了很大的成绩，其中尤以通用电气成果最为显著。

六西格玛管理活动的广泛开展对于当代的企业管理也产生了很大的影响。到目前为止，在全世界范围内已掀起了六西格玛的热潮。

2. 六西格玛管理的理论基础

六西格玛管理活动体现了“只有能够衡量，才可以实施改进”的思想。管理意味着通过有组织的努力去实现目标的活动或过程。因此，有测量才能确立目标。基于这种认识，摩托罗拉公司在开发六西格玛管理方法论时，首先确定了用于衡量企业各方面质量的一种通用的、可横向比较的测量尺度（指标），即“百万机会缺陷数”（Defects per Million Opportunity，简称DPMO）。该指标的计算公式为：

$$\text{百万机会缺陷数(DPMO)} = \frac{\text{单位缺陷数(DPU)}}{\text{百万个出错机会}}$$

式中：“缺陷”是指所有导致顾客不满的情况；“单位缺陷数”是指所衡量的每个单位对象（如一个产品、过程）出现的缺陷数。

为了开发出可以横向比较的测量指标，摩托罗拉公司引入了一个“出错机会”的概念，以此来表示每个单位对象出错的可能性。

依据这一尺度，摩托罗拉公司确立了其质量改进的目标，即要将百万机会缺陷数（DPMO）降至3.4，亦即每100万次的出错机会中实际出错率不得大于3.4次。

由于DPMO是一个比率，可将之与正态分布曲线上一定的σ范围内所包括的面积相对应。每一个DPMO的取值都可用一个相应的σ值来表示，反之也一样。DPMO的值越小，则其相对应的σ值就越大，意味着质量水平就越高。故此，σ值可用于质量水平的测量。4σ的质量水平对应着的DPMO为6210，5σ的质量水平对应着的DPMO为233，6σ的质量水平对应着的DPMO为3.4。这便是“六西格玛管理”这一名称的由来。

资料来源：何晓群. 六西格玛与竞争战略. 中国科学文化出版社 华厦管理网出版；焦叔斌，陈运涛. 质量管理学. 武汉大学出版社，2004：184－185.

四、活动成本法

控制的本质在于确保公司的经营有利可图。经理人员测算产品或服务的成本，以保证产品的售价不低于其成本。传统的成本核算方法认为，生产成本主要包括制造产品所耗费的原材料成本和劳动力成本。这些成本的核算一般比较精确，而其他成本——如销售和管理费用——则被平均分摊到企业的产品之中。

值得注意的是，传统的成本方法并不能反映现代商业经营的现状。高度自动化减少了劳动力数量，产品成本的结构已经发生了变化，其中一般的经营成本(Overhead Costs)大幅度增加，如开办成本、分销成本、复杂机器和信息系统的维护成本等。此外，传统的成本方法并不能反映质量改进的效果。可靠的质量可以减少因解决问题和返工而耗费的时间，但这些改进通常被总体的财务数字所埋没。因此，在企业不断追求高质量产品、满足顾客需求的活动中，为了监控企业每一项努力所耗费的成本，管理人员急需一套有效的成本核算方式。

为此，活动成本法(activity - based costing，简称 ABC 法)便应运而生，也被越来越多的组织所采用。这种方法可以识别产品提供中所需的各种活动，判定每一种活动所耗费的成本。例如，一个 ABC 系统列出了与特定产品相关的所有活动的成本，如处理订货、计划生产、制造、装运和解决问题等。这样一来，经理人员可能会发现，产品的生产成本虽然在预算之内，但由于计划和质量控制等方面存在的问题，产品已经无利可图。因此，经理人员应该与员工一道，共同改进工程设计和产品计划。此外，经理人员也可以考察大部分成本是花在了有助于增加顾客价值(满足顾客的交货期、实现了产品的高质量)的活动上，还是花在了无助于价值增加的活动上(如处理内部文案)。企业应重点减少或消除无助于价值增加的活动。

例：某地一家客运集团的快件速递中心为客户提供信息查询和账单打印服务。其服务对象主要有居民户和大型客户(主要为大型工商企业)。现有居民客户 30000 个，大型客户 12000 个。维持该项服务的各项成本见表 14 - 4。

表 14 - 4　成本项目表

资源	管理人员(个)	工作人员(个)	通讯费(元)	占地(元)	开单费用(元)	总计(元)
费用	37 000	285 000	62 300	47 000	245 000	676 300

注：开单费用包括打印机、纸张和墨粉等费用。

传统的成本计算方法忽略了客户和大型客户之间服务的差别性，在成本的分摊上采用相同的基准，造成了成本核算的扭曲。若已知在总共的 30 000 个账户查询中有 25 000 个是居民户，5 000 个是大型客户。

居民户就承担了：

$$676\ 300 \times \frac{25\ 000}{30\ 000} = 563\ 583(\text{元})$$

的费用，大型客户承担了：

$$676\ 300 - 563\ 583 = 112\ 717(\text{元})$$

的费用。分摊到单个居民户的成本是：

$$\frac{563\ 583}{30\ 000} = 18.8(\text{元})$$

单个大型客户是：

$$\frac{112\ 717}{12\ 000} = 9.4(\text{元})。$$

然而，在实际情况下，大型客户所占用的成本远远高于居民户，传统的算法就将大型客户所占用的成本中的一部分分摊到了居民户身上，形成了居民户所分摊的成本远远高于实际所花费的成本。

如果用活动成本法对上述问题进行重新核算：将整个服务过程分为以下四个方面的活动：账户开单、信息查询、通讯和账单审核。在进行核算之前企业应当搜集关于以上活动的各项数据，应用数学方法和最佳的估计求出成本动因的分配率，如表 14－5 所示。

表 14－5　各项活动成本、成本动因、成本动因量及分配率表

活动	账户开单	信息查询	通信	账单审核
成本(元)	311 347	306 945	41 984	60 960
成本动因	账单行数	人工小时数	信息条数	账单个数
成本动因量	3 620 310	4 500	3 200	12 000
分配率	0.086	68.21	13.12	5.08

根据表 14－5 所示各项数据，对居民户和大型客户分别进行成本核算，并求出单个客户所分摊的成本数。计算过程如表 14－6 所示。

活动成本法的应用有助于克服物流成本传统计算物流方法中间接成本分摊困难的缺点，它通过对物流过程中的各项活动及其成本动因的分析，利用不同的核算基准，可以对间接成本进行合理地分摊。

表 14－6　活动成本核算法计算示例

活动	分配率	居民户		大型客户	
		成本动因量	成本(元)	成本动因量	成本(元)
账户开单(行)	0.086	714 010	61 404.86	2 906 300	249 941.8
信息查询(小时)	68.21	2 800	190 988	1 700	115 957
通信(条)	13.12	1 832	24 035.84	1 368	17 948.16
账单审核(个)	5.08	0	0	12 000	60 960
总成本(元)		276 428.7		444 806.96	
账户个数		30 000		12 000	
单个账户成本(元)	传统计算法	18.8		9.4	
	活动成本法	9.21		37.07	

五、价值工程

1947 年、美国通用电气公司的设计师麦尔斯从研究材料的代用问题开始，总结出了一套保证在同样功能的前提下降低成本的科学分析方法，后被称为“价值工程”。

1. 价值分析中的价值、功能和成本

(1)价值。价值分析中的“价值”的概念具有特定的含义，它不同于政治经济学中有关价值的概念。这里的“价值”是作为一种“尺度”提出来的，可以概括为“评价事物(产品或作业)有益程度的尺度”。价值高说明有益程度高、效益大、好处多；价值低说明有益程度低、效益小、好处少。价值分析中用“价值”评价事物的有益程度是以事物的效用与取得这种效用所投入资源的比值来评价的，即：

$$价值=\frac{效用}{投入资源}$$

(2)功能。功能是指系统(产品或作业)所具有的特定用途和使用价值。价值分析认为：人们购买某种产品是为了获得它的“功能”，而不是要买到产品本身。比如买煤，是买它的“发热量”，而不是买它的重量或状态，买电视机是为了获得它的“收看电视节目”的功能，而不是买它的具体线路和电子元器件。因此，不同产品只要它们有人们需要的同一功能，则它们之间是完全可以相互代替的。

(3)成本。价值分析中的成本是指系统的寿命周期成本。产品的寿命周期成本是在其寿命周期内发生的全部费用，它包括制造费用(如研制、设计、制造、试验、销售等费用)和使用费用(如保养、维修、能耗、备件、保险等)。产品寿命周期成本与产品功能有内在联系，一般在技术经济条件不变的情况下，制造费用随功能的提高而增长，而使用费用则随功能的提高而下降。

2. 价值分析的基本原理

价值分析是以最低的寿命周期成本，可靠地实现必要的功能、着重于产品或作业功能分析的有组织的活动。

价值分析中价值、功能、成本之间的关系可用以下表达式来表示：

$$价值(V)=\frac{功能(F)}{成本(C)}$$

上式说明，价值与功能成正比，与成本成反比。功能越高，成本越低，则价值越大，反之，则价值越小。用户在购买商品时，都希望价廉物美，在挑选的时候，质量相同则比较价格的高低，价格相同则比较质量的优劣。总之，只有价值高的产品，才会受到用户的欢迎。因此，企业要想提高产品的“价值”，提高产品的竞争能力，不外有以下几种途径：

(1)功能不变，成本降低。($V\uparrow=F\rightarrow/C\downarrow$)

(2)成本不变，功能提高。($V\uparrow=F\uparrow/C\rightarrow$)

(3)功能提高，成本降低。($V\uparrow=F\uparrow/C\downarrow$)

(4)成本略有提高，功能有更大提高。($V\uparrow=F\uparrow\uparrow/C\uparrow$)

(5)功能略有下降，成本大幅度下降。($V\uparrow=F\downarrow/C\downarrow\downarrow$)

总之，价值分析并不单纯追求降低成本，也不片面追求提高功能，而是要求提高功能和成本之间的比值，辩证地处理好二者的关系。

六、审计

审计是对反映组织的资金运动过程及其结果的会计记录及财务报表进行审核、鉴定，以判断其真实性和可靠性，从而为控制和决策提供依据。狭义地说，审计是要确定财会工作人员是否准确地、忠实地履行其职责，是否遵守正常的会计手续。从这个意义上讲，审计与前面提到的预算控制方法一样，也具有财务控制的性质。但是，广义的审计职能还包括根据既定的政策、计划、标准和程序检查管理机构的成绩。因此，审计又超越了财务控制的范畴，它是一种比财务控制更加广泛的具有全面性特征的控制方法。

审计一般包括三种形式。

(1)财务审计。财务审计是根据审计原则通过价值形式对生产经营活动中的财务运行状况进行独立的审查和评价。它既是对经济组织系统运行实施控制、检查、考核的一种手段，又是为经济活动提供服务和保障的重要工作方法。其目的是保证经济组织所提供的财务报告，既能真实反映组织系统的财务状况，又能符合国家所颁布的有关财务运行规则和会计原则。财务审计一般分为外部财务审计和内部财务审计。外部财务审计是由非本组织成员的外部专门审计机构(如国家审计部门、公共审计师事务所)和审计人员对本组织的财务程序和财务经济往来进行有目的的综合检查审核。现在许多国家都规定，企业的年度财务报告必须经过持有有关合格证书的会计师的审查并签署意见，说明企业所提交的财务报告是否遵守了国家所颁发的有关会计制度。严格地说，这种审计已不是管理控制职能所指的控制了，因为它不是企业内部的一种管理活动。内部财务审计是由本组织系统内部的财务人员所负责开展的财务审计活动。其目的也和外部财务审计目的相同，即保证组织系统的财务报表能准确、真实地反映组织的财务状况。

(2)业务审计。它是内部审计的扩展和丰富。业务审计的范围包括财务、生产、市场、人事等方面。这种审计可以由企业聘请企业外独立的咨询机构和专家来进行。

(3)管理审计。它是业务审计的进一步发展。管理审计是对企业的各项职能以及战略目标所进行的全面审查，审计范围包括：审计结构、计划方法、预算和资源分配(人、财、物)、管理决策、科研与开发、市场、内部控制、管理信息系统等。管理审计的目的是要明确企业的优势和劣势，全面改善企业的管理工作。

本章概念

控制　推理控制　同步控制　国际质量标准　控制系统　最优控制
反馈控制　全面质量管理　管理控制系统　开环控制　标准　标杆管理
试探控制　闭环控制　关键控制点　资源外取　经验控制　预先控制
偏差　六西格玛管理

问题思考

1. 如何理解控制这一概念的内涵？完整的控制工作包括哪些内容？

2. 请仔细观察和详细了解常见的一些自动控制装置，然后请描述其控制原理。

3. 间接控制有时是比直接控制更为巧妙和有效的控制方法。试举例说明。

4. 如何理解反馈控制？试举例说明反馈控制过程。

5. “走动式管理”主要有哪些特点？作为一种控制类型，你认为它有哪些优点和不足之处？

6. 请简述计划与控制的关系，并请说明在计划的执行过程中控制所起的作用。

7. 既然ISO9000资格的申请和认证既耗财又费时，为何企业会对其趋之若鹜？

8. 什么是质量管理小组？其构成成员及其具体操作是怎样的？试查找相关资料分析之。

9. 作为全面质量管理的技术，“标杆管理”和“资源外取”便是上个世纪下半叶最先由美国的一些著名大公司所倡导、引入而推广起来的。试结合你身边的一些实例对上述两种新的控制方法加以展开论述。

10. “价值工程”理论的核心主要是以“最低的成本”实现“必要的功能”。有人认为，该理论是在短缺经济的大背景下提出的，到了21世纪的今天，什么是“必要功能”则是仁者见仁，智者见智了。那么，今天“价值工程”理论还适用吗？

☞ 案例分析

前事不忘，后事之师

巴林银行事件

由弗朗西斯·巴林爵士（英）创办于1763年的巴林银行，是世界首家商业银行，由于其经营灵活变通、富于创新且又兼以稳健著称，它很快就在国际金融领域获得了巨大的成功。20世纪初，它甚至荣幸地使英国皇室成员——世界最富有的女性伊莉莎白二世——成为它的客户。

然而，自1989年7月10日尼克·里森正式加入巴林银行工作，且于1992年被派往新加坡分行成立期货与期权交易部门并出任总经理后，巴林银行固有的制度缺陷以及控制不严等等问题便暴露无遗。

其制度缺陷包括：一是由尼克·里森兼任新加坡分行的交易部与清算部的经理——这无异于是从制度上认可了自己监督自己；二是一开始就允许尼克·里森设立“88888”错误账户专门处理交易过程中因疏忽造成的错误，几周后伦敦总部要求所有的错误仍由原来的“99905”账户直接向伦敦报告后，又未及时督促尼克·里森取消“88888”错误账户，此举导致尼克·里森后来频繁利用此错误账户做假账来掩盖自己由于决策失误导致的巨亏。

其控制不严主要表现在：一是内部审计流于形式，巴林银行的管理层在各个层面、各个步骤都存在失职现象；二是连巴林银行的董事长彼得·巴林都极为轻视资产负债表的作用，致使伦敦总部忽视了对新加坡分行每日的资产负债表进行严格审查；三是巴林银行违反英格兰银行规定的英国银行的海外总资金不应超过银行总资产的25%的限制。

上述诸多方面的问题最终使巴林银行迎来了它命运最为凄惨的一天。1995年2月26日，由于巴林银行设在新加坡的分行的总经理尼克·里森的个人决策失误，最终导致巴林银行遭受了高达14亿美元的巨额损失，这也几乎是巴林银行当时的所有资产。最终，这家曾经拥有英国历史上最长且业绩骄人等诸多美誉的银行倒闭了！

中航油事件

如果后人能及时地吸取前车之鉴，在营运过程中及时修补制度的漏洞，加强控制，便可以亡羊补牢犹未为晚。然而，无独有偶，继巴林银行倒闭10年之后，中国航油（新加坡）股份有限公司竟几乎重蹈了它的覆辙。

中国航油(新加坡)股份有限公司(以下简称中航油)是中国航油集团公司(以下简称母公司)的海外控股子公司,其总裁为陈久霖,兼任集团公司副总经理。

中航油于2001年底获批在新加坡上市,经国家有关部门批准,中航油取得母公司授权后,自2003年开始做油品套期保值业务。

为规范海外公司行为,国务院早在1998年8月发布的《国务院关于进一步整顿和规范期货市场的通知》中便明确规定:"取得境外期货业务许可证的企业,在境外期货市场只允许进行套期保值,不得进行投机交易。"1999年6月,由国务院令发布的《期货交易管理暂行条例》第四条规定:"期货交易必须在期货交易所内进行。禁止不通过期货交易所的场外期货交易。"第四十八条规定:"国有企业从事期货交易,限于从事套期保值业务,期货交易总量应当与其同期现货交易量总量相适应。"2001年10月,证监会发布《国有企业境外期货套期保值业务管理制度指导意见》之第二条规定:"获得境外期货业务许可证的企业在境外期货市场只能从事套期保值交易,不得进行投机交易。"

从控制的角度来看,上述控制的标准不可谓不严,然而如果在实际执行中发生了偏差而纠偏措施不力或错失纠偏机会,控制便失效了,其必然的后果便是实际操作将在偏离控制标准的轨道上越滑越远,直至失控。

如前所述,尽管国家的规定十分明确,然而,自2003年开始,陈久霖严重违反国家的相关规定,擅自扩大业务范围,开始从事石油衍生品期权交易,这实际上是一种像"押大押小"一样的金融赌注行为。为此,陈久霖违规和日本三井银行、法国兴业银行、英国巴克莱银行、新加坡发展银行和新加坡麦戈利银行等在期货交易场外,签订了合同。陈久霖买了"看跌"期权,赌注每桶38美元。没想到国际油价一路攀升,陈久霖"押了小点开盘后却是大点"。

且看陈久霖的押宝之路——

2003年下半年,公司开始交易石油期权,最初涉及200万桶石油,中航油在交易中获利;2004年一季度,油价攀升导致公司潜亏580万美元,公司决定延期交割合同,期望油价能回跌,交易量也随之增加;2004年二季度,随着油价持续升高,公司的账面亏损额增加到3 000万美元左右。公司因而决定再延后到2005年和2006年才交割,交易量再次增加;2004年10月,油价再创新高,公司此时的交易盘口达5 200万桶石油,账面亏损再度大增;2004年10月10日,账面亏损已高达1.8亿美元,另外已支付8 000万美元的额外保证金的中航油,首次向母公司呈报交易和账面亏损并请求援助。母公司本应立即对此违规操作进行制止,强令其择机斩仓。然而,母公司领导竟不顾国内监管部门有关风险控制的规定,决定对此疯狂的赌徒行为施行救助;10月20日,母公司以私募方式提前卖出手中所持15%的股票,将所得的1.08亿美元资金悉数贷款给中航油,此举愈发使中航油深陷泥潭;10月26日至28日,中航油因无法补加一些合同的保证金而遭逼仓,蒙受1.32亿美元实际亏损;11月8日至25日,中航油的衍生商品合同继续遭逼仓,截至25日的实际亏损达3.81亿美元;12月1日,在亏损5.54亿美元后,中航油宣布向法庭申请破产保护令。

诚然,致使中航油遭受灭顶之灾的因素众多,包括2003年第四季度对未来油价走势的错误判断;中航油未能根据行业标准评估期权组合价值;缺乏推行基本的对期权投机的风险管理措施;对期权交易的风险管理规则和控制,管理层也没有做好执行的准备等等。但不可否认的是,其中最主要的原因还是由于陈久霖进行了违规操作,其违规之处主要有三点:一是做了国家明令禁止不许做的事;二是进行了场外交易;三是超过了现货交易总量。

其实，国资委曾专门就是否救助中航油进行过研究，后来决定不予救助，由企业对自己的行为负责。中国证监会也明确表示此举系“违规行为”，应追究责任，但母公司开始时一直犹豫不决，结果中航油的巨亏本可以在1.8亿美元以内止住，虽然仍会是一个大数目，但比后来的5.54亿美元至少要小得多，可惜这种可相对减少损失的斩仓机会最终还是被错过了，终于导致了国有资产的巨额流失……

资料来源：http://www.investbank.com.cn/Detail.aspx? id = 12398. 投资银行在线. 巴林银行倒闭的教训. 2005 - 11 - 27；http://info.china.alibaba.com/news/detail/v4 - d5668868.html. 阿里巴巴化工资讯. 成败陈久霖，揭开中航油事件内幕. 2006 - 03 - 29.

问题分析：

1. 导致巴林银行与中航油倒闭的最根本原因是什么？
2. 一个有着非凡历史且实力雄厚的巴林银行，为何会因为其设在海外的分公司的尼克·里森个人的决策失误而在短期内拖垮整个银行直至倒闭？我们能从中吸取什么教训？
3. 中航油事件与巴林银行事件有何异同？
4. 从控制的角度来看，你认为中航油的倒闭能给我们提供哪些方面的经验与教训？

参考文献

[1] 斯蒂芬·P·罗宾斯. 管理学. 北京：中国人民大学出版社，1997：477、477、483、546 - 551、238 - 240.

[2] 加雷思·琼斯，珍妮弗·乔治，查尔斯·希尔. 当代管理学（第2版）. 北京：人民邮电出版社，2003：202、205.

[3] 理查德·L·达夫特. 管理学. 北京：机械工业出版社，610 - 611、615 - 616.

[4] 何晓群. 六西格玛与竞争战略. 北京：中国科学文化音像出版社，华厦管理网出版.

[5] 马天山，穆毅. 活动成本法在物流成本管理中的应用研究. 长安大学学报，2005，7(2)：3.

[6] 托马斯·贝特曼，斯考特·斯奈尔. 管理学：构建竞争优势（第4版）. 北京：北京大学出版社，2004：395.

第十五章 控制中的信息系统

学习目标

学完本章之后，你应该能够：

- 定义信息、信息技术和信息系统
- 说明信息系统的类型和信息系统的作用
- 了解信息系统开发的基本过程
- 熟悉几种先进的管理信息系统在管理控制中的运用

开篇实例

大全集团：ERP使企业实现集成控制

大全集团有限公司下辖5个合资企业和14个内资企业，并在全国各地设有15个销售分公司和9个销售代表处，产品覆盖全国各省、市、自治区。在激烈的市场竞争中，企业面临着进一步降低成本，提供个性化产品，迅速获取生产信息和市场信息等一系列问题。解决这些问题的一个重要途径是进行企业信息化建设。

采用信息化管理之前，大全集团各类管理数据、技术图纸及财务数据的发生、统计、汇总和传递，主要是通过传统的手工方式进行。尽管当时企业规模很小，但是实际业务数据处理量却相当大，特别是财务数据的处理和生产计划的控制和执行，由于手段单一，工具缺乏，大量的数据，如销售订单、计划信息、材料核算、成本数据等，只能通过制定各类繁杂的表格，印制多联单据来记录和统计，产品图纸和工程设计也完全依靠手工绘制。因此，企业数据准确率低，失真度大，传输效率和数据重复利用率极低。低效原始的工作方式客观上提高了企业的管理成本。

1990年以后，大全集团进入第一次快速发展时期，企业朝着集团化方向发展，与此相同步的是企业各类数据成指数级增长。在此情况下，公司成立了计算机中心来专职负责信息化工作，构建了以财务为核心的公司局域网。尽管当时手段和方法的改善存在一定的局限性，但是客观上提升了公司的管理效率和管理水平。

随着公司的再度扩张和企业实际业务的不断发展，原有的MIS系统和会计电算化软件已无法维系企业的正常运转。原总公司的管理手段和管理方法被复制到各个子公司，弊端也同样被复制。财务系统共用，资源紧张，系统运行速度缓慢，各子系统基本相对独立，相互隔离，形成信息孤岛，数据重复录入，关联性差，计划无法得到有效控制。为了确保业务的正常进行，公司不得不组织和安排大量的管理人员在各子系统之间反复进行沟通和协调，但是由于固有的系统缺乏完整、有效、规范的控制，因此管理随意性大，人为因素影响明显，管理瓶颈日益凸显。

1998年，企业组建了CIMS/ERP工程中心及由企业一把手直接领导的小组，专职负责企业的信息化工作，并进行了详细的分工。在此后的2年时间里，累计投入1200万元，购置了当时最先进的服务器，并重构了涵盖集团所有子公司的局域网及相关硬件设施。

经过近2年的实施和应用，公司在业务急剧扩张的情况下，库存占用不断减少，工作效率明显提高，计划的合理性和可控性得到显著改善，各类数据的处理、分析、汇总和提取有序而高效。与此同时，集团对各信息化单元产品进行全面的集成和整合，尽可能选用同一厂家或厂家联盟的软件产品，逐步实现系统高度集成和管理高效可控。至此，大全集团依托ERP使企业真正实现了集成管理控制。

资料来源：http：//www.cnexp.net/huoyun_wuliu_yunshu/wuliuanli/42744.html.

从大全集团进行的企业信息化建设事例可以看出，随着科学技术的高速发展和经济结构的变革，人类开始进入以物质、能源和信息为基础的信息时代。任何一个组织在其存在期内，经常需用信息来规划组织未来的活动与控制组织的现有活动，以维持其生存和发展。信息系统与管理控制之间有着密切的联系，在现代，企业日益广泛地应用信息系统来为企业管理控制提供决策支持。任何企业要在剧烈的市场竞争中求得生存与发展，任何国家要在国际交往和竞争中取得主动，就必须有效地搜集、整理、分析和利用信息。本章主要说明在现代企业管理控制过程中信息系统应用的有关问题，在某种意义上是控制应用技术的延伸，为企业在经营管理上应用信息系统提供入门知识。

第一节 信息系统与管理控制

一、信息与信息技术

信息是经过加工后的数据，它正确反映客观事物状态及客观事实，对接收者的行为能产生影响，对接收者决策具有价值。

对信息的理解可以从三个方面来进行：一是信息来源于物质和物质的运动，反映事物的特征和变化，体现对事物的认识与理解程度；二是信息是一种经过加工的处理后的数据，具有知识的含义；三是信息具有价值，但它只有通过接收者的决策或行为才能得以体现。

信息技术是用来获取、组织、存储、处理和传输信息的方式。信息技术的快速发展，特别是通过计算机的使用，对信息系统、管理者及其组织发生了根本性的影响。因此，信息技术是信息系统的基础，依靠这个基础，了解这个技术的潜能，才能很好地把信息技术与管理控制集成起来，形成有效的管理信息系统。

1. 计算机硬件技术

自从1946年第一台电子计算机诞生以来，计算机的发展经历了四个时代，即20世纪50年代初真空电子管计算机、50年代末至60年代中期的晶体管计算机、60年代中期至70年代末的集成电路电子计算机及70年代末以来的大规模集成电路和超大规模集成电路电子计算机。计算机硬件技术的快速发展使其应用领域得到迅速膨胀，如文字处理、决策支持、数据库管理、通信、工程、教育等。计算机硬件技术的发展为管理控制应用信息技术提供了一个硬件技术平台。

2. 计算机软件技术

计算机软件是帮助用户使用计算机硬件以完成数据的输入、处理、输出及存储等活动的工具。计算机软件总体上分为两类，一类是系统软件，即当计算机在执行各类信息处理任务时，那些管理与支持计算机系统资源及操作的程序；另一类是应用软件，也就是适应用户信息处理需求的，直接处理特定事件的应用程序。随着计算机技术的发展，软件技术开发逐步脱离由某个组织的专业程序员和终端用户独立开发应用程序的模式，转为由软件供应商提供用户需求的软件包。最成功的例子就是在微型计算机上，用相对比较低的价格开发出了更易于使用的软件包，如字处理、电子表格等，并且这种趋势也正向着小型机、主干机用户扩展，从而使得管理控制的系统开发与应用更为快捷简便。

3. 计算机网络技术

自20世纪50年代开始，人们及各种组织使用计算机来管理他们的信息的速度迅速增长。早期，限于技术条件使得当时的计算机都非常庞大和非常昂贵，任何机构都不可能为雇员个人提供使用整个计算机，主机一定是共享的，它被用来存储和组织数据、集中控制和管理整个系统。所有用户都有连接系统的终端设备，将数据库录入到主机中处理，或者是将主机中的处理结果，通过集中控制的输出设备取出来。通过专用的通信服务器，系统可以构成一个集中式的网络环境，使用单个主机可以为多个配有I/O设备的终端用户(包括远程用户)服务，这就是早期的集中式计算机网络，一般也称为集中式计算机模式。它最典型的特征是：通过主机系统形成大部分的通信流程，构成系统的所有通信协议都是系统专有的，大型主机在系统中占据着绝对的支配作用，所有控制和管理功能都是由主机来完成。

随着计算机技术的不断发展，出现了多台计算机互联的需求。这种需求主要来自军事、科学研究、地区与国家经济信息分析决策、大型企业经营管理，他们希望将分布在不同地点的计算机通过通信线路互联成为计算机——计算机网络。网络用户可以通过计算机使用本地计算机的软件、硬件与数据资源，也可以使用联网的其他地方的计算机软件、硬件与数据资源，以达到计算机资源共享的目的。计算机网络技术的迅速发展和广泛应用必将对21世纪的经济、教育、科技、文化的发展产生重要影响。

4. 数据库管理技术

数据库是以一定的组织方式存储在一起的相关数据的集合。他能以最佳的方式、最少的数据提供多种应用服务，程序与数据具有较高的独立性。在信息系统的应用过程中，数据库是比文件系统更高级的一种数据组织方式，在文件系统中，文件由记录构成，通过种种数据结构描述应用领域的数据及其关系，数据的存取以记录为单位。由于文件系统的结构只限于记录内部，因而仅能适用于单向应用的场合。对于一个组织的信息系统而言，要求从整体上解决问题，不仅要考虑某个应用的数据结构，而且要考虑全局数据结构。如组织中各部门子系统都要使用的职工记录以及人事部门关心的人事记录、政治历史和社会关系记录；财务部门关心的工资记录；业务部门需要的业务员学历、科研经历和教学经历等记录。为了实现整个组织数据的结构化，就要求在数据组织结构中不仅能够描述数据本身，而且要能描述数据之间的关系。因而在复杂的信息系统应用中，应采用数据库组织数据。

数据库系统是由计算机系统、数据、数据库管理系统和有关人员组成的具有高度组织的总体。数据库系统的主要组成部分有：

(1)计算机系统。计算机系统指用于数据库管理的计算机硬软件系统。数据库需要大容量的主存以存放和运行操作系统、数据库管理系统程序、应用程序以及数据库、目录、系统缓冲区等。辅存方面，则需要大容量的直接存取设备。此外，系统应具有较高的网络功能。

(2)数据库。数据库既有存放实际数据的物理数据库，也有存放数据逻辑结构的描述数据库。

(3)数据库管理系统。数据库管理系统是一组对数据库进行管理的软件，通常包括数据定义语言及其编译程序、数据操纵语言及其编译程序以及数据管理例行程序。

(4)人员。主要包括：①数据库管理员。为了保证数据库的完整性、明确性和安全性，必须有人来对数据库进行有效的控制，行使这种控制权的人叫数据库管理员，他负责建立和维护模式，提供数据的保护措施和编写数据库文件。②系统程序员。是设计数据库管理系统的人员。他们必须关心硬件特性及存储设备的物理细节，实现数据组织与存取的各种功能，实现逻辑结构到物理结构的映射等。③用户。包括：应用程序员，负责编制和维护应用程序，如库存控制系统、工资核算系统等；专门用户，只通过交互方式进行信息检索和补充信息的用户；参数用户，指那些与数据库的交互作用是固定的、有规则的人，如售货员、订票员等就是典型的参数用户。

二、信息系统

1. 信息系统的概念与性质

信息系统是一种用来获取、组织、存储、处理和传输信息的系统。从管理控制的角度来看，信息系统又是一种由管理者计划和设计，用来为他们自己提供所需的特殊信息，从而有效地完成他们的控制职责的系统。信息系统实际上和组织一样存在了很长时间。在计算机时代之前，多数信息系统是基于纸张的：职员们用文字和数字的形式在文件中记录下重要的信息(经常要复制多份)，把文件的复制件送给上级、顾客或供应商等，并将其他的复制件归档以备以后参考。

在管理控制过程中，信息系统主要表现出如下的性质与特点：

(1)面向管理决策与控制。信息系统与管理学的思想方法、管理与决策的行为理论相结合后，形成了一个为管理决策与管理控制服务的系统，它必须能够根据管理的需要，及时提供所需要的信息，帮助管理者做出控制决策。

(2)综合性。从广义上说，信息系统是一个对组织进行全面管理的综合系统。一个组织在建立其信息系统时，可根据需要逐步应用个别领域的子系统，然后进行综合，最终达到应用信息系统进行综合管理的目标，信息系统综合的意义在于产生更高层次的管理信息，为管理决策服务。

(3)人机系统。信息系统的目的在于辅助决策，而决策只能由人来做，因而信息系统必然是一个人机结合的系统。在信息系统中，各级人员既是系统的使用者，又是系统的组成部分，因而，在信息系统开发过程中，要根据这一特点，正确界定人和计算机在系统中的地位和作用，充分发挥人和计算机各自的长处，使系统整体性能达到最优。

(4)现代管理方法和手段相结合的系统。人们在信息系统应用的实践中发现，只简单地采用计算机技术提高处理速度，而不采用先进的管理方法，信息系统的应用仅仅是计算机系统仿真原手工管理系统，充其量只是减轻了管理人员的劳动，其作用的发挥十分有限。信息系统要发挥其在管理中的作用，就必须与先进的管理手段和方法结合起来，在开发信息系统时，融进现代化的管理思想和方法。

(5)多学科交叉的边缘科学。信息系统作为一个崭新的知识领域，产生较晚，其理论体系尚处于发展和完善的过程中。早期的研究者从计算机科学与技术、应用数学、管理理论、决策理论、运筹学等相关学科中抽取相应的理论，构成信息系统的理论基础，从而形成一个有着鲜明特色的边缘科学。

2. 信息系统的功能

任何企业组织的信息系统，不论它是手工的，还是计算机化的，都具有五大基本功能，这就是输入、存储、加工、传输和输出。

(1)收集与输入。反映企业运行情况、经济现象以及有关环境的信息，分布在组织内外的各处，它们不会自然而然地集中起来。任何信息系统首先要做的工作，就是以某种方式记录下这些信息，集中起来，转化为信息系统所需要的形式，再输入信息系统。

(2)加工。从企业经营活动的全过程来看，在生产、分配、消费和流通每一领域，在生产经营的每一个环节(从市场预测、计划制订、产品设计与生产、质量管理、产品检验、试验、库存控制、运输、销售管理，到人员、设备、材料与资金的规划)都有大量的信息需要处理。对收集来的各种信息进行运算、逻辑处理，使之成为符合一定管理控制所需要的、更有用的信息，这就是信息系统的加工功能。

(3)传输。在信息的收集与汇总时，在向各类、各级信息用户提供信息时，在某个管理部门向下属下达计划或指令时，都要遇到信息的传输问题。通过信息的传输，使管理者的决策有充分和可靠的信息作依据，组织或组织的各个部门通过信息传输即可连接成一个有机的整体，从而使得组织能够有序、协调和快速运作。

(4)存储。收集来的资料需要存储，以供整理再加工；加工以后得到的信息，有的立即就使用，有的以后使用，即使是立即使用的，日后可能还要作参考或他用，例如，作为预测用的历史数据和对比用的数据等，信息系统应该负责这些信息的存储保管。

(5)输出。输出是信息系统的最终环节，信息系统的目的就是为各类管理人员提供他们所需要的信息。信息的输出从外观上体现了信息系统的能力。如果输出功能不强，手段不完善(例如计算机系统没有汉字)，输出的结果太多或格式不好，不易阅读和理解等，就会影响信息系统的使用，不能发挥信息系统辅助管理决策的作用。

三、信息系统在管理控制中的作用

在当今全球知识爆炸、信息爆炸的时代，每一秒钟的时间都将产生天文数字般的信息量，企业如果还依传统的手工方式来收集和管理信息，并依此来对企业未来的行动进行决策和控制，其结果是不难想象的。因此，任何一家企业想在未来的竞争中能够立足，能够在立足后进一步发展，建立企业的管理信息系统是充分必要条件之一。例如，对于一个拥有众多产品、制造复杂且物料种类数以万计的企业，要能够准确地制定物料需求、准确和准时的规划生产，在计划实施过程中又能够适时地进行控制，就必须完全依赖管理信息系统。具体的说，企业的信息系统在管理控制中的作用可以从以下六个方面来进行阐述。

1. 保证管理控制的准确性

在日常的管理控制过程中，管理者往往要处理数以万计的信息，人工处理难以把握控制决策的准确性，无论是在信息收集过程中如何把握信息的准确性，还是在整理分析过程中能否做出准确可靠的决策，都必须依赖信息系统的运用。例如，一个企业能够制定出非常严密的生产计划，包括每一个部件准确的生产数量、准确的开工时间和准确的完工时间，完全是因为管理信息系统能够进行相应处理的结果，其相关的处理方法是主生产计划和物料需求计划，依据的信息是产品市场需求、物料存量、生产能力、产品物料清单等。

2. 提高管理控制的可靠性

企业在进行任何管理控制活动中都将面临巨大的信息量和复杂的决策处理过程，通过人们手工的方式进行相应的管理控制难免出现差错，例如出现错误采购、错误生产、采购遗漏、生产遗漏等问题，因此，手工的管理控制活动对于一个较大规模以上且运作复杂的企业而言，管理控制活动要求做到万无一失几乎是不可能的；再者，一个企业的管理活动若完全依赖手工，还会因为管理人员的经常流动而造成管理工作衔接不畅，使企业的正常业务活动受到干扰。信息系统具有严密的逻辑处理过程，同时又具有很好的稳定性和安全性，能够极大地提高管理控制的可靠性。

3. 减少管理控制的随意性

在管理控制过程中，如果缺乏管理信息系统的支持，管理人员就只能通过主观判断和经验来进行控制决策，而管理人员的个人素质、知识和能力将影响决策过程和决策的结果，同时，由于个人所掌握的信息量有限，这样就容易导致控制决策的随意性较大，产生的失误也就比较多。例如，企业的订单交付和生产计划之间，在缺乏管理信息系统的支持时，管理人员很难详细准确地掌握所有订单的交付信息，也很难总体把握生产计划的进度信息和完工信息，从而使订单交付与生产计划之间缺乏协调，导致各种配套性差，容易出现管理的随意性。信息系统在管理控制中的重要作用就体现在较少管理控制的随意性，把控制决策建立在科学、准确、可靠的基础上。

4. 加强管理控制的时效性

科学管理的第一原则就是通过对环绕企业经营过程始终的信息的即时处理上，以便提高管理效率、加速工作进程，进而提高组织的效率。管理控制的时效性首先表现在实时信息的取得上，所谓实时信息是指反映了当前状态的信息。在一个快速变化的行业里，信息是快速变化的，因此，实时信息反映的是动态的信息；其次，管理控制的时效性还表现在对实时信息的实时处理上，通过信息的及时处理，管理者做出快速有效的决策来提高管理效率。例如，借助于管理信息系统和网络技术，供应链管理就能够达到终端用户，其需求信息就能够实时传递到供应链节点上任意一个企业，接收到该信息后，与该信息有关联的企业就可以立即进行响应来制定或调整该企业的运作计划，使供应链系统形成同步作业。所以，信息系统在管理控制中的时效性作用是很重要的特征之一。

5. 促进管理控制的完整性

管理者们在实施控制、达成协调或做出有效决策时所需要的所有信息都要求是完整的，这样才能实现一个完整的控制过程。一般而言，管理者如果不借助信息系统将很难获得完整的信息，在使用不完全的信息时难免做出错误的决策，产生这样或那样的失误。信息系统的功能之一就是在管理者们在职权范围内获得完整的信息以提高管理控制的完整性。例如，一个生产型企业滚动生产计划的制定，需要综合地获取多方面的信息，包括订单信息、正在执行的各种计划信息（生产的、采购的、外协的计划）、在制品库存信息、原材料库存信息、物料清单信息、车间生产能力信息、财务能力信息等，建立在上述这些信息的基础上才能制定出一期可行的滚动生产计划，由此派生出一系列有效的管理控制活动，包括生产作业规划、采购作业规划、车间进度规划、库存规划、订单交付规划、财务规划等，通过管理信息系统能够极大地促进企业管理控制的完整性。

6. 应对管理控制的复杂性

经济全球化的影响和企业规模的扩大，使企业业务范围扩大化，企业演化成为跨国公司不再是一个虚拟的话题，对管理控制而言，其复杂程度的增加是可想而知的。信息系统在这种形势下的作用体现得尤为明显，以互联网络为联结纽带的控制信息系统可以跨越地域的障碍、不受时空的影响，将企业遍布全球的业务动态变化展示于管理者眼中，借助信息系统的作用来应对复杂的控制过程。桌上电脑、电子邮件、移动电话、语音邮件与传真等技术把高层经理从繁杂的事务中解脱出来，把精力放在真正需要的、产生效益最佳的管理目标上。

相关链接

沃尔玛：信息系统在管理控制中举足轻重

20世纪50年代末，当第一颗人造卫星上天的时候，全世界商业对现代技术还无人问津。而70年代沃尔玛就率先使用了卫星系统，新世纪开始，沃尔玛又用90亿美元开始实施“互联网标准平台”的建设。凭借先发优势、科技实力，沃尔玛的店铺冲出阿肯色州，遍及美国，走向世界。由此可见，与其说它是企业，不如说它是科技企业。

沃尔玛领先于竞争对手，先行对信息系统进行了使用：最早使用计算机跟踪存货（1969年），全面实现S. K. U.单品级控制（1974年），最早使用条形码（1980年），最早使用CM品类管理软件（1984年），最早采用EDI（1985年），最早使用无线扫描枪（1988年），最早与宝洁公司（Procter&Gamble）等大供应商实现VMR产销合作（1989年）。在信息技术的支持下，沃尔玛能够以最低的成本、最优质的服务、最快速的管理反应进行全球运作。

90年代沃尔玛提出了新的零售业配送理论，开创了零售业的工业化运作新阶段：集中管理的配送中心向各商店提供货源，而不是直接将货品运送到商店。其独特的配送体系，大大降低了成本。加速了存货周转，形成了沃尔玛的核心竞争力。90年代初，沃尔玛就在公司总部建立了庞大的数据中心，全集团的所有店铺、配送中心和经营的所有商品，每天发生的一切与经营有关的购销调存等详细信息，都通过主干网和通信卫星传送到数据中心。任何一家沃尔玛商店都具有自己的终端，并通过卫星与总部相连，在商场设有专门负责排货的部门。沃尔玛每销售一件商品，都会即时通过与收款机相连的记录下来，每天都能清楚地知道实际销售情况，管理人员根据数据中心的信息对日常运营与企业战略作出分析和决策。

沃尔玛的数据中心已与6000多家供应商建立了联系，从而实现了快速反应的供应链管理库存VMI。厂商通过这套系统可以进入沃尔玛的配销系统和数据中心，直接从POS得到其供应的商品流通动态状况，如不同店铺及不同商品的销售统计数据、沃尔玛各仓库的存货和调配状况、销售预测、邮件与付款通知等等，以此作为安排生产、供货和送货的依据。生产厂商和供应商都可通过这个系统查阅沃尔玛产销计划。这套信息系统为生产商和沃尔玛两方面都带来了巨大的利益。

尽管信息技术并不是沃尔玛取得成功的充分条件，但它却是沃尔玛成功的必要条件，可以说，信息化管理在沃尔玛的管理控制中具有举足轻重的作用。

资料来源：http://www.cnexp.net/huoyun_wuliu_yunshu/wuliuanli/42650.html.

第二节　信息系统的类型与信息系统的开发

一、信息系统的类型

信息系统的类型可以从系统的功能及其服务对象（组织中的人）来划分，目前广泛使用的划分类型有三种：作业信息系统（Operations Information Systems），管理信息系统（Management Information Systems）和其他组织支持系统。作业信息系统是支持企业日常作业的信息处理以及低层的经营管理职能，管理信息系统通常支持高层管理人员的战略决策，其他组织支持系统包括以克隆专家决策模式供非专家级用户使用的智能系统和支持企业整体计划的系统等。

1. 作业信息系统

（1）电子数据处理系统（Electronic Data Processing Systems，EDPS）。在电子数据处理系统阶段，计算机主要用于对具体业务的简单处理，如产量统计、成本计算、库存记录等。目标是能迅速、及时、正确地处理大量数据，提高数据处理的效率，实现手工作业的自动化，将人们从繁重的手工数据处理工作中解放出来，从而提高工作效率。

（2）办公自动化系统（Office Automation Systems，OAS）。办公自动化系统综合运用现代硬件和软件技术，如文字处理、桌面印刷技术、电子邮件和通讯设备来制作和发布信息。办公自动化系统通常也用于实现手工账务作业的电子化。国际上许多公司，如沃尔玛、雪佛龙和美国航空公司等，每月都以电子支付的方式向供应商结算数千笔账款，采用这种方式不用再填写和邮寄支票。这些系统使企业规范了办公作业，降低了出错率，改善了顾客服务质量。从这种意义上讲，办公自动化系统有力地支持了其他类型的信息系统。

（3）交易处理系统（Transaction Processing Systems，TPSs）。这类信息系统用于记录和处理企业经营中所产生的数据，如销售给顾客的货物数量、从供应商购买的货物数量、存货变化量和员工工资等。交易处理系统从交易中获取数据，然后将其储存到数据库中。员工使用数据库中的信息，生成报表或其他信息报告，如顾客统计表和员工工资报表。企业中大多数的报告都是利用这些数据库生成的。交易处理系统从企业的日常经营中识别、搜集和整理基本的数据信息。

2. 管理信息系统

（1）信息报告系统（Information Report System，IRS）。信息报告系统是管理信息系统中最为常见的一类，该系统为管理人员或决策者提供了大量的数据报表，支持着日常的决策需求，这些报表通常提供的是固定格式的信息来支持结构化的决策。例如，一些业务型成本法软件允许经理人员查看与生产和销售特定产品相关的所有成本。管理人员也可以通过监控成本，找出哪些产品具有盈利性，哪些产品应该放弃。Koehler 制造公司是一家位于马塞诸塞州

Marlboro的一家小型企业，该公司安装了一套活动成本法核算软件后，其经理人员很快就发现本公司销量最好的产品——酸性电池，事实上一直在吞噬着公司的利润，这个发现使管理层认识到有必要更好地规划未来的产品。

（2）决策支持系统（Decision Support Systems，DSS）。决策支持系统是MIS的更高一层。在管理信息系统的使用中发现它对管理者的决策支持不够，因此提出了决策支持系统。决策支持系统运用了数据库、模型库、知识库、方法库等更新的技术，为高层领导提供决策支持。DSS需要从管理信息系统中抽取一些决策支持所需的数据。该系统的特点在于以交互方式支持决策者，以解决半结构化决策问题为主。决策支持系统是对管理人员决策的支持而不是代替，系统本身要求具有灵活性，采用联机对话方式，以便利用人的经验和系统提供的可供分析的信息来解决问题。

（3）群体决策支持系统（Group Decision Support System，GDSS）。群体决策支持系统是一个会话型的计算机系统，它将计算机软、硬件设备和群体成员融为一体，支持群体对非结构化问题进行共同决策。具体地说，就是以计算机网络通讯技术为基础的人机系统。它利用人工智能（AI）、心理学、行为科学、决策科学、网络技术、数据库等技术为群体决策者或决策分析人员提供一个决策分析和决策形成环境。例如，群体成员可以是环坐在每一个位置都配有计算机终端的会议桌边，也可以是相隔千山万水，通过电视画面相互交谈，共享数据，以此来进行决策。

3．其他组织支持系统

（1）专家系统（Expert Systems，ES）。专家系统模仿的是经理人员或专业技术人员的决策思考过程。为了有效地开发这种系统，程序员把专业人员的知识和技能转化为一定的决策规则，并据此编制计算机程序来模仿专家解决问题的策略。大多数专家系统解决的对象是特定领域内的重复性问题，如诊断病症或机器故障等。专家系统是人工智能技术的应用，这种技术的最终目标是让计算机像人的大脑一样收集和处理数据。专家系统按其复杂程度可以分成几类，最简单的专家系统形如个人理财软件，较复杂的专家系统有如用于企业战略决策的软件，如Lincoln National的人身保险认购软件综合运用了医药、财务和保险知识，此外，在保单的选择和定价中，Lincoln National软件要求把申请人的爱好和职业也纳入考虑中，用以提高该软件的决策能力。

（2）计算机集成制造系统（Computer Integrated Manufacturing Systems，CIMS）。计算机集成制造是利用现代信息技术、管理技术和生产技术，对生产企业从产品设计、生产准备、生产管理、加工制造、直到产品发货与用户服务整个生产过程的信息，进行统一管理和控制，进而优化企业生产活动、提高企业效益与市场竞争力的思想方法和生产模式。CIMS是将计算机集成制造（CIM）的各项技术综合应用并形成一个实现具体目标的生产系统，是计算机集成制造思想在实际应用中的具体体现。该系统包括计算机辅助设计（CAD）、计算机辅助制造（CAM）、管理信息系统（MIS）、制造资源计划（MRPⅡ）、决策支持系统（DSS）等，以最终达到一体化生产，使企业的生产技术以组织方式走向高度集成化、自动化、智能化。与工厂生产自动化相比，CIMS的范围要大得多，CIMS涉及的自动化不是工厂各环节的自动化或计算机化的简单相加，而是多种要素的有机集成。它不仅体现在设备、机器等硬件的集成，而且还体现在以信息集成为主要特征的技术集成，CIMS将各子系统紧密集成为一个整体，创造整体配合协作的环境，进而实现企业综合实力与竞争力的提高。

二、信息系统的开发

管理信息系统的建立和研制是一项复杂的工作，它必须严密地、有步骤有计划地、科学地进行。生命周期法是一种结构化系统分析的方法，它把管理信息系统研制、开发的过程划分为五大的阶段：系统分析、系统设计、程序设计、系统实施和系统评估。系统的开发过程是连续不断的，上一个阶段的完成也就是下一个阶段的开始，如此不断更新，循环成长，这个过程就是系统的生命周期。

（一）系统分析

1. 系统分析的主要工作

(1)收集和分析用户需求。进行深入细致的调查研究，了解企业对建立管理控制信息系统的设想目标、系统的功能要求、时间进度的要求、可能投入的人力、物力、财力资源等。

(2)了解整个部门的情况。包括规模、历史、组织目标、人力、物力、设备和技术条件，管理体制、领导层情况，各方面对现行系统及新系统的看法、态度及期望等。还要了解管理信息系统在该部门的地位，各部门之间的联系，信息收集传输的方向、渠道，哪些部门向系统提出信息要求等。

(3)进行可行性分析。所谓可行性分析，就是研究在用户给定的条件下，新系统的设想在技术上、经济上、运行和开发环境等方面是否可以实现。准确描述用户希望解决的问题，确定系统的范围和目标，提出开发系统逻辑模型。对当前系统和新系统的费用和收益进行分析对比，提供可行性报告。

(4)提供系统说明书。当可行性分析报告经上级审批认可后，还要作进一步的调查研究和系统分析，并根据系统分析结果，写出一份能够准确完整地表达用户要求的系统说明书。系统说明书一般应包括以下几个方面的内容：现行系统的业务流程图；现行系统的数据流程图；新系统的数据流程图；数据词典，即数据流程图上的每个组成部分的定义和说明；其他补充说明及附属文档。

2. 系统分析工作的特点

(1)内在性。系统分析是站在信息系统内部的角度，分析信息系统的要素、构成和结构。通过对现有系统的需求分析，确定信息系统的功能和性能，从而确定系统能够为用户提供什么外在特性问题。

(2)概念性。系统分析的概念性是指系统分析工作是站在较抽象的概念层次上讨论信息系统的内在要素和构成。概念性主要体现在：一是面向业务领域，反映业务概念；二是在较宏观和抽象的层次进行分析工作，一般不过多地涉及具体细节；三是不涉及信息系统的实现环境。系统分析不考虑信息系统所采用的开发语言、数据库系统、计算机及其网络等开发和运行环境，系统分析所确定的逻辑模型不受实现环境的限制。

(3)一致性。系统分析所确定的逻辑模型应该具有逻辑一致性，它要纠正需求模型中存在的冗余及错误。

（二）系统设计

信息系统设计时要考虑三个方面的问题：一是系统能否提供管理者做出决策时所需要的相关信息；二是系统能否为组织的决策者提供足够的信息；三是系统能否向每个部门提供组织内部其他相关部门运行情况的信息。这是一个成功的管理信息系统设计不可逾越的前提条件。

1. 系统设计的步骤

系统设计是根据系统分析阶段产生的资料来确定未来新系统的总体结构设计、子系统划分和功能模块设置，系统设计一般分初步设计和详细设计两部分。

(1)初步设计。初步设计也称逻辑设计，在初步设计阶段，应进行深入细致的调查，结合系统的结构化设计原理，应用模拟设计方法，对未来的新系统进行子系统和功能模块的划分，并设计出系统总体结构图。确定各子系统的功能、各模块之间以及模块内部的逻辑关系；绘制各子系统及功能模块的信息流程图，该流程图包括处理过程、输入信息、输出信息和数据存储四方面的内容，它是从实际的业务流程发展到以计算机为中心的管理信息系统的转折点。初步设计阶段通过对各子系统的数据分析和描述，摸清各子系统所需的数据项及其定义、特征、用途、和逻辑关系，并整理汇总这些数据确定信息量，进而进行数据存储子系统的设计。

(2)详细设计。详细设计也称物理设计，是管理信息系统开发过程的重要阶段，它一般包括代码设计、系统输入输出设计、数据库设计和编写模块说明书。

2. 系统设计的原则与特点

信息系统设计应遵循以下原则：

(1)系统性。系统是作为统一整体而存在的，因此，在系统设计中，要从整个系统的角度进行考虑，系统的代码要统一，设计规范要标准，传递语言要尽可能一致，对系统的数据采集要做到数出一处、全局共享，一次输入得到多次利用。

(2)灵活性。为保持系统的长久生命力，要求系统具有很强的环境适应性。为此，系统应具有良好的开放性和结构的可变性。在系统设计中，应尽量采用模块化结构，提高各模块的独立性，尽可能减少模块间的数据耦合，使各自系统间的数据依赖减至最低限度。这样，既便于模块的修改，又便于增加新的内容，提高系统适应环境变化的能力。

(3)可靠性。可靠性是指系统抵御外界干扰的能力及受外界干扰时的恢复能力。一个成功的管理信息系统必须具有较高的可靠性，如安全保密性、减错及纠错能力、抗病毒能力等。

(4)经济性。经济性指在满足系统需求的前提下，尽可能减小系统的开销。一方面，在硬件投资上不能盲目追求技术上的先进，而应以满足应用需要为前提；另一方面，系统设计中应尽量避免不必要的复杂化，各模块应尽量简洁，以便缩短处理流程、减少处理费用。

同样，信息系统设计与信息系统分析相比，信息系统设计又具有以下特点：

(1)设计性。设计不同于分析，设计是根据系统的要求，得出实现系统的方案。信息系统设计的主要任务是在各种技术和实施方法中权衡利弊、精心设计、合理使用各种资源，最终勾画出新系统的详细设计方案。所以，系统设计是根据需求确定系统方案的过程。

(2)具体化。相对于系统分析的概念性而言，系统设计不能停留在概念层次上，必须具体化、细致化。具体化体现在以下几个方面。首先，需要对系统分析所得出的分析模型进行深化。分析模型停留在抽象的概念层次上，一般不过多涉及细节。但系统设计要得出可以知道实现的设计方案，必须全面考虑所有细节，不然无法指导实践。其次，设计模型要考虑非功能性需求。系统的效率、安全性、可靠性、适应性等非功能性需求都必须在设计模型中体现出来。最后，要考虑系统实现的环境。分析模型不依赖于系统的实现环境，可以适应多种环境。但是，设计模型是针对确定的实现环境得出的，如果实现环境发生改变，设计方案也必须调整。

(3)复杂性。系统设计涉及具体细节，工作量大、头绪繁多，一般要比系统分析多出近五倍的工作量，因此，设计人员必须认真对待。

(4)往复性。一个成熟的设计方案并不是一次完成的，而需要经过多次的或迭次反复才能够完成。

(三)程序设计

系统设计与程序设计是相辅相成的，在可视化开发平台下进行系统开发，程序设计已显得不那么重要。例如，在创建窗体和增加控件的时候，事件的驱动是主要的任务。要实现事件驱动，就必须给控件赋予程序代码，这种程序代码是比较容易的。可视化开发平台的代码输入，只需有限的代码语句行的输入，其余的完全由开发系统自动完成，它已经被许多过程语言“固化”在控件类之中。

信息系统在进行程序设计时，必须遵循如下五条原则：

(1)可维护性。程序的修改维护将贯穿系统生命期，其原因如程序本身某些隐含的错误，达不到预期的功能要求，与实际情况有差异，实际情况发生了变化，程序的功能不够完善，满足不了用户要求等都将需要修改程序，所以，可维护性是目前程序设计所追求的主要目标和主要要求之一。

(2)可靠性。一个程序应在正常情况下正确工作，而在意外情况下，亦能适当地做出处理，以免造成严重损失。这些都是程序可靠性的范畴。尽管不能希望一个程序达到零缺陷，但它应当是十分可靠的。特别是MIS中的应用程序，它要对大量的市场信息、企业内部信息等极其重要的管理数据进行加工处理，如果操作结果不可靠或不正确，这样的程序是绝对不能用的。所以说，MIS中的应用程序一定要可靠。

(3)可理解性。编程序如同写文章，易理解是重要的。一个逻辑上完全正确但杂乱无章，无法供人阅读、分析、测试、排错、修改与使用的程序是没有价值的。需要借助命名约定，代码格式化和好的注释，提高可阅读性和可理解性，以便于维护。对大型程序来说，要求它不仅逻辑上正确，能执行，而且应当层次清楚，简洁明了，便于阅读。这是因为程序的维护工作量很大，程序维护人员常要维护他人编写的程序。如果一个程序不易阅读，那么给程序检查与维护将带来极大困难。要是所写的程序易于理解，就必须有一个结构清晰的程序框架。实际上，结构清晰是保证程序正确，提高程序的可读性与可维护性的基础。

(4)效率。程序效率是指计算机资源能否有效地使用，即系统运行时尽量占用较少空间，却能用较快速度完成规定功能。程序设计者的工作效率比程序效率更重要。工作效率的提高，不仅减少经费开支，而且程序的出错率也会明显降低，进而减轻程序维护工作的负担。

(四)系统的实施

系统实施是指在系统概要设计和详细设计以后的系统实现与交付过程。它分两个阶段：第一阶段是系统技术实现过程和对这个过程的管理，包括建立编程标准、程序设计、测试、建构和发行，这都是交付前的工作。实施阶段交付物包括软件、数据和文档资料，最终发行的软件是交付物的核心，用户手册等其他交付物也必不可少。第二阶段是用户转化阶段，即系统发行后交付用户使用的过程，包括用户培训、业务流程重组实施、系统转换、运行和维护。这主要是系统实施的用户化过程。这一阶段的交付物主要是用户实施方案，包括培训方案、重组实施方案，转换方案、运行和维护方案，维护记录与修改报告等。第一阶段在开发团队完成，它着重于技术实现，完成的系统完全覆盖需求规格，达到系统目标和指标，即从技术角度实现系统，满足用户需要；第二阶段着重于管理，在用户端完成。虽然侧重点不同，目标都是为系统成功实施，给用户一个好系统，让用户用好这个系统。

（五）系统的测试与评价

系统测试也称系统调试，它是在计算机上用各种可能的数据和操作条件，反复地对程序进行试验，发现错误及时修改，使其完全符合设计要求的过程。系统测试有三种：动态测试、静态测试和正确性证明。静态测试是指人工评审软件文档或程序用以发现其中的错误；动态测试是指上机测试，通过有控制地运行程序，从多种角度观察程序运行，发现其中的错误；正确性证明是在对系统进行静态测试和动态测试后，最后检验其运行结果是否正确，直至系统运行结果正确为止。

系统评价一般从五个方面来进行：一是建立系统运行评价指标；二是写出系统评价报告；三是对系统进行技术性能评价；四是对系统进行经济评价；五是对系统进行验收。

相关链接

沃尔沃信息化把“特短”变“特长”

瑞典的汽车集团(VolvoGroup)曾有这样的苦恼，由于生产与环节不畅，因此出现了产品多年积压的现象。近年来，由于引入信息化管理手段，建立了一个全新的信息化管理系统，将过去的“特短”变成了“特长”。

在新构架的建造过程中，汽车集团体现了“说得不多，听得多，做得更多”的特点，他们在专心致志地倾听专家的建议之余，潜心研究本集团的汽车生产和销售全过程，竭尽全力把专家提出的精辟见解和研究结论，按照自己的计划付诸实践中。

经过认真的市场调查和专家咨询以后，汽车集团下属的公司拨出巨款，推出了专门为提供合作操作的全新信息系统(LIS)，把汽车制造商、汽车部件生产商、承包商、托运人、承运人和公司全部联结在一起。这套系统于2001年初正式引进，同年10月份在集团全面推广。这一招非常精明，因为公司看到，汽车全球运作过程中大量的原材料、半成品、零部件和产成品均承受沉重的费用负担，大幅度降低成本是当务之急。同时客户对汽车提出越来越高的标准，迫切要求供应商随时提供有关订货情况和所需货物的实时信息。解决这些问题的关键，在于提供实物分销或供应运作的信息，还有传递这种信息的能力。

公司的配送应用信息系统A4D是一种全新的，覆盖面非常广泛的信息系统网站，从汽车生产流水线车间到交货地点，链上的所有部门和外商合伙人都出现在该网站的商贸平台上，确保供应链的透明度。这套配送技术应用信息网络系统，是集团自己设计开发的。公司负责商贸和发展规划的副总裁戴格埃说：“用于汽车内销的软件在外面市场上容易找到，而专门用于汽车外销的信息系统软件则找不到，我们试过与汽车外销要求类似的水果外销行业的网络软件，以及更加先进的自动化行业应用的信息系统软件，但是效果都不理想，最后只好自己设计研制。”

通过A4D信息系统和数字交换系统，公司不仅要与新老客户保持密切的联系，而且还要提供汽车从订货到交货的一条龙服务。在通常情况下，一些大型的汽车制造厂商会专门设立负责听取消费者投诉和提供售后服务的客户服务部，或者信息技术部门，但是汽车集团自从推出A4D信息网络和数字交换系统以后，所有的售后服务和消费者投诉的受理全部由网络信息系统解决。

在过去的几年中，通过信息化的管理系统，极大地巩固和提升了公司在全球汽车市场的竞争力。

资料来源：http：//www. cnexp. net/huoyun_wuliu_yunshu/wuliuanli/42721. html.

第三节　借助于信息系统的管理控制技术

一、企业资源计划(Enterprise Resource Planning，ERP)

(一)ERP 的概念

1．ERP

简要的说，企业所有的资源包括三大流：物流、资金流和信息流。ERP 是对这三种资源进行全面集成管理的信息系统。概括地说，ERP 是建立在信息技术基础上利用现代企业的先进管理思想，全面集成了企业的所有资源信息，并为企业提供决策、计划、控制与经营业绩评估的全方位和系统化的管理平台。ERP 系统是一种管理理论和管理思想，不仅仅是信息系统。它利用企业的所有资源，包括内部资源与外部资源市场，为企业制造产品或提供服务创造最优的解决方案，最终达到企业的经营目标。由于这种管理思想必须依附于电脑软件的运行，所以人们通常认为 ERP 是一种软件，这是一种误解。要想理解与应用 ERP 系统，必须了解 ERP 的实际管理思想和理念，才能真正地掌握与应用 ERP。

2．ERP 理论的形成

ERP 的形成大致经历了四个阶段：基本的 MRP 阶段、闭环 MRP 阶段、MRPII 阶段以及 ERP 的形成阶段。ERP 理论的形成是伴随着产品复杂性的增加，市场竞争加剧及信息全球化而产生的。

20 世纪 60 年代的制造业为打破“发出订单，然后催办”的计划管理方式，设置了安全库存量，为需求与订货提前期提供缓冲。20 世纪 70 年代，企业管理者们已经清楚地认识到，真正的需要是有效的订单、交货日期，因而产生了对物料清单的管理与利用，形成了物料需求——MRP。20 世纪 80 年代，企业的管理者们需要对制造业有一个集成的计划，以解决阻碍生产的各种问题。它需要以生产与库存集成的办法来解决问题，而不是以库存来弥补或以缓冲时间的方法来补偿，于是 MRPII，即制造资源计划产生了。90 年代以来，伴随着科学技术的进步及其不断向生产与库存方面的渗透，解决合理库存与生产控制问题所需要处理的大量信息和企业资源管理的复杂化，要求信息处理的效率更高。传统的人工管理方式难以适应以上系统，这时只能依靠计算机系统来实现，而且信息的集成度要求扩大到企业的整个资源的利用和管理，因而产生了新一代的管理理论与计算机系统——ERP。

ERP 理论与系统是从 MRPII 发展而来的，它除了继承 MRPII 的基本思想(制造、供销及财务)外，还大大地扩展了管理的模块，如多工厂管理、质量管理、设备管理、运输管理、分销资源管理、过程控制接口、数据采集接口、电子通信等模块。它融合了离散型生产和流程型生产的特点，扩大了管理的范围，更加灵活或“柔性”地开展业务活动，实时地响应市场需求。它还融合了多种现代管理思想，进一步提供了企业的管理水平和竞争力。因此，ERP 理论不是对 MRPII 的否认，而是继承与发展。MRPII 的核心是物流，主线是计划，但 ERP 已将管理的重心转移到财务上，在企业的整个经营运作过程中贯穿了财务成本控制的概念。总之，ERP 极大扩展了业务管理的范围及深度，包括质量、设备、分销、运输、多工厂管理、数据采集接口等。ERP 的管理范围涉及企业的所有供需过程，是对供应链的全面管理。

ERP 是由美国 Garter Group Inc. 咨询公司首先提出的。它是当今世界上先进的企业管理模式。其主要的宗旨是对企业所拥有的人、财物、信息、时间和空间等综合进行平衡和优化管理，面向全球市场，协调企业各管理部门，围绕市场导向开展业务活动，使企业在激烈的市场竞争中全方位地发挥足够的能力，从而取得最好的经济效益。

3. ERP 系统的功能模块

ERP 是将企业的三大流：物流、资金流、信息流进行全面一体化管理的管理信息系统。目前用于生产企业的 ERP 软件系统的功能模块一般包括四个方面的内容：

(1)财务管理模块，包括会计核算、财务管理。

(2)生产控制管理模块，包括主生产计划、物料需求计划、能力需求计划、车间管理、制造标准。

(3)物流管理模块，包括分销管理、库存管理、采购管理。

(4)人力资源管理模块。

(二)ERP 的功能

1. 财务管理模块

一般的 ERP 软件的财务管理模块分为会计核算与财务管理两个子模块。

(1)会计核算。会计核算是记录、核算、反映和分析资金在企业经营活动中的变动过程及其结果，它由总账、应收账、应付账、现金、固定资产、多币制等部分构成。

(2)财务管理。财务管理的功能主要是基于对会计核算的数据加以分析，从而进行相应的预测、管理和控制的活动。它侧重于财务计划、控制、分析和预测。

2. 生产控制管理模块

这一部分是 ERP 系统的核心所在，它将企业的整个生产过程有机地结合起来，使得企业能够有效地降低库存，提高效率。原本分散的生产环节自动衔接使生产过程得以连贯顺畅地进行，避免出现生产脱节，延误交货的情况。生产控制管理是一个以计划为先导的先进的生产管理方法。首先，企业确定一个总生产计划，再经过系统层层细分后，下达到各部门去执行；然后生产部门据此生产，采购部门按此采购等。

(1)主生产计划。主生产计划(master production schedule, MPS)是确定每一个具体产品在每一个具体时间段的生产计划。计划的对象一般是最终产品，即企业的销售产品，但有时也可能先考虑组件的 MPS 计划，然后再下达最终装配计划。主生产计划是一个重要的计划层次，可以说 ERP 系统计划的真正运行是从主生产计划开始的。主生产计划的过程伴随着粗能力计划的运行，即对关键资源进行平衡。企业的物料需求计划、车间作业计划、采购计划等均来源于主生产计划，即先由主生产计划驱动物料需求计划，再由物料需求计划生成车间作业计划与采购计划。所以，主生产计划在 ERP 中起着承上启下的作用，实现从宏观计划到微观计划的过渡与连接；同时，主生产计划又是联系客户与企业销售部门的桥梁，所处的位置非常重要。当然如果企业的产品生产周期很长，它的重要性就不是很突出了，如一些大型设备、轮船、飞机等，这些产品往往是一年做一次计划安排。主生产计划必须是可以执行、可以实现的，它应该符合企业的实际情况，其制定与执行的周期视企业的情况而定。主生产计划的主要来源有客户订单、预测、备品备件、厂际间需求、客户选择及附加件、计划维修件。

(2)物料需求计划。物料需求计划(Material Requirement Planning, MRP)是对主生产计划的各个项目所需的全部制造部件和全部采购件的网络支持计划和时间进度计划。与主生产计划一样处于ERP系统计划层次的计划层，是由MPS驱动MRP的运行。MPS的对象是最终产品，但产品的结构是多层次的，一个产品可能包含成百上千种需制造的零配件与外购材料，而且所有物料的提前期(加工时间、准备时间、采购时间等)各不相同，各零配件的投产顺序也有差别，但是加工必须是均衡的，才能满足MPS的需求。MRP主要解决以下五个问题：一是要生产什么，生产多少？(来源于MPS)；二是要用到什么？(根据BOM即物料清单展开可知)；三是已经有了什么？(根据库存物品信息、即将到货信息或产出信息获得)；四是还缺什么？(根据计算结果可知)；五是何时安排？(根据计算结果可知)。物料需求计划子系统是生产管理的核心(也是生产计划的核心)，它将主生产计划的产品分解成各自零部件的生产计划和采购件的采购计划。

(3)能力需求计划。能力需求计划(Capacity Requirements Planning, CRP)是对各生产阶段和工作中心(工序)所需的各种资源进行精确计算，得出人力负荷、设备负荷、资源负荷等情况，并做好生产能力与生产负荷的平衡工作。能力需求计划是一种短期的、当前可实行的计划。

(4)车间管理。车间管理是随时间变化的动态作业计划，是将作业分配到具体的各个车间，再进行作业排序、作业管理、作业监控。车间管理处于ERP的计划执行与控制层，其管理目标是按物料需求计划的要求，按时、按质、按量与低成本完成加工制造任务。

(5)制造标准。在编制计划中需要许多生产制造方面的基本信息，这些基本信息就是制造标准，包括零件、产品结构、工序和工作中心，都用唯一的代码在计算机中标识。

3. 物流管理模块

(1)分销管理。销售部门在企业的供需链中处于市场与企业的供应接口位置，主要的职能是为客户与最终用户提供产品及服务，从而实现企业的资金转化并获取利润，为企业提供生存与发展的动力源泉，并由此实现企业的社会价值。

(2)库存管理。传统的库存管理的理解通常是指物料的进、出、存的业务管理，但是这种理解在ERP系统中是不全面的。现代的库存管理是企业物料管理的核心，是指企业为了生产、销售等经营管理需要而对计划存储、流通的有关物品进行相应的管理，如对存储的物品进行接收、发放、存储保管的管理活动。它是一种相关的、动态的、真实的库存控制系统，能够结合相关部门的需求，随时间变化动态地调整库存，精确地反映库存现状。

(3)采购管理。采购工作主要是为企业提供生产与管理所需的各种物料，采购管理就是对采购业务过程进行组织、实施与控制的过程。企业的采购工作相当重要也相当繁杂。采购管理工作在企业中占据重要的位置。任何企业要向市场提供产品或服务都离不开原材料或消耗品的采购。对于制造业来说，物料成本占整个产品成本的比重比较大或非常大，强化采购管理以降低成本是企业关键的管理活动之一。

4. 人力资源管理模块

人力资源已逐渐成为企业最重要的资源，人力资源管理的重要性，为人力资源管理信息系统提供了广阔的市场前景。市场上也有独立的人力资源管理系统(human resource management, HRM)提供，最好的解决方案是与ERP系统的集成，HRM模块连接财务管理模块、生产控制管理模块、物流管理模块等各大模块，才能全方位地进行人力资源管理绩效评估，同时为产品的成本提供人工费用(员工的报酬)。企业通过人力资源管理模块的实施可以提高人力资源管理的信息共享程度，对高层领导来说，人力资源信息的提取与统计将更方便、快捷，同时HRM还可以为决策支持系统(DDS)提供输入。另一方面，在实施过程中通过对实施顾问、咨询专家的咨询可以在一定程度上提高企业人力资源管理水平。一般来说，人力资源管理受企业文化、市场环境影响很大，各企业对HRM信息系统的要求各不相同。

人力资源管理模块通常由8个方面构成：人事管理、人力资源计划管理、人力资源管理工作分析、员工招聘、培训计划、绩效评估、报酬管理、人力资源测评。

二、客户关系管理(Customer Relationship Management, CRM)

(一)CRM的概念

CRM是一种以客户为中心的经营策略和营销模型，通过信息技术的运用，实现对销售活动的流程优化和自动化管理。CRM是策略、组织和技术的集成，也就是说，CRM不是单纯意义上的管理工具，它融合了包括企业策略、管理思想以及IT、通信技术的很多东西。CRM基本上涵盖了市场营销、销售和客户服务三个业务，其核心是客户的资源价值管理。

从1999年开始，CRM得到了诸多关注，国内外很多软件商推出了以“CRM”命名的软件系统，有一些企业甚至开始实施以“CRM”命名的信息系统。从理论基础、软件技术、案例探讨等几方面对CRM进行的研究表明，CRM的兴起与需求的拉动、技术的推动和管理理念的更新有着密不可分的关系。

CRM给企业带来的经济效益主要体现在通过对业务流程的重新设计，更有效地管理客户关系，降低企业成本；通过采用信息技术，可以提高业务处理流程的自动化程度，实现企业范围内的信息共享，提高企业员工的工作能力，并减少培训需求，使企业内部能够更高效地运转；通过新的业务模式扩大企业经营活动范围，及时把握新的市场机会，占领更多的市场份额；通过对用户信息资源的整合，在企业内部达到资源共享，从而为客户提供更快速、周到的优质服务，客户的满意度得到提高，可以帮助企业保持和吸引更多的客户。

(二) CRM的系统功能

1. CRM系统的典型功能

CRM的典型功能可以归纳为三个方面：对销售、营销和客户服务三个部分业务流程的信息化；与客户进行沟通所需要的手段(如电话、传真、网络、E－mail等)的集成和自动化处理；对上面两部分功能所积累下的信息进行的加工处理，产生客户智能，为企业战略战术的决策作支持。

2. CRM系统的主要功能

(1)客户管理。主要功能包括：客户基本信息，与客户相关的基本活动和活动历史；联系人的选择；订单的输入和跟踪；建议书和销售合同的生成。

(2)联系人管理。主要功能包括：联系人概况的记录、存储和检索；跟踪及其与客户的联系，如时间、类型、简单的描述、任务等，并可以把相关的文件作为附件；客户的内部机构的设置概况。

(3)时间管理。主要功能包括：日历，设计约会、活动计划，有冲突时系统会提示；进行事件安排，如约会、会议、电话、电子邮件、传真、备忘录；进行团队事件安排；查看团队中其他人的安排，以免发生冲突；把事件的安排通知相关的人；任务表；预告/提示；记事本；

电子邮件；传真。

（4）销售管理。主要功能包括：组织和浏览销售信息，如客户、业务描述、联系人、时间、销售阶段、业务额、可能结束时间等；产生各销售业务的阶段报告，并给出业务所处阶段、需要的时间、成功的可能性、历史销售状况评价等信息；对销售业务给出战术、策略上的支持；对地域（省市、邮编、地区、行业、相关客户、联系人等）进行维护；把销售员归入某一地域并授权；地域的重新设置；根据利润、领域、优先级、时间、状态等标准，用户可定制关于将要进行的活动、业务、客户、联系人、约会等方面的报告；提供类似BBS的功能，用户可把销售秘诀贴在系统上，还可以进行某一方面销售技能的查询；销售费用管理；销售佣金管理。

（5）电话营销管理。主要功能包括：电话本；生成电话列表，并把它们与客户、联系人和业务建立关联；把电话号码分配到销售员；记录电话细节，并安排回电；电话营销内容草稿；电话录音，同时给出书写器，用户可做记录；电话统计报告；自动拨号。

（6）营销管理。主要功能包括：产品和价格配置器；在进行营销活动（如广告、邮件、研讨会、网站、展览会等）时，能获得预先定制的信息支持；把营销活动与业务、客户、联系人建立关联；显示任务完成进度；提供类似公告板的功能，可张贴、查找、更新营销资料，从而实现营销文件、分析报告等的共享；跟踪特定事件；安排新事件，如研讨会、会议等，并加入合同、客户和销售代表等信息；信函书写、批量邮件，并与合同、客户、联系人和业务建立关联；邮件合并；生成标签和信封。

（7）客户服务。主要功能包括：服务项目的快速录入；服务项目的安排、调度和重新分配；事件的升级；思索和跟踪与某一业务相关的事件；生成事件的报告；服务协议和合同；订单管理和跟踪；问题及解决方法的数据库。

（8）合作伙伴关系管理。主要功能包括：对公司数据库信息设置存取权限，合作伙伴通过标准的Web浏览器以密码登录的方式对客户信息、公司数据库、与渠道活动相关的文档进行存取和更新；合作伙伴可以方便地存取与销售渠道有关的销售机会信息；合作伙伴通过浏览器使用销售管理工具和销售机会管理工具，如销售方法、销售流程等，并使用预定义和自定义的报告；产品和价格配置器。

（9）商业智能。主要功能包括：预定义查询和报告；用户定制查询和报告；可看到查询和报告SQL代码；以报告或图表形式查看潜在客户和业务可能带来的收入；通过预定义的图表工具进行潜在客户和业务的传递途径分析；将数据转移到第三方的预测和计划工具；柱状图和饼图工具；系统运行状态显示器；能力预警。

（10）电子商务。主要功能包括：个性化界面、服务；网站内容管理；店面；订单和业务处理；销售空间拓展；客户自助服务；网站运行情况的分析和报告。

相关链接

马士基的CRM管理

全球著名的家居产品供应商瑞典宜家（IKEA）是马士基极其看重的一个全球协议伙伴，客户关系管理系统为其处理企业管理和产品供应增加了新的技术手段。

马士基承揽着宜家在全球29个国家、2000多家供应商、164家10 000多种家具材料的物流任务。宜家和马士基有牢不可断的"纽带关系"，因为宜家的"供应商家族"多年前就一直在和马士基合作。两家公司长期的合作以及彼此在生意模式、价值观、商业目的等方面多有相似之处。

1995年，宜家在中国设立办事机构，那时只是从中国进少量的原料，并不在中国生产销售。不过，即便当时那么小的业务也曾让宜家大皱眉头。宜家对服务商要求苛刻：对方必须在透明度、成本、能力、效率、质量控制等方面满足其条件；甚至还必须有"环保意识"——选择不污染环境的设备、机器、工具和燃料等，而且在过程中，还要科学地处理污水和气体排放问题。然而中国的物流公司有几家能这样规范呢？此时，宜家更加"怀念"马士基。当时，马士基在中国并不能设立公司，仅仅在上海注册有一个"马士基有利集运"中国办事处。不过马士基仍然快速部署了宜家中国市场的原料计划。马士基通过"有利集运"，经香港、新加坡等地为宜家提供物流代理服务。同时，马士基在中国内地的办事处扩充到了9个。

1998年，宜家感觉中国市场大有可为，其亚太战略重心开始向中国转移。同年，宜家在上海开了第一家家居商场，1999年又在北京开了第二家。随后，宜家风行中国，两年内在中国的销售额涨了43.6%，全球采购量的10%也转移到了中国。这时候，供应商的数量增加，地域分布拓宽，部署了在中国的生产网络和销售网络，使得物流业务量快速膨胀。包括原料采购、原料进口、产品和原料出口、国内运输、仓储、配送等等，这显然需要物流服务者能够对SCM（供应链）做整体计划。这时候，马士基的办事处显然已经不能满足宜家在中国的需要了。

就在宜家火爆中国的时候，马士基也没有闲着。经过层层努力，终于将"有利集运"注册成了独资公司。权限扩大后，该独资公司接着又在中国沿海城市设立分公司和办事处，迅速扩张网络。2000年4月，有利集运正式改为"马士基物流中国有限公司（独资）"，在13个城市设立了8家分公司和5家办事处，网络由沿海向内陆扩张。马士基和宜家在物流领域的合作是经典的"点对点"链条关系。这种链条关系并不仅仅是业务需求，更关键的是，它们长期的合作使彼此相互促进。当然，马士基的"跨国链条"上，不可能只连着宜家一个，这个链条上源源不断地连接着马士基的全球协议伙伴，如耐克、米其林轮胎、阿迪达斯等公司，马士基是追随它们而来。

资料来源：http://www.cnexp.net/huoyun_wuliu_yunshu/wuliuanli/43323.html.

三、供应链管理（Supply Chain Management，SCM）

（一）SCM的概念

SCM的概念于20世纪80年代中期提出，它源于这样一种理念，即企业应该从总成本的角度考察企业的经营效果，而不是片面地追求诸如采购、生产和分销等功能的优化。供应链是指由在产品生产和流通过程中所涉及的原材料供应商、制造商、批发商、零售商、最终客户等实体所组成的网络和网络体系。供应链管理则是对供应链过程中的物流、信息流、资金流，进行合理地计划、组织、协调及控制。

供应链管理通过商业伙伴间的密切合作使物流费用、数据处理费用和组织费用实现最小，并且在最短的时间内以最低的成本为客户提供最大的价值和最好的服务。这种管理方式以客户需求为中心、以商业伙伴间的密切合作为基础，运用现代技术手段，如企业管理信息系统、条码、扫描技术、POS 系统、EDI 等进行管理，从而提高整个供应链运行的速度、效益及附加价值，为整个供应链上的所有商业伙伴带来巨大的经济效益。

供应链管理在中国的引入也还是在最近几年的事，尤其是在 1999 年以后物流热在中国大行其道的时候。而最近几年，中国作为“世界工厂”在全球供应链中地位的崛起，中国流通业的迅速成长和各个行业内竞争的不断趋于白热化，使得供应链管理成为企业改善财务业绩和获取新的核心竞争能力的最新话题。

供应链管理的基础是供应链协同。供应链协同的本质是基于核心竞争力的管理，存在和运行的基础是供应链伙伴关系和客户关系，以及现代信息技术的有效应用。

（二）SCM 的系统功能

供应链管理的典型功能主要由采购管理、产品管理、库存管理、销售管理、客户关系管理（包括渠道管理）、预算管理、竞争对手分析、信息管理、系统管理（包括内部用户权限管理、系统模板选择、系统基本设置）功能等几部分组成。

（1）采购管理。采购管理系统包括生产资料和非生产资料等各种业务采购。企业可以通过虚拟的在线产品目录，迅速而实时地访问产品信息；通过在线交易来实现传统采购交易中的多种功能，降低采购周期与成本，保证自身业务高效地进行。对于专业的采购人员，他们可以通过系统对库存状况的分析来评估供应商的实力；实时而迅速地了解供应商的信息，避免传统交易中的种种障碍，对于采购时间有限定的产品极为有利。

（2）产品管理。用户可以方便地在网上查询产品分类、新产品介绍、产品价格、产品库存（相关的供求情况）等，也可以通过产品的搜索引擎进行查找。后台进行产品信息的录入、删除、修改。

（3）库存管理。完成出入库管理、分仓管理（仓库档案增改删除）、存量查询（一览表、汇总、明细）、盘点结存、移库调拨、残损管理、退货管理、安全库存管理等库存业务管理的基本过程。

（4）销售管理。销售管理是对分销业务进行管理，其主要功能包括销售流程的管理、产品价格的管理、客户信用额度的管理以及优惠策略的管理。

（5）订单管理。订单管理包括订单的处理、订单的确认、订单状态管理，具体业务包括订单录入、订单履行、订单更改、订单取消、订单发货、订单查询、订单存档及付款等。

（6）销售统计。可以通过销售统计查询某个产品、某地区的下级分销商情况，还可以形成周、月报表。

（7）竞争对手分析。竞争对手的存在经常会阻碍销售的顺利进展，甚至会直接因此而造成销售失败，所以知己知彼就显得尤为关键。在这个模块中，将允许输入并查看竞争对手的产品、部件、价格、企业情报，并允许与竞争对手进行企业实力与背景、产品、价格等的比较，包括竞争对手产品、价格、市场策略等收集分析。

（8）信誉额度管理。管理客户的信誉额度，信用额度用来约束客户在使用先取货后付款方式下可以成交订单的最大金额，以控制风险。

（9）渠道健康情况监测。如货物周转周期过长或有货物超期未到，信用透支严重等，可以用颜色报警。基于渠道的销售统计：日常交易量、查询交易明细、渠道成本、流通率、效率计算等。客户的反馈及投诉，建立在线的客户服务，解决客户的投诉和反馈信息。

（10）预算和计划。根据企业业务要求，参考本月发生额，就下个月份的资金（进出）、库存(进出)、人员、运输等因素进行预算申请及相应的业务计划，并通过内部流程的审批。

(11)分析和预测模块。对销售管道中的线索来源、销售机会、销售进度、账户区域分布、客户组织结构等进行图表分析，能够最直观地展现销售业绩，便于销售人员和经理人员及时发现问题的关键所在，正确做出决策。

四、知识管理(Knowledge Management，KM)

1. KM的概念

知识是用于解决问题或者进行决策的，经过整理的、易于理解和结构化的信息。以知识为对象的知识管理(knowledge management，KM)有很多不同的定义和描述，具体可以归纳为以下三类：

知识管理是一个知识生产以及利用的过程。如 Daniel E. O'Leary 所说，“知识管理是将组织可得到的各种来源的信息转化为知识，并将知识与人联系起来的过程”，以及“知识管理是对知识进行正式的管理，以便于知识的产生、获取和重新利用”，还有 Andreas Abecher 所说，“知识管理是对企业知识的识别、获取、开发、分解、使用和存储”。他们都是强调知识管理是围绕“知识”展开的。

知识管理需要相关技术和企业内部结构的支持，这种观点认为知识管理是要建立一个知识交流的环境，《知识的进化》作者维娜·艾利认为：“知识管理是帮助人们对拥有的知识进行反思，帮助和支持人们进行知识交流，改善企业内部结构，并帮助人们获得知识来源，促进他们之间进行知识的交流。”

知识管理需要充分与人联系，以一种最通俗的方法来“说”知识管理，认为“知识管理是组织采取的有意识战略”，知识管理的目的是“保证能够在最需要的时间，将最需要的知识，传送给最需要的人。”

上述三点分别突出了知识管理的三个“关键词”：流程、技术和人。然而它们应该是三位一体的，不可只强调哪一个，鉴于此，我们便可得到知识管理的综合定义：知识管理是协助企业组织和个人，借助信息技术，围绕各种实时内容，实现其创造、存储、分享、应用和更新，并在企业、组织、业务战略以及经济效益诸方面，形成知识优势和产生价值的过程。

2. KM模块的系统功能

集成进入企业信息门户(EIP)，KM模块提供了全面KM的框架，允许企业在任何地点和时间张贴、存储和创建文档并共享信息。KM模块的特色就是与其他模块的协同性，系统中任何一个文档或文件都不是孤立的、静态的文档。当用户在KM模块中工作的时候，企业信息门户就可以自动调整成一个以KM模块为中心，其他模块共同为其服务的一张动态并相互关联的信息网。在这张信息网中，用户可以抓取知识文档这个节点来把企业整个信息网提出来。KM模块主要有以下功能。

(1)共享信息和分享知识。KM模块的威力在于让企业内所有用户根据一定的权限控制共享文档信息，不管内部还是外部用户。每人都可以访问最新版本的文档。这将使企业的员工和目标市场之间的协调变得容易，提升企业工作效率并加速决策的制定。通过每一位员工的知识积累，为公司创建一个庞大的知识库，并以最简便的方式让所有需要使用该知识的员工，在最快的速度下得到这个知识来提高业务能力。

(2)与客户、产品、员工和其他文档建立联系，体现协同性。企业信息门户将不同的实体集成起来，例如，经营部门、消费者、产品、人力资源和信息。在 KM 模块中，通过鼠标的单击，用户可以在诸如产品信息文档和消费者文档之间建立链接。通过客户门户，客户可以访问与自己相关的信息，如发票、合同、技术信息和服务报告等。在系统中找到一篇文档就可以找到与这篇文档有关的所有关联信息，并使与之关联的其他信息能共享到这个文档。

(3)集成的 E－mail 系统。内在集成的 E－mail 系统可以使所有与客户和其他员工相关的邮件都能自动地被关联到相关的客户和员工上，消除了传统的 E－mail 系统使客户的信息结构化的弊端。

(4)创建各类讨论区。KM 模块使得内部的传统 BBS 变得多余，因为员工可以通过 KM 模块系统交流。只要在权限允许的范围内，任何一个用户都能创建主题讨论区，讨论区可以是一个 BBS 论坛，也可以是针对每一个项目，也可以针对公司内部的某个决策。

(5)建立并维护网站。公司内部的所有信息都应该在同一平台上进行管理，所以 KM 模块具有对外部网站和内部网站的管理功能。用 KM 模块建立网站可以归结为发布含有链接的文档：与其他文档的链接、与产品和服务的链接、与客户关系管理和外部 web 站点的链接。只需要少许的设置，用户就可以决定网站的形式和需要在此发布的文档。利用 KM 模块用户甚至可以建立多个站点，每一个目标组可以访问自己所在用户组的网站。KM 模块具有用户创建所要站点的所有工具，不需要专业人士开发自己的网站。

五、企业信息门户（Enterprise Information Portal，EIP）

1. EIP 的概念

EIP 的定义：是一个应用框架，它将企业的所有应用和数据集成到一个信息管理平台之上，并以统一的用户界面提供给用户，使企业可以快速地建立企业对企业、企业对内部雇员的信息通道；是一个基于 Web 的应用系统，它使企业能够释放存储在内部和外部的各种信息，使企业员工、客户、供应商和合作伙伴，能够从单一的渠道访问其所需要的个人化信息。简单来说，EIP 是企业信息系统的应用框架，它通过及时地向用户提供准确的信息来优化企业运作和提高生产力。EIP 提供一个单一的访问入口，反映出企业信息管理中的一个根本转变：即从一系列独立的内部和外部作业，到对各种信息有条理的集成。一个企业的信息门户对外是企业网站，对内则是管理和查询日常业务的公用平台。通过 EIP，员工可以访问企业的生产信息、销售信息、库存信息和客户信息，以最低的成本共享企业的所有信息；通过 EIP，企业可以及时向客户提供准确的信息，而且随着网上业务的不断发展，EIP 还可以帮助企业拓展业务范围，创造新的业务机会，成为推动企业走进电子商务的强大工具。

EIP 具有统一的信息访问渠道、不间断的服务、强大的内容管理能力、个性化的应用服务、与现有系统的集成、高度的可扩展性、安全可靠的保障以及协作共享八大特点。EIP 一方面能提高企业内部的工作效率，减少不必要的成本和资源的使用，使企业能专注于新的业务发展；另一方面能使企业与外部的交流和合作更有效率，与顾客和合作伙伴建立更好的互动关系，从而在快节奏、竞争激烈的环境中保持领先的竞争优势。

EIP 使得企业获得如下五大优势：提高企业的应变速度，提升知识管理；提高资源利用效率；对商业产生积极的影响；在 B2B(企业对企业)方面的优势；在 B2E(企业对员工)方面的优势。EIP 的实施给企业带来的总收益不仅降低网络传输和存储、内外部网络的管理、培训以及沟通等成本，而且提高了客户服务、生产率和协同程度。

2. EIP 的系统功能

目前，EIP 产品的功能可归纳为 16 个方面，见表 15－1。

表 15－1 EIP 系统功能

序号	功能名称	功能说明
1	企业营运计划发布	企业营运目标的制定及公布，贯彻企业经营政策
2	工作流程管理	方便企业内部管理，提高企业运营效率
3	会议室预约与公告	会议召开提醒、会议室预约、公共器材借用及公共资源管理等功能，可提高工作与沟通效果
4	电子邮件	支持 POP3、SMIP、IMAP 通信协议的 Mail Server，可以在 EIP 中直接收发邮件，并有效管理及过滤邮件，避免信息过多影响正常工作产出
5	员工通信薄	公司同仁人事基本资料，除了文字介绍，还可以放置照片，让同仁之间彼此有更多一层的了解
6	电子布告栏	实时布告，同仁可以马上得知企业信息，亦可指定发布的对象，并具备权限控管之功能，使重要信息让该知道的人立即知道
7	问卷调查	兼具统计分析的问卷调查系统，通过在线问卷程序取代人工统计，为企业内部管理增添一大工具，避免旷日持久且耗费企业成本的旧式人力管理
8	讨论区——虚拟社区	员工可在此发表事件心得、问题寻答、知识撷取及整合管理，增加组织间之学习互动，并提高员工对企业事务的参与感与增加企业内部沟通的渠道
9	档案文件管理	可使用档案文件管理功能，管理合同、文件、模板及软件等电子资源，并具有完整的安全性确认管理系统及存取公司内部知识协同的权限管理功能
10	客户数据管理	汇总所有客户资料，进行统一管理及资料存储，即使在外地仍可快速查询客户资料，可有效实时地增加修改客户交易与洽谈记录，提升客户满意度
11	个人化页面	个人可依喜好调整色彩、语言等用户界面，帮助员工管理工作，帮助主管直接查询部属的工作与执行进度，随时掌握个人与部门或者项目的工作情况
12	个人通信簿	建立个人通信簿，将亲朋好友、客户及厂商等资料性文件。可分类、查询、远程浏览与管理通信记录
13	福利信息	凝聚员工对企业的向心力，并节省和生产力无关的管理成本，如生日聚会、年节贺礼领取通知、员工旅游线意见调查及劳保信息公告等
14	互联网资源	建立属于企业或个人搜寻引擎，并可设定或者规定开放使用时段或权限，运用网络资源取得正确、有用的资料，节省时间成本
15	远程系统管理	无论是账号管理、权限管理、数据库设定或安全性管理，只要连上 web 就能轻松执行，真正达到移动办公室的使用
16	扩充应用	可根据企业需求与其他系统进行整合，如 ERP、CRM 及 SCM 等

六、电子商务(*Electronic Commerce*, EC)

1. 电子商务概念

电子商务是指商务的电子化和信息化，是掌握信息技术和商务规则的人、系统化运用电子工具，高效率、低成本地从事以商品交换为中心的各种活动的全过程。这些活动包括交易前的商品与市场准备、展示和沟通，交易中的谈判和签约，交易后的支付、配送和售后服务。电子商务是在利用现代电子工具(包括现代通信工具和计算机网络)的基础上进行企业的经营管理和市场贸易等现代商务活动。电子商务主要研究伴随商务流的资金流、物流和信息流。

2. 电子商务系统

电子商务系统是一个以电子数据处理、Internet、数据交换和资金汇兑技术为基础，集订货、发货、运输、报送、保险、商检和银行结算为一体的综合商务信息处理系统。电子商务系统是在 Internet 信息系统的基础上，由参与交易的信息化企业、信息化组织和使用 Internet 的消费者，提供实物配送服务和支付服务的机构，以及提供网上商务服务的电子商务服务商组成。由上述几部分组成的基础电子商务系统，将受到包括经济环境、政策环境、法律环境和技术环境等市场环境的影响。

Internet 信息系统是电子商务系统的基础，它是进行交易的平台，交易中所涉及的信息流、物流和货币流都与信息系统紧密相关。Internet 信息系统是指企业、组织和电子商务服务商，在 Internet 网络的基础上开发设计的信息系统，它可以成为企业、组织和消费者之间跨越时空进行信息交换的平台。在信息系统的安全和控制措施保证下，通过基于 Internet 的支付系统进行网上支付，通过基于 Internet 物流信息系统控制物流的顺利进行，最终保证企业、组织和个人消费者之间网上交易的实现。因此，Internet 信息系统的主要作用是提供一种开放的、安全的和可控制的信息交换平台，它是电子商务系统的核心和基石。

3. 电子商务的交易模式

(1)企业与企业之间的电子商务。企业之间的电子商务简称为 B2B，是指商业机构(企业或公司)之间利用 Internet 进行询价/报价，订货/接受订货，付款/收款等商业活动的完整过程。从国际电子商务发展的实践和潮流看，B2B 业务占绝对主导地位，在全球电子商务销售额中所占比例高达 80% ~90% 。

(2)企业与消费者之间的电子商务。这种类别的电子商务模式简称为 B2C，是指在企业与消费者之间进行的各种电子交易，主要是借助于 Internet 开展的在线销售活动。B2C 电子商务在数字化产品和服务的销售中具有极大的优势，如近年来在国内迅速发展的在线证券交易、网上订票服务系统等就是 B2C 电子商务的典型例子。开展 B2C 电子商务拥有巨大的潜能，是今后电子商务发展不可忽视的一个方向。

(3)企业与政府之间的电子商务。该种模式简称为 B2G，是指在企业与政府机构之间进行的各种网上信息交流、管理和服务。

(4)消费者与政府之间的电子商务。消费者与政府之间的电子商务模式简称为 C2G，是指政府的一些管理行为直接与消费者有联系，而且这种联系又可以通过电子化平台来完成。例如社会福利基金的发放和个人网上报税等业务。

(5)企业内部的电子商务。企业内部的电子商务通常在 Internet 上进行。企业通过防火墙等安全措施将企业内联网与因特网隔离，从而将企业内联网作为一种安全、有效的商务工具，用来自动处理商务操作及工作流程，实现企业内部数据库信息的共享，并为企业内部通信和联系提供快捷的通道。

4. 电子商务系统的功能

(1)网上采购和分销。网上采购和分销已成为B2B电子商务的主要功能。库存实质上是生产者和消费者之间供求未见面的中间物，产销间信息沟通越充分，库存积压越少，反之就越多，因此，库存可以视为信息化的负指数。Internet构筑虚拟专用网络，将供应及分销渠道的内部网融入其中，从而为企业及时调整产品结构、补充脱销产品，分析市场特征，实时调整市场策略等提供帮助，其结果是企业产品库存大大降低，为企业实现零库存，采用实时生产方式创造条件。而对于供应和分销商而言，网上采购及销售也开辟了及时获取畅销商品信息、处理滞后商品的巨大空间，从而加速商品周转。

(2)网上直销。网上直销省略了全部中间销售环节，并提供更为详细的商品信息，买主能更快、更容易地比较商品特性及价格，从而在消费选择上居于主动地位，而且与众多销售商的联系更为便利。对于卖方而言，这种模式几乎不需要销售成本，而且即时完成交易，电子商务大大减少了交易环节，大幅度降低了交易成本，降低了商品的最终价格，为企业在激烈的市场竞争中赢得优势。

(3)网上支付。电子商务想要完成一个完整的过程，网上支付是一个重要环节。电子现金、数字支票、信用卡系统等网上支付手段，比传统的货币支付方式更为方便，在网上直接采用电子支付手段也可以节省大量交易费用。

(4)网上交易管理服务。交易管理是维持正常商业规则的一个重要环节，它涉及人、财、物各个方面，企业与客户以及企业内部等多方面的协调和管理，包括有关市场法规、税收征纳、交易纠纷仲裁等。

(5)开展网上宣传与网上调查。

本章概念

信息	信息技术	信息系统
企业资源计划(ERP)	物料需求计划(MRP)	制造资源计划(MRPⅡ)
主生产计划(MPS)	能力需求计划(CRP)	粗能力计划(RCCP)
客户关系管理(CRM)	供应链管理(SCM)	知识管理(KM)
企业信息门户(EIP)	电子商务(EC)	

问题思考

1. 怎样理解信息与信息技术?
2. 信息系统是如何分类的? 如何理解相应的信息系统?
3. 如何理解管理信息系统在管理控制中的作用?
4. 信息系统的开发基本过程有哪些? 应如何理解?
5. 什么是企业资源计划? 对企业管理来说它能解决什么问题?

6. 在 ERP 系统中，如何理解主生产计划(MPS)的地位和作用?
7. 物料需求计划能解决哪些问题?
8. 如何理解客户关系管理(CRM)?
9. 供应链管理信息系统的主要功能有哪些?
10. 请说明 ERP、CRM 和 SCM 三个管理信息系统的共同点和差异点。

案例分析

国美电器的 SCM

【项目背景】

北京国美电器有限公司是集家用电器和通讯产品的零售、分销、物流、服务于一体的超大型集团公司。目前，在北京、上海、广州、香港等地设有几十个外地经营分公司，上百家直营门店，年销售额百亿元以上。近年来，随着该公司的急剧扩张发展，公司的管理模式、管理结构、经营方式、业务流程、核算体系，以及物流配送和售后服务体系，需要根据家电行业的发展特性进行重新整合、优化和提高。于是，颇具远见的国美电器开始着手建设企业供应链系统(SCM)。以便根本性地提高与整合本企业的“集团－分公司－门店－加盟店”的管理模式、管理职能、经营方式、经营手段、核算水平，以及信息共享等问题。同时，优化重组企业的“物质流、资金流、信息流、服务流”，为企业的低成本扩张提供保障。

要实现这些目标，选择具备大量行业经验，并能提供完整的行业化咨询、重组、优化方案的专业化公司，是保证“高起点与高效率、先进与适用、稳定与保障、服务与推动”建立企业系统的基本保障。这样在经过长达一年半的系统选型后，在众多国内外竞争对手中，全球领先的数据管理及企业集成解决方案供应商 Sybase 公司与武汉金力软件有限公司最终脱颖而出赢得了国美领导层的一致认可。

在企业的信息化建设中，北京国美电器有限公司将在全国范围内实施“金力供应链系统 JL SCM”，该系统中采用了 Sybase 最新版本的企业智能型关系数据库产品 Adaptive Server Enterprise 12.5 (ASE12.5)及复制服务器产品 Sybase Replication Server，由武汉金力软件有限公司开发并协助实施。目前，该系统已在国美北京总部、青岛分公司和济南分公司成功启用，并计划在年内将其实施遍及武汉、杭州、沈阳、北京、上海、天津、重庆、成都、西安、香港等全国其他所有分公司和门店。供应链系统的广泛实施将会大大提高国美电器行业运营与现代化经营管理水平。

【解决方案】

国美电器实施的“金力供应链系统 JL SCM”，从现代企业理念、物流体系和全方位服务的角度，完全解决了企业的决策、计划、管理、核算、经营、物流、服务、人事及电子商务等问题。并且该系统的启用直接导致了今年五一期间青岛公司的销售额首创五月业绩最高。这次系统的实施转换，从管理的角度来讲，优化了集团－分公司－门店之间的工作流程、业务流程、物流流程、服务流程，以及核算体系和单据流转环节；从直接运用效果来讲，理顺并提高了从销售开单、提货、配送、安装、维修，到进货、结算的速度和效率。它的应用，得到了国美决策层的充分肯定。

在整个供应链系统中，数据库的选用具有无比的重要性。因此这一系统选择了Sybase强大的企业智能型关系数据库产品Adaptive Server Enterprise 12.5（ASE12.5）及复制服务器产品Sybase Replication Server。ASE是一个深受用户欢迎的高性能企业智能型关系数据库，它具有一个开放的、可扩展的体系结构，易于使用的事务处理系统，以及低廉的维护成本。这一点对于利润率很低的联机商务运作尤其关键。Sybase的Replication Server能提供一种非常灵活的信息分发手段来适应商业需求的变化。它具有成熟高效的技术、提供灵活的解决方式、能够满足包括将实时的信息分发到远程的地方、对下级部门的信息的合并、实时的决策支持和持续的操作等关键的商业需求，以及在一个异构的环境中实现这些要求，并且支持更高级别的本地定制功能。在经过反复的考察论证后，最终国美电器实施的"金力供应链系统JL SCM"。

经过国美近一段时间的实施应用，该信息化方案的优势开始表现的更加清晰。经过分析主要表现在以下三点：

1. 集众家成功企业之长

主要表现在，企业集团－分公司－经营门店的管理模式上，在经营手段、管理方式、物流体系、售后服务、电子商务，以及涉及资金、库存、促销、计划、考核、分析、往来、返利、物流、服务等各个方面，都体现了许多家电企业思想与实现的方法。

2. 体现现代企业个性

在共性基础上，充分体现每个企业个性是这一系统的另一个重要特点。无论是在系统体系结构，还是在系统功能的具体内容方面，都表现得淋漓尽致。以"国美"等为代表的分布式结构，以"苏宁"等为代表的集中－分布式混合结构，以"工贸"、"五星"等为代表的集中式结构，都具备了长期成熟稳定的运用，效果是有目共睹的。

【实施效果】

"金力供应链系统JL SCM"和SYBASE ASE，四月份首先在国美电器集团和青岛国美电器有限公司，进行系统实施并获得成功，今年五一期间青岛公司的销售额创历史最高，名列国美电器所有分公司的第一名，得到国美集团决策层和青岛公司管理层的充分肯定。

这次系统的实施转换，从管理的角度来讲，优化了集团—分公司—门店之间的工作流程、业务流程、物流流程、服务流程，以及核算体系和单据流转环节；从直接运用效果来讲，理顺提高了从销售开单、提货、配送、安装、维修，到进货、结算的速度和效率。因此，济南、武汉、杭州、沈阳、北京、上海、天津等几十个分公司，正计划加快实施"金力供应链系统JL SCM"的进程。

资料来源：http://www.cnexp.net/huoyun_wuliu_yunshu/wuliuanli/42670.html.

问题分析：

1. 国美电器在构建先进的信息化管理之前其经营管理存在什么样的问题？
2. 国美电器在建设供应链管理信息系统时对该系统提出了哪些要求？
3. 国美电器的信息化管理系统对国美的经营管理活动起到了怎样的作用？

参考文献

[1] 理查德·L·达夫特. 管理学(第5版)[M]. 北京: 机械工业出版社, 2003: 632 - 637.
[2] 何勇等. 管理信息系统的原理方法及其应用[M]. 杭州: 浙江大学出版社, 2005: 239 - 240.
[3] 唐晓波. 管理信息系统[M]. 北京: 科学出版社, 2005.
[4] Lawler and Rhode, Information and Control in Organizations; J. A. Gowan and R. G. Mathieu, "Critical Factors in Information System Development for a Flexible Manufacturing System," Computers in Industry28, no. 3(June 1996), p. 173 - 83.
[5] 张金城. 管理信息系统(第2版)[M]. 北京: 北京大学出版社, 2006.
[6] 唐·黑尔里格尔等. 管理学——能力培养取向(第9版)[M]. 北京: 中信出版社, 2005: 614 - 625.
[7] 加雷思·琼斯等. 当代管理学(第2版)[M]. 北京: 人民邮电出版社, 2003: 388 - 403.
[8] 周玉清等. ERP与企业管理[M]. 北京: 清华大学出版社, 2005.
[9] 托马斯·贝特曼, 斯考特·斯奈尔. 王雪莉等译, 管理学——构建竞争优势(第4版)[M], 北京: 北京大学出版社, 2004: 402 - 403.

第十六章　管理客体的分类控制

学习目标

学完本章后，你应该能够：

- 了解衡量人力资源的投资价值的指标
- 清楚资金控制的内容及特点
- 资金控制的常用指标的含义及运用
- 掌握物资定额控制方法
- 阐述产权控制的基本内容
- 掌握生产控制的主要内容和方法
- 掌握营销控制的几种基本方法

开篇实例

德隆末路的内在必然

德隆问题的根本原因在于德隆透过“类金融控股公司”结合产业与金融资本的发展模式和多元化经营策略的失误，资金链条的紧张是其发展模式和经营策略的必然结果，外部金融环境的变化只是德隆问题爆发的催化剂而已。

首先，德隆的发展模式具有内在的缺陷，德隆的战略目标无疑和其他民营企业一样，是要“做大做强”，其模式是以产业和金融为两翼，互相配合，共同前进。但是，实业与金融毕竟性质不同，产业整合效益的速度，总体上说无法跟得上金融扩张的速度。因此，这就产生了结构性的差异。风险的把握，完全在于其两者之间的平衡。

为达到这种平衡，早期的德隆通常的做法是：先控股一家上市公司，通过这个窗口融资，投入产业发展，提高公司业绩，然后再融资进入下一个循环。可以说这是一种资金利用率非常高的运营手法，通过杠杆作用充分利用资本市场的融资功能来壮大自己。但是，单单通过直接融资是远远不能达到德隆的战略目标的。

随着德隆系产业的扩大(据不完全统计，德隆系有177个子公司和孙公司)，德隆必须依赖大量银行贷款才能维持资金链条，支持其发展战略。因此，德隆通过将持有的法人股抵押贷款，或者通过所属公司互相担保贷款来解决资金问题。例如，湘火炬、合金投资、新疆屯河3家公司的债务规模在德隆入主后均大幅度攀升，多家对外担保额超过了净资产的100%。

此外，德隆先后介入金新信托，厦门联合信托、北方证券、新疆金融租赁、新世纪金融租赁等多家非银行金融机构以及长沙、南昌等地的商业银行，希望把风险都控制在内部。德隆以各种项目及关联公司之名，从这些金融机构中取得资金。

据监管部门自2002年年底以来的调查，德隆在整个银行体系的贷款额高达200～300亿元，主要在四大国有银行。如果加上委托理财，证券公司三方协议委托投资等，德隆占压的银行资金高达四五百亿元，在银行贷款越来越多的情况下，一旦产业整合不利，银行紧缩贷款，那么德隆的资金链条立刻出现险象。

德隆这种产业、金融并举的模式自身就蕴涵着极大的风险。唐万里本人现在也意识到这个问题了，他公开表示德隆在长、中、短投资组合及其对投资节奏的把握的确欠佳，德隆过去注重横向的、内容方面的互补性的投资，如金融和产业、产业链之间的互补，而忽略了在投资节奏方面的结构安排，即长、中、短期投资的比例结合不尽合理，长期投资的比重过大，影响了资产的流动性；更多地看到富有诱惑力的投资机会和产业整合机遇，忽视了公司速度成长带来的潜在风险。

资料来源：郎咸平. 新西部，2004(7)：66.

在现代管理系统中，人、财、物等要素的组合是多种多样的，时空变化和环境对组织影响很大，组织结构错综复杂，随机因素很多。为了求得组织在竞争中的生存和发展，实现既定的目标，不进行控制工作是不可想象的。而在对组织客体进行控制时，就必须考虑所有客体之间的联系，否则就将可能出现德隆末路的结局。本章我们将分节讨论对人力资源控制、资金控制、实物控制、产权控制、生产作业控制以及营销控制等要素的分类控制，以使读者对管理客体的分类控制有一个较为全面的认识。

第一节　人力资源控制

企业的人力资源是企业从事生产经营活动所需要的具有劳动能力的人员。人是生产力中最基本、最活跃的因素，一定数量和一定质量的劳动者是企业进行生产经营活动的必要条件，是影响企业劳动生产率高低、效益好坏的重要因素。在市场经济激烈竞争中，人力资源，尤其是各种专门人才的去留，是关系到企业经济效益乃至经营成败的关键。

传统的劳动人事管理强调以“工作”为核心，人对工作要具有适应性，对员工工作绩效的考核取决于工作要求，工资分配的标准则取决于工作特征。这种人事管理对九十年代初期中国企业的发展起了巨大的推动作用，但也存在不可避免的局限性：如果仅仅是以“工作 为核心，则可能抑制人的能动性，不利于工作质量的改进和工作效率的提高；其次，这种人事管理往往注重事务操作，不利于开发员工的潜在能力。现代化人事管理即人力资源管理与控制，就是要以“人”为中心，寻求“人”与“工作 相互适应的契合点，将“人”的发展与企业的发展有机地联系起来。管理领域这种人性回归思想，是现代人力资源管理最突出的标志之一。那么，如何从传统的劳动人事管理过渡到人力资源开发上来呢？最重要的就要做好人力资源的规划工作。人力资源的规划工作为企业对人员的考核录用、培训开发、晋升、调整、工资等提供可靠的信息和依据。

一、人力资源控制的悖论

战略性人力资源控制的目的就是要根据组织的战略需求更有效地利用人力资源，企业的人力资源控制必然始于战略。(见图 16－1)但是，坚持结构与系统理论的学者都相信.任何组织系统都具有确定的四个基本模式特征，它们是组织赖以存在的基本条件：一是相互依存着的组织成员的自我矫正系统；二是目标与方法上的一致性；三是通过共同使用信息取得协调；四是能对组织中出现的问题加以预测和解决。Bowen(2004)明确提出了人力资源管理体系“强度”的概念，指出在具有“强”人力资源管理体系的组织中，存在着“强组织环境”或“强组织气候”，组织成员对于什么是最重要的以及什么样的行为会受到组织的期待与奖励拥有一种“共同的解释”。人力资源管理体系的这种“强度”在企业战略的形成过程中，可以不断地提高战略、组织结构、人员、文化和业务流程之间的一致性，促使企业运作保持一种高效率。但随着企业逐步成长，为了维护组织中业已存在的这种一致性与高效率，在人力资源管理体系方面形成了一些为应付工作复杂性而不断增加的结构、流程和系统，这些结构与系统相互缠结，使得战略的调整与实施变得困难，成本更高，即形成了人力资源控制悖论。而如何克服这一悖论的影响，则成为企业人力资源控制系统设计的关键。

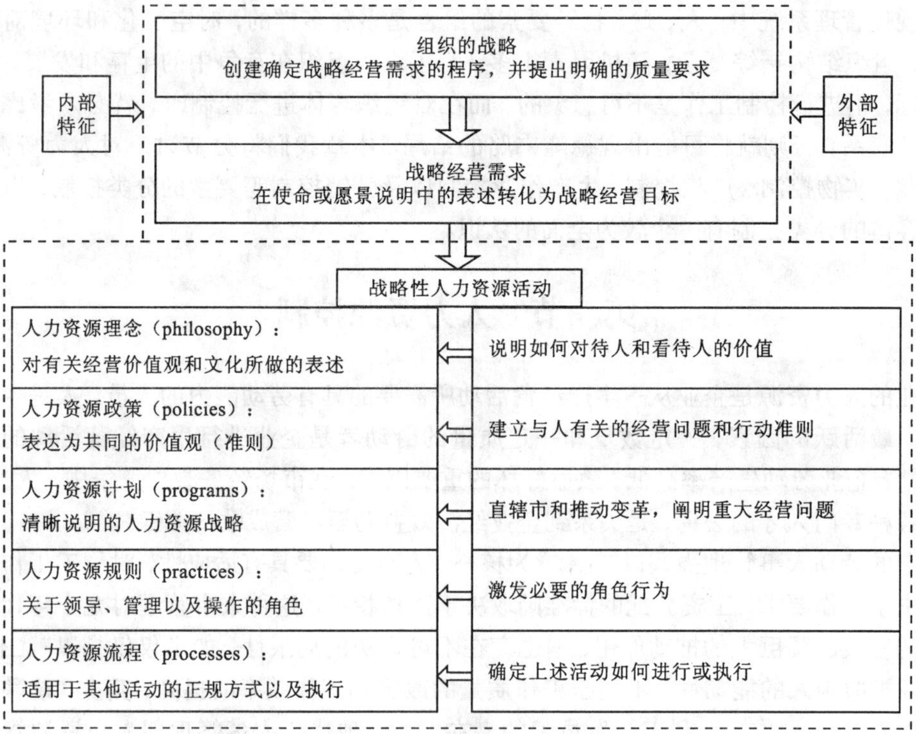

图 16－1 战略需求导向的人力资源控制系统

二、过程理论——人力资源控制的新视角

关于企业人力资源战略变革与控制的理论解释，目前主要可以从两个方面去理解：即变量理论(variance theory)和过程理论(process theory)。变量理论是传统的用于研究战略管理变革领域的方法，是用已经发生的变革影响因素(如 $X1$、$X2$)作为自变量来解释战略变革的程度 Z(即因变量)。其通常的假设或结论往往是 $X1$、$X2$ 与 Z 成一定的显著相关关系。但是这

种方法过分地关注了事件的结果，忽视了事件发生的过程及其具体的运作方式。而具有多元分析和层次分析特征的过程理论则可以通过将变量理论整合进其分析框架中，从而实现对整个事件的行为、战略选择、情感认知、战略变革的效果等进行总体的评价。过程理论具有四个方面的特征：① 具有不同层次分析的内在连接性，包括社会层次、经济层次、产业层次和组织层次；②具有不同时间维度的内在连接性，包括过去的、现在的和将来的；③ 能够动态地展现战略管理的内容和行为；④ 具有丰富的因果关系循环特征。在战略变革中，我们还可以从另外五个方面来理解过程理论的特征：① 实质性，即战略形式表现性和有形性的程度；② 表述性，即关于战略使命陈述的公开性或正式表达的程度；③ 顺序性，即战略变革要点发生的先后次序；④ 目标的解读性，即组织成员对战略陈述的理解与战略目标的匹配程度；⑤ 风格的匹配性，即组织现有的价值观念、行为方式对变革目标的支持与匹配程度。在过程理论框架下，战略变革的实现包括三个环节和五个步骤。三个环节是：惯例化环节，即将新的安排和行为方式吸纳进组织惯常的管理体系中；具体化环节，即使得组织战略变革的意图体现在员工实际的行为中；沉淀环节，即上述概念和安排的制度化过程。五个步骤分别是：① 表述一个能够吸引相关人员情感的想法或观点；② 目标的分解与共有价值观念的建立；③ 通过培训深入贯彻到组织的各个部分；④ 适时反馈与调整；⑤ 坚持不懈，循环进行。显然，过程理论为我们提供了进行人力资源控制的逻辑主线和新的研究视角，如图 16－2 所示。

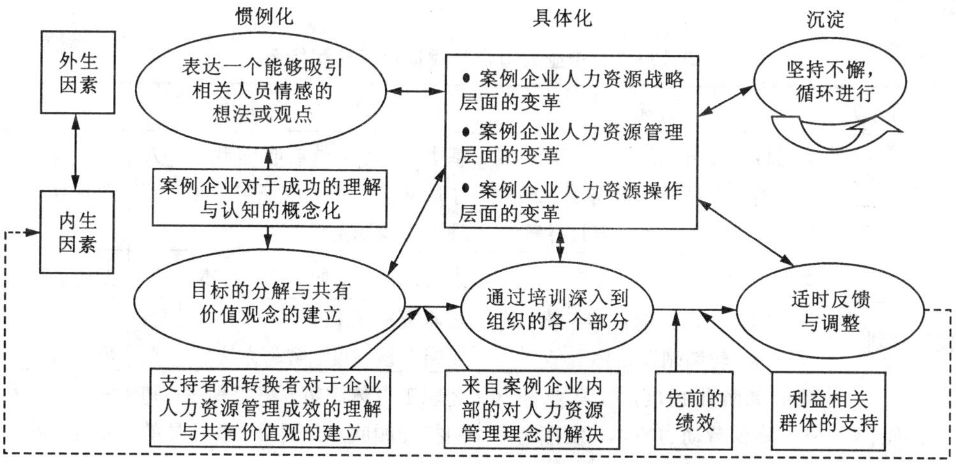

图 16－2　基于过程理论的人力资源控制体系

三、基于过程理论的人力资源控制的系统构成

1. 通过目标分解建立共有的价值观念体系

人力资源规划是为使企业稳定地拥有一定质量和必要数量的人力，实现包括个人利益在内的该组织目标而拟订的一整套措施，包括总目标和阶段性目标。

人力资源规划的总目标是计划期内人力资源开发利用的总政策、实施步骤及总预算的安排，包括三层含义：① 从组织的目标与任务出发，要求企业人力资源的质量、数量和结构符合其特定的生产资料和生产技术条件的要求；② 在实现组织目标的同时，也要满足个人的利

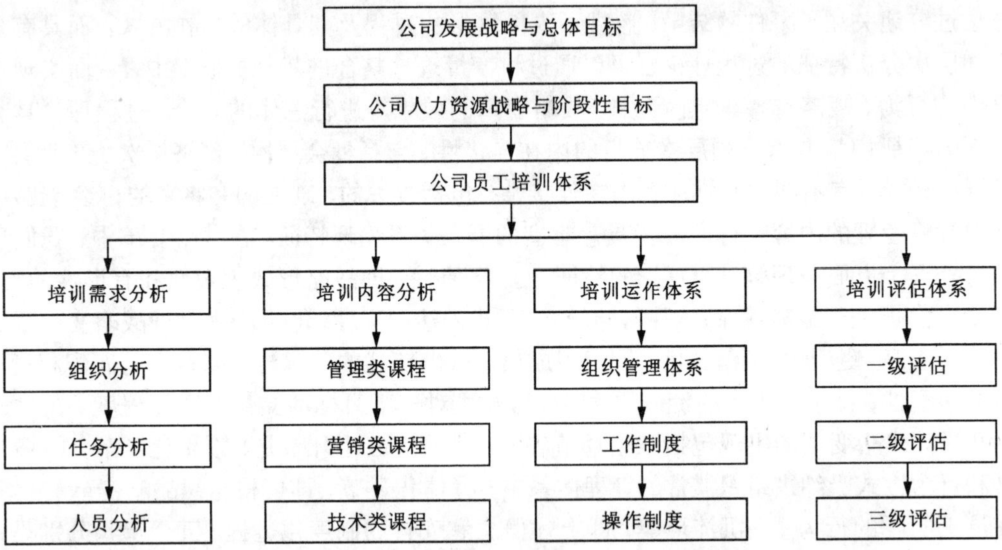

图 16－3 面向过程控制的企业员工培训体系

益；③保证人力资源与未来组织发展各阶段的动态适应。表 16－1 设计了某企业人力资源战略目标分解体系。

表 16－1 企业人力资源战备目标分解体系

规划或计划分类	目标	政策或办法、制度	预算
总体规划	总目标：人员的层次、年龄、素质结构，人员总量及分类，绩效目标，战略性人才培养目标等	基本政策（扩员或收缩政策，人才培养政策，改革稳定政策，管理方式及职责等）	总预算
人员补充计划	类型与数量、结构、绩效	人员来源、任职要求、基本待遇	招聘、选拔费用
人员使用计划	各部门定岗定员的标准、绩效考评目标、轮岗制度目标	任职资格考核办法，聘用制度，轮岗考核制度，解聘方法	工资、福利、奖酬预算
老职工安排计划	减低老龄化程度，提高业务水平，降低劳动力成本，发挥老专业人才的帮助作用	老职工退休政策、解聘程序，聘用担任顾问、调研员、督导员的政策办法	安置费、人员重置费、聘用老职工的津贴等
员工职业开发与职业发展计划	提高员工的业务水平，减少离职跳槽率，激励与提高满意度	职业开发政策、员工发展的终身教育计划、“长处”发展措施	教育培养费、考察调研费
绩效评估及激励	减少离职与跳槽率，提供绩效评估目标，提高士气与信心	激励政策、奖酬政策、工资政策、评估考核体系与办法	增资预算、奖金预算
劳动关系及员工参与、团队建设计划	改善管理人员与员工关系，提高员工主人翁意识与满足感，团队目标导向	参与管理的政策与办法，“合理化建议”奖励方法，团队建设的政策与措施	群众性团组活动的经费开支、奖励基金
教育培训计划	长期培训计划（三、五年）目标：素质提高与层次提高；短期培训计划（几个月到一半）目标：技能提高、创新观念的培育等	培训时间、效果、考核的方法与对培训获证资格认定程序与使用办法	培训费及间接误工费

2. 通过培训体系促进组织成员的认知与解读

一个组织在实现其战略目标方面的长久成功，取决于其成员对于战略实施成效的理解与信服，以及这种预期与战略需要相一致的程度。企业员工培训体系的构建，首先要考虑企业的总体战略，为企业总体发展战略服务；其次，要根据企业总体的人力资源发展战略制定员工培训体系：最后，从过程控制来看，培训体系是企业将其共有的价值观念深入贯彻到组织各个部分的最为直接和有效的途径。结合前面的理论分析，我们设计出了如图 16－3 所示的面向过程控制的员工培训体系架构。

3. 通过人力资源信息系统进行适时反馈与调整

在人力资源控制过程中，由企业人力资源战略引导，人力资源管理体系既对外部环境和内部体系产生反应，也反过来塑造了外部环境和企业内部人力资源管理体系的状态与路径．即变量间的相互作用造就了其组成部分与发展的形式。所有内外部的相互作用影响了企业人力资源管理的绩效，反过来也被企业绩效所影响。伴随着信息技术和计算机的日益发达，企业人力资源管理信息系统的功能也将得到更加充分地释放（见图 16－4）。人力资源变革的过程控制，通过强调动态的变量含义及其关系、相互的因果关系、在控制系统内与组织之间的整合，延伸了企业人力资源价值网络的变量关系框架，并特别强调了联系不同变量、自我影响、在不同时间与不同变量的过程与历史发展路径。该系统通过承认其他认知的、有效的、社会的和政治的影响来打开人力资源战略管理决策的"黑箱"，扩展了理性规划行动的含义，使得人力资源系统的动态能力可以更好地转化为企业持续的竞争优势。

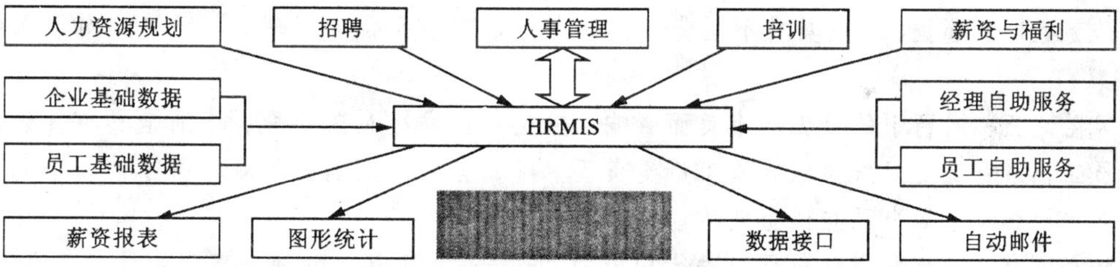

图 16－4　面向过程控制的企业人力资源管理信息系统

相关链接

人力资源流失风险预控

风险之一：带走关键技术。企业中掌握关键技术的人才跳槽，会将企业的关键技术带走，特别是有技术专利员工的流失，对企业的影响更大。在英特尔公司创业初期，为该公司设计第一代微处理器并创造巨大市场的著名设计师费根在关键时刻带了两名骨干技术人员离开英特尔公司，自己创办了一个公司，这对英特尔公司来说是个沉重的打击。

防范策略：建立研发与技术团队，不要过分依赖某一个或少数几个技术人员或工程师。如果是多人共同发明的技术，申请专利时应将参加人员的名字都尽可能多地写上去，使专利权为大家所拥有。

风险之二：带走客户与市场。与企业客户直接打交道的销售人员掌握客户的第一手资料，与客户保持良好的关系，甚至与顾客的关系非常密切，这些员工离开企业时，通常会带走一批或大部分客户，甚至将客户带给竞争对手，使企业失去客户和市场。某国际大公司的中国销售公司经理因对公司人事调整安排不满，带着手下多名销售人员离开公司，同时也带走大量客户，使该公司在中国的销售几乎崩溃。

防范策略：建立客户信息数据库，实施客户关系管理，使客户为公司享有和使用。实施品牌战略，依靠品牌的知名度和美誉度来吸引顾客，让客户信任的是你的品牌，而不是个别的销售人员。一个能够为客户提供更高价值（与竞争对手相比）而具有较高知名度和美誉度的企业是不怕销售人员跳槽而带走客户和市场的。

风险之三：岗位空缺。人才流失直接的后果就是岗位空缺，关键岗位的空缺会使企业无法正常运转。

防范策略：运用战略性人力资源管理思想，做好人力资源规划工作。对关键岗位而言，管理人员持续计划是一个较好的方法，实施干部储备制度，平时注意培养有潜力的管理岗位接班人。

风险之四：带走一批员工，企业崩溃。企业中关键人才在员工中往往具有较大的影响力和感召力，甚至有一批忠实的追随者。因此，经常发生的情况是，某位关键人物如总经理或部门经理等的离开会带走一批员工，结果会使企业瘫痪。原小霸王公司的一位总经理由于与控股方在管理思想上有严重分歧，带走一批技术骨干及管理人才另立门户，致使小霸王公司陷入困境。

防范策略：选拔、聘用具有不同背景的员工，采取多元化的管理，增强组织对员工的吸引力。

风险之五：对留下的员工产生负面影响。企业一旦发生员工离职，特别是具有知识或技能的员工离职，势必对未离职的员工产生负面影响，各种不正确的猜测与推断使留下的员工对企业失去信心，对自己在该企业的前途感到渺茫等等。

防范策略：就离职事件与员工进行积极的沟通，说明原因，鼓励未离职的员工努力工作，让他们对前景充满信心。

风险之六：有损公司在社会上的形象。关键岗位人才的流失，往往会引起媒体的关注，而媒体关注的结果很可能使公司在社会上的形象受到影响。

防范策略：启动危机公关计划，采取危机沟通策略。

资料来源：何花. 人力资源流失：重在预防. 经营与管理. 2003(5).

第二节 资金控制

一、资金控制的内容及特点

资金是企业的血液，是企业为了保证生产经营活动正常进行所拥有或控制的各类经济资源的货币表现。任何一家企业都必须有一定数量的资金，没有一定数量的资金保证，企业资产就无法形成，企业的正常生产经营活动和发展就难以进行。为了保障企业资金的有序运行，必须对企业资金运行进行科学控制。

（一）资金控制的含义

资金控制就是对资金运动实行经常性的监督与检查，并及时纠正偏差，它包括四个方面的内容：

(1)控制企业的筹资与投资。企业要进行生产经营活动，需要拥有一定数量的资金，而企业要获得生存和进一步发展，则必须不断投入新的资金，运用新投入的资金建立各种生产经营条件和开展某种生产经营活动。要对企业进行投资，首先就必须筹集一定数量的资金，以满足企业再生产过程对新的资金的需求。筹资是属于积聚新财力的问题，投资则属于用财和生财问题。

(2)控制固定资本金、流动资本金和其他资本金的使用。企业经济活动中所占用的资金，具体表现为固定资产、流动资产和其他资产。这三项资金的使用是否合理，对保证企业生产经营过程顺利进行，对节省资金占用，加速资金周转和提高企业经济效益，对确保企业生存与发展，都有十分重要的作用。同时，企业的资金运动最主要的是通过这三项资本金的不断运动变化来实现的。

(3)控制企业盈利收入。企业资金运动具有增值性，获得盈利收入既是企业财务系统活动的动力和目的，又是资金运用效果的具体体现和资金分配的前提条件。盈利收入是否实现企业的预期目标，不仅影响到企业经营任务的完成，而且影响到企业的发展。若不对盈利收入严加控制，就难以确保资金运动的良性循环，实现企业既定经营成果，甚至还能危及企业的生存。

(4)资金分配。资金分配既包含销售收入中如何分配生产经营资金和企业盈利，又包括企业盈利内部的合理分配。对营业收入的分配，首先要提足生产经营过程中所开支的全部劳动耗费，使如数的生产经营资金重新继续参加生产周转，保证企业再生产的不断进行，其余部分才列作企业盈余，企业资金的分配是否合理，不仅关系到企业再生产的正常进行，而且还关系到企业发展的后续能力。

（二）资金控制的特点

企业资金在不断变化之中，企业经济活动中所占用的固定资产、流动资产和其他资产又有各自运动特点，这样也就决定了企业资金控制的特点。

(1)它以加速资金周转和实现资金增值为目标。及时地组织资金供应，保证资金周转畅通无阻，合理地节约使用资金，不断提高资金利用效果和资金增值幅度。

(2)它以资金计划和财务预算为控制准则。把资金运动的各个环节纳入计划和预算规定的许可范围，制定各种控制标准来进行控制，从而保证控制目标的实现。

(3)它以资金、物资相结合运行为控制对象。资金使用同物资运动有密切的联系，只有把两者相结合，才能发挥财务系统的控制器的效应和作用。

(4)它以财务监督为基本手段。财务监督是以资金运动为对象，利用价值形式对企业生产经营活动进行控制和调节。

二、资金控制的常用指标

股东最关心的是自己的投资的获利能力和所投资公司的成长性。通俗地说，就是自己1元钱的投资，经过企业经营之后，每年能带来多少收益，影响企业获利能力和成长性的因素有很多，为了理清这些因素之间的内存关系，我们利用图16－5帮助理解和说明。

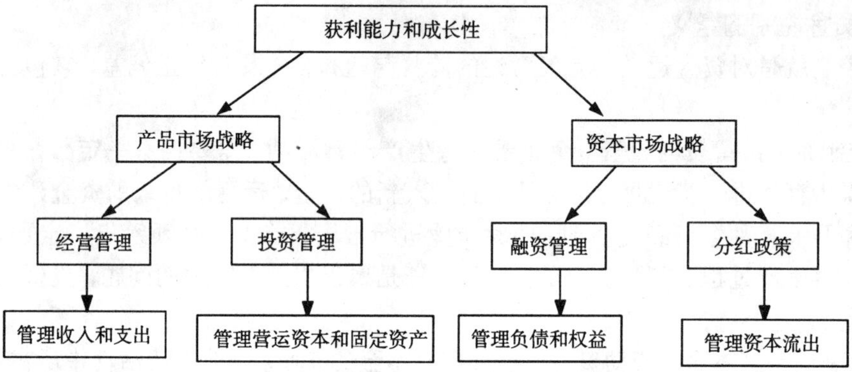

图 16－5　影响企业获利能力和成长性的因素

（一）净资产收益率及其分解

投资者的投资在资产负债中形成所有者权益，收益在利润表中表现为净利润，二者的比率被定义为净资产收益率(ROE)，可用公式表示为：

$$净资产收益率=\frac{净利润}{所有者权益} \tag{1}$$

企业净资产收益率的高低受两个因素制约：一是由经营总资产所产生的利润：二是资产相对于所有者权益的比例，由(1)式可得：

$$净资产收益率=\frac{净利润}{所有者权益}=\frac{净利润}{总资产}\times\frac{总资产}{所有者权益} \tag{2}$$

其中：净利润/总资产被称为总资产利润率(ROA)；$\frac{总资产}{所有者权益}$为财务杠杆，这是两个非常重要的财务比率。ROA 又可细分为两个部分：

$$\frac{净利润}{总资产}=\frac{净利润}{销售额}\times\frac{销售额}{总资产} \tag{3}$$

其中，净利润/销售额被称为销售利润率；销售额/总资产被称为总资产周转率。通过细分，净资产收益率可表示为：

$$净资产收益率=销售利润率\times总资产周转率\times财务杠杆 \tag{4}$$

我们可以看到，企业获利能力的驱动器有三个发动机：销售利润率、总资产周转率和财务杠杆。联系图 16－5 销售利润率取决于公司的经营管理，是企业经理人员经营效率高低的指标；总资产周转率取决于投资管理，财务杠杆取决于融资政策。因此，我们可以通过对三个比率的分析来了解企业经理人员在何种程度上贯彻了公司的各项战略。从资金控制角度来看，总资产周转率和财务杠杆是我们研究的重点。

（二）反映投资管理效率的比率：总资产周转率

对企业资产的管理主要包括两个领域：一是营运资金的管理；二是长期资产的管理。

营运资金是公司的流动与流动负债之间的差额，对营运资金进行分析时主要注重资产负债中的三项内容，即应收账款，应付账款和存货。应收账款的合适比率取决于公司的赊销政策；产品的工艺过程和生产特点决定了企业最佳的存货水平；应付账款则是营运资金的一项资金来源，它的高低一般取决于行业内的传统付款方式(现金有折扣)。在财务分析工具中，用来衡量营运资金管理效率的比率很多，常用的有：

$$流动资产周转率=\frac{销售额}{流动资产} \tag{5}$$

$$营运资金周转率=\frac{销售额}{流动资产-流动负债} \tag{6}$$

$$应收账款周转率=\frac{销售额}{应收账款} \tag{7}$$

$$存货周转率=\frac{销售成本}{存货} \tag{8}$$

$$应付账款周转率=\frac{销售成本}{应付账款} \tag{9}$$

流动资产周转率和营运资金周转率用以说明公司每投入1元钱作为流动资产或营运资金将会产生多少钱的销售回报。类似地，应收账款、存货和应付账款周转率表明公司将钱投入到营运资金的这三个重要组成部分后，各自将会产生什么样的效果。

企业的长期资产中能对销售额直接做出贡献的土地、厂房和机器设备，构成了固定资产的主要组成部分。

同样地，固定资产周转率表明公司每投入1元钱在固定资产上，将会对销售额产生多大的影响。公式为：

$$固定资产周转率=\frac{销售额}{固定资产} \tag{10}$$

这些比率综合反映了企业经理的存货管理水平和对客户授信的管理水平等资产管理的重要指标，通过对上述比率的分析可以对公司在资产管理方面的效率有较清晰的认识。

（三）反映融资战略的比率：财务杠杆率

财务杠杆使企业能够控制大于自己权益资本的资源。对于上市公司来说，财务杠杆是一把双刃剑，如果投资回报率高于负债成本，财务杠杆的增加就会提高企业的净资产收益率；但是，如果企业不能按时还本付息就可能面临财务危机的威胁。几个常用的比率可以用来衡量企业因使用财务杠杆而带来的风险程度：

1. *有关流动负债和短期流动性的比率*

$$流动比率=\frac{流动资产}{流动负债} \tag{11}$$

$$速动比率=\frac{流动资产-存货}{流动负债}=\frac{现金+短期投资+应收账款}{流动负债} \tag{12}$$

$$经营活动现金流比率=\frac{由经营活动所产生现金}{流动负债} \tag{13}$$

流动资产和流动负债在期限结构上是相互匹配的，所以流动比率是反映企业资产流动性和短期偿债能力的主要指标。通常而言，大于1的流动比率对一个企业来说是必要的，它说明企业的短期流动资产在数值上大于流动负债。但是，由于流动资产中一个重要的组成部分是不易变现的存货，而流动负债下的会计科目大都必须在短期内由现金交纳，所以从流动资产中扣除存货因素的速动比率反映的流动性更为可靠。企业经营活动所产生的现金流是企业获得利润的源泉，但对处于高速成长期的企业在经营活动中难以产生大量的现金流量，所以经营活动现金流比率用来衡量处于成熟期的企业较为妥当。

2. 债务与长期偿还能力

公司的融资政策在很大程度上决定了其财务杠杆率的高低。公司在新项目上投资时，所需资金可以通过发行新股或债务融资两种渠道来解决。债务融资的方式对企业有几个潜在的好处：首先，债务融资支付的利息可以进入财务费用冲减税前收入，直接起到避税的作用；其次，债务是要到期还本付息的，能够对经理造成一定的压力，使他们更为谨慎有效地使用这笔资金；最后，通过举债方式融资，债务人的数目较少，管理部门要求的信息披露也不像对公开发行股票那么严格，资金需求方与供给方之间的沟通比较方便。鉴于上述原因，企业最佳的财务结构中总是应该包含一部分债务。然而，过度地依靠债务融资对公司的股东也是有害的。如果一个公司由经营活动所产生的现金流量变动很大，而且资本性支出也难以预测的话，它最好侧重于依靠股票融资的方式，否则它很有可能面临到期不能还本付息的财务危机，负债融资还有一个不利之处就是债权人会在借款时附加一定条款，对公司的资产流动性和净值方面加以限制，这种限制束缚了经理人员的行动自由，有可能降低公司资产的盈利能力。我们用以下比率来衡量企业的长期负债比率：

$$债务/权益比率 = \frac{总负债}{股东权益} \tag{14}$$

$$债务/权益比率 = \frac{短期负债 + 长期负债}{股东权益} \tag{15}$$

$$付息能力比率 = \frac{净收入 + 利息支出 + 税金支出}{股东权益} \tag{16}$$

或
$$付息能力比率 = \frac{经营性现金流量 + 利息支出 + 税金支出}{利息支出} \tag{17}$$

负债/权益比率是与净资产收益率相关的三大比率之一，也就是财务杠杆率。债务/权益比率说明股东每投入1元钱能够控制多少元的债务融资。付息能力比率说明企业自身能产出多少收益用来支付每1元钱的利息支出。

到此为止，我们已经细分了影响净资产收益率的三大要素，并由此得到了十几个重要的财务比率，这些比率从不同角度反映了企业的经营管理、投资管理水平以及融资政策。

管理者通过对几个常用财务指标的计算，以保证有足够的资金支付发生的各种费用，保证债务负担不至于太重，并使所有的资产都得以有效利用。这正是资金控制如何降低成本并使资源得以充分利用的例证。

（四）可持续成长率

$$可持续成长率 = 净资产收益率 \times (1 - 红利支付率) \tag{18}$$

$$红利支付比率 = \frac{支付给股东的现金红利}{净收益} \tag{19}$$

红利支付比率用来衡量企业的红利支付政策。公司获得的利润在满足经营活动的需求之后，将剩余的现金作为红利分配给股东是公司对股东的一种现金报偿。由于企业与普通股东之间存在着对公司经营状况信息上的不对称，所以红利政策的变化可以作为经理对公司未来经营前景预期的一种信号。

可持续成长率是指公司保持现有的盈利能力和融资政策不变的前提下公司的成长比率，它可以作为公司成长性的一个基准比率。以上介绍的任何一种比率的变化都有可能导致可持续成长率的变化，我们可以通过分析可持续成长率变化的原因进一步找到造成这种变化的推动性根源。

相关链接

透过财务报表的控制

一份财务报表，多则几千项数据，少的也有几十项主要数据。它们之间的关系如何，反映了什么，我们怎样来理解？如果我们能够一目了然地看懂上市公司经过审计的财务报表的含意，从而在投资对象间进行有意义的比较，那么投资决策时的盲目性便可减低。如果要想在很短的时间里（比如十分钟内）对企业经营有一个概念性的了解，则最好从比率着手。数据绝对金额值的意义只有相互的关系中才能体现出来。其中两个比率最为重要：资产回报率（ROA）和股本回报率（ROE）。

ROE ＝净利润÷所有者权益（即股本）

＝（净利润÷总资产）×（总资产÷股本）

＝（净利润÷销售总收入）×（销售总收入÷总资产）×（总资产÷股本）

这样，投资者最为关心的投资回报率（ROE）是三项的乘积。第一项是销售利润率，第二项为每元钱的资产经营一年里能带来几元的销售额，它们的乘积是ROA。要提高ROA可以有两个途径；增加每件产品（或服务）的利润，即附加价值；也可以增加在一定资产额下的销售收入。但这两项又是互相制约的，如果加价，每件产品卖得过贵，就会影响销售额。怎样恰如其分地做到“薄利多销”，如何最大限度地达到两项之乘积，是企业要琢磨的问题。合理的定价政策、增强销售方法和渠道，以及严格控制成本，都是企业管理的重点工作。特别是成本的控制，需要花大力气。财务报表中的许多项目涉及成本，大致分为几大类：制造成本、运输销售费用和行政管理开支，每个环节都有文章可做。

从表面上看，ROE既然是ROA和股本乘数的乘积，似乎除了提高ROA之外，还可以通过提高股本乘数来提高ROE。我们知道，总资产＝负债＋所有者权益（股本），假如负债为50%的话，股本乘数就是2，那么，ROA是10%的话，ROE就成了20%。这现实吗？负债率在90%时又怎样呢，岂不是股本乘数上升至10，ROE成了100%；再把负债率提高到99%，即自有资本仅为1%时，岂不是有高达1000%的ROE了吗？显而易见，这是荒谬的。然而，这种荒谬的事却经常在我国发生。某些承包就是例子，承包者毫无自己的资本，承包经营的总资产几乎每一元钱都可看做是借贷来的，即股本乘数无穷大。对于他们，任何低于正常水平的ROA，都会换来极高的ROE。这时承包人在经营中过度地冒风险等短期行为就会大量涌现。这符合他个人的经济理性，但却全然不符合把企业给他承包的真正的所有者（全民、国家或集体）的利益。这类承包在市场经济中是不可能出现的。

原因何在？从财务控制上来看，主要在于缺乏对企业经营安全性的评估与监控。评估一个企业安全性的所谓流动性指标有多种，较常用的有流动性比率、现金比率以及速动比率，等等。我们知道，总资产主要分为流动资产和固定资产。流动资产有现金、准现金、应收账款、库存等主要几项，它们多多少少可用来抵付企业的短期负债（其中只有现金是100%可用来偿债的，库存则会大打折扣），而固定资产虽有账面价值，但难以即刻套现以应付市场的波动和债务的压力。流动性过低的企业往往会中途夭折或破产，虽然它还有相当的固定资产，包括土地厂房设备，这就好比一个人失血过多就会死亡，虽然他的肌肉骨骼却还很健全一样。因此总资产的组成，主要是流动资产和固定资产的比例，这是个主要着眼点。流动资金的管理和控制由此也就成了关键因素，对中小企业更是如此。

有了这些会计常识，我们不难在五分钟内通过阅读一家企业的财务报表对它就有个大概了解，不过，这些报表本身应该是不掺水分经过注册会计师公正审计过的。同时，投资者还应注意识破企业可能会玩弄的一些会计把戏。

资料来源：孙涤. 管理琐话. 学林出版社，1997：168－171.

第三节　实物资产控制

一、实物资产的构成及特征

实物资产是企业从事生产经营活动的物质基础。实物资产越先进，管理得越好，人类认识自然和改造自然的能力就越强，生产力水平就越高。

企业实物资产按其在生产过程中的作用来看，是由劳动对象和劳动手段两部分构成。劳动对象是劳动者将劳动加于其上，用来生产出具有某种新使用价值的产品的那部分资源，如原材料、辅助材料、燃料等。劳动手段是作为劳动者发挥力量的手段，用来做用于其他物质，生产出社会需要的产品那部分资源，如厂房、机器设备、工具等。劳动对象和劳动手段在生产过程中所处的地位和作用不同，各自具有不同的特征。

从使用价值转换来看，原材料、辅助材料、燃料等劳动对象，一进入生产过程，就转换成产品的形成要素，包含在新产品中而脱离生产过程，进入流通领域。厂房、机器、设备、工具等劳动手段进入生产过程后，一直仍固定在其职能式上，较长时期地在生产过程中发挥作用，直到使用寿命结束被更换掉为止。

从价值的转移方式上看，原材料、辅助材料、燃料等劳动对象，其价值是一次性预付，一次性补偿的。劳动对象在新产品形成时全部被消费掉，其全部价值一次性转移到新产品中去，并通过产品的出售，原预付的价值一次性得到补偿。厂房、机器设备、工具等在生产过程中长期发挥作用，其价值逐渐转移到新产品中去，其余部分仍存在于原使用价值形态中。随着生产的进行，劳动手段的价值逐渐转移，不断减少，直到价值全部转移完毕时，才进行更换。

依据劳动对象和劳动手段在使用价值转换和价值转移上各自不同的特征，在实物资产的管理上，通常把它们区分为物资管理和厂房、设备管理，并分别采用相应的管理方法。尽管物资管理和厂房、设备管理具有各自的特征和规律，但都是为了高质量、低消耗地生产社会所需的产品，在管理上必须相互联系、相互适应。

二、物资定额控制

物资定额控制管理是企业物资管理的主要工作，它包括消耗定额控制和储备定额控制。

（一）物资消耗定额控制

物资消耗定额，是指在一定的生产技术组织条件下，生产单位或完成单位工作量所消耗的某种物资的数量标准。主要由三部分构成：①构成产品（或零件）净重的物资消耗，这是指经验收入库的合格品中，构成产品实体的物资净重。它是构成物资消耗定额的主要部分。②

工艺性物资消耗，这是指在加工准备和加工进行过程中不可避免的物资损耗。③非工艺性物资损耗，这是指工艺性以外的其他物资损耗。制定物资消耗定额的方法主要有三种：技术计算法、现场测定法和统计分析法。

1. 技术计算法

它是根据产品图纸和工艺资料进行计算来制定消耗定额的方法。其公式为：

$$H = G + \sum g$$

式中 H 为物资消耗定额；G 为产品（或工作量）有效消耗；$\sum g$ 为各种合理的消耗之和。

技术计算法是基于产品实体和当前可以应用的先进技术和工艺计算出来的，定额精确度高。但采用这种方法要求具备完整的大量的数据材料，因此它比较适合于生产稳定的大批量生产企业。

2. 现场测定法

它是根据现场实际生产条件和物资消耗情况，进行现场写实记录所测定的消耗定额。这种方法适于生产周期短、工艺比较简单、涉及加工工种和人员较小，组织工作比较容易的生产企业。但生产现场的选择必须具有典型性和代表性。

3. 统计分析法

它是根据物资的统计资料，经整理分析制定消耗定额的方法。其公式为：

$$H = K\frac{\sum G}{n}$$

式中 H 为某种物资的消耗定额；K 为修正系数；$\sum G$ 为统计期内某种物资总消耗量；n 为统计期内与物资总消耗量相应的完成任务总量。

统计分析法简便易行，但采用这种分析方法，要求企业有完整的历史统计资料，并要对统计资料进行科学分析，结合实际情况确定修正值。否则，制定出消耗定额的准确度要差些。

根据以上方法制定物资消耗定额控制标准，必须遵循先进合理的原则。如果只注重定额的先进性，与实际消耗水平差距太大，成为可望而不可即的标准，就会挫伤生产者的积极性，影响生产任务的完成，这样的定额控制标准在实际中行不通。如果只注重现有平均消耗水平，企业轻而易举地就可以完成，定额也就失去了激励企业奋发进取的作用，失去定额控制的意义。另外，制定定额控制标准时必须充分考虑企业实际情况，如果现有的生产技术条件和经营管理水平以及生产者的技术熟练程度等。只有充分考虑这些因素，据以制定的物资消耗定额控制标准，才能起到应有作用。

（二）物资储备定额控制

企业的物资储备定额，是指在一定条件下，保证生产所必须的经济合理的储备量。企业要进行正常的生产经营活动，就必须有一定的物资储备，以防止供应中断；但物资储备过高，会占压大量资金，影响资金周转速度，而且大量、长期的库存，还会造成损耗，增加保管费用。因此，企业应本着保证生产、厉行节约的原则，制定科学合理的储备定额控制标准。在确保生产正常进行的前提下，尽可能地减少企业的物资储备。

1. 经常储备定额

经常储备定额是指在前后两批物资进厂间隔期间，为满足日常生产需要建立的物资储备定额，经常性储备量取决于平均每日需要量、供应间隔天数、验收天数和生产前准备天数等几个因素，其计算公式为：

经常储备定额=平均日需要量×(供应间隔天数+平均验收天数+生产前准备天数)

2. 保险储备定额

保险储备是一种后备性储备，是为防止由于交货拖期、运输延误及检验后不符合需要等意外原因造成供应中断而建立起来的储备定额。保险储备定额是用保险储备天数乘以日平均需要量求得。保险储备天数可依以前若干期的实际进货情况，求出平均进货间隔期，再据以找出各批物资的误期天数，最后用加权平均法求出平均误期天数，即为保险储备天数。

3. 季节储备定额

它是企业为适应生产的季节性或物资供应季节性特点，在一定时期建立的储备。

物资储备定额控制应综合考虑以上三方面内容。工业企业的物资流通费用一般约占产品成本的15%，企业如果加强对原材料供应的组织管理，合理控制原材料库存定额，节约原材料流通费用，可大大降低生产成本。许多工业发达国家十分重视降低原材料的流通费用，并把它看做是仅次于原材料、人工费的"第三利润源泉"而加以挖掘。

三、厂房、设备的控制

厂房、设备、机器、工具等均属于固定资产，由于固定资产的使用期限均在一年以上，需经过多次生产经营活动，才能完成其价值的转移，这就决定了对厂房、设备等固定资产的控制管理有别于前面分析的物资定额控制管理。这里我们主要介绍固定资产损耗的测定，固定资产计价与折旧。

(一)固定资产的特点

(1)固定资产在使用中不改变原来的实物形态，可连续多次地在生产经营过程中发挥作用，直至经过长期使用，清理报废以后，才需要更新。

(2)固定资产在使用中不断发生磨损(这种磨损分为有形磨损和无形磨损)，其价值逐渐转移，以折旧形式转化为管理费用，从销售收入中得到补偿。

(3)固定资产在周转中的价值双重存在，未磨损部分仍存在于固定资产物质实体之中，其价值逐渐减少；已磨损部分则脱离它的物质实体，计入管理费用。

(4)固定资产使用期限取决于固定资产经济寿命期，要经过多次的生产经营过程才能完成其全部价值的转移。

(二)固定资产的计价与折旧

1. 固定资产的计价

为了正确反映固定资产增减变动情况和实际占用额，正确地计算固定资产折旧，必须对固定资产按照一定标准进行计价。在固定资产的核算和管理中通常有四种计价标准：①原始价值，它是指企业购建某项固定资产达到可使用状态的一切合理的、必要的支出。②重置完全价值，它是指在某一时间重新购建该项固定资产，根据当时生产条件和市场状况所需的全部支出。③折余价值，它是指固定资产原始价值或重置完全价值减去已提折旧额后的余额。④已入账固定资产价值调整，固定资产的计价原则按原始价值和重置完全价值入账，对已入账的固定资产不得任意变动，只有以下情况才能对固定资产账面价值进行调整：根据规定对固定资产价值重新估价；增加补充设备或改良装置；将固定资产的一部分拆除；根据实际价值调整原来的暂估价值；发现原记固定资产价值有错误。

2. 固定资产折旧——损耗的测定

固定资产折旧是指固定资产在使用过程中由于损耗而使它的价值逐渐减少的现象。我国会计制度和财务制度的改革对固定资产折旧的变动之一就是取消提取大修理基金办法以及专户存储。分行业企业财务制度明确指出，企业按照规定提取的固定资产折旧，应计入成本费用，不得冲减资本金。

折旧的计算方法上主要有：

(1)平均年限法，是指按照固定资产预计使用年限平均计算折旧的方法。这种方法比较适用于各个时期使用程度大致相同的固定资产项目，其计算公式如下：

$$\text{年折旧率} = \frac{1 - \text{预计净残值率}}{\text{规定的折旧年}}$$

$$\text{月折旧率} = \frac{\text{年折旧率}}{12}$$

净残值率按原值的3% ~5%确定，低于3%或高于5%的，由企业自主确定并报财政机关备案，外商投资企业或外国企业按照不低于10%确定。

(2)工作量法，是指按照固定资产完成的工作量或工作时间计算折旧的方法。其计算公式如下：

①按照行驶里程计算：

$$\text{单位里程折旧额} = \text{原值} \times \frac{1 - \text{预计净残值率}}{\text{总行驶里程}}$$

②按照工作时间计算：

$$\text{每小时的折旧额} = \text{原值} \times \frac{1 - \text{预计净残值率}}{\text{总工作小时}}$$

③按照台班计算：

$$\text{每台班折旧额} = \text{原值} \times \frac{1 - \text{预计净残值率}}{\text{总工作台班数}}$$

(3)年数总和法，它是固定资产的原值减去残值后的净额乘以一个逐年递减的分数，这个分数的分子代表固定资产尚可使用的年数，分母代表使用逐年数字总和。其计算公式为：

$$\text{年折旧率} = \frac{\text{折旧年限} - \text{已使用年数}}{\text{折旧年限} \times (\text{折旧年限} + 1) \div 2} \times 100\%$$

$$\text{年折旧额} = (\text{固定资产原值} - \text{预计净残值}) \times \text{年折旧额}$$

(4)双倍余额递减法，这种方法是在不考虑预计固定资产净残值的前提下，以平均年限法折旧率(不扣残值)的两倍作为折旧率，用此折旧率乘每期固定资产的期初账面价值(固定资产原始成本 - 累计折旧额)，求出该期应计提的折旧额。计算公式为：

$$\text{年折旧率} = \frac{2}{\text{折旧年限}} \times 100\%$$

$$\begin{aligned}\text{年折旧额} &= \text{固定资产账面净值} \times \text{年折旧率} \\ &= (\text{固定资产原始成本} - \text{累计折旧额}) \times \text{年折旧率}\end{aligned}$$

年数总和法和双倍余额递减法属于快速折旧的方法。采用这类方法，可以在固定资产投入使用后的前几年就收回大部分投资，既避免无形损耗带来的损失，加速固定资产的再生产，又有利于及时采用新技术，增强企业的竞争能力，而且还可以推迟一部分所得税的交纳，等于取得国家的无息贷款，还可以低消耗一部分通货膨胀影响的损失。

相关链接

现场分析和改善的八大利器

现场诊断和分析，就像大夫看病一样，运用诊断的手段和其他各种管理工具和方法，对现场的现状进行多角度、多方位和多层次的调查分析，找出存在的问题及原因，设计切实可行的改进方案，并帮助实施，使其达到预定的管理目标。这种在纸上图上的分析和改进，只要运用得法，你会欣喜地发现：原来可以不花一分钱，不用人、财、物的投资，就可以向现代管理和分析技术要时间、要效益！

现场存在的八大浪费，绝大部分是可以通过现场改善和现场分析来解决的。现场诊断是开展定置管理工作的关键环节和主要技法，应组成三结合（指管理者、专业人员、工人三结合）的现场诊断小组，用下列方法反复认真分析、测定、诊断：

1. 工艺流程查一查。即向工艺流程要效益。分析现有生产、工作的全过程，哪些工艺流程不合理，哪些地方出现了倒流，哪些地方出现了停放，包括储藏保管、停放状态、保管手段（如储存容器配备、货架配备、设施条件）、有无积压状态？哪些工艺路线和环节可以取消、合并、简化？寻找最佳停放条件，确定经济合理的工艺路线。

2. 平面图上找一找。即向平面布置要效益。仔细检查和分析工厂平面布置图、车间平面布置图和设备平面布置图，分析作业方式和设备、设施的配置，按生产流程的流动方向，有无重复路线和倒流情况，找出不合理的部分，调整和设计一种新的布局，使生产流程在新的布置图上路线最短，配置最合理。

3. 流水线上算一算。即向流水线要效益。研究流水线的节拍、每个工序的作业时间是否平衡，如果发现不平衡，就要通过裁并、简化、分解等手法，平衡流水线。消除因个别工序缓慢而导致的窝工和堆积。

4. 动作分析测一测。即向动作分析要效益。研究工作者的动作，分析人与物的结合状态，消除多余的动作、无效动作或缓慢动作，如弯腰作业、站在凳子上作业、蹲着作业、作业场所不畅、没有适合的工位器具、人与物处于寻找状态等，通过对人的动作和环境状态的分析和测定，确定合理的操作或工作方法；探讨减少人的无效劳动，消除浪费，解决现场杂乱，实现人和物紧密结合，提高作业效率。

5. 搬运时空压一压。即向搬运时间和空间要效益。据统计，在产品生产中搬运和停顿时间约占70% ~80%，搬运的费用约占加工费的25% ~40%，要通过对搬运次数、搬运方法、搬运手段、搬运条件、搬运时间和搬运距离等综合分析，尽量减少搬运时间和空间，寻找最佳方法、手段和条件。

6. 人机工程挤一挤。即向人机联合作业要效益。人和设备构成了人机工程，在分析时要分析作业者和机器在同一时间内的工作情况，有无窝工、等待、无效时间，通过调整工作顺序改进人机配合，寻求合理的方法，使人的操作和机器的运转协调配合，将等待时间减少到最大限度，充分发挥人和机器的效率。

7. 关键路线缩一缩。即向网络技术要效益。将现有的工序和作业流程绘制成网络图。

从中找出关键路线，然后从非关键路线上抽调人财物，加强关键路线，或采用平行作业。交差作业等形式，实现时间和费用的优化。

8. 场所环境变一变。分析生产、工作环境是否满足生产、工作需要和人的生理需要，分析现场还缺少什么物品和媒介物，针对不同类别场所的问题，分别提出改进建议，开展“整理、整顿、清扫、清洁、素养、安全”六项活动，做到永远保持A状态，不断改善B状态，随时清除C状态，使员工保持旺盛的斗志和良好的技能，所需物品随手可取，不需要之物随时得到清除，现场环境通畅、整洁、美化、安全、文明，使场所和环境在时间和空间上实现整体优化。

资料来源：徐明达. 中国管理传播网. 2007－02－13.

第四节　产权控制

为了解决现代公司大型化带来的产权问题，需要对复杂的产权关系有一个梳理，这就是要设计出的一套科学的产权关系。以产权关系为基础，设计必要的控制程序、组织结构及激励机制，使得在不同的当事人之间进行权力、责任和利益的配置，矫正(或弥补)公司制企业在产权安排和控制上的错位。

一、界定资产体系

产权是财产权利，是财产的归属性派生出来的，当财产投入公司变为公司资产的一部分后，公司资产的分解是产权体系复杂化的基础，因此，理顺现代公司中的内部产权体系首先是对资产体系的界定。

现代公司内部资产关系可以用图16－6表示。

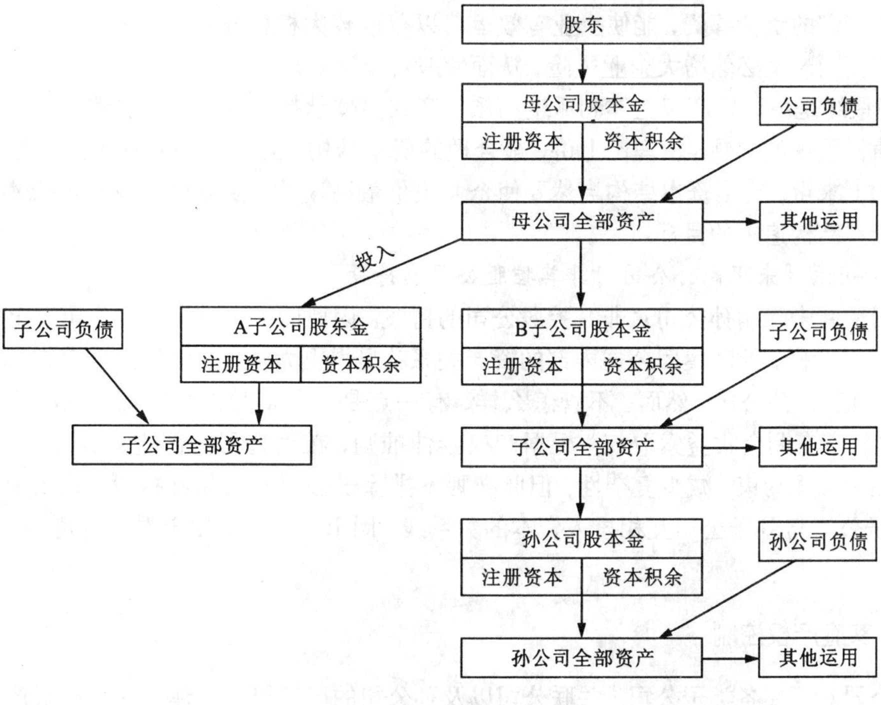

图16－6　公司内部资产关系

图中显示了三级资产关系：母公司、子公司和孙公司。这三级资产关系中有几个问题需要明确：

1. 股东对母公司的投资形成母公司的股本金

母公司不一定要将所有的股本金作为注册资金，如果只注册一部分，则还有一部分为资本积余，这部分积余不可以退还股东或作为盈余进行分配，而是公司营运资本的一部分。母公司的股本金加上它的负债就构成母公司的全部营运资产。母公司在营运其全部资产时，可以分离出一部分进行投资，成为子公司的股东，所拥有股权的大小视母公司对该子公司的具体考虑而定。如果子公司的股权全为母公司所有，那么子公司变为全资子公司，否则则为控股子公司(符合控股条件)。同样，子公司的股本金及其负债组成该子公司的全部营运资产，它也可以拨出部分资本对其他公司投资控股，这样就产生了在资产上有关联的孙公司。

2. 公司股本金是产生原始产权的基础，这些股本金成为公司的法人财产

公司的负债并非其财产，而是以承担还本付息为条件借用他人资本供自己营运之用，由此获得的收益只能充当公司总收益的一部分，作为法人的公司，以及公司的管理人员等无权对此索取剩余收益。由于股东作为原始产权主体承担了投资失败的风险，因而它享有取得母公司剩余收益的权利，管理人员的辛劳只反映在公司的分配政策和奖励政策(股东认可)的实施上。但是，母公司对子公司的投入，却享有与投入大小相应的子公司剩余收益的索取权。这是因为母公司对子公司的投入是以母公司的资本名义，母公司也要承担子公司失败的风险。因此，尽管母公司享有的子公司的股权是派生产权之一，但派生产权的再派生仍可以分享剩余收益。从这里我们可看到产权界定的重要性。

3. 各级公司可以其股本实行负债经营，但要考虑如何在风险和报酬之间进行平衡

负债是债权人出让的派生产权，其享有的收益是还本付息，其中主要是利息。一方面，通过使用较多的负债筹资，能使企业有效运营以获取较大杠杆收益；但另一方面，使用过多的负债筹资同时又必然增大企业风险，从而使股价下跌。并且负债这一风险虽然与负债公司相关，但最终是由原始产权主体和派生的派生产权主体承担，因此负债比例高低成为现代企业内部值得重视的问题。从理论上讲，最合理的资本结构，必须是在企业风险和报酬得以平衡的基础上求得，这个资本结构当然要使企业股价最高，同时使整个企业资金成本最小，这是企业资本结构追求的目标。

4. 公司法并未限制孙公司对非其控股公司的持股

公司法并未限制孙公司对非其控股公司的持股。因此图 16－6 上，孙公司完全可以持有子公司 A 的股份，此时集团公司内部的资产关系就显得更为复杂，也难区分谁是真正的子公司，谁是真正的孙公司。然而，不管怎么样，有一点是十分清楚的，这就是谁出资谁承担风险，谁也就享有剩余收益索取权。根据产权延伸准则，在大公司内部应减少孙公司的设置，其目的在于加强约束，减少复杂性；但此准则不排除子公司间的相互持股。故图 16－6 仍可画上 A 子公司与 B 子公司互相投入资本的关系线，图 16－6 为了便于看得清楚，把这些关系线省略了。

二、实施产权控制

母公司对下属各类子公司、关联公司以及孙公司的产权控制是建立在上述资产体系界定前提之上的。故产权控制与公司内部资产关系有很大的关系，作为产权控制主体的母公司，

通常需要解决以下几个问题，以实施对下属各类子公司的产权控制。

1. 股权结构控制

所谓股权结构控制首先是指母公司对所有各类子公司投入股本比例的一个通盘考虑；其次是指母公司对各类子公司（控股）为发展孙公司而投资孙公司的资本额的控制。

一般而言，母公司可根据子公司生产产品的特点、经营领域的不同以及对母公司或对集团公司的重要程度来决定对各子公司的股权掌握。虽然对那些与母公司生产经营关联密切，对母公司或集团有重要影响的，可考虑全资控制；而关联程度相对低一些的可考虑控股或一般参股。此外，母公司需要根据自己的实力来通盘决定投入下属公司的整个投资额以及投资的分散程度，虽然理论上并没有说母公司只有将投资额集中于几个子公司实施控股效益才最佳，但如果过于分散，参股将丧失许多约束力，使集团公司资产一体化营运效果下降。

母公司对下属子公司发展各自子公司即孙公司的控制能力，首先取决于母公司本身对这些子公司是否控股，只有当母公司是这些子公司的控股公司时，母公司才有可能作为产权主体设定下属子公司对其他公司投资的资本额度限制。这种限制的出发点是控制子公司过分发展所属孙公司，以免失去有效控制，或投资下去却无力约束。

2. 资本金利润率和资产负债率控制

母公司对控股子公司的产权控制非常重要的一个方面，是下达或由子公司股东大会、董事会通过资本金利润率和资产负债率的具体数值。在现代大公司或企业集团中这两个指标有其特殊的功效。

$$资本金利润率=\frac{资产利润率}{1-资产负债率}=\frac{利润}{资本金}\times 100\%$$

$$资产利润率=\frac{利润}{资本+负债}\times 100\%$$

这里的资本金是指公司实有资本额，利润为公司年度赢利。一般而言，资本所有者或产权主体都希望用尽量少的资本去支配更多的公司资产，以获取最佳的资本收益，资本金利润率符合这一方面的标准。但是，负债愈大风险愈大，故母公司由于要承担投资风险，就要对子公司的负债比例作出限定。大公司对下属子公司的具体负债比率高低视各子公司生产经营特点而定，并没有一个固定的标准。但一般控制在该子公司自有资本的50%至70%，有的甚至更低些。

3. 产权控制层次

母公司与各类子公司、孙公司形成的产权层次体系是由母公司对子公司的投资控股、子公司对孙公司的投资控股形成的，这么一个产权层次体系从图16-6来看结构如下：一级原始产权（母公司股东拥有）产生一级派生产权（母公司法人拥有），这级产权虽然是派生的，但其功效类似原始产权，故称之为二级原始产权；这二级原始产权将产生派生产权（子公司法人拥有）；当子公司成为孙公司控股单位时，子公司以其资产的投入享有孙公司的股权，可称之为三级原始产权，尽管它仍是派生产权体系之中的一种；孙公司还拥有派生的产权。

在这样一个产权层次体系中，股东对公司的控制是通过母公司董事会直接进行的。母公司以其资产对子公司的投入来获得二级原始产权后，母公司可以通过子公司董事会直接进行对子公司的控制，但这一层次的控制对股东而言是间接的，控制力度必然大大减小。依此类推，母公司对孙公司的控制也是间接的，控制力度也将大大降低。这种间接性表现在，母公司无法对各孙公司的总体股本结构加以考虑，也无法直接下达或让孙公司董事会接受母公司要求的资本金利润率和负债比例控制。因此，母公司一般把孙公司委托给子公司进行管理，但是，子公司的产权投资活动事先必须得到母公司的批准。

相关链接

股权控制方式

股权是控股公司对子公司控制的法律基础。股权控制一般分为两类：一类是多数股权控制，另一类是少数股权控制。

一、多数股权控制的主要形式

1. 绝对多数股权控制。按照一股一票的原则，拥有51 %的股权肯定能取得子公司的决策权，因此一般称拥有子公司51%以上股权为绝对多数股权控制。

2. 相对多数股权控制。在股权分散的情况下，控股公司只要取得子公司相对多数的股权，也能取得控制权。这种相对多数的界限，各国情况不同，不同行业、不同时期都有不同的规定。

3. 第一大股东控制。随着市场经济的发展，股权社会化、分散化的趋势越来越明显。在这种情况下，取得子公司的控制权不一定非要达到某一控制比例，而只要取得第一大股东的地位也能达到取得控制权的目的。

4. 间接连环控制。如控股公司持有子公司51%的股权，子公司持有孙公司51%的股权，在这种情况下，控股公司虽然不直接持有孙公司的多数股权，但通过对子公司的控制，可以间接控制孙公司。

5. 49 +2 控制。一些控股公司为了回避某些国家特定行业不能由外资控股的规定，经常采用直接投资49%，另由自己控制的其他公司投资2%，以达到控股的目的。

6. 隐形伙伴控制。当49 +2 在某些国家行不通时，一些大公司则采用隐形伙伴控制的方式。如日本的大公司在上世纪80 年代为打入泰国的某行业，先是在一些允许投资的行业设立合资企业，日本控股或非股权控制。然后由这些合资企业作为隐形合作伙伴联合投资到所限制的行业，再加上日本被允许的直接投资，达到实际控制的目的。

二、少数股权控制的主要形式

1. 加倍表决权控制。控股公司对子公司的表决权来源于股权，一般实行简单多数原则。通常情况下，股份比例超过51%，就能拥有多数表决权，从而拥有控制权。但是，有些法律、公司章程对表决权有特殊规定，比如，有的持股者(如优先股)没有表决权，有的持股者(如金股)拥有否决权，有的持股者拥有加倍甚至更高的表决权。另外，控股公司虽然持有子公司的少数股权，但是凭借资金、技术、无形资产、市场渠道、管理经验等方面的优势，可以在公司章程中做文章，限制对方股权的表决权，或扩大自己的表决权。

2. 累积表决法控制。表决方法通常有两种：直接表决法和累积表决法。实行直接表决法，小股东的投票权几乎不起作用，大股东几乎可以全部控制公司决策。采用累积表决法，则可以兼顾小股东的权利。

3. 金股控制。控股公司在子公司中处于少数甚至极少数股权的地位，但作为金股具有一票否决权，从而在公司重大经营决策上取得控制地位。

4. 睡眠合伙人控制。持股人出于对控股公司的绝对信任或不愿意参与公司的经营管理，对公司的重大决策完全交给控股公司掌管，自愿处于睡眠状态，使控股公司虽然持有少数股权，但实际上控制着公司的命运。

5. 决策机构控制。控股公司虽然持有少数股权，但凭借管理等方面的优势，可以在公司章程中规定，控股公司在董事会中占有多数席位，从而取得控制权。或者，虽然在董事会中占有少数席位，但规定公司重大决策必须超过一定比例才能有效。

资料来源：唐鑫. 控股公司的控制方式和控制模式探索. 中国经贸导刊，2003(9).

第五节　作业过程控制

一、生产作业控制的主要内容

在编制了生产计划、生产作业计划后，进行实施时客观上总会有市场需求的变化、有物资供应的变化、人员和设备的变化以及预想不到的突发问题等，影响计划的执行。因此，必须随时掌握情况，作出相应调整，进行生产作业控制。按照物质对象存在方式的不同，生产作业控制可分为生产要素控制和生产流程控制。

（一）生产要素的控制

生产要素的控制指以单个的生产要素及其运动为对象所开展的控制活动。它有简单与复杂之分：①简单要素，即人们通常所说的人类进行生产劳动必备的三种有形的物质因素：劳动者、劳动对象和劳动资料。②复杂要素，包括资本金、市场、现代科学技术、信息及传导系统、以机器体系或自动机器体系为主体的劳动对象、脑力与体力结合的专业化劳动者、现代管理等。

（二）生产流程的控制

生产流程的控制指对于多个生产要素相互匹配、相互作用所形成的生产转换过程实施的控制。

以上两类控制，各有不同的特点和要求。生产要素的控制，着重控制各单一要素投入的期、量、质及其内部结构；生产流程的控制，着重调节各要素的关系，制导要素共动过程中的稳定性和频率，节制输入的期量及质量。

二、生产作业控制的方法

（一）成本控制

成本控制是生产操作系统中最主要的工作，努力降低成本历来是管理者致力追求的目标。毫无疑问，成本优势会给竞争带来巨大的好处。

数十年前，那位曾执掌美国大公司帅印，后来又成为MIT商学院院长的斯隆先生在纵论天下商战时，以为最要紧的不过八个字——“与众不同，成本领先”。这里，“与众不同”的含义很清楚，人无我有之物，一旦受到市场欢迎，挡不住的财富滚滚而来。“成本领先”就是指人有我有之物竞争于市场，谁价廉，谁胜出。因此，我们应把成本控制放在战略的高度来把握，而不能仅将其当成由会计人员控制和发起的、偶尔的改革运动。会计师为每单位产品设计了成本标准，如果发生了偏差，管理者要追查原因：原材料涨价否？工人是否有效利用？雇员是否需要额外的培训？而不应狭义地理解为成本控制仅仅是会计人员的职责，成本控制必须在系统设计中处于一个中心的地位，这需要管理者不断地加以注意。

许多组织已采用了成本中心法去控制成本。工作区、部门或工厂都可以被当作为独立的成本中心，而且其主管人员对其产品的成本负责。任何单位产品的总成本都由两个部分构成：直接成本和间接成本。直接成本是指那些与产品的产出或服务的数量成比例关系的成本，劳动力成本和材料成本属此类中的典型。间接成本是指那些必须予以分摊或分配方可以计入成本的项目，保险费用和人事部职员的工资是典型的间接成本例子。直接成本与间接成本的区别是十分重要的。成本中心的经理对其单位所有直接成本负有责任，而间接成本则不必由他们控制。然而，由于组织中所有的成本在某种程度上都是可以控制的，高层管理者应确定在什么方面可以控制，并使基层管理者对其控制下的所有成本负责。

相关链接

牛肉面的难题

其实生活就是一个管理的大讲堂，其中的点点滴滴都可以作为管理的素材来进行讨论并指导实践。一切管理原理都来源于生活，经过系统整理后再回到生活中去。

起因是这样的，我跟朋友在路边一个不起眼的小店里吃面，由于客人不多，我们就顺便和小老板聊了一会儿。谈及如今的生意，老板感慨颇多。当年兰州拉面卖得最火的时候他曾经在闹市口开了家拉面馆，一开始买卖好得不行，后来却不做了。朋友疑惑地问他为什么。

“现在的人贼呢！”老板说，“我当时雇了个会做拉面的师傅，但在工资上总也谈不拢，开始的时候，为了调动他的积极性，我们是按卖的多少来分成的，每卖一碗面让他挣5毛钱。经过一段时间，他发现，来吃面的客人越来越多，他的收入也越来越多，这样一来，他就在每碗面里加超量的牛肉来吸引回头客。一碗面才四块钱，本来就靠个薄利多销，每碗面他多放几片牛肉我还怎么挣钱?”

“后来我看这样不行，钱全被他赚去了！就换了个法，给他每月发固定工资，工资给他高点也无所谓，这样他不至多加牛肉了吧？因为客多客少和他的收入没关系。”

“但你猜怎么着?”老板有点激动了，“他在每碗里都少放牛肉，把客人都赶走了!”

“这又是为什么?”现在开始轮到我们激动了。

“牛肉的分量少，顾客就不满意，回头客就少，生意肯定就清淡，他才不管你赚不赚钱呢，反正他拿的是固定工钱，卖多卖少无所谓，巴不得你没客人才落得清闲呢!”

原来如此！结果一个很好的项目因为管理不善而黯然退出市场，尽管被管理者只有一个。

就这个小小牛肉面的故事，却反映出了一个小企业管理中的种种问题。我们把这个案例告诉给其他的朋友并讨论。

首先就是一个关于大师傅激励的问题。可以设计一个激励机制，就是在定额约束下的销量或利润累积奖励。首先根据每碗面的顾客可接受效用制定一个材料定额，大师傅的工资还是按照销售量提成，但是前提是月度的材料消耗不得偏离定额太多，例如允许波动幅度为

20%，否则只有基本工资。

第二，小饭馆也可以被看做是微型制造业，必须有工作程序、定额消耗以及制度规范，因为其小，可以没有书面东西，但老板必须心中有数才行。比如制定标准，包括面条的量、汤的量、肉的量等，制造方法、工艺也请大师傅制定；在定额消耗上，也与上述的激励密切相连；薪水报酬上，参考社会上的平均工资和本店的盈利水平，结合师傅的劳动量、劳动结果（营业额的多少、顾客的反馈等）进行综合评定。

第三，将复杂的事情简单化：让老板娘放牛肉不就得了？关键的资源一定要掌握在关键的人手里！关键资源才是最重要的。老板娘掌握了牛肉的分发权，就能防止材料的浪费和滥用。如果牛肉拉面老板很熟悉每一个环节，师傅也不敢乱来。有效的经营监督就形成了。

最后，任何工作除了要有监督、控制，其余的事情都可以通过沟通来解决。本例中没有一种好的办法能一劳永逸地解决分配问题，在这种作坊式的小企业里，老板与员工每天有大量时间接触，关系是否和谐非常重要。唯有靠小老板良好的个人魅力并善待下属，才会让大师傅内心产生归属感及满足感，积极工作努力为老板创造利润，到那时候牛肉的多少就不成麻烦了。

通过以上的分析，我认为应该是这样：(1)底薪加提成，提高积极性；(2)不能把全线流程的权利下放给大师傅，比如加牛肉；(3)建立有效的制度，包括奖赏和惩罚，制度根据顾客的满意程度和利润来建立；(4)大师傅的工资提成不能只和销量挂钩，应该和老板的利润挂钩，比如一碗面中老板利润的30%是大师傅的利润；(5)有效地沟通、激励，平时给大师傅精神的奖励，让大师傅认为自己也是面馆的主人。

资料来源：王茜．企业管理．2005(3)：90.

（二）采购控制

如果供货商不称职或违纪，生产物料供应不及时，就会造成企业停工停产，无法按时交货等经济损失。特别是加入WTO，进出口业务越来越多，在从事出口经营时如果供货商以次充好，弄虚作假，势必就会导致海外退货或验货等贸易纠纷。因此，管理者必须监控供货商交付输入品的性能、质量、数量和价格等。可以说，对供货商的控制是从企业的运营的源头上把关，能起到防微杜渐的作用。

目前比较流行的做法就是在全球范围内选择供货商，其原因是为了能够有保障地获得高质量、低价格的原材料，同时也可避免只选择少数几个供货商可以构成的威胁。大型公司多采用这种方法。

许多企业正在改变与供货商之间的竞争关系，试图建立一种长期的、稳定的、合作双赢的局势。传统的做法在十余家、甚至数十家供货商中进行选择，鼓励他们互相竞争，从中选取能够提供高质量、低价格产品的供货商。现在许多企业一般在更广范围内挑选供货商，但是，一旦选了二三家供货商，就要和他们建立长远的、稳定的联系，并且帮助供货商提高原材料的质量，降低成本。这时企业和供货商就形成相互依赖、相互促进的新型关系，双方都降低了风险，提高了效益，真正做到双赢。

还有一种控制供货商的方法，就是持有供货商一部分或全部股份，或由本企业系统内部某个子企业供货。这常常是跨国公司为了保证货源而采用的做法。很多日本的大型企业采用这种方法控制供货商。通过对供货商的科学控制，可使得企业的原材料采购在质量、数量、时间和价格上能够得到保证。

（三）库存订货系统控制

从某种意义上说，有了库存才可能有合理的生产系统，没有库存就不能有畅通的生产过程。对库存进行控制主要是为了减少库存、降低各种占用、提高经济效益。管理人员经常使用经济订购批量模型(Economic order Quantity，简称 EOQ)计算出最优订购批量，使所有费用达到最小。这个模型考虑三种成本：一是订购成本，即每次订货所需的费用(包括通信、文件处理、差旅、行政管理费用等)；二是保管成本，即储存原材料或零部件所需的费用（包括库存、利润、保险、折旧等费用)；三是总成本，即订购成本和保管成本之和。当企业在一定期间内总需求量或订购量为一定时，如果每次订购的量越大，则所需订购的次数越少；如果每次订购的量越小，则所需订购的次数越多。对第一种情况而言，订购成本较低，但保管成本较高；对第二种情况而言，订购成本较高，但保管成本较低。通过经济订购批量模型，可以计算出订购量多大时，总成本(订购成本和保管成本之和)为最小。图 16 - 7 为经济订购示意图。

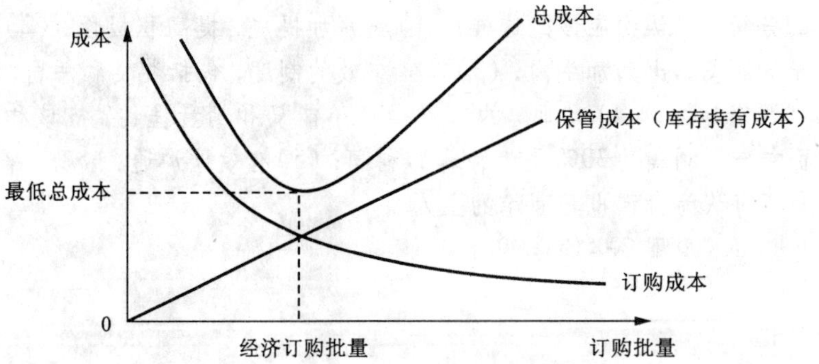

图 16 -7　经济订购批量示意

假定企业在一定期间内总需求量为 D，每次订购所需的费用为 Q，库存物品单价为 P，保管成本与全部库存物品价值之比为 C，则最优订购批量为

$$EOQ=\sqrt{\frac{2\cdot D\cdot Q}{P\cdot C}}$$

现举一例具体解释最优订购批量模型。假设某企业一年对某种材料的总需求量为 5 000 件，每件价格为 20 元，每次订购所需的费用为 250 元，保管成本与全部库存物品价值之比为 12. 5%，则最优订购批量为

$$EOQ=\sqrt{\frac{2\cdot D\cdot Q}{P\cdot C}}=\sqrt{\frac{2\times 5\ 000\times 250}{20\times 0.125}}=1000(\text{件})$$

因此，一年最优订购批量为 5 次，每次 1000 件，此时，订购成本 1250 元，保管成本为 1250 元，总成本最低为 2500 元。

一般说来，企业除了最优订购批量外，为了预防万一，一般会保留一个额外的储存量，这个储存量被称为“安全库存”。

日本企业发明了一种被称为“准时制库存系统”(Just˘in˘time Inventory Systeme，简称 JIT

-IS)，其目标是实现零库存。它的基本思路是企业不设储备原材料库存，一旦需要，立即向供货商提出，由供货商保质保量按时送到，生产继续进行下去。

(四)质量控制

与全面质量管理(TOM)强调的采取行动防止错误发生不同，质量控制强调的是识别也许已经发生的严重失误。质量控制指的是以监控质量来确保质量满足预先制定的标准，监控内容包括：质量、强度、密度、色泽、味道、可靠性、完整性或其他任何无数的特征。质量控制可能得从收到输入的加工之日就开始，它将持续地贯穿整个加工过程直到最终产品出来。在转换过程的中间阶段进行评估是质量控制典型的工作部分。早期就察觉有缺陷的部件或过程可以节省继续在它上面加工的成本。

在实施质量控制的过程中，管理者就应明确的是100%的检测产品还是采用抽样的方法。如果连续检测的成本很低或者统计结果表明出错率很高，逐个检查每一件是十分有意义的。统计抽样通常花费较少，有时甚至是唯一可供选择的方法。例如，如果质量检测会破坏产品，如炸弹或闪光灯就不得不利用抽样的方法检查。

统计质量控制分为两类：接收抽样和过程控制。接收抽样，指的是对已经存在的或外购的材料或产品进行评估，通过抽取一定数量的样本，计算抽样风险，决定接受还是拒绝总体。过程控制，是指在转换过程中对物品抽样，观察转换过程是否被有效地控制。比如，可口可乐的一种通过过程控制以察觉出装瓶机是否需要调整，如果在26盎司的瓶中只装了23盎司的水，管理人员就会停产调整机器。

关于质量控制最后需要考虑的问题是检测是依据属性还是变量进行。将检测的结果只分为可接受和不可接受两类的抽样，称为属性抽样。对油漆的颜色和土豆片就可按这种方式抽样，检测员只要将样品的颜色与标准色进行对比就可以确定是接受还是不接受。相反，变量抽样是采用一种度量去判断物品偏离标准的程序，它涉及一个范围而不是简单的接受还是拒绝。管理当局通常要确定标准和可接受的偏差范围。任何样本在一定的范围之内是可以接受的，在一定范围之外则是不可接受的，并要调查原因并纠正行动。

(五)维护控制

要想以有效和高效率的方式提供产品或服务，就需要有一个高设备利用率和最低限度的停工时间的操作系统。因此管理者需要关心维护控制。但是，维护控制的重要性取决于处理过程所采用的技术。例如，如果一条标准化的装配生产线停产，它将影响到几百位员工。在一个汽车或洗碗机装配在线，因一台机器的严重故障而导致整个工厂停产的现象并不少见。相反，许多使用通用或有重复处理过程的系统，由于各种活动的相互关联性较小，因而一台设备的故障并没有很大的影响。无论如何，一台设备的故障，就像一种库存物资缺货一样，也许就意味着成本增加，交货延迟或损失销售。

维护控制也有三种方式：①预防维护，是指在故障发生前进行维护。②补救维护，是故障发生后对设备进行全部检修、替换或修复。③条件维护，是指对设备状态进行检查后进行全部检修或部分修复。

维护控制的类型取决于故障发生的成本。如果以资金、时间、可靠性、信誉等来衡量的成本越高，预防维护的效益也就越大。也就是说，效益可以用来衡量成本。

如果发生故障会造成极度的不便或极高的成本，那么应在设计时加进备用设备来提高可靠性。例如，在核动力发电站中，就有意建造了一套备用系统。与此类似，可以将设备设计成能够迅速地或以非常低的成本进行维护。部件越少的设备，出故障的机会就越少。高故障率的部件可以放置在那些容易接近的地方，或放在一个独立的模块中以便于快速移出替换。有线电视的经营者就遵循这个原则，故障容易使顾客恼怒，因而管理者希望故障发生后能够很快地修复。提高速度的办法是将设备集中在容易接近的地方，同时大量采用模块式零部件。如果一个部件失灵，就可以在几分钟内将装有失灵部件的模块拔出并换上一个新的，而拔下的模块可以带回车间修理，不用着急。

生产作业控制的作用很大，它是保证生产作业计划完成的有效手段，是调节生产、协调各项工作的有力武器，是保证产品质量、降低生产成本，提高经济效益的重要环节。

需要说明的是，生产作业控制是企业管理大系统中的一个子系统，作为子系统一定要服务于大系统，同时又要注意同其他子系统的协调、配合，从而发挥出总体效益。在生产操作系统内部，还必须调整好各种关系，运用系统的观点去处理好内部的各种问题，注意信息的反馈性，使生产管理在高效、稳定的状态下进行。

需要注意的是，以往的生产作业管理把主要精力放在系统内部加强计划和控制，偏重于抓内部效益的提高；但现实情况是外部环境因素的影响越来越大，所以生产作业管理第一个大的变化，就是打开自身的封闭或半封闭系统，迎接层次化、多样化、激烈竞争的外部大环境、大市场，以适应实际的需要和外部环境的变化。

第六节　营销控制

一、营销控制的意义

在企业管理活动中，市场营销是企业整体活动的中心，市场营销部门是企业的重要管理部门，企业的市场营销业绩是评判企业生产经营活动成功与否的根本要素。

任何企业的营销活动都是在一定环境下进行的，它的营销行为既要受到自身条件的限制，又要受到外部条件的影响。营销计划在实施过程中，将面临诸多不确定因素，影响营销目标的实现，营销部门必须持续地监督和控制各项营销活动，营销控制是营销活动不可缺少的重要环节。

营销控制，就是营销管理者用以跟踪企业营销活动过程每一环节，确保其按期望目标运行而实施的一套工作程序或工作制度，以及为使实际效果与预期目标一致而采取的必要措施。通过营销控制，一方面有助于及早发现问题，以避免可能发生的失误，从而能寻找更好的管理方法，充分挖掘出企业的潜力。例如，控制产品或地区市场的获利性，可使企业保持较高的获利水平；严格筛选新产品，可避免新产品开发失误导致巨额损失等。另一方面，控制还有一种监督和激励作用。如果推销人员或产品经理发现营销经理非常关注产品销售的获利性，他们的报酬及前途取决于利润而不是销售量，他们的工人将会更积极，并更符合营销目标任务的要求。营销控制对于保证企业生存、发展和成功是十分必要的。

尽管营销控制十分必要，但调查表明，大多数企业都没有一套适当的控制制度，或只是偶然地实行一下控制。有些企业很少有明确的营销目标，当然也就谈不上对营销活动进行控制；另一些企业对其经营的每种产品获利情况不了解，不能对广告效益进行评价，也不能评价其推销人员的工作；还有些企业不能分析自己的储存成本、分销成本，不能分析商品被退回的原因等，致使企业在竞争中处于不利地位。

二、营销控制的几种基本方式

对营销进行控制的方式多种多样。年度计划控制、获利性控制、效率分析和战略控制是四种基本的控制方式。它们的区别如表 16－2 所示。

表 16－2　营销控制的四种基本的方式

控制种类	负责人	控制目的	方法
年度营销计划控制	最高主管、中层经理	检查计划目标是否达到	销售额分析 财务分析 市场占有率分析 销售额与费用比率 顾客态度跟踪
获利性控制	营销控制人员	检查企业从哪里赚钱，在哪里赔钱	各产品、地区、细分市场、分销渠道等的获利性分析
效率控制分析	营销控制人员、审计人员	检查营销资源的利用效益	销售人员、广告、销售促进、分销等方面的成本－效益分析
战略控制	最高主管、营销审计人员	检查企业是否最大限度最有效率地利用了它的营销机会	营销审计

（一）年度营销计划控制

年度营销计划控制的主要目的有如下几点：①促使年度计划产生连续不断的推动力；②控制的结果可以作为年终绩效评价的依据；③发现企业潜在问题并给予解决；④控制工作是企业高层管理人员监督各部门工作的有效手段。

显然，年度计划控制的目的是确保企业年度计划中所拟订的销售额、利润及其他指标的实现。这种控制包括四个步骤，如图 16－8 所示。

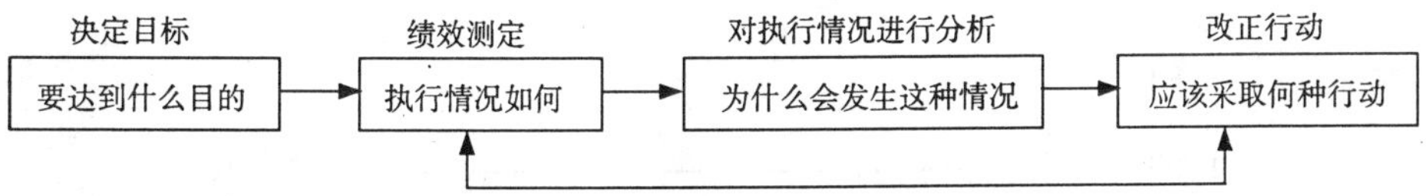

图 16－8　年度计划控制程序图

第一步，管理部门必须在年度计划内规定每月每季的目标；第二步，管理部门必须衡量本企业在市场上的计划执行绩效；第三步，管理部门必须断定任何时候导致计划执行发生严重偏差的原因；第四步，管理部门必须采取措施，或改进实施方法或修正目标本身，弥补目标与实际执行结果之间的差距。

为了检查计划的执行情况，管理部门可采用五种主要的控制工具，即销售分析、市场占有率分析、营销费用占销售额比率分析、财务分析、顾客满意度追踪。

1. 销售分析

销售分析是指测量和评价实际销售额与目标销售额的关系。这种关系的衡量和评估主要有两种方法：

(1)销售差异原因分析。销售差异分析用于决定各不相同的因素对销售绩效差额的作用。

(2)微观销售分析。微观销售分析是指分别从产品销售及其有关方面来考虑未能达到预期销售量的原因。

2. 市场占有率分析

企业销售额的高低并未反映出相对于其竞争者而言企业的经营状况如何。如果企业销售额增加了，可能是由于企业所处的整个经济体系的发展，或可能是因为其营销工作较之其竞争者有相对改善。市场占有率正是剔除了一般的环境影响来考察企业本身的经营工作状况。如果企业的市场占有率升高，表明它较其竞争者的情况更好；如果下降，说明相对于竞争者其绩效较差。

衡量市场占有率的第一个步骤是清楚地定义使用何种量度方法。一般说来，有四种不同的量度方法：总体市场份额；服务市场占有率；与最强的三个竞争对手相比较的相对市场占有率；与领先的竞争者相比较的相对市场占有率。

了解企业市场占有率以后，就要正确地解释市场占有率变动的原因。企业可从产品线、顾客类型、地区及其他方面来考察市场占有率的变化情况。

3. 营销费用与销售额的比率分析

年度计划控制需要检查与销售有关的营销费用，以确定企业在达到销售目标时的费用支出。营销费用对销售额的比率是一种主要的检查方法，如在某一家公司，这一比率为30%，它由五种费用对销售额比率构成：销售人员费用对销售额(6%)；广告费用对销售额(5%)；销售促销费用对销售额(6%)；市场调查费用对销售额(10%)；销售管理费用对销售额(3%)。

营销人员的工作，就是密切注意这些比率，以发现是否有任何比率失去控制。各种比率的期间变动如图16－7所示。图中广告费用对销售额的比率通常(100次中有90次)在8%到12%之间变动。然而在第15期这个比率超过控制限度的上限。如果发生这样的变动，就要查明原因，以决定企业是否调整其工作。

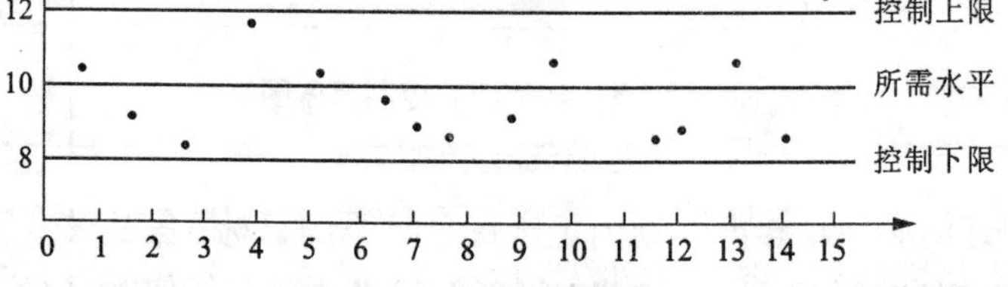

图16－9 控制模式图

当一项费用对销售额比率失去控制时，必须认真查找问题的原因。

4. 财务分析

费用与销售额的比率应在一个总的财务框架结构中分析，以确定公司在何处以及如何获得收益，营销人员应较好地运用财务分析来寻找盈利性策略，而不仅仅是加强销售策略。

5. 顾客满意度追踪

上述控制措施大多属于财务和定量性质的。定量分析虽然重要但并不完全，因为它们没有对营销的发展变化作质的分析和描述。

为此，企业要建立一套系统来追踪其顾客、经销商以及其他营销系统参与者的态度。如果发现顾客对本企业和产品的态度发生了变化，企业管理者就能较早地采取行动，争取主动。

企业一般主要利用以下系统来追踪顾客的情况。

(1)抱怨和建议系统，企业对顾客书面的或口头的抱怨应该进行记录、分析，并作出适当的反应。对不同的抱怨应该分析归类、做成卡片。对较严重的和经常发生的抱怨应及早予以注意。企业应鼓励顾客提出批语和建议，让顾客有经常的机会发表意见，企业才有可能收集到顾客对其产品和服务反映的完整数据。

(2)固定顾客样本。有些企业建立由有一定代表性的顾客组成的固定顾客样本，定期地由企业通过电话访问或邮寄问卷来了解其态度。这种做法有时比抱怨和建议系统更能代表顾客态度的变化及其分析范围。

(3)顾客调查系统。顾客调查系统是企业定期地让一组随机顾客回答一组标准化的调查问卷。问卷的问题可以包括职员的友好性、服务的质量等等。通过对这些问卷的分析，企业可及时发现并纠正问题。

6. 改正行动

通过以上的分析，当发现实际的绩效同年度计划发生很大偏离时，企业便应当采取适当的措施来修改计划或改正自己的工作。企业可选择的补救措施有：①削减产量；②降低价格；③对销售人员施加更大的压力以完成定额；④削减杂项支出；⑤裁减员工；⑥削减投资；⑦出售企业财产；⑧出售整个企业。

(二)赢利能力控制

1. 营销成本控制

营销成本是指与营销活动有关的各项费用支出。营销成本直接影响企业的利润，因此，企业不仅要控制销售额和市场占有率，同时要控制营销成本。

营销成本的控制，可以按销售地区、产品系列类型分别进行控制，其变动费用的控制，按地区、产品的不同控制直接支出数量；间接费用则还要按照一定的标准，在地区、产品类别之间进行分摊以后控制。

2. 赢利能力控制

利润是企业营销最重要的目标。企业的赢利能力是营销主管人员首先关心的。赢利能力可以用企业赚取的利润与有关项目比率来考察和控制。它包括：销售利润率控制；资产收益率控制；净资产收益率控制；资产管理效率控制。

(三)效率控制

假设获利能力分析揭示出企业关于某一产品、地区或市场所得的利润很差，那么问题就在于是否有更有效的途径，来对这些经营不善的市场营销实体中的销售队伍、广告、销售促进及分销等活动进行管理。

1. 销售人员效率

公司各地区的销售经理要记录本地区内有关销售人员效率的几项主要指标，这些指标包括：①每个销售人员每天平均的销售访问次数；②每次接触的平均销售访问时间；③每次销售访问的平均收益；④每次销售访问的平均成本；⑤每次销售访问的招待成本；⑥每百次销售访问的订货百分比；⑦每个期间的新顾客人数；⑧每个期间丧失的顾客数；⑨销售人员费用对总销售额的百分比。

企业可以从以上分析中发现一些重要的问题。例如，销售代表每天的访问次数是否太少，每次访问所花时间是否太多，是否在招待上花费太多，每百次访问中是否签订了足够的订单，是否增加了足够的新顾客并且保留住原有的顾客。当企业开始正视销售人员效率的改善后，通常会取得很多实质性的改进。

2. 广告效率

企业应该至少做好如下统计：①每一媒介类、每一媒介工具接触每千名购买者所花费的广告成本；②顾客对每一媒介工具注意、联想和阅读的百分比；③顾客对广告内容和效果的意见；④广告前后顾客对产品态度的衡量；⑤受广告刺激而引起的询问次数；⑥每次访问的成本。

企业管理部门可以采取若干步骤来改进广告效率，包括进行较好的产品定位工作，确定广告目标；预先检测信息；利用计算机来指导广告媒介的选择；购买较佳的媒介以及进行广告效果测定等。

相关链接

爱立信广告效率

爱立信手机的广告抢眼，销售业绩在短短时间内突飞猛进，该公司如何在风云变幻的市场中卓然胜出。这要归功于它的广告策划。

在众多产业中，品牌知名度的不足乃是产品销售最大障碍。消费者在购买科技性商品时，除商品本身的优势外，品牌是重要的决定因素。因为科技产品在消费者心中所涵盖的不仅是个形象口碑，更包括产品质量、信任、维修和售后服务等潜在价值。

爱立信手机是瑞典通信科技的优秀表征，但品牌知名度在台湾市场的积累不足，于是建立品牌的短期好感度和长期的知名度，就成为营销人员最需要克服的难题。在有限的市场上推广商品，就必须抢夺其他品牌的市场。爱立信的最大对手就是摩托罗拉和诺基亚。爱立信公司针对不同的使用者对摩托罗拉和诺基亚的用户进行消费行为研究。

调查发现，用户在购买手机时强调的因素为：收讯清楚、耐用、坚固。

根据分析结果，爱立信公司针对消费者所需，进行广告创意与营销策略规划。希望能对不同的用户群进行各个突破，达成以我之长攻敌之短的效果。

得知“收讯清楚”为消费者的首选需求，爱立信则据此大加发挥，配合爱立信手机360度全角收讯能力，设计发展第一个电视广告主要讯息点，亦即“在360度转轮上都收讯清楚”之转轮篇。对“耐用”而言，爱立信推出了“小孩玩不坏的免拉天线”电视广告小孩篇。有关“坚固”的消费需求，产生“连恶狗也咬不碎”的电视广告恶狗篇。

值得一提的是，爱立信一直使用中文译名，因而造成“本土名牌”的印象，广告中选定外国人担任，以建立“国际品牌”之形象。经后期的验证，这个策略是成功的。

为了迅速建立知名度，爱立信运用了多种媒体联手猛烈进攻。由于1996年上半年部分品牌一直停留在冬眠休战状况，使得手机产业中，爱立信的销量就相对极度扩大。广告投资提升之效应，立竿见影。结果就如企业设想时一样，在半年后即蚕食了摩托罗拉和诺基亚两大品牌的市场占有领域。4月份以30%的市场占有率首度超越诺基亚，直逼摩托罗拉的33%。7月到8月。爱立信的市场占有率已近60%，成了手机的新盟主。

资料来源：杜栋. 管理控制. 清华大学出版社，2002：108.

3. 销售促进效率

为了改善销售促进效率，企业管理部门应该对每一销售促进的成本和对销售的影响作记录，注意做好如下统计：①由于优惠而销售的销售额百分比；②每一单位销售额的陈列成本；③赠券收回的百分比；④促销演示引起询问的次数。此外，企业还应观察不同销售促进手段的效果，并使用最有成本效果的促销手段。

4. 分销效率

分销效率有助于企业积极寻找经营的经济性。分销效率主要是对企业存货水平、仓库位置及运输方式进行分析和改进，以达到最佳配置并寻找最佳运输方式和途径。

（四）战略控制

由于营销环境变化很快，往往会使企业制订的战略方案失去作用。因此，在企业营销战略实施过程中必然会出现战略控制问题。战略控制是指营销管理者采取一系列行为，使实际营销工作与战略方案尽可能一致，或在控制中通过不断评审和信息反馈，对战略不断修正。

营销战略的控制既重要又难以准确。因为企业战略的成功是总体的、大局的、全局性的，战略控制是指控制未来，是还没有发生的事件。战略控制必须根据最新的情况重新估价计划和进展，因此难度也就比较大。

需要强调的是，任何企业必须经常对其整体营销效益作出回顾评价，以保证它与外部环境协调发展。因此，企业必须定期对整个营销活动进行审计。营销审计是对企业的营销环境、目标、战略和活动所作的全面的、系统的、独立的和定期的审查，其目的在于决定问题的范围和机会，提出行动计划，以提高企业的营销业绩，其实质是在一定时期对企业全部市场营销业务进行总的效果评价。

本章概念

人力资源控制　资金控制　总资产利润率　物资消耗定额　物资储备定额
股权结构控制　生产要素控制　生产流程控制　安全库存　质量控制
维护控制　营销控制　经常储备定额　保险储备定额　季节储备定额
战略控制　现场测定法　净资产收益率　财务杠杆　总资产周转率
产权控制

问题思考

1. 用企业家市场来推动企业经营者的成长和流动是否是一条可行之路？为什么？
2. 国外企业对人才开发的重视和对培训的投入说明了什么？
3. 试论述资金控制的主要特点。
4. 分红对股价是否有影响？为什么？
5. 简述净资产收益的分解过程。
6. 企业资金控制的重点主要在哪些方面？
7. 成本控制是如何从会计师转移到管理者的？
8. 在国有控股的上市公司中，从产权规制角度看，存在哪些隐患？
9. 说明以提高市场占有率为主要经营目标的做法对企业长期发展有何利弊。
10. 结合实际论述实物资产控制工作的重要性。

案例分析

麦当劳公司的控制系统

麦当劳公司以经营快餐闻名遐迩。1955 年，克洛克在美国创办了第一家麦当劳餐厅，其菜单上的品种不多，但食品质量高，价格廉，供应迅速，环境优美。连锁店迅速发展到每个州，至 1983 年，美国国内分店已超过 5 000 家。1967 年，麦当劳在加拿大开办了首家国外分店，以后国外业务发展很快。到 1985 年，国外销售额约占它的销售总额的 1/5。在 40 多个国家里，每天都有 1 800 多万人光顾麦当劳。

麦当劳金色的拱门允诺：每个餐厅的菜单基本相同，而且“质量超群，服务优良，清洁卫生，货真价实”。它的产品、加工和烹制程序乃至厨房布置，都是标准化的，严格控制的。它撤销了在法国的第一批特许经营权，因为他们尽管盈利可观，但未能达到在快速服务和清洁方面的标准。

麦当劳的各分店都由当地人所有和经营管理。鉴于在快餐饮食业中维持产品质量和服务水平是其经营成功的关键，因此，麦当劳公司在采取特许连锁经营这种战略开辟分店和实现地域扩张的同时，就特别注意对各连锁店的管理控制。

如果管理控制不当，使顾客吃到不对味的汉堡包或受到不友善的接待，其后果就不仅是这家分店将失去这批顾客光顾的问题，还会波及影响到其他分店的生意，乃至损害整个公司的信誉。为此，麦当劳公司制订了一套全面、周密的控制办法。

麦当劳公司主要是通过授予特许权的方式来开辟连锁分店。其考虑之一，就是使购买特许经营权的人在成为分店经理人员的同时也成为该分店的所有者，从而在直接分享利润的激励机制中把分店经营得更出色。特许经营使麦当劳公司在独特的激励机制中形成了对其扩展中的业务的强有力控制。麦当劳公司在出售其特许经营权时非常慎重，总是通过各方面调查了解后挑选那些具有卓越经营管理才能的人作为店主，而且事后如发现其能力不符合要求则撤回这一授权。

麦当劳公司还通过详细的程序、规则和条例规定，使分布在世界各地的所有麦当劳分店的经营者和员工们都遵循一种标准化、规范化的作业。麦当劳公司对制作汉堡包、炸土豆条、招待顾客和清理餐桌等工作都事先进行详细的动作研究，确定各项工作开展的最好方式，然后再编成书面的规定，用以指导各分店管理人员和一般员工的行为。公司在芝加哥开办了专门的培训中心——汉堡包大学，要求所有的特许经营者在开业之前都接受为期一个月的强化培训。回去之后，他们还被要求对所有的工作人员进行培训，确保公司的规章条例得到准确的理解和贯彻执行。

为了确保所有特许经营分店都能按统一的要求开展活动，麦当劳公司总部的管理人员还经常走访、巡视世界各地的经营店，进行直接的监督和控制。例如，有一次巡视中发现某家分店自行主张，在店厅里摆放电视机和其他物品以吸引顾客，这种做法因与麦当劳的风格不一致，立即得到了纠正。除了直接控制外，麦当劳公司还定期对各分店的经营业绩进行考评。为此，各分店要及时提供有关营业额和经营成本、利润等方面的信息，这样总部管理人员就能把握各分店经营的动态和出现的问题，以便商讨和采取改进的对策。

麦当劳公司的再一个控制手段，是在所有经营分店中塑造公司独特的组织文化，这就是大家熟知的“质量超群，服务优良，清洁卫生，货真价实”口号所体现的文化价值观。麦当劳公司的共享价值观建设，不仅在世界各地的分店，在上上下下的员工中进行，而且还将公司的一个主要利益团体——顾客也包括进这支建设队伍中。麦当劳的顾客虽然被要求自我服务，但公司特别重视满足顾客的要求，如为他们的孩子们开设游戏场所，提供快乐餐和组织生日聚会等，以形成家庭式的氛围，这样既吸引了孩子们，也增强了成年人对公司的忠诚感。

资料来源：王凤彬，朱克强．管理学案例教学精选．复旦大学出版社，2003：213.

问题分析：

1. 麦当劳提出的“质量超群，服务优良，清洁卫生，货真价实”口号如何反映它的公司文化？以这种方式来概括一个组织或公司的文化，具有哪些特色或不足？

2. 麦当劳公司所创设的管理控制系统具有哪些基本构成要素？

3. 该控制系统是如何促进了麦当劳公司全球扩张战略的实现？

参考文献

[1] 张敏，陈传明．战略性人力资源控制系统设计[J]．中国人力资源开发，2005(6)：85－88.
[2] 杜栋．管理控制．北京：清华大学出版社，2002.
[3] 芮明杰，袁安照．现代公司理论与运行．济南：山东人民出版社，1998.
[4] 孙涤．管理琐话．北京：学林出版社，1997：168.
[5] 周其仁．真实世界的经济学．北京：中国发展出版社，2002.
[6] 斯蒂芬·P·罗宾斯．管理学．北京：中国人民大学出版社，1997.
[7] 菲利普·科特勒．市场营销管理．北京：中国人民大学出版社，1997.

后 记

从社会进步角度看，革命与改良哪种安排更为有利，回答这个问题并不容易。但是仅就操作的方便程度而言，许多人可能会倾向于革命，因为革命的除旧布新、随心所欲、意气风发，远非改良的新旧兼顾、挂肚牵肠、谨小慎微所能比拟。写教材不能与推动社会进步的壮举同日而语，但操作上也有革命和改良两种情形。想起四年前写这本教材第一版的时候，是何等的爽快，当时的开创一切与天马行空，是怎样的一派豪情，那大约就是“革命”。而教材进入修订阶段尤其是反复修订之后，就颇有“改良”的繁琐与烦闷，要变又不能全变，要新又不能全新，你只能在一个既有的基础上进行调整，你的使命是“完善”它。

但是，就象许多确有智慧的学者所认定的那样，人类社会的发展，改良可能是成本较低、效率较高的一种选择，整体上讲，改良应当是主导性的。照此说来，写教材，用改良的办法也是一种智慧的表现了。国外一些有影响的管理学教科书，不是都有十几版了吗?

以改良的思维和耐心写这本管理学的第三版，一开始，我们就指出，不能因为是改良，就不思进取，也不能因为要处理的关系比较复杂，就心浮气躁，我们要借此机会好好历练一番。现在回过头看，这样的初衷大体上是实现了的，自我感觉是，这一版发生了种种看得见的进步。至少有三章是重写的，其他各章也有大面积的推陈出新，局部处理也许颇有革命色彩。

承担这一版修订任务的人员与上一版比较略有变动，这当然也是“改良”的表现。目前的这个团队，每一个成员都是非常优秀的个体，而且全体团队成员的高度默契更构成了我们最为宝贵的组织资源。此次修订任务的具体分工是：聂正安第一、二、五、七章，谷汉文第三章，张弘第四章，郭巧云第六、八章及第十章的部分，王爱林第九章，徐建文第十章的部分，欧阳文和第十一章，姜向阳第十二、十六章，何培香第十三章，唐仁第十四章，吴金椿第十五章。聂正安、郭巧云、张弘负责了主编工作，徐建文作出了组织协调方面的贡献。

这一版是作为国家“十一五”规划教材来安排的，中南大学出版社的领导及责任编辑谭晓萍女士付出了很多心血，我们团队成员所在的高校提供了组织上的支持和经费上的资助，许多专家给予了宝贵的指导，我们由衷感谢来自各方的关心。

改良没有止境，改良充满机遇，每一次改良都是一次提升，持续地改良这本《管理学》，我们乐此不疲。第四版，第五版，第 n 版，一版优于一版，我们这样憧憬，我们也会这样努力。

聂正安
2007 年仲夏

图书在版编目(CIP)数据

管理学/聂正安主编．—长沙:中南大学出版社,
2006.1(第3版时间:2007.8)
ISBN 978-7-81061-745-1

Ⅰ.管… Ⅱ.聂… Ⅲ.管理学 Ⅳ.C93

中国版本图书馆CIP数据核字(2005)第148547号

管理学

(第3版)

聂正安　主编

□责任编辑　谭晓萍
□责任印制　文桂武
□出版发行　中南大学出版社
社址:长沙市麓山南路　邮编:410083
发行科电话:0731-88876770　传真:0731-88710482
□印　　装　长沙利君漾印刷厂

□开　　本　787×1092 1/16 □印张 30.5 □字数 734 千字
□版　　次　2007年8月第3版　□2013年1月第3次印刷
□书　　号　ISBN 978-7-81061-745-1
□定　　价　46.00元